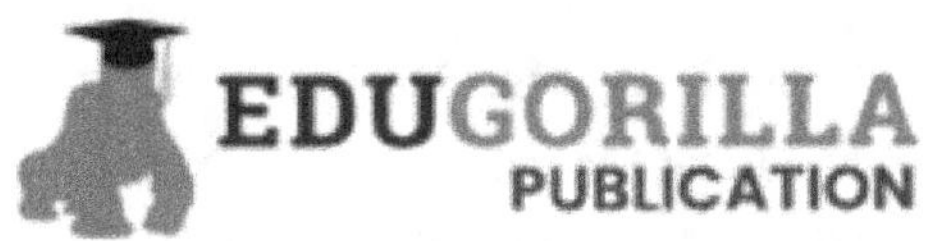

Military Engineer Services

सुपरवाइजर (B/S) भर्ती परीक्षा

नवीनतम संस्करण
अभ्यास किट

17 टेस्ट्स
08 मॉक टेस्ट्स
09 सेक्शनल टेस्ट्स

वास्तविक परीक्षा प्रारूप पर आधारित टेस्ट

✓ पूर्णतः संशोधित और अद्यतन

✓ सभी बहुविकल्पीय प्रश्नो का विस्तृत विश्लेषण

शीर्षक	: Military Engineer Services सुपरवाइजर (B⁄S) भर्ती परीक्षा
लेखक का नाम	: Mr. Rohit Manglik
प्रकाशक	: EduGorilla Community Pvt. Ltd.
प्रकाशक का पता	: 12/651 प्रथम तल, अरविन्दो पार्क के सामने, निकट जामा मस्जिद, इंदिरा नगर लखनऊ, उत्तर प्रदेश, 226016, भारत।

कॉपीराइट EduGorilla

ISBN : 978-93-90893-75-1

द्वितीय संस्करण

अस्वीकरण EduGorilla

रोहित मांगलिक
सीईओ, EduGorilla

प्रिय छात्रों,

एक बहुत ही प्रचलित कहावत है कि "सफलता उन्हीं को मिलती है जो उसके लिए कड़ी मेहनत करते हैं।" लेकिन मैंने लोगों को उनकी परीक्षाओं के लिए दिन-रात एक करके मेहनत करते हुए देखा है, पर फिर भी वे सफल नहीं हो पाते। तो वहीं दूसरी ओर, कुछ लोग बस आधी मेहनत करके परीक्षा में सफलता प्राप्त करते हैं। तो, क्या वे किस्मत वाले हैं? नहीं मेरा मानना है, कि ऐसा इसलिए है क्योंकि वे सिर्फ कड़ी नहीं बल्कि कुशल तरीके से अपनी तैयारी करते हैं। इसी तरह आपको भी अपनी परीक्षाओं की तैयारी के लिए अपनी योजना बनानी चाहिए, ताकि आपकी भी सफलता की संभावना बढ़ सके। तो तैयार हो जाइये EduGorilla के साथ अपनी परीक्षा में चयन होने की संभावना को 16 गुना बढ़ाने के लिए।

EduGorilla आपको न केवल कड़ी मेहनत करने में मदद करता है, बल्कि एक स्मार्ट और योजनाबद्ध तरीके से तैयारी करने में भी सहायता प्रदान करता है। EduGorilla की तैयारी पैकेज के साथ आप अपने परीक्षा में चयन होने के रास्ते को सहज और मनोरंजक बना सकते हैं। अपनी तैयारी के लिए सही रास्ता खोजना मुश्किल हो सकता है, यदि आप ये नहीं जानते कि आपको किस दिशा में जाना है। चिंता न करें हम आपके साथ खड़े हैं! EduGorilla आपकी सफलता में आपका मार्गदर्शक बनेगा। हमारे तैयारी पैकेज के साथ आप रणनीतिक रूप से तैयारी कर, अपनी परीक्षा में सिर्फ एक ही प्रयास में सफल हो सकते हैं।

EduGorilla के तैयारी पैकेज में शामिल हैं-

* टेस्ट सीरीज़   * किताबें

हमारे तैयारी पैकेज को सभी तरह के नये बदलबों, बिशेषज्ञों की राय एवं छात्रों के प्रतिक्रिया के अनुसार तैयार किया गया है। जो आपको परीक्षा के प्रत्येक चरण की चयन प्रक्रिया को पार करने के योग्य बनाता है।

हमारी किताबें शिक्षकों और विशेषज्ञों द्वारा आपकी परीक्षा के लिए तैयार की गई हैं, 150+ वर्षों के अनुभव के साथ; ताकि आपको आसान, कुशल और प्रभावी शिक्षण प्रदान किया जा सके। हमारी स्मार्ट किताबें न सिर्फ आपको प्रश्नों के उत्तर देने की समझ देती हैं, अपितु आपके अभ्यास के लिए समान रूप के प्रश्न भी प्रदान करती हैं।

EduGorilla की सक्षम टेस्ट सीरीज आपको वास्तविक अनुभव और आत्मविश्वास प्रदान करती हैं, जिसके माध्यम से आप केवल एक प्रयास में अपनी ऑफलाइन अथवा ऑनलाइन परीक्षा पास कर सकते हैं। वर्तमान में हम 83,000+ मॉक टेस्ट्स और 1,440+ प्रतियोगी एवं शैक्षणिक परीक्षाओं की तैयारी कराते हैं।

अर्थात, EduGorilla आपकी तैयारी में आपकी सहायता करने का कोई भी मौका नहीं छोड़ता है और परीक्षा के सभी चरणों को कवर करता है, ताकि परीक्षा की तैयारी के लिए आपको कहीं और भटकना ना पड़े।

हम आपको डिफेन्स, बैंकिंग, टीचिंग और अन्य राष्ट्रीय एवं राज्य स्तरीय परीक्षाओं के लिए सम्पूर्ण तैयारी पैकेज प्रदान करते हैं। अत: इससे कोई फर्क नहीं पड़ता कि आप किस परीक्षा के लिए तैयारी कर रहे हैं, क्योंकि आप सफलता हासिल करेंगे।

आपको परीक्षा की शुभकामनाएं!

रोहित मांगलिक,
संस्थापक और मुख्य कार्यकारी अधिकारी, EduGorilla

प्रस्तावना

EduGorilla छात्रों को उनकी परीक्षा में सफल होने के लिए मार्गदर्शन प्रदान करता है। जिसको ध्यान में रखते हुए हमारे कुल 150+ वर्षों का अनुभव रखने वाले प्रतिष्ठित विशेषज्ञों ने कड़े प्रयासों के द्वारा "Military Engineer Services : सुपरवाइजर (B/S) भर्ती परीक्षा" को तैयार किया है। इस किताब के प्रश्नों को हाल ही में परीक्षा के पाठ्यक्रम और पैटर्न में हुए सभी बदलावों को ध्यान में रखकर बनाया गया है। वो प्रश्न जिनकी MES Supervisor परीक्षा में आने कि संभवना काफी प्रबल है, उनको इस किताब मे रखा गया है। आप EduGorilla की "Military Engineer Services : सुपरवाइजर (B/S) भर्ती परीक्षा" के माध्यम से अपनी सफलता की संभावना को 16 गुना बढ़ा सकते हैं।

EduGorilla ये अपनी संपूर्ण तैयारी पैकेज के माध्यम से साकार करता है। इस किट में आपको प्रश्न अच्छी तरह अवधारित एवं संरचित रूप मे मिलेंगे जिन्हे आपकी जरूरतों के अनुसार बनाया गया है। इसके माध्यम से आपको स्मार्ट तरीके से परीक्षा के लिए अभ्यास करने में मदद मिलेगी। साथ ही आपको सहायक, समाधान और स्मार्ट उत्तर पत्रिका भी प्रदान की जायेंगी। जिससे आप अपना मूल्यांकन स्वयं कर सकते हैं। आप स्वयं की समीक्षा कर, उन सभी बिन्दुओं पर खुद को बेहतर तरीके से तैयार कर सकते हैं।

EduGorilla आपको अपनी परीक्षा में सफ़लता दिलाने और आपके लक्ष्य को हासिल करने में आपकी सहायता करने का वादा करता हैं। हम अपने प्रतिभागियों पर पूरा भरोसा करते हैं और उन्हें मेरिट सूची के शीर्ष पर देखते हैं। शीर्ष स्थान की ओर आपका पहला कदम है हमारे साथ तैयारी शुरू करना। EduGorilla की "Military Engineer Services : सुपरवाइजर (B/S) भर्ती परीक्षा" की विशेषताएं कुछ इस प्रकार हैं।

► अच्छी तरह से शोध किया हुआ पाठ्यक्रम

► उच्च गुणवत्ता

► विस्तृत उत्तर और विश्लेषण

► स्मार्ट उत्तर पत्रिका

► परीक्षा सुसंगत प्रश्न

इस प्रकार EduGorilla आपकी तैयारी को मजबूत और आपको परीक्षा में सफल होने के योग्य बनाता है।

MES Supervisor
परीक्षा की योग्यता, परीक्षा पैटर्न, विषय को जानने के लिए **QR** कोड को स्कैन करें।

Book ID: 0746

विषय-सूची

General Intelligence & Reasoning

Ques (1-2):निर्देश: दिए गए विकल्पों से संबंधित शब्द का चयन कीजिए।

Q.1 सूप : बाउल :: चाय : ?

A. कप   B. डिश   C. प्लेट   D. चम्मच

Q.2 समद्विबाहु : त्रिभुज :: आयत : ?

A. चतुर्भुज   B. षट्भुज   C. पंचभुज   D. वृत्त

Q.3 निम्नलिखित चार संख्याओं में से तीन युग्म एक निश्चित तरीके से समान हैं और एक भिन्न है। बेजोड़ चुनिए।

A. 9-63   B. 6-42   C. 8-56   D. 5-40

Q.4 दिए गए विकल्पों में से बेजोड़ शब्द ज्ञात कीजिए।

A. ईगल   B. गौरैया   C. बाज   D. गिद्ध

Q.5 एक दुकानदार की ओर इशारा करते हुए एक लड़के ने कहा, "वह मेरी माँ के भाई का पिता है।" लड़का, दुकानदार से किस प्रकार संबंधित है?

A. नाती   B. दादा   C. पिता   D. भाई

Q.6 एक तस्वीर की ओर इशारा करते हुए रोहित ने कहा, "वह मेरे पिता की पुत्री का भाई है।" तस्वीर में पुरुष, रोहित से किस प्रकार संबंधित है?

A. पिता   B. भाई   C. पुत्र   D. पुत्री

Q.7
दिए गए आंकड़े में त्रिकोणों की संख्या ज्ञात कीजिए।

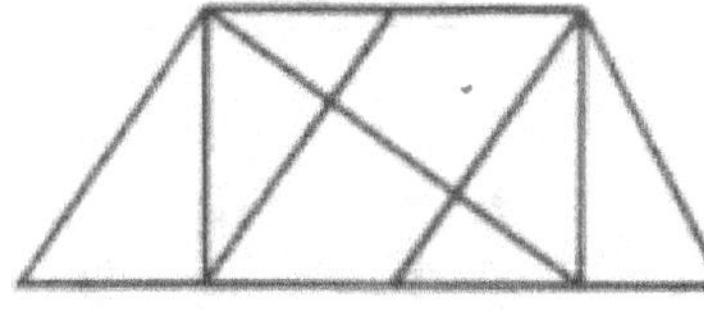

A. 8   B. 10   C. 12   D. 14

Q.8 दी गई आकृति बनाने के लिए आवश्यक न्यूनतम सीधी रेखाओं की संख्या ज्ञात कीजिए।

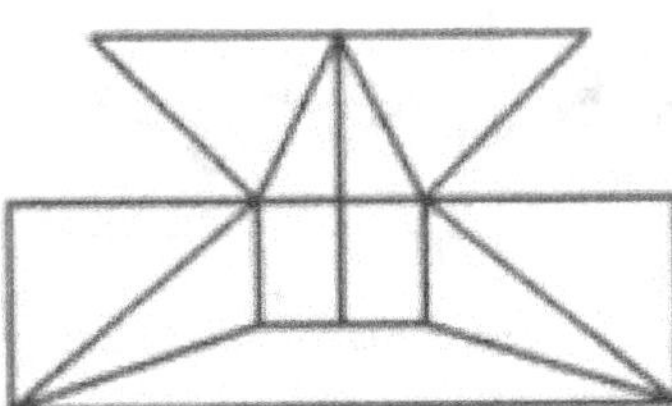

[Intelligence Bureau Security Assistant, 2017]

A. 16   B. 17   C. 18   D. 19

Ques (9-10):निर्देश : प्रश्न चिह्न के स्थान पर क्या आएगा?

Q.9 10, 100, 200, 310, ?

A. 430   B. 420   C. 410   D. 400

Q.10 8, 28, 116, 584, ?

A. 1752   B. 3504   C. 3508   D. 3502

Q.11 एलीन अपने पति के 35 वें जन्मदिन के लिए एक विशेष जन्मदिन के भोजन की योजना बना रही हैं। वह चाहती है कि शाम यादगार हो, लेकिन उसका पति एक साधारण आदमी है जो एक फैंसी रेस्टोरेंट में सूट के बजाय तथा एक बेसबॉल खेल में जींस में होगा। एलीन को नीचे दिए गए किस रेस्टोरेंट को चुनना चाहिए?

A. अल्फ्रेडो में बढ़िया इतालवी भोजन और एक सुंदर टस्कन सजावट है। संरक्षक महसूस करेंगे कि जैसे उन्होंने एक शानदार इतालवी विला में शाम बिताई है।

B. पान्चो का मैक्सिकन बफ़ेट शहर में सबसे अच्छा टैकोस के साथ एक ऑल-यू-टू-ईट फैमिली स्टाइल स्मोर्गस्बोर्ड है।

C. पैरिसियन बिस्त्रो एक चार सितारा फ्रांसीसी रेस्टोरेंट है जहाँ मेहमानों के साथ राजसी व्यवहार किया जाता है। शेफ दिलबर्ट ओले अपने गोमांस बुर्जुगोन के लिए प्रसिद्ध हैं।

D. मार्टी ने एक आकर्षक व्यवस्था में स्वादिष्ट, भर-पेट भोजन परोसा, मालिक, मार्टी लेस्टर, एक पूर्व प्रमुख लीग बेसबॉल ऑल-स्टार के सम्मान में एक बेसबॉल क्लबहाउस की याद दिलाता है।

Ques (12-13):निर्देश: दी गई जानकारी का अध्ययन करें और निम्नलिखित प्रश्न का उत्तर दें।

एक संगठन में एक प्रोफेसर की भर्ती करने के लिए निम्नलिखित मानदंड हैं।

आवेदक को चाहिए

a. मिनट के साथ किसी भी विषय में स्नातक हो। 67% अंक।

b. 26-09-2017 को 28 से 33 वर्ष के बीच की उम्र में उसकी उम्र है।

c. पीजी डिग्री / 3 वर्ष का डिप्लोमा हो या बी.एड पूरा किया हो। 55% से अधिक अंकों के साथ।

d. टीचिंग में न्यूनतम 3 वर्ष का अनुभव हो।

e. 1 साल की परिवीक्षा में शामिल होने के लिए तैयार रहें।

यदि कोई उम्मीदवार को छोड़कर सभी मानदंडों को पूरा करता है

i. ऊपर (c), लेकिन न्यूनतम 72% अंकों के साथ मैथ्स स्नातक के साथ एक कला है और 4 साल से अधिक का अनुभव है और अधिक से अधिक उसका / उसका मामला प्रधानाचार्य को भेजा जाना है।

ii. ऊपर (d), लेकिन न्यूनतम 60% अंकों के साथ मास्टर डिग्री, उसे / उसके वाइस प्रिंसिपल को भेजा जाना है।

प्रश्नों में आवेदकों का विवरण नीचे दिया गया है। निम्नलिखित कार्रवाई के आधार पर जो ऊपर दिए गए डेटा पर आधारित है, उत्तर को चिह्नित करें।

दिनांक 26-09-2017 को आपको सभी मामले दिए जाएंगे।

Q.12 ममता बी.ए. में स्नातक हैं। और बी.एड. क्रमशः 75% और 70% के साथ। वह 5 साल से मैथ में प्रोफेसर के रूप में काम कर रही हैं और उन्हें 2 साल का अनुभव है। ममता की उम्र 30 साल है और वह 2 साल की परिवीक्षा में शामिल होने के लिए तैयार है।

A. यदि मामले को प्रिंसिपल के पास भेजा जाना है।

B. यदि मामला वाइस प्रिंसिपल को भेजा जाना है।

C. यदि उम्मीदवार का चयन किया जाना है।

D. यदि निर्णय लेने के लिए जानकारी अपर्याप्त है।

Q.13 29 वर्षीय विज्ञान स्नातक शोभा ने 70% अंकों के साथ B.Ed स्नातक में 53% अंक प्राप्त किए हैं। और उसके पास 80% अंक हासिल करने वाली मैथ्स ग्रेजुएशन के साथ आर्ट्स भी है। उसने सत्यम के साथ 5 साल तक

काम किया और वह 1 साल के लिए प्रोबेशन पीरियड में शामिल होने की इच्छुक है।

A. यदि मामले को प्रिंसिपल के पास भेजा जाना है।
B. यदि मामला वाइस प्रिंसिपल को भेजा जाना है।
C. यदि उम्मीदवार का चयन किया जाना है।
D. यदि निर्णय लेने के लिए जानकारी अपर्याप्त है।

Ques (14-15):निर्देश: कौन सा उत्तर चित्र, चित्र पूरा करेगा?

Q.14

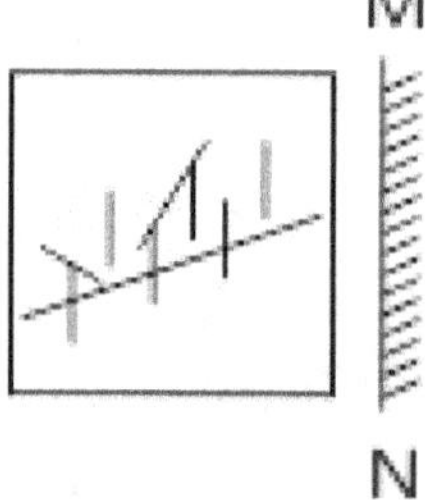

[Jawahar Navodaya Entrance Class VI, 2022], [SSC MTS, 2021], [AFCAT, 2021]

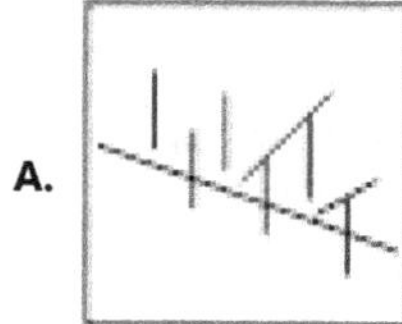

A.

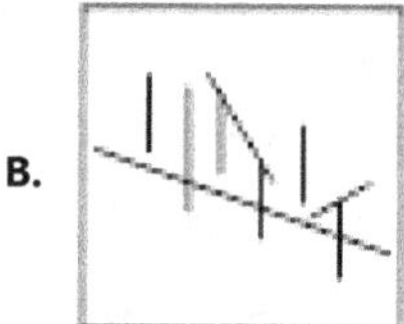

B.

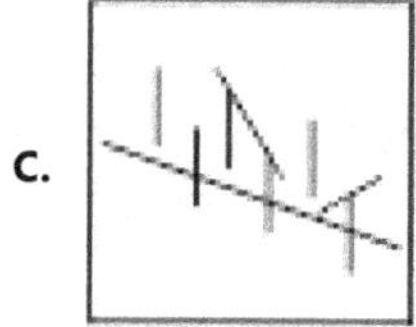

C.

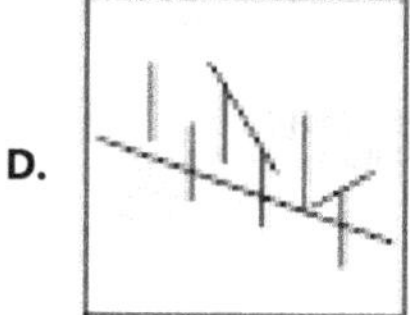

D.

Q.15

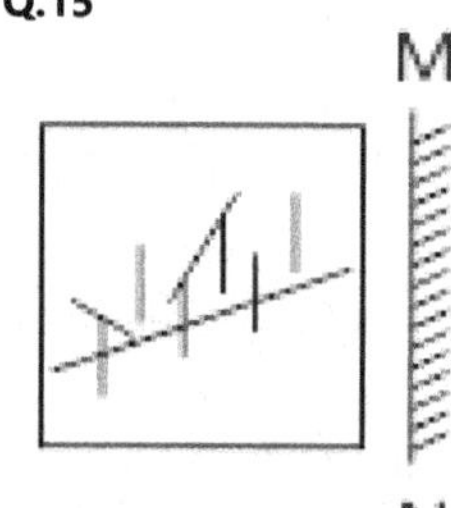

[Jawahar Navodaya Entrance Class VI, 2022], [SSC MTS, 2021], [AFCAT, 2021]

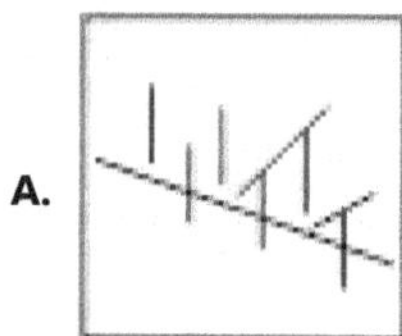

A.

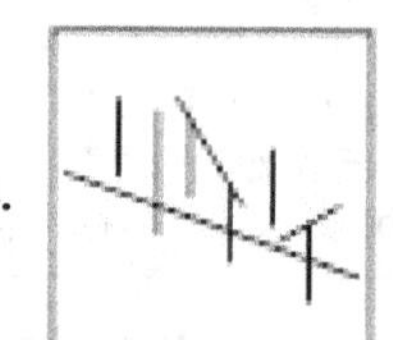

B.

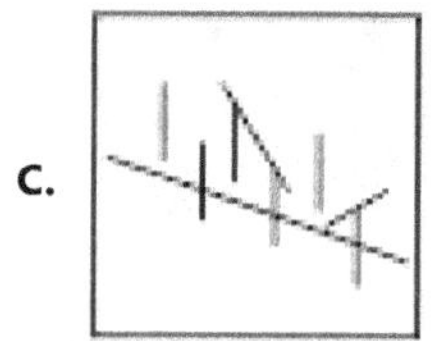

C.

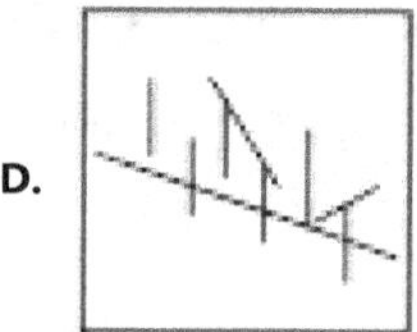

D.

Ques (16-17):निर्देश: निम्नलिखित प्रश्न में कुछ समस्या आंकड़े शामिल हैं, जिसके बाद 1, 2, 3, 4 के रूप में चिह्नित आंकड़े हैं जिन्हें उत्तर आंकड़े कहा जाता है।

सही उत्तर आकृति का पता लगाएं जो समस्या के आंकड़ों के अनुक्रम में आगे आना चाहिए।

Q.16

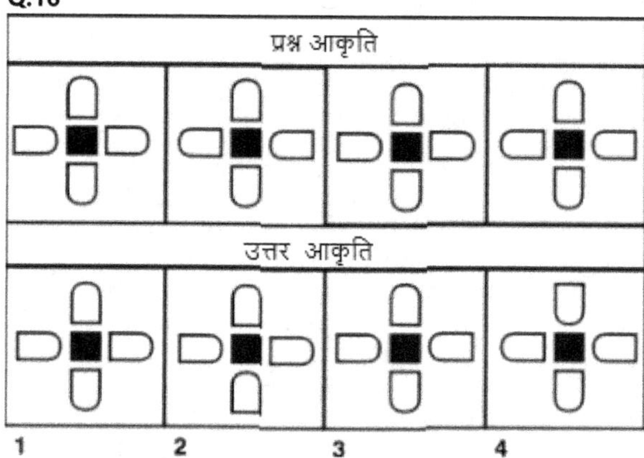

[UP Police Sub Inspector, 2021]

A. 1   B. 2   C. 3   D. 4

Q.17

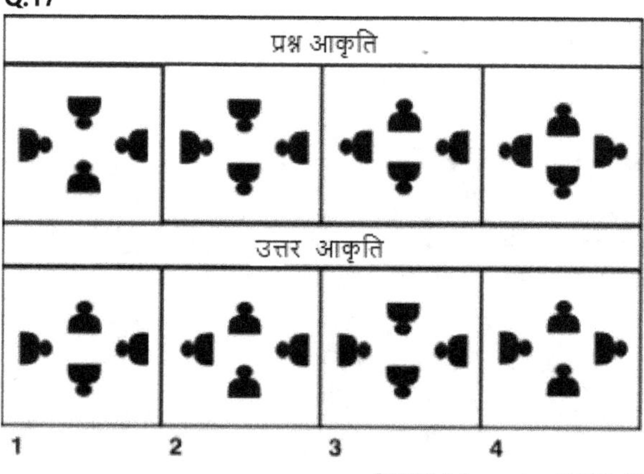

[SSC Sub Inspector (CPO), 2020]

A. 1   B. 2   C. 3   D. 4

Q.18 पांच लड़के हैं जिनके नाम प्रेम, राजू, सुंदर, हरि और ओमपाल हैं। सुंदर की तुलना में राजू के पास भूमि का अधिक हिस्सा है किंतु यह हिस्सा प्रेम के हिस्से की तुलना में कम है। ओमपाल के पास भूमि का सबसे कम हिस्सा है और हरि के पास का हिस्सा सुंदर के भूमि के हिस्से की तुलना में कम है। भूमि के सबसे बड़े हिस्से का मालिक कौन है यह ज्ञात कीजिए।

A. सुंदर   B. राजू   C. हरि   D. प्रेम

Q.19 एक पासे के दो स्थान दिखाए गए हैं। संख्या 5 के साथ फलक के विपरीत फलक पर कौन सी संख्या दिखाई देगी?

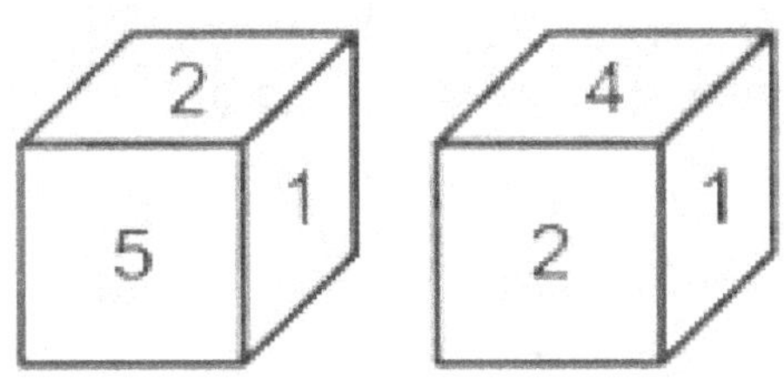

[UPSSSC Forest Guard, 2018]

A. 2　　**B.** 3　　**C.** 6　　**D.** 4

Q.20 एक ही पासा के तीन अलग-अलग स्थान दिखाए गए हैं, जिनमें से छह फलकों की संख्या 1 से 6 तक है। उस संख्या का चयन कीजिए जो '2' दिखाने वाले फलक के विपरीत फलक पर होगा।

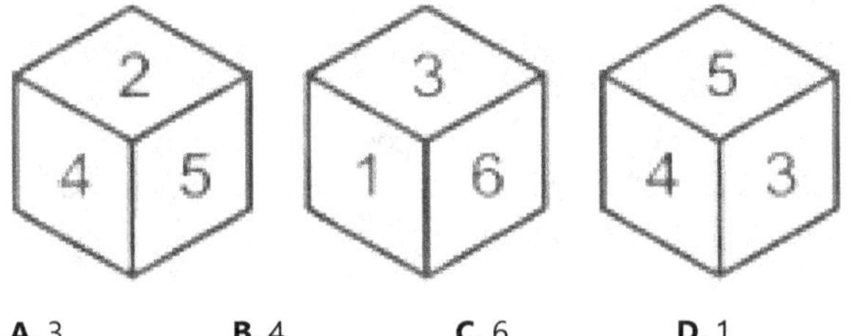

A. 3　　**B.** 4　　**C.** 6　　**D.** 1

Q.21 एक पिता अपने बेटे से कहता है, "जब आप पैदा हुए थे तब गैं आपकी वर्तमान उम्र का था।" अगर पिता अभी 36 साल का है, तो लड़का पांच साल पहले कितना बड़ा था?

A. 13　　**B.** 15　　**C.** 17　　**D.** 20

Q.22 आज वरुण का जन्मदिन है। एक साल बाद, आज से वह 12 साल पहले की तुलना में दोगुना होगा। वरुण आज कितने साल का हैं?

A. 20 साल　　**B.** 22 साल　　**C.** 25 साल　　**D.** 27 साल

Q.23 एक कक्षा में, छात्रों के $\frac{3}{5}$ लड़कियां हैं और बाकी लड़के हैं। यदि लड़कियों के $\frac{2}{9}$ और लड़कों के $\frac{1}{4}$ अनुपस्थित हैं, तो कुल छात्रों की संख्या का क्या हिस्सा मौजूद है?

A. $\frac{17}{25}$　　**B.** $\frac{18}{49}$　　**C.** $\frac{23}{30}$　　**D.** $\frac{23}{36}$

Q.24
यदि आप 1 से 100 तक की सभी संख्याएँ लिखते हैं, तो आप कितनी बार 3 लिखते हैं?

[TNUSRB Sub Inspector, 2020]

A. 11　　**B.** 18　　**C.** 20　　**D.** 21

Q.25 एक कक्षा में लड़कों की संख्या लड़कियों की संख्या से तीन गुना है। निम्नलिखित में से कौन सी संख्या कक्षा में बच्चों की कुल संख्या को नहीं दर्शा सकती है?

A. 48　　**B.** 44　　**C.** 42　　**D.** 40

General Awareness and General English

Q.26 1985 में द्रोणाचार्य पुरस्कार के पहले प्राप्तकर्ता कौन थे?
[Madhya Pradesh Public Service Commission (MPPSC), 2018]

A. ओ. एम. नाम्बियार　　**B.** ओम प्रकाश भारद्वाज
C. बी. बी. भागवत　　**D.** ये सभी

Q.27 निम्नलिखित में से कौन सी करेंसी चेस्ट 'के संबंध में सही है?

A. भंडारगृह जहां रिजर्व बैंक की ओर से बैंकनोट और रुपए के सिक्के रखे जाते हैं।

B. भंडारगृह जहां आरबीआई की ओर से विदेशी मुद्राओं का स्टॉक किया जाता है।

C. वे कंपनियाँ जो विदेशी मुद्राओं में स्टोर और डील करने के लिए अधिकृत हैं।

D. मुद्रा विनिमय के लिए भारतीय रिज़र्व बैंक द्वारा अधिकृत बैंक।

Q.28 निम्न में से किसने एक "मानक" उत्पाद - सरल जीवन बीमा के लिए दिशानिर्देश जारी किए हैं?

A. इंश्योरेंस रेगुलेटरी एंड डेवलपमेंट अथॉरिटी ऑफ इंडिया
B. सिक्युरिटीज एंड एक्सचेंज बोर्ड
C. रिज़र्व बैंक ऑफ़ इंडिया
D. पेंशन फण्ड रेगुलेटरी एंड डेवलपमेंट अथॉरिटी

Q.29 भारत के संविधान में अनुच्छेद 17 क्या है?

A. LGBT अधिकार
B. राज्य के "स्थायी निवासियों" को परिभाषित करने के लिए जम्मू और कश्मीर विधायिका
C. अस्पृश्यता का उन्मूलन
D. व्यभिचार

Q.30 भारतीय संविधान में पहला संशोधन _______ में बनाया गया था।
[SSC Constable (GD), 2019]

A. 1947　　**B.** 1948　　**C.** 1951　　**D.** 1950

Q.31 सरदार सरोवर परियोजना निम्नलिखित में से किस नदी पर बनाई गई है?

A. ब्रह्मपुत्र　　**B.** गोदावरी　　**C.** नर्मदा　　**D.** ताप्ती

Q.32 निम्नलिखित में से कौन सी जगह कृष्णा नदी के उद्गम स्थल पर स्थित है?

A. अमरकंटक　　**B.** बेतूल
C. महाबलेश्वर　　**D.** नासिक

Q.33 निम्नलिखित में से कौन-सा भाग पंचायती राज की तीन स्तरीय व्यवस्था के अंतर्गत नहीं आता है?

A. ग्राम स्तर　　**B.** ब्लॉक स्तर
C. तहसील स्तर　　**D.** जिला स्तर

Q.34 इनमें से किसके पास भारत में नागरिकता के अधिकार को विनियमित करने की शक्ति है?

A. यूनियन कैबिनेट　　**B.** संसद
C. सर्वोच्च न्यायालय　　**D.** विधि आयोग

Q.35 सिंधु घाटी सभ्यता के लोगों का मुख्य व्यवसाय क्या था?

A. कृषि　　**B.** युद्ध
C. शिकार　　**D.** मछली पकड़ना

Q.36 इनमें से किस मंदिर के, सामने के मंडपम को एक विशाल रथ के रूप में घोड़ों के द्वारा खींचा जा रहा है?

A. पटेश्वरम मंदिर
B. दारासुरम मंदिर
C. तंजावुरबृहदेश्वर मंदिर
D. थिरुवरुरथायगाराजा मंदिर

Q.37 गहरी कार्बन वेधशाला (DCO) के संदर्भ में, निम्नलिखित में से कौन सा कथन सही है / हैं?

1. यह पृथ्वी पर कार्बन की भूमिका को बढ़ाने के लिए वैश्विक अनुसंधान कार्यक्रम है।

2. यह गहरी माइक्रोबियल इकोसिस्टम की फील्ड टिप्पणियों का संचालन करता है।

नीचे दिए गए कोड का उपयोग करके सही उत्तर चुनें।

A. केवल 1
B. केवल 2
C. 1 और 2 दोनों
D. न तो 1 और न ही 2

Q.38 Direction: In the following question, a sentence is given in Direct/Indirect speech. Out of the four alternatives choose the one which best expresses the sentence in Indirect/Direct Speech.

Shilpa said to me, "May God bless you with children !"

A. Shilpa prayed that May God bless you with children.
B. Shilpa prayed that God may bless me with children.
C. Shilpa prayed that God might bless me with children.
D. Shilpa prayed that God might be bless me with children.

Q.39 Direction: Select the correct active/passive form of the given sentence.

The selection committee is looking over the resume.

A. The resume is being looked over by the selection committee.
B. The resume was being looking over by the selection committee
C. The resume has been looking over by the selection committee.
D. The resume is being looking over by the selection committee.

Q.40 Direction: Choose the appropriate option to fill in the blank and make the statement meaningful.

In the upcoming Budget, Government may _____ import duties on auto parts, electronics and electrical items.

A. raise **B.** rays **C.** rise **D.** raze

Q.41 Direction: In the following question, out of the four alternatives, select the word similar in meaning to the word given.

Cynicism

A. Conviction
B. Bitterness
C. Credence
D. Intuition

Q.42 Direction: Select the most appropriate meaning of the given idiom.

Know like the back of one's hand

A. To be unaware of the situation
B. To have detailed knowledge of something
C. To hit someone with the back of one's hand
D. To copy another's trade secrets

Q.43 Direction: Select the most appropriate ANTONYM of the given word.

DESPICABLE

A. Control
B. Reputable
C. Degrade
D. Digest

Q.44 Select the misspelt word.

A. Irritible **B.** Earnest **C.** Enmity **D.** Gallery

Q.45 Direction: Select the word which means the same as the group of words given.

To laugh at something in a cruel way

A. Deprive **B.** Deride **C.** Defy **D.** Decide

Q.46 Direction: Select the word which means the same as the group of words given.

Someone in love with himself

A. Philologist
B. Humanist
C. Narcissist
D. Philanthropist

Q.47 Direction: In the following question, sentences of a paragraph have been jumbled and labelled as A, B, C and D. You are required to rearrange the jumbled sentences of the paragraph and mark your response accordingly by selecting the correct option.

A: "Twenty years ago, this field disappeared.

B: The river took it," Mandal says, squinting over the coarse sands of his riverside farm.

C: I waited 16 years for the field to come back.

D: Mahendra Mandal explains what happened to his tomato field standing in its remains.

A. BDCA **B.** CBAD **C.** ACDB **D.** DABC

Ques (48-50):Direction: Read the passage given below and then answer the question given below the passage.

Economic norms theory links economic conditions with institutions of governance and conflict, distinguishing personal clientelist economies from impersonal market-oriented ones, identifying the latter with permanent peace within and between nations.

Through most of human history societies have been based on personal relations: individuals in groups know each other and exchange favors. Today in most lower-income societies hierarchies of groups distribute wealth based on personal relationships among group leaders, a process often linked with clientelism and corruption. Michael Mousseau argues that in this kind of socio-economy conflict is always present, latent or overt, because individuals depend on their groups for physical and economic security and are thus loyal to their groups rather than their states, and because groups are in a constant state of conflict over access to state coffers. Through processes of bounded rationality, people are conditioned towards strong in-group identities and are easily swayed to fear outsiders, psychological predispositions that make possible sectarian violence, genocide, and terrorism.

Market-oriented socio-economies are integrated not with personal ties but the impersonal force of the market where most individuals are economically dependent on trusting strangers in contracts enforced by the state. This creates loyalty to a state that enforces the rule of law and contracts impartially and reliably and provides equal protection in the freedom to contract – that is, liberal democracy. Wars cannot happen within or between nations with market-integrated economies because war requires the harming of others, and in these kinds of economies everyone is always economically better off when others in the market are also better off, not worse off. Rather than fight, citizens in market-oriented socio-economies care deeply about everyone's rights and welfare, so they demand economic growth at home and economic cooperation and human rights abroad. In fact, nations with market-oriented socio-economies tend to agree on global issues and not a single fatality has occurred in any dispute between them.

Economic norms theory should not be confused with classical liberal theory. The latter assumes that markets are natural and that freer markets promote wealth. In contrast, Economic norms theory shows how market-contracting is a learned norm, and state spending, regulation, and redistribution are necessary to ensure that almost everyone can participate in the "social market" economy, which is in everyone's interests. One proposed mechanism for world peace involves consumer purchasing of renewable and equitable local food and power sources involving artificial photosynthesis ushering in a period of social and ecological harmony known as the Sustainocene.

Q.48 Why is impersonal market oriented economy favored over personal clientelist economy?

A. It generates more revenue for the nation.

B. It is more productive for the nation.

C. It promotes peace within nations.

D. It is liked by the government.

Q.49 Why does Michael Mousseau argue that in personal clientelist socio-economy conflict is always present?

A. Because this kind of economy is mean to the world

B. Because citizens care a lot about each other

C. Because individuals create loyalty towards state

D. Because individuals are loyal to their groups and in conflict with state

Q.50 Which of the following is most similar in meaning to the word 'fatality' as given in the passage?

A. Casualty

B. Horrendous

C. Useless

D. Superficial

Numerical Aptitude

Q.51 एक परीक्षा में 37% छात्र फ्रेंच में, 58% छात्र संस्कृत में और 8% छात्र दोनों विषयों में उत्तीर्ण होते हैं। तो फ्रेंच और संस्कृत दोनों में कितने प्रतिशत छात्र उत्तीर्ण नहीं हो सके?

A. 13%　　**B.** 8%　　**C.** 21%　　**D.** 50%

Q.52 135 विद्यार्थियों की कक्षा में, लड़कों की संख्या लड़कियों से दोगुनी है। फाइनल परीक्षा में लड़कों का $\frac{1}{6}$ भाग और लड़कियों का $\frac{1}{3}$ भाग अनुत्तीर्ण हो जाते हैं। तो परीक्षा में उत्तीर्ण होने वाले विद्यार्थियों का प्रतिशत ज्ञात कीजिये।

A. 75%　　**B.** 71.45%　　**C.** 77.78%　　**D.** 81.23%

Q.53 धनराशि चक्रवृद्धि ब्याज की दर से 3 वर्षों के बाद 3345 रुपये और 4 वर्षों के बाद 4014 रुपये हो जाती है। ब्याज की वार्षिक दर ज्ञात कीजिये।

A. 18

B. 15

C. 12

D. इनमें से कोई नहीं

Q.54 रु. 2000 का कुछ भाग 10% साधारण ब्याज दर से तथा कुछ भाग 20% साधारण ब्याज दर से उधार दिया गया था। 3 वर्षों पश्चात् प्राप्त कुल ब्याज रु. 750 है। 10% पर दी गयी राशि का 20% पर दी गयी राशि के साथ अनुपात क्या होगा?

A. 5 : 9　　**B.** 5 : 1　　**C.** 6 : 1　　**D.** 3 : 1

Q.55 आकाश ने एक वस्तु बेचीं और उस वस्तु के विक्रय मूल्य के 30% के बराबर लाभ अर्जित किया। उसका वास्तविक लाभ प्रतिशत ज्ञात कीजिए।

A. 35　　**B.** 43　　**C.** 52　　**D.** 39

Q.56 बेडशीट का अंकित मूल्य 1500 रुपये है। एक ग्राहक इसके लिए 1173 रुपये भुगतान करता है। यदि ग्राहक को क्रमिक दो छूट मिली और पहली छूट 15% है तो दूसरी छूट ज्ञात कीजिए।

A. 15%　　**B.** 7%　　**C.** 9%　　**D.** 8%

Q.57 अर्जुन और प्रतीक के पास 7 : 9 के अनुपात में टॉफियां हैं। यदि अर्जुन को 32 और टॉफ़ी दी जाती हैं, तो टॉफ़ी की संख्या का अनुपात उलट जाता है। अर्जुन को 10 : 7 का अनुपात बनाने के लिए कितने टॉफ़ी दी गई होंगी?

A. 41　　**B.** 43　　**C.** 46　　**D.** 47

Q.58 एक धनराशि को A, B, C और D के बीच 6 : 8 : 3 : 3 के अनुपात में विभाजित किया जाना है। यदि A को C से 1500 रुपए अधिक मिलते हैं तो A और B के हिस्से के बीच का अंतर ज्ञात करें।

A. 950　　**B.** 990　　**C.** 1000　　**D.** 1100

Q.59 A, B और C क्रमशः 10, 12 और 15 दिनों में एक काम पूरा कर सकते हैं। यदि काम पूरा होने से 5 दिन पहले A काम छोड़ देता है और A के दो दिन बाद B छोड़ देता है, तो उन दिनों की संख्या ज्ञात करें जब काम पूरा हो जाएगा।

A. 8　　**B.** 9　　**C.** 7　　**D.** 5

Q.60 A एक काम को उसी समय में पूरा कर सकता है जिसमें B और C एक साथ कर सकते हैं। यदि इसे A और B एक साथ 10 दिनों में और C अकेले 50 दिनों में कर सकता है, B अकेले पूरा काम कितने दिनों में करेगा?

A. 25 दिन　　**B.** 28 दिन　　**C.** 29 दिन　　**D.** 30 दिन

Q.61 50 विद्यार्थियों की एक कक्षा में, 20 विद्यार्थियों का औसत 70 था और शेष विद्यार्थियों का औसत 50 था। कक्षा का औसत कितना है?

A. 70　　**B.** 85　　**C.** 58　　**D.** 20

Q.62 22 खिलाडी और उनके प्रशिक्षक की औसत उम्र 25 वर्ष है। जब प्रशिक्षक की उम्र हटा दी जाती हैं, औसत उम्र 2 वर्ष से कम हो जाती है। प्रशिक्षक की उम्र क्या है?

A. 55 वर्ष　　**B.** 69 वर्ष　　**C.** 60 वर्ष　　**D.** 73 वर्ष

Ques (63-66):निर्देश: दी गई तालिका में आँकड़ों का अध्ययन कीजिए और प्रश्न का उत्तर दीजिए।

नीचे दी गई तालिका वर्ष 2009 और 2019 में विभिन्न भारतीय शहरों में स्थित आईटी कंपनियों में नौकरी रिक्तियों के प्रतिशत (%) वितरण पर आंकड़े प्रदान करती है, वर्ष 2009 में, रिक्तियों की कुल संख्या 5.4 लाख थी और वर्ष 2019 में, यह 8.6 लाख थी।

शहर	नौकरी रिक्तियों का प्रतिशत (%)	
	2009	**2019**
बैंगलोर	15	22
हैदराबाद	10	8
पुणे	12	6
मुंबई	10	18
चेन्नई	8	10
एनसीआर	21	20
अन्य शहर	24	16

Q.63 वर्ष 2019 और 2009 में बैंगलोर शहर में उपलब्ध रिक्तियों की संख्या में क्या अंतर है?

A. 108200　　**B.** 113120　　**C.** 118400　　**D.** 96400

Q.64 हैदराबाद शहर में वर्ष 2009 और 2019 में उपलब्ध रिक्तियों की औसत संख्या क्या है?

A. 41080 **B.** 42740 **C.** 58610 **D.** 61400

Q.65 वर्ष 2009 में चेन्नई शहर में और वर्ष 2019 में मुंबई में उपलब्ध रिक्तियों की कुल संख्या क्या है?

A. 2.16 लाख **B.** 2.04 लाख
C. 1.98 लाख **D.** 1.92 लाख

Q.66 यदि वर्ष 2019 में पुणे शहर में रिक्तियों की संख्या 48000 है और प्रतिशत वितरण तालिका में दिए गए के समान है। तो 2019 में एनसीआर में उपलब्ध रिक्तियों की संख्या कितनी है?

A. 1.2 लाख **B.** 1.32 लाख
C. 1.48 लाख **D.** 1.6 लाख

Q.67 यदि कोई व्यक्ति 48 किमी/घंटा की गति के साथ कार द्वारा A से B तक जाता है। यदि वह वापसी की यात्रा में अपनी गति में 25% की वृद्धि करता है, तो वह अपने मूल समय से 30 मिनट पहले पहुंचता है। पूरी यात्रा के दौरान उसके द्वारा तय की गई कुल दूरी ज्ञात कीजिये?

A. 120 किमी **B.** 150 किमी **C.** 240 किमी **D.** 260 किमी

Q.68 500 किमी की यात्रा पूरी करने में एक कार और बाइक को एक साथ दस घंटे लगते हैं। यदि 200 किमी कार द्वारा तय किया जाता है, तो कार की गति 30 किमी/घंटा है और बाकी की यात्रा बाइक द्वारा की जाती है। तो बाइक की गति ज्ञात कीजिये ।

A. 60 किमी/घंटा **B.** 70 किमी/घंटा
C. 80 किमी/घंटा **D.** 90 किमी/घंटा

Q.69 दो सकारात्मक संख्याओं के लघुत्तम समापवर्तक और महत्तम समापवर्तक का गुणनफल 375 है। दो संख्याओं का अंतर 10 है। छोटी संख्या ज्ञात कीजिए ।

A. 10 **B.** 15 **C.** 25 **D.** 30

Q.70 वह न्यूनतम संख्या कौन सी है, जो पूर्ण वर्ग है और साथ ही 10, 12, 15 और 18 से विभाज्य है?

[Rajasthan Teachers Eligibility Test - Level 1 Primary Level (RTET), 2015]

A. 3600 **B.** 2500 **C.** 1600 **D.** 900

Q.71 $\dfrac{1}{20\times21}+\dfrac{1}{21\times22}+\dfrac{1}{22\times23}+\cdots+\dfrac{1}{119\times120}=?$

A. $\dfrac{1}{24}$ **B.** $\dfrac{5}{20}$ **C.** $\dfrac{3}{23}$ **D.** $\dfrac{1}{15}$

Q.72 $\dfrac{5}{8}$ को दशमलव में बदलिए।

A. 0.58 **B.** 0.625 **C.** 0.875 **D.** 0.058

Q.73 आरोही क्रम में निम्न भिन्नों की व्यवस्था ज्ञात कीजिए।

$$\dfrac{1}{3}, \dfrac{3}{4}, \dfrac{2}{5}, \dfrac{6}{7}$$

A. $\dfrac{1}{3}, \dfrac{3}{4}, \dfrac{2}{5}, \dfrac{6}{7}$ **B.** $\dfrac{6}{7}, \dfrac{2}{5}, \dfrac{3}{4}, \dfrac{1}{3}$

C. $\dfrac{1}{3}, \dfrac{2}{5}, \dfrac{3}{4}, \dfrac{6}{7}$ **D.** $\dfrac{6}{7}, \dfrac{3}{4}, \dfrac{2}{5}, \dfrac{1}{3}$

Q.74 $5\dfrac{3}{4}+?+2\dfrac{1}{2}=10\dfrac{1}{8}$ को हल कीजिए ।

A. $1\dfrac{7}{8}$ **B.** $2\dfrac{7}{8}$ **C.** $2\dfrac{1}{4}$ **D.** $1\dfrac{7}{6}$

Q.75 यदि भिन्न $\dfrac{8}{5}, \dfrac{7}{2}, \dfrac{9}{4}, \dfrac{5}{4}, \dfrac{4}{5}$ उनके मानों के अवरोही क्रम में व्यवस्थित होते हैं, कौन सा चौथा होगा?

A. $\dfrac{4}{5}$ **B.** $\dfrac{8}{5}$ **C.** $\dfrac{9}{5}$ **D.** $\dfrac{5}{4}$

Specialised Topic

Q.76 ABC विश्लेषण __________ पर आधारित इन्वेंट्री के विश्लेषण के लिए उपयोगी है।

A. उनकी गुणवत्ता **B.** उनके उपयोग और मान
C. भौतिक मात्रा पर **D.** उपरोक्त सभी

Q.77 ABC विश्लेषण का उपयोग ___________ में किया जाता है।

A. इन्वेंट्री प्रबंधन **B.** प्राप्य प्रबंधन
C. लेखांकन नीतियां **D.** निगम संचालन

Q.78 ABC विश्लेषण __________ की एक तकनीक है।

A. इन्वेंटरी नियंत्रण **B.** इन्वेंटरी मूल्यांकन
C. इन्वेंटरी लेना **D.** निवेश का मूल्यांकन

Q.79 ABC विश्लेषण में 'B' वर्ग में _______ वाले आइटम होते हैं।

A. सटीक रिकॉर्ड **B.** अच्छे रिकॉर्ड
C. न्यूनतम रिकॉर्ड **D.** कोई रिकॉर्ड नहीं

Q.80 ABC विश्लेषण में C वर्ग में _______ वाले आइटम होते हैं।

A. सटीक रिकॉर्ड **B.** अच्छे रिकॉर्ड
C. न्यूनतम रिकॉर्ड **D.** कोई रिकॉर्ड नहीं

Q.81 कच्चे माल और WIP को _______ के तहत वर्गीकृत किया जा सकता है।

A. अप्रत्यक्ष सामग्री **B.** प्रत्यक्ष सामग्री
C. तैयार सामग्री **D.** मानक भागों

Q.82 _______ सही गुणवत्ता ,सही मात्रा में, सही समय पर और सही कीमत पर सामान खरीदने का काम है।

A. आपूर्ति **B.** क्रय
C. छानबीन **D.** इनमे से कोई भी नहीं

Q.83 क्रय जिम्मेदारियों को खरीदना, लिपिकीय और _______ विभाजन में विभाजित किया जा सकता है।

A. पैकिंग **B.** यातायात **C.** अभिलेख **D.** पालन करें

Q.84 _______ उत्पादन के विभिन्न स्तरों पर सामग्रियों के ऑर्डर और उपयोग की योजना बनाने और इन लेनदेन के दौरान शेयरों की निगरानी के लिए वैज्ञानिक तकनीक है।

A. MPS **B.** MRP
C. BOM **D.** इनमे से कोई भी नहीं

Q.85 _______ सामग्री प्रबंधन का पहला चरण है।

A. क्रय **B.** विपणन **C.** ब्रांडिंग **D.** विज्ञापन

Q.86 डेटाबेस प्रबंधन प्रणाली (DBMS) एक __________ ।

A. हार्डवेयर सिस्टम है जिसका उपयोग डेटाबेस को नियंत्रित करने, बनाए रखने और पहुंच प्रदान करने के लिए किया जाता है

B. हार्डवेयर सिस्टम है जिसका उपयोग डेटाबेस को बनाने, बनाए रखने और अनियंत्रित पहुंच प्रदान करने के लिए किया जाता है

C. सॉफ्टवेयर सिस्टम है जिसका उपयोग डेटाबेस को बनाने, बनाए रखने और अनियंत्रित पहुँच प्रदान करने के लिए किया जाता है

D. उपरोक्त सभी

Q.87 डेटाबेस का कार्य _______ है ।

A. सभी इनपुट डेटा की जांच करना
B. सभी वर्तनी की जाँच करना
C. इनपुट डेटा एकत्र और व्यवस्थित करना
D. डेटा आउटपुट करना

Q.88 _________ वर्णन करता है कि डेटाबेस फ़ील्ड क्या है।

A. स्ट्रक्चर

B. फ़ील्ड मार्कर

C. फ़ील्ड डेफिनेशन

D. फ़ील्ड नेम्स

Q.89 एक _________ डेटा का एक संग्रह है जिसे इलेक्ट्रॉनिक रूप से एक तालिका में रिकॉर्ड की एक श्रृंखला के रूप में संग्रहीत किया जाता है।

A. स्प्रेडशीट

B. प्रेज़ेंटेशन

C. डेटाबेस

D. वेब पेज

Q.90 डेटा के बारे में, कंप्यूटर _____ करने में बहुत अच्छे हैं।

A. स्टोर

B. प्रोसेसिंग

C. रिट्रीव

D. उपरोक्त सभी

Q.91 _____ डेटाबेस में, डेटा को नोड्स के साथ ट्री के रूप में व्यवस्थित किया जाता है।

A. हेरारिकल

B. रिलेशनल

C. नेटवर्क

D. इनमे से कोई भी नहीं

Q.92 डाउनटाइम लागत में निम्न शामिल हैं:

A. उत्पादन की हानि

B. श्रमिकों को मजदूरी का भुगतान

C. बिक्री में कमी

D. उपरोक्त सभी

Q.93 एक इलेक्ट्रिक मोटर का बेल्ट टूट गया है, इसे _________ की आवश्यकता है।

A. सुधारात्मक रखरखाव

B. अनुसूचित रखरखाव

C. निवारक रखरखाव

D. समय पर रखरखाव

Q.94 भविष्य की निर्दिष्ट अवधि के लिए अग्रिम में खरीद को _____ कहा जाता है।

A. बाजार की खरीद

B. समूह खरीद

C. नौकरी की खरीद

D. अग्रिम क्रय

Q.95 प्राथमिक-धातु उद्योग में निवारक रखरखाव और कुल रखरखाव का अनुपात क्या है?

A. 1: 1.27 पुरुष

B. 1: 2.17 पुरुष

C. 1: 2.37 पुरुष

D. 1: 3.17 पुरुष

Q.96 निम्नलिखित में से किसे सुरक्षा उपकरणों में नहीं गिना जाता है?

A. वैक्यूम रिलीवर

B. एलार्म

C. फ्लैशबैक अरेस्टर्स

D. टेम्परेचर रिलीवर

Q.97 निम्नलिखित में से किसे आवधिक निरीक्षण में नहीं गिना जाता है?

A. टियर डाउन

B. ओवरहाल

C. तेल के जलने की जाँच

D. भागों के प्रतिस्थापन

Q.98 EOQ का पूर्ण रूप क्या है।

A. Economic order quantity

B. Equal order quantity

C. Essential order quantity

D. None of the above

Q.99 DBMS में, 'तालिका' शब्द से तात्पर्य है:

A. गुण या अभिलेख

B. अभिलेखों का भौतिक पता

C. (A) और (B) दोनों

D. संबंध

Q.100 DBMS में कॉलम के रिकॉर्ड को _____ कहा जाता है।

A. टपल

B. मैट्रिक्स

C. फील्ड

D. लेबल

// स्मार्ट उत्तर पुस्तिका //

सही उत्तर	उन छात्रों का प्रतिशत जिन्होंने प्रश्नों का सही उत्तर दिया था।	छोड़ दिया	उन छात्रों का प्रतिशत जिन्होंने प्रश्नों को छोड़ दिया था।

प्रश्न संख्या	उत्तर	सही उत्तर %	छोड़ दिया %
1	A	83.84 %	10.16 %
2	A	84.05 %	10.94 %
3	D	87.78 %	10.78 %
4	B	79.44 %	12.04 %
5	A	65.92 %	33.52 %
6	B	48.63 %	45.37 %
7	D	79.78 %	14.04 %
8	B	81.67 %	16.8 %
9	A	81.55 %	16.23 %
10	C	67.57 %	30.73 %
11	D	53.05 %	31.04 %
12	C	84.87 %	10.04 %
13	A	57.36 %	40.65 %
14	C	82.12 %	12.98 %
15	C	83.11 %	11.64 %
16	A	53.96 %	41.9 %
17	D	61.93 %	36.39 %

प्रश्न संख्या	उत्तर	सही उत्तर %	छोड़ दिया %
18	D	84.64 %	12.74 %
19	D	89.93 %	10.03 %
20	A	83.26 %	14.65 %
21	A	63.1 %	31.91 %
22	C	60.78 %	38.46 %
23	C	67.56 %	32.21 %
24	C	44.01 %	55.15 %
25	C	80.69 %	15.11 %
26	D	16.88 %	80.03 %
27	A	89.55 %	10.3 %
28	A	55.68 %	33.76 %
29	C	80.41 %	11.13 %
30	C	76.42 %	22.1 %
31	C	77.01 %	12.2 %
32	C	49.89 %	42.06 %
33	C	89.9 %	10.08 %
34	B	66.65 %	32.39 %

प्रश्न संख्या	उत्तर	सही उत्तर %	छोड़ दिया %
35	A	88.94 %	10.31 %
36	B	79.6 %	19.46 %
37	C	78.93 %	17.97 %
38	C	77.11 %	12.77 %
39	A	89.11 %	10.46 %
40	A	49.19 %	43.15 %
41	B	58.66 %	36.83 %
42	B	56.51 %	31.44 %
43	B	51.73 %	30.82 %
44	A	54.91 %	34.23 %
45	B	88.31 %	11.53 %
46	C	79.19 %	15.86 %
47	D	43.58 %	39.0 %
48	C	80.69 %	18.1 %
49	C	83.12 %	13.97 %
50	A	81.0 %	10.25 %
51	A	81.01 %	16.85 %

प्रश्न संख्या	उत्तर	सही उत्तर %	छोड़ दिया %
52	C	59.76 %	32.54 %
53	D	67.54 %	30.66 %
54	D	53.08 %	42.93 %
55	B	89.35 %	10.63 %
56	D	42.98 %	56.9 %
57	A	64.62 %	31.53 %
58	C	40.45 %	45.56 %
59	C	68.47 %	31.25 %
60	A	81.48 %	14.38 %
61	C	52.71 %	43.12 %
62	B	57.82 %	40.97 %
63	A	69.81 %	30.14 %
64	D	44.86 %	49.03 %
65	B	82.11 %	13.45 %
66	D	65.19 %	31.36 %
67	C	68.06 %	30.64 %
68	D	80.08 %	12.71 %

प्रश्न संख्या	उत्तर	सही उत्तर %	छोड़ दिया %
69	B	60.53 %	33.53 %
70	D	77.95 %	20.51 %
71	A	41.04 %	39.55 %
72	B	64.87 %	33.1 %
73	C	85.38 %	10.73 %
74	A	54.16 %	35.26 %
75	D	50.82 %	32.48 %
76	B	44.53 %	45.92 %
77	A	56.78 %	36.17 %
78	A	65.06 %	34.19 %
79	B	68.93 %	30.31 %
80	C	67.84 %	30.55 %
81	B	44.86 %	49.03 %
82	B	80.16 %	10.24 %
83	B	76.66 %	10.12 %
84	B	62.42 %	34.32 %
85	A	47.44 %	34.11 %

प्रश्न संख्या	उत्तर	सही उत्तर %	छोड़ दिया %
86	D	68.97 %	30.49 %
87	C	77.15 %	21.62 %
88	D	45.99 %	51.04 %
89	C	84.8 %	12.4 %
90	D	85.38 %	13.33 %
91	A	77.47 %	15.79 %
92	D	82.14 %	13.84 %
93	A	81.34 %	16.58 %
94	D	83.61 %	15.95 %
95	C	89.19 %	10.07 %
96	D	62.04 %	33.07 %
97	C	50.26 %	34.69 %
98	A	76.78 %	16.71 %
99	C	80.08 %	18.78 %
100	C	84.81 %	13.4 %

//संकेत और समाधान//

1. सूप बाउल में दिया जाता है।

इसी तरह, चाय को कप में दिया जाता है।

अत: विकल्प (A) सही है ।

2. समद्विबाहु एक प्रकार का त्रिभुज है।

इसी तरह, आयत एक प्रकार का चतुर्भुज है।

अत: विकल्प (A) सही है ।

3. यहां अनुसरित तर्क है,

पहली संख्या × 7 = दूसरी संख्या

9 × 7 = 63

6 × 7 = 42

8 × 7 = 56

5 × 8 = 40

विकल्प (D) को छोड़कर सभी के तर्क समान हैं।

अत: विकल्प (D) सही है ।

4. गौरैया को छोड़कर सभी (ईगल, बाज, गिद्ध) मुर्दाखोर हैं।

अत: विकल्प (B) सही है ।

5. निम्नलिखित प्रतीकों का उपयोग करके वंश वृक्ष को तैयार करने पर:

चित्र में प्रतीक	अर्थ
◯	महिला
▢	पुरुष
═	शादीशुदा जोड़ा
─	भाई-बहन
│	एक पीढ़ी का प्रसार

संभावित वंश वृक्ष आरेख होगा:

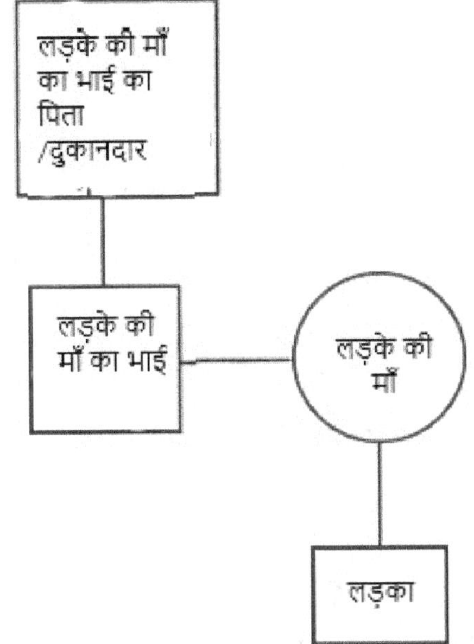

इसलिए, लड़का, दुकानदार का नाती है।

अत: विकल्प (A) सही है ।

6. निम्नलिखित प्रतीकों का उपयोग करके वंश वृक्ष को तैयार करने पर:

चित्र में प्रतीक	अर्थ
◯	महिला
▢	पुरुष
═	शादीशुदा जोड़ा
─	भाई-बहन
│	एक पीढ़ी का प्रसार

संभावित वंश वृक्ष आरेख होगा:

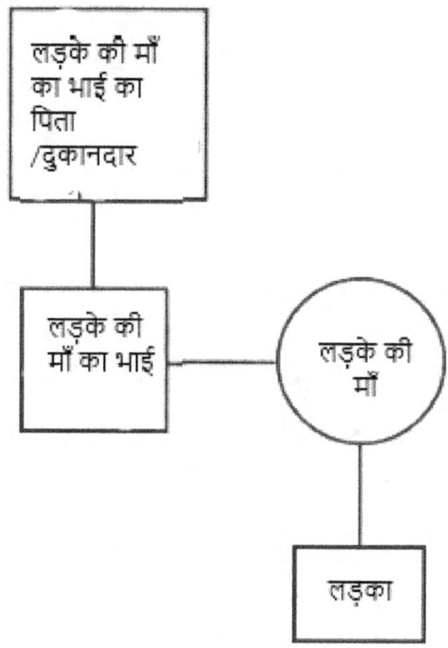

इसलिए, तस्वीर में पुरुष, रोहित का भाई है।

अत: विकल्प (B) सही है।

7. आंकड़ा लेबल किया जा सकता है:

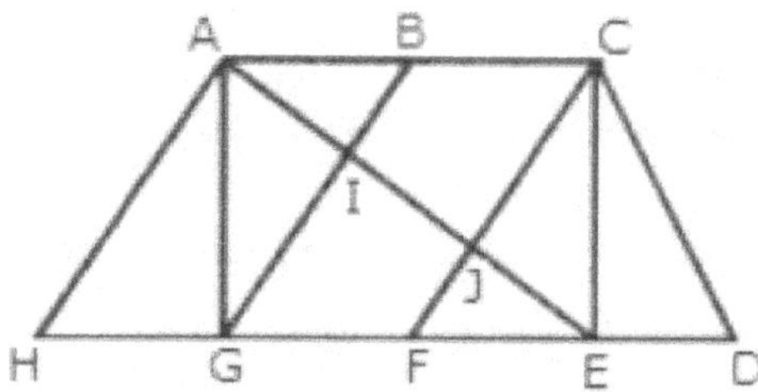

सबसे सरल त्रिभुज AHG, AIG, AIB, JFE, CJE और CED यानी संख्या में 6 हैं।

प्रत्येक दो घटकों से बने त्रिकोण ABG, CFE, ACJ और EGI हैं अर्थात् संख्या में 4 हैं।

तीन घटकों से बने त्रिकोण ACE, AGE और CFD अर्थात् संख्या में 3 हैं।

केवल एक त्रिभुज है यानी AHE चार घटकों से बना है।

इसलिए, दिए गए आंकड़े में 6 + 4 + 3 + 1 = 14 त्रिकोण हैं।

अत: विकल्प (D) सही है।

8. आंकड़ा लेबल किया जा सकता है:

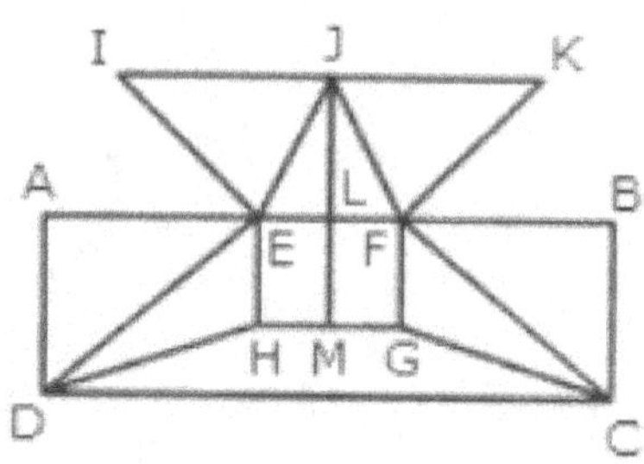

क्षितिज रेखाएँ IK, AB, HG और DC हैं अर्थात् संख्या में 4 हैं।

ऊर्ध्वाधर रेखाएँ AD, EH, JM, FG और BC हैं अर्थात् संख्या में 5 है।

तिरछी रेखाएँ IE, JE, JF, KF, DE, DH, FC और GC हैं अर्थात् संख्या में 8 है।

इस प्रकार, आकृति में 4 + 5 + 8 = 17 सीधी रेखाएं हैं।

अत: विकल्प (B) सही है।

9. पहला पद = 10

दूसरा पद = 100 = 10 + 90

तीसरा पद = 200 = 100 + 100

चौथा पद = 310 = 200 + 110

पांचवा पद = 430 = 310 + 120

अत: विकल्प (A) सही है।

10. (8 × 3) + 4 = 28

(28 × 4) + 4 = 116

(116 × 5) + 4 = 584

(584 × 6) + 4 = 3508

अत: विकल्प (C) सही है।

11. चूंकि एलीन के पति को फैंसी रेस्टोरेंट पसंद नहीं हैं, इसलिए विकल्प (A) और (C) को खारिज किया जा सकता है। विकल्प (B), हालांकि कैजुअल नहीं प्रतीत होता है, क्योंकि यह उस विशेष और यादगार शाम की तरह होगा जो एलीन की तलाश में है। विकल्प (D), जो एक पूर्व बेसबॉल स्टार के स्वामित्व में है और "आकर्षक" और "बेसबॉल क्लबहाउस की याद दिलाता है" के रूप में वर्णित है, एलीन के पति के लिए एकदम सही लगता है, जिसे बेसबॉल प्रशंसक और साधारण स्वाद वाले एक व्यक्ति के रूप में वर्णित किया गया है।

अत: विकल्प (D) सही है।

12. ममता को इस पद के लिए चुना जाएगा क्योंकि वह सभी मानदंडों को पूरा करती हैं।

अत: विकल्प (C) सही है।

13. चूँकि उसके पास B.Ed में 53% अंक हैं, लेकिन क्या आर्ट्स में मैथ्स ग्रेजुएशन के साथ 80% अंक हासिल किए हैं, इसलिए उसके मामले को प्रिंसिपल के पास भेजा जाना चाहिए।

अत: विकल्प (A) सही है।

14.

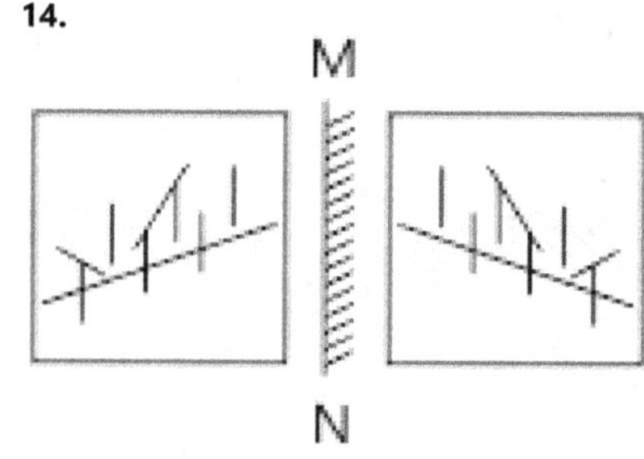

अत: विकल्प (C) सही है।

15.

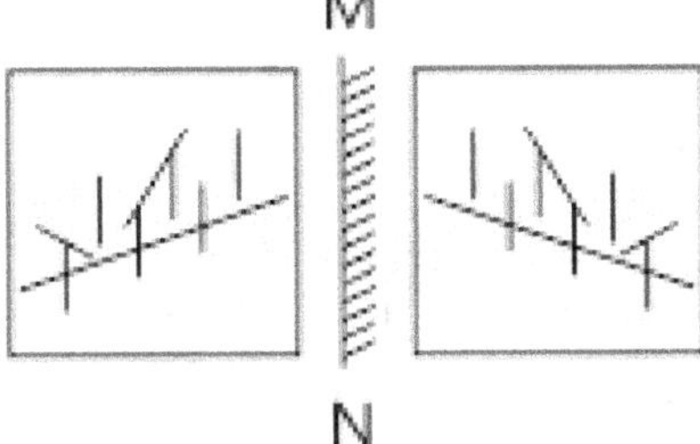

अतः विकल्प (C) सही है।

16. विषम संख्या वाले आंकड़े समान हैं और समान संख्या वाले आंकड़े समान हैं। इस प्रकार, उसी क्रम में, उत्तर आंकड़ा 1 होना चाहिए।

अत: विकल्प (A) सही है।

17. नीचे का तत्व 180 डिग्री के माध्यम से घुमाया जाता है।

फिर, घड़ी की दिशा में दो तत्वों को 180 डिग्री के माध्यम से घुमाया जाता है।

तीसरे चरण में, दाईं ओर का तत्व 180 डिग्री तक घुमाया जाता है।

इस प्रकार, अगले को दक्षिणावर्त दिशा में अगले दो तत्वों के रोटेशन को 180 डिग्री से घुमाया जाना चाहिए।

अत: विकल्प (D) सही है।

18. सुंदर की तुलना में राजू के पास भूमि का अधिक हिस्सा है किंतु यह हिस्सा प्रेम के हिस्से की तुलना में कम है।

प्रेम > राजू > सुंदर

हरि के पास का हिस्सा सुंदर के भूमि के हिस्से की तुलना में कम है।

प्रेम > राजू > सुंदर > हरि

ओमपाल के पास भूमि का सबसे कम हिस्सा है।

प्रेम > राजू > सुंदर > हरि > ओमपाल

इसलिए, भूमि के सबसे बड़े हिस्से का मालिक प्रेम है।

अत: विकल्प (D) सही है।

19. दोनों पासाओं में, '2' और '1' फलक सामान्य हैं, इसलिए '5' '4' के विपरीत है।

तो, संख्या 5 के साथ चेहरे के विपरीत संख्या पर '4' दिखाई देगा।

अत: विकल्प (D) सही है।

20.

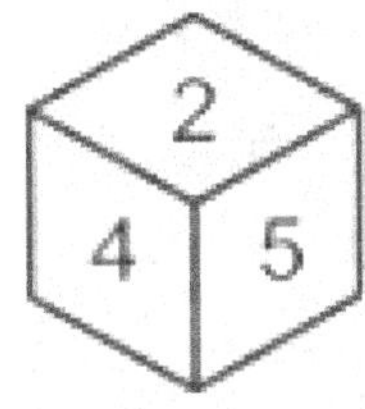 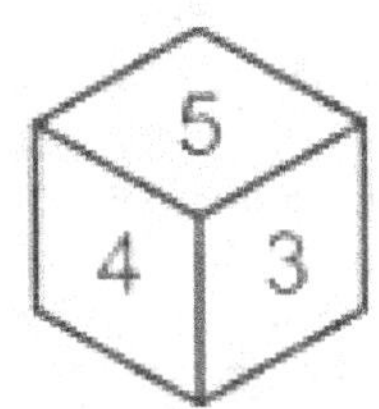

ऊपर दिखाए गए दो पासे में, 4 और 5 सामान्य फलक हैं, इसलिए '3' '2' के विपरीत है।

इसलिए, '3', '2' दिखाने वाले फलक के विपरीत होगा।

अत: विकल्प (A) सही है।

21. माना पिता की आयु x और पुत्र की आयु y है।

फिर, x - y = y या x = 2y

अब, x = 36 तो, 2y = 36 या y = 18

इसलिए बेटे की वर्तमान आयु = 18 वर्ष

तो, बेटे की उम्र 5 साल पहले = 13 साल

अत: विकल्प (A) सही है।

22. माना आज वरुण की उम्र = x वर्ष

फिर, वरुण की आयु 1 वर्ष के बाद = (x + 1) वर्ष

इसलिए, x + 1 = 2 (x - 12)

$\Rightarrow$ x + 1 = 2x - 24

$\Rightarrow$ x = 25

अत: विकल्प (C) सही है।

23. लड़कियां $= \dfrac{3}{5}$

लड़के $= \left(1 - \dfrac{3}{5}\right) = \dfrac{2}{5}$

अनुपस्थित छात्रों की भिन्न $= \dfrac{2}{9}$ of $\dfrac{3}{5} + \dfrac{1}{4}$ of $\dfrac{2}{5} = \dfrac{6}{45} + \dfrac{1}{10} = \dfrac{21}{90} = \dfrac{7}{30}$

$\therefore$ अनुपस्थित छात्रों की भिन्न $= \left(1 - \dfrac{7}{30}\right) = \dfrac{23}{30}$

अत: विकल्प (C) सही है।

24. स्पष्ट रूप से, 1 से 100 तक, ग्यारह संख्याएँ हैं जिनमें 3 इकाई अंक के रूप में है - **3, 13, 23, 33, 43, 53, 63, 73, 83, 93** और नौ संख्याएँ है जिनमें 3 का दहाई का अंक है - **30, 31, 32, 34, 35, 36, 37, 38, 39**

इसलिए, अभीष्ट संख्या = 11 + 9 = 20

अत: विकल्प (C) सही है।

25. माना लड़कियों की संख्या x है और लड़कों की संख्या 3x है।

फिर,

छात्रों की कुल संख्या = 3x + x = 4x

इस प्रकार, x का सटीक मान ज्ञात करने के लिए, छात्रों की कुल संख्या 4 से विभाज्य होनी चाहिए।

अत: विकल्प (C) सही है।

26. पुरस्कार के पहले प्राप्तकर्ता भालचंद्र भास्कर भागवत (कुश्ती), ओम प्रकाश भारद्वाज (बॉक्सिंग) और ओ. एम. नाम्बियार (एथलेटिक्स) थे, जिन्हें 1985 में सम्मानित किया गया था।

द्रोणाचार्य पुरस्कार:

- प्रतिष्ठित अंतर्राष्ट्रीय खेल स्पर्धाओं में पदक विजेता का निर्माण करने के लिए 1985 में प्रतिष्ठित कोचों को सम्मानित करने के लिए इसे स्थापित किया गया था।
- वर्ष 2020 के लिए प्राप्त पुरस्कारों की सूची।

A. जीवन- समय श्रेणी

1. धर्मेंद्र तिवारी (तीरंदाजी)
2. पुरुषोत्तम राय (एथलेटिक्स)
3. शिव सिंह (मुक्केबाजी)

4. रोमेश पठानिया (हॉकी)

5. कृष्ण कुमार हुड्डा (कबड्डी)

6. विजय भालचंद्र मुनीश्वर (पैरा पावरलिफ्टिंग)

7. नरेश कुमार (टेनिस)

8. ओम प्रकाश दहिया (कुश्ती)

B. नियमित श्रेणी

1. जूड फेलिक्स सेबेस्टियन (हॉकी)

2. योगेश मालवीय (मल्लखंब)

3. जसपाल राणा (शूटिंग)

4. कुलदीप कुमार हांडू (वुशू)

5. गौरव खन्ना (पैरा बैडमिंटन)

अत: विकल्प (D) सही है।

27. जनता के बीच मुद्रा नोटों को प्रसारित करने की जिम्मेदारी आरबीआई के पास निहित है। करेंसी चेस्ट भारतीय रिज़र्व बैंक द्वारा रुपये और सिक्कों को स्टॉक करने के लिए नामित चुनिंदा बैंकों की शाखाएँ हैं।

अत: विकल्प (A) सही है।

28. इंश्योरेंस रेगुलेटरी एंड डेवलपमेंट अथॉरिटी ऑफ इंडिया (IRDAI) ने एक "मानक" उत्पाद - सरल जीवन बीमा के लिए दिशानिर्देश जारी किए हैं। इसमें उन नियमों और शर्तों, लाभों और सुविधाओं को निर्दिष्ट किया गया है, जिन्हें जीवन बीमा कंपनियों को शामिल करना चाहिए। इसके अनुसार, आपको सभी बीमाकर्ताओं से एक ही उत्पाद मिलेगा, और विभिन्न योजनाओं के बीच भिन्नताओं का विश्लेषण या समझना नहीं होगा।

अत: विकल्प (A) सही है।

29. अनुच्छेद 17 अस्पृश्यता को समाप्त करता है और किसी भी रूप में इसके अभ्यास को मना करता है। भारतीय संसद ने 1955 में एक अस्पृश्यता (अपराध) अधिनियम पारित किया। अनुच्छेद 17 "महात्मा गांधी की जय" के नारे के साथ घटक विधानसभा द्वारा अपनाया गया था 'अस्पृश्यता' शब्द को संविधान या अधिनियम में परिभाषित नहीं किया गया है।

अत: विकल्प (C) सही है।

30. भारतीय संविधान में पहला संशोधन 1951 में बनाया गया था। 1951 में लागू संविधान (प्रथम संशोधन) अधिनियम, 1951 ने भारतीय संविधान के मौलिक अधिकारों के प्रावधानों में कई बदलाव किए। इस संशोधन में बोलने और अभिव्यक्ति की स्वतंत्रता के दुरुपयोग, जमींदारी उन्मूलन कानूनों के सत्यापन के खिलाफ प्रदान किया, और स्पष्ट किया कि समानता का अधिकार समाज के कमजोर वर्गों के लिए "विशेष विचार" प्रदान करने वाले कानूनों को अधिनियमित करने पर रोक नहीं लगाता है।

अत: विकल्प (C) सही है।

31. सरदार सरोवर बांध नर्मदा नदी पर है, जो कि गुजरात राज्य में केवडिया गांव में स्थित है।

अत: विकल्प (C) सही है।

32. कृष्णा नदी की उत्पत्ति महाराष्ट्र के महाबलेश्वर में होती है। अमरकंटक नर्मदा नदी का उद्गम स्थान है। तापी नदी का उद्गम मध्य प्रदेश के बैतूल जिले में है। गोदावरी नदी का उद्गम महाराष्ट्र के नासिक में है।

अत: विकल्प (C) सही है।

33. बलवंत राय मेहता समिति ने नवंबर 1957 को अपनी रिपोर्ट प्रस्तुत की और पंचायत राज व्यवस्था की स्थापना की सिफारिश की। पंचायत राज व्यवस्था का मतलब ग्रामीण स्थानीय स्वशासन है।

पंचायती राज संरचना में तीन स्तर हैं।

- ग्राम पंचायत
- जिला परिषद
- पंचायत समिति

ग्राम स्तर पर ग्राम पंचायत, ब्लॉक स्तर पर पंचायत समिति और जिला स्तर पर जिला परिषद होती है। एक ग्राम पंचायत एक या अधिक गांवों को कवर करती है। पंचायत समितियां ज्यादातर मामलों में अप्रत्यक्ष रूप से निर्वाचित निकाय हैं। जिला परिषद का अधिकार क्षेत्र एक जिले से अधिक है। जिला स्तर पर जिला कलेक्टर जिला परिषद का प्रमुख होता है। 73 वें संशोधन अधिनियम 1992 के माध्यम से पंचायती राज संस्थाओं का गठन किया गया। राजस्थान देश में पंचायती राज संस्थान की स्थापना और स्थापना करने वाला पहला राज्य था।

अत: विकल्प (C) सही है।

34. संसद के पास भारत में नागरिकता के अधिकार को विनियमित करने की शक्ति है। केवल संसद ही नागरिकता से संबंधित प्रावधान कर सकती है। भारतीय संविधान के अनुच्छेद 11 में संसद की इस अद्वितीय शक्ति का उल्लेख किया गया है। संसद ने 1955 में नागरिकता अधिनियम बनाया। नागरिकता अधिनियम 1955 के अनुसार, एक व्यक्ति 5 तरीकों से नागरिकता प्राप्त कर सकता है:

- जन्म से
- वंश-परंपरा द्वारा
- पंजीकरण द्वारा
- प्राकृतिक रूप से
- भूमि विस्तार द्वारा

अत: विकल्प (B) सही है।

35. सिंधु घाटी सभ्यता के लोगों का मुख्य व्यवसाय कृषि था। मुख्य फसलें: गेहूं, जौ, चावल, खजूर, सरसों, और कपास। कपास का उत्पादन करने वाले सबसे पहले लोग हारप्पन थे। सिंधु घाटी सभ्यता वर्तमान उत्तर-पूर्व अफगानिस्तान से पाकिस्तान और उत्तर-पश्चिम भारत तक फैली हुई थी। सभ्यता घग्गर-हकरा नदी और सिंधु के नदी-नालों में पनपी थी। सिंधु घाटी सभ्यता दुनिया की चार सबसे पुरानी सभ्यताओं में से एक है। इसे हड़प्पा सभ्यता के रूप में भी जाना जाता है और यह ग्रिड प्रणाली पर आधारित संगठित योजना के लिए प्रसिद्ध है।

अत: विकल्प (A) सही है।

36. तमिलनाडु के दारासुरम शहर में स्थित, दारासुरम मंदिर के सामने का मंडपम बड़े पहियो वाले एक विशाल रथ के रूप में है, जिसे घोड़ों द्वारा खीचा जा रहा है। मंदिर का विमाना या भीतरी कक्ष 85 फीट ऊँचा है। मंदिर का निर्माण चोल राजा राजराजा द्वितीय ने 10वीं और 12वीं शताब्दी के बीच करवाया था।

अत: विकल्प (B) सही है।

37. गहरी कार्बन वेधशाला (DCO) पृथ्वी पर कार्बन की मात्रा, चाल, रूप और उत्पत्ति को समझने के लिए दस साल की खोज पर 1000 से अधिक वैज्ञानिकों का एक वैश्विक समुदाय है। यह गहरी माइक्रोबियल पारिस्थितिकी तंत्र के क्षेत्र टिप्पणियों का संचालन करता है। कार्बन पृथ्वी पर एक मूलभूत भूमिका निभाता है। यह जीवित जीवों द्वारा उत्पादित सभी आवश्यक कार्बनिक अणुओं के लिए रासायनिक रीढ़ बनाता है। कार्बन-आधारित ईंधन समाज की अधिकांश ऊर्जा की आपूर्ति करते हैं। वायुमंडलीय कार्बन डाइऑक्साइड पृथ्वी की जलवायु को प्रभावित करता है। फिर भी इसके महत्व के बावजूद, पृथ्वी के आंतरिक भाग में कार्बन के भौतिक, रासायनिक और जैविक व्यवहार के बारे में उल्लेखनीय रूप से बहुत कम जानकारी है।

अत: विकल्प (C) सही है।

38. The direct speech is an optative sentence so we need to understand the rules of optative direct indirect speech.

First we changed reporting verb said to wished, cursed or prayed. Here we used prayed because it is a request to God.

Now changed the sentence in assertive sentence and connective word that is used.

The modal verb 'may' converted into 'might' because the reporting verb is in the past tense.

Remove the interjection sign(!).

Hence, the correct option is (C).

39. First of all, we need to identify (S+V+O)Subject, Verb, and object in the active sentence to convert to passive voice, which is The selection committee + is looking over + the resume.

Now, the object(the resume) is interchanged with the subject(the selection committee), and the verb(is looking over) is converted to the is/are/am+being +v3(is looked over)which Is followed by (By, With, to, etc). Here we use By.

Don't forget to use the fixed preposition (over) after the verb look.

Hence, the correct option is (A).

40. Meaning of all the options given-

- Raise – to lift something up or increase
- Rays – sunbeams
- Rise – .to move upwards
- Raze – to knock something down

From the meaning of the words, It is clear that the government may increase the taxes.

Hence, the correct option is (A).

41. The meanings of the given word-

Cynicism- an inclination to believe that people are motivated purely by self-interest, scepticism

Bitterness- the sharpness of taste, lack of sweetness

Conviction- a firmly held belief or opinion

Credence- belief in or acceptance of something as true

Intuition- the ability to understand something immediately, without the need for conscious reasoning

So, from the given meanings, we find that Cynicism and Bitterness are synonyms.

Hence, the correct option is (B).

42. The most appropriate meaning of the given idiom is 'to have detailed knowledge of something'.

Know like the back of one's hand: to know something completely

Example: I know this town like the back of my hand.

Hence, the correct option is (B).

43. Let's understand the meaning of the given word:

Despicable means very unpleasant or bad, causing strong feelings of dislike.

Reputable means having a good reputation and the ability to be trusted.

By the meaning, we can say that 'Reputable' is the correct antonym for 'Despicable.'

Hence, the correct option is (B).

44.

- 'Irritible': There is no such word in English or we can say that there is some spelling mistake in this word, correct spelling is 'Irritable'.
- 'Earnest' means showing sincere and intense conviction.
- 'Enmity' means a state or feeling of active opposition or hostility.
- 'Gallery' is a balcony or upper floor projecting from an interior back or sidewall of a hall or church.

Hence, the correct option is (A).

45. Deride means to laugh at or insult in a cruel way.

Deprive means to prevent from having or using something.

Defy means to openly resist or refuse to obey.

Decide means to come or bring to a resolution in the mind as a result of consideration.

Hence, the correct option is (B).

46. Narcissist - a person who is overly concerned with his or her own desires, needs, or interests.

Hence, the correct option is (C).

47. Sentence 'D' is independent of any other sentences as it is giving general information about "Mahendra Mandal" and the topic of the passage. So, 'D' is the first sentence.

The phrase "this field" mentioned in the sentence 'A' refers back to the "tomato field" in the sentence 'D'. So, 'A' follows 'D'.

The phrase "The river took it" mentioned in the sentence 'B' is linked with the phrase "this field disappeared" in the sentence 'A'. So, 'B' follows 'A'.

Sentence 'C' concludes the paragraph by giving information about the wait for the field to come back. So, 'C' makes the last sentence.

Hence, the correct option is (D).

48. It is mentioned in the first paragraph that market oriented economy promotes peace within and among nations.

Hence, the correct option is (C).

49. According to the second paragraph of the passage, 'individuals depend on their groups for physical and economic security and are thus loyal to their groups rather than their states, and because groups are in a constant state of conflict over access to state coffers.' Option (D) could be mistaken as the correct answer but care should be taken to see that it implies that individuals are in conflict with the state whereas the passage states that the groups are in conflict.

Hence, the correct option is (C).

50. The word 'fatality' means relating to occurrence of death.

'Horrendous' means ghastly.

'Useless' means something worthless and 'superficial' means something unreal.

'Casualty' means something relating to war and death.

So, the word with the closest meaning is casualty.

Hence, the correct option is (A).

51. दिया है,

फ्रेंच में उत्तीर्ण छात्रों का प्रतिशत = 37%

संस्कृत में उत्तीर्ण छात्रों का प्रतिशत = 58%

दोनों विषयों में उत्तीर्ण छात्रों का प्रतिशत = 8%

(केवल फ्रेंच में उत्तीर्ण छात्रों का प्रतिशत + केवल संस्कृत में उत्तीर्ण छात्रों का प्रतिशत + दोनों विषयों में उत्तीर्ण छात्रों का प्रतिशत + दोनों विषयों में अनुत्तीर्ण छात्रों का प्रतिशत) = 100%

केवल फ्रेंच में उत्तीर्ण छात्रों का प्रतिशत = (37 - 8)% = 29%

केवल संस्कृत में उत्तीर्ण छात्रों का प्रतिशत = (58 - 8)% = 50%

दोनों विषयों में उत्तीर्ण छात्रों का प्रतिशत = 8%

∴ दोनों विषयों में अनुत्तीर्ण छात्रों का प्रतिशत = (100 - 29 - 50 - 8)% = 13%

अत: विकल्प (A) सही है।

52. माना लड़कियों की संख्या x है।

∴ लड़कों की संख्या = 2x

विद्यार्थियों की कुल संख्या = x + 2x = 3x

⇒ 135 = 3x

∴ $x = \dfrac{135}{3} = 45$

लड़कियों की संख्या = 45

लड़कों की संख्या = 45 × 2 = 90

परीक्षा में अनुत्तीर्ण होने वाली लड़कियों की संख्या = $45 \times \dfrac{1}{3} = 15$

परीक्षा में अनुत्तीर्ण होने वाले लड़कों की संख्या = $90 \times \dfrac{1}{6} = 15$

परीक्षा में अनुत्तीर्ण होने वाले विद्यार्थियों की कुल संख्या = 15 + 15 = 30

परीक्षा में अनुत्तीर्ण होने वाले विद्यार्थियों का प्रतिशत = $\dfrac{30}{135} \times 100 = 22.22\%$

∴ परीक्षा में उत्तीर्ण होने वाले विद्यार्थियों का प्रतिशत = (100 - 22.22)% = 77.8%

अत: विकल्प (C) सही है।

53. दिया हुआ,

3 वर्षों के बाद धनराशि 3345 रुपये

4 वर्षों के बाद धनराशि 4014 रुपये

जैसा कि हम जानते हैं,

मिश्रधन = $P \left(1 + \dfrac{r}{100}\right)^n$

$3345 = P \left(1 + \dfrac{r}{100}\right)^3$ ---(1)

$4014 = P \left(1 + \dfrac{r}{100}\right)^4$ ---(2)

समीकरण (2) को समीकरण (1) से भाग देने पर

$\dfrac{4014}{3345} = 1 + \dfrac{r}{100}$

∴ r = 20%

अत: विकल्प (D) सही है।

54. जैसा कि हम जानते हैं,

साधारण ब्याज = मूलधन × दर × समय/100

जहाँ, P = मूलधन, r = वार्षिक दर%, t = वर्षों में समय

माना 10% पर दी गयी राशि 'a' है।

दिया गया है, उधार दी गयी कुल राशि = रु. 2000

20% पर दी गयी राशि = 2000 − a

10% पर 3 वर्षों के लिए साधारण ब्याज = $\dfrac{(a \times 10 \times 3)}{100}$

20% पर 3 वर्षों के लिए साधारण ब्याज = $\dfrac{((2000 - a) \times 20 \times 3)}{100}$

दिया गया है, 3 वर्षों पश्चात् प्राप्त कुल ब्याज रु. 750 है।

$\dfrac{30a}{100} + \dfrac{120000 - 60a}{100} = 750$

⇒ 120000 − 30a = 75000

⇒ 45000 = 30a

⇒ a = Rs. 1500

20% पर दी गयी राशि = 2000 − 1500 = रु. 500

अभीष्ट अनुपात = $\dfrac{1500}{500} = 3 : 1$

अत: विकल्प (D) सही है।

55. दिया हुआ,

आकाश ने एक वस्तु बेची और उस वस्तु के विक्रय मूल्य के 30% के बराबर लाभ अर्जित किया।

जैसा कि हम जानते हैं,

लाभ = विक्रय मूल्य – लागत मूल्य

लाभ % = (लाभ/लागत मूल्य) × 100

माना विक्रय मूल्य x रु. है।

तो, लाभ = 0.3x

लागत मूल्य = x – 0.3x = 0.7x

लाभ प्रतिशत = $\left(\dfrac{0.3x}{0.7x}\right) \times 100 = 42.85\% \approx 43\%$

∴ लाभ प्रतिशत 43% है।

अत: विकल्प (B) सही है।

56. दिया हुआ,

अंकित मूल्य = 1500 रुपये

विक्रय मूल्य = 1173 रुपये

पहली छूट = 15%

जैसा कि हम जानते हैं,

छूट = [(अंकित मूल्य – विक्रय मूल्य)/अंकित मूल्य] × 100

कुल छूट = [$\dfrac{(1500 - 1173)}{1500}$] × 100 = 21.8%

माना दूसरी छूट x% है।

इसलिए,

$\dfrac{15 + x - 15x}{100}$ = 21.8

⇒ 0.85x = 6.8

⇒ x = 8

∴ दूसरी छूट = 8%

अत: विकल्प (D) सही है।

57. माना अर्जुन और प्रतीक के पास टॉफियों की संख्या क्रमशः 7x और 9x है।

प्रश्न के अनुसार,

$\dfrac{(7x + 32)}{9x} = \dfrac{9}{7}$

⇒ 49x + 224 = 81x

⇒ x = 7

अर्जुन के पास टॉफी = 7x = 7 × 7 = 49

प्रतीक के पास टॉफी = 9x = 9 × 7 = 63

माना अर्जुन को दी गई टॉफियों की संख्या k है।

तो, $\dfrac{(49 + k)}{63} = \dfrac{10}{7}$

⇒ 49 + k = 90

⇒ k = 41

∴ अर्जुन को दी गई टॉफियों की संख्या 41 है।

अत: विकल्प (A) सही है।

58. माना A, B, C, और D द्वारा प्राप्त की गई धन की राशि क्रमशः 6x, 8x, 3x, और 4x है।

A को C से 1500 रुपए अधिक मिलते हैं।

6x - 3x = 1500

⇒ 3x = 1500

∴ x = 500

अब,

A और B के हिस्से के बीच अंतर = 8x - 6x = 2x = 2 × 500 = 1000

अत: विकल्प (C) सही है।

59. माना पूरा कार्य 1 है और कार्य को पूरा करने के लिए आवश्यक दिनों की संख्या x है।

A का एक दिन का काम = $\dfrac{1}{10}$

B का एक दिन का काम = $\dfrac{1}{12}$

C का एक दिन का काम = $\dfrac{1}{15}$

$\dfrac{(x - 5)}{10} + \dfrac{(x - 3)}{12} + \dfrac{x}{15} = 1$

⇒ 6(x − 5) + 5(x − 3) + 4x = 60

⇒ 6x − 30 + 5x − 15 + 4x = 60

⇒ 15x − 45 = 60

⇒ 15x = 105

⇒ x = 7

∴ पूरे कार्य को पूरा करने के लिए अभीष्ट दिनों की संख्या 7 है।

अत: विकल्प (C) सही है।

60. माना A, B, और C द्वारा किया गया काम क्रमशः a, b और c है।

अब, c = $\dfrac{1}{50}$

a = b + c

a + b = $\dfrac{1}{10}$

⇒ (b + C) + b = $\dfrac{1}{10}$

⇒ 2b + c = $\dfrac{1}{10}$

⇒ 2b = ($\dfrac{1}{10}$) - ($\dfrac{1}{50}$) = $\dfrac{2}{25}$

b = $\dfrac{1}{25}$

∴ B अकेले पूरे काम को 25 दिनों में पूरा कर सकता है।

अत: विकल्प (A) सही है।

61. कुल विद्यार्थियों की संख्या = 50

20 का औसत 70 था।

20 विद्यार्थियों का कुल अंक = औसत × विद्यार्थियों की संख्या = 70 × 20 = 1400

शेष विद्यार्थियों की संख्या = 50 – 20 = 30

शेष विद्यार्थियों का औसत 50 था।

इन 30 विद्यार्थियों का कुल अंक = औसत × विद्यार्थियों की संख्या = 50 × 30 = 1500

∴ इन 50 विद्यार्थियों का योग = 1400 + 1500 = 2900

इन 50 विद्यार्थियों का औसत= = इन 50 विद्यार्थियों का योग /50 = $\dfrac{2900}{50}$ = 58

अत: विकल्प (C) सही है।

62. हम जानते हैं कि,

औसत = (वस्तुओं का योग)/(वस्तुओं की संख्या)

25 = (खिलाड़ियों और प्रशिक्षक की कुल उम्र)/ 23

खिलाड़ियों और प्रशिक्षक की कुल उम्र $= 25 \times 23 = 575$ वर्ष

जब प्रशिक्षक की उम्र हटा दी जाती हैं, औसत उम्र 2 वर्ष से कम हो जाती है।

अब,

$25 - 2 = \dfrac{575 - X}{22}$

यहाँ, X = प्रशिक्षक की उम्र

$\Rightarrow 23 = \dfrac{575 - X}{22}$

$\Rightarrow 506 = 575 - X$

$\Rightarrow X = 69$ वर्ष

अत: विकल्प (B) सही है।

63. दिया हुआ,

2009 में कुल रिक्तियों की संख्या = 5.4 लाख = 540000

2019 में कुल रिक्तियों की संख्या = 8.6 लाख = 860000

2019 में बैंगलोर में कुल रिक्तियों की संख्या= $\dfrac{22}{100} \times 860000 = 189200$

2009 में बैंगलोर में कुल रिक्तियों की संख्या = $\dfrac{15}{100} \times 540000 = 81000$

अंतर = 189200 – 81000 = 108200

∴ 2019 से 2009 तक बैंगलोर में उपलब्ध रिक्तियों का अंतर 108200 है।

अत: विकल्प (A) सही है।

64. दिया हुआ,

2009 में कुल रिक्तियों की संख्या = 5.4 लाख = 540000

2019 में कुल रिक्तियों की संख्या = 8.6 लाख = 860000

जैसा कि हम जानते हैं,

औसत = सभी पदों का योग/कुल पदों की संख्या

2009 में हैदराबाद में कुल रिक्तियों की संख्या = $\dfrac{10}{100} \times 540000 = 54000$

2019 में हैदराबाद में कुल रिक्तियों की संख्या = $\dfrac{8}{100} \times 860000 = 68800$

औसत = $\dfrac{(68800 + 54000)}{2} = 61400$

∴ 2009 और 2019 में हैदराबाद में उपलब्ध औसत रिक्तियों की संख्या 61400 है।

अत: विकल्प (D) सही है।

65. दिया हुआ,

2009 में कुल रिक्तियों की संख्या = 5.4 लाख = 540000

2019 में कुल रिक्तियों की संख्या = 8.6 लाख = 860000

2019 में मुंबई में रिक्तियों की कुल संख्या = $\dfrac{18}{100} \times 860000 = 154800$

2009 में चेन्नई में कुल रिक्तियों की संख्या = $\dfrac{8}{100} \times 540000 = 43200$

कुल रिक्तियों की संख्या = 154800 + 43200 = 198000 = 1.98 lakhs

∴ रिक्तियों की अभीष्ट संख्या 1.98 लाख है।

अत: विकल्प (C) सही है।

66. माना 2019 में कुल रिक्तियों की संख्या x है।

$\Rightarrow \dfrac{6x}{100} = 48000$

$\Rightarrow x = 800000$

2019 में एनसीआर में कुल रिक्तियों की संख्या = $\dfrac{20}{100} \times 800000 = 160000 = 1.6$ lakhs

∴ 2019 में एनसीआर में कुल रिक्तियों की संख्या 1.6 लाख है।

अत: विकल्प (D) सही है।

67. माना A से B तक जाने के दौरान कार द्वारा तय की गई दूरी x किमी है।

B से A तक जाने के दौरान कार की गति = 48 किमी/घंटा का (100 + 25)%
= $\left(\dfrac{125}{100}\right) \times 48$ किमी/घंटा = 60 किमी/घंटा

B से A तक जाने के दौरान समय = A से B तक जाने के दौरान समय (मूल समय) – बचाया गया समय

$\dfrac{x}{60} = \dfrac{x}{48} - \dfrac{1}{2}$

$\Rightarrow \dfrac{x}{48} - \dfrac{x}{60} = \dfrac{1}{2}$

$\Rightarrow \dfrac{(5x - 4x)}{240} = \dfrac{1}{2}$

$\Rightarrow \dfrac{x}{240} = \dfrac{1}{2}$

$\Rightarrow x = 120$ किमी

पूरी यात्रा के दौरान तय की गई कुल दूरी = A से B तक दूरी + B से A तक दूरी

अभीष्ट दूरी = x + x = 2x = 2 × 120 = 240 किमी

∴ पूरी यात्रा के दौरान उसके द्वारा तय की गई कुल दूरी 240 किमी है।

अत: विकल्प (C) सही है।

68. माना बाइक की गति S किमी/घंटा है।

कुल समय = कार द्वारा लिया गया समय + बाइक द्वारा लिया गया समय

$10 = \left(\dfrac{200}{30}\right) + \dfrac{300}{S}$

$\Rightarrow 1 = \left(\dfrac{2}{3}\right) + \dfrac{30}{S}$

$\Rightarrow 1 = \dfrac{(2S + 90)}{3S}$

$\Rightarrow 3S = 2S + 90$

⇒ S = 90 किमी/घंटा

∴ बाइक की गति 90 किमी/घंटा है।

अत: विकल्प (D) सही है।

69. माना, संख्याएं क्रमशः a और b हैं। (जहाँ a > b)

लघुत्तम समापवर्तक × महत्तम समापवर्तक = ab

∴ 375 = ab

और, a − b = 10...(1)

∴ $(a + b)^2 = (10)^2 + 4 × 375 = 100 + 1500 = 1600$

⇒ $(a + b) = \sqrt{1600} = 40$

⇒ (a + b) = 40...(2)

समीकरण (1) और (2) को हल करने पर

⇒ a = 25 और b = 15

इसलिए, छोटी संख्या = 15

अत: विकल्प (B) सही है।

70. चूँकि 10,12,15,18 का लघुत्तम समापवर्त्य 180 है।

चूँकि 180 = 2 × 2 × 3 × 3 × 5

इसलिए, उसे पूर्ण वर्ग बनाने के लिए 5 से गुणा करना होगा।

∴ 180 × 5 = 900

अत: विकल्प (D) सही है।

71. $\dfrac{1}{20×21} + \dfrac{1}{21×22} + \dfrac{1}{22×23} + \cdots + \dfrac{1}{119×120}$

$= \dfrac{1}{20} - \dfrac{1}{21} + \dfrac{1}{21} - \dfrac{1}{22} + \dfrac{1}{22} - \dfrac{1}{23} + \cdots + \dfrac{1}{119} - \dfrac{1}{120}$

$= \left(\dfrac{1}{20}\right) - \left(\dfrac{1}{120}\right)$

$= \dfrac{(6-1)}{120}$

$= \dfrac{5}{120} = \dfrac{1}{24}$

अत: विकल्प (A) सही है।

72. जैसा कि हम जानते हैं,

विभाजित करके, हम वांछित दशमलव प्राप्त कर सकते हैं।

$\dfrac{1}{8} = 0.125$

$\dfrac{5}{8} = \dfrac{1}{8} × 5 = 0.125 × 5 = 0.625$

अत: विकल्प (B) सही है।

73. अंशों को हल करने पर:

$\dfrac{1}{3} = 0.333$

$\dfrac{3}{4} = 0.75$

$\dfrac{2}{5} = 0.40$

$\dfrac{6}{7} = 0.857$

आरोही क्रम में व्यवस्थित करने पर,

$0.333 > 0.40 > 0.75 > 0.857$

तो, सही क्रम $\dfrac{1}{3}, \dfrac{2}{5}, \dfrac{3}{4}, \dfrac{6}{7}$ होगा।

अत: विकल्प (C) सही है।

74. माना प्रश्न चिह्न का मान x है।

$\left(\dfrac{23}{4}\right) + x + \left(\dfrac{5}{2}\right) = \left(\dfrac{81}{8}\right)$

$\Rightarrow x = \left(\dfrac{81}{8}\right) - \left(\dfrac{5}{2}\right) - \left(\dfrac{23}{4}\right)$

$\Rightarrow x = \dfrac{(81-20-46)}{8}$

$\Rightarrow x = \dfrac{15}{8}$

$\Rightarrow x = 1\dfrac{7}{8}$

∴ x का आवश्यक मान $1\dfrac{7}{8}$ है।

अत: विकल्प (A) सही है।

75. $\dfrac{8}{5} = 1.6$

$\dfrac{7}{2} = 3.5$

$\dfrac{9}{5} = 1.8$

$\dfrac{5}{4} = 1.25$

$\dfrac{4}{5} = 0.8$

अवरोही क्रम में व्यवस्थित करके $\dfrac{7}{2}, \dfrac{9}{5}, \dfrac{8}{5}, \dfrac{5}{4}, \dfrac{4}{5}$ प्राप्त होता है।

∴ अवरोही क्रम में व्यवस्थित करने पर, चौथे स्थान पर $\dfrac{5}{4}$ भिन्न होगा।

अत: विकल्प (D) सही है।

76. ABC विश्लेषण इन्वेंट्री प्रबंधन की एक तकनीक है। इस पद्धति में, इन्वेंट्री को उनके महत्व के आधार पर A, B और C में वर्गीकृत किया गया है।

- A श्रेणी में उन इन्वेंट्री को शामिल किया जाता है जो संगठन के लिए बहुत महत्वपूर्ण होती हैं और इसमें इन्वेंट्री मान का 70-80% होता है, लेकिन केवल 10-20% मात्रा होती है।

- B श्रेणी में वे इन्वेंट्री शामिल हैं जो संगठन के लिए मध्यम महत्व की हैं और इन्वेंट्री मान का 20-30% है लेकिन मात्रा का केवल 20-30% है।

- C श्रेणी में वे इन्वेंट्री शामिल हैं जो संगठन के लिए कम महत्व की हैं और इसमें केवल 10-20% इन्वेंट्री मान शामिल है लेकिन 70-80% मात्रा दर्ज करती है।

अत: विकल्प (B) सही है।

77. इन्वेंट्री नियंत्रण की ABC विधि में एक प्रणाली शामिल है जो इन्वेंट्री को नियंत्रित करती है और इसका उपयोग सामग्रियों और वितरण प्रबंधन के लिए किया जाता है। इसे सेलेक्टिव इन्वेंट्री कंट्रोल या SIC के रूप में भी जाना जाता है।

ABC विश्लेषण वस्तु के उपभोग मूल्यों के आधार पर इन्वेंट्री आइटम को वर्गीकृत करने के लिए एक दृष्टिकोण है। उपभोग मूल्य एक निर्दिष्ट समग्र अवधि में उपभोग की गई वस्तु का कुल मूल्य है, उदाहरण के लिए, एक वर्ष।

ABC विश्लेषण व्यापक रूप से आपूर्ति श्रृंखला प्रबंधन और स्टॉक चेकिंग और इन्वेंट्री सिस्टम में उपयोग किया जाता है और इसे चक्र गणना प्रणाली के रूप में लागू किया जाता है।

अत: विकल्प (A) सही है।

78. ABC विश्लेषण एक इन्वेंट्री नियंत्रण तकनीक है जिसमें इन्वेंट्री को A, B और C श्रेणी में वर्गीकृत किया गया है जिसमें A सबसे कम मात्रा, उच्चतम मान वाला है।

अत: विकल्प (A) सही है।

79. ABC विश्लेषण सामग्री प्रबंधन को संदर्भित करता है। यह एक इन्वेंट्री वर्गीकरण तकनीक है। इसे सेलेक्टिव इन्वेंट्री कंट्रोल भी कहा जाता है। ABC विश्लेषण तीन श्रेणियों में एक सूची को विभाजित करता है:

- "A आइटम" बहुत तंग नियंत्रण और सटीक रिकॉर्ड के साथ
- "B आइटम" कम कसकर नियंत्रित और अच्छे रिकॉर्ड के साथ, और
- "C आइटम" सबसे सरल संभव और न्यूनतम रिकॉर्ड को नियंत्रित करता है।

अत: विकल्प (B) सही है।

80. ABC विश्लेषण सामग्री प्रबंधन को संदर्भित करता है। यह एक इन्वेंट्री वर्गीकरण तकनीक है। इसे सेलेक्टिव इन्वेंट्री कंट्रोल भी कहा जाता है। ABC विश्लेषण तीन श्रेणियों में एक सूची को विभाजित करता है:

- "A आइटम" बहुत तंग नियंत्रण और सटीक रिकॉर्ड के साथ
- "B आइटम" कम कसकर नियंत्रित और अच्छे रिकॉर्ड के साथ, और
- "C आइटम" सबसे सरल संभव और न्यूनतम रिकॉर्ड को नियंत्रित करता है।

अत: विकल्प (C) सही है।

81. कच्चे माल और WIP को प्रत्यक्ष सामग्री के तहत वर्गीकृत किया जा सकता है। कच्चे माल और works in progress (WIP) व्यापार सूची के लिए वित्तीय लेखांकन में अलग-अलग श्रेणियां हैं। प्रत्येक उत्पादन प्रक्रिया में एक अलग चरण पर लागू होता है। उत्पादन प्रक्रिया में पहले चरण में कच्चे माल, या मूल तत्व को इकट्ठा करना शामिल है। जब श्रम या अन्य पूंजीगत उपकरण कच्चे माल के साथ मिलाया जाता है, तो कच्चे माल को प्रगति में काम किया जाता है। अंततः, तैयार माल राजस्व के लिए उत्पादित और बेचा जाता है। जिसमें सभी संसाधन शामिल होते हैं जो भौतिक रूप से अंतिम माल में शामिल होते हैं उन्हें प्रत्यक्ष सामग्री कहा जाता है।

अत: विकल्प (B) सही है।

82. क्रय सही गुणवत्ता ,सही मात्रा में, सही समय पर और सही कीमत पर सामान खरीदने का काम है।

अत: विकल्प (B) सही है।

83. क्रय जिम्मेदारियों को खरीदना, लिपिकीय और यातायात प्रभाग में विभाजित किया जा सकता है।

अत: विकल्प (B) सही है।

84. MRP उत्पादन के विभिन्न स्तरों पर सामग्रियों के ऑर्डर और उपयोग की योजना बनाने और इन लेनदेन के दौरान शेयरों की निगरानी के लिए वैज्ञानिक तकनीक है। सामग्री आवश्यकताओं की योजना (MRP) एक उत्पाद के निर्माण के लिए आवश्यक सामग्री और घटकों की गणना के लिए एक प्रणाली है। इसमें तीन प्राथमिक चरण होते हैं: सामग्री और घटकों की सूची को हाथ में लेना, यह पहचानना कि कौन से अतिरिक्त की आवश्यकता है और फिर उनके उत्पादन या खरीद का समय निर्धारण।

अत: विकल्प (B) सही है।

85. क्रय सामग्री प्रबंधन का पहला चरण है। क्रय का अर्थ है कुछ बाहरी एजेंसियों से माल की खरीद। क्रय, एक कारोबारी माहौल में, सबसे महत्वपूर्ण कार्यों में से एक है क्योंकि यह संगठन को आउटपुट में बदलने के लिए इनपुट प्रदान करता है।

अत: विकल्प (A) सही है।

86. एक डेटाबेस प्रबंधन प्रणाली (DBMS) एक:

- हार्डवेयर सिस्टम है जिसका उपयोग डेटाबेस को नियंत्रित करने, बनाए रखने और पहुंच प्रदान करने के लिए किया जाता है।
- हार्डवेयर सिस्टम है जिसका उपयोग डेटाबेस को बनाने, बनाए रखने और अनियंत्रित पहुंच प्रदान करने के लिए किया जाता है।
- सॉफ्टवेयर सिस्टम है जिसका उपयोग डेटाबेस को बनाने, बनाए रखने और अनियंत्रित पहुँच प्रदान करने के लिए किया जाता है।

अत: विकल्प (D) सही है।

87. डेटाबेस का कार्य इनपुट डेटा एकत्र करना और व्यवस्थित करना है। एक डेटाबेस परस्पर डेटा का एक संगठित संग्रह है जो एक उद्यम में कई अनुप्रयोगों का कार्य करता है। डेटाबेस न केवल विभिन्न संस्थाओं की विशेषताओं के मूल्यों को संग्रहीत करता है, बल्कि इन संस्थाओं के बीच संबंध भी रखता है। एक डेटाबेस एक डेटाबेस प्रबंधन प्रणाली (DBMS), सिस्टम सॉफ्टवेयर द्वारा प्रबंधित किया जाता है जो कई उपयोगकर्ताओं द्वारा साझा किए गए डेटाबेस के प्रबंधन में सहायता प्रदान करता है। डेटा को पंक्तियों, स्तंभों और तालिकाओं में व्यवस्थित किया जाता है, और इसे प्रासंगिक जानकारी खोजने में आसान बनाने के लिए अनुक्रमित किया जाता है।

अत: विकल्प (C) सही है।

88. फ़ील्ड नेम्स वर्णन करता है कि डेटाबेस फ़ील्ड क्या है। एक डेटाबेस तालिका में, एक क्षेत्र डेटा के एक टुकड़े के लिए एक डेटा संरचना है। फ़ील्ड्स को रिकॉर्ड में व्यवस्थित किया जाता है, जिसमें एक विशिष्ट इकाई के लिए प्रासंगिक तालिका के भीतर सभी जानकारी होती है। अभिलेख तालिका पंक्तियों को बनाते हैं और फ़ील्ड कॉलम बनाते हैं। फ़ील्ड नाम वे नाम हैं जो आप तालिका में कॉलम को देते हैं। नामों को इंगित करना चाहिए कि प्रत्येक कॉलम में कौन सा डेटा निहित है।

अत: विकल्प (D) सही है।

89. एक डेटाबेस डेटा का एक संग्रह है जो व्यवस्थित है ताकि इसे आसानी से एक्सेस, प्रबंधित और अपडेट किया जा सके। डेटा को पंक्तियों (कहा जाता है, रिकॉर्ड), कॉलम और तालिकाओं में व्यवस्थित किया जाता है, और प्रासंगिक जानकारी खोजने के लिए इसे आसान बनाने के लिए अनुक्रमित किया जाता है।

अत: विकल्प (C) सही है।

90. डेटा के संबंध में, कंप्यूटर स्टोर, प्रोसेसिंग और रिट्रीव करने में बहुत अच्छे हैं।

- केंद्रीय प्रसंस्करण इकाई एक कंप्यूटर सिस्टम का अनदेखी हिस्सा है, और उपयोगकर्ता केवल इसके बारे में जागरूक हैं। लेकिन उपयोगकर्ता कंप्यूटर से जुड़े इनपुट और आउटपुट के बारे में बहुत जानते हैं। वे संसाधित जानकारी, आउटपुट प्राप्त करने के लिए कंप्यूटर पर इनपुट डेटा जमा करते हैं।
- डेटा प्रोसेसिंग, कंप्यूटर द्वारा डेटा का हेरफेर करने को कहते है। इसमें मशीन-पठनीय रूप में कच्चे डेटा का रूपांतरण, सीपीयू के माध्यम से डेटा का प्रवाह और आउटपुट डिवाइसों के लिए डेटा, और आउटपुट का प्रारूपण या रूपांतरण शामिल है। डेटा पर परिभाषित संचालन करने के लिए कंप्यूटर के किसी भी उपयोग को डेटा प्रोसेसिंग के तहत शामिल किया जा सकता है।
- कंप्यूटर भंडारण जो डेटा या उसकी सामग्री को नियंत्रित रखता है, भले ही बिजली बंद हो जाए या यदि स्टोरेज डिवाइस को किसी अन्य कंप्यूटर में ले जाया जाए उसे रिट्रीव कहते है। सबसे अधिक उपयोग किया जाने वाला स्थायी भंडारण कंप्यूटर हार्ड ड्राइव है।

अत: विकल्प (D) सही है।

91. एक हेरारिकल डेटाबेस मॉडल एक डेटा मॉडल है जिसमें डेटा को ट्री जैसी संरचना में व्यवस्थित किया जाता है। डेटा को रिकॉर्ड के रूप में संग्रहीत

किया जाता है जो लिंक के माध्यम से एक दूसरे से जुड़े होते हैं। एक रिकॉर्ड फील्ड का एक संग्रह है, जिसमें प्रत्येक फील्ड में केवल एक मान होता है।

अत: विकल्प (A) सही है।

92. डाउनटाइम लागत जरूरी पॉकेट से बाहर नहीं है। इसके बजाय, वे डाउनटाइम के दौरान खोए हुए धन का अनुमान हैं। इसमें स्पष्ट व्यावसायिक लेनदेन शामिल हैं जिन्हें नहीं बनाया जा सकता है (संभावनाएं जो कहीं और जा सकती हैं या संचार जो प्रभावी रूप से स्थानांतरित नहीं कर सकते हैं, बैकलॉग बना सकते हैं)।

लेकिन इसमें कम मूर्त लागत भी शामिल है, जैसे:

- उत्पादन की हानि
- श्रमिकों को मजदूरी का भुगतान
- बिक्री में कमी

अत: विकल्प (D) सही है।

93. एक इलेक्ट्रिक मोटर का बेल्ट टूट गया है, इसे सुधारात्मक रखरखाव की आवश्यकता है।

सुधारात्मक रखरखाव कोई भी कार्य है जो किसी परिसंपत्ति के साथ समस्या को ठीक करता है और इसे उचित कार्य क्रम में वापस करता है। सुधारात्मक रखरखाव कार्य नियोजित और अनियोजित दोनों हो सकते हैं। सुधारात्मक रखरखाव होने पर तीन स्थितियां होती हैं, जब स्थिति की निगरानी के माध्यम से किसी समस्या का पता लगाया जाता है।

अत: विकल्प (A) सही है।

94. भविष्य की निर्दिष्ट अवधि के लिए अग्रिम में खरीद को अग्रिम क्रय कहा जाता है।

अग्रिम क्रय खुदरा आविष्कारों, वित्तीय साधनों, परिसंपत्तियों आदि से संबंधित एक प्रक्रिया है, जिसमें भविष्य की मूल्य वृद्धि का मुकाबला करने की माँग के लिए उन्हें अधिक मात्रा में खरीदा जाता है। यह रिटेलर द्वारा अभ्यास किया जाता है जब वे निर्माताओं को रियायती मूल्य पर उत्पाद बेचते हैं और वस्तुओं को थोक में खरीदते हैं।

अत: विकल्प (D) सही है।

95. विभिन्न उद्योगों में, कुल रखरखाव के लिए निवारक रखरखाव का अनुपात वहां मौजूद परिस्थितियों के अनुसार भिन्न होता है। जब प्राथमिक-धातु उद्योग का उपयोग किया जाता है, तो अनुपात 1: 2.37 पुरुष होता है।

अत: विकल्प (C) सही है।

96. सुरक्षा उपकरण उद्योगों में एक बहुत ही आवश्यक भूमिका निभाते हैं, जहाँ मज़दूर कई जोखिमों की चपेट में आ जाते हैं। उनमें से कुछ हैं, वाल्व के माध्यम से वैक्यूम और दबाव रिलीवर, सुरक्षा एलार्म और फ्लैशबैक अरेस्टर्स।

लेकिन टेम्परेचर रिलीवर सुरक्षा उपकरणों में नहीं गिना जाता है।

अत: विकल्प (D) सही है।

97. आवधिक निरीक्षण के तहत गिने जाने वाले कई निरीक्षण हैं, अर्थात्, दृश्य निरीक्षण, अश्रु, ओवरहाल और भागों के अनुसूचित प्रतिस्थापन। तेल के जलने की जाँच आकस्मिक कार्य के अंतर्गत आती है।

अत: विकल्प (C) सही है।

98. EOQ का पूर्ण रूप Economic order quantity है।

Economic order quantity (EOQ) एक आदर्श ऑर्डर मात्रा है जिसे एक कंपनी को इन्वेंट्री लागत जैसे कि होल्डिंग कॉस्ट, शॉर्टेज कॉस्ट और ऑर्डर कॉस्ट को कम करने के लिए खरीदना चाहिए। यह उत्पादन-शेड्यूलिंग मॉडल 1913 में फोर्ड डब्ल्यू हैरिस द्वारा विकसित किया गया था और इसे समय के साथ परिष्कृत किया गया था।

अत: विकल्प (A) सही है।

99. DBMS में, शब्द 'तालिका' गुण या अभिलेख और अभिलेखों के भौतिक पते को संदर्भित करता है।

एक तालिका एक डेटाबेस में एक संरचित प्रारूप में आयोजित संबंधित डेटा का एक संग्रह है।

1) गुण या रिकॉर्ड: -

एक गुण या रिकॉर्ड एक विशेषता है। एक डेटाबेस प्रबंधन प्रणाली (DBMS) में, एक गुण एक डेटाबेस घटक को संदर्भित करती है, जैसे कि तालिका। यह एक डेटाबेस फ़ील्ड को भी संदर्भित कर सकता है। गुण डेटाबेस की पंक्ति में उदाहरणों का वर्णन करती हैं।

2) अभिलेखों का भौतिक पता: -

अनुक्रमिक संगठन रिकॉर्ड में प्रत्येक रिकॉर्ड में एक महत्वपूर्ण क्षेत्र के अनुसार एक निर्दिष्ट क्रम में भौतिक रूप से संग्रहीत किया जाता है।

अत: विकल्प (C) सही है।

100. कॉलम (वास्तव में कॉलम नाम) को फ़ील्ड नामों (तालिका में प्रत्येक पंक्ति / रिकॉर्ड के लिए सामान्य) के रूप में संदर्भित किया जा रहा है। फिर एक फ़ील्ड एक विशिष्ट स्टोरेज (जैसे सेल) में एक मान (फ़ील्ड वैल्यू) को स्टोर करने के लिए सिंगल स्टोरेज लोकेशन को संदर्भित करता है।

अत: विकल्प (C) सही है।

General Intelligence & Reasoning

Ques (1-3):निर्देश: निम्नलिखित जानकारी का ध्यानपूर्वक अध्ययन कीजिये और उसके बाद आने वाले प्रश्न का उत्तर दीजिये।

आठ व्यक्ति, A, B, C, D, E, F, G और H विभिन्न अवसरों पर कुछ सामान खरीदते हैं।

E और F के बीच चार व्यक्ति खरीदते हैं। A पांचवें स्थान पर खरीदता है। B, D के तत्काल बाद खरीदता है। न तो E और न ही F पहले या आखिरी में खरीदता है। A और D के बीच खरीदने वाले व्यक्तियों की संख्या A और F के बीच खरीदने वाले व्यक्तियों की संख्या के बराबर है। G, H के बाद खरीदता है लेकिन 6वें स्थान पर नहीं है। C पहले स्थान पर नहीं खरीदता है।

Q.1 निम्नलिखित में से कौन 5वें स्थान पर सामान खरीदता है?

A. D   **B.** F   **C.** E   **D.** A

Q.2 एक प्रश्न के बाद नीचे तीन कथन दिए गए हैं। उन्हें पढ़िए और उसके अनुसार जवाब दीजिये।

I. E, B से तत्काल पहले सामान खरीदता है।

II. तीन व्यक्ति F और B के बीच सामान खरीदते हैं।

III. G अंत में खरीदता है।

A. कोई भी कथन सत्य नहीं है

B. I और II अनुसरण नहीं करते हैं

C. केवल II अनुसरण नहीं करता है

D. II और III अनुसरण नहीं करते हैं

Q.3 एक प्रश्न के बाद नीचे तीन कथन दिए गए हैं। उन्हें पढ़िए और उसके अनुसार जवाब दीजिये।

I. E दूसरे स्थान पर सामान खरीदता है।

II. C, A के बाद सामान खरीदता है।

III. एक व्यक्ति D और A के बीच सामान खरीदता है।

A. केवल I ही सत्य है   **B.** केवल II सत्य है

C. II और III सत्य हैं   **D.** I, II और III सत्य हैं

Ques (4-6):निर्देश: निम्नलिखित प्रश्न एक स्थिति प्रस्तुत करता है और आपको उस विशेष स्थिति के बारे में निर्णय लेने के लिए कहता है। दी गई जानकारी के आधार पर उत्तर चुनें।

Q.4 श्रीमती जेनसन हाल ही में एरिज़ोना चली गईं। वह अपने नए आँगन को फूलों के पौधों से भरना चाहती है। यद्यपि वह एक अनुभवी माली है, वह इस बात से अच्छी तरह वाकिफ नहीं है कि एरिज़ोना जलवायु में कौन से पौधे पनपेंगे। इसके अलावा, उनके आँगन में छायादार परिस्थितियों के लिए एक बड़ा पेड़ है और उन्हें यकीन नहीं है कि बिना सीधी धूप के कौन से पौधे पनपेंगे। उनकी पसंदीदा बागवानी सूची घर के पीछे उगाये जाने वाले पौधों के बीजों के पैकेज प्रदान करता है। श्रीमती जेनसन को किसे चुनना चाहिए?

A. रेनबो कलेक्शन उत्तर-पूर्वी बगीचों के लिए आदर्श है। इसमें विभिन्न प्रकार के रंगीन बारहमासी शामिल हैं जो ठंडी, नम स्थितियों में पनपते हैं।

B. ग्रीनहाउस कलेक्शन साल-दर-साल खिलेगा यदि इसे तेज धूप वाले स्थानों में लगाया जाए और नियमित रूप से पानी दिया जाए।

C. ट्रीहाउस कलेक्शन हल्के रंगीन फूलों के साथ हरे भरे पौधे प्रदान करेगा जो छायादार या आंशिक रूप से छायादार स्थानों में पनपते हैं।

D. ओएसिस कलेक्शन में विभिन्न प्रकार के बारहमासी पौधे शामिल हैं जो शुष्क जलवायु और तेज धूप में पनपते हैं।

Q.5 डॉ. मिलर एक व्यस्त बाल दंत चिकित्सक है और चीजों को सुचारू रूप से चलाने के लिए उन्हें एक कुशल, विश्वसनीय स्वच्छतावादी की आवश्यकता है। पिछले दो लोगों को उसने किराए पर लिया था, जो क्षेत्र में शीर्ष दंत चिकित्सकों द्वारा सुझाए गए थे, लेकिन वे प्रत्येक एक महीने से कम समय तक चले थे। उसे अब एक ऐसे हाइजीनिस्ट की सख्त जरूरत है, जो उसके अभ्यास की विशिष्ट चुनौतियों का सामना कर सके। निम्नलिखित में से किस उम्मीदवार को डॉ. मिलर को सबसे गंभीरता से विचार करना चाहिए?

A. मर्लिन पंद्रह साल से एक हाइजीनिस्ट रही हैं, और उनके वर्तमान नियोक्ता, जो सेवानिवृत्त होने वाले हैं, कहते हैं कि वह व्यवसाय में सर्वश्रेष्ठ हैं। जिस ग्राहक के साथ उसने काम किया है, वह काउंटी के कुछ सबसे धनी और सबसे शक्तिशाली नागरिकों में शामिल है।

B. लिंडी ने हाल ही में राज्य में सबसे अच्छा दंत स्वच्छता कार्यक्रमों में से एक से अपनी कक्षा के शीर्ष पर स्नातक किया। डेंटल हाइजीनिस्ट बनने से पहले लिंडी ने डे केयर सेंटर में काम करते हुए दो साल बिताए।

C. जेम्स ने सार्वजनिक स्वास्थ्य क्लिनिक में तीन साल तक दंत चिकित्सक के रूप में काम किया है। वह एक निजी दंत चिकित्सा कार्यालय में एक स्थिति हासिल करने में बहुत रुचि रखते हैं।

D. कैथी एक अनुभवी और उच्च अनुशंसित दंत चिकित्सक हैं, जो बचपन की शिक्षा की डिग्री भी पूरी कर रहे हैं, जो उन्हें उम्मीद है कि उन्हें पूर्वस्कूली शिक्षक के रूप में नौकरी मिलेगी। वह बाल चिकित्सा अभ्यास में नौकरी पाने के लिए उत्सुक है, क्योंकि वह हमेशा बच्चों के साथ काम करना चाहती है।

Q.6 रीता, एक निपुण पेस्ट्री शेफ जो अपनी कलात्मक और उत्तम शादी के केक के लिए अच्छी तरह से जानी जाती है, ने एक साल पहले एक बेकरी खोली और यह आश्चर्यचकित है कि व्यवसाय इतना धीमा हो गया है। मार्केट रिसर्च करने के लिए किराए पर ली गई एक सलाहकार ने बताया है कि स्थानीय आबादी उसकी दुकान के बारे में नहीं सोचती है क्योंकि वे एक दैनिक आधार पर आते हैं, लेकिन अगर वे एक विशेष अवसर का जश्न मनाएंगे तभी वह वहां आएंगे। रीता को अपने दैनिक व्यवसाय को बढ़ाने के लिए निम्नलिखित में से कौन सी रणनीति अपनानी चाहिए?

A. शादी, सालगिरह या जन्मदिन के केक पर 25% छूट प्राप्त करने के लिए कूपन धारक को उपलब्ध कराने वाले कूपन उपलब्ध कराना।

B. अगले ब्राइडल एक्सपो में प्रदर्शन और चखने के लिए उपलब्ध उसकी शादी के केक में से एक केक का टुकड़ा देना।

C. स्थानीय समाचार पत्रों में विज्ञापनों की एक श्रृंखला रखना जो ब्रेड के विस्तृत सरणी का विज्ञापन करता है।

D. बेकरी को शहर के दूसरी तरफ ले जाना।

Q.7 आपके जिले में जहां आप जिला मजिस्ट्रेट हैं, वहां गेहूं की कमी है। सरकार ने आदेश दिया है कि विवाह समारोहों के लिए केवल अधिकतम 50 किलोग्राम गेहूं जारी किया जाना है। आपके करीबी रिश्तेदार की एक बेटी की शादी हो रही है और आपसे अनुरोध है कि आप उसकी बेटी की शादी के लिए कम से कम 100 किलो गेहूं जारी करें। जब आप उसे इस मामले पर सरकार के प्रतिबंधों के बारे में बताते हैं तो वह नाराजगी व्यक्त करता है। उसे लगता है कि चूंकि आप जिला मजिस्ट्रेट हैं, आप अपनी इच्छा से कोई भी राशि जारी कर सकते हैं। आप उसके साथ अपने रिश्ते को खराब नहीं करना चाहते हैं। ऐसी परिस्थितियों में, आप स्थिति से कैसे निपटेंगे?

A. गेहूं की अतिरिक्त मात्रा को छोड़ दें जिसे आपके रिश्तेदार ने अनुरोध किया है।

B. अपने रिश्तेदार को अतिरिक्त राशि से मना करें और नियमों का सख्ती से पालन करें।

C. अपने रिश्तेदार को सरकारी निर्देशों की प्रति दिखाएं और फिर निर्धारित राशि के रूप में उसे स्वीकार करने के लिए राजी करें।

D. उसे सीधे आवंटन प्राधिकरण में आवेदन करने की सलाह दें और उसे सूचित करें कि आप इस मामले में हस्तक्षेप नहीं करते हैं।

Q.8 यदि 4 के गुणकों को छोड़कर सम संख्या वाली स्थिति में आने वाले सभी अंग्रेजी अक्षरों को निकाल दिया जाता है, तो नई वर्णमाला श्रृंखला में बाएं से 13वें स्थान पर कौन-सा अक्षर होगा?

A. O **B.** P **C.** Q **D.** R

Q.9 नीचे दी गई श्रृंखला में, पहचानिए कि "?" के स्थान पर क्या होगा?

BQT, VDT, VXG, IXA, CKA, CEN, ?

A. EGP **B.** PEG **C.** FHQ **D.** PEH

Ques (10-12):निर्देश: निम्नलिखित प्रश्न में, दिए गए शब्दों को सार्थक क्रम में व्यवस्थित करें और इस प्रकार विकल्पों में से सही उत्तर ढूंढें।

Q.10 नीचे दिए गए शब्दों को सार्थक क्रम में व्यवस्थित करें।

1. Key
2. Door
3. Lock
4. Room
5. Switch on

A. 5, 1, 2, 4, 3 **B.** 4, 2, 1, 5, 3
C. 1, 3, 2, 4, 5 **D.** 1, 2, 3, 5, 4

Q.11 नीचे दिए गए शब्दों को सार्थक क्रम में व्यवस्थित करें।

1. Word
2. Paragraph
3. Sentence
4. Letters
5. Phrase

A. 4, 1, 5, 2, 3 **B.** 4, 1, 3, 5, 2
C. 4, 2, 5, 1, 3 **D.** 4, 1, 5, 3, 2

Q.12 नीचे दिए गए शब्दों को सार्थक क्रम में व्यवस्थित करें।

1. Police
2. Punishment
3. Crime
4. Judge
5. Judgement

A. 3, 1, 2, 4, 5 **B.** 1, 2, 4, 3, 5
C. 5, 4, 3, 2, 1 **D.** 3, 1, 4, 5, 2

Q.13 अमर, अकबर और एंथोनी की कुल आयु 80 वर्ष है। तीन साल पहले उनकी उम्र कितनी थी?

A. 71 वर्ष **B.** 72 वर्ष **C.** 74 वर्ष **D.** 77 वर्ष

Q.14 कोमल श्रीमती सुमन की बेटी हैं और सोनम, कमल की बेटी हैं। यदि राजाराम सुमन के फादर-इन-लॉ हैं और सुरेखा के पति हैं, जो उनके इकलौते बच्चे कमल की मां हैं, तो कोमल, सोनम से किस प्रकार संबंधित है?

A. कजिन **B.** बहन **C.** दादी **D.** आन्टी

Q.15

A, B, C, D और E ताश का खेल खेलते हैं। A, B से कहता है, "यदि आप मुझे तीन कार्ड देते हैं, तो आपके पास उतना ही होगा, जितना E के पास होगा और अगर मैं आपको तीन कार्ड दूंगा, तो आपके पास D जितने होंगे।"A और B के कुल कार्ड D और E के कुल कार्ड से 10 अधिक हे। यदि B के पास C से दो कार्ड अधिक हैं और कार्ड की कुल संख्या 133 है, B के पास कितने कार्ड हैं?

A. 22 **B.** 23 **C.** 25 **D.** 35

Ques (16-18):निर्देश: निम्नलिखित प्रश्न के लिए व्यक्तिगत रूप से उत्तर दें।

Q.16 यदि एक दर्पण को MN की रेखा पर रखा जाता है, तो दिए गए आंकड़ों में से कौन सी उत्तर आकृति की सही छवि है?

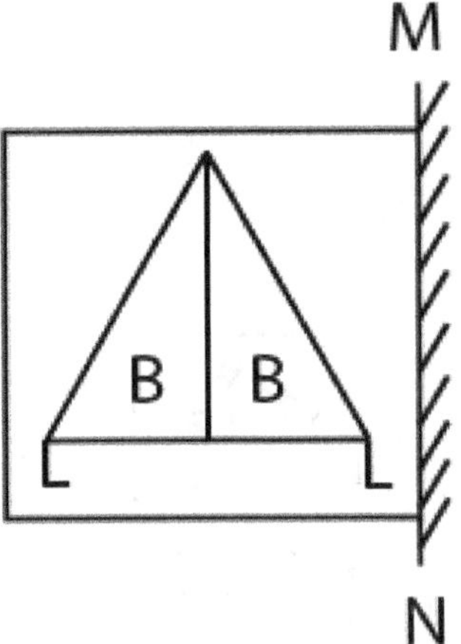

A.
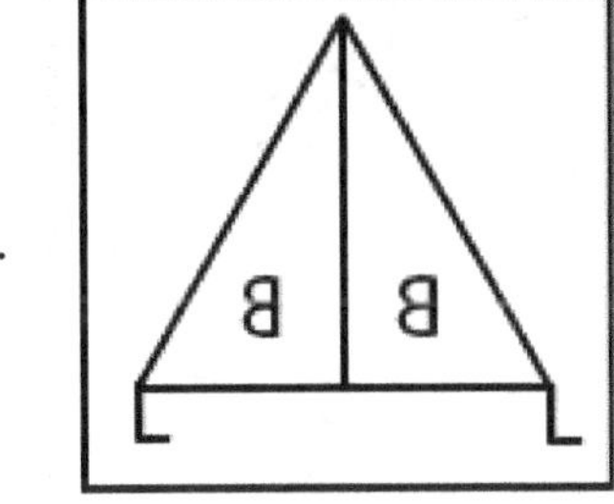

B.
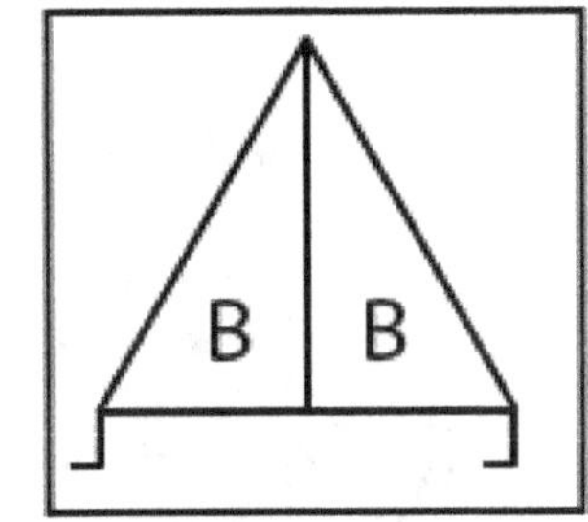

C.
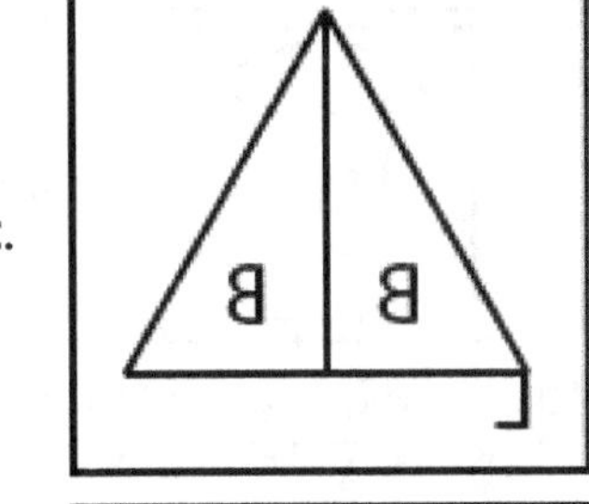

D.
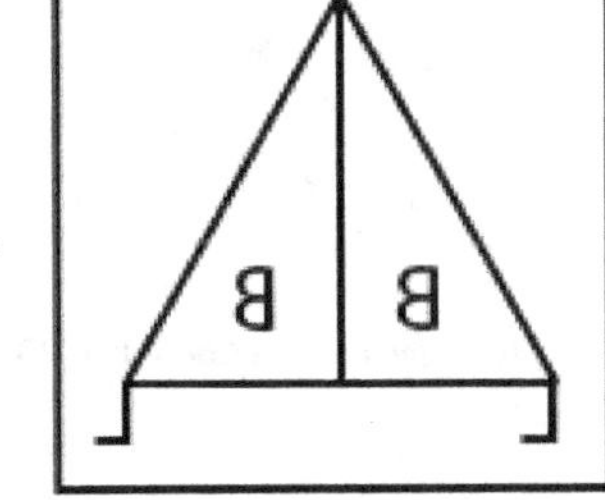

Q.17 यदि एक दर्पण को AB की रेखा पर रखा जाता है, तो दिए गए आंकड़ों में से कौन सी उत्तर आकृति की सही छवि है?

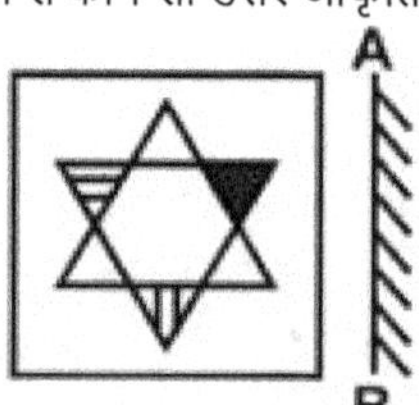

A. 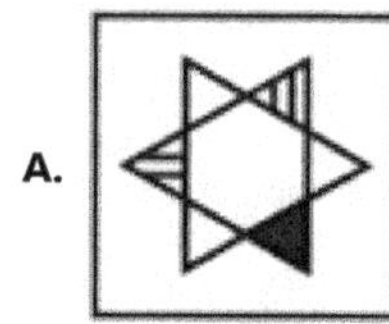

B. 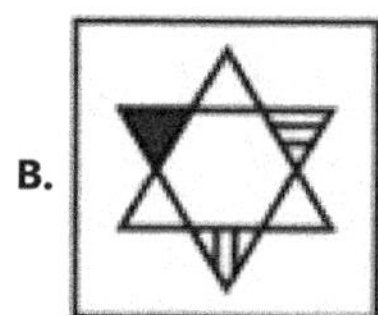

C. 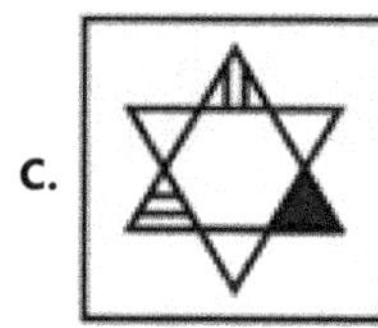

D. 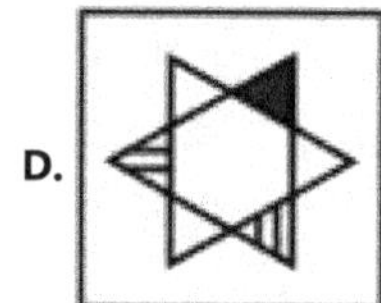

Q.18 दिए गए उत्तर के आंकड़ों से, उस प्रश्न का चयन करें जिसमें प्रश्न आकृति छिपी/एम्बेडेड है।

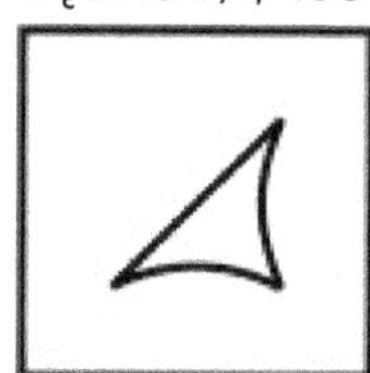

[UP Police Constable, 2019], [SSC Constable (GD), 2019], [SSC MTS, 2017]

A. 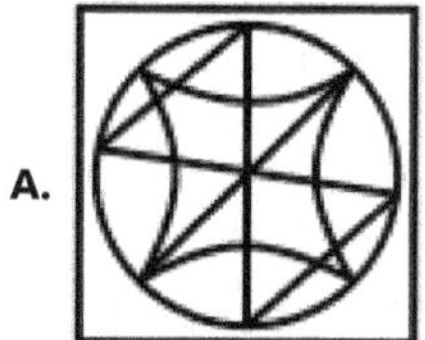

B. 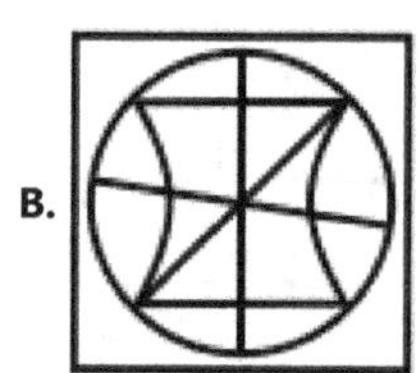

C. 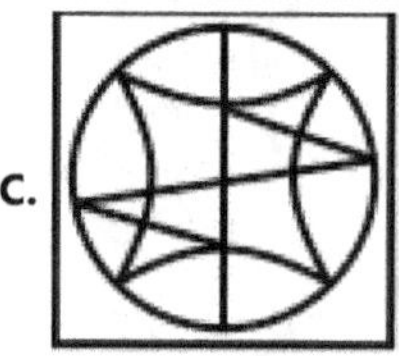

D. 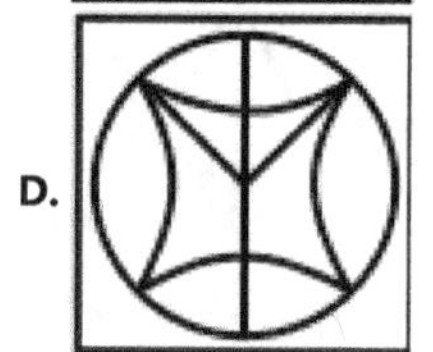

Ques (19-20): उत्तर आकृतियों में से एक आकृति का चयन करें जो पांच समस्या आकृतियों द्वारा स्थापित समान श्रृंखला को जारी रखेगी।

Q.19

समस्या आकृतियां:   उत्तर आकृतियां:

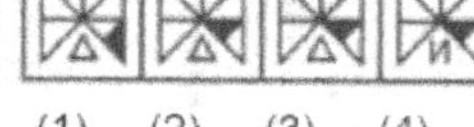

(A) (B) (C) (D) (E)   (1) (2) (3) (4)

[Telangana Police Constable, 2015]

A. 1   B. 2   C. 3   D. 4

Q.20

उत्तर आंकड़े के बीच से एक आंकड़ा का चयन करें जो पांच समस्या आंकड़े द्वारा स्थापित की गई समान श्रृंखला जारी रखेगा।

समस्या के आंकड़े:   उत्तर के आंकड़े:

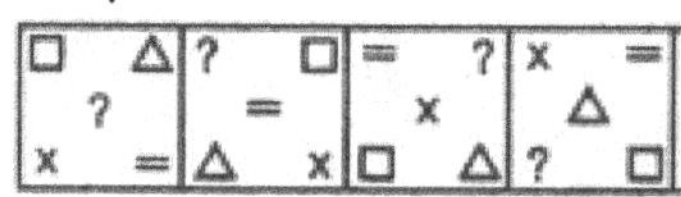

(A)   (B)   (C)   (D)

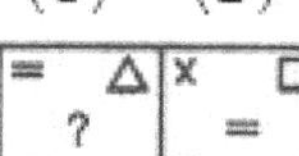

(1)   (2)   (3)   (4)

[NCERT National Talent Search Exam, 2020]

A. 1   B. 2   C. 3   D. 4

Q.21 कौन सी विकल्प आकृति दी गई प्रश्न आकृति के समान है?

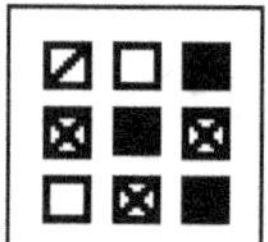

A. 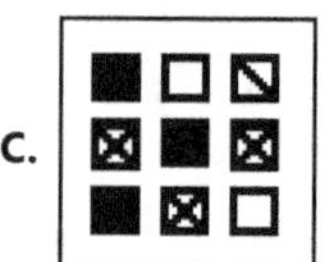

B. 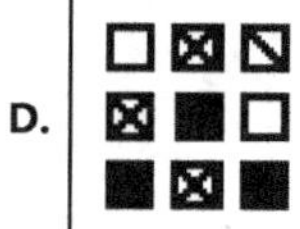

C. 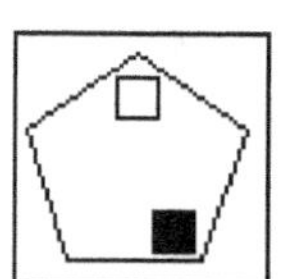

D. 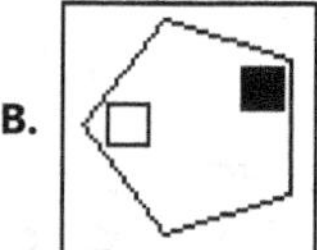

Q.22 कौन सा आंकड़ा पहले के समान है?

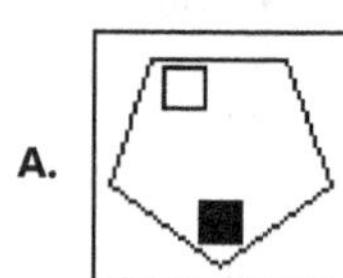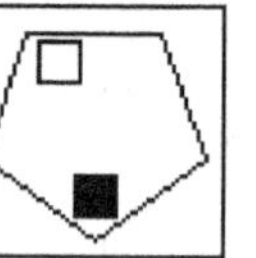

A. 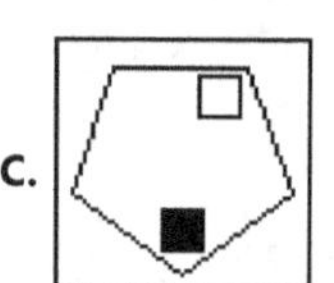

B. 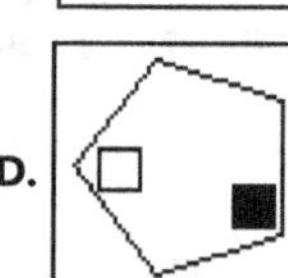

C.

D.

Q.23 कौन सा आंकड़ा पहले के समान है?

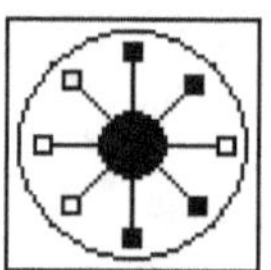

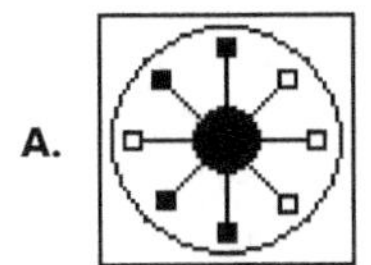
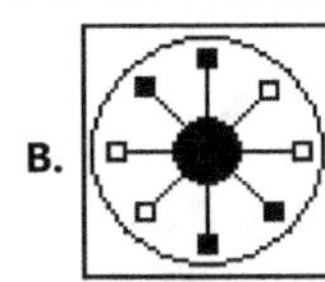
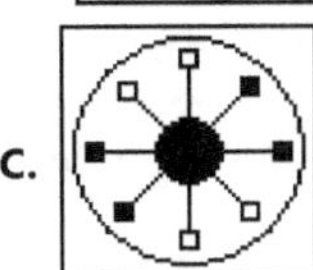
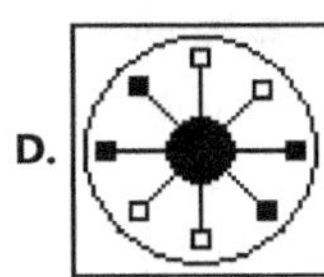

Q.24 निर्देश: निम्नलिखित प्रश्न में, दिए गए शब्दों को सार्थक क्रम में व्यवस्थित करें और इस प्रकार विकल्पों में से सही उत्तर ढूंढें।

नीचे दिए गए शब्दों को सार्थक क्रम में व्यवस्थित करें।

1. Family
2. Community
3. Member
4. Locality
5. Country

A. 3, 1, 2, 4, 5   **B.** 3, 1, 2, 5, 4

C. 3, 1, 4, 2, 5   **D.** 3, 1, 4, 5, 2

Q.25

एक आदमी के पास एक रुपये के नोटों के मूल्यवर्ग में रु 480, पांच रुपये के नोट और दस रुपये के नोट प्रत्येक संप्रदाय के नोटों की संख्या बराबर है। उसके पास कुल कितने नोट हैं?

A. 45   **B.** 60   **C.** 75   **D.** 90

General Awareness and General English

Q.26 कोनेरू हंपी के नाम को आप किस खेल से जोड़ते हैं?

A. शतरंज   **B.** वॉलीबाल

C. टेबल टेनिस   **D.** बास्केटबाल

Q.27 राष्ट्रमंडल खेल महासंघ का आदर्श वाक्य क्या है?

A. मानवता, समानता, नियति

B. हर कीमत पर मानवता

C. समानता सर्वोच्च है

D. मानवता सबसे ऊपर

Q.28 1930 में आयोजित प्रथम फीफा फुटबॉल विश्व कप के फाइनल मैच में किन देशों ने भाग लिया था?

A. यूगोस्लाविया बनाम संयुक्त राज्य अमेरिका

B. उरुग्वे बनाम अर्जेंटीना

C. फ्रांस बनाम मेक्सिको

D. उरुग्वे बनाम संयुक्त राज्य अमेरिका

Q.29 किस खेल के नियमों के कोड को "मार्क्स ऑफ क्वींसबेरी रूल्स" के रूप में जाना जाता है?

A. मुक्केबाज़ी   **B.** कुश्ती

C. बाड़ लगाना   **D.** बास्केटबाल

Q.30 पंचक क्या है?

A. एक प्राचीन खेल जो टेनिस और टेबल टेनिस का मिश्रण है

B. एक प्राचीन खेल जो बेसबॉल और बास्केटबॉल का मिश्रण है

C. एक प्राचीन खेल जो कराटे और तायक्वोंडो का मिश्रण है

D. एक प्राचीन खेल जो मुक्केबाजी और कुश्ती का मिश्रण है

Ques (31-33):Direction: Read the following passage carefully and choose the most appropriate answer to the question out of the four alternatives.

Is there any difference between "genius" and "talent"? We generally feel that a man of genius is in some way higher than a man of talent; and that talented men are more common than genius. This is true, but it is rather vague. Genius implies "very extraordinary gifts or native powers, especially as displayed in original creation, discovery, expression or achievement; phenomenal capacity regarded as relatively independent of instruction and training". Talent, on the other hand, consists of "mental endowments or capacities of superior character; marked mental ability". "Talent" is more the capacity to learn to do a thing well; but "genius" is an inborn inspiration that drives a man to do a thing with original excellence. As Meredith said, "Genius does what it must, and talent does what it can".

Shakespeare in drama and poetry, Isaac Newton in science, Napoleon in war, Beethoven in music, were geniuses; many well-known poets, scientists, generals and musicians have been men of talent.

Q.31 What is the general view of a "genius" and a "talented" man?

A. A genius is more superior than other men .

B. A talented man is a skillful man.

C. A genius is superior to a man of talent and that talented men are more common than genius.

D. A genius looks down on a talented man.

Q.32 A genius is a man with _________ ideas.

A. common   **B.** original

C. clever   **D.** bright

Q.33 To learn to do a thing well is to be _________.

A. professional   **B.** skillful

C. talented   **D.** a genius

Ques (34-35):Direction: Read the passage carefully and answer the question that follows.

At this stage of civilisation, when many nations are brought in to close and vital contact for good and evil, it is essential, as never before, that their gross ignorance of one another should be diminished, that they should begin to understand a little of one another's historical experience and resulting mentality. It is the fault of the English to expect the people of other countries to react as they do, to political and international situations. Our genuine goodwill and good intentions are often brought to nothing, because we expect other people to be like us. This would be corrected if we knew the history, not necessarily in detail but in broad outlines, of the social and political conditions which have given to each nation its present character.

Q.34 According to the author 'Mentality' of a nation is mainly product of its:

A. Present character

B. International position

C. Politics

D. History

Q.35 The character of a nation is the result of its:

A. Gross ignorance

B. Cultural heritage

C. Socio-political conditons

D. Mentality

Ques (36-37):Direction: Point out the word which can be substituted for the given sentence.

Q.36 Synchronicity

A. Conformity

B. Conflict

C. Vendetta

D. Altercation

Q.37 The act of killing a king:

A. Homicide

B. Dominicide

C. Deicide

D. Regicide

Q.38 Direction: Select the word that is most opposite in meaning to the following word.

Constancy

A. Dedication

B. Allegiance

C. Treachery

D. Loyalty

Q.39 Direction: Choose the antonym for the given word:

Rapport

A. Unfriendliness

B. Unrapport

C. Disrapport

D. Unbehaviour

Q.40 एंटी-डिफेक्शन कानून कब पारित किया गया था?

A. 1950   B. 1960   C. 1985   D. 2005

Q.41 दलबदल विरोधी द्वारा अयोग्यता के सवाल पर अंतिम निर्णय लेने वाला प्राधिकारी कौन है?

A. अध्यक्ष या राज्यसभा या लोकसभा अध्यक्ष

B. प्रधान-मंत्री

C. राष्ट्रपति

D. इनमें से कोई भी नहीं

Q.42 बौद्ध धर्म की शिक्षाओं में निम्नलिखित में से कौन सा बौद्ध ग्रंथ है?

A. अभिधम्म पिटक   **B.** विनय पिटक

C. सुत्त पिटक   **D.** B और C दोनों

Q.43 निम्नलिखित में से कौन गुप्त काल के सिक्कों के लिए प्रयुक्त शब्द है?

1. दिनारा
2. नाटक
3. रूपका
4. सुवर्णा

नीचे दिए गए कोड से सही उत्तर चुनें:

A. केवल 4   **B.** 1, 2 & 3

C. केवल 1 & 4   **D.** 1, 2, 3 & 4

Q.44 दूसरी जैन परिषद कहाँ आयोजित की गई थी?

A. पाटलिपुत्र   B. वल्लभी   C. पाटलिपुत्र   D. वैशाली

Q.45 IIT खड़गपुर के शोधकर्ताओं ने किस सामग्री का उपयोग करके खाद्य पैकेजिंग सामग्री विकसित की है?

A. प्लास्टिक   **B.** नैनो समग्र

C. ककड़ी के छिलके   **D.** केले के छिलके

Q.46 भारत के सांस्कृतिक इतिहास के अनुसार 'पंचायतन' है:

A. गाँव के बुजुर्गों की एक सभा

B. एक धार्मिक संप्रदाय

C. मंदिर निर्माण शैली

D. एक प्रशासन का कार्य

Q.47 डांडिया 'का एक लोकप्रिय नृत्य है:

A. पंजाब   **B.** गुजरात   **C.** तमिलनाडु   **D.** महाराष्ट्र

Q.48 पुष्कर मेला कहाँ आयोजित किया जाता है?

A. उदयपुर   **B.** जैसलमेर   **C.** जोधपुर   **D.** अजमेर

Q.49 केंद्रीय जांच ब्यूरो (CBI) अकादमी किस शहर में स्थित है?

A. नई दिल्ली   **B.** दार्जिलिंग

C. मुंबई   **D.** गाज़ियाबाद

Q.50 ऋग्वैदिक दशरंजन युद्घ (दस राजाओं की लड़ाई) में भरत ____के किनारे विजेता बने?

A. सिंधु नदी   **B.** सरस्वती नदी

C. सतलज नदी   **D.** पारुषी नदी

Numerical Aptitude

Q.51 शिवम कार से कुल यात्रा का 20% दूरी और शेष 50% ट्रेन और टैक्सी द्वारा 5: 3 के संबंधित अनुपात में यात्रा करता है और शेष दूरी वह पैदल तय करता है। यदि वह दूरी, जो वह कार से और टैक्सी से यात्रा करता है 126 किमी है, तो शिवम ने यात्रा के दौरान कुल कितनी दूरी तय की है??

A. 360 कि.मी.   **B.** 640 कि.मी.

C. 420 कि.मी.   **D.** 400 कि.मी.

Q.52 200 मीटर की दौड़ में A, B को 15 सेकंड से पछाड़ता है। B, C को 25 सेकंड में 500 सेकंड की दौड़ में पछाड़ता है, C, D को 32 सेकंड में 800 मीटर की दौड़ में और D, E को 1 घंटे की दौड़ में 35 सेकंड में पछाड़ता है। 2 किमी की दौड़ में E को 800 मीटर से हराकर A की गति कितनी होनी चाहिए?

A. 2.5 मी./ से.   **B.** 3.33 मी./ से.

C. 5 मी./ से.   **D.** 6.66 मी./ से.

Q.53 $1:3 = \frac{12}{3}:x$, x का मान है:

A. 1   **B.** 3   **C.** $\frac{41}{6}$ **D.** 12

Q.54 संख्या 10 में 5: 1 का अनुपात क्या है?

A. 42   **B.** 50   **C.** 55   **D.** 62

Q.55 A और B एक कार्य को 6 दिनों में कर सकते हैं और A अकेले 9 दिनों में कर सकता हैं। B को कार्य करने के लिए अकेले कितना समय लगता है?

A. 18 दिन   **B.** 15 दिन   **C.** 12 दिन   **D.** $7\frac{1}{2}$ दिन

Q.56 A और B मिलकर 8 दिनों में एक काम कर सकते हैं। यदि A अकेला कार्य 12 दिनों में कर सकता है, तो B अकेले उसी कार्य को कर सकता है:

A. 20 दिन   **B.** 16 दिन   **C.** 24 दिन   **D.** 28 दिन

Q.57 $\frac{22}{5}$ वर्ष की राशि पर 5% प्रतिवर्ष के हिसाब से धनराशि पर मूल राशि ज्ञात करें, यदि राशि रु 1120 है?

A. 1000 रु   **B.** 1000 रु   **C.** 1050 रु   **D.** 1050 रु

Q.58 यदि क्रमशः 55,60 और 45 छात्रों के तीन बैचों के औसत अंक 50,55,60 हैं तो सभी छात्रों के औसत अंक हैं:

A. 53.33   **B.** 54.68

C. 55   **D.** इनमें से कोई नहीं

Q.59 11 संख्याओं का औसत 10.9 है। यदि पहले छह का औसत 10.5 है और अंतिम छह का 11.4 है तो छठा नंबर क्या है?

A. 11.0   **B.** 11.3   **C.** 11.3   **D.** 11.5

Q.60 5000 रुपर $1\frac{1}{2}$ साल के लिए चक्रवृद्धि ब्याज के बीच 4% प्रतिवर्ष और अर्धवार्षिक में क्या अंतर है?

A. 2.04 रु   **B.** 3.06 रु   **C.** 4.80 रु   **D.** 8.30 रु

Q.61 एक साइकिल को 900 रु में खरीदा जाता है और 1080 रु में बेचा जाता है, लाभ प्रतिशत ज्ञात करें?

A. $\frac{162}{3}\%$ **B.** 20%   **C.** 18%   **D.** 25%

Q.62 $\frac{1}{3}, \frac{5}{6}, \frac{5}{4}, \frac{10}{7}$ का लघुत्तम समापवर्त्य है:

A. $\frac{10}{7}$ **B.** 10   **C.** $\frac{10}{11}$ **D.** $\frac{11}{10}$

Q.63 $\frac{3}{16}, \frac{5}{12}, \frac{7}{8}$ का महत्तम समापवर्त्य है:

A. $\frac{2}{47}$ **B.** $\frac{3}{47}$ **C.** $\frac{1}{48}$ **D.** $\frac{5}{48}$

Q.64 ? के लिए उपयुक्त विकल्प चुनें

$$60 + 5 \times \frac{12}{\left(\frac{180}{3}\right)} = ?$$

A. 60   **B.** 120   **C.** 13   **D.** 61

Q.65 निम्नलिखित प्रश्न में प्रश्नवाचक चिन्ह '?' के स्थान पर क्या आएगा?
520 का 35% + 216 का 33.33% + 120 का 45% = ?

A. 890   **B.** 375   **C.** 308   **D.** 400

Q.66 यदि y, x से 20% अधिक है, तो x, y से कम है:

A. 16%   **B.** $16\frac{1}{3}\%$ **C.** $16\frac{2}{3}\%$ **D.** $16\frac{3}{5}\%$

Q.67 एक लेख की कीमत में 24% की कमी के बाद Rs.912 खर्च होता है। लेख की वास्तविक लागत ज्ञात कीजिए।

A. 1400   **B.** 1300   **C.** 1200   **D.** 1100

Ques (68-69):निर्देश: निम्नलिखित बार चार्ट का ध्यानपूर्वक अध्ययन करें और दिए गए प्रश्न का उत्तर दें।
निम्नलिखित ग्राफ उन लोगों की संख्या को दर्शाता है जो सप्ताह के 5 अलग-अलग दिनों में कार्यशाला A और B में भाग लेते हैं।कार्यशाला A

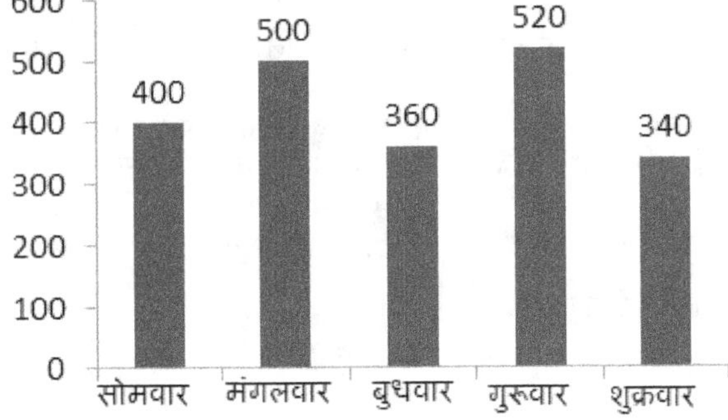

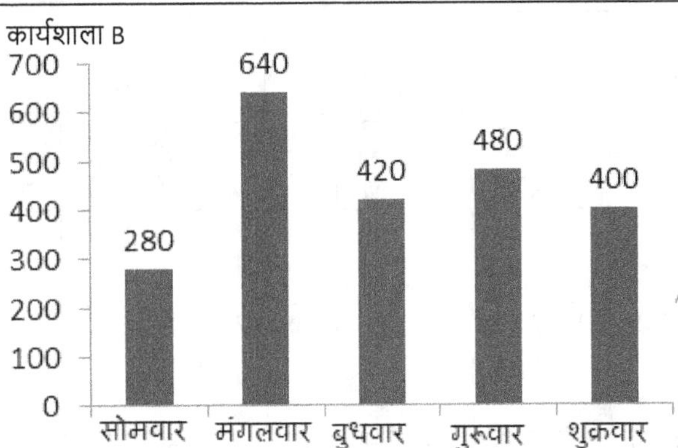

Q.68 सोमवार, मंगलवार और बुधवार को एक साथ कार्यशाला में भाग लेने वाले लोगों की संख्या मंगलवार, बुधवार और गुरुवार को एक साथ कार्यशाला में भाग लेने वाले लोगों की संख्या से कितने कम प्रतिशत है।

A. 15.80%   **B.** 10.40%   **C.** 18.18%   **D.** 22.20%

Q.69 कार्यशाला A और B में सोमवार को A और B के बुधवार को एक साथ भाग लेने वाले लोगों की संख्या का अनुपात क्या है?

A. 35 : 37   **B.** 34 : 39   **C.** 13 : 17   **D.** 5 : 17

Q.70 निम्नलिखित में से कौन एक अभाज्य संख्या है?

[Intelligence Bureau Security Assistant, 2019]

A. 7   **B.** 9   **C.** 12   **D.** 20

Q.71 17^{200} को 18 से विभाजित करने पर शेषफल क्या होगा?

A. 1   **B.** 3   **C.** 19   **D.** 8

Q.72 जब 0.66666666 ... अंश में परिवर्तित किया जाता है, तब परिणाम क्या होगा?

A. $\frac{1}{3}$ **B.** $\frac{2}{3}$ **C.** $\frac{2}{5}$ **D.** $\frac{2}{9}$

Q.73 56 छात्रों की एक कक्षा में, लड़कों की संख्या लड़कियों की $\frac{3}{5}$ है। कक्षा में लड़कों और लड़कियों की संख्या ज्ञात कीजिए।

A. 21, 35   **B.** 20, 36   **C.** 18, 38   **D.** 16, 30

Q.74 निर्देश: नीचे दी गई तालिका का उपयोग करके नीचे दिए गए प्रश्न का उत्तर दें:वर्ष के दौरान एक स्कूल की 5 कक्षाओं में छात्र की संख्या उत्तीर्ण और अनुत्तीर्ण रही।

कक्षा	VI		VII		VII		IX		X	
वर्ष	उत्तीर्ण	अनुत्तीर्ण	उत्तीर्ण	अनुत्तीर्ण	उत्तीर्ण	अनुत्तीर्ण	उत्तीर्ण	अनुत्तीर्ण	उत्तीर्ण	अनुत्तीर्ण
2001	50	42	76	14	58	18	65	17	48	23
2002	60	19	95	22	71	30	75	12	76	28
2003	45	13	61	19	49	15	48	08	74	20
2	58	21	75	25	80	28	60	11	84	14

क क्षा	VI		VII		VII		IX		X	
वर्ष	उत्तीर्ण	अनुत्तीर्ण	उत्तीर्ण	अनुत्तीर्ण	उत्तीर्ण	अनुत्तीर्ण	उत्तीर्ण	अनुत्तीर्ण	उत्तीर्ण	अनुत्तीर्ण
2004										
2005	55	18	66	29	59	26	70	13	65	17
2006	68	31	54	38	77	34	82	21	55	14
	336	144	427	147	394	151	400	82	402	116

वर्ष 2003 में सभी वर्गों के लिए उत्तीर्ण छात्रों की संख्या कितनी है?

A. 277 **B.** 298 **C.** 316 **D.** 354

Q.75 निर्देश: नीचे दी गई तालिका का उपयोग करके नीचे दिए गए प्रश्न का उत्तर दें:एक वर्ष में छह अलग-अलग बैंकों द्वारा 6 अलग-अलग विशेषज्ञ पदों के लिए आवेदनों की संख्या,

विशेषज्ञ पद / बैंक	P	Q	R	S	T	U
A	25.5	38.4	43.7	18.8	28.3	40.6
B	35.5	44.2	42	26.6	31.2	35.9
C	38.8	41.1	38.6	23.9	24.4	23.3
D	26.6	39.6	47.2	15.4	38.9	28.5
E	29	35.5	30.3	29.1	42	20.9
F	32.3	33.4	37.8	22.4	30.3	41.8

किस विशेषज्ञ पद पर सभी बैंकों से एक साथ आवेदन करने की अधिकतम संख्या थी?

A. P **B.** Q **C.** T **D.** R

Specialised Topic

Q.76 ABC विश्लेषण में 'A' वर्ग में _______ वाले आइटम होते हैं।

A. सटीक रिकॉर्ड
B. अच्छा रिकॉर्ड
C. न्यूनतम रिकॉर्ड
D. कोई रिकॉर्ड नहीं

Q.77 निम्नलिखित में से कौन सा आपूर्तिकर्ताओं द्वारा व्यक्त की गई चिंता है?

A. प्लांट इन्वेंट्री का उन्मूलन
B. उपयोग के बिंदु पर वितरण
C. शून्य दोष के साथ उत्पादन
D. ग्राहकों की असीम इंजीनियरिंग में परिवर्तन

Q.78 निम्नलिखित में से कौन एक उत्पादन योजना और नियंत्रण प्रणाली की योजना फाइलों का हिस्सा नहीं है:

A. एक प्रगति फ़ाइल
B. एक कार्य केंद्र मास्टर फ़ाइल
C. WIP इन्वेंट्री को छोटा करना
D. अधिकतम उपयोग

Q.79 ABC विश्लेषण के बारे में निम्नलिखित में से कौन सा कथन गलत है?

A. ABC विश्लेषण अनुमान पर आधारित है कि कुछ सबसे महत्वपूर्ण वस्तुओं को नियंत्रित करना इन्वेंट्री बचत के विशाल बहुमत का

उत्पादन करता है।
B. ABC विश्लेषण में, "A" आइटम को कसकर नियंत्रित किया जाता है, सटीक रिकॉर्ड होते हैं, और प्रमुख निर्णय निर्माताओं द्वारा नियमित समीक्षा प्राप्त करते हैं।
C. ABC विश्लेषण अनुमान पर आधारित है कि सभी वस्तुओं को महत्वपूर्ण लागत बचत का उत्पादन करने के लिए कसकर नियंत्रित किया जाना चाहिए।
D. ABC विश्लेषण में, "C" आइटम में न्यूनतम रिकॉर्ड, आवधिक समीक्षा और सरल नियंत्रण हैं।

Q.80 विशिष्ट इन्वेंट्री मॉडल द्वारा उत्तर दिए गए दो सबसे बुनियादी इन्वेंट्री प्रश्न हैं:

A. समय और आर्डर की लागत
B. आर्डर की मात्रा और लागत
C. समय और आर्डर की मात्रा
D. आर्डर मात्रा और सेवा स्तर

Q.81 निम्नलिखित में से कौन सा परिवहन बेल्ट कन्वेयर के लिए उपयोग किया जाता है?

A. लंबी दूरी पर सामग्री परिवहन
B. परिसर के भीतर सामग्री परिवहन
C. प्रसंस्करण के लिए सामग्री परिवहन
D. सभी का उल्लेख है

Q.82 कथन 1: आमतौर पर बेल्ट कन्वेक्टर के साथ प्रवाह की दिशा को बदलना संभव नहीं है।

कथन 2: यदि बेल्ट कन्वेक्टर का उपयोग तुला स्थिति में किया जाना है, तो स्लेट बेल्ट का उपयोग किया जाता है।

A. सत्य,असत्य **B.** सत्य, सत्य
C. असत्य, असत्य **D.** असत्य, सत्य

Q.83 स्लेट बेल्ट _____ से बने होते हैं।

A. लकड़ी **B.** प्लास्टिक
C. धातु **D.** उल्लेख के किसी भी

Q.84 कथन 1: बेल्ट कन्वेयर का इस्तेमाल इच्छुक स्थिति में नहीं किया जा सकता है।

कथन 2: पेंच कन्वेयर बेल्ट कन्वेयर की तुलना में अधिक मात्रा में भार ले जा सकता है।

A. सत्य, असत्य **B.** सत्य, सत्य
C. असत्य, असत्य **D.** असत्य, सत्य

Q.85 कथन 1: चेन ड्राइव रोलर्स बेल्ट चालित रोलर्स की तुलना में तेजी से चलते हैं।

कथन 2: स्क्रू कन्वेयर का उपयोग गेहूं या मिर्च जैसे कच्चे माल की फीडिंग यूनिट में किया जाता है ताकि उसमें से एक पाउडर बनाया जा सके।

A. सत्य, असत्य **B.** सत्य, सत्य
C. असत्य, असत्य **D.** असत्य, सत्य

Q.86 संबंधित डेटा का संग्रह:

A. जानकारी **B.** बहुमूल्य जानकारी
C. डेटाबेस **D.** मेटाडेटा

Q.87 DBMS एक सॉफ्टवेयर है।

A. सत्य
B. असत्य
C. निर्धारित नहीं कर सकते
D. इनमें से कोई नहीं

Q.88 DBMS _______ और डेटाबेस के बीच बातचीत का प्रबंधन करता है।

A. उपयोगकर्ता   **B.** ग्राहक
C. आखिरी उपयोगकर्ता   **D.** हितधारक

Q.89 निम्नलिखित में से कौन DBMS में शामिल नहीं है?
A. अंतिम उपयोगकर्ता   **B.** डेटा
C. आवेदन का अनुरोध   **D.** HTML

Q.90 डेटाबेस आमतौर पर ________ है।
A. सिस्टम केंद्रित   **B.** उपयोगकर्ता केंद्रित
C. उपयोगकर्ता केंद्रित   **D.** डेटा केंद्रित

Q.91 एक इकाई की एक विशेषत:
A. संबंध   **B.** एट्रिब्यूट   **C.** पैरामीटर   **D.** बाधा

Q.92 डेटा पर प्रतिबं:
A. संबंध   **B.** एट्रिब्यूट   **C.** पैरामीटर   **D.** बाधा

Q.93 IMS दर्शाता है?
A. सूचना संचालन प्रणाली   **B.** निर्देश प्रबंधन प्रणाली
C. निर्देश हेरफेर प्रणाली   **D.** सूचना प्रबंधन प्रणाली

Q.94 1981 में हैमर और मैक लेओड द्वारा विकसित एक मॉडल।
A. SDM   **B.** OODBM
C. DDM   **D.** RDM

Q.95 वस्तु = ________ + संबंध।
A. डेटा   **B.** विशेषताएँ   **C.** इकाई   **D.** बाध्यताएं

Q.96 निम्नलिखित छत से समर्थित है।
A. रोलर कन्वेयर   **B.** बेल्ट कन्वेयर
C. चेन कन्वेयर   **D.** ऊपर के सभी

Q.97 बल्क लोडिंग क्या हैं?
A. सामग्री की कमी   **B.** एकल कठोर द्रव्यमान
C. सजातीय कण   **D.** विषम कण

Q.98 'यूनिट लोड' का सिद्धांत बताता है कि:
A. सामग्री बहुत में स्थानांतरित की जानी चाहिए।
B. एक समय में एक इकाई को स्थानांतरित किया जाना चाहिए।
C. A और B दोनों'
D. इनमे से कोई भी नहीं

Q.99 कांटा लिफ्ट ट्रक के लिए प्रयोग किया जाता है:
A. उठाने और कम करने   **B.** कार्यक्षेत्र परिवहन
C. A और B दोनों'   **D.** इनमे से कोई भी नहीं

Q.100 व्हील बैरो का उपयोग किया जाता है:
A. उठाने और कम करने   **B.** कार्यक्षेत्र परिवहन
C. A और B दोनों'   **D.** इनमे से कोई भी नहीं

// स्मार्ट उत्तर पुस्तिका //

सही उत्तर	उन छात्रों का प्रतिशत जिन्होंने प्रश्नों का सही उत्तर दिया था।	छोड़ दिया	उन छात्रों का प्रतिशत जिन्होंने प्रश्नों को छोड़ दिया था।

प्रश्न संख्या	उत्तर	सही उत्तर / छोड़ दिया	प्रश्न संख्या	उत्तर	सही उत्तर / छोड़ दिया	प्रश्न संख्या	उत्तर	सही उत्तर / छोड़ दिया	प्रश्न संख्या	उत्तर	सही उत्तर / छोड़ दिया	प्रश्न संख्या	उत्तर	सही उत्तर / छोड़ दिया	प्रश्न संख्या	उत्तर	सही उत्तर / छोड़ दिया
1	D	49.56 % / 42.94 %	18	A	61.42 % / 31.15 %	35	C	13.32 % / 76.24 %	52	B	20.37 % / 68.21 %	69	B	54.87 % / 39.94 %	86	C	76.38 % / 19.06 %
2	B	69.02 % / 30.91 %	19	C	61.71 % / 33.92 %	36	A	30.83 % / 68.17 %	53	D	46.7 % / 43.9 %	70	A	76.65 % / 21.97 %	87	A	78.5 % / 17.74 %
3	D	60.81 % / 35.0 %	20	B	43.91 % / 50.48 %	37	D	14.69 % / 82.12 %	54	B	76.98 % / 13.94 %	71	A	85.99 % / 12.98 %	88	C	52.24 % / 37.64 %
4	C	21.66 % / 71.09 %	21	A	58.21 % / 34.85 %	38	C	67.53 % / 30.84 %	55	A	62.93 % / 35.92 %	72	B	88.04 % / 11.34 %	89	D	17.65 % / 73.65 %
5	B	25.26 % / 67.39 %	22	D	65.29 % / 31.93 %	39	A	49.05 % / 35.08 %	56	C	42.25 % / 37.2 %	73	A	47.65 % / 49.87 %	90	B	89.68 % / 10.03 %
6	C	11.84 % / 86.03 %	23	A	49.16 % / 42.93 %	40	C	62.86 % / 31.62 %	57	A	51.42 % / 38.83 %	74	A	80.86 % / 12.18 %	91	B	80.84 % / 16.94 %
7	C	31.34 % / 67.32 %	24	A	81.93 % / 17.63 %	41	A	69.13 % / 30.41 %	58	B	85.77 % / 11.9 %	75	D	46.59 % / 39.78 %	92	D	52.64 % / 44.79 %
8	C	59.59 % / 33.43 %	25	D	65.58 % / 33.47 %	42	C	57.42 % / 33.46 %	59	D	10.57 % / 77.3 %	76	A	40.7 % / 58.87 %	93	D	84.98 % / 13.06 %
9	D	50.83 % / 32.59 %	26	A	13.36 % / 73.62 %	43	C	64.66 % / 31.42 %	60	A	62.84 % / 35.67 %	77	D	77.1 % / 21.7 %	94	A	40.43 % / 57.73 %
10	C	41.75 % / 48.04 %	27	A	13.8 % / 85.14 %	44	B	60.32 % / 35.77 %	61	B	46.33 % / 46.16 %	78	A	40.86 % / 31.36 %	95	C	83.27 % / 12.94 %
11	D	66.15 % / 30.27 %	28	B	32.92 % / 67.04 %	45	C	19.52 % / 72.63 %	62	B	89.79 % / 10.01 %	79	C	66.09 % / 33.05 %	96	C	60.68 % / 32.26 %
12	D	42.59 % / 32.32 %	29	A	20.32 % / 72.8 %	46	C	67.51 % / 31.91 %	63	C	55.29 % / 37.15 %	80	C	27.15 % / 68.27 %	97	B	40.57 % / 40.54 %
13	A	77.64 % / 17.65 %	30	D	19.73 % / 75.65 %	47	B	82.11 % / 15.48 %	64	D	68.97 % / 30.14 %	81	D	69.24 % / 30.25 %	98	A	10.3 % / 76.09 %
14	B	61.41 % / 30.85 %	31	C	80.22 % / 15.2 %	48	D	50.97 % / 38.08 %	65	B	84.7 % / 10.57 %	82	B	43.16 % / 40.8 %	99	C	13.66 % / 73.06 %
15	C	30.44 % / 69.4 %	32	B	59.46 % / 40.0 %	49	D	54.61 % / 44.65 %	66	C	47.28 % / 32.02 %	83	D	82.55 % / 16.54 %	100	A	24.33 % / 70.1 %
16	D	54.05 % / 33.66 %	33	C	56.44 % / 42.7 %	50	D	46.56 % / 41.28 %	67	C	66.49 % / 32.22 %	84	C	64.15 % / 32.19 %			
17	B	40.99 % / 31.09 %	34	D	65.96 % / 32.46 %	51	A	45.9 % / 43.94 %	68	C	44.63 % / 54.8 %	85	B	40.43 % / 32.79 %			

//संकेत और समाधान//

1. दिया गया है:

आठ व्यक्ति, A, B, C, D, E, F, G और H विभिन्न अवसरों पर कुछ सामान खरीदते हैं।

1) A पांचवें स्थान पर खरीदता है।

2) E और F के बीच चार व्यक्ति खरीदते हैं।

3) न तो E और न ही F पहले या आखिरी में खरीदता है।

क्रम संख्या	स्थिति 1	स्थिति 2
1		
2	E	F
3		
4		
5	A	A
6		
7	F	E
8		

4) B, D के तत्काल बाद खरीदता है।

क्रम संख्या	स्थिति 1	स्थिति 2
1		
2	E	F
3	D	D
4	B	B
5	A	A
6		
7	F	E
8		

5) A और D के बीच खरीदने वाले व्यक्तियों की संख्या A और F के बीच खरीदने वाले व्यक्तियों की संख्या के बराबर है।

यहां, स्थिति 2 रद्द हो जाएगी।

क्रम संख्या	व्यक्ति
1	
2	E
3	D
4	B
5	A
6	
7	F
8	

6) G, H के बाद खरीदता है लेकिन 6वें स्थान पर नहीं है।

7) C पहले स्थान पर नहीं खरीदता है।

क्रम संख्या	व्यक्ति
1	H
2	E
3	D
4	B
5	A
6	C
7	F

| 8 | G |

तो, ऊपर दिखाई गई व्यवस्था सामान खरीदने वाले व्यक्तियों का अंतिम क्रम है।

इसलिए, A, 5वें स्थान पर सामान खरीदता है।

अतः विकल्प (D) सही है।

2. दिया गया है:

आठ व्यक्ति, A, B, C, D, E, F, G और H विभिन्न अवसरों पर कुछ सामान खरीदते हैं।

1) A पांचवें स्थान पर खरीदता है।

2) E और F के बीच चार व्यक्ति खरीदते हैं।

3) न तो E और न ही F पहले या आखिरी में खरीदता है।

क्रम संख्या	स्थिति 1	स्थिति 2
1		
2	E	F
3		
4		
5	A	A
6		
7	F	F
8		

4) B, D के तत्काल बाद खरीदता है।

क्रम संख्या	स्थिति 1	स्थिति 2
1		
2	E	F
3	D	D
4	B	B
5	A	A
6		
7	F	E
8		

5) A और D के बीच खरीदने वाले व्यक्तियों की संख्या A और F के बीच खरीदने वाले व्यक्तियों की संख्या के बराबर है।

यहां, स्थिति 2 रद्द हो जाएगी।

क्रम संख्या	व्यक्ति
1	
2	E
3	D
4	B
5	A
6	
7	F
8	

6) G, H के बाद खरीदता है लेकिन 6वें स्थान पर नहीं है।

7) C पहले स्थान पर नहीं खरीदता। है।

क्रम संख्या	व्यक्ति
1	H
2	E
3	D

4	B
5	A
6	C
7	F
8	G

तो, ऊपर दिखाई गई व्यवस्था सामान खरीदने वाले व्यक्तियों का अंतिम क्रम है।

I. E, B से तत्काल पहले सामान खरीदता है। : असत्य (E, D से तत्काल पहले सामान खरीदता है)

II. तीन व्यक्ति F और B के बीच सामान खरीदते हैं। : असत्य (केवल दो व्यक्ति F और B के बीच सामान खरीदते हैं)

III. G अंत में खरीदता है। : सत्य

इसलिए, I & II अनुसरण नहीं करते हैं।

अतः विकल्प (B) सही है।

3. दिया गया है:

आठ व्यक्ति, A, B, C, D, E, F, G और H विभिन्न अवसरों पर कुछ सामान खरीदते हैं।

1) A पांचवें स्थान पर खरीदता है।

2) E और F के बीच चार व्यक्ति खरीदते हैं।

3) न तो E और न ही F पहले या आखिरी में खरीदता है।

क्रम संख्या	स्थिति 1	स्थिति 2
1		
2	E	F
3		
4		
5	A	A
6		
7	F	E
8		

4) B, D के तत्काल बाद खरीदता है।

क्रम संख्या	स्थिति 1	स्थिति 2
1		
2	E	F
3	D	D
4	B	B
5	A	A
6		
7	F	E
8		

5) A और D के बीच खरीदने वाले व्यक्तियों की संख्या A और F के बीच खरीदने वाले व्यक्तियों की संख्या के बराबर है।

यहां, स्थिति 2 रद्द हो जाएगी।

क्रम संख्या	व्यक्ति
1	
2	E
3	D
4	B
5	A

6	
7	F
8	

6) G, H के बाद खरीदता है लेकिन 6वें स्थान पर नहीं है।

7) C पहले स्थान पर नहीं खरीदता है।

क्रम संख्या	व्यक्ति
1	H
2	E
3	D
4	B
5	A
6	C
7	F
8	G

तो, ऊपर दिखाई गई व्यवस्था सामान खरीदने वाले व्यक्तियों का अंतिम क्रम है।

I. E दूसरे स्थान पर सामान खरीदता है। : सत्य

II. C, A के बाद सामान खरीदता है। : सत्य

III. एक व्यक्ति D और A के बीच सामान खरीदता है। : सत्य

इसलिए, I, II और III सत्य हैं।

अतः विकल्प (D) सही है।

4. श्रीमती जेनसन को ट्रीहाउस कलेक्शन चुनना चाहिए क्योंकि ट्रीहाउस कलेक्शन एकमात्र ऐसे पौधों का पैकेज है जो छायादार स्थानों में उगाये जा सकते हैं।

विकल्प (A) के पैकेज को पूर्वोत्तर जलवायु की आवश्यकता है। विकल्प (B) और (D) के लिए तेज धूप की आवश्यकता है।

अतः विकल्प (C) सही है।

5. वर्णित स्थिति बताती है कि डॉ. मिलर का अभ्यास कुछ विशिष्ट चुनौतियों को प्रस्तुत करता है, अर्थात् यह एक बाल ग्राहक के साथ एक व्यस्त वातावरण है। कुछ संकेत भी हैं कि अत्यधिक अनुशंसित, अनुभवी हाइजिनिस्ट डॉ. मिलर के कार्यालय के लिए कटौती नहीं कर सकते हैं। यह सुझाव देने के लिए कुछ भी नहीं है कि मर्लिन (पसंद A) या जेम्स (पसंद C) डॉ.मिलर के अभ्यास के लिए एक अच्छा फिट होगा। कैथी (विकल्प D) के पास अनुभव है और वह बच्चों के साथ काम करने में भी दिलचस्पी रखती है। हालांकि, इस तथ्य से कि वह भविष्य में दूर-दूर तक एक पूर्वस्कूली शिक्षक बनने की उम्मीद करती है, यह दर्शाता है कि वह डॉ. मिलर की तरह प्रतिबद्ध, दीर्घकालिक कर्मचारी नहीं हो सकता है। लिंडी (B), अपने हाथों से काम करने के अनुभव के साथ बच्चों के साथ-साथ एक प्रतिष्ठित दंत स्वच्छता कार्यक्रम से एक डिग्री, वर्णित स्थिति के आधार पर स्थिति के लिए सबसे आकर्षक उम्मीदवार है।

अत: विकल्प (B) सही है।

6. विकल्प (B) एकमात्र विकल्प है जो लोगों को बेकरी के बारे में सोचने के लिए प्रोत्साहित करेगा कि वह दुकान में नियमित रूप से जाये ना की केवल विशेष अवसरों पर।

अत: विकल्प (C) सही है।

7. जिला मजिस्ट्रेट के रूप में, किसी को सरकार द्वारा बनाए गए नियमों और विनियमों का पालन करना चाहिए। इसलिए, अपने रिश्तेदार को सरकारी निर्देशों की प्रति दिखाना बुद्धिमानी होगी और फिर उसे बुद्धिमानी से मामले को संभालने के लिए नियमों में निर्धारित कम राशि को स्वीकार करने के लिए राजी करना होगा।

अत: विकल्प (C) सही है।

8. दी गई जानकारी के अनुसार,

4 के गुणकों को छोड़कर सम संख्या स्थिति में आने वाले सभी अंग्रेजी अक्षरों को निकाल दिया जाता हैं।

D, H, L P, T और X को नहीं निकाला जाता है।

नई वर्णमाला श्रृंखला इस प्रकार है,

A C D E G H I K L M O P Q S T U W X X Y

नई श्रृंखला में बाएं से 13वां अक्षर 'Q' है।

अत: विकल्प (C) सही है।

9. यहाँ अनुसरित स्वरूप निम्न प्रकार है,

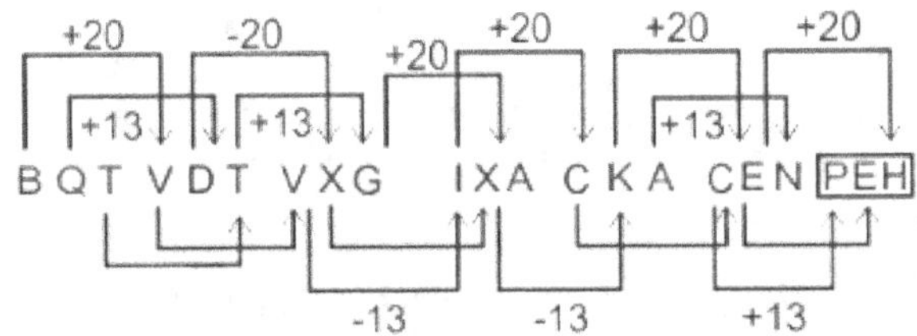

अत: विकल्प (D) सही है।

10. सही क्रम है:

Key Lock Door Room Switch on

1   3   2   4   5

अत: विकल्प (C) सही है।

11. सही क्रम है:

Letters Word Phrase Sentence Paragraph

4   1   5   3   2

अत: विकल्प (D) सही है।

12. सही क्रम है:

Crime Police Judge Judgement Punishment

3   1   4   5   2

अत: विकल्प (D) सही है।

13. तीन साल पहले की कुल आयु = (80 - 3 x 3) वर्ष = (80 - 9) वर्ष = 71 वर्ष।

अत: विकल्प (A) सही है।

14. वंश-वृक्ष का आरेख इस प्रकार है,

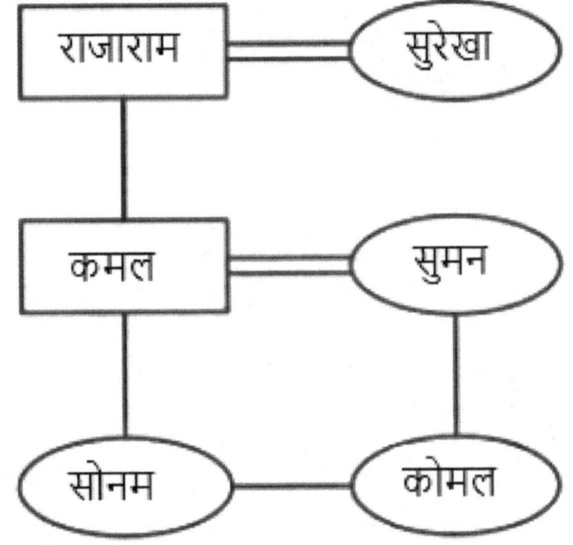

इसलिए स्पष्ट है कि कोमल सोनम की बहन है।

अत: सही विकल्प (B) है।

15. स्पष्ट रूप से, हमारे पास:

B-3 = E ...(i)

B + 3 = D ...(ii)

A+B = D + E+ 10 ...(iii)

B = C + 2 ...(iv)

A+B + C + D + E= 133 ...(v)

(I) और (ii) से, हमारे पास: 2 B = D + E ... (vi)

(iii) और (vi) से, हमारे पास: A = B + 10 ... (vii)

(iv), (vi) और (vii) का उपयोग करके (v), हम प्राप्त करते हैं:

(B + 10) + B + (B - 2) + 2B = 133 ⇔ 5B = 125 ⇔ B = 25.

अत: विकल्प (C) सही है।

16. दर्पण छवि में त्रिकोण नहीं बदलेगा।

मूल आकृति में, त्रिकोण के अंदर 'बी' की एक जोड़ी होती है जो दर्पण में उलट जाएगी।

'L' की एक जोड़ी भी है जो दर्पण छवि में उलट है।

अत: विकल्प (D) सही है।

17. चूंकि, एक ऊर्ध्वाधर दर्पण रखा गया है, इस प्रकार ऊपर और नीचे की स्थिति समान रहेगी, जबकि बाएं और दाएं स्थान स्वैप किए जाएंगे।

शीर्ष दाईं ओर स्थित काला त्रिभुज ऊपर बाईं ओर दिखाई देगा और इस प्रकार पहला, तीसरा और चौथा आंकड़ा समाप्त हो जाएगा।

इस प्रकार दूसरा सही आंकड़ा है।

अत: विकल्प (B) सही है।

18. प्रश्न आकृति नीले रंग में निम्नलिखित आकृति में अंतर्निहित है।

अत: विकल्प (A) सही है।

19. छायांकन क्रम में चलता है जैसा कि चित्र में दिखाया गया है:

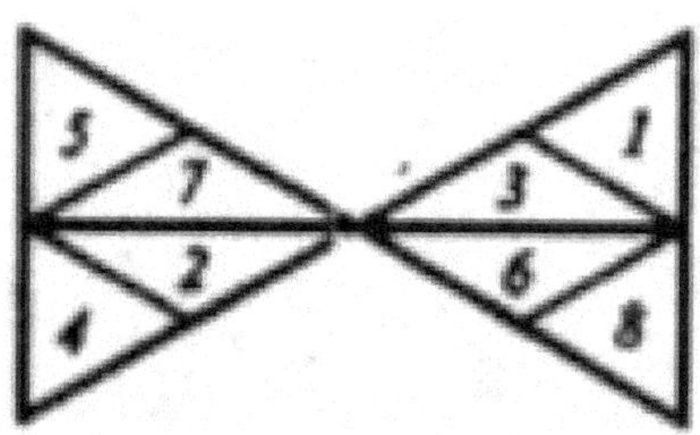

हर चौथे चरण में समान ऊपरी तत्व दिखाई देता है। निचले तत्व को हर दूसरे चरण में एक नए तत्व से बदल दिया जाता है।

अत: विकल्प (C) सही है।

20. प्रत्येक चरण में, तत्व अनुक्रम में चल रहे हैं।

अत: विकल्प (B) सही है।

21. विकल्प आकृति (A) दी गई प्रश्न आकृति के समान है।

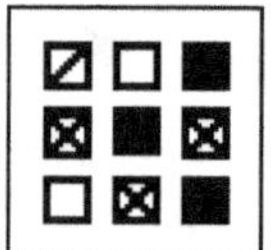

अत: विकल्प (A) सही है।

22.

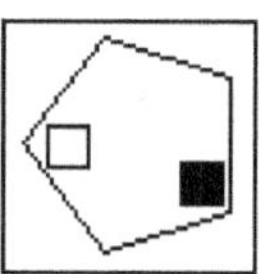

अत: विकल्प (D) सही है।

23.

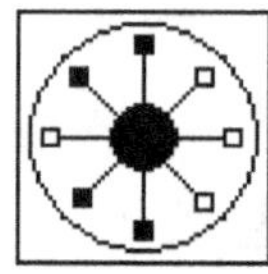

अत: विकल्प (A) सही है।

24. सही क्रम है:

Member Family Community Locality Country

3 1 2 4 5

अत: विकल्प (A) सही है।

25. माना,

प्रत्येक संप्रदाय के नोटों की संख्या x है।

तब, x + 5x + 10x = 480

$\Rightarrow$ 16x = 480

$\Rightarrow$ x = 30

तो, नोटों की कुल संख्या = 3x = 90

अत: विकल्प (D) सही है।

26. कोनेरू हम्पी भारत के आंध्र प्रदेश के गुडीवाड़ा की रहने वाली हैं।

2002 में, वह 15 वर्ष की उम्र में ग्रैंडमास्टर का खिताब हासिल करने वाली अब तक की सबसे कम उम्र की महिला बन गई था।

2003 में उन्हें अर्जुन पुरस्कार से सम्मानित किया गया था।

2007 में उन्हें पद्म श्री से सम्मानित किया गया।

वह एक एशियाई खेल स्वर्ण पदक विजेता है जिन्होंने दोहा में आयोजित व्यक्तिगत और मिश्रित श्रेणी में 2 स्वर्ण पदक विजेता रही है।

अत: विकल्प (A) सही है।

27. राष्ट्रमंडल खेल महासंघ का आदर्श वाक्य मानवता, समानता, नियति है।राष्ट्रमंडल खेल, जिसे अक्सर मैत्रीपूर्ण खेलों के रूप में जाना जाता है, एक अंतरराष्ट्रीय बहु-खेल आयोजन है जिसमें राष्ट्रमंडल राष्ट्रों के एथलीट शामिल होते हैं। यह राष्ट्रमंडल खेलों और राष्ट्रमंडल युवा खेलों की दिशा और नियंत्रण के लिए जिम्मेदार एक अंतरराष्ट्रीय संगठन है।

अत: विकल्प (A) सही है।

28. फाइनल में, मेजबान और पूर्व-टूर्नामेंट पसंदीदा उरुग्वे ने 68,346 लोगों की भीड़ के सामने अर्जेंटीना को 4-2 से हराकर विश्व कप जीतने वाला पहला देश बन गया। फाइनल 30 जुलाई, बुधवार को उरुग्वे के मोंटेवीडियो में एस्टादियो सेंटेनारियो में खेला गया था।

अत: विकल्प (B) सही है।

29. क्वींसबेरी नियमों का मार्क्स, नियमों का कोड जिसने आधुनिक मुक्केबाजी को सबसे सीधे प्रभावित किया। ब्रिटिश एमेच्योर एथलेटिक क्लब के सदस्य जॉन ग्राहम चेम्बर्स द्वारा लिखित, नियम पहली बार 1867 में क्वींसबेरी के नौवें मार्क्स जॉन शोल्टो डगलस के प्रायोजन के तहत प्रकाशित किए गए थे, जिनसे वे अपना नाम लेते हैं।

अत: विकल्प (A) सही है।

30. पंचकेशन, प्राचीन ग्रीक खेल आयोजन जो मुक्केबाजी और कुश्ती को जोड़ता है, XXXIII ओलंपियाड (648 ईसा पूर्व) में पेश किया गया। सभी खेलों की तरह, यूनानियों का मानना था कि नियमों का आविष्कार करने के लिए एक देवता या नायक जिम्मेदार है, और पंचक के मामले में यह माना जाता था कि, थेसस जिम्मेदार है।

अत: विकल्प (D) सही है।

31. A genius is superior to a man of talent and that talented men are more common than genius.

Refer line, 'We generally feel that a man of genius is in some way higher than a man of talent'.

Hence, the correct option is (C).

32. A genius is a man with original ideas.

Refer line - '"very extraordinary gifts or native powers, especially as displayed in original creation, discovery, expression or achievement; phenomenal capacity regarded as relatively independent of instruction and training',

Hence, the correct option is (B).

33. To learn to do a thing well is to be **talented**.

Refer line - "Talent" is more the capacity to learn to do a thing well.

A genius is superior to a man of talent and that talented men are more common than genius.

Refer line, 'We generally feel that a man of genius is in some way higher than a man of talent'.

Hence, the correct option is (C).

34. According to the author 'Mentality' of a nation is mainly product of its history.

It is clearly mentioned in the passage that 'they should begin to understand a little of one another's historical experience and resulting mentality'.

Hence, the correct option is (D).

35. The character of a nation is the result of its Socio-political conditons.

It is clearly mentioned in the passage that 'This would be corrected if we knew the history, not necessarily in detail but in broad outlines, of the social and political conditions which have given to each nation its present character'.

Hence, the correct option is (C).

36. Synchronicity = the simultaneous occurrence of events that appear significantly related but have no discernible causal connection.

Conformity = compliance with standards, rules, or laws.

Conflict = a serious disagreement or argument, typically a protracted one.

Vendetta = a prolonged bitter quarrel with or campaign against someone.

Altercation = a noisy argument or disagreement, especially in public.

Hence, the correct option is (A).

37. Regicide: The act of killing a king.

Homicide: The killing of one person by another.

Dominicide: The act of killing one's master.

Deicide: The act of killing a god or divine being.

Hence, the correct option is (D).

38. Constancy means the quality of being faithful and dependent.

Dedication means the quality of being addicted or committed to a task or purpose.

Allegiance means loyalty or commitment to a superior or to a group or cause.

Treachery means betrayal of trust.

Loyalty means the quality of being loyal.

Hence, the correct option is (C).

39. The antonym of rapport is unfriendliness.

Rapport means a close and harmonious relationship in which the people or groups concerned understand each other's feelings or ideas and communicate well.

Unfriendliness means the quality or state of not being friendly.

For example; His unfriendliness with us grew with time.

Hence, the correct option is (A).

40. दलबदल कानून 1985 में पारित किया गया था। दलबदल-निरोधी कानून में ऐसे राजनीतिक दोषों को रोकने की मांग की गई थी, जो कार्यालय या अन्य समान विचारों के प्रतिफल के कारण हो सकते हैं।

अत: विकल्प (C) सही है।

41. राष्ट्रपति को इस तरह का निर्णय लेने से पहले चुनाव आयोग की राय लेनी चाहिए। दलबदल या दसवीं अनुसूची के तहत अयोग्य ठहराए जाने का प्रश्न सभापति द्वारा राज्य सभा और लोकसभा के मामले में अध्यक्ष द्वारा तय किया जाता है। इस हालत में अध्यक्ष या अध्यक्ष का निर्णय न्यायिक समीक्षा के अधीन है।

अत: विकल्प (A) सही है।

42. सुत्त-पिटक (या सूत्त की टोकरी) में धम्म के बारे में गौतम बुद्ध के शिक्षण का सार है। इसमें बुद्ध या उनके करीबी शिष्यों को जिम्मेदार ठहराया गया है, जिसमें 10,000 से अधिक सूत्त (या उपदेश) हैं। यह जल्द से जल्द बौद्ध धर्मग्रंथ त्रिपिटक के तीन खंडों में से दूसरा है। सुत्त पिटक, सूक्तों के पाँच निकाय (या संग्रह) से बना है। दीघा निकाया, मज्जिमा निकाय, संयुक्ता निकाय, अंगुट्टा निकाय, खुदाका निकाय।

अत: विकल्प (D) सही है।

43. गुप्त काल के सोने के सिक्कों को दिनारा को रोमन सिक्कों से प्रेरित कहा जाता था लेकिन बाद में सिक्कों को भारतीय शैली में 9.2 ग्राम सोने के वजन के मानक के साथ ढाला गया और सुवर्ण कहा जाने लगा।

अत: विकल्प (C) सही है।

44. दूसरी जैन परिषद वल्लभी में आयोजित की गई थी। यह 512 ईस्वी में देवरादि क्षेमश्रमण की अध्यक्षता में हुई और इसके परिणामस्वरूप 12 अंग और 12 उपंगों का लो लिपिबद्ध किया गया था।

जैन धर्म एक प्राचीन धर्म है जो दर्शन में निहित है जो सभी जीवित प्राणियों को अनुशासित अहिंसा के माध्यम से मुक्ति और आध्यात्मिक शुद्धता और ज्ञान के मार्ग को सिखाता है।

अत: विकल्प (B) सही है।

45. भारतीय प्रौद्योगिकी संस्थान (IIT) खड़गपुर के शोधकर्ताओं की एक टीम ने ककड़ी के छिलकों का उपयोग करके पर्यावरण सुरक्षित खाद्य पैकेजिंग सामग्री विकसित की है।

उनके अनुसार, ककड़ी के छिलकों में सेल्यूलोज की मात्रा अधिक होती है और छिलकों से निकले नैनोक्रेस्टल इसे बायो डिग्रेडेबल खाद्य पैकेजिंग सामग्री बनाने के लिए उपयुक्त बनाते हैं।

अत: विकल्प (C) सही है।

46. भारत के सांस्कृतिक इतिहास के अनुसार 'पंचायतन' मंदिर निर्माण शैली है।

एक मंदिर पंचायतन के केंद्र में एक मुख्य मंदिर है जो मंदिर का आधार बनाता है और चार अन्य मंदिरों से घिरा हुआ है।

अत: विकल्प (C) सही है।

47. रास या डांडिया रास भारतीय राज्य गुजरात से उत्पन्न सामाजिक-धार्मिक लोक नृत्य है और नवरात्रि के त्योहार में लोकप्रिय रूप से किया जाता है। नृत्य राजस्थान के मारवाड़ क्षेत्र में भी किया जाता है।

अत: विकल्प (B) सही है।

48. पुष्कर मेला, जिसे पुष्कर ऊँट मेला या स्थानीय रूप से कार्तिक मेला या पुष्कर का मेला भी कहा जाता है, पुष्कर (अजमेर, राजस्थान, भारत) के शहर में आयोजित एक वार्षिक बहु-दिवसीय पशुधन मेला और सांस्कृतिक पर्व है।

अत: विकल्प (D) सही है।

49. केंद्रीय जांच ब्यूरो (CBI) अकादमी गाजियाबाद में स्थित है। केंद्रीय जांच ब्यूरो (CBI) अकादमी गाजियाबाद में स्थित है। सीबीआई अकादमी एक प्रमुख पुलिस प्रशिक्षण संस्थान के रूप में उभरा है और राष्ट्रीय के साथ-साथ अंतर्राष्ट्रीय स्तर पर भी अपनी पहचान बनाई है। CBI अकादमी में प्रशिक्षण पाठ्यक्रम का उद्देश्य पेशेवर ज्ञान और कौशल को बढ़ाना है ताकि व्यक्ति और समूहों के संगठन में सही दृष्टिकोण को विकसित किया जा सके।

अत: विकल्प (D) सही है।

50. ऋग्वेद के अनुसार, दस राजाओं (या दसराजन यौद्धा) की प्रसिद्ध लड़ाई सुदास के बीच थी, जो ट्रिट्सु परिवार के एक भरत राजा और दस प्रसिद्ध कबीलों- पुरु, यदु, तुर्वसा, अनु, द्रुह्यु अलीना, पक्था, की विरासत थी। भालनास, शिव और विशनिन। परुष्णी नदी के तट पर हुए खूनी और निर्णायक युद्ध में भरत विजयी हुए।

अत: विकल्प (D) सही है।

51. मान लेते है कुल दूरी $= 100x$

कार द्वारा तय की गई दूरी,

$= 20\% \text{ of } 100x = 20x$

ट्रेन द्वारा तय की गई दूरी,

$= \frac{5}{5+3} \times 50\% \text{ का } (100x - 20x) = \frac{5}{8} \times 40x = 25x$

टैक्सी द्वारा तय की गई दूरी,

$= \frac{3}{5+3} \times 50\% \text{ का } (100x - 20x) = \frac{3}{8} \times 40x = 15x$

पैदल चलकर तय की गई दूरी,

$= 100x - 20x - 25x - 15x = 40x$

कार और टैक्सी द्वारा कवर की गई कुल दूरी,

$= 20x + 15x = 35x = 126 \text{ कि.मी.}$

अब,

यात्रा की अवधि $= 100 \times \frac{126}{35}$

$= 360 \text{ कि.मी.}$

अत: विकल्प (A) सही है।

52. A, B को 15 सेकेंड से मतलब A, B से 15 सेकेंड पहले गंतव्य तक पहुंचता है या B 15 सेकेंड बाद में पहुंचता है। उन सभी को 2 किमी या 2000 मीटर की दौड़ में प्रतिस्पर्धा करने दें, अब हम उनकी तुलना इस प्रकार कर सकते हैं:

A, B को 150 सेकेंड से, B, C को 100 सेकेंड से, C , D को 80 सेकेंड से, D, E को 70 सेकेंड से हराता है

⇒ E, A के बाद 400 सेकेंड की दौड़ पूरी करेगा।

अब, यदि A, E को 800 मीटर से हराता है तो हम कह सकते हैं कि E शेष 800 मीटर को 400 सेकंड में कवर करेगा, और 1000 सेकंड में 2000 मीटर को कवर करेगा। A को 400 सेकंड पहले पहुंचना होगा यानी 600 सेकंड में,

तो A की गति $= \frac{2000}{600}$

3.33 मी./ से.

अत: विकल्प (B) सही है।

53. दिया हुआ,

$\Rightarrow 1:3 = \frac{12}{3} : x$

$\Rightarrow \frac{1}{3} = \frac{12}{3x}$

$\Rightarrow x = \frac{(12 \times 3)}{3}$

$\Rightarrow x = 12$

अत: विकल्प (D) सही है।

54. माना संख्या x है:

$5:1 = x:10$

$x = 50$

अत: विकल्प (B) सही है।

55. A और B एक कार्य को 6 दिनों में कर सकते हैं, इसलिए A और B द्वारा एक दिन में किया गया कार्य $\frac{1}{6}$ होगा।

अकेले एक ही काम को 9 दिनों में किया जा सकता है, इसलिए A द्वारा एक दिन में किया जाने वाला काम $\frac{1}{9}$ है, B द्वारा एक दिन में किया जाने वाला काम होगा:

$= \frac{1}{6} - \frac{1}{9}$

$= \frac{1}{18}$

इसलिए, हम कह सकते हैं कि B को उसी काम को पूरा करने में 18 दिन लगेंगे।

अत: विकल्प (A) सही है।

56. दिया हुआ,

A द्वारा किया गया कार्य $= \frac{1}{12}$ दिन

A और B दोनों द्वारा किया गया कार्य $= \frac{1}{8}$ दिन

$B = \frac{1}{8} - \frac{1}{2}$

$= \frac{1}{24}$

$\Rightarrow 24$ दिन

अत: विकल्प (C) सही है।

57. दिया हुआ,

$r = 5\%, t = \frac{22}{5}, A = 1120$

$$A = P[1 + r \times t]$$

सूत्र के अनुसार,

$$1120 = P\left[1 + \frac{\left(5 \times \frac{22}{5}\right)}{100}\right]$$

$$P = 1000$$

अत: विकल्प (A) सही है।

58. आवश्यक औसत:

$$= \left(\frac{55 \times 50 + 60 \times 55 + 45 \times 60}{55 + 60 + 45}\right)$$

$$= \left(\frac{55 \times 50 + 60 \times 55 + 45 \times 60}{55 + 60 + 45}\right)$$

$$= \left(\frac{2750 + 3300 + 2700}{160}\right)$$

$$= \frac{8750}{160}$$

$$= 54.68$$

अत: विकल्प (B) सही है।

59. 1 से $11 = 11 \times 10.9 = 119.9$
1 से $6 = 6 \times 10.5 = 63$
6 से $11 = 6 \times 11.4 = 68.4$
$63 + 68.4 = 131.4 - 119.9 = 11.5$
छठी संख्या $= 11.5$

अत: विकल्प (D) सही है।

60. चक्रवृद्धि ब्याज जब ब्याज वार्षिक रूप से कम हो जाता है,

$$= रु \left[5000 \times \left(1 + \frac{4}{100}\right) \times \left(1 + \frac{\frac{1}{2} \times 4}{100}\right)\right]$$

$$= रु \left(5000 \times \frac{26}{25} \times \frac{51}{50}\right)$$

$$= रु\ 5304.$$

चक्रवृद्धि ब्याज जब ब्याज अर्धवार्षिक रूप से संयोजित होता है,

$$= Rs. \left[5000 \times \left(1 + \frac{2}{100}\right)^3\right]$$

$$= रु \left(5000 \times \frac{51}{50} \times \frac{51}{50} \times \frac{51}{50}\right)$$

$$= रु\ 5306.04$$

$$= रु \left[5000 \times \left(1 + \frac{2}{100}\right)^3\right]$$

$$= रु \left(5000 \times \frac{51}{50} \times \frac{51}{50} \times \frac{51}{50}\right)$$

$$= रु\ 5306.04$$

$$\therefore अंतर = Rs \cdot (5306.04 - 5304) = 2.04\ रु$$

अत: विकल्प (A) सही है।

61. $CP = 900$
$SP = 1080$
फिर, $SP > CP$ तो यहाँ लाभ है,
लाभ $= sp - cp$

लाभ $= 1080 - 900$
लाभ $= 180$

अब लाभ $\% = $ लाभ $\times \dfrac{100}{CP}$

$$= 180 \times \frac{100}{900}$$

$$= 20\%$$

अत: विकल्प (B) सही है।

62. संख्याओं का लघुत्तम समापवर्त्य $= 10$

संख्याओं का महत्तम समापवर्तक $= 1$

$$\Rightarrow \frac{10}{1} = 10$$

अत: विकल्प (B) सही है।

63. संख्याओं का महत्तम समापवर्त्य $= 1$
हरों का लघुत्तम समापवर्त्य $= 48$

$$\Rightarrow \frac{1}{48}$$

अत: विकल्प (C) सही है।

64. $60 + 5 \times \dfrac{12}{\left(\frac{180}{3}\right)}$

$$= 60 + 5 \times \frac{12}{(60)}$$

अत: विकल्प (D) सही है।

65. दिया है:

520 का 35% + 216 का 33.33% + 120 का 45%

$$= \left(\frac{35}{100}\right) \times 520 + \left(\frac{1}{3}\right) \times 216 + \left(\frac{45}{100}\right) \times 120$$

$$= 182 + 72 + 54$$

$$= 308$$

$\therefore$ (?) का मान 308 है।

अत: विकल्प (C) सही है।

66. मान लेते हैं कि $x = A$
के मूल्य को देखते हुए y के मान से अधिक है x द्वारा द्वारा 20%
तो, का मूल्य y होगा $= A + A\dfrac{20}{100}$

$$= A + 0.2A$$

$$= 1.2A$$

अब, हमें यह पता लगाना है कि प्रतिशत कितना है x से कम y
इसलिए x से कम है y राशि से $(1.2A - A) = 0.2A$
इसलिए, आवश्यक प्रतिशत के बराबर है,

$$\frac{0.2A}{1.2A} \times 100\%$$

$$- \frac{100}{6}\%$$

$$= 16\frac{2}{3}\%$$

अत: विकल्प (C) सही है।

67. लेख की वास्तविक लागत की गणना निम्नानुसार की जा सकती है:
आइए विचार करें कि लेख की वास्तविक लागत "x" है।

चूंकि, कीमत में कमी $= 24\% = 0.24$

अब, कीमत में कमी के बाद लागत होगी-

$$x - 0.24x = 912$$
$$0.76x = 912$$
$$x = \frac{912}{0.76}$$
$$x = 1200$$

इसलिए, लेख की वास्तविक लागत 1200 रू है।

अत: विकल्प (C) सही है।

68. सोमवार, मंगलवार और बुधवार को कार्यशाला में भाग लेने वालों की संख्या = (400 + 500 + 360) = 1260

कार्यशाला में भाग लेने वाले लोगों की संख्या मंगलवार, बुधवार और गुरुवार = (640 + 420 + 480) = 1540

आवश्यक $\% = \frac{1540 - 1260}{1540} \times 100$
$= 18.18\%$

अत: विकल्प (C) सही है।

69. सोमवार को कार्यशाला में भाग लेने वालों की संख्या A & B = (400 + 280) = 680

बुधवार को कार्यशाला में भाग लेने वालों की संख्या A & B = (360 + 420) = 780

तो, आवश्यक अनुपात है, $= \frac{680}{780}$
$= 34 : 39$

अत: विकल्प (B) सही है।

70. 9, 12, और 20 के भाजक हैं लेकिन 20 स्वयं से विभाज्य हैं।

7 एक अभाज्य संख्या है।

अत: विकल्प (A) सही है।

71. $(17^{200} - 1^{200})$ पूरी तरह से विभाज्य है $(x + a)$ जब n सम है।

$= (17^{200} - 1^{200})$ पूरी तरह से 18 से विभाज्य है (17+1)

$= (17^{200} - 1)$ 18 से पूरी तरह से विभाज्य है।

इसलिए, शेष 1 है।

अत: विकल्प (A) सही है।

72. $\frac{2}{3} = 0.66666666$

अत: विकल्प (B) सही है।

73. मान ले कि लड़कियों की संख्या x है।

इस प्रकार, $x + \left(\frac{3}{5}\right)x = 56$

$\Rightarrow x = 35$

लड़कों की संख्या = 56-35=21

अत: विकल्प (A) सही है।

74. वर्ष 2003 में उत्तीर्ण छात्रों की कुल संख्या = (45 + 61 + 49 + 48 + 74) = 277

अत: विकल्प (A) सही है।

75. पद P के लिए कुल आवेदनों की संख्या P $= (187.5 \times 100) = 18750$,

Q=(232.2 ×100)=23220, R= (239.6 × 100) =23960,

S =(136.2 × 100) =13620, T=(195.1 ×100) =19510,

U = (191 ×100)= 19100

पोस्ट R के लिए अधिकतम संख्या में आवेदन हैं।

अत: विकल्प (D) सही है।

76. ABC विश्लेषण में, कुछ सबसे महत्वपूर्ण "A" श्रेणी आइटम, जो मूल्य और सटीक रिकॉर्ड के संदर्भ में हैं, कुल इन्वेंट्री लागत के साठ प्रतिशत से अधिक के लिए खाते में आते हैं। तो, 'A' श्रेणी की वस्तुओं को नियंत्रित करने से बचत का बड़ा हिस्सा पैदा होता है।

अत: विकल्प (A) सही है।

77. ग्राहकों के असंगत इंजीनियरिंग परिवर्तन आपूर्तिकर्ताओं द्वारा व्यक्त की गई चिंता है। प्रबंधन का ध्यान कचरे को कम करना और कंपनी की गुणवत्ता और दक्षता को बढ़ाने पर केंद्रित है। एक आपूर्तिकर्ता और एक खरीदार होना चाहिए जो अपशिष्ट को कम करने के लिए एक-दूसरे के साथ संवाद करके एक साथ काम करने के लिए समझौता करते हैं।

अत: विकल्प (D) सही है।

78. प्रगति फ़ाइल उत्पादन योजना और नियंत्रण प्रणाली की नियोजन फ़ाइलों का हिस्सा नहीं है। प्रगति फ़ाइल मौजूदा और विकासशील कौशल का एक रिकॉर्ड है, जैसा कि विशिष्ट प्रमाणों के माध्यम से दिखाया गया है। जैसे ही आप अपनी डिग्री के माध्यम से आगे बढ़ते हैं, फ़ाइल को उन सबूतों को जमा करना चाहिए, जिन्हें आपने उन जरूरतों को संबोधित किया है, जिन्हें आपने रास्ते में पहचाना है, और इसलिए आपकी क्षमता का पता चलता है।

अत: विकल्प (A) सही है।

79. "ABC विश्लेषण अनुमान पर आधारित है कि महत्वपूर्ण लागत बचत का उत्पादन करने के लिए सभी वस्तुओं को कसकर नियंत्रित किया जाना चाहिए" को छोड़कर सभी कथन सही हैं।

अत: विकल्प (C) सही है।

80. विशिष्ट इन्वेंट्री मॉडल द्वारा उत्तर दिए गए दो सबसे बुनियादी इन्वेंट्री प्रश्न समय और ऑर्डर की मात्रा हैं।

आर्थिक आदेश मात्रा वह मात्रा है जिस पर वहन करने की लागत और ऑर्डर करने की लागत एक दूसरे के बराबर होती है। यह इन्वेंट्री में जोड़ी गई इकाइयों की संख्या को दर्शाती है और यह यूनिटों की संख्या को आदेश बनाती है ताकि यह कुल इन्वेंट्री लागत यानी खरीद लागत, वहन लागत और ऑर्डरिंग लागत को कम कर सके। दूसरी ओर, रिडर पॉइंट वह बिंदु है जिस पर फर्म स्टॉक रखती है और जब यह उस बिंदु पर पहुंच जाता है जिस पर फर्म आइटम्स को फिर से व्यवस्थित करने में सक्षम होता है।

इसलिए आदेश समय और मात्रा के आदेश दो मूल सूची प्रश्न हैं, जिनका उत्तर दिया जाना है।

अत: विकल्प (C) सही है।

81. ल्ट कन्वेयर का उपयोग लंबी दूरी पर सामग्री परिवहन, परिसर के भीतर सामग्री परिवहन, प्रसंस्करण के लिए सामग्री परिवहन के लिए किया जाता है। बेल्ट कन्वेयर का उपयोग आमतौर पर थोक सामग्री (अनाज, नमक, कोयला, अयस्क, रेत, आदि) के परिवहन में किया जाता है। बेल्ट कन्वेक्टर सिस्टम में दो या दो से अधिक पुली (a.k.a. ड्रम) होते हैं। मध्यम-कन्वेयर बेल्ट ले जाने का एक अंतहीन लूप - उनके बारे में घूमता है।

अत: विकल्प (D) सही है।

82. दोनों कथन सत्य हैं।

बेल्ट कन्वेयर के साथ प्रवाह की दिशा को बदलना आम तौर पर संभव नहीं है। यदि बेल्ट कन्वेक्टर का उपयोग तुला स्थिति में किया जाता है, तो स्लेट बेल्ट का उपयोग किया जाता है।

अत: विकल्प (B) सही है।

83. स्लेट बेल्ट लकड़ी, प्लास्टिक, धातु आदि किसी भी सामग्री से बनायी जा सकती है। निर्मित वस्तुओं और सामग्रियों को संप्रेषित करने के लिए पूरे उद्योग में स्लेट कन्वेयर का उपयोग किया जाता है। ओवरलैपिंग स्लैट असेंबलियों का उपयोग पूरी तरह से निरंतर स्लैट टॉप प्रदान करने के लिए किया जा सकता है, जिसमें चेन के प्रत्येक पिच पर 'के' अटैचमेंट के साथ स्लैट्स संलग्न होते हैं।

अत: विकल्प (D) सही है।

84. बेल्ट कन्वेयर एक इच्छुक स्थिति में इस्तेमाल किया जा सकता है। बेल्ट कन्वेयर पेंच कन्वेयर की तुलना में लोड की अधिक मात्रा ले जा सकता है। पेंच कन्वेयर की तुलना में प्रति घंटे 5000 टन जितना ऊंचा होता है जो 4.7 एम 3 / मिनट होता है। इसलिए, कथन 1 और 2 दोनों असत्य हैं।

अत: विकल्प (C) सही है।

85. चेन ड्राइव रोलर्स बेल्ट संचालित रोलर्स की तुलना में तेजी से आगे बढ़ते हैं। स्क्रू कन्वेयर का उपयोग गेहूं या मिर्च जैसे कच्चे माल की फीडिंग यूनिट में किया जाता है ताकि इसका पाउडर बनाया जा सके।

अत: विकल्प (B) सही है।

86. डेटाबेस संबंधित डेटा का संग्रह है और इसकी मेटाडेटा एक संरचित प्रारूप में आयोजित की जाती है। यह अनुकूलित सूचना प्रबंधन के लिए बनाया गया है। डेटा का संग्रह, जिसे आमतौर पर डेटाबेस के रूप में संदर्भित किया जाता है, में एक उद्यम से संबंधित जानकारी होती है। DBMS का प्राथमिक लक्ष्य डेटाबेस जानकारी को संग्रहीत करने और पुनः प्राप्त करने का एक तरीका प्रदान करना है जो सुविधाजनक और कुशल दोनों है।

अत: विकल्प (C) सही है।

87. डेटाबेस मैनेजमेंट सिस्टम (DBMS) वह सॉफ्टवेयर है, जो डेटा को कैप्चर और एनालिसिस करने के लिए एंड-यूजर्स, एप्लिकेशन और खुद डेटाबेस से इंटरैक्ट करता है। DBMS सॉफ़्टवेयर अतिरिक्त रूप से डेटाबेस को प्रबंधित करने के लिए प्रदान की जाने वाली मुख्य सुविधाओं को शामिल करता है।

अत: विकल्प (A) सही है।

88. DBMS अंत उपयोगकर्ताओं और डेटाबेस के बीच बातचीत का प्रबंधन करता है। अंतिम उपयोगकर्ता अंतिम उपयोगकर्ता हैं जो डेटाबेस के साथ बातचीत करते हैं। डेटा डिक्शनरी का प्रारूप जो भी हो, इसका अस्तित्व डेटाबेस डिजाइनरों और अंत-उपयोगकर्ताओं को संचार करने के लिए बहुत बेहतर क्षमता प्रदान करता है।

अत: विकल्प (C) सही है।

89. HTML डेटाबेस प्रबंधन प्रणाली में शामिल नहीं है। डेटा और एप्लिकेशन अनुरोध जैसी अन्य चीजें DBMS का एक हिस्सा हैं।

अत: विकल्प (D) सही है।

90. डेटाबेस आमतौर पर उपयोगकर्ता केंद्रित है। परिप्रेक्ष्य यह है कि उपयोगकर्ता हमेशा सही होता है। यदि सिस्टम के उपयोग में कोई समस्या है, तो सिस्टम समस्या है, उपयोगकर्ता की नहीं।

अत: विकल्प (B) सही है।

91. एट्रिब्यूट एक इकाई की एक विशेषता है। संस्थाओं के बीच संबंध द्वारा वर्णित है। एक इकाई प्रकार की एक विशेषता या विशेषता जो इकाई का वर्णन करती है, उदाहरण के लिए, व्यक्ति इकाई प्रकार में जन्मतिथि की विशेषता और रिकॉर्ड होता है।

अत: विकल्प (B) सही है।

92. बाधा एक प्रतिबंध है जिसे डेटा पर रखा गया है। एट्रिब्यूट विशेषता है और संबंध संघ का वर्णन करता है।

अत: विकल्प (D) सही है।

93. IMS का अर्थ है सूचना प्रबंधन प्रणाली। यह जटिल परियोजनाओं के लिए बड़ी मात्रा में डेटा का प्रबंधन करने के लिए विकसित किया गया है। उपकरण उन क्षमताओं को प्रदान करते हैं जो आईटी संगठनों को नियमों के अनुपालन के लिए और अधिक सावधानी से करने की आवश्यकता होती है, जबकि डेटा सेंटर में समय और व्यय की बचत होती है।

अत: विकल्प (D) सही है।

94. SDM 1981 में हैमर और मैक लेओड द्वारा विकसित मॉडल था।

SDM शब्दार्थ डेटा मॉडल के लिए है। यह एक संरचना में डेटा और उनके संबंधों दोनों को मॉडल करता है। एक SDM विनिर्देश उन संस्थाओं के प्रकार के संदर्भ में एक डेटाबेस का वर्णन करता है जो अनुप्रयोग वातावरण में मौजूद हैं, उन संस्थाओं के वर्गीकरण और समूह और उनके बीच संरचनात्मक अंतर्संबंध।

अत: विकल्प (A) सही है।

95. वस्तु = इकाई + संबंध।

यह OODBM (ऑब्जेक्ट ओरिएंटेड डेटाबेस मॉडल) का एक हिस्सा है। यह ईआर-मॉडल के फायदे को बनाए रखता है लेकिन अधिक सुविधाएँ जोड़ता है। इस संदर्भ में एक इकाई एक वस्तु, डेटा का एक घटक है। एक इकाई सेट समान संस्थाओं का एक संग्रह है। इन संस्थाओं में ऐसे गुण हो सकते हैं जो इसके गुणों को परिभाषित करते हैं।

अत: विकल्प (C) सही है।

96. छत से चेन कन्वेयर का समर्थन किया जाता है। ओवरहेड कन्वेयर्स को छत से लगाया जाता है जो चेन, केबल या इसी तरह के कनेक्शन द्वारा स्थानांतरित ट्रॉलियों या कैरियर्स का उपयोग करते हैं।

अत: विकल्प (D) सही है।

97. बल्क लोडिंग एक ऐसी प्रक्रिया है जिसके द्वारा किसी डेटाबेस में अपेक्षाकृत कम समय में बड़ी मात्रा में डेटा लोड किया जा सकता है। डेटाबेस इंडेक्स आमतौर पर एक समय में एक पंक्तियाँ डालने के लिए अनुकूलित होते हैं।

अत: विकल्प (B) सही है।

98. यूनिट लोड के सिद्धांत में कहा गया है कि, "प्रत्येक व्यक्ति को व्यक्तिगत रूप से स्थानांतरित करने के लिए कई वस्तुओं को एक बार में स्थानांतरित करना तेज और किफायती है"। दूसरे शब्दों में इस सिद्धांत ने सुझाव दिया कि जितना बड़ा भार संभाला जाएगा, प्रति इकाई लागत उतनी ही कम होगी।

अत: विकल्प (A) सही है।

99. निर्माण स्थलों में, फोर्कलिफ्ट उपकरण और वाहन उठाने दोनों के रूप में काम करते हैं। फोर्कलिफ्ट्स का उपयोग ब्लॉक/ ईंटों, स्टील जॉयिस्ट्स और निर्माण उपकरणों और सामग्रियों के अनलोडिंग पैलेट में सबसे अच्छा किया जाता है, विशेष रूप से डिलीवरी ट्रक से उन्हें हटाने और उन्हें साइट पर ले जाने में। इसका उपयोग ऊर्ध्वाधर परिवहन के लिए भी किया जाता है।

अत: विकल्प (C) सही है।

100. एक छोटा आम तौर पर एकल-पहिया वाहन जो छोटे भार को ले जाने के लिए उपयोग किया जाता है और इसे पीछे के हैंडल से लगाया जाता है जिसके द्वारा इसे धक्का दिया जा सकता है और निर्देशित किया जा सकता है। इस्पात के पहियों का उपयोग औद्योगिक उपकरणों जैसे भवन आपूर्ति या भारी शुल्क सामग्री को स्थानांतरित करने के लिए बेहतर होता है, लेकिन प्लास्टिक के पहिये टिकाऊ होते हैं और तत्वों के संपर्क में नहीं आते हैं।

अत: विकल्प (A) सही है।

General Intelligence & Reasoning

Ques (1-3):निर्देश: निम्नलिखित प्रश्न में दिये गये विकल्पों में से संबंधित अक्षर चुनिए।

Q.1 ABDE : PQST : : MNPQ : ?

A. EFHI **B.** UVXZ **C.** IJLN **D.** TVWX

Q.2 ADBC : EHFG : : ILJK : ?

A. MOPN **B.** MPNO **C.** OTPQ **D.** MPON

Q.3 ACFH : SUXZ : : BDGI : ?

A. TVZX **B.** RTZV **C.** TVYA **D.** RTVZ

Q.4 अमित का जन्म राकेश से 5 वर्ष पूर्व हुआ था। राकेश अनिल से 3 वर्ष छोटा है। यदि अमित अब 17 वर्ष का है, तो अनिल की आयु क्या है?

A. 8 वर्ष **B.** 12 वर्ष **C.** 15 वर्ष **D.** 19 वर्ष

Q.5 एक रेलगाड़ी 40 किमी/घंटा की चाल से 2 घंटे तक चलती है फिर वह $4\frac{1}{2}$ घंटे तक 60 घंटे किमी/घंटा की चाल से चली और फिर $3\frac{1}{2}$ घंटे तक 70 किमी/घंटा की चाल से चली। रेलगाड़ी की औसत चाल ज्ञात कीजिए।

A. 59.5 किमी/घंटा **B.** 80 किमी/घंटा

C. 56.87 किमी/घंटा **D.** 57.1 किमी/घंटा

Q.6 निर्देश: प्रश्न में एक कथन दिया गया है जिसके आगे दो तर्क I और II दिए गए हैं। आपको मानना है कि कथन सत्य है चाहे वह सामान्यत: ज्ञात तथ्यों से भिन्न प्रतीत होता हो। आपको निर्णय करना है की दिए गए तर्कों में से कौन-सा/कौन-से तर्क मज़बूत हैं, यदि कोई हो।

कथन:

क्या रॉक शो को पर्यटन स्थलों पर आधी रात तक चलाने की अनुमति दी जानी चाहिए?

तर्क :

I. हाँ, रॉक शो के कारण अधिक पर्यटक आते हैं। पर्यटन स्थानीय अर्थव्यवस्था के लिए बढ़िया होता है।

II. नहीं, पर्यटन के कारण स्थानीय परंपराओं को नुक्सान पहुँचता है।

A. यदि केवल तर्क I मज़बूत है।

B. यदि केवल तर्क II मज़बूत है।

C. यदि दोनों तर्क I और II मज़बूत हैं।

D. यदि ना तो तर्क I और ना ही तर्क II मजबूत है।

Q.7 निर्देश: निम्नलिखित संख्या श्रृंखला में प्रश्न चिन्ह (?) के स्थान पर कौन सी संख्या आनी चाहिए?

160, 80, 120, 300, ?

A. 1500 **B.** 1600 **C.** 900 **D.** 1050

Q.8 निर्देश: उस आकृति का चयन करें जो दी गई श्रृंखला में अगली आकृति होगी।

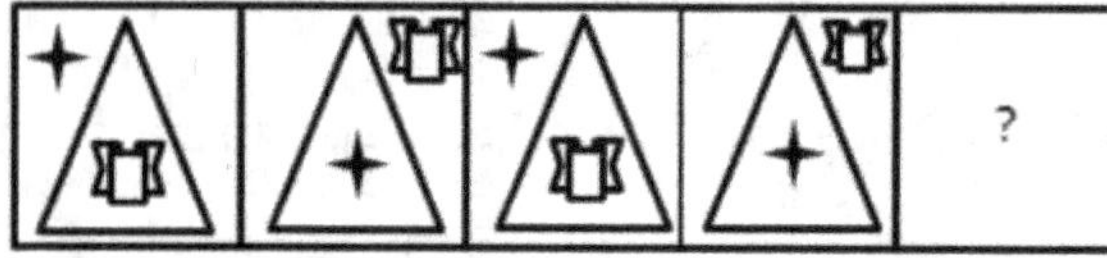

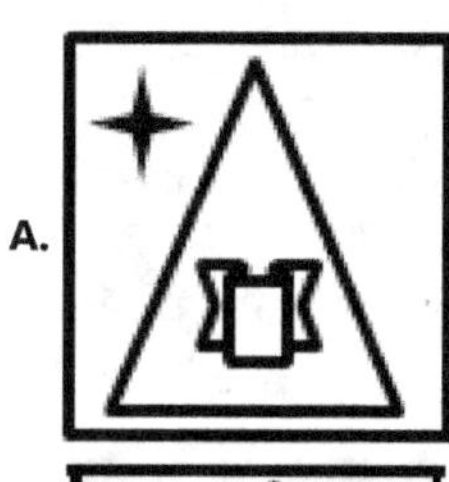
A.

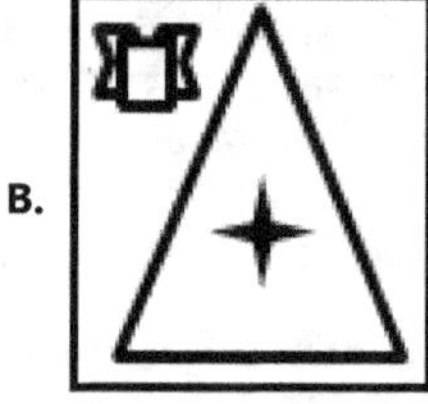
B.

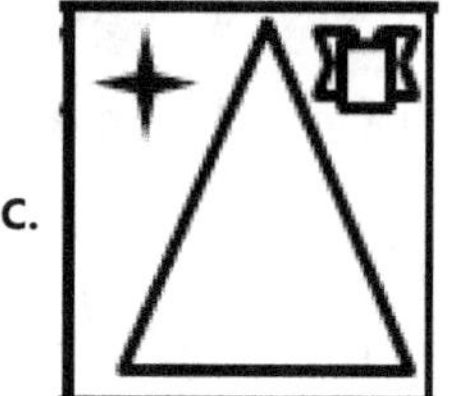
C.

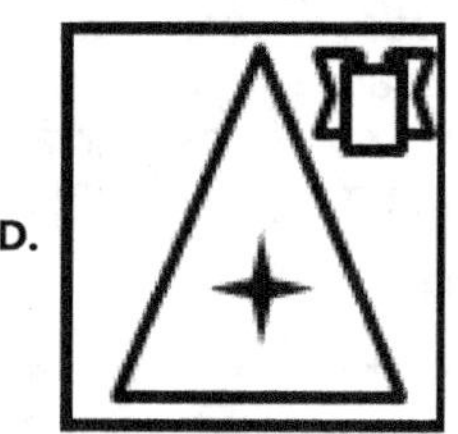
D.

Q.9 निम्नलिखित प्रश्न में दिए गए विकल्पों में से अलग आकृति को चुनिए।

[Delhi Forest Guard, 2021]

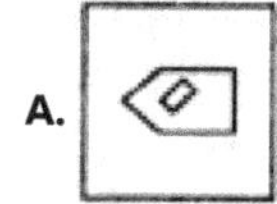
A.

B.

C.
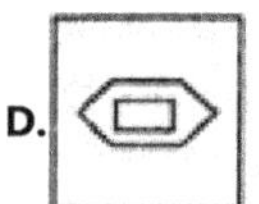
D.

Q.10 निम्नलिखित प्रश्न में, दिए गए विकल्पों में से संबंधित विषम अक्षरों का चयन करें:

A. AGMS **B.** HNTZ **C.** CIOZ **D.** DJPV

Q.11 निर्देश: यदि दर्पण को MN रेखा पर रखा जाए, तो दी गई आकृतियों में से कौन-सी आकृति प्रश्न आकृति की सही प्रतिबिंब होगी?

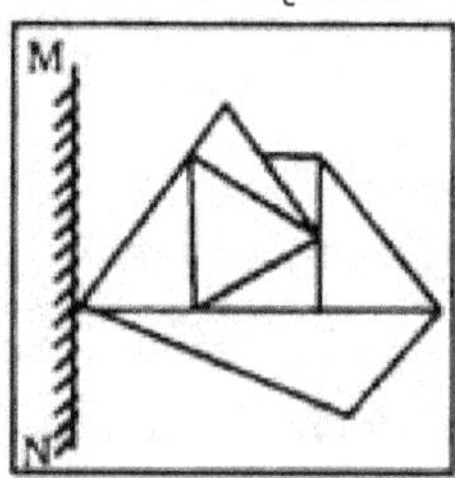

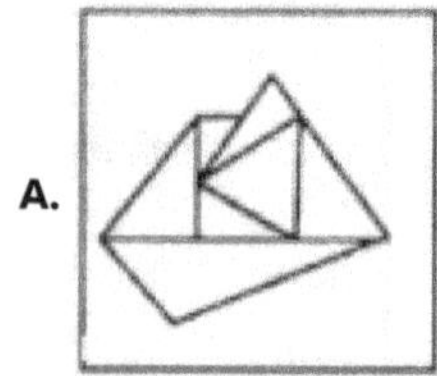
A.
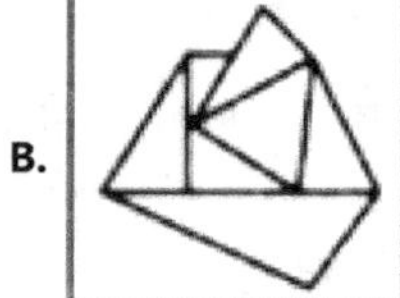
B.

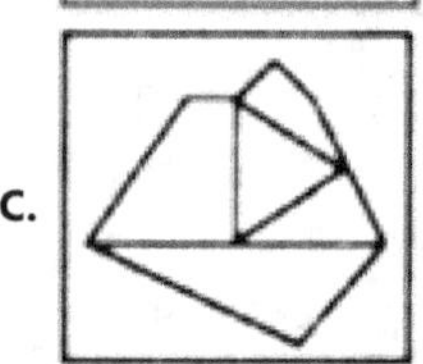
C.
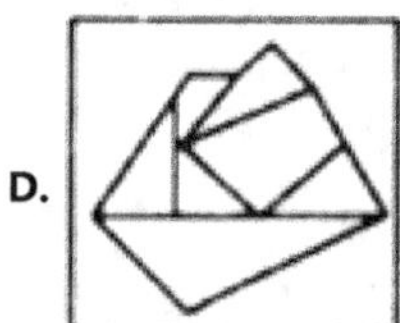
D.

Q.12 निर्देश: दी गई उत्तर आकृतियों में से उस उत्तर आकृति को चुनिए जिस में प्रश्न आकृति निहित है।

प्रश्न आकृति:

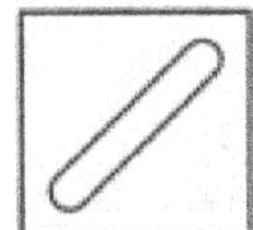

उत्तर आकृतियाँ:

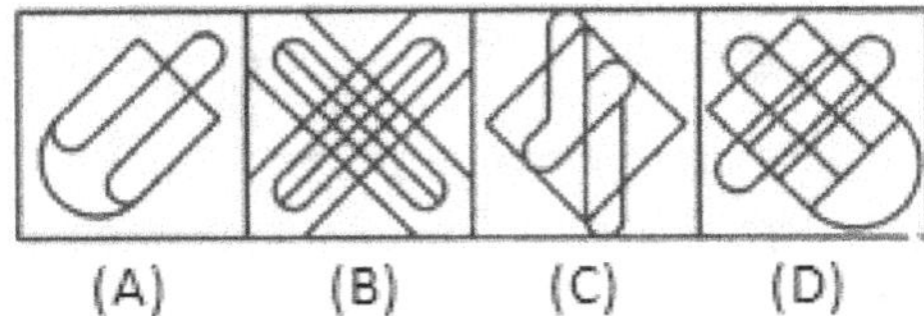

(A) (B) (C) (D)

A. आकृति (A)
B. आकृति (B)
C. आकृति (C)
D. आकृति (D)

Q.13 निर्देश: दी गई जानकारी का अध्ययन करें और निम्नलिखित प्रश्नों के उत्तर दें।

बॉलीवुड फिल्म में एक अभिनेता को लेने के निम्नलिखित मापदंड हैं:

1) अभिनेता की ऊंचाई 6 फीट होनी चाहिए।

2) अभिनेता को अमिताभ बच्चन की तरह दिखना चाहिए।

3) अभिनेता को 7 करोड़ से कम का शुल्क देना चाहिए।

4) अभिनेता को भोजपुरी भाषा आनी चाहिए।

निम्नलिखित में से कौन फिल्म के लिए चयनित होगा?

A. पवन सलमान खान की तरह दिखता है, उसकी ऊंचाई 6 फीट है, वह भोजपुरी भाषा बोलना जानता है और 6 करोड़ रुपये लेता है।

B. दिनेश अमिताभ बच्चन की तरह दिखता है, उसकी ऊंचाई 5 फीट है, भोजपुरी भाषा बोलना जानता है और 5.5 करोड़ रुपये लेता है।

C. खेसारी अमिताभ बच्चन की तरह दिखता हैं, उसकी ऊंचाई 6 फीट है, भोजपुरी भाषा बोलना जानता है और 8 करोड़ रुपये लेता है।

D. मनोज अमिताभ बच्चन की तरह दिखता है, उसकी ऊंचाई छह फीट है, भोजपुरी भाषा बोलना जानता है और 4.9 करोड़ रुपये लेता है।

Q.14 निर्देश: निम्नलिखित संख्या श्रृंखला में प्रश्न चिन्ह (?) के स्थान पर कौन सा मान आना चाहिए?

854, 853, 857, 830, ?

A. 1250 **B.** 1086 **C.** 745 **D.** 1113

Q.15 दिए गए चार शब्दों में से तीन किसी प्रकार एक समान हैं, जबकि एक भिन्न है। विषम का चयन करें।

A. गंगा **B.** पद्मा **C.** यमुना **D.** सतलुज

Q.16 निर्देश: उस उत्तर आकृति को चुनिए जिसमें प्रश्न आकृति निहित है।

A.  **B.** 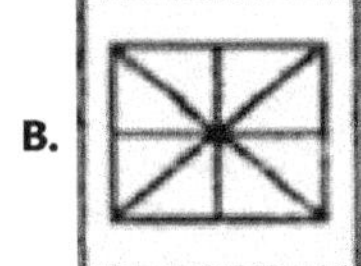

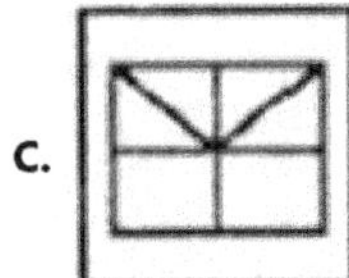 **C.**

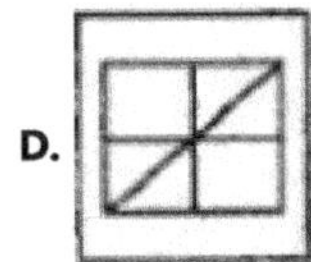 **D.**

Q.17 निर्देश: उस आकृति का चयन करें जो निम्नलिखित आकृति श्रृंखला में अगली आकृति होगी।

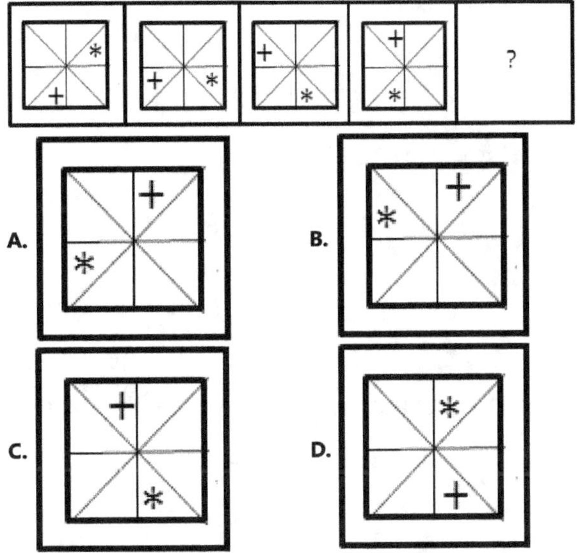

Q.18 दी गई आकृतियों में से विषम आकृति की पहचान करें।

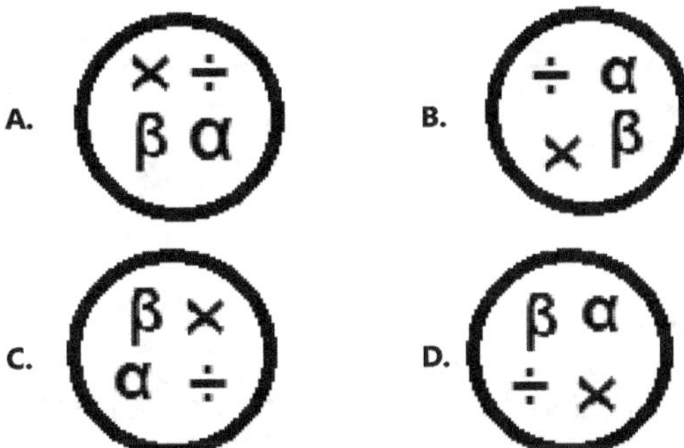

Q.19 निर्देश: यदि एक दर्पण को AB रेखा पर रखा जाता है, तो कौन सी उत्तर आकृति, दी गयी आकृति की सही छवि होगी?

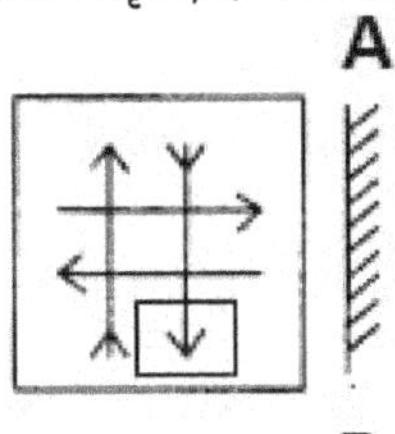

A. 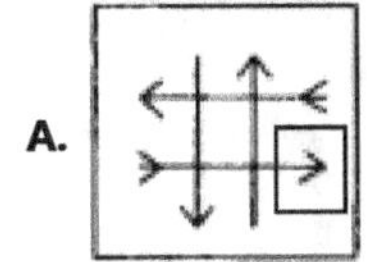 **B.** 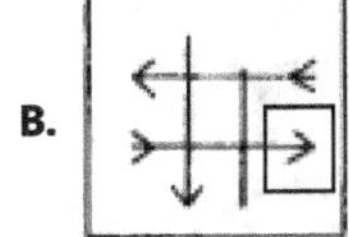

C. 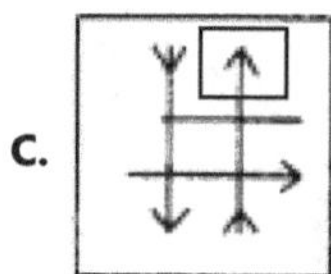   D. 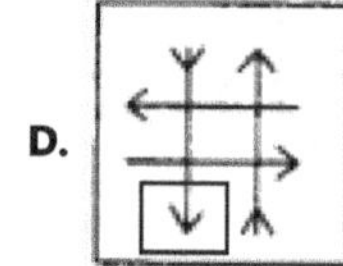

C.    D. 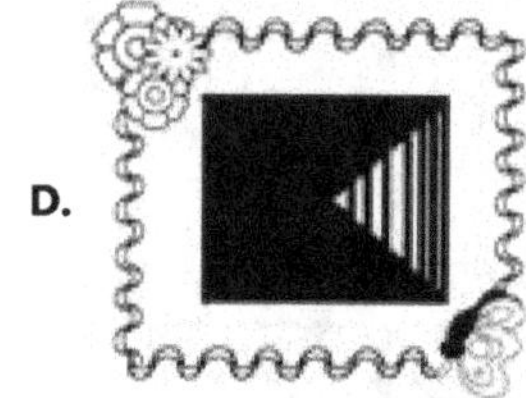

Q.20 बॉमी इंदु के भाई की पुत्री है। इंदु की एक बहन चन्दन और एक भाई गोपाल है। बॉमी गोपाल से किस प्रकार संबंधित है?

A. बहन   B. पिता   C. पुत्री   D. भतीजी

Q.21 दी गई आकृति में कितने त्रिकोण हैं?

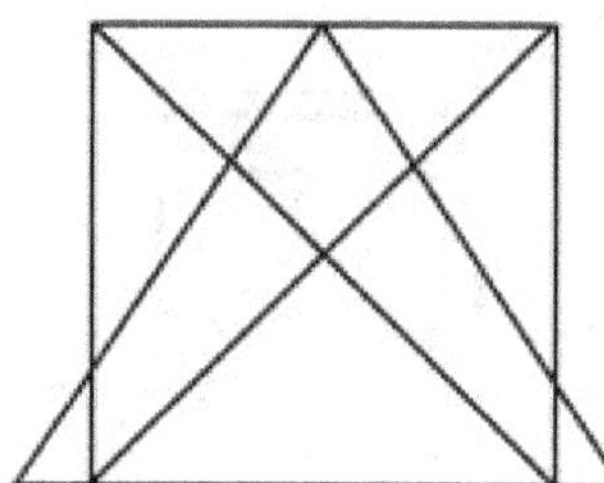

A. 21   B. 23   C. 18   D. 19

Q.22 निम्नलिखित प्रश्न में, उस आकृति का चयन करें जो अन्य तीन से भिन्न है।

A. 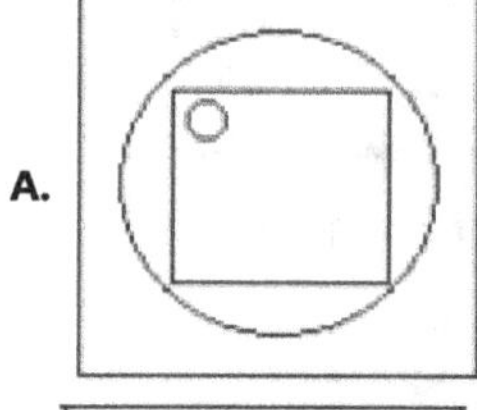   B. 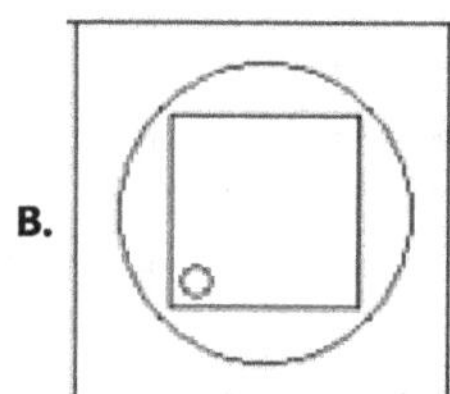

C. 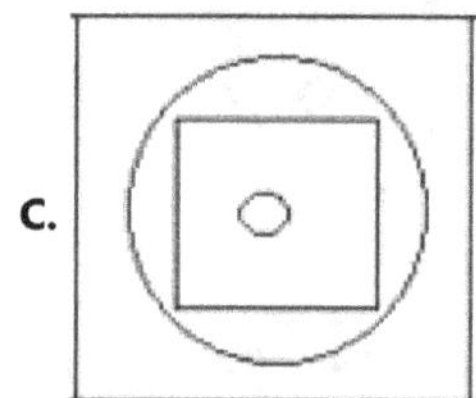   D. 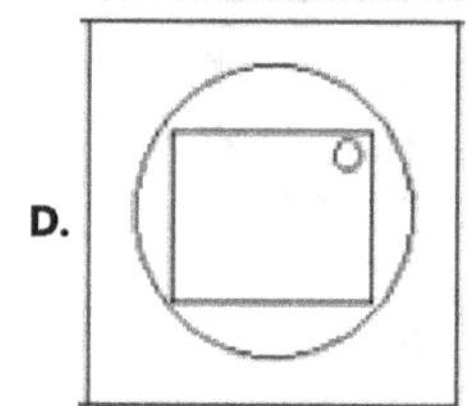

Q.23 निर्देश: यदि रेखा MN पर एक दर्पण रखा जाए, तो निम्नलिखित में से कौन सी उत्तर आकृति प्रश्न आकृति का सही प्रतिबिंब होगी?

A.    B. 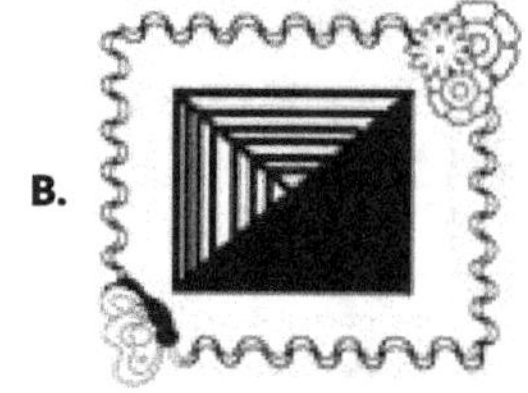

Q.24 एक लड़की का परिचय कराते हुए एक व्यक्ति कहता है, "वह मेरी पत्नी की बेटी की बेटी है।" वह व्यक्ति उस लड़की से कैसे संबंधित है?

A. मामा   B. बेटा   C. नाना   D. पिता

Q.25 दी गई आकृति में कितने त्रिकोण हैं?

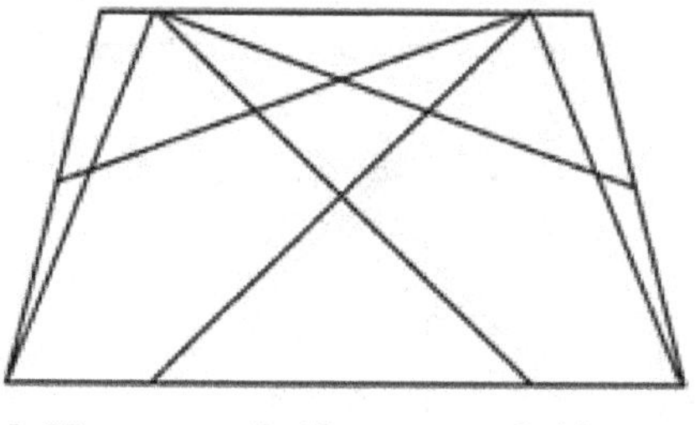

A. 23   B. 12   C. 14   D. 20

General Awareness and General English

Q.26 भारत ने फरवरी 2022 में सिंगापुर वेटलिफ्टिंग इंटरनेशनल में कितने पदक जीते?

A. 4   B. 6   C. 8   D. 10

Q.27 सिंगापुर अंतर्राष्ट्रीय में भारोत्तोलन में स्वर्ण पदक किसने जीता?

[Delhi Forest Guard, 2021]

A. मीराबाई चानू   B. स्वाति सिंह
C. कुंजारानी देवी   D. कर्णम मल्लेश्वरी

Q.28 निम्नलिखित में से कौन सा भारत का शास्त्रीय नृत्य नहीं है?

A. कथक   B. सत्रीय   C. मणिपुरी   D. भांगड़ा

Q.29 सल्तोरा श्रृंखला कहां स्थित हैं?

A. लद्दाख
B. विंध्य के साथ
C. काराकोरम श्रृंखला का हिस्सा
D. पश्चिमी घाट का हिस्सा

Q.30 ब्रह्मपुत्र भारत में किस नाम से प्रवेश करती है?

A. दिहांग   B. मानस   C. त्संग्पो   D. धनसिरी

Q.31 तिलक ने होम रूल आंदोलन की शुरूआत कब की?

A. अप्रैल, 1916   B. मई, 1916
C. मार्च, 1919   D. दिसंबर, 1918

Q.32 पूना समझौता कब हुआ?

A. 1932   B. 1934   C. 1933   D. 1936

Q.33 केंद्रीय मंत्रिमंडल में मंत्रिमंडल सदस्य का पद निम्नलिखित में से किस को मिलता है?

A. उच्चतम न्यायालय का न्यायाधीश
B. भारत सरकार का सचिव

C. प्रधानमंत्री का राजनैतिक सलाहकार
D. योजना आयोग का उपाध्यक्ष

Q.34 अंतर-राज्यीय परिषद के सम्बन्ध में, निम्नलिखित में से कौन सा कथन सही है:

A. संविधान के अनुसार, एक अंतर-राज्यीय परिषद का गठन संसद द्वारा किया जा है
B. पंछी आयोग की सिफारिश पर अंतर-राज्यीय परिषद का गठन किया गया था
C. अंतर-राज्यीय परिषद के निर्णय प्रकृति में बाध्यकारी हैं
D. उपरोक्त में से कोई नहीं

Q.35 पूंजी-जोखिम भारित परिसंपत्ति अनुपात, अर्थात सीआरएआर (CRAR) है:-

A. अपने जोखिम के लिए बैंक की पूंजी का अनुपात
B. अपनी देयता के लिए बैंक की संपत्ति का अनुपात
C. बैंक की संपत्ति का अनुपात उसके जोखिम के लिए
D. इनमे से कोई भी नहीं

Q.36 निम्नलिखित में से किस पंचवर्षीय योजना (FYP) का मूल विषय 'तेज़, अधिक समावेशी और टिकाऊ विकास' था?

A. तीसरी पंचवर्षीय योजना
B. सातवीं पंचवर्षीय योजना
C. दसवीं पंचवर्षीय योजना
D. बारहवीं पंचवर्षीय योजना

Q.37 निम्नलिखित में से संविधान का कौन सा अनुच्छेद अध्यक्ष (स्पीकर) को मत समान होने की स्थिति में निर्णायक मत देने का अधिकार प्रदान करता है?

A. अनुच्छेद 99
B. अनुच्छेद 100 (i)
C. अनुच्छेद 101
D. अनुच्छेद 102

Q.38 किस संशोधन अधिनियम से मतदान की आयु 21 वर्ष से घटाकर 18 वर्ष कर दी?

A. 42 वाँ
B. 44 वाँ
C. 52 वाँ
D. 61 वाँ

Q.39 इसरो ने अपने प्रस्तावित वीनस ऑर्बिटर मिशन के लिए 20 अंतरिक्ष-आधारित प्रयोग प्रस्तावों को सूचीबद्ध किया है। निम्नलिखित में से कौन सा मिशन का नाम है?

A. वीनस-2.0
B. शुक्रव्यत
C. शुक्रयान
D. वीनसइंडिया

Q.40 डीआरडीओ द्वारा बालासोर से उपयोगकर्ता परीक्षण के भाग के रूप में परीक्षण किया गया शौर्य मिसाइल का उन्नत संस्करण एक _________ प्रकार की मिसाइल है।

A. सतह से हवा में मार करने वाली मिसाइल
B. सतह से सतह पर मार करने वाली मिसाइल
C. हवा से हवा पर मार करने वाली मिसाइल
D. हवा से सतह पर मार करने वाली मिसाइल

Q.41 Direction: From the four alternatives, choose the one which best expresses the meaning of the given word.

ASSUAGE

A. Mitigate
B. Inflame
C. Inhibit
D. Aver

Q.42 Direction: Out of the four alternatives, choose the word which has the opposite meaning to the given word.

INDOMITABLE

A. Adamant
B. Certain
C. Arrogant
D. Cowardly

Q.43 Direction: Fill in the blank with the most appropriate word out of the four alternatives suggested below the question.

My friend has written a _________ account of his journey to Mars.

A. factitious
B. factional
C. fictional
D. factual

Q.44 Direction: Fill in the blanks with the most appropriate words out of the four alternatives suggested below the question.

For all his _______ he is a _______.

A. wealth, miser
B. health, player
C. tricks, cheat
D. stupidity, fool

Ques (45-46):Direction: The 1st and the last parts of the sentence are numbered 1 and 6. The rest of the sentences are split into four parts and named P, Q, R and S. These four parts are not given in their proper order. Read the parts and find out which of the four combinations is correct to make a meaningful sentence.

Q.45 1. After the person
P. has contracted a
Q. in which he can unintentionally
R. he goes through a period
S. contagious disease,
6. spread his disease to others.

A. SQPR
B. RSQP
C. PSRQ
D. PRQS

Q.46 1. Despite several days
P. with severe wounds
Q. of extreme efforts by
R. doctors, the victim
S. several teams of
6. could not be saved.

A. PRSQ
B. QSRP
C. SPRQ
D. SRPQ

Ques (47-50):Direction: In this section, you have three short passages. After each passage, you will find some questions based on the passage. First, read a passage and answer the questions based on it. You are required to select your answers based on the contents of the passage and the opinion of the author only.

My school organizes a carnival every year during the month of October. It is the time our first term examination is over and there is still enough time for the second term examination to begin. So, it is the perfect time to host a carnival. Our school management and teachers put in a lot of effort in organizing the school carnival. Many of the senior class students are also a part of the carnival organization committee. Big posters are made and several craft items are made to decorate the place where the carnival is to be held. Our teachers ensure active participation from each student. A number of stalls are set for the entertainment of visitors. Some of these stalls have interesting games that mostly involve single-player. These games test your intelligence, analytical skills, and eye-hand coordination. Then, there are rides mostly for children up to 10 years. Children enjoy these rides thoroughly. All in all, my school carnival is full of fun and entertainment.

Q.47 When does the first term exam get over in the school?
A. October
B. November
C. January
D. December

Q.48 Who is not part of the organizing committee?
A. Senior students
B. School management
C. Teachers
D. Children below 10

Q.49 Which of the following skills is not tested in-game stalls?
A. Hand-eye coordination
B. Intelligence
C. Stamina
D. All of the above

Q.50 Who ensures the participation of the students?
A. Children below 10
B. Teachers
C. Parents
D. Police

Numerical Aptitude

Q.51 $x = 5\frac{1}{5} + 6\frac{2}{5} + 7\frac{3}{5} + 8\frac{4}{5}$, ' x' का मान ज्ञात करें कीजिए।
A. 32
B. 26
C. 29
D. 28

Q.52 दो संख्याओं का ल.स. और म.स. 441 और 7 हैं। यदि संख्याएँ 14 से अलग है, तो उनके मान ज्ञात कीजिए।
A. 62, 48
B. 63, 49
C. 64, 50
D. 84, 70

Q.53 $21 - [14 - \{13 - (21 - 6 - 3)\}]$ का सरलीकरण कीजिये।
A. 2
B. -2
C. 4
D. 3

Q.54 बाप और बेटे की उम्र का अनुपात 8 : 5 है। दोनों की उम्र का गुणनफल 1440 है। 6 साल बाद ,बाप और बेटे की उम्र का अनुपात क्या होगा ?
A. 2 : 1
B. 3 : 2
C. 11 : 6
D. 13 : 9

Q.55 एक व्यक्ति ने दो चित्रों को 1725 रूपए प्रत्येक में बेचा। उसे एक पर 15% लाभ तथा दूसरे पर 25% हानि होती है। सम्पूर्ण लेन-देन में उसे प्राप्त लाभ या हानि प्रतिशत ज्ञात कीजिये।
A. 16% लाभ
B. $14\frac{1}{63}\%$ लाभ
C. 15% हानि
D. $9\frac{4}{19}\%$ हानि

Q.56 नेहा का वेतन 20% कम हो जाता हैं उसका वेतन कितना बढ़ाया जाए, जिससे वह मूल वेतन के बराबर हो जाये?
A. 20%
B. 30%
C. 25%
D. 15%

Q.57 100 मीटर की दौड़ में, A, B को 15 मीटर से और C को 18 मीटर से हरा देता है। 170 मीटर की दौड़ में B, C को कितनी दूरी से हराएगा।
A. 6 मीटर
B. 10 मीटर
C. 8 मीटर
D. 9 मीटर

Q.58 निम्नलिखित प्रश्न में '?' का मान ज्ञात कीजिए?
$\frac{2500}{48}$ का $4\frac{4}{5}\% \times 3\frac{1}{5} + 5\frac{3}{4} \div 4\frac{3}{5} \times 1\frac{3}{5} = ?$
A. 10
B. 12.5
C. 11
D. 8.5

Q.59 दो संख्याओं का अनुपात 8 : 7 है तथा HCF और LCM का अनुपात 1 : 56 है। यदि HCF और LCM का योग 513 है, तो संख्याओं के बीच का अंतर ज्ञात कीजिए।
A. 9
B. 45
C. 18
D. 36

Q.60 सरलीकरण करें :- 7705 का $24\% + 585$ का $45\% = 3000$ का ? %
A. 56.170
B. 63.540
C. 70.415
D. 71.040

Q.61 यदि A का $30\% = B$ का $0.25 = C$ का $\frac{1}{5}^{th}$ है, तब $A : B : C$ बराबर होंगे:
A. $5 : 6 : 4$
B. $5 : 24 : 5$
C. $6 : 5 : 4$
D. $10 : 12 : 15$

Q.62 एक फल विक्रेता ने 50 किग्रा आम रु. 25 प्रति किग्रा की दर से खरीदे। उसने कुछ आम रु. 40 प्रति किग्रा की दर से और बाकी रु. 15 प्रति किग्रा की दर से बेच दिए। यदि उसे कुल मिलाकर 20% लाभ हुआ तो, रु. 15 प्रति किग्रा की दर से बेचे गए आम की मात्रा क्या है?
A. 20 किग्रा
B. 25 किग्रा
C. 30 किग्रा
D. 40 किग्रा

Q.63 एक नाव स्थिर पानी में एक घंटे में 15 किमी चलती है और उतनी ही दूरी को प्रवाह की विपरीत दिशा में तय करने के लिए तीन गुना समय लेती है। धारा प्रवाह की गति(किमी/घंटा में) क्या है?
A. 10 किमी/घंटा
B. 12 किमी/घंटा
C. 13 किमी/घंटा
D. 14 किमी/घंटा

Q.64 40 विद्यार्थियों की एक कक्षा में औसत अंक 72 है। बाद में यह पाया गया है कि 20% विद्यार्थियों को एक 5 अंक के सवाल पर अंक नही दिए गए जोकि उन्होंने सही किया था। इस प्रकार, उनके अंक में वृद्धि हुई। कक्षा द्वारा प्राप्त अंकों का नया औसत कितना है?
A. 78
B. 73
C. 75
D. 76

Q.65 23% की छूट के बाद एक वस्तु को 1848 रू में बेचा जाता है। वस्तु का अंकित मूल्य (रू) में कितना है?
A. 2150
B. 2275
C. 2350
D. 2400

Q.66 8 छात्रो के औसत अंक 48 है। यदि इन 8 छात्रो में से, 3 छात्रो के 43, 68 और 51 अंको को हटा दिया जाता है और 84 अंक प्राप्त करने वाले एक नये छात्र को सूची में जोड़ा जाये तो प्रारंभिक औसत के संदर्भ में औसत में होने वाली प्रतिशत वृद्धि ज्ञात कीजिये।
A. 25%
B. 12.5%
C. 6.25%
D. 3.125%

Q.67 एक निश्चित राशि पर 2 वर्ष के लिए चक्रवृद्धि ब्याज 1150 रुपये है, यदि क्रमिक वर्षों के लिए ब्याज 4% और 5% प्रतिवर्ष है। तो राशि ज्ञात करें।
A.
B.
C.
D.

Q.68 समान लंबाई की दो मोमबत्तियां समान समय के लिये जलती हैं। पहली मोमबत्ती 6 घंटे में खत्म हो जाती है और दूसरी मोमबत्ती 4 घंटे में खत्म हो जाती है। माना कि प्रत्येक मोमबत्ती समान दर से जल रही है तो जलना शुरू होने के कितने घंटे बाद पहली और दूसरी मोमबत्ती की ऊंचाई का अनुपात 2:1 हो जायेगा?
A. 1
B. 2
C. 3
D. 4

Q.69 आकाश ने 10 किलो सब्जियां खरीदी। इसमें से 3 किलो 500 ग्राम प्याज है, 2 किलो 75 ग्राम टमाटर है और बाकी आलू है। आलू का वजन कितना है?
A. 4.445 किलो
B. 4.425 किलो
C. 4.555 किलो
D. 3.755 किलो

Q.70 एक निश्चित राशि साधारण ब्याज पर 8% प्रति वर्ष की दर से उधार ली गई और 9 वर्षों में अर्जित ब्याज राशि उधार ली गई राशि की तुलना में 2800 रुपए कम होती है। उधार ली गई राशि (रुपए में) क्या है?

A. 10000 रुपए
B. 12000 रुपए
C. 18000 रुपए
D. 11200 रुपए

Ques (71-75):निर्देश: निम्नलिखित सारणी को ध्यान से पढ़ें और नीचे दिए गए प्रश्नों के उत्तर दें।

नीचे दी गई तालिका विभिन्न वर्षों में विभिन्न व्यक्तियों की वार्षिक आय (लाख रुपए में आय)

वर्ष	व्यक्ति					
	A	B	C	D	E	F
2002	5.5	3.2	4.8	6.35	6.15	3.5
2003	5.65	3.25	4.85	6.55	6.25	3.65
2004	5.7	3.725	4.95	7.155	6.425	3.75
2005	6.2	4.25	5.1	7.35	7.15	4
2006	6.5	4.5	5.2	7.4	7.25	4.25
2007	6.75	5	5.25	7.48	7.285	4.8
2008	7	5.35	5.3	8	7.3	5.1

Q.71 वर्षों में A की अनुमानित औसत मासिक आय क्या है?

A. ₹ 44762   B. ₹ 48348   C. ₹ 53216   D. ₹ 51245

Q.72 वर्ष 2005 में B की वार्षिक आय का C की वार्षिक आय से क्रमशः क्या अनुपात है ?

A. 6 : 5   B. 6 : 7   C. 5 : 6   D. 7 : 6

Q.73 वर्ष 2003 में सभी व्यक्तियों की कुल वार्षिक आय और वर्ष 2007 में सभी व्यक्तियों की कुल वार्षिक आय के बीच कितना अंतर है ?

A. ₹ 736500
B. ₹ 645400
C. ₹ 636500
D. ₹ 743300

Q.74 वर्ष 2004 में E की वार्षिक आय विगत वर्षों में E द्वारा अर्जित औसत वार्षिक आय का लगभग कितने प्रतिशत है?

A. 98%   B. 86%   C. 88%   D. 94%

Q.75 विगत वर्षों में F की औसत वार्षिक आय कितनी है?

A. ₹ 416000
B. ₹ 425000
C. ₹ 401500
D. ₹ 415000

Specialised Topic

Q.76 डेटा मॉडल जो बताता है कि डेटा वास्तव में कैसे संग्रहीत किया जाता है:

A. आंतरिक मॉडल
B. बाहरी मॉडल
C. तार्किक मॉडल
D. इनमें से कोई नहीं

Q.77 सबसे निचले स्तर का डेटा मॉडल कौन सा है?

A. भौतिक डेटा मॉडल
B. तार्किक डेटा मॉडल
C. बाहरी डेटा मॉडल
D. इनमें से कोई भी नहीं

Q.78 डेटा प्रोसेसिंग चक्र में निम्न शामिल हैं:

A. इनपुट चक्र और आउटपुट चक्र
B. इनपुट चक्र, आउटपुट चक्र और प्रसंस्करण चक्र
C. आउटपुट चक्र और प्रसंस्करण चक्र
D. इनमें से कोई भी नहीं

Q.79 निम्नलिखित में से कौन डेटाबेस का तत्व नहीं है:

A. स्कीमा ऑब्जेक्ट्स
B. इंडेक्स
C. टेबल
D. डेटाबेस व्यवस्थापक

Q.80 डेटा संगठन के पदानुक्रम में उच्चतम स्तर को कहा जाता है:

A. डेटा बैंक
B. डेटाबेस
C. डेटा फ़ाइल
D. डेटा रिकॉर्ड

Q.81 निम्नलिखित को मेटाडेटा कहा जा सकता है:

A. E-R आरेख
B. टेबल
C. डेटा शब्दकोश
D. डेटाबेस का दृश्य

Q.82 छात्रों और पाठ्यक्रमों के बीच संबंध है:

A. 1 : 1 संबंध
B. 1 : M संबंध
C. M : M संबंध
D. इनमें से कोई नहीं

Q.83 सामग्री प्रबंधन को __________ भी कहा जाता है।

A. नियंत्रण और रसद प्रबंधन
B. वितरण योजना
C. उपरोक्त दोनों
D. इनमें से कोई नहीं

Q.84 एक अच्छी योजना प्रणाली निम्न पर विचार करती है:

A. हम क्या बनाने जा रहे हैं?
B. इसे बनाने में क्या लगता है?
C. हमारे पास क्या है और क्या चाहिए?
D. उपरोक्त सभी

Q.85 __________ बाज़ार के विश्लेषण और फर्म की प्रतिक्रिया को तय करने के लिए ज़िम्मेदार है, जो बाज़ार में दिए जाने वाले उत्पाद, आपूर्ति किए गए उत्पाद और ग्राहक सेवा के वांछित स्तर हैं।

A. वित्त
B. उत्पादन
C. अभियांत्रिकी
D. विपणन

Q.86 __________ तकनीक निर्णय, अंतर्ज्ञान और सूचित राय पर आधारित अनुमान हैं।+

A. गुणात्मक पूर्वानुमान
B. आंतरिक पूर्वानुमान
C. बाहरी पूर्वानुमान
D. मात्रात्मक पूर्वानुमान

Q.87 मौसमी या आवधिक मांग पैटर्न वाले उत्पादों में शामिल हैं:

A. स्की और कानून
B. टॉयलेट पेपर और पेपर टॉवल
C. टूथपेस्ट और दुर्गन्धि
D. दूध और मांस

Q.88 __________ मांग वस्तुओं के पूर्वानुमान की आवश्यक है।

A. आश्रित
B. स्वतंत्र
C. स्वतंत्र और निर्भर दोनों
D. न तो स्वतंत्र और न ही निर्भर

Q.89 रखरखाव में निम्नलिखित गतिविधियां शामिल है

A. घटकों का प्रतिस्थापन
B. घटकों की मरम्मत
C. घटकों का शोधन
D. उपरोक्त सभी

Q.90 निम्नलिखित में कौन सा रखरखाव का वर्गीकरण नहीं है:

A. सुधारात्मक रखरखाव
B. सामयिक रखरखाव
C. अनुसूचित रखरखाव
D. निवारक रखरखाव

Q.91 रखरखाव के लिए एक व्यवस्थित दृष्टिकोण है:

A. समस्या - कारण - निदान - सुधार
B. समस्या- निदान - कारण - सुधार
C. समस्या - माप - निदान - सुधार
D. समस्या- निदान - माप - सुधार

Q.92 (डाउनटाइम घंटों में / उपलब्ध घंटे) =

A. रखरखाव की प्रभावशीलता

B. व्यवधान की आवृत्ति

C. रखरखाव की योजना की प्रभावशीलता

D. इनमें से कोई भी नहीं

Q.93 (व्यवधानों की संख्या / उपलब्ध मशीन घंटे) =

A. रखरखाव की प्रभावशीलता

B. व्यवधानों की आवृत्ति

C. रखरखाव की योजना की प्रभावशीलता

D. इनमें से कोई भी नहीं

Q.94 एक व्यवसाय द्वारा रखी गई संपत्ति को किसी व्यवसाय के सामान्य संचालन को परेशान किए बिना, नकदी के रूप में परिवर्तित किया जा सकता है:

A. मूर्त संपत्ति   B. अमूर्त संपत्ति

C. अचल संपत्ति   D. वर्तमान संपत्ति

Q.95 अचल संपत्ति का उदाहरण है:

A. पशुधन   B. मूल्य स्टॉक

C. आय का स्टॉक   D. उपरोक्त सभी

Q.96 XYZ विश्लेषण का उपयोग ग्राहक की मांग के किस संबंध में अधिक किया जाता है:

A. कच्चा माल   B. निर्मित माल

C. (A) तथा (B) दोनों   D. पशुधन

Q.97 पूंजी बजट निर्णय के प्रकार निम्नलिखित हैं:

A. विविधता   B. प्रतिस्थापन

C. विस्तार   D. उपरोक्त सभी

Q.98 एक इकाई द्वारा उत्पादित मात्रा में वृद्धि होने पर उत्पन्न होने वाली कुल लागत को कहा जाता है:

A. औसत मूल्य   B. सीमांत लागत

C. निश्चित लागत   D. इकाई लागत

Q.99 ABC विश्लेषण एक इन्वेंट्री कंट्रोल तकनीक है जिसमें:

A. इन्वेंट्री स्तर बना रहता है

B. इन्वेंट्री को A, B और C श्रेणी में वर्गीकृत किया गया है जिसमें A सबसे अधिक मात्रा, सबसे कम मूल्य है

C. इन्वेंट्री को A, B और C श्रेणी में वर्गीकृत किया गया है जिसमें A सबसे कम मात्रा, उच्चतम मूल्य है

D. या तो (B) या (C)

Q.100 निवारक रखरखाव के लिए निम्नलिखित में से कौन एक महत्वपूर्ण स्थिति नहीं है?

A. आकार   B. आयु

C. स्थान   D. तेल का इस्तेमाल

// स्मार्ट उत्तर पुस्तिका //

सही उत्तर — उन छात्रों का प्रतिशत जिन्होंने प्रश्नों का सही उत्तर दिया था। **छोड़ दिया** — उन छात्रों का प्रतिशत जिन्होंने प्रश्नों को छोड़ दिया था।

प्रश्न संख्या	उत्तर	सही उत्तर / छोड़ दिया	प्रश्न संख्या	उत्तर	सही उत्तर / छोड़ दिया	प्रश्न संख्या	उत्तर	सही उत्तर / छोड़ दिया	प्रश्न संख्या	उत्तर	सही उत्तर / छोड़ दिया	प्रश्न संख्या	उत्तर	सही उत्तर / छोड़ दिया	प्रश्न संख्या	उत्तर	सही उत्तर / छोड़ दिया
1	A	87.57 % / 10.96 %	18	D	87.32 % / 11.81 %	35	A	48.07 % / 39.25 %	52	B	76.01 % / 19.55 %	69	B	78.44 % / 12.58 %	86	A	29.61 % / 70.01 %
2	B	89.56 % / 10.28 %	19	D	85.94 % / 10.29 %	36	D	44.53 % / 41.95 %	53	A	88.06 % / 11.63 %	70	A	12.71 % / 82.09 %	87	A	42.67 % / 33.08 %
3	C	80.92 % / 12.38 %	20	C	80.98 % / 12.97 %	37	B	46.23 % / 49.71 %	54	B	80.6 % / 17.29 %	71	D	82.73 % / 12.37 %	88	B	44.62 % / 40.39 %
4	C	68.29 % / 30.37 %	21	D	55.18 % / 44.54 %	38	D	76.99 % / 19.82 %	55	D	86.02 % / 11.23 %	72	C	83.79 % / 12.6 %	89	D	80.87 % / 18.22 %
5	A	86.15 % / 12.35 %	22	C	80.12 % / 10.85 %	39	C	51.16 % / 40.2 %	56	C	41.06 % / 52.21 %	73	C	42.08 % / 41.68 %	90	C	83.29 % / 12.32 %
6	A	63.4 % / 33.75 %	23	A	85.49 % / 13.31 %	40	B	40.44 % / 55.2 %	57	A	43.1 % / 35.2 %	74	D	53.85 % / 44.84 %	91	A	40.88 % / 52.64 %
7	D	76.11 % / 22.76 %	24	C	83.19 % / 11.31 %	41	A	76.91 % / 11.93 %	58	A	76.01 % / 12.61 %	75	D	77.34 % / 15.96 %	92	A	57.28 % / 35.43 %
8	A	81.38 % / 15.53 %	25	A	86.82 % / 13.03 %	42	D	87.01 % / 12.05 %	59	A	88.28 % / 10.5 %	76	A	42.97 % / 31.09 %	93	B	89.21 % / 10.47 %
9	C	79.46 % / 17.23 %	26	C	57.76 % / 34.25 %	43	C	80.73 % / 15.6 %	60	C	79.88 % / 12.34 %	77	A	49.9 % / 30.65 %	94	D	78.92 % / 12.47 %
10	C	79.27 % / 12.83 %	27	A	88.56 % / 10.83 %	44	A	84.86 % / 10.24 %	61	D	81.8 % / 14.48 %	78	B	64.68 % / 34.89 %	95	A	77.17 % / 22.55 %
11	A	55.31 % / 41.86 %	28	D	88.09 % / 10.73 %	45	C	55.34 % / 37.36 %	62	A	58.39 % / 40.77 %	79	D	85.25 % / 10.0 %	96	B	83.43 % / 12.5 %
12	B	63.1 % / 32.88 %	29	C	83.98 % / 10.26 %	46	B	51.04 % / 31.57 %	63	A	88.47 % / 11.41 %	80	B	29.37 % / 69.35 %	97	D	81.51 % / 15.63 %
13	D	23.97 % / 74.41 %	30	A	89.01 % / 10.0 %	47	A	82.49 % / 13.95 %	64	B	56.36 % / 40.29 %	81	C	13.88 % / 71.57 %	98	B	89.02 % / 10.03 %
14	B	83.11 % / 11.08 %	31	A	82.2 % / 12.57 %	48	D	87.2 % / 10.03 %	65	D	88.62 % / 11.09 %	82	C	65.32 % / 30.04 %	99	C	82.87 % / 14.38 %
15	B	85.23 % / 13.01 %	32	A	76.76 % / 17.29 %	49	C	78.38 % / 19.15 %	66	C	56.78 % / 34.34 %	83	B	59.13 % / 39.07 %	100	D	80.56 % / 18.55 %
16	B	77.38 % / 16.2 %	33	D	87.43 % / 10.99 %	50	B	82.49 % / 17.24 %	67	A	68.12 % / 30.15 %	84	D	88.73 % / 10.67 %			
17	A	88.26 % / 11.62 %	34	D	61.18 % / 37.35 %	51	D	76.38 % / 16.18 %	68	C	88.02 % / 11.2 %	85	D	45.09 % / 30.1 %			

//संकेत और समाधान//

1. यहाँ निम्न स्वरुप का अनुसरण किया गया है:

ABDE : PQST $\Rightarrow$ A + 1 = B; B + 2 = D; D + 1 = E

और P + 1 = Q; Q + 2 = S; S + 1 = T

इसी आधार पर MNPQ $\Rightarrow$ M + 1 = N; N + 2 = P; P + 1 = Q

दिये गये विकल्प्पों में से केवल EFHI ही MNPQ से संबंधित है, क्योंकि केवल EFHI ही नीचे दिये गये आधार पर प्रक्रिया का अनुसरण करता है:

EFHI $\Rightarrow$ E + 1 = F; F + 2 = H; H + 1 = I

अन्य विकल्प इस प्रक्रिया अनुसरण नहीं करते:

UVXZ $\rightarrow$ U + 1 = V; V + 2 = X; X + 2 = Z

IJLN $\rightarrow$ I + 1 = J; J + 2 = L; L + 2 = N

TVWX $\rightarrow$ T + 2 = V; V + 1 = W; W + 1 = X

अत: विकल्प (A) सही है।

2. यहाँ निम्न स्वरुप का अनुसरण किया गया है:

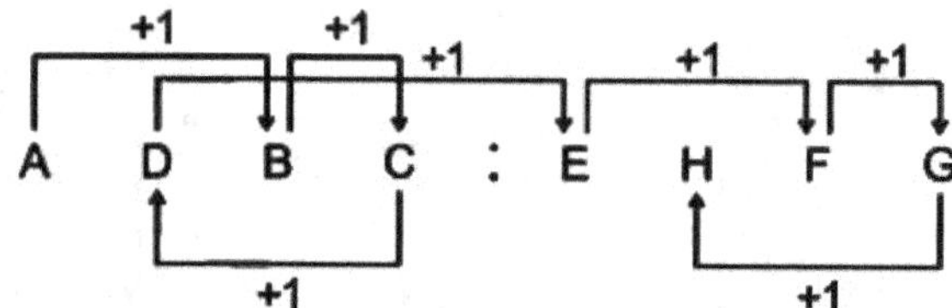

इसी आधार पर :

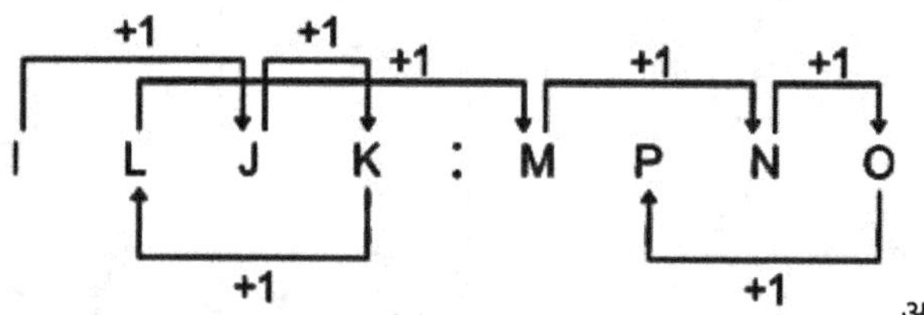

अत: विकल्प (B) सही है।

3. यहाँ निम्न स्वरुप का अनुसरण किया गया है:

ACFH : SUXZ

$\Rightarrow$ A + 2 = C; C + 3 = F; F + 2 = H

और A + 18 = S

S + 2 = U; U + 3 = X; X + 2 = Z

इसी प्रकार,

BDGI : ?

$\Rightarrow$ B + 2 = D; D + 3 = G; G + 2 = I

और B + 18 = T

T + 2 = V; V + 3 = Y; Y + 2 = A

अत: विकल्प (C) सही है।

4. माना राकेश की आयु x वर्ष है।

अमित की आयु = x + 5

अनिल की आयु = x + 3

दिए गए प्रश्न के अनुसार,

x + 5 = 17

$\Rightarrow$ x = 12

इसलिए, अनिल की आयु = 12 + 3 = 15 वर्ष होगी।

अत: विकल्प (C) सही है।

5. पहले 2 घंटों में ट्रेन द्वारा तय की गई दूरी $= 40 \times 2 = 80$ किमी

अगले $4\frac{1}{2}$ घंटों में ट्रेन द्वारा तय की गई दूरी

$\Rightarrow 60 \times 4\frac{1}{2} = 60 \times \frac{9}{2} = 270$ किमी

अंतिम $3\frac{1}{2}$ घंटों में ट्रेन द्वारा तय की गई दूरी $= 70 \times 3\frac{1}{2} = 70 \times \frac{7}{2} = 245$ किमी

ट्रेन द्वारा तय की गई कुल दूरी $= 80 + 270 + 245 = 595$ किमी

यात्रा में लिया गया कुल समय $= 2 + 4\frac{1}{2} + 3\frac{1}{2} = 10$ घंटे

इसलिए, औसत चाल = दूरी /समय $= \frac{595}{10} = 59.5$ किमी/घंटा

अत: विकल्प (A) सही है।

6. चूंकि पहला तर्क एक वैध कारण देता है कि रॉक शो को क्यों प्रतिबंधित नहीं किया जाना चाहिए। इसलिए, केवल तर्क I मजबूत है। तर्क II वैध नहीं है क्योंकि पर्यटन स्थानीय परंपरा के लिए बुरा नहीं है।

अत: विकल्प (A) सही है।

7. $160 \times \frac{1}{2} = 80$

$80 \times \frac{3}{2} = 120$

$120 \times \frac{5}{2} = 300$

$300 \times \frac{7}{2} = 1050$

अत: विकल्प (D) सही है।

8. प्रत्येक वैकल्पिक आंकड़े के बाद पैटर्न दोहरा रहा है। इसलिए, प्रश्न में दिए गए आंकड़ों को ध्यान से देखने के बाद, यह बहुत स्पष्ट है कि आकृति (A) दी गई श्रृंखला में अगली आकृति होगी।

अत: विकल्प (A) सही है।

9. उत्तर आकृति (C) को छोड़कर, अन्य सभी उत्तर आकृतियों में आंतरिक डिजाइन के रूप में आयत हैं।

अत: विकल्प (C) सही है।

10. विकल्प (A) में, AGMS = (1)(7)(13)(19)

विकल्प (B) में, HNTZ = (8)(14)(20)(26)

विकल्प (C) में, CIOZ = (3)(9)(15)(26)

विकल्प (D) में, DJPV = (4)(10)(16)(22)

विकल्प (A), (B), (D) में, क्रमिक अक्षरों के बीच 6 का अंतर है।

विकल्प (C) में, अंतिम दो अक्षरों अर्थात् O और Z के बीच 11 का अंतर है।

अत: विकल्प (C) सही है।

11. जब दर्पण को MN पर क्षैतिज रूप से रखा जाता है, तो ऊपरी और निचला भाग एक ही रहेगा, इसलिए प्रतिबिम्ब की बाएं और दाएं तरफ की आकृति दर्पण प्रतिबिम्ब में बदल जाएगी।

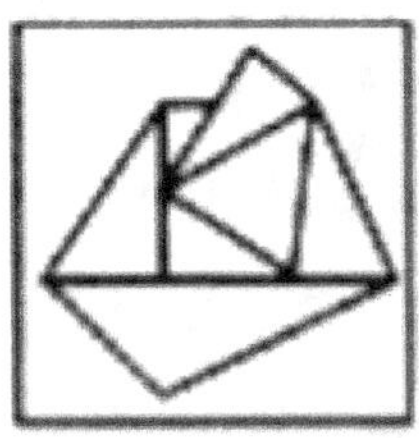
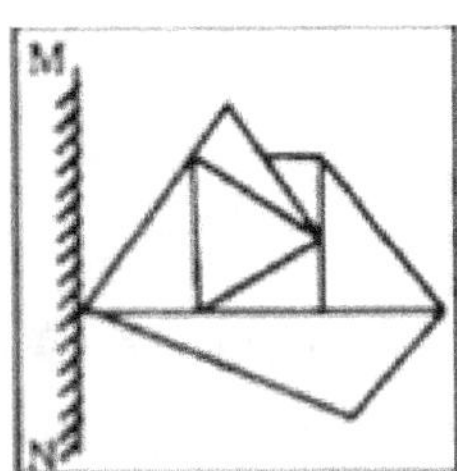

अत: विकल्प (A) सही है।

12. वास्तविक आकृति नीचे दर्शायी गई है:

विकल्पों को ध्यान से देखने पर हमें ज्ञात होता है कि विकल्प B में दी गई आकृति मूल आकृति में निहित है। इसे नीचे दर्शाया गया है।

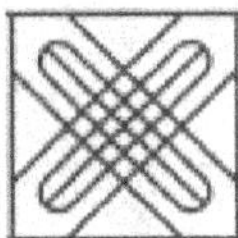

अत: विकल्प (B) सही है।

13. विकल्पों को ध्यान से पढ़ने से:

विकल्प (A): पवन का चयन नहीं किया जाएगा, क्योंकि वह सलमान खान की तरह दिखता है।

विकल्प (B): दिनेश को नहीं चुना जाएगा, क्योंकि उसकी लम्बाई सिर्फ 5 फीट है।

विकल्प (C): खेसारी को नहीं चुना जाएगा क्योंकि वह 8 करोड़ रुपये लेता है।

विकल्प (D): मनोज को चुना जाएगा क्योंकि वह सभी चारों मानदंडों को पूरा करता है।

अत: विकल्प (D) सही है।

14. श्रृंखला निम्न स्वरुप का अनुसरण करती है:
$$854 + (-1)^1 = 853$$
$$853 + (-2)^2 = 857$$
$$857 + (-3)^3 = 830$$
$$830 + (-4)^4 = 1086$$
∴ आवश्यक पद $= 1086$
अत: विकल्प (B) सही है।

15. गंगा, यमुना और सतलुज भारत की नदियाँ हैं जबकि पद्मा नदी बांग्लादेश से संबंधित है।

अत: विकल्प (B) सही है।

16. प्रश्न आकृति, उत्तर आकृति (B) में छिपी/समाहित है।

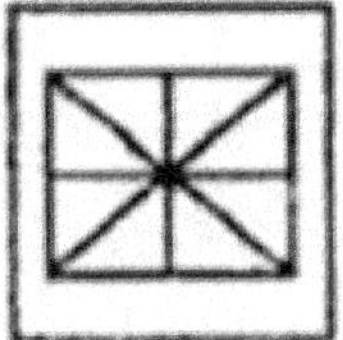

अत: विकल्प (B) सही है।

17. तर्क: यहां * और + प्रत्येक चरण में एक स्थान को दक्षिणावर्त घुमाते हैं।

प्रश्न में दी गई आकृति का ध्यानपूर्वक अवलोकन करने के बाद, यह बहुत स्पष्ट है कि उत्तर आकृति (A) अगली आकृति होगी।

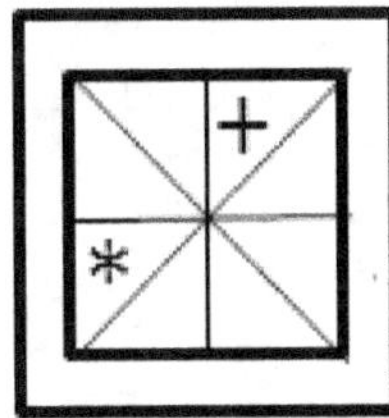

अत: विकल्प (A) सही है।

18. विकल्प (A), (B) और (C) गें, घड़ी के विपरीत क्रम में चलने पर प्रतीक भाग, गुणा, बीटा और अल्फा ($\div$, $\times$, β, α) क्रम में हैं। लेकिन विकल्प (D) में, घड़ी के विपरीत क्रम में चलने पर प्रतीक $\div$, $\times$, α, β क्रम में है जोकि अन्य विकल्पों से भिन्न है।

अत: विकल्प (D) सही है।

19. एक समतल दर्पण में, एक दर्पण छवि एक वस्तु का परावर्तित प्रतिरूप होता है जो लगभग समान दिखाई देता है, लेकिन यह दर्पण की सतह के लंबवत दिशा में उलटा होता है। एक प्रकाशीय प्रभाव के रूप में यह दर्पण या पानी जैसे पदार्थों के परावर्तन से उत्पन्न होता है।

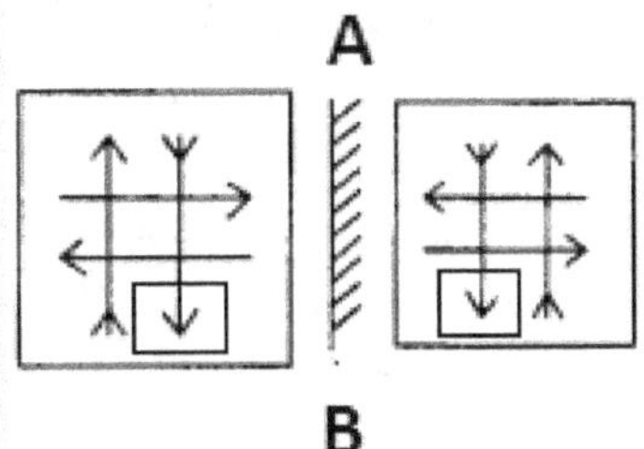

अत: विकल्प (D) सही है।

20.

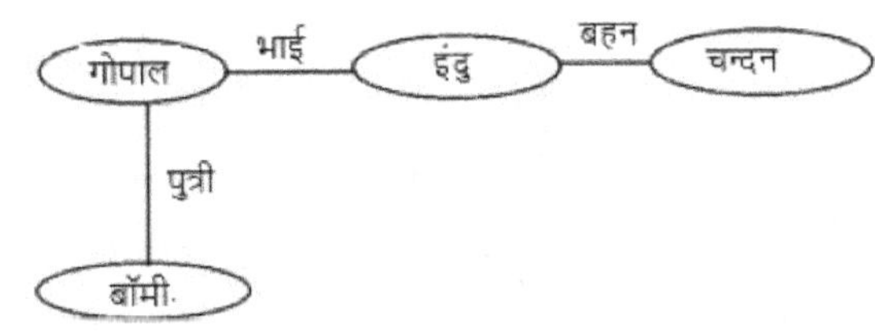

स्पष्ट रूप से बॉमी गोपाल की पुत्री है।

अत: विकल्प (C) सही है।

21.

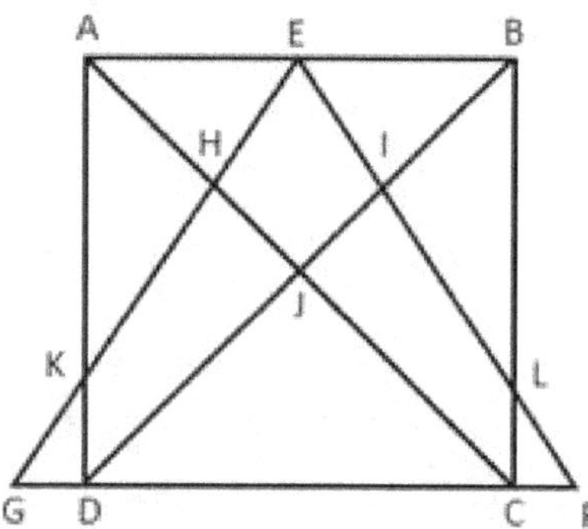

दी गई आकृति से हमें प्राप्त होने वाले त्रिभुज निम्न प्रकार हैं:

ABJ, BCJ, CDJ, DAJ, ABD, ABC, DCA, DCB, GDK, CFL, AHE, EIB, BIL, AHK, EBL, AEK, GHC, DFI and GEF.

इस प्रकार हमारे पास 19 त्रिभुज हैं।

अत: विकल्प (D) सही है।

22. आकृति (C) में छोटा वृत्त वर्ग के केंद्र में है जबकि अन्य तीन आकृतियों में छोटा वृत्त वर्ग के कोने में है।

अत: विकल्प (C) सही है।

23. दिए गए आरेख को ध्यानपूर्वक देखने पर, विकल्प आकृति (A) दी गई प्रश्न आकृति का प्रतिबिंब चित्र है।

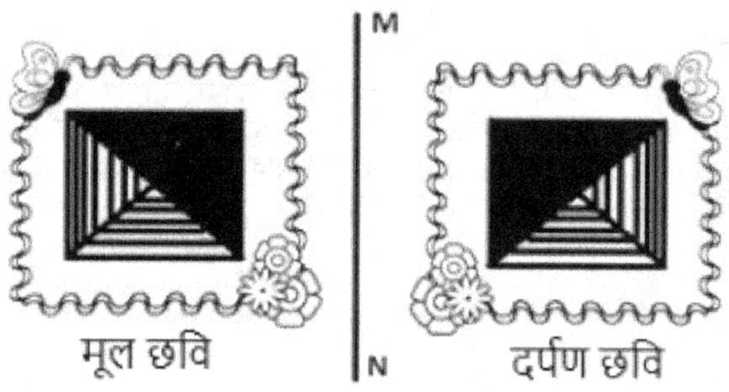

अत: विकल्प (A) सही है।

24. उस आदमी की पत्नी की पुत्री, उस आदमी की पुत्री है।

इस प्रकार आदमी की पुत्री की पुत्री, उस आदमी की पौत्री होगी।

इसलिए, वह आदमी उस लड़की का नाना है।

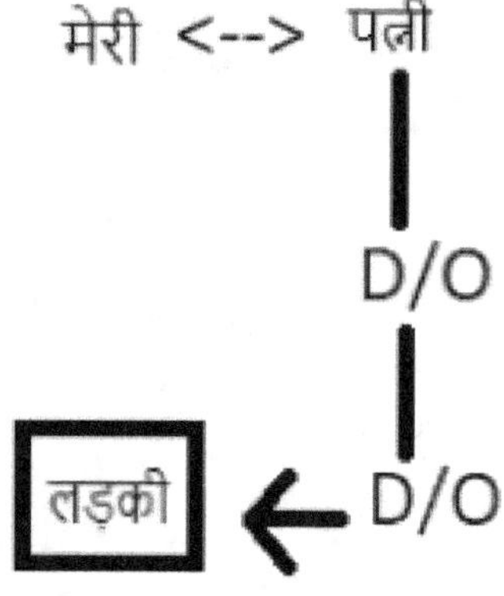

अत: विकल्प (C) सही है।

25.

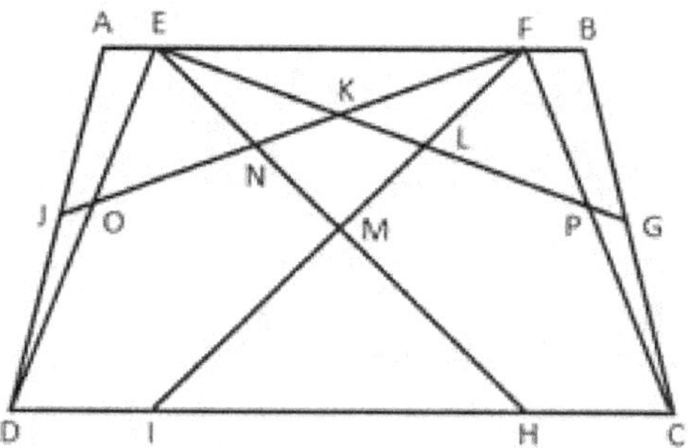

दी गई आकृति से हमें जो त्रिभुज प्राप्त हुए हैं, वे हैं:

AED, DJO, DEH, FBC, CGP, CFI, ENK, FKL, EML, FMN, MIH, EMF, EON, FLP, EKF, GBE, PFE, EOF, JAF, ELF, ENF, FKP, EKO

इसलिए, हमारे पास 23 त्रिभुज हैं।

अत: विकल्प (A) सही है।

26. भारत ने फरवरी 2022 में सिंगापुर वेटलिफ्टिंग इंटरनेशनल में 8 पदक जीते।

भारतीय भारोत्तोलक विकास ठाकुर और वेंकट राहुल रागला ने 27 फरवरी 2022 को सिंगापुर वेटलिफ्टिंग इंटरनेशनल में क्रमशः स्वर्ण और कांस्य पदक जीतकर राष्ट्रमंडल खेलों के लिए कालीफाई किया। इस प्रकार भारत ने 6 स्वर्ण, 1 रजत और 1 कांस्य सहित 8 पदकों के साथ प्रतियोगिता में अपना अभियान समाप्त किया।

अत: विकल्प (C) सही है।

27. मीराबाई चानू ने चल रहे सिंगापुर इंटरनेशनल में भारोत्तोलन में स्वर्ण पदक जीता।

भारोत्तोलन में 2020 टोक्यो ओलंपिक की रजत पदक विजेता मीराबाई चानू ने 25 फरवरी 2022 को चल रहे सिंगापुर इंटरनेशनल में स्वर्ण पदक जीता। इस जीत ने उन्हें बर्मिंघम में आगामी 2022 राष्ट्रमंडल खेलों में एक स्थान सुरक्षित करने में भी मदद की। एक नए भार वर्ग —55 किग्रा में प्रतिस्पर्धा करते हुए, चानू ने स्नेच में कुल 191 किग्रा - 86 किग्रा और क्लीन एंड जर्क में 105 किग्रा भार उठाकर स्वर्ण पदक जीता।

अत: विकल्प (A) सही है।

28. संगीत नाटक अकादमी ने भारत में शास्त्रीय नृत्य के रूप में भरतनाट्यम, कथक, कुचीपुड़ी, ओडिशी, कथकली, सत्रीय, मणिपुरी और मोहिनीअट्टम को मान्यता दी है।

अत: विकल्प (D) सही है।

29. साल्तोरो पर्वत, काराकोरम श्रृंखला की एक उप श्रेणी है। वे काराकोरम के हृदय में स्थित हैं, सियाचिन ग्लेशियर के दक्षिण-पश्चिम ओर, जो ध्रुवीय क्षेत्रों के बाहर दो सबसे लंबे ग्लेशियरों में से एक है। इस श्रृंखला को दिया गया नाम साल्तोरो घाटी के साथ साझा किया गया है, जो इस श्रृंखला के पश्चिम में स्थित है।

अत: विकल्प (C) सही है।

30. जैसे ही यह एक चट्टानी और पहाड़ी इलाके के माध्यम से भारतीय क्षेत्र में प्रवेश करती है, इसे सियांग नाम से जाना जाता है। बाद में अरुणाचल प्रदेश के मैदानों में इसे दिहांग के नाम से जाता है।

अत: विकल्प (A) सही है।

31. 1916 में, देश में दो होम रूल मूवमेंट शुरू किए गए: एक बाल गंगाधर तिलक के नेतृत्व में और दूसरा एनी बेसेंट के नेतृत्व में। अप्रैल 1916 में बेलगाम में आयोजित बॉम्बे प्रांतीय सम्मेलन में तिलक ने होम रूल लीग की स्थापना की।

अत: विकल्प (A) सही है।

32. पूना पैक्ट ब्रिटिश भारत सरकार के विधायिका में दबे हुए वर्गों के लिए चुनावी सीटों के आरक्षण पर बी.आर अम्बेडकर के बीच एक समझौते को संदर्भित करता है।

इसका समापन 24 सितंबर 1932 को पूना की यरवदा सेंट्रल जेल में हुआ था।

अत: विकल्प (A) सही है।

33. आयोग की संरचना में इसकी शुरुआत के बाद से काफी बदलाव किए गए हैं। प्रधानमंत्री के एक्स-ऑफिसियो चेयरमैन होने के साथ ही, समिति ने उपाध्यक्ष को भी नियुक्त किया है, जिसे कैबिनेट मंत्री के समान दर्जा दिया गया है।

अत: विकल्प (D) सही है।

34. संविधान में अनुच्छेद 263 के अनुसार, एक अंतर-राज्यीय परिषद (Inter-State Council) का गठन राष्ट्रपति के द्वारा किया जा सकता है, न कि संसद द्वारा। इसलिए, पहला कथन गलत है।

1990 में, अंतर-राज्यीय परिषद का गठन सरकारिया आयोग की सिफारिशों पर किया गया था। इसलिए, दूसरा कथन गलत है।

अंतर-राज्यीय परिषद के निर्णय प्रकृति में अनुशंसात्मक हैं और बाध्यकारी नहीं। इसलिए, तीसरा कथन गलत है।

अत: विकल्प (D) सही है।

35. सीआरएआर: जोखिम भारित संपत्ति अनुपात (सीआरएआर) जिसे पूंजी पर्याप्तता अनुपात (सीएआर) के रूप में भी जाना जाता है, अपने जोखिम के लिए बैंक की पूंजी का अनुपात है। सीआरएआर से पता चलता है कि किसी बैंक के पास जोखिम का सामना करने के लिये पर्याप्त पूंजी है या नहीं। यह बैंक की तरफ से दिये गए जोखिम भरे कर्ज के अनुपात में निकाला जाता है। अगर किसी बैंक का सीआरएआर इससे कम होता है तो उस बैंक की सेहत खराब मानी जाती है।

सीआरएआर का फैसला केंद्रीय बैंकों और बैंक नियामकों द्वारा किया जाता है ताकि वाणिज्यिक बैंकों को अतिरिक्त जोखिम उठाने और इस प्रक्रिया में दिवालिया होने से रोका जाए।

अत: विकल्प (A) सही है।

36. विभिन्न पंचवर्षीय योजनाओं का आकलन:

पहली पंचवर्षीय योजना	कृषि विकास (हैरोड-डोमर मॉडल)
दूसरी पंचवर्षीय योजना	औद्योगीकरण
तीसरी पंचवर्षीय योजना	भारी और बुनियादी उद्योग
चौथी पंचवर्षीय योजना	खाद्यान्न में आत्मनिर्भरता
पांचवी पंचवर्षीय योजना	गरीबी हटाओ
रोलिंग योजना	
छठवीं पंचवर्षीय योजना	गरीबी उन्मूलन और रोजगार
सातवीं पंचवर्षीय योजना	भोजन, कार्य, उत्पादकता
योजना अवकाश	
आठवीं पंचवर्षीय योजना	मानव संसाधन विकास
नौवीं पंचवर्षीय योजना	समानता और सामाजिक न्याय के साथ विकास
दसवीं पंचवर्षीय योजना	सतत विकास
ग्यारहवीं पंचवर्षीय योजना	तीव्र और अधिक समावेशी विकास की ओर
बारहवीं पंचवर्षीय योजना	तीव्र, अधिक समावेशी और टिकाऊ विकास

अत: विकल्प (D) सही है।

37. अनुच्छेद 100 (i) के अनुसार किसी भी सभी सदन की बैठक या संयुक्त बैठक के सभी प्रश्न अध्यक्ष या अध्यक्ष के रूप में कार्य करने वाले व्यक्ति के अलावा उपस्थित सदस्यों के मतदान के बहुमत से निर्धारित होंगे। अध्यक्ष या स्पीकर, या ऐसे व्यक्ति के रूप में अभिनय करने वाले व्यक्ति, पहले मतदान नहीं करेंगे, लेकिन वोटों की समानता के मामले में एक निर्णायक मत का प्रयोग करेंगे।

अत: विकल्प (B) सही है।

38. भारत के संविधान के 61वें संशोधन को आधिकारिक रूप से संविधान (61 वाँ) संशोधन अधिनियम, 1988 के रूप में जाना जाता है, 61वें संशोधन के अनुसार मतदान की आयु 21 वर्ष से घटाकर 18 वर्ष किया गया। यह संविधान संशोधन वर्ष 1989 में हुआ।

अत: विकल्प (D) सही है।

39. इसरो ने अपने प्रस्तावित वीनस ऑर्बिटर मिशन के लिए 20 अंतरिक्ष-आधारित प्रयोग प्रस्तावों को सूचीबद्ध किया है।

मिशन का नाम शुक्रयान है।

शुक्रयान एक मिशन है जो चार वर्ष से अधिक समय तक ग्रह का अध्ययन करेगा।

यह 2024 में या 2026 में इष्टतम लॉन्च विंडो के दौरान लॉन्च किया जाएगा जो हर 19 महीने में आता है।

कृपया ध्यान दीजिए कि इष्टतम लॉन्च विंडो के दौरान मिशन का शुभारंभ ग्रहों के पारगमन के दौरान अंतरिक्ष यान ईंधन के उपयोग को कम करेगा।

अत: विकल्प (C) सही है।

40. डीआरडीओ द्वारा बालासोर से 2020 में उपयोगकर्ता परीक्षणों के भाग के रूप में शौर्य मिसाइल परीक्षण का उन्नत संस्करण।

- शौर्य मिसाइल सतह से सतह पर मार करने वाली मिसाइल है।
- यह एक स्वदेशी रूप से विकसित परमाणु-सक्षम हाइपरसोनिक मिसाइल है।
- इसे रक्षा अनुसंधान और विकास संगठन द्वारा विकसित किया गया था।
- शौर्य मिसाइल ने भारतीय सशस्त्र बलों के उपयोग को विकसित किया है।
- ओडिशा में एक परीक्षण रेंज से इसकी दूरी लगभग 1,000 किमी है।

अत: विकल्प (B) सही है।

41. The word 'assuage' means 'to ease or make less severe'. The meanings of the other words are as follows:

Mitigate: to soften or lessen.

Inflame: to make more heated or violent.

Inhibit: to hold back.

Aver: to assert or state a case

Clearly, 'mitigate' is the correct answer in this case.

Hence, the correct option is (A).

42. 'Indomitable' means 'impossible to control or defeat/determined'. Therefore, 'cowardly' which means 'lacking courage' is the word most opposite in meaning to 'indomitable' among the given options.

'Adamant' means 'stubborn'; 'arrogant' means 'having an exaggerated sense of one's own importance or abilities'; 'certain' means 'sure'.

Hence, the correct option is (D).

43. 'Factual' means 'real' which cannot be the case because we are talking about a journey to Mars. 'Factional' refers to something belonging to an organization or group, and an account of something can't be classified under a faction, hence this too is discarded. Between the choice of 'fictional' and 'factitious', we must choose the former. 'Factitious' refers to something created artificially whereas 'fictional' refers to something unreal, especially when created for the purposes of literature. As we are talking about an 'account' which here means 'story', we must use 'fictional'.

Hence, the correct option is (C).

44. The structure of the sentence is such that the words in the blank must give meanings in the opposite sense. The only option that contains such words is 'wealth, miser'.

Hence, the correct option is (A).

45. After the given beginning introduces the subject, the next phrase in the sequence would be option P, which talks about the subject. After this, sentence S follows in the sequence mentioning what the person has contracted. Sentence R follows next indicating what would happen after a person has contracted a disease, and finally sentence Q provides the beginning to the given last phrase.

Hence, the correct option is (C).

46. The given sentence begins with the phrase 'despite several days'. Therefore, the next part should be the one which gives further information about what was special in these several days. Part Q successfully does this. The sentences S and R mention who made the extreme efforts, and sentence P provides the purpose for these efforts to have been made.

Hence, the correct option is (B).

47. The start of the passage clearly suggests that carnival happens in October because at that time first term examination is over and there is still enough time for the second term examination to begin. It means that the first term exams end in October.

Hence, the correct option is (A).

48. The carnival is organized by school management and teachers and it is also said in the passage that "Many of the senior class students are also a part of the carnival organization committee". So only children below 10 are left out.

Hence, the correct option is (D).

49. The line "These games test your intelligence, analytical skills and eye-hand coordination" makes it clear that stamina is not tested in these games.

Hence, the correct option is (C).

50. The middle of the passage clearly states that teachers ensure the participation of the students.

Hence, the correct option is (B).

51. दिया है:

$$x = 5\frac{1}{5} + 6\frac{2}{5} + 7\frac{3}{5} + 8\frac{4}{5}$$

यौगिक अंश को सरल अंश में परिवर्तित करने पर और उन्हें जोड़ने पर:

$$x = 5\frac{1}{5} + 6\frac{2}{5} + 7\frac{3}{5} + 8\frac{4}{5}$$

$$\Rightarrow \frac{26}{5} + \frac{32}{5} + \frac{38}{5} + \frac{44}{5}$$

$$\Rightarrow \frac{(26+32+38+44)}{5}$$

$$\Rightarrow \frac{140}{5}$$

$$\Rightarrow 28$$

∴ 'x' का आवश्यक मान 28 है।

अत: विकल्प (D) सही है।

52. माना कि संख्याएँ 7x और 7y हैं। (x > y)

$\Rightarrow$ 7xy = 441

$\Rightarrow$ xy = 63........(i)

साथ ही, 7x – 7y = 14

$\Rightarrow$ x – y = 2........(ii)

हम जानते हैं, (x + y)² = (x – y)² + 4xy

$\Rightarrow$ (x + y)² = 4 + 252 = 256

$\Rightarrow$ x + y = 16..............(iii)

(ii) और (iii) से

x = 9, y = 7

∴ संख्या = 7x और 7y = 63, 49

अत: विकल्प (B) सही है।

53. सरलीकरण के लिए BODMAS नियम का पालन करना होगा, जैसा कि नीचे दिया गया है।

$$21 - [14 - \{13 - (21 - 6 \overline{- 3})\}]$$
$$= 21 - [14 - \{13 - (21 - 3)\}]$$
$$= 21 - [14 - \{13 - 18\}]$$
$$= 21 - [14 + 5]$$
$$= 21 - 19$$
$$= 2$$

अत: विकल्प (A) सही है।

54. दिया गया, बाप और बेटे की उम्र का अनुपात 8 : 5 है।

उनकी उम्र 8x और 5x क्रमशः मानते है।

दिया गया, उनकी उम्र का गुणनफल 1440 है।

∴ 8x × 5x = 1440

$\Rightarrow$ x² = 36

$\Rightarrow$ x = 6

पिता की वर्तमान उम्र = 8 × 6 = 48

बेटे की वर्तमान उम्र = 5 × 6 = 30

6 साल के बाद उनकी आयु का अनुपात $= \frac{(48+6)}{(30+6)} = \frac{54}{36} = 3:2$

अत: विकल्प (B) सही है।

55. माना कि पहले चित्र का क्रय मूल्य x तथा दूसरे चित्र का y है।

प्रत्येक चित्र का विक्रय मूल्य = 1725 रूपए

∵ पहले चित्र को 15% लाभ पर बेचा जाता है,

$x + (x$ का 15%) = 1.15x = 1725

$\Rightarrow x = \frac{1725}{1.15} =$ रु. 1500

दूसरे चित्र को 25% हानि में बेचा जाता है।

∴ $y - (y$ का 25%) = 0.75y = 1725

$\Rightarrow y = \frac{1725}{0.75} = 2300$ रूपए

∴ दोनों चित्रों का कुल क्रय मूल्य = 1500 + 2300 = 3800 रूपए

दोनों चित्रों का कुल विक्रय मूल्य = 1725 × 2 = 3450 रूपए

यहाँ, $S.P. < C.P. \Rightarrow$ सम्पूर्ण लेन-देन में हानि होती है

हानि = 3800 − 3450 = 350 रूपए

हानि % $= \frac{350}{3800} \times 100 = 9\frac{4}{19}$

अत: विकल्प (D) सही है।

56. माना, नेहा का वेतन $100x$ हैं, जहां x स्थिर हैं।

नेहा का वेतन 20% से कम हो जाता हैं।

अब, उसका वेतन होगा,

$\Rightarrow 100x - 100x \times \frac{20}{100}$

$\Rightarrow 100x - 20x = 80x$

माना, हम उसका वेतन $a\%$ बढ़ा देते हैं, जिससे वह $100x$ हो जाये।

तब,

$\Rightarrow 80x + 80x \times \frac{a}{100} = 100x$

$\Rightarrow 80x \times \frac{a}{100} = 100x - 80x$

$\Rightarrow \frac{4a}{5} = 20x$

$\Rightarrow a = \left(\frac{5}{4}\right) \times (20x) = 25x$

$\Rightarrow \%a = \left(\frac{25x}{100x}\right) \times (100) = 25$

$\Rightarrow a = 25\%$

अत: विकल्प (C) सही है।

57. मान लें, A, B और C ने क्रमशः x, y और z दूरियां तय की हैं।

दिया गया है कि, 100 मीटर की दौड़ में, A, B को 15 मीटर से हरा देता है और C को 18 मीटर से

∴ A और B द्वारा तय की गई दूरी का अनुपात

$x:y = 100:85 \Rightarrow \frac{x}{y} = \frac{100}{85}$

A और C द्वारा तय की गयी दूरियों का अनुपात

$x:z = 100:82 \Rightarrow \frac{x}{z} = \frac{100}{82}$

∴ $y:z = 85:82$

∴ जब B, 85 मीटर तय करता है, तब C तय करेगा = 82 मीटर

∴ जब B, 170 मीटर तय करता है,तब C तय करेगा $=$
$\left(\frac{82}{85}\right) \times 170 = 164$ मीटर

∴ B, C को हराएगा = 170 मीटर −164 मीटर = 6 मीटर से

अत: विकल्प (A) सही है।

58. दिए गए समीकरण को ध्यान में रखते हुए:

$\frac{2500}{48}$ का $4\frac{4}{5}\% \times 3\frac{1}{5} + 5\frac{3}{4} \div 4\frac{3}{5} \times 1\frac{3}{5} = ?$

$\Rightarrow \frac{24}{5} \times \frac{1}{100} \times \frac{2500}{48} \times \frac{16}{5} + \frac{23}{4} \times \frac{5}{23} \times \frac{8}{5} = ?$

$\Rightarrow 8 + 2 = ?$

$\Rightarrow ? = 10$

∴ $? = 10$

अत: विकल्प (A) सही है।

59. दिया गया है:

$HCF + LCM = 513$

संख्याओं का गुणनफल = LCM × HCF

माना कि HCF और LCM क्रमशः 1x और 56x है।

$57x = 513$

$\Rightarrow x = 9$

$\Rightarrow HCF = 9$

$\Rightarrow LCM = 56 \times 9 = 504$

माना कि संख्याएँ $8y$ और $7y$ है

$8y \times 7y = 9 \times 504$

$\Rightarrow y^2 = 81$

$\Rightarrow y = 9$

∴ संख्याओं के बीच अंतर $= 8y - 7y = 9$

अत: विकल्प (A) सही है।

60. दी गई जानकारी को बीजगणितीय रूप में लिखने पर:

$\Rightarrow \left(\frac{24}{100}\right) \times 7705 + \left(\frac{45}{100}\right) \times 585 = \left(\frac{?}{100}\right) \times 3000$

BODMAS नियम के अनुसार समस्या में, पहले कोष्ठक वाले भाग को हल करते हैं, फिर भाग फिर गुणा तथा उसके बाद जोड़ने का और अंत में घटाने का कार्य करते हैं

BODMAS नियम का प्रयोगानुसार

पहले गुणा करने पर फिर जोड़ने पर

$\Rightarrow 184920 + 26325 = ? \times 3000$

$\Rightarrow 211245 = ? \times 3000$

$\Rightarrow ? = 70.415\%$

अत: विकल्प (C) सही है।

61. दिए गए आंकड़ों के अनुसार:

A का 30% = B का 0.25 = $C \frac{1}{5}^{th}$

$\Rightarrow \frac{30}{100} A = 0.25B = \frac{1}{5}C = x$

∴ $A = \frac{10x}{3}$

$B = 4x$

$C = 5x$

$\therefore A : B : C$

$= \left(\frac{10x}{3}\right) : 4x : 5x$

$= 10 : 12 : 15$

अत: विकल्प (D) सही है।

62. एक फल विक्रेता ने 50 किग्रा आम रु. 25 प्रति किग्रा की दर से खरीदे।

50 किग्रा आम का कुल लागत मूल्य $= 50 \times 25 = 1250$

यदि उसे कुल 20% लाभ हुआ, तो 50 किग्रा आम का विक्रय मूल्य $=$

$1250 \times \frac{120}{100}$

$= 1500$

उसने कुछ आम रु. 40 प्रति किग्रा की दर से और बाकी रु. 15 प्रति किग्रा की दर से बेच दिए।

माना x किग्रा आम रु. 40 प्रति किग्रा की दर से और $(50 - x)$ किग्रा रु. 15 प्रति किग्रा की दर से बेचे।

हम कह सकते हैं कि,

$\Rightarrow 40 \times x + 15 \times (50 - x) = 1500$

$\Rightarrow 40x + 750 - 15x = 1500$

$\Rightarrow 25x = 750$

$\Rightarrow x = 30$

इसलिए उसने 30 किग्रा आम रु. 40 प्रति किग्रा की दर से और

$(50 - 30) = 20$ किग्रा आम रु. 15 प्रति किग्रा की दर से बेचे।

अत: विकल्प (A) सही है।

63. माना, धारा की गति 'a' एवं नाव की गति 'b' है।

स्थिर पानी में, नाव की गति $= b$

धारा के विपरीत दिशा में नाव की गति $= b - a$

दिया गया है, नाव स्थिर पानी में एक घंटे में 15 किमी चलती है, और उतनी ही दूरी को विपरीत दिशा में तय करने में तीन गुना समय लेती है।

गति = दूरी/समय

$b = \frac{15}{1}$

$\Rightarrow b = 15$ किमी/घंटा

$b - a = \frac{15}{3}$

$\Rightarrow b - a = 5$

$\Rightarrow a = b - 5 = 10$ किमी/घंटा

अत: विकल्प (A) सही है।

64. औसत $=$ (कक्षा में सभी छात्रों के अंको को योग $)/($कक्षा में छात्रों की संख्या $)$

इसलिए 72 = योग $/40$

योग $= 72 \times 40$

अब, 20% छात्र अर्थात 40 का $20\% = 8$ छात्रों में से प्रत्येक के 5 अंक बढ़े हैं।

कक्षा के कुल अंको के योग में होने वाली कुल वृद्धि $=$ योग $+8(5) =$ $72(40) + 40 = 73(40)$

इसलिए, नया औसत $=$ नया योग $/40 = \frac{73(40)}{40} = 73$ अंक

अत: विकल्प (B) सही है।

65. माना अंकित मूल्य x है।

विक्रय मूल्य $= 1848$

छूट $= 23\%$

$(100 - 23)\%$ का $x = 1848$ रुपये

$\Rightarrow \frac{77x}{100} = 1848$

$x = 2400$ रुपये

अत: विकल्प (D) सही है।

66. माना पांच नहीं बदले गये छात्रों के प्रारंभिक अंक तालिका में प्राप्तांकों का कुल योग 'x' है।

जिससे,

$\frac{(x + 43 + 68 + 51)}{8} = 48$ (दिया है)

तब, $x = 384 - (43 + 68 + 51) = 384 - 162 = 222$

नये छात्र के प्राप्तांक जोड़ने पर,

6 छात्रों के प्राप्तांक का योग होता है $= x + 84 = 222 + 84 = 306$

नया औसत $= \frac{306}{6} = 51$

औसत में $\%$ वृद्धि $= \left[\frac{(51 - 48)}{48}\right] \times 100 = \frac{300}{48} = \frac{100}{16} = 6.25\%$

अत: विकल्प (C) सही है।

67. राशि = मूलधन $\left(1 + \frac{r}{100}\right)\left(1 + \frac{R}{100}\right)$

= मूलधन $\left(1 + \frac{4}{100}\right)\left(1 + \frac{5}{100}\right)$

= मूलधन $\left(1 + \frac{1}{25}\right)\left(1 + \frac{1}{20}\right)$

= मूलधन $\left(\frac{26}{25}\right)\left(\frac{21}{20}\right)$

$= \frac{546P}{500}$

चक्रवृद्धि ब्याज $=$ राशि $-$ मूलधन

$= \frac{546P}{500} -$ मूलधन

$= \frac{546P - 500P}{500}$

$1150 = \frac{46P}{500}$

$\frac{1150 \times 500}{46} =$ मूलधन

$25 \times 500 =$ मूलधन

मूलधन

मूलधन

अत: विकल्प (A) सही है।

68. माना दोनों मोमबत्तियों की ऊंचाई 'H' है और T समय पश्चात ऊंचाई के बीच अनुपात 2: 1 है।

$h - t \times \frac{h}{6} : h - t \times \frac{h}{4} = 2 : 1$

$t = 3$

अत: विकल्प (C) सही है।

69. कुल सब्जियां $= 10$ किलो

प्याज $= 3$ किलो 500 ग्राम $= 3.500$ किलो

टमाटर $= 2$ किलो 75 ग्राम $= 2.075$ किलो

आलू $= x$

इसलिए,

$10 = 3.500 + 2.075 + x$

$x = 10 - (3.500 + 2.075)$

$= 10 - 5.575$

$= 4.425$ किलो

अत: विकल्प (B) सही है।

70. दिया गया है:

दर (R) = 8%

समय (T) = 9 वर्ष

मान लीजिये कि उधार ली गई राशि P है।

प्रश्न के अनुसार,

S.I. $= \frac{(P \times R \times T)}{100}$

$\Rightarrow \frac{(P \times 8 \times 9)}{100}$

$\Rightarrow$ S.I. $= \frac{72P}{100},$

अत:, $\left(P - \frac{72P}{100}\right) = 2800$

$\Rightarrow P = 10000$

∴ आवश्यक राशि 10000 रुपए है।

अत: विकल्प (A) सही है।

71. A की औसत मासिक आय $A =$
$\left(\frac{5.50 + 5.65 + 5.7 + 6.20 + 6.50 + 6.75 + 7.0}{12 \times 7}\right)$

$= \frac{4330000}{84} = 51547.62 \approx 51245$ (लगभग)

अत: विकल्प (D) सही है।

72. वर्ष 2005 में B की वार्षिक आय = 4.25 लाख

वर्ष 2005 में C की वार्षिक आय = 5.10 लाख

अभीष्ट अनुपात = 4.25 : 5.10 = 425 : 510 = 5 : 6

अत: विकल्प (C) सही है।

73. वर्ष 2003 में सभी व्यक्तियों की कुल वार्षिक आय = 5.65 + 3.25 + 4.85 + 6.55 + 6.25 + 3.65 = 30.20 लाख रुपये

= 3020000 रुपये

वर्ष 2007 में सभी व्यक्तियों की कुल वार्षिक आय = 6.75 + 5.0 + 5.25 + 7.48 + 7.285 + 4.80 = 36.565 लाख रुपये

= 3656500 रुपये

अभीष्ट अंतर= 3656500 − 3020000 = 636500 रुपये

अत: विकल्प (C) सही है।

74. वर्ष 2004 में E की वार्षिक आय = 6.425 लाख
इन वर्षों के दौरान E द्वारा अजित औसत वार्षिक आय =
$\frac{6.15 + 6.25 + 6.425 + 7.15 + 7.25 + 7.285 + 7.30}{7} = \frac{47.81}{7} = 6.83$

लाख

अभीष्ट प्रतिशत $= \frac{6.425 \times 100}{6.83}\% = 94.07\% \approx 94\%$ (लगभग)

अत: विकल्प (D) सही है।

75. इन वर्षों के दौरान F द्वारा अर्जित औसत वार्षिक आय
$= \frac{3.50 + 3.65 + 3.75 + 4.0 + 4.25 + 4.80 + 5.10}{7}$

$= \frac{29.05}{7}$ लाख $= \frac{2905000}{7} = 415000$

अत: विकल्प (D) सही है।

76. आंतरिक मॉडल को भौतिक मॉडल के रूप में भी जाना जाता है जो परिभाषित करता है कि डेटाबेस प्रबंधन प्रणाली में वास्तविक डेटा कैसे संग्रहीत किया जाता है। डेटाबेस प्रबंधन प्रणाली के आंतरिक मॉडल में डेटा का संपीड़न लागू किया जाता है।

अतः विकल्प (A) सही है।

77. भौतिक डेटा मॉडल डेटा पृथक्करण का सबसे निचला स्तर है। यह वर्णन करता है कि डेटा वास्तव में डेटाबेस में कैसे संग्रहीत किया जाता है। व्यक्ति इस स्तर पर जटिल डेटा संरचना विवरण प्राप्त कर सकता है।

अतः विकल्प (A) सही है।

78. डेटा प्रोसेसिंग चक्र में चरणों की एक श्रृंखला होती है, जहां अस्पृष्ट डेटा (इनपुट) को एक प्रक्रिया (सीपीयू) में इनपुट के तौर पर डाला जाता है, जिससे (आउटपुट) का उत्पादन किया जा सके।

अतः विकल्प (B) सही है।

79. एक स्कीमा, स्कीमा वस्तुओं का एक संग्रह है। स्कीमा ऑब्जेक्ट्स के उदाहरणों में टेबल, व्यू सीक्वेंस, समानार्थक शब्द, इंडेक्स, क्लस्टर, डेटाबेस लिंक, स्नैपशॉट, प्रक्रियाएं, फ़ंक्शन और पैकेज शामिल हैं। स्कीमा ऑब्जेक्ट तार्किक डेटा संग्रहण संरचनाएं हैं।

डेटाबेस प्रशासक (DBA) डेटाबेस के डिजाइन, नियंत्रण और प्रशासन के लिए उत्तरदायी होता है है।

अतः विकल्प (D) सही है।

80. डेटा संगठन के पदानुक्रम में उच्चतम स्तर को डेटाबेस कहा जाता है। डेटाबेस सभी तालिकाओं का एक संग्रह है जिसमें फ़ील्ड के रूप में डेटा शामिल है।

अतः विकल्प (B) सही है।

81. मेटाडेटा जिसे डेटा शब्दकोश भी कहा जाता है, डेटा का वर्णन है। यह डेटाबेस की स्व-वर्णन प्रकृति है, जो प्रोग्राम-डेटा स्वतंत्रता प्रदान करता है। इसे सिस्टम कैटलॉग भी कहा जाता है।

अतः विकल्प (C) सही है।

82. M : M संबंध:-

यह एक कार्डिनैलिटी है जो 2 इकाइयों के बीच संबंध को संदर्भित करता है।

एक छात्र कई पाठ्यक्रमों को सीख सकता है और कई पाठ्यक्रमों में कई छात्र भाग लेंगे।

अतः विकल्प (C) सही है।

83. सामग्री प्रबंधन एक कंपनी में सामग्री के प्रवाह से संबंधित गतिविधियों की योजना, आयोजन और नियंत्रण के लिए एक विधि है। इससे उनके परिचय, उत्पादन, निर्माण प्रक्रिया और अंतिम वितरण से उन सामग्रियों के स्थान, आंदोलन और समय पर नियंत्रण हो सकता है।

अतः विकल्प (B) सही है।

84. एक अच्छी योजना प्रणाली निम्नलिखित प्रश्नों का उत्तर देती है:

- हम क्या बनाने जा रहे हैं?
- इसे बनाने में क्या लगता है?
- हमारे पास क्या है और क्या चाहिए?

अतः विकल्प (D) सही है।

85. विपणन के सात कार्य हैं; वितरण, बाजार अनुसंधान, मूल्य निर्धारण, वित्त, उत्पाद प्रबंधन, प्रचार माध्यम और उपभोक्ताओं के अनुसार उत्पाद मिलान।

अतः विकल्प (D) सही है।

86. गुणात्मक पूर्वानुमान, निर्णय, अंतर्ज्ञान और सूचित राय के आधार पर अनुमान हैं। अपनी प्रकृति के आधार पर ये व्यक्तिनिष्ठ होती हैं। इन तकनीकों का उपयोग संभावित समय में, सामान्य व्यापार प्रवृत्तियों तथा उत्पादों के बड़े वर्ग की मांग का अनुमान लगाने के लिए किया जाता है।

अतः विकल्प (A) सही है।

87. यदि पूर्वानुमान उपकरण को समझना बहुत मुश्किल है, तो सबसे अधिक संभावना है कि यह विफल हो जाएगा।

जितना अधिक पूर्वानुमान उपकरण जटिल होगा, अधिक पृथक उपयोगकर्ता तथा इसे बनाए रखने के लिए अधिक कार्य आवश्यक है।

कई उत्पादों में एक मौसमी या आवधिक मांग पैटर्न होता है: स्की, लॉनमूवर, स्नान सूट और क्रिसमस ट्री लाइट इसके उदाहरण हैं।

अतः विकल्प (A) सही है।

88. आम तौर पर, स्वतंत्र मांग वस्तुएं, जिनका अन्य मांगों के साथ कोई सीधा संबंध नहीं है, की मांग केवल पूर्वानुमान के अनुसार की जाती है। ऐसी वस्तुओं में उत्पाद, सेवा भाग शामिल हैं, जिन्हें आमतौर पर बिक्री विभाग द्वारा नियंत्रित किया जाता है। स्वतंत्र मांग वस्तुओं का उपयोग पूर्वानुमान और उत्पादन योजना के लिए किया जाता है।

अतः विकल्प (B) सही है।

89. रखरखाव गतिविधियों में निर्दिष्ट अवधि में आंशिक या पूर्ण बार संशोधन, तेल परिवर्तन, स्नेहन, मामूली समायोजन शामिल हैं। इसके अलावा, श्रमिक उपकरणों की खराबी को रिकॉर्ड कर सकते हैं जिससे वे इन कारकों को सिस्टम की विफलता का कारण बनने से पहले ख़राब होने वाले हिस्सों को बदलना या उनकी मरम्मत करना जानते हों।

अतः विकल्प (D) सही है।

90. अनुसूचित रखरखाव वह कार्य है जिसे एक समय सीमा दी जाती है और एक तकनीशियन को सौंपा जाता है। यदि किसी परिसंपत्ति या भाग की समस्या की पहचान की जाती है, तो परिसंपत्ति की जांच और मरम्मत के लिए एक समय निर्धारित किया जाता है

रखरखाव के वर्गीकरण हैं:

- निवारक रखरखाव
- शर्त-आधारित रखरखाव
- प्रागाक्ति रख - रखाव
- सुधारात्मक रखरखाव
- पूर्वनिधारित रखरखाव
- इंटरप्ले लर्निंग से मेंटेनेंस नॉलेज प्राप्त करना

अतः विकल्प (C) सही है।

91. रखरखाव के लिए एक व्यवस्थित दृष्टिकोण नीचे दिए गए चरणों का पालन करता है:

समस्या- समस्या को पहचानें कि कहाँ दोष मौजूद है।

कारण - समस्या के पीछे के कारण का विश्लेषण करें।

निदान - उनका समाधान खोजें कि क्या दोषपूर्ण प्रणाली को मरम्मत की आवश्यकता है या इसे प्रतिस्थापन की आवश्यकता है।

सुधार - आवश्यक परिवर्तन करें और दोष को दूर करें।

अतः विकल्प (A) सही है।

92. इसे डाउनटाइम (घंटों में) तथा उपलब्ध घंटों के अनुपात के रूप में परिभाषित किया जा सकता है, अर्थात,

रखरखाव की प्रभावशीलता=डाउनटाइम घंटों में / उपलब्ध घंटे

अतः विकल्प (A) सही है।

93. व्यवधानों की आवृत्ति को कुल उपलब्ध मशीन घंटों में हुए व्यवधानों की कुल संख्या के रूप में परिभाषित किया जा सकता है, अर्थात,

व्यवधानों की आवृत्ति = व्यवधानों की संख्या / उपलब्ध मशीन घंटे

अतः विकल्प (B) सही है।

94. वर्तमान संपत्ति एक कंपनी की सभी परिसंपत्तियों का प्रतिनिधित्व करती है, जिन्हें एक वर्ष के साथ मानक व्यावसायिक कार्यों के माध्यम से आसानी से बेचा, खपत, उपयोग या समाप्त होने की उम्मीद है।

अतः विकल्प (D) सही है।

95. पशुधन को अचल संपत्तियों के रूप में माना जाता है, लेकिन मूल्यह्रास योग्य नहीं है, जो ऐतिहासिक लागत या बाजार मूल्य पर दिखाया गया है, जो कि वर्ष के अंत की समापन तिथि पर कम है।

अतः विकल्प (A) सही है।

96. निर्मित माल के लिए ग्राहक की मांग के संबंध में XYZ विश्लेषण का अधिक उपयोग किया जाता है। X उच्च मांग है, Y मध्यम मांग, Z बहुत कम मांग है।

अतः विकल्प (B) सही है।

97. पूंजी बजट और निवेश मूल्यांकन एक नियोजन प्रक्रिया है जिसका उपयोग यह निर्धारित करने के लिए किया जाता है कि किसी संगठन के दीर्घकालिक निवेश जैसे कि नई मशीनरी, मशीनरी के प्रतिस्थापन, नए पौधे, नए उत्पाद और अनुसंधान विकास परियोजनाएं प्रभावी रूप से बनाई गई हैं या नहीं।

पूंजी बजट सबसे इष्टतम निर्णय लेने में मदद करता है। इसमें विस्तार कार्यक्रम, विलय निर्णय, प्रतिस्थापन निर्णय शामिल हैं।

अतः विकल्प (D) सही है।

98. अर्थशास्त्र में, सीमांत लागत कुल लागत में परिवर्तन है जो तब उत्पन्न होती है जब उत्पादित मात्रा एक इकाई द्वारा बढ़ाई जाती है; अर्थात , यह उत्पाद की एक और इकाई के उत्पादन की लागत है।

अतः विकल्प (B) सही है।

99. ABC विश्लेषण एक इन्वेंट्री कंट्रोल तकनीक है जिसमें इन्वेंट्री को A, B और C श्रेणी में वर्गीकृत किया गया है, जिसमें A सबसे कम मात्रा, उच्चतम मूल्य है।

अतः विकल्प (C) सही है।

100. जब भी निवारक रखरखाव किया जाना है, तो यह देखा जाना चाहिए कि, साइट पर कोई बड़ी खराबी नहीं है। इसके लिए, कुछ निश्चित कारक हैं जिनका उपयोग करने की आवश्यकता है, जैसे, आकार और उपयोग की गई मशीनरी की आयु, मशीन का स्थान और समग्र मशीनरी।

अतः विकल्प (D) सही है।

General Intelligence & Reasoning

Ques (1-3):निर्देश: दिए गए प्रश्नों का उत्तर देने के लिए निम्नलिखित जानकारी का अध्ययन कीजिये।

कुछ लोग एक इमारत में रहते हैं जिसमें कुछ मंजिलें हैं। सबसे नीचे की मंजिल को 1 अंकित किया गया है और इसके ऊपर वाली मंजिल को 2 अंकित किया गया है और इसी प्रकार अन्य मंजिलों को अंकित किया गया है। प्रत्येक मंजिल पर केवल एक व्यक्ति रहता है। T दूसरी मंजिल पर रहता है। N की मंजिल के ऊपर दो व्यक्ति रहते हैं। Q उस मंजिल पर रहता है, जो N और T की मंजिल से समान दूरी पर है। S की मंजिल से ऊपर रहने वाले व्यक्तियों की संख्या Q की मंजिल से नीचे रहने वाले व्यक्तियों की संख्या के बराबर है। अधिक से अधिक 1 व्यक्ति N और Q की मंजिल के मध्य में रहते हैं। M, O की मंजिल के ऊपर रहता है। O और T एक दूसरे की मंजिल के संलग्न नहीं रहते हैं। P, R की मंजिल के ऊपर रहता है।

Q.1 N की मंजिल से दो मंजिल ऊपर कौन रहता है?

A. M **B.** O **C.** Q **D.** T

Q.2 R और S की मंजिल के ठीक मध्य में कौन रहता है?

A. P **B.** T **C.** Q **D.** M

Q.3 Q की मंजिल के ठीक ऊपर कौन रहता है?

A. N **B.** P **C.** R **D.** S

Ques (4-6):निर्देश: निम्नलिखित प्रश्न में एक स्थिति प्रस्तुत करता है और आपको उस विशेष परिस्थिति के बारे में निर्णय लेने के लिए कहता है। दी गई जानकारी के आधार पर उत्तर चुनें।

Q.4 ज़ाचारी ने अपने तीन दोस्तों को अपने विस्तृत स्क्रीन टेलीविजन पर बास्केटबॉल खेल देखने के लिए आमंत्रित किया है। वे सभी भूखे हैं, लेकिन कोई भी भोजन पाने के लिए जाना नहीं चाहता। जिस तरह वे इस बात पर बहस कर रहे हैं कि भोजन को किसके लिए बनाया जाना चाहिए, एक स्थानीय पिज़्ज़ेरिया के लिए एक विज्ञापन आता है। फोन नंबर स्क्रीन पर संक्षेप में दिखता है और वे सभी इसे याद रखने की कोशिश करते हैं। जब तक ज़ाचारी एक कलम और कागज उठा लेता है, तब तक उनमें से प्रत्येक एक अलग संख्या को याद करता है।

(1). सभी पुरुष इस बात से सहमत हैं कि पहले तीन नंबर 995 हैं।

(2). उनमें से तीन सहमत हैं कि चौथा नंबर 9 है।

(3). तीन सहमत हैं कि पांचवें नंबर 2 है।

(4). तीन सहमत हैं कि छठी संख्या 6 है; तीन अन्य लोग सहमत हैं कि सातवीं संख्या भी 6 है।

पिज़्ज़ेरिया के टेलीफोन नंबर में से कौन सी संख्या सबसे अधिक संभावना है?

A. 995-9266 **B.** 995-9336

C. 995-9268 **D.** 995-8266

Q.5 फिल्म निर्देशक लुसी की मुख्य भूमिका के लिए एक अभिनेत्री चाहते हैं जो मूल पटकथा में दिखाई देने वाले विवरण को पूरी तरह से फिट करती है। वह उन अभिनेत्रियों पर विचार करने को तैयार नहीं हैं, जो किरदार से मिलती-जुलती नहीं हैं, जैसा कि पटकथा में वर्णित है, चाहे वे कितनी भी प्रतिभाशाली हों। पटकथा लुसी को औसत-आकार, कुछ लाल बाल के रूप में वर्णित करती है, जिसकी गहरी भूरी आँखें, बहुत गोरी त्वचा और एक शानदार मुस्कान है। कास्टिंग एजेंट के दिमाग में चार अभिनेत्रियाँ होती हैं।

अभिनेत्री 1 एक आश्चर्यजनक लाल बालों वाली सुंदरी है, जो 5'9" और वह अपने मध्य-बीसवें वर्ष में है। उसकी आँखें भूरी और उसका रंग सांवला है।

अभिनेत्री 2 एक लाल बाल, बड़ी भूरी आंखें और साफ रंग की है। वह अपने मध्य-चालीसवें बीसवें वर्ष में है और 5'5" की है।

अभिनेत्री 3 मध्यम कद 5'4" की है, उसके लाल बाल, भूरी आंखें हैं, और वह अपने प्रारंभिक चालीसवें वर्ष में है।

अभिनेत्री 4 अपने प्रारंभिक तीसवें वर्ष में है उसकी आंखों नीली और लाल बाल है। वह बहुत विनयपूर्ण है और कद 5' है।

A. 1, 2 **B.** 2, 3 **C.** 1, 4 **D.** 2, 4

Q.6

श्रीमती कार्सन ने दोपहर के भोजन के लिए अपने तीन दोस्तों से मिलने के लिए एक टैक्सी ली। उनके दोस्त रेस्टोरेंट के बाहर उसका इंतजार कर रहे थे एवं वह कार में बैठी। वह अपने दोस्तों को देखने के लिए इतनी उत्साहित थी कि उसने अपना बैग टैक्सी में छोड़ दिया। जैसे ही टैक्सी चली गई, उसने और उसके दोस्तों ने लाइसेंस प्लेट नंबर पर ध्यान दिया ताकि वे टैक्सी कंपनी को कॉल करने पर कार की पहचान कर सकें।

(1). चार महिलाएं इस बात से सहमत हैं कि प्लेट J अक्षर से शुरू होती है।

(2). उनमें से तीन सहमत हैं कि प्लेट 12 L के साथ समाप्त होती है।

(3). उनमें से तीन सोचते हैं कि दूसरा अक्षर X है, और एक अलग तीन को लगता है कि तीसरा अक्षर K है।

नीचे दी गई चार लाइसेंस प्लेट संख्या दर्शाती है कि चार महिलाओं में से प्रत्येक सोचती है कि उसने क्या देखा। टैक्सी के लाइसेंस प्लेट नंबर की सबसे अधिक संभावना कौन सी है?

A. JXK 12L **B.** JYK 12L

C. JXK 12I **D.** JXX 12L

Q.7 निर्देश: निम्नलिखित BANDRA कम्युनिकेशंस प्राइवेट लिमिटेड की एक प्रमुख निजी कंपनी में साइट इंजीनियर के पद के लिए योग्यताएं हैं।

उम्मीदवार को चाहिए:

a. कम से कम 50% अंकों के साथ डिप्लोमा धारक हो।

b. 17 वर्ष से कम और 1-1-2015 तक की आयु 28 वर्ष से अधिक न हो।

c. कम से कम 60% अंकों के साथ चयन परीक्षा उत्तीर्ण की हो।

d. 15,000 रुपये जमा करने के लिए तैयार रहें। जो कि रिफंडेबल नहीं है।

हालांकि, यदि कोई उम्मीदवार उपरोक्त मानदंडों को पूरा करता है लेकिन:

I. (a) ऊपर, लेकिन अंतिम सेमेस्टर परीक्षा के लिए उपस्थित हुआ है और पिछले 5 सेमेस्टर में 60% अंक प्राप्त किए हैं, यह मामला V.P. कम्पनी को सौंपा जाएगा।

II. (d) ऊपर, लेकिन 2 साल का अनुभव है, मामला कंपनी के GM को सौंपा जा सकता है।

हरिवर्धन नीलांचल पॉलिटेक्निक से सिविल में डिप्लोमा है और 75% प्राप्त कर चुका है। उनका जन्म 25 सितंबर 1993 को हुआ था। उन्होंने चयन परीक्षा में 65% अंक प्राप्त किए हैं और वह रु 15000 जमा करने को तैयार है।

A. यदि उम्मीदवार का चयन करना है।

B. यदि मामला महाप्रबंधक को सौंपा जाना है।

C. यदि मामला VP को सौंपा जाना है।

D. यदि प्रदान किया गया डेटा किसी भी निर्णय को लेने के लिए अपर्याप्त है।

Q.8 निर्देश: एक प्रतिष्ठित निर्माण कंपनी, पेट्रोनास में मैकेनिकल इंजीनियर के पद के लिए योग्यताएं निम्नलिखित हैं।

उम्मीदवार को होना चाहिए:

a. कम से कम 65% अंकों के साथ मैकेनिकल इंजीनियरिंग स्नातक।

b. 21 वर्ष से कम और 1-1-2016 को 28 वर्ष से अधिक आयु नहीं होनी चाहिए।

c. कम से कम 70% अंकों के साथ चयन परीक्षा उत्तीर्ण की हो।

d. 50,000 रुपये जमा करने के लिए तैयार रहें। जो प्रशिक्षण पूरा होने पर वापस किया जाना है।

हालांकि, यदि कोई उम्मीदवार उपरोक्त मानदंडों को पूरा करता है:

I. ऊपर (a), लेकिन अंतिम सेमेस्टर परीक्षा के लिए उपस्थित हुआ है और पिछले 7 सेमेस्टर में 75% अंक प्राप्त किए हैं, यह मामला VP कम्पनी को सौंपा जाएगा।

II. ऊपर (d), लेकिन इस क्षेत्र में एक वर्ष से अधिक समय तक काम करने का अनुभव है, मामला कंपनी के GM को सौंपा जा सकता है।

राधिका बिस्वाल ने अपने सभी सात सेमेस्टर 80% अंकों के साथ पास कर लिया हैं। उसने चयन परीक्षा में 79% स्कोर किया है और उसकी आयु 22 वर्ष है। वह रु 50,000 जमा करने को तैयार है।

A. यदि उम्मीदवार का चयन करना है।

B. अगर मामला महाप्रबंधक को सौंपा जाना है।

C. यदि मामला उपाध्यक्ष को सौंपा जाना है।

D. यदि प्रदान किया गया डेटा किसी भी निर्णय को लेने के लिए अपर्याप्त है।

Q.9 निर्देश: विभिन्न महानगरों में खुलने वाले PRIEST संगठन के कई कार्यलियों में रिसेप्शनिस्ट (महिला) के चयन के लिए मानदंड निम्नलिखित हैं।

उम्मीदवार को चाहिए:

a. कम से कम 60% अंकों के साथ प्रथम श्रेणी में 10 वीं या HSC परीक्षा उत्तीर्ण की हो।

b. कम से कम 55% अंकों के साथ किसी भी विषय में 12 वीं या +2 पास किया हो।

c. सूचना प्रौद्योगिकी या कंप्यूटर साइंस में सर्टिफिकेट/डिप्लोमा/डिग्री कोर्स पूरा किया हो।

d. 1.1.2014 के अनुसार 22 वर्ष से कम न हो और 30 वर्ष से अधिक न हो।

यदि कोई उम्मीदवार उपरोक्त सभी मानदंडों को पूरा करता है, तो उसे निम्न मानदंडों को भी पूरा करना होगा:

I. उपरोक्त (b) लेकिन 1 वर्ष का अनुभव होने पर, मामला कार्यकारी निदेशक (ED) को सौंपा जा सकता है।

II. उपरोक्त (c) लेकिन पाठ्यक्रम के विषयों में से एक के रूप में कंप्यूटर विज्ञान का अध्ययन किया है, मामला उपाध्यक्ष (VP) को सौंपा जा सकता है।

अपराजिता सारंगी ने रुद्र नारायण स्कूल से 75% के साथ एचएससी पास किया है, लेकिन दुर्भाग्य से उनका +2 में 3 वां डिवीजन। लेकिन उसे इस लाइन में 2 साल का अनुभव है और उसकी उम्र 26 साल है।

A. यदि उम्मीदवार का चयन करना है।

B. अगर मामला ED को सौंपा जाना है।

C. यदि मामला VP को सौंपा जाना है।

D. यदि दी गई जानकारी उत्तर देने के लिए अपर्याप्त है।

Q.10 दी गई श्रृंखला में लुप्त संख्या का चयन कीजिए।

28, 39, 52, 67, 84, ?

A. 101   **B.** 102   **C.** 103   **D.** 104

Q.11 899 से विभाजित होने पर एक संख्या शेष 63 होती है। यदि उसी संख्या को 29 से विभाजित किया जाता है, तो शेष संख्या होगी:

A. 10   **B.** 5   **C.** 4   **D.** 2

Q.12 दी गई उत्तर आकृतियों में से, उस उत्तर आकृति का चयन कीजिये जिसमें प्रश्न आकृति छिपी/निहित है। (घूर्णन की अनुमति नहीं है)

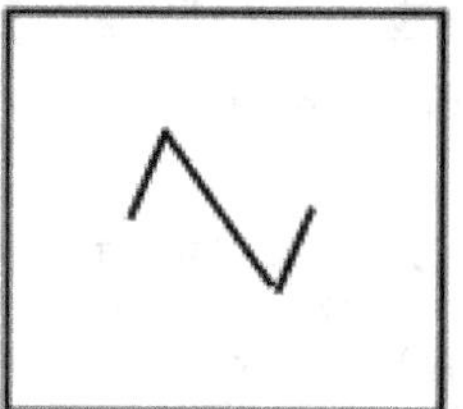

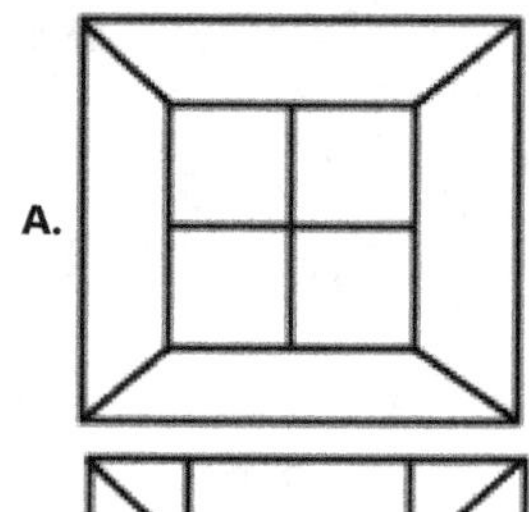
A.
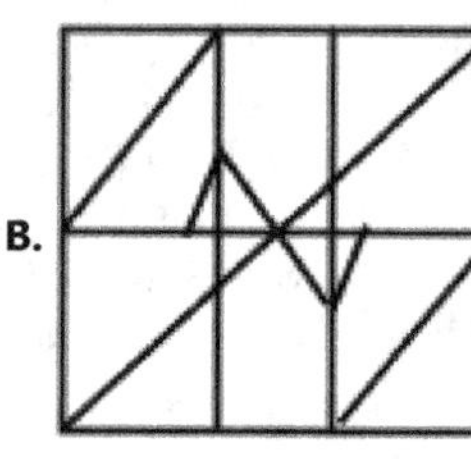
B.

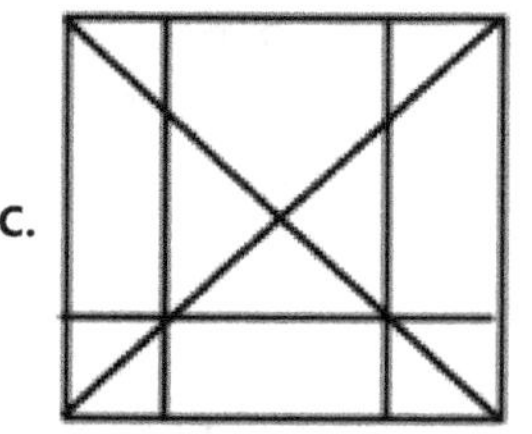
C.
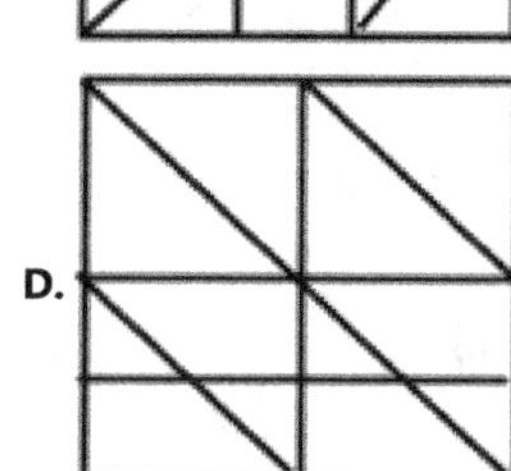
D.

Q.13 उस सही विकल्प का चयन कीजिए जो भारत में निम्न त्यौहारों को उनके होने के क्रम में दर्शाता है।

1. कैथोलिक क्रिसमस
2. गणतन्त्र दिवस
3. बाल दिवस
4. गाँधी जयंती
5. स्वतन्त्रता दिवस

A. 4, 5, 1, 3, 2   **B.** 2, 5, 4, 3, 1

C. 1, 5, 4, 3, 2   **D.** 2, 1, 5, 4, 3

Q.14 3 व्यक्तियों A, B और C की उम्र क्रमशः क्रम में है। उनकी आयु का योग 42 वर्ष है। B की आयु क्या होगी?

A. 15 वर्ष   **B.** 14 वर्ष   **C.** 13 वर्ष   **D.** 16 वर्ष

Q.15 उस सही विकल्प का चयन कीजिए जो निम्नलिखित शब्दों को एक तार्किक और अर्थपूर्ण क्रम में व्यवस्थित करता है।

1. पुरस्कार
2. प्रतियोगिता
3. निर्णायकों द्वारा अंकन
4. विजेता
5. प्रतिभागी

A. 5, 2, 3, 4, 1   **B.** 5, 2, 4, 3, 1

C. 5, 3, 2, 1, 4   **D.** 1, 2, 3, 5, 4

Q.16 9 संख्याओं का औसत 40 है। यदि पहली पाँच संख्याओं का औसत 38 है और अंतिम पाँच का औसत 50 है, तो पाँचवीं संख्या ज्ञात करें?

A. 90   **B.** 84   **C.** 78   **D.** 80

Q.17 नताशा और कृष्णा की वर्तमान आयु का योग 50 वर्ष है। 10 साल पहले कृष्णा, नताशा से दोगुनी आयु की थी। कृष्णा की वर्तमान आयु क्या है?

A. 10 वर्ष   **B.** 20 वर्ष   **C.** 30 वर्ष   **D.** 15 वर्ष

Ques (18-19):निर्देश: निम्नलिखित प्रश्न में A, B, C, D नाम के चार आंकड़े हैं, जिन्हें समस्या आंकड़े कहा जाता है, इसके बाद 1, 2, 3, 4 को चिह्नित आंकड़े कहा जाता है।

उत्तर आंकड़े के बीच से एक आकृति का चयन करें जो चार समस्या आंकड़े द्वारा स्थापित के समान श्रृंखला जारी रखेगा।

Q.18 प्रश्न आंकड़े:

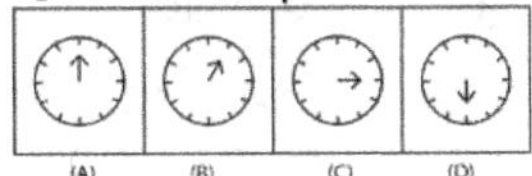

उत्तर आंकड़े:

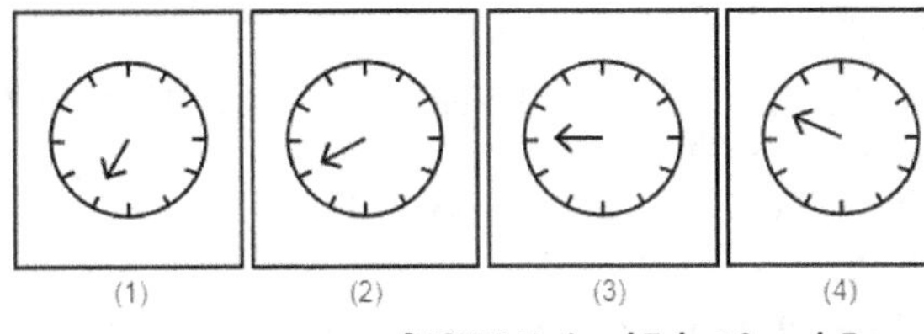

[NCERT National Talent Search Exam, 2020]

A. (1)   **B.** (2)   **C.** (3)   **D.** (4)

Q.19 प्रश्न आंकड़े:

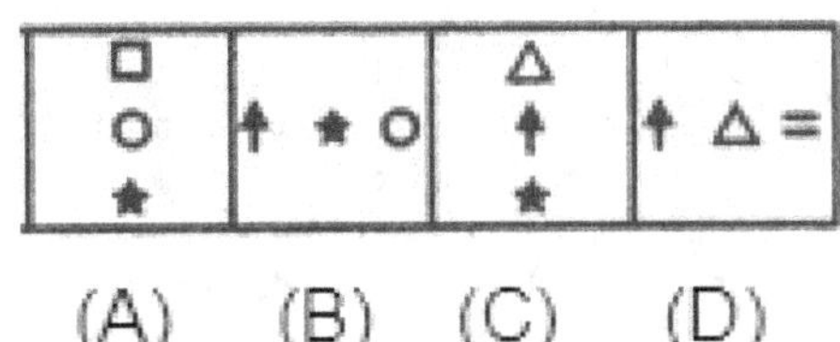

उत्तर आंकड़े:

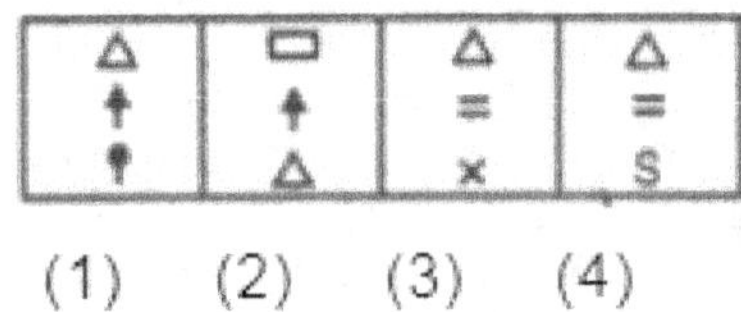

[NCERT National Talent Search Exam, 2020]

A. (1)   **B.** (2)   **C.** (3)   **D.** (4)

Q.20 निर्देश: निम्नलिखित प्रश्न का ध्यानपूर्वक अध्ययन करें और सही उत्तर चुनें:

दिए गए आंसर फिगर्स में से वह प्रश्न चुनें जिसमें प्रश्न चित्र छिपा हो/एम्बेडेड हो।

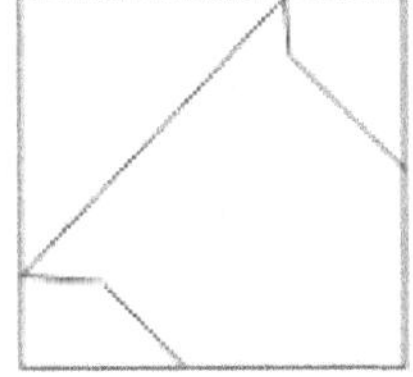

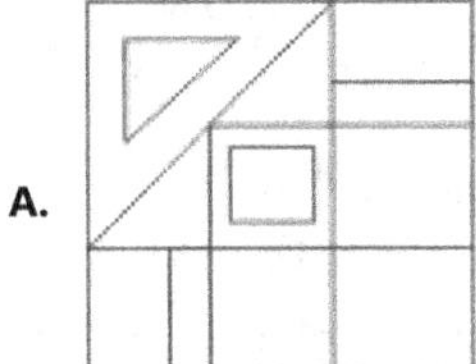
A.

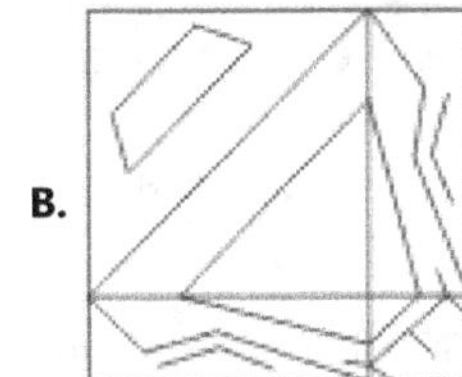
B.

C.

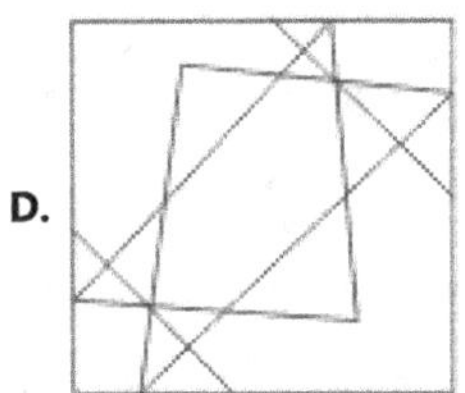
D.

Q.21 यदि रेखा MN पर एक दर्पण रखा जाता है, तो दिए गए प्रश्न के आंकड़े की सही छवि कौन सी है?

प्रश्न चित्र:

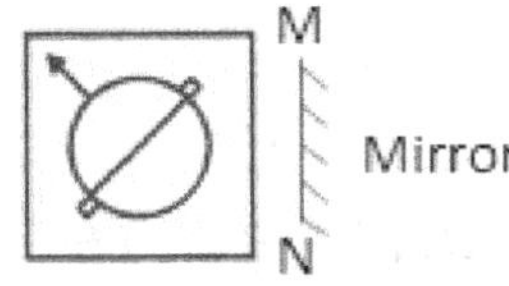

उत्तर चित्र:

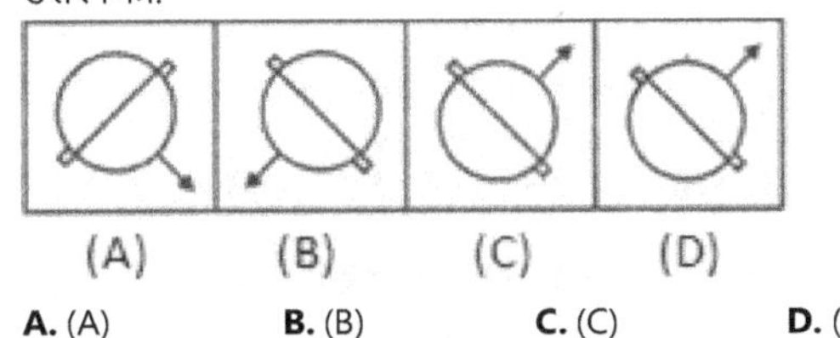

A. (A)   **B.** (B)   **C.** (C)   **D.** (D)

Q.22 यदि एक दर्पण को MN रेखा पर रखा जाता है, तो उत्तर दिए गए आंकड़ों में से कौन सी आकृति सही छवि है।

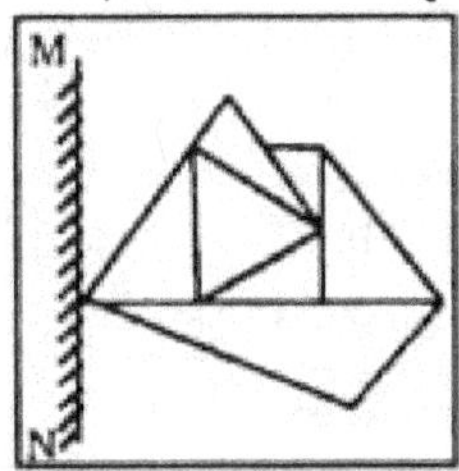

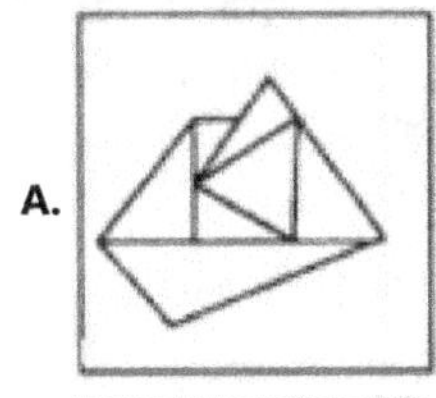
A.

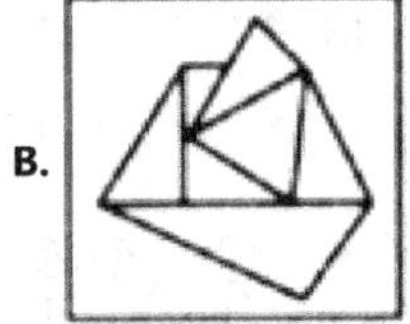
B.

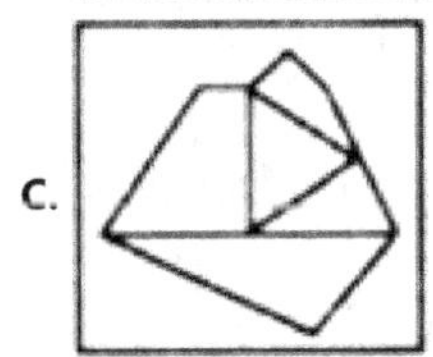
C.

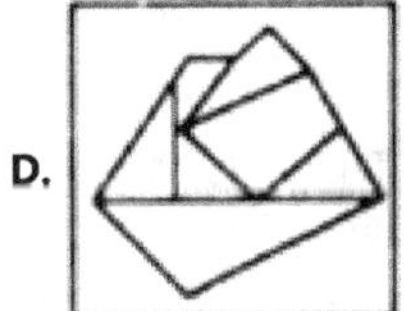
D.

Q.23 निम्नलिखित जानकारी का ध्यानपूर्वक अध्ययन कीजिए और दिए गए प्रश्नों के उत्तर दीजिए।

'P + Q' का अर्थ है 'P, Q की बहन है', 'P - Q' का अर्थ है 'P, Q का पिता है', 'P × Q' का अर्थ है 'P, Q का भाई है' और 'P ÷ Q' का अर्थ है 'P, Q का पति है।

यदि (O - X + Y × Z ÷ P), तो P, O से किस प्रकार संबंधित है?

A. पिता   **B.** बहु   **C.** दामाद   **D.** दादा

Q.24 निम्नलिखित जानकारी का ध्यानपूर्वक अध्ययन कीजिए और दिए गए प्रश्न का उत्तर दीजिए।

'X + Y' का अर्थ है 'X, Y की पुत्री है', 'X - Y' का अर्थ है 'X, Y का पति है' और 'X × Y' का अर्थ है 'X, Y का भाई है'।

यदि (P × A + B - C + Q), तो निम्नलिखित में से कौनसा कथन सही है?

A. B, Q का दामाद है।   **B.** B, P की चाची है।
C. P और Q भाई हैं।   **D.** B, Q की पुत्र-वधु है।

Q.25 निर्देश: ये प्रश्न निम्नलिखित जानकारी पर आधारित हैं।

एक परिवार में आठ सदस्य A, B, C, D, E, F, G और H हैं। जिनमें 3 जोड़े हैं, एक वयस्क जो अविवाहित है और परिवार में एक बच्चा। G, D की माँ है जो C का पिता है। D, F का भतीजा/भाँजा है, जो E की बेटी है। C के दादा/नाना H के पुत्र हैं, जिसकी पत्नी B की माँ है। A, B की बहू है।

E का पति कौन है?

A. H   **B.** B   **C.** A   **D.** D

General Awareness and General English

Q.26 निम्नलिखित में से किस खेल में, 'क्रॉल', 'ब्रेस्टस्ट्रोक' और 'बटरफ्लाई' शब्द का इस्तेमाल किया जाता है?

A. तैराकी   **B.** शूटिंग   **C.** टेनिस   **D.** बैडमिंटन

Q.27 वर्ष 2022 में होने वाले राष्ट्रमंडल खेलों के लिए चयनित स्थल है:

A. बर्मिंघम   **B.** गोल्ड कोस्ट
C. इनचान   **D.** डरबन

Q.28 'वर्ल्ड समिट ऑन द इन्फॉर्मेशन सोसाइटी (WSIS) फोरम 2021' यह विकास के समुदायों के लिए दुनिया के सबसे बड़े वार्षिक समारोहों में से एक है, भारत में इसका प्रतिनिधित्व किसने किया?

A. रविशंकर प्रसाद   **B.** संजय धोत्रे
C. नितिन गडकरी   **D.** प्रकाश जावड़ेकर

Q.29 'माटी' महोत्सव भारत के किस क्षेत्र में मनाया जाता है?

A. पश्चिमी   **B.** उत्तर-पूर्व   **C.** दक्षिण   **D.** पूर्वांचल

Q.30 कुरनूल हवाई अड्डा किस राज्य में स्थित है जिसका उद्घाटन राज्य मंत्री (स्वतंत्र प्रभार) नागरिक उड्डयन हरदीप सिंह पुरी ने किया था?

A. कर्नाटक   **B.** आंध्र प्रदेश
C. तेलंगाना   **D.** तमिलनाडु

Q.31 निम्नलिखित में से कौन गुप्त युग की शुरुआत का निर्धारण करने के लिए बहुत उपयोगी जानकारी प्रदान करता है?

A. फा-हियान   **B.** हियान-सांग
C. अल-मसुदी   **D.** अल-बिरूनी

Q.32 राष्ट्रपति के पास भारत के संविधान के ____ के तहत अध्यादेश लाने का अधिकार है?

A. अनुच्छेद 123   **B.** अनुच्छेद 213
C. अनुच्छेद 72   **D.** अनुच्छेद 44

Q.33 वीटो पावर का उपयोग ____ द्वारा किया जाता है

A. स्पीकर   **B.** राष्ट्रपति

C. उप राष्ट्रपति   **D.** सभापति

Q.34 स्वदेशी आंदोलन का मुख्य कारण था:

A. अंग्रेजों को उनकी जमीन से खदेड़ने के लिए
B. बायकॉट ईस्ट इंडिया कंपनी का उत्पाद
C. बंगाल के विभाजन का विरोध
D. कलकत्ता में भारतीय राष्ट्रीय कांग्रेस सत्र का समर्थन करें

Q.35 कीथम झील कहाँ स्थित है?

[SBI PO, 2021]

A. आगरा   **B.** जयपुर   **C.** कानपुर   **D.** भोपाल

Q.36 दिसंबर 2020 में गायरॉन्ग में कोरिया गणराज्य (ROK) सेना मुख्यालय में गार्ड ऑफ ऑनर किसे प्राप्त हुआ?

A. बिपिन रावत   **B.** करमबीर सिंह
C. मनोज मुकुंद नरवणे   **D.** रणबीर सिंह

Q.37 भारत द्वारा 27 मार्च, 2019 को निम्नलिखित में से किस एंटी-सैटेलाइट मिसाइल का परीक्षण किया गया है?

A. मिशन अंतरिक्ष   **B.** मिशन गगन
C. मिशन शक्ति   **D.** मिशन डिस्ट्रक्शन

Ques (38-42):Direction:- Read the passage given below and answer the question that follows by selecting the most appropriate option.

Once upon a time, there was a good Spirit who worked selflessly for his master and mistress. With time, he got very attached to them. He loved them so much that he decided to stay with them much longer. Jealous of him, the other spirits **provoked** their Chief against him. The **mischievous** Chief ordered the Spirit to go and serve in a house in far-off Norway. Before leaving, the Spirit spoke to his Master, "I do not know for what fault I am being sent away, but to leave this place is in my destiny. However, I can fulfil three wishes of yours before I go." Without losing any time, the Master wished for riches and wealth. It was promptly fulfilled. The wealth brought along the fear of thieves, beggars, and taxes by the King. The Master lost his peace and was always worried, ill-tempered, and unhealthy. He then made his second wish, to be a simple, ordinary man again. The Spirit made him ordinary, again. The Master finally made his last wish and asked for wisdom, peace of mind, and a life free of worries.

Q.38 The other spirits were jealous of the good spirit because he:

A. was selfless
B. was happy
C. was loved by the chief
D. was the best

Q.39 The spirit thought that he had to leave the place of his master because:

A. they were angry with him
B. it was in his destiny
C. the chief had told him
D. he was selfish

Q.40 The master wished "peace of mind and a life free of worries" because he had understood that:

A. he could make another wish

B. he wanted to live a simple life

C. he was the wealthiest

D. a peaceful life was better than having wealth

Q.41 The master lost his peace after the fulfilment of his first wish because:

A. he had become rich

B. he had become an ordinary man

C. he had lost the spirit forever

D. he had become the wealthiest person

Q.42 The word opposite in meaning to 'Provoked' is:

A. Encouraged

B. Increased

C. Deterred

D. Pinched

Q.43 Direction:- Choose the word that is opposite in meaning to the given word:

Mitigate

A. Intensify

B. Barricade

C. Investigate

D. Personify

Q.44 Direction:- Choose the synonym of the given word:

LOQUACIOUS

A. Victorian

B. Bombastic

C. Verbose

D. Ambiguous

Q.45 Direction:- Out of the given options, choose the option that correctly states the meaning of the given phrase/idiom:

To hit the right nail on the head

A. To do the right thing

B. To destroy one's reputation

C. To announce one's fixed views

D. To teach someone a lesson

Q.46 Direction:- Choose the appropriate preposition and fill in the blank:

It was a very slow train. It stopped _____ every station.

A. in

B. on

C. at

D. with

Q.47 From the below options, identify the sentence which is in the passive voice:

A. Our leaders are elected by us.

B. We elect our leaders.

C. She has won the election.

D. Elections happen every four years.

Q.48 Direction: In the following questions, a sentence has been given in Direct/Indirect Speech. Out of the four alternatives suggested selecting the one which best expresses the same sentence in Indirect/Direct Speech.

He said to the interviewer, "Could you please repeat the question?"

A. He requested the interviewer if he could please repeat the question.

B. He requested the interviewer to please repeat the question.

C. He requested the interviewer to repeat the question.

D. He requested the interviewer if he could repeat the question.

Q.49 Direction: In the following question, a sentence has been given in Direct/Indirect speech. Out of the four alternatives suggested, select the one which best expresses the same sentence in Indirect/Direct speech.

Priya advised me not to go to school the next day.

A. "Don't go to school the next day", Priya said to me.

B. "Don't go to school tomorrow", Priya said to me.

C. Priya said, "Will you not go to school tomorrow?"

D. Priya told me that, "Don't go to school tomorrow."

Q.50 Choose the correctly spelt word.

A. acquaintence

B. acquantance

C. acquaintance

D. acquentence

Numerical Aptitude

Q.51 लगातार सात पूर्णांक का अनुक्रम दिया गया है। पहले पांच पूर्णांक का औसत 53 है। सभी सात पूर्णांक का औसत क्या होगा।

A. 57

B. 54

C. 52

D. 56

Q.52 8 लोगों के औसत भार को 2 किग्रा. से बढ गया, जब उनमें से एक जिसका भार 56 किग्रा. है, को, नए व्यक्ति से बदला गया| नए व्यक्ति का भार ज्ञात कीजिये?

A. 72 किग्रा

B. 70 किग्रा

C. 68 किग्रा

D. 66 किग्रा

Q.53 जब एक ईयरफ़ोन की कीमत 576 रुपए बढ़ जाती है, तो यह स्वयं की मूल कीमत का 112% हो जाता है। तो ईयरफोन की मूल कीमत क्या है?

A. 3600

B. 4600

C. 4500

D. 4800

Q.54 एक आदमी अपनी मासिक आय से 10% बचाता है। यदि उसका मासिक खर्च 7,641 रुपये है, तो उसकी मासिक आय क्या होगी?

A. 7,452 रुपये

B. 8,490 रुपये

C. 5,228 रुपये

D. 8,224 रुपये

Q.55 नेहा के सबसे बड़े भाई की आयु, उसकी वर्तमान आयु की तीन गुनी है। छह वर्ष पहले, नेहा के सबसे बड़े भाई की आयु नेहा के उस समय की आयु की 7 गुनी थी। नेहा के सबसे बड़े भाई की वर्तमान आयु क्या है?

A. 27 वर्ष

B. 25 वर्ष

C. 23 वर्ष

D. 26 वर्ष

Q.56 मनोज ने 555 रुपये के साथ एक व्यवसाय शुरू किया और बाद में महेश 111 रुपये के साथ इसमें उपस्थित हो गया। यदि वर्ष के अंत में अर्जित लाभ को 15 : 1 के अनुपात में विभाजित किया गया था, तो महेश व्यवसाय में कब शामिल हुआ?

A. 9 महीने

B. 8 महीने

C. 4 महीने

D. 11 महीने

Q.57 वस्तु A का क्रय मूल्य वस्तु B के क्रय मूल्य के बराबर है। यदि वस्तु A का अंकित मूल्य इसके क्रय मूल्य में 60% की वृद्धि के बाद _____ रुपये है और B का अंकित मूल्य इसके क्रय मूल्य में 50% की वृद्धि के बाद 600 रुपये है। वस्तु B और वस्तु A के विक्रय मूल्य के बीच का अंतर _____ रुपये है यदि दोनों वस्तुओं के अंकित मूल्य पर 10% की छूट दी गई है।

A. 680, 80

B. 640, 36

C. 540, 28

D. 720, 240

Q.58 नीचे दो मात्राएँ A और B दी गयी हैं। जानकारी के आधार पर, आपको दोनों मात्राओं के मध्य में सम्बन्ध निर्धारित करना है। आपको दी गयी जानकारी और अपने गणित के ज्ञान से सम्भावित उत्तरों में से सही उत्तर का चयन करना है।

मात्रा A: एक व्यापारी ने 10 कुर्सियों को 4000 रु. में बेचा और 2 कुर्सियों के क्रय मूल्य के बराबर लाभ अर्जित किया। 10 कुर्सियों को बेचने पर लाभ प्रतिशत क्या होगा?

मात्रा B: एक व्यापारी एक वस्तु का अंकित मूल्य उसके क्रय मूल्य से 20% अधिक पर अंकित करता है। 10% लाभ प्राप्त करने के लिए कितने प्रतिशत छूट देना होगा?

A. मात्रा A > मात्रा B   **B.** मात्रा A < मात्रा B

C. मात्रा A ≥ मात्रा B   **D.** मात्रा A ≤ मात्रा B

Q.59 निम्नलिखित प्रश्न में प्रश्न चिह्न (?) के स्थान पर क्या मान आना चाहिए?

$$\frac{5}{9} \text{ का } ?\% - \frac{2}{5} \text{ का } 10\% \text{ का } \frac{3}{13} \text{ का } 1950 = \frac{1}{90}$$

A. 3242   **B.** 3245   **C.** 3089   **D.** 3642

Q.60 निम्नलिखित प्रश्न में प्रश्न चिह्न (?) के स्थान पर क्या आएगा?

$$\frac{4}{5}\% \text{ of } 2500 + 24\frac{1}{4}\% \text{ of } 400 + 35 = 1525 \div 25 \times 4 - ?$$

A. 90   **B.** 92   **C.** 94   **D.** 96

Q.61 ₹ 27000 के मूलधन को 4 वर्षों के लिए क्रमशः 20% और 24% साधारण ब्याज वाली योजनाओं में 4 : 5 के अनुपात में निवेश किया जाता है। कुल साधारण ब्याज ज्ञात कीजिये।

A. ₹ 25000   **B.** ₹ 20000   **C.** ₹ 17000   **D.** ₹ 24000

Q.62 किस चक्रवृद्धि ब्याज की दर से 44,000 रु. की धनराशि 2 वर्ष में से 48,510 रु. हो जाएगी, अगर ब्याज वार्षिक संयोजित होता है?

A. 5% प्रति वर्ष   **B.** 6% प्रति वर्ष

C. 10% प्रति वर्ष   **D.** 9% प्रति वर्ष

Q.63 एक दुकानदार एक लेख के अंकित मूल्य को 50% बढ़ाता है और फिर रु 50 की छूट देता है। यदि उसे 25% का लाभ प्राप्त हुआ है तो लेख का विक्रय मूल्य ज्ञात करें।

A. 150 रुपये   **B.** 200 रुपये   **C.** 250 रुपये   **D.** 300 रुपये

Q.64 राम एक स्पोर्ट्स शॉप पर कैरम बोर्ड खरीदने गया और अंकित मूल्य पर लगातार दो छूट प्राप्त की। कैरम बोर्ड का अंकित मूल्य 1500 रु था और उसे वह 1200 रु में मिला। यदि पहली छूट 15% थी, तो दूसरी छूट % ज्ञात कीजिए।

A. $\frac{100}{17}\%$ **B.** $\frac{200}{37}\%$ **C.** $\frac{150}{43}\%$ **D.** $\frac{150}{33}\%$

Q.65 प्रशांत ने दो बैंकों A और B में 2 वर्ष के लिए समान राशि का निवेश किया। यदि बैंक A, 8% साधारण ब्याज प्रदान करता है और बैंक B, 8% चक्रवृद्धि ब्याज प्रदान करता है। दो वर्ष बाद प्रशांत द्वारा प्राप्त ब्याज का अनुपात ज्ञात कीजिए।

A. 23 : 26   **B.** 21 : 29

C. 104 : 625   **D.** 25 : 26

Q.66 यदि दो वर्षों के लिए CI और SI के बीच का अंतर 100 है और उनका अनुपात 41 : 40 है, तो मूलधन के साथ-साथ ब्याज दर ज्ञात कीजिये।

A. 4000, 5%   **B.** 40000, 5%

C. 5000, 15%   **D.** 50000, 15%

Q.67 एक आदमी के पास 1935 भैंस और 9933 बकरियां हैं। वह उन्हें झुंड में बनाता है। भैंस और बकरियों को अलग रखना है और प्रत्येक झुंड में जानवरों की समान संख्या है। यदि ये झुंड सबसे बड़े हैं, तो प्रत्येक झुंड में जानवरों की अधिकतम संख्या और अभीष्ट कुल झुंड क्रमशः _____ और _____ हैं।

A. 112; 12   **B.** 129; 92   **C.** 322; 92   **D.** 299; 45

Q.68 तीन सिग्नल 10 सेकेंड, 12 सेकेंड और 14 सेकेंड के अंतराल पर लाल हो जाते हैं। यदि वे पहली बार अपराह्न 1 बजे एकसाथ लाल होते हैं, तो अगले 2 घंटे में वे कितनी बार लाल होंगे?

A. 9   **B.** 15   **C.** 19   **D.** 17

Q.69 A 15 दिनों में एक निश्चित कार्य कर सकता है, जबकि A और B एक साथ कार्य करते हुए 7.5 दिनों में समान कार्य कर सकते हैं। B अकेले उसी कार्य को करने में कितने दिन लगाएगा?

A. 15 दिन   **B.** 12.5 दिन   **C.** 17.5 दिन   **D.** 20 दिन

Q.70 A एक निश्चित कार्य को 30 दिनों में पूरा कर सकता है। A ने काम शुरू किया और B ने 4 दिन पूरे होने के बाद कार्य करने में सम्मिलित हुआ। यदि कार्य को पूरा करने में कुल 20 दिन लगते हैं तो B अकेले कितने दिनों में काम पूरा कर सकता है?

A. 48   **B.** 42   **C.** 50   **D.** 45

Q.71 दो रेलवे स्टेशन A और B एक दूसरे से 110 किलोमीटर की दूरी पर हैं। ट्रेन M स्टेशन A से सुबह 7 बजे निकलती है और स्टेशन B की ओर 20 किमी/घंटा की रफ्तार से चलती है। ट्रेन P स्टेशन B से सुबह 8 बजे निकलती है और स्टेशन A की ओर 25 किमी/घंटा की रफ्तार से चलती है। वो दोनों कितने बजे मिलेंगी?

A. 9.00 बजे सुबह   **B.** 10.00 बजे सुबह

C. 10.15 बजे सुबह   **D.** 11.00 बजे सुबह

Q.72 एक रेल 15 किमी/घंटे की गति से कुछ दूरी का 30% तय करता है, शेष दूरी का 3/5वां भाग 21 किमी/घंटे की गति से तय करता है और शेष दूरी को 14 किमी/घंटे की गति से तय करता है। रेल की औसत गति क्या है?

A. 21.75 किमी/घंटे   **B.** 16.67 किमी/घंटे

C. 12.5 किमी/घंटे   **D.** 12.5 किमी/घंटे

Q.73 निर्देश: निम्नलिखित दंड आरेख विभिन्न क्षेत्रों A, B और C में विभिन्न वर्षों (2000 -2002) में मिठाई की खपत के विषय में दर्शाता है। आरेख का ध्यानपूर्वक अध्ययन कीजिए और निम्नलिखित प्रश्नों के उत्तर दीजिए।

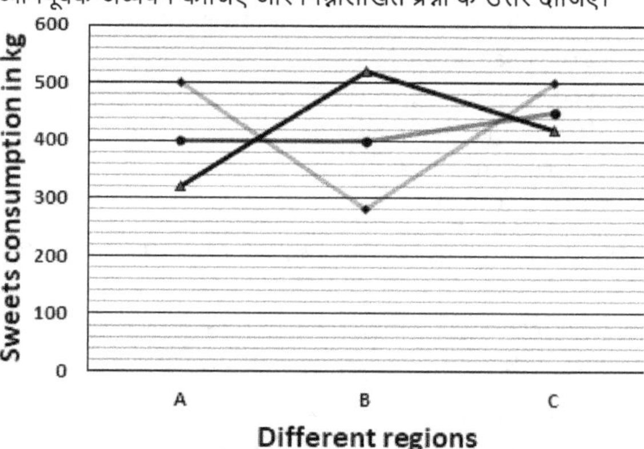

वर्ष 2000 में क्षेत्र A में मिठाई की खपत का प्रतिशत वर्ष 2002 में क्षेत्र C में मिठाई की खपत से कितना कम है?

A. 36%   **B.** 24%   **C.** 28%   **D.** 32%

Q.74 निर्देश: निम्नलिखित दंड आरेख विभिन्न क्षेत्रों A, B और C में विभिन्न वर्षों (2000 -2002) में मिठाई की खपत के विषय में दर्शाता है। आरेख का

ध्यानपूर्वक अध्ययन कीजिए और निम्नलिखित प्रश्नों के उत्तर दीजिए।

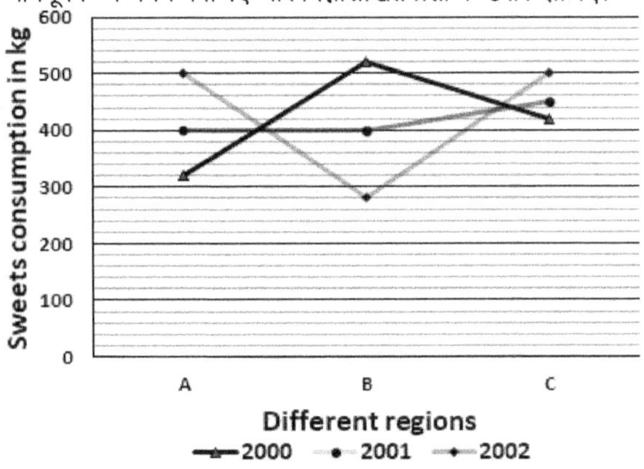

वर्ष 2000 में विभिन्न क्षेत्रों की मिठाई की खपत का औसत क्या है?

A. 420 किग्रा   **B.** 520 किग्रा   **C.** 320 किग्रा   **D.** 620 किग्रा

Q.75 किस वार्षिक ब्याज की दर से रूपये 3000 की राशि 3 वर्ष में रूपये 3999 हो जाएगी यदि चक्रवृद्धि ब्याज वार्षिक देय हो?

A. 9% प्रति वर्ष

B. 10% प्रति वर्ष

C. 12% प्रति वर्ष

D. 15% प्रति वर्ष

Specialised Topic

Q.76 वस्तु सूची का ABC विश्लेषण ____________

A. उन कंपनियों के लिए उपयोगी है जिनके पास अलग-अलग मात्रा और मूल्यों के साथ वस्तु सूची में अलग-अलग प्रकार की वस्तु हैं।

B. श्रेणी A में एक छोटे मूल्य के साथ वस्तुओं को अलग करता है।

C. उन वस्तुओं को अलग करता है जो श्रेणी C में छोटे रुपये के निवेश के साथ बड़ी संख्या में हैं।

D. (A) और (C) दोनों सही है।

Q.77 ABC विश्लेषण ______ है।

A. सबसे अच्छा नियंत्रण

B. हमेशा बेहतर नियंत्रण

C. औसत बेहतर नियंत्रण

D. सभी बेहतरीन नियंत्रण

Q.78 चक्र की गिनती:

A. एक प्रक्रिया जिसके द्वारा वर्ष में एक बार इन्वेंट्री रिकॉर्ड को सत्यापित किया जाता है।

B. वस्तुसूची सटीकता का एक उपाय प्रदान करता है।

C. वस्तुसूची कारोबार का एक उपाय प्रदान करता है।

D. यह मानते हुए कि सभी वस्तुसूची रिकॉर्ड को समान आवृत्ति के साथ सत्यापित किया जाना चाहिए।

Q.79 ____________ स्टॉक नियंत्रण की एक तकनीक है जिसके कारण प्रबंधन की अधिक दक्षता हो गई क्योंकि सभी वस्तुओं के अलावा केवल कुछ वस्तुओं पर ध्यान देने की आवश्यकता है।

A. ABC विश्लेषण

B. JIT इन्वेंट्री सिस्टम

C. VED विश्लेषण

D. सतत् वस्तुसूची प्रणली

Q.80 ABC विश्लेषण के बारे में निम्नलिखित में से कौन सा कथन असत्य है?

A. ABC विश्लेषण अनुमान पर आधारित है कि यह सभी वस्तुओं को महत्वपूर्ण लागत की बचत का उत्पादन करने के लिए दृढ़ता से नियंत्रित करता है।

B. ABC विश्लेषण अनुमान पर आधारित है कि कुछ सबसे महत्वपूर्ण वस्तुओं को नियंत्रित करना वस्तुसूची बचत के बड़े बहुमत का उत्पादन करता है।

C. ABC विश्लेषण में, "A" वस्तु में "B" या "C" वस्तु की तुलना में दृढ़ भौतिक वस्तुसूची नियंत्रण होना चाहिए।

D. ABC विश्लेषण में, "A" वस्तु की तुलना में "C" वस्तु के लिए पूर्वानुमान की विधि कम परिष्कृत हो सकती हैं।

Q.81 निम्नलिखित में से कौन सा डेटा एब्स्ट्रेक्शन के स्तर को संदर्भित करता है जो बताता है कि डेटा वास्तव में कैसे संग्रहित किया जाता है?

A. वैचारिक स्तर

B. भौतिक स्तर

C. फ़ाइल स्तर

D. तार्किक स्तर

Q.82 निम्नलिखित में से किस शब्द को DBA कहा जाता है?

A. डेटा बैंक एडमिनिस्ट्रेटर

B. डेटाबेस एडमिनिस्ट्रेटर

C. डेटा एडमिनिस्ट्रेटर

D. इनमे से कोई नहीं

Q.83 किसी संबंध की पंक्ति को ______ के रूप में जाना जाता है।

A. डिग्री

B. ट्यूपल्स

C. एंटिटी

D. ऊपर के सभी

Q.84 निम्न में से कौन सा एक प्रकार का डेटा प्रकलन कमांड है?

A. क्रिएट

B. अल्टर

C. डिलीट

D. ऊपर के सभी

Q.85 निम्न में से कौन सी कमांड एक प्रकार की डेटा परिभाषा भाषा कमांड है?

A. क्रिएट   **B.** अपडेट   **C.** डिलीट   **D.** मर्ज

Q.86 निम्नलिखित में से किसमें एकल निम्न-स्तरीय इकाई बनाने के लिए कई निचली संस्थाओं को एक साथ समूहित (या संयुक्त) किया जाता है?

A. विशेषज्ञता

B. सामान्यकरण

C. एकत्रीकरण

D. इनमे से कोई नहीं

Q.87 डेटाबेस प्रबंधन प्रणाली से डेटा का अनुरोध करने के लिए आवेदन कार्यक्रमों में निम्नलिखित में से किसका उपयोग किया जाता है?

A. डेटा प्रकलन भाषा

B. डेटा परिभाषा भाषा

C. डेटा नियंत्रण भाषा

D. ऊपर के सभी

Q.88 निम्न में से किस कुंजी का उपयोग सामन्तया तालिकाओं के बीच संबंधों को दर्शाने के लिए किया जाता है?

A. प्राइमरी कीय

B. फॉरेन कीय

C. सेकंडरी कीय

D. इनमे से कोई नहीं

Q.89 ____________ में लंबी दूरी की क्षमता संसाधन आवश्यकताएं शामिल हैं और यह उत्पादन योजना से सीधे जुड़ा हुआ है।

A. संसाधन आयोजन

B. MRP

C. क्षमता आवश्यकताओं की योजना

D. रफ-कट क्षमता योजना

Q.90 ____________ एक कार्य केंद्र का उपयोग करने वाले घंटों की संख्या है।

A. प्रदर्शन की क्षमता

B. निर्धारित क्षमता

C. उपलब्ध घंटे

D. उपयोगीकरण

Q.91 ____________ तब होता है जब ग्राहक का अनुरोध प्राप्त होता है।

A. अनुरोध प्रबंध

B. मांग प्रबन्धन

C. पूर्वानुमान

D. यादृच्छिक परिवर्तन

Q.92 ____________ उपयोग की मात्रा से आवश्यकताओं को गुणा करने और पूरे प्रोडक्ट ट्री में उपयुक्त आवश्यकताओं को अभिलेख करने की प्रक्रिया है।

A. एक्सप्लोडिंग

B. ऑफसेटिंग

C. योजना के अनुरोध

D. समय सीमा

Q.93 JIT कार्यान्वयन के लिए सामान्तया किस तकनीक का उपयोग किया जाता है।

A. कंबन
B. सिक्स सिग्मा
C. 5S
D. काइज़ेन

Q.94 निम्नलिखित में से एक सर्वोत्तम उत्तर चुनें:

A. औसत निरपेक्ष विचलन पूर्वानुमान त्रुटि के माप के रूप में उपयोग किया जा सकता है।

B. सामन्तया पूर्वानुमान त्रुटि सामान्य रूप से औसत मांग के बारे में वितरित की जाती है।

C. एक सामान्य वितरण में त्रुटि समय के लगभग 60% के औसत से 1 MAD के भीतर होगी।

D. उपरोक्त सभी सत्य है।

Q.95 EOQ अनुरोध का आकार निर्धारित होता है जब ___________

A. कुल अनुरोध लागत न्यूनतम हो।
B. अनुरोध की कुल संख्या कम से कम हो।
C. कुल इन्वेंट्री लागत न्यूनतम हो।
D. इनमे से कोई नहीं

Q.96 निम्नलिखित में से किस सतह में परिष्करण सामग्री जैसे संगमरमर का उपयोग ब्लॉक के सामने की ओर किया जाता है?

A. परिष्कृत सतह
B. काचित परिसज्जा
C. मुख्य रूप से तरसी सतह
D. इनमे से कोई नहीं

Q.97 निम्नलिखित में से कौन सी सतह नष्ट होती है?

A. ग्लेज्ड फिनिश
B. रंगीन फिनिश
C. मुख्य रूप से तरसी सतह
D. सलुम्पेद फिनिश

Q.98 सामग्री हैंडलिंग उपकरण (MHE) यांत्रिक उपकरण है जिसका उपयोग ______ के लिए किया जाता है।

A. आंदोलन
B. भंडारण
C. सामग्री का नियंत्रण और संरक्षण
D. ऊपर के सभी

Q.99 'इकाई भार' का सिद्धांत बताता है कि:

A. सामग्री बहुत में स्थानांतरित किया जाना चाहिए।
B. एक समय में एक इकाई को स्थानांतरित किया जाना चाहिए।
C. A और B दोनों
D. इनमे से कोई नहीं

Q.100 डेटाबेस मैनेजमेंट क्वेरी लैंग्वेज आम तौर पर ____ के लिए डिज़ाइन की गई है।

A. अंतिम-उपयोगकर्ता का समर्थन करें जो अंग्रेजी जैसी कमांड का उपयोग करते हैं।
B. डेटाबेस की संरचना को निर्दिष्ट करना।
C. जटिल एप्लिकेशन सॉफ्टवेयर के विकास में सहायता।
D. ऊपर के सभी

// स्मार्ट उत्तर पुस्तिका //

सही उत्तर — उन छात्रों का प्रतिशत जिन्होंने प्रश्नों का सही उत्तर दिया था।   **छोड़ दिया** — उन छात्रों का प्रतिशत जिन्होंने प्रश्नों को छोड़ दिया था।

प्रश्न संख्या	उत्तर	सही उत्तर / छोड़ दिया	प्रश्न संख्या	उत्तर	सही उत्तर / छोड़ दिया	प्रश्न संख्या	उत्तर	सही उत्तर / छोड़ दिया	प्रश्न संख्या	उत्तर	सही उत्तर / छोड़ दिया	प्रश्न संख्या	उत्तर	सही उत्तर / छोड़ दिया	प्रश्न संख्या	उत्तर	सही उत्तर / छोड़ दिया
1	A	51.02 % / 34.21 %	18	D	25.66 % / 71.99 %	35	A	82.56 % / 11.65 %	52	A	11.96 % / 68.97 %	69	A	45.52 % / 37.77 %	86	B	25.62 % / 69.19 %
2	A	11.53 % / 80.86 %	19	D	40.47 % / 56.38 %	36	C	28.2 % / 71.49 %	53	D	82.94 % / 15.68 %	70	A	28.2 % / 71.27 %	87	A	63.08 % / 34.0 %
3	D	79.51 % / 12.02 %	20	D	17.75 % / 76.35 %	37	C	29.93 % / 68.59 %	54	B	65.12 % / 30.96 %	71	B	41.21 % / 32.44 %	88	B	87.72 % / 10.1 %
4	A	26.08 % / 70.63 %	21	C	12.35 % / 76.84 %	38	B	62.34 % / 36.54 %	55	A	13.17 % / 73.62 %	72	B	10.02 % / 77.07 %	89	A	41.93 % / 48.13 %
5	B	44.23 % / 54.63 %	22	A	16.52 % / 68.31 %	39	B	77.63 % / 21.73 %	56	B	55.89 % / 32.07 %	73	A	48.43 % / 41.55 %	90	C	76.87 % / 19.74 %
6	A	67.42 % / 30.91 %	23	B	82.69 % / 14.04 %	40	D	32.35 % / 67.16 %	57	B	18.74 % / 67.29 %	74	A	25.37 % / 71.73 %	91	A	45.0 % / 50.09 %
7	A	86.27 % / 10.45 %	24	A	52.02 % / 38.85 %	41	A	19.93 % / 75.09 %	58	A	85.85 % / 11.03 %	75	B	23.1 % / 72.1 %	92	A	25.39 % / 72.17 %
8	C	55.84 % / 30.19 %	25	A	24.78 % / 74.71 %	42	C	85.43 % / 13.03 %	59	A	46.94 % / 50.18 %	76	D	64.98 % / 32.02 %	93	A	51.2 % / 43.96 %
9	B	12.15 % / 74.36 %	26	A	41.72 % / 52.9 %	43	A	17.46 % / 78.92 %	60	B	43.98 % / 33.18 %	77	B	76.74 % / 15.14 %	94	C	78.62 % / 20.89 %
10	C	85.78 % / 14.17 %	27	A	58.73 % / 31.34 %	44	C	55.88 % / 31.31 %	61	D	89.08 % / 10.26 %	78	B	28.55 % / 70.11 %	95	C	57.08 % / 32.01 %
11	B	68.78 % / 31.1 %	28	B	57.14 % / 42.71 %	45	A	76.01 % / 22.42 %	62	A	12.61 % / 71.31 %	79	A	54.89 % / 32.1 %	96	C	69.45 % / 30.06 %
12	D	57.78 % / 40.7 %	29	D	83.41 % / 14.68 %	46	C	51.5 % / 39.28 %	63	C	77.32 % / 16.75 %	80	A	55.77 % / 30.14 %	97	D	54.98 % / 37.06 %
13	B	46.99 % / 47.9 %	30	B	22.92 % / 75.23 %	47	A	24.84 % / 69.41 %	64	A	55.35 % / 44.43 %	81	B	85.55 % / 13.88 %	98	D	17.87 % / 72.73 %
14	B	13.86 % / 70.91 %	31	D	20.75 % / 69.62 %	48	C	12.44 % / 79.15 %	65	D	66.32 % / 30.22 %	82	B	62.66 % / 36.59 %	99	A	48.7 % / 45.98 %
15	A	63.06 % / 35.96 %	32	A	40.01 % / 47.58 %	49	B	49.23 % / 40.25 %	66	B	51.53 % / 36.04 %	83	B	67.22 % / 31.58 %	100	D	28.99 % / 68.15 %
16	D	47.93 % / 50.99 %	33	B	81.4 % / 10.64 %	50	C	88.01 % / 10.01 %	67	B	10.15 % / 70.23 %	84	C	87.73 % / 10.65 %			
17	C	82.92 % / 12.66 %	34	C	15.44 % / 77.08 %	51	B	44.23 % / 31.11 %	68	D	85.89 % / 12.19 %	85	A	57.09 % / 40.35 %			

//संकेत और समाधान//

1. (1) T दूसरी मंजिल पर रहता है।

(2) N की मंजिल के ऊपर दो व्यक्ति रहते हैं।

(3) Q उस मंजिल पर रहता है, जो N और T की मंज़िल से समान दूरी पर है।

(4) अधिकांश व्यक्ति N और Q की मंजिल के मध्य में रहते हैं।

स्थिति 1	
6	
5	
4	N
3	Q
2	T
1	

स्थिति 2	
मंजिल	व्यक्ति
8	
7	
6	N
5	
4	Q
3	
2	T
1	

7	O
6	N
5	S
4	Q
3	P
2	T
1	R

M, N की मंजिल से दो मंजिल ऊपर रहता है।

अतः विकल्प (A) सही है।

(5) S की मंज़िल से ऊपर रहने वाले व्यक्तियों की संख्या Q की मंज़िल से नीचे रहने वाले व्यक्तियों की संख्या के बराबर है। इसलिए, स्थिति 1 रद्द हो जाती है।

मंजिल	व्यक्ति
8	
7	
7	
6	N
5	S
4	Q
3	
2	T
1	

(6) M, O की मंजिल के ऊपर रहता है।

(7) O और T एक दूसरे की मंज़िल के संलग्न नहीं रहते हैं।

मंजिल	व्यक्ति
8	M
7	O
6	N
5	S
4	Q
3	
2	T
1	

(8) P, R की मंजिल के ऊपर रहता है।

मंजिल	व्यक्ति
8	M

2. (1) T दूसरी मंजिल पर रहता है।

(2) N की मंजिल के ऊपर दो व्यक्ति रहते हैं।

(3) Q उस मंजिल पर रहता है, जो N और T की मंज़िल से समान दूरी पर है।

(4) अधिकांश व्यक्ति N और Q की मंजिल के मध्य में रहते हैं।

स्थिति 1	
6	
5	
4	N
3	Q
2	T
1	

स्थिति 2	
मंजिल	व्यक्ति
8	
7	
6	N
5	
4	Q
3	
2	T
1	

(5) S की मंज़िल से ऊपर रहने वाले व्यक्तियों की संख्या Q की मंज़िल से नीचे रहने वाले व्यक्तियों की संख्या के बराबर है। इसलिए, स्थिति 1 रद्द हो जाती है।

मंजिल	व्यक्ति
8	
7	
7	
6	N
5	S
4	Q
3	
2	T
1	

(6) M, O की मंजिल के ऊपर रहता है।

(7) O और T एक दूसरे की मंज़िल के संलग्न नहीं रहते हैं।

मंजिल	व्यक्ति
8	M
7	O
6	N
5	S

मंजिल	व्यक्ति
4	Q
3	
2	T
1	

(8) P, R की मंजिल के ऊपर रहता है।

मंजिल	व्यक्ति
8	M
7	O
6	N
5	S
4	Q
3	P
2	T
1	R

R और S की मंज़िल के ठीक मध्य में P रहता है।
अतः विकल्प (A) सही है।

3. (1) T दूसरी मंजिल पर रहता है।

(2) N की मंजिल के ऊपर दो व्यक्ति रहते हैं।

(3) Q उस मंजिल पर रहता है, जो N और T की मंज़िल से समान दूरी पर है।

(4) अधिकांश व्यक्ति N और Q की मंजिल के गध्य में रहते हैं।

स्थिति 1
6
5
4 N
3 Q
2 T
1

स्थिति 2	
मंजिल	व्यक्ति
8	
7	
6	N
5	
4	Q
3	
2	T
1	

(5) S की मंजिल से ऊपर रहने वाले व्यक्तियों की संख्या Q की मंज़िल से नीचे रहने वाले व्यक्तियों की संख्या के बराबर है। इसलिए, स्थिति 1 रद्द हो जाती है।

मंजिल	व्यक्ति
8	
7	
7	
6	N
5	S
4	Q
3	
2	T
1	

(6) M, O की मंजिल के ऊपर रहता है।

(7) O और T एक दूसरे की मंज़िल के संलग्न नहीं रहते हैं।

मंजिल	व्यक्ति
8	M
7	O
6	N
5	S
4	Q
3	
2	T
1	

(8) P, R की मंजिल के ऊपर रहता है।

मंजिल	व्यक्ति
8	M
7	O
6	N
5	S
4	Q
3	P
2	T
1	R

S, Q की मंजिल के तीक ऊपर रहता है।
अतः विकल्प (D) सही है।

4. सभी पुरुष इस बात से सहमत हैं कि पहले तीन नंबर 995 हैं। उनमें से तीन सहमत हैं कि चौथा नंबर 9 है। तीन सहमत हैं कि पांचवें नंबर 2 है। तीन सहमत हैं कि छठी नंबर 6 है; तीन अन्य इस बात से सहमत हैं कि सातवाँ नंबर 6 भी है। "विकल्प A" सबसे अच्छा विकल्प है क्योंकि यह उन संख्याओं से बना है जो ज्यादातर पुरुष सहमत हैं जो उन्होंने देखा था।
अतः विकल्प (A) सही है।

5. अभिनेत्रियों 2 और 3 के पास अधिकांश आवश्यक लक्षण हैं। वे दोनों लाल बाल और भूरी आँखें हैं, औसत आकार की हैं और वह चालीसवें वर्ष में है। अभिनेत्री 1 बहुत लंबी है और केवल अपने मध्य-बीसवें दशक में है। उसका रंग सांवला है। अभिनेत्री 4 बहुत विनयपूर्ण है और अपने प्रारंभिक तीसवें दशक में है। उसकी भी नीली आंखें हैं।

अतः विकल्प (B) सही है।

6. टैक्सी के लाइसेंस प्लेट नंबर JXK 12L होने की सबसे अधिक संभावना है।

चार महिलाएं सहमत लगती हैं कि प्लेट J के अक्षर से शुरू होती है। उनमें से तीन सहमत हैं कि प्लेट 12 L के साथ समाप्त होती है। उनमें से तीन सोचते हैं कि दूसरा अक्षर X है, और एक अलग तीन को लगता है कि तीसरा अक्षर K है। प्लेट विवरण जिसमें इन सभी सामान्य तत्वों का वर्णन है।

अतः विकल्प (A) सही है।

7. उम्मीदवार श्री हरिवर्धन का चयन BANDRA संचार में किया जाएगा क्योंकि वह पद के लिए सभी आवश्यक मानदंडों को पूरा करते हैं।
अतः विकल्प (A) सही है।

8. मामला उपाध्यक्ष को सौंपा जाएगा क्योंकि उसके पास सेमेस्टर की सभी परीक्षाओं में 80% अंक हैं।
अतः विकल्प (C) सही है।

9. इस मामले को PRIEST संगठन के कार्यकारी निदेशक द्वारा विचार किया जाएगा क्योंकि वह +2 में प्रथम श्रेणी में नहीं है।
अतः विकल्प (B) सही है।

10. अनुसरित स्वरूप इस प्रकार है,

$5^2 + 3 = 28$

$6^2 + 3 = 39$

$7^2 + 3 = 52$

$8^2 + 3 = 67$

$9^2 + 3 = 84$

इसी प्रकार,

$10^2 + 3 = 103$

इसीलिए, '103' सही उत्तर है।
अतः विकल्प (C) सही है।

11. माना संख्या N है।

चूँकि जब यह संख्या 899 से विभाजित होती है तो यह हमें शेष 63 देती है।

N - 63, 899 से विभाज्य है।

तो, प्रश्न यह है कि इस संख्या को 29 से विभाजित करने पर शेषफल क्या होगा।

चूँकि 899, 29 का गुणक है।

सभी संख्याएँ जो 899 से विभाज्य हैं, 29 से भी विभाज्य हैं।

तो, N - 63 भी 29 से विभाज्य है।

लेकिन हमें आवश्यकता है कि शेष क्या है जब N को 29 से विभाजित किया जाए।

इसलिए, जब 63 को 29 से विभाजित करने पर प्राप्त शेषफल उत्तर होगा।

तो, शेष 5 होगा।

अतः विकल्प (B) सही है।

12. गहन अवलोकन करने पर, हमें ज्ञात होता है कि प्रश्न आकृति, आकृति (B) में निहित है जैसा कि नीचे दर्शाया गया है:

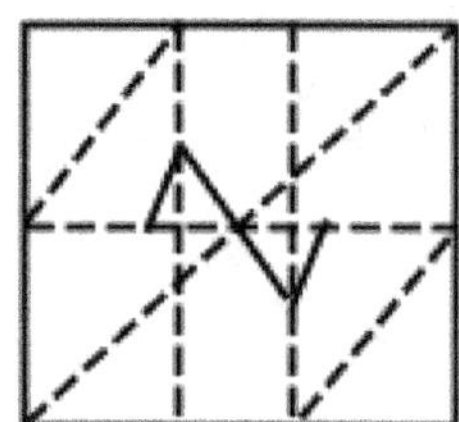

इसीलिए, आकृति B सही उत्तर है।

अतः विकल्प (B) सही है।

13. दी गई जानकारी के अनुसार:

गणतन्त्र दिवस भारत में वर्ष की शुरुआत में 26 जनवरी को मनाया जाता है।

भारत में स्वतन्त्रता दिवस 15 अगस्त को मनाया जाता है।

उसके बाद, 2 अक्टूबर को भारत में गाँधी जयन्ती मनाई जाती है।

उसके बाद, भारत में 14 नवम्बर को बाल दिवस मनाया जाता है।

और अन्त में, भारत में कैथोलिक क्रिसमस 25 दिसम्बर को मनाया जाता है।

इसीलिए, भारत में उनके होने के क्रम में निम्न त्यौहारों का क्रम गणतन्त्र दिवस - स्वतन्त्रता दिवस - गाँधी जयन्ती - बाल दिवस और कैथोलिक क्रिसमस है।

इसीलिए, सही उत्तर "2, 5, 4, 3, 1" है।
अतः विकल्प (B) सही है।

14. माना A, B और C की आयु क्रमशः $x, x + 1$ और $x + 2$ है।

प्रश्न के अनुसार:

$$x + x + 1 + x + 2 = 42$$

$$\Rightarrow 3x = 39$$

$$\Rightarrow x = \frac{39}{3}$$

$$\Rightarrow x = 13$$

इस प्रकार, B की वर्तमान आयु $= x + 1 = 13 + 1 = 14$

इसलिए, 14 वर्ष सही उत्तर है।

अतः विकल्प (B) सही है।

15. शब्दों के तार्किक और अर्थपूर्ण क्रम को नीचे दर्शाया गया है:

5. प्रतिभागी

2. प्रतियोगिता

3. जजों द्वारा अंकन

4. विजेता

1. पुरस्कार

प्रतिभागी एक प्रतियोगिता में भाग लेते हैं, जिसके बाद निर्णायकों द्वारा उनके प्रदर्शन को अंकित किया जाता है जिसके आधार पर विजेता को चुना जाता है और अंत में विजेता को पुरस्कार दिया जाता है।

इसलिए, सही उत्तर '5, 2, 3, 4, 1' है।
अतः विकल्प (A) सही है।

16. 9 संख्याओं का योग = 40×9 = 360

पहले पांच संख्याओं का योग = 38×5 = 190

अंतिम पाँच संख्याओं का योग = 50×5 = 250

पाँचवाँ नंबर = 190+250-360 = 440-360 = 80
अतः विकल्प (D) सही है।

17. माना, नताशा और कृष्णा की वर्तमान उम्र क्रमशः x और y है।

$$x + y = 50 \quad ...(i)$$

10 साल पहले,

$$2(x - 10) = y - 10$$

$$\Rightarrow 2x - 20 = y - 10$$

$$\Rightarrow 2x - y = 10 \quad ....(ii)$$

(i) और (ii) को हल करने पर हमें मिलता है,

$$3x = 60$$

$$\Rightarrow x = 20 \text{ वर्ष}$$

$$\therefore y = 30 \text{ वर्ष}$$

अतः विकल्प (C) सही है।

18. तीर एक, दो, तीन, चार, ... स्थान दक्षिणावर्त क्रमिक रूप से चलता है।

इसे घड़ी समझो।

पहला ब्लॉक → 12

दूसरा ब्लॉक → 1 बजे .... (1 से वृद्धि)

तीसरा ब्लॉक → 3 बजे ..... (2 से वृद्धि)

चौथा ब्लॉक → 6 बजे .... (3 से वृद्धि)

पांचवां ब्लॉक → 10 बजे ..... (4 से वृद्धि)

अतः विकल्प (D) सही है।

19. प्रत्येक चरण में, पहला तत्व तीसरे स्थान पर जाता है और एक नए तत्व द्वारा प्रतिस्थापित किया जाता है; दूसरा और तीसरा तत्व क्रमशः पहले और दूसरे स्थान पर आते हैं और पूरा आंकड़ा $90°$ CW घूमता है।

अतः विकल्प (D) सही है।

20. घनिष्ठ निरीक्षण पर, हम पाते हैं कि प्रश्न आकृति विकल्प में उल्लिखित है (D) जैसा कि नीचे दिखाया गया है:

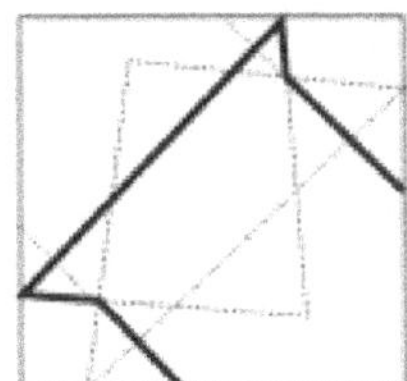

अतः विकल्प (D) सही है।

21. विकल्पों को देखने पर हम देख सकते हैं कि विकल्प (C) के तहत दिया गया आकृति उचित उत्तर है। इसे नीचे दिखाया गया है:

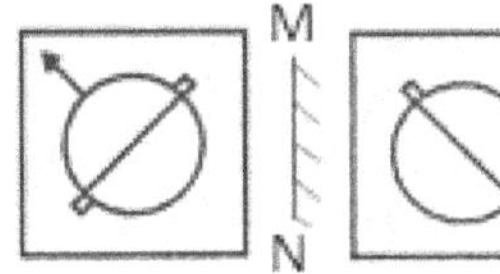

अतः विकल्प (C) सही है।

22. जब दर्पण को एमएन पर क्षैतिज रूप से रखा जाता है, तो ऊपर और नीचे का हिस्सा समान रहता है, जबकि छवि के दाएं और बाएं हाथ दर्पण छवि में परस्पर जुड़े होंगे।

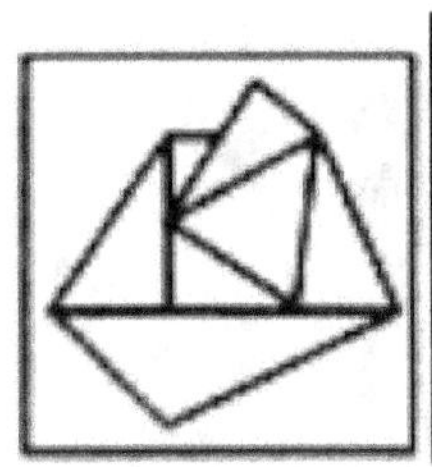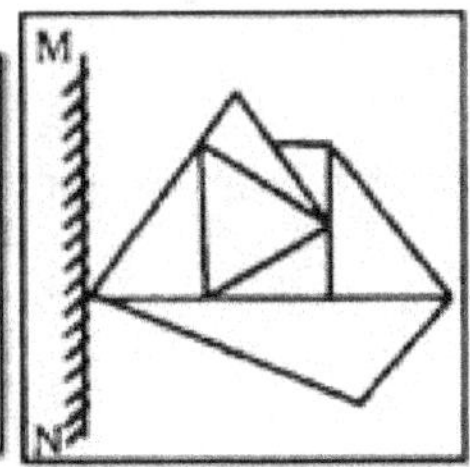

अतः विकल्प (A) सही है।

23. पाँच सदस्य: O, P, X, Y, Z

कूट	+	-	×	÷
अर्थ	बहन	पिता	भाई	पति

दिया गया व्यंजक: (O - X + Y × Z ÷ P)

इसका अर्थ है कि O, X का पिता है, X, Y की बहन है, Y, Z का भाई है और Z, P का पति है।

निम्न प्रतीकों का उपयोग करके वंश-वृक्ष तैयार करने पर:

चित्र में प्रतीक	अर्थ
◯	महिला
▢	पुरुष
═	शादीशुदा जोड़ा
—	एक माँ की संताने
│	एक पीढ़ी का अंतर

इस प्रकार, प्राप्त वंश-वृक्ष है:

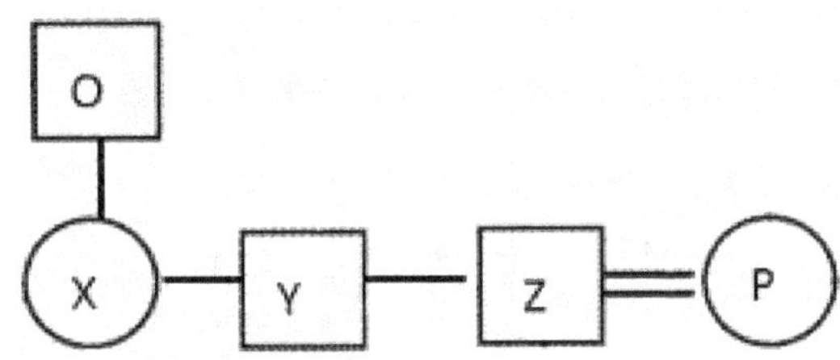

इसलिए, P, O की बहु है।
अतः विकल्प (B) सही है।

24. पाँच सदस्य: A, B, C, P, Q

कूट	+	-	×
अर्थ	पुत्री	पति	भाई

दिया गया व्यंजक: P × A + B - C + Q

इसका अर्थ है कि P, A का भाई है, A, B की पुत्री है, B, C का पति है और C, Q की पुत्री है।

निम्न प्रतीकों का उपयोग करके वंश-वृक्ष तैयार करने पर:

चित्र में प्रतीक	अर्थ
○	महिला
□	पुरुष
═	शादीशुदा जोड़ा
—	एक माँ की संतानें
❘	एक पीढ़ी का अंतर

इस प्रकार, प्राप्त वंश-वृक्ष है:

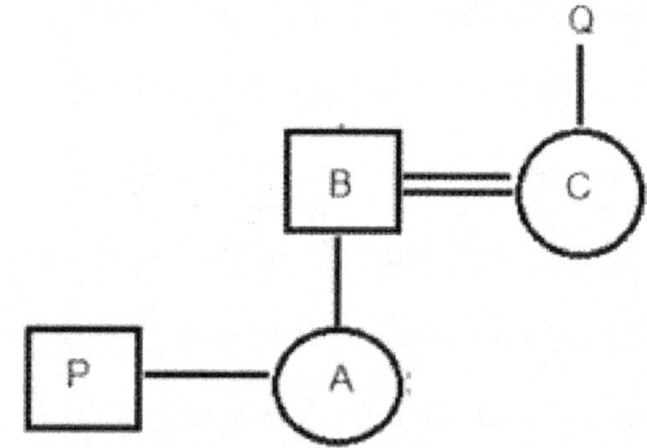

विकल्पों की जाँच करने पर:

A. B, Q का दामाद है → सत्य

B. B, P की चाची है → असत्य (B, P का पिता है)

C. P और Q भाई हैं → असत्य (P, Q का पोता है)

D. B, Q की बहु है → असत्य (B, Q का दामाद है)

इसलिए, विकल्प A का कथन सही है।

अतः विकल्प (A) सही है।

25. दी गई जानकारी से,

आठ सदस्य: A, B, C, D, E, F, G और H

चित्र में प्रतीक	अर्थ
○	महिला
□	पुरुष
═	शादीशुदा जोड़ा
—	एक माँ की संतानें
❘	एक पीढ़ी का अंतर

(1) 3 जोड़े हैं, एक वयस्क जो अविवाहित है और परिवार में एक बच्चा है।

(2) G, D की माँ है जो C का पिता है।

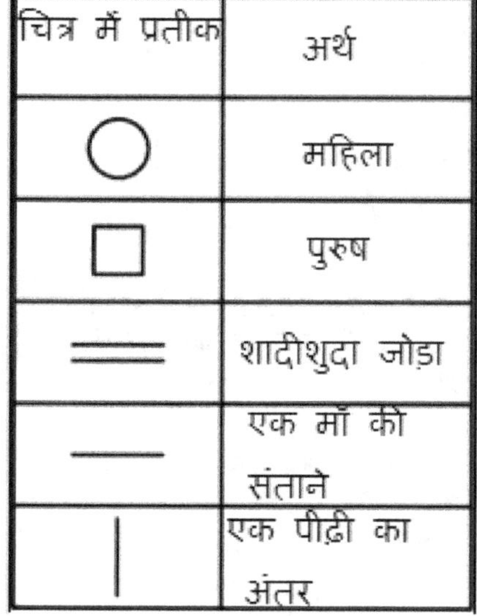

(3) D, F का भतीजा/भाँजा है जो E की बेटी है।

तो, F, D के पिता की बहन है।

(4) C के दादा/नाना H के पुत्र हैं जिसकी पत्नी B की माँ है।

E, H की पत्नी है और H, B का पिता है।

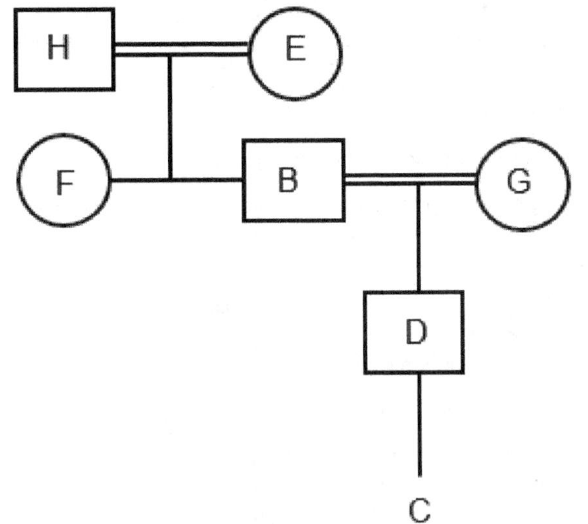

(5) A, B की बहू है।

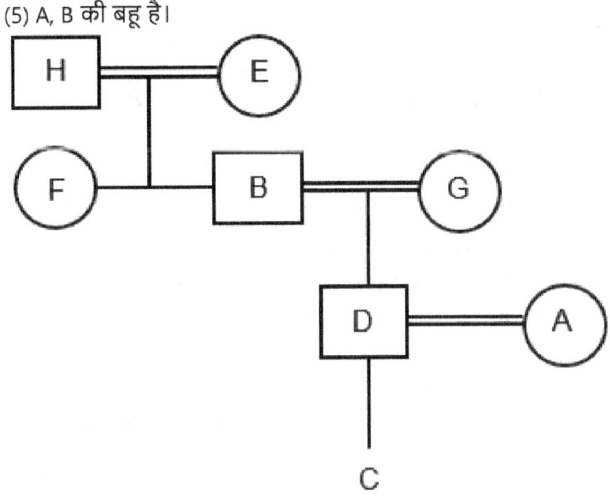

इसलिए, H, E का पति है।
अतः विकल्प (A) सही है।

26. क्रॉल, ब्रेस्टस्ट्रोक और बटरफ्लाई शब्द तैराकी के खेल से जुड़े हैं।

इस खेल में, व्यक्ति के पूरे शरीर को पानी के माध्यम से स्थानांतरित किया जाता है। पूल या खुले पानी में, खेल होते हैं। इवेंट बटरफ्लाई, ब्रेस्टस्ट्रोक, फ्रीस्टाइल और व्यक्तिगत मेडली तैराकी से जुड़े हैं। तैराकी द्वारा विशिष्ट तकनीकों का एक सेट आवश्यक है।

अतः विकल्प (A) सही है।

27. 2022 के राष्ट्रमंडल खेल इंग्लैंड के बर्मिंघम में होने वाले हैं।

यह तीसरी बार है जब इंग्लैंड 1934 (लंदन) और 2002 (मैनचेस्टर) के बाद खेल की मेजबानी कर रहा है।

राष्ट्रमंडल खेल महासंघ द्वारा मेजबान के रूप में शहर की घोषणा की गई थी।

यह 21 दिसंबर 2017 को बर्मिंघम में एरिना अकादमी में एक संवाददाता सम्मेलन में तय किया गया था।

2018 राष्ट्रमंडल खेल गोल्ड कोस्ट, क्वींसलैंड, ऑस्ट्रेलिया में आयोजित किए गए थे।

यह पांचवीं बार था जब ऑस्ट्रेलिया ने इस खेल की मेजबानी की।

अतः विकल्प (A) सही है।

28. संचार राज्य मंत्री (MOS), श्री संजय धोत्रे ने सूचना सोसाइटी (WSIS) फोरम 2021 पर भारत का प्रतिनिधित्व किया, जो विकास के समुदायों के लिए आईसीटी की वार्षिक सभा है।

मंत्री ने अपने मंत्रालय द्वारा की गई नीतियों और कार्यक्रमों पर प्रकाश डाला, जैसे कि:

आरोग्य सेतु मंच का उपयोग नागरिकों की स्वास्थ्य स्थिति की निगरानी और सतर्क करने के लिए किया गया।

एक निर्दिष्ट क्षेत्र में लक्षित संदेश के लिए कोविड -सावधान प्रणाली का उपयोग किया गया।

फ्रेमवर्क ने घर से काम करने और कहीं से भी काम करने की सुविधा दी।

सार्वजनिक वाई-फाई का उपयोग पीएम-वानी योजना के तहत प्रभावी रूप से देश भर के नागरिकों के लिए प्रभावी सेवा वितरण को सक्षम करने के लिए किया जाता है।
अतः विकल्प (B) सही है।

29. पूर्वांचल में 'माटी' का त्योहार मनाया जाता है

पूर्वांचल महोत्सव में माटी का पहला संस्करण 2018 में लोक कला और माधुर्य, पारंपरिक भोजन, साहित्य, जातीय संस्कृति और सांस्कृतिक रूप से समृद्ध पूर्वांचल (वाराणसी, गोरखपुर, बस्ती, गोंडा, आजमगढ़, मिर्जापुर और प्रयाग संभाग और उत्तर प्रदेश का पूरा अवध क्षेत्र) के पर्यटन को बढ़ावा देने के उद्देश्य से हुआ।
अतः विकल्प (D) सही है।

30. नागरिक उड्डयन राज्य मंत्री (स्वतंत्र प्रभार), हरदीप सिंह पुरी ने आंध्र प्रदेश में कुरनूल हवाई अड्डे का उद्घाटन किया है।

कुरनूल हवाई अड्डे पर उड़ान संचालन 28 मार्च 2021 से शुरू किया गया। इस हवाई अड्डे को क्षेत्रीय कनेक्टिविटी योजना, उड़े देश का आम नागरीक (RCS-UDAN) के तहत विकसित किया गया है।

कुरनूल हवाई अड्डा, बैंगलोर, विशाखापत्तनम और चेन्नई को सीधी उड़ान संचालन प्रदान करके इस क्षेत्र को दक्षिण भारत के प्रमुख केंद्रों के करीब लाएगा।

कडपा, विशाखापत्तनम, तिरुपति, राजमुंदरी और विजयवाड़ा के बाद कर्नूल आंध्र प्रदेश का 6 वाँ हवाई अड्डा है।
अतः विकल्प (B) सही है।

31. अल-बिरूनी उजबेकिस्तान से आया था।

अल बिरूनी भारत और इसकी ब्राह्मणवादी परंपरा का अध्ययन करने वाला पहला मुस्लिम विद्वान था।

उसे भारत-विद्या का पिता और पहला मानवविज्ञानी कहा जाता है। वह भौतिकी, गणित, ज्योतिष और प्राकृतिक विज्ञान का अच्छा जानकार था। उसने कई पुस्तकें लिखीं जिनमें से सबसे प्रसिद्ध तहकीक-अल-हिंद है।

उसे 11 वीं शताब्दी के आरंभिक भारत के उल्लेखनीय विवरण के लिए 'अल-उस्ताद' की उपाधि दी गई थी।

वह गुप्त युग की शुरुआत का निर्धारण करने के लिए बहुत उपयोगी जानकारी प्रदान करता है। उसने गुप्तों को 'दुष्ट' के रूप में वर्णित किया, गलत तरीके से कहा कि गुप्त युग ने गुप्त वंश के अंत को चिह्नित किया। उसने गुप्त युग की शुरुआत को शाका युग के वर्ष 241 , यानी 318-319 ई.पू. से चिन्हित किया। अल-बिरूनी के दावे ने बाद में 19वीं शताब्दी के इतिहासकारों के बीच युग की उत्पत्ति के बारे में बहस की।

अतः विकल्प (D) सही है।

32. जब संविधान के अनुच्छेद 123 में राष्ट्रपति को कुछ अध्यादेशों को लागू करने का अधिकार दिया जाता है, तब संसद के दोनों सदनों में सेशन नहीं होता और इसलिए संसद में कानून बनाना संभव नहीं होता है।

राज्य में, राज्यपाल अध्यादेश को लागू कर सकता है। अनुच्छेद 213 राज्यपाल को यह शक्ति प्रदान करता है।

अतः विकल्प (A) सही है।

33. संविधान राष्ट्रपति को वीटो पावर प्रदान करता है। राष्ट्रपति इस शक्ति का उपयोग अपनी सहमति को वापस लेने के लिए कर सकते हैं। विधेयक तब तक एक अधिनियम नहीं बन सकता जब तक कि राष्ट्रपति अपनी सहमति प्रदान नहीं करते। राष्ट्रपति के पास तीन प्रकार की वीटो पावर उपलब्ध है:

1. एब्सोल्यूट वीटो
2. पॉकेट वीटो
3. सस्पेन्सिव वीटो

अतः विकल्प (B) सही है।

34. 1905 में बंगाल विभाजन के लिए स्वदेशी आंदोलन का प्रमुख कारण जिम्मेदार ठहराया जा सकता है।

स्वदेशी महात्मा गांधी का एक ध्यान था, जिन्होंने इसे स्वराज (आत्म-शासन) की आत्मा के रूप में वर्णित किया।

चरखे को पूरे देश में राष्ट्रीय आंदोलन के एक प्रमुख प्रतीक के रूप में इस्तेमाल किया गया था।

विभाजन के बाद, एक ब्रिटिश-विरोधी आंदोलन छिड़ गया जिसमें अहिंसक ओर हिंसक विरोध और बहिष्कार शामिल था।

इस आंदोलन को स्वदेशी आंदोलन का नाम दिया गया क्योंकि इसमें ब्रिटिश वस्तुओं का बहिष्कार करना और स्वदेशी वस्तुओं को स्वीकार करना शामिल था।

अतः विकल्प (C) सही है।

35. उत्तर प्रदेश के आगरा में कीथम झील, जिसे सर सरोवर भी कहा जाता है, रामसर स्थलों की सूची में जोड़ा गया है।

- सूर सरोवर झील में 106 से अधिक प्रवासी पक्षी आराम करते हैं।
- झील का पानी आगरा नहर से प्राप्त होता है।
- यह नहर दिल्ली में यमुना नदी पर ओखला बैराज से निकलती है।

अतः विकल्प (A) सही है।

36. थल सेनाध्यक्ष, जनरल मनोज मुकुंद नरवणे को 31 दिसंबर 2020 को गायरॉन्ग में कोरिया गणराज्य (ROK) सेना मुख्यालय में गार्ड ऑफ़ ऑनर प्राप्त हुआ।

थल सेनाध्यक्ष ने कोरिया गणराज्य सेना के चीफ ऑफ़ स्टाफ जनरल नम येओंग शिन से भी मुलाकात की और द्विपक्षीय रक्षा सहयोग के मुद्दों पर चर्चा की।

जनरल नरवाने ने डेयजॉन में रक्षा विकास एजेंसी के लिए दोरा किया था।

अतः विकल्प (C) सही है।

37. 27 मार्च, 2019 को, भारत ने डॉ ए पी जे अब्दुल कलाम द्वीप प्रक्षेपण परिसर से मिशन शक्ति, एक एंटी-सैटेलाइट मिसाइल परीक्षण किया। यह DRDO द्वारा किया गया एक तकनीकी मिशन था। मिशन में उपयोग किया जाने वाला उपग्रह भारत के मौजूदा उपग्रहों में से एक था जो कम कक्षा में काम करता था। परीक्षण पूरी तरह से सफल रहा और योजनाओं के अनुसार सभी मापदंडों को हासिल किया। परीक्षण के लिए बेहद सटीक और तकनीकी क्षमता की आवश्यकता होती है।

अतः विकल्प (C) सही है।

38. The following is stated in the passage:

"With time, he got very attached to them. He loved them so much that he decided to stay with them much longer."

So, it can be said that the good spirit was happily living with his master and mistress and that is why the other spirits were jealous of him.

Hence, the correct option is (B).

39. The following is stated in the passage:

"Before leaving, the Spirit spoke to his Master, "I do not know for what fault I am being sent away, but to leave this place is in my destiny.""

So, the spirit thought he had to leave the place of his master because it was in his destiny.
Hence, the correct option is (B).

40. The following is stated in the passage:

"The Master lost his peace and was always worried, ill-tempered and unhealthy. He then made his second wish, to be a simple, ordinary man again. The Spirit made him ordinary, again. The Master finally made his last wish and asked for wisdom, peace of mind, and a life free of worries."

The master had lost his peace of mind after becoming rich. So, he understood the importance of a peaceful life which was better than having wealth.
Hence, the correct option is (D).

41. The following is stated in the passage:

"Without losing any time, the Master wished for riches and wealth. It was promptly fulfilled. The wealth brought along the fear of thieves, beggars, and taxes by the King. The Master lost his peace".

So, after the fulfilment of the first wish, the master became wealthy and soon lost his peace due to the fear of thieves, beggars, and taxes by the King.
Hence, the correct option is (A).

42. The meaning of the word 'Provoked' is 'stimulated or gave rise to (a reaction or emotion, typically a strong or unwelcome one) in someone.

Example: The company's negligence provoked such a situation.

The meaning of the given words:

Encouraged: gave support, confidence, or hope to (someone).

Increased: enlarged or expanded

Deterred: discouraged (someone) from doing something by instilling doubt or fear of the consequences

Pinched: Tweaked

Clearly, 'Deterred' is the word that is opposite in meaning to the word 'Provoked'.
Hence, the correct option is (C).

43. The word "mitigate" means making something less severe or intense; or lessening the gravity of a mistake.

Option A is correct. To intensify means to make something more intense, or to increase intensity, force or severity. Its meaning is the exact opposite of "mitigate" which is to make something less severe.

Option B is incorrect. The word "barricade" means to block or defend with a barricade or barrier. Its meaning is completely unrelated to "mitigate". Its antonym is "aid" or "open".

Option C is incorrect as it is an entirely different word. The word "investigate" means "to carry out an inquiry, research or study into something". It does not have a clear antonym, though a close one would be "neglect" or "ignore".

Option D is incorrect as it is, again, an entirely different word. To "personify" means to represent something (a quality or concept) in human form (such as referring to the wind as "she"). It does not have a specific antonym.
Hence, the correct option is (A).

44. The word 'Loquacious' means 'tending to talk a great deal; talkative.

Verbose - using or expressed in more words than are needed.

Victorian - relating to the reign of Queen Victoria or a person who lived in that era.

Bombastic - expressed with long and difficult words so as to sound more sophisticated.

Ambiguous - open to more than one interpretation; having a double meaning.

From the given options, option (C) best fits the description.
Hence, the correct option is (C).

45. 'To hit the right nail on the head' means to do or say exactly the right thing. E.g. He is very good at debugging. Every time you go to him with broken code, he will hit the right nail on the head and tell you the exact problem with the solution. Thus, option (A) is the correct answer. The rest of the options are incorrect.
Hence, the correct option is (A).

46. The given sentence indicates the specific location where the train stops. Therefore 'at' is the suitable answer, since 'at' is used to denote a specific location. On the other hand 'in' is used to depict a position within or inside something or somebody. The preposition 'on' is used to depict something above, while 'with' depicts a company or in presence of someone or something. Since the sentence speaks about a specific location, 'on' and 'with' are unsuitable in the given context. Thus, options (A), (B) and (D) are incorrect.

Hence, the correct option is (C).

47. A sentence is in active or passive voice depending on whether its verb is in active or passive voice. A verb is in active voice when its form shows that the subject does something or some action. A verb is in the passive voice when something is done to the subject.

In option (A), the subject is "Our leaders". They "are elected" i.e., the action is performed on the subject. The doer of the action is "us". Thus, this sentence is in the passive voice, and option (A) is correct.

In option (B), the subject is "We" and the subject performs the action "elect". It is in the active voice, and thus, incorrect.

In option (C), the subject is "She" and the subject performs the action "has won". It is also in the active voice, and thus, incorrect.

In option (D), the subject is "Elections" and the action ("happen") is performed by the subject. It is in the active voice, and thus, incorrect.

Hence, the correct option is (A).

48. This is an imperative sentence. In such sentences, order, request, advice or negative command are given. In negative command, the reported speech starts with Do not or Don't. The reported speech shows a request being made by the interviewee to the interviewer. Therefore, we would use the verb "requested" in indirect speech and the word "please" will be removed. In the imperative sentence, we add reporting and reported speech using "to". All these rules are followed by option (C).

Hence, the correct option is (C).

49. The spoken sentence is the indirect narration of an imperative sentence. We will change it into direct narration accordingly. Here advised to me will be changed to said to me while changing to the direct narration. Also, tomorrow is changed to the next day while converting to the indirect narration. Also, in imperative sentences, inverted commas are removed and the structure of not + to is used. So, going by the rules, option B is the correct answer.

Hence, the correct option is (B).

50. Option C is the correct answer because "acquaintance" is the correct spelling of the word that means knowledge or experience of something, it also means a person one knows slightly, but who is not a close friend. Thus it is the correct answer.

Other options are incorrect spellings of the word.
Hence, the correct option is (C).

51. माना पहले पांच पूर्णांक (a + 1), (a + 2), (a + 3), (a + 4) और (a + 5) हैं

अब,

$$\Rightarrow \frac{(a+1)+(a+2)+(a+3)+(a+4)+(a+5)}{5} = 53$$

$\Rightarrow$ 5a + 15 = 265

$\Rightarrow$ 5a = 250

$\Rightarrow$ a = 50

$\Rightarrow$ सात पूर्णांक संख्याएं 51, 52, 53, 54, 55, 56, और 57 हैं

$\therefore$ आवश्यक औसत= $\frac{(51+52+53+54+55+56+57)}{7}$ = 54

अतः विकल्प (B) सही है।

52. माना कि, बदलने के पहले, 8 लोगों के भार का योग y किग्रा. है,

हम जानते हैं कि, औसत = (संख्याओं का योग)/(संख्याओं की संख्या)

लोगों का औसत भार = (सभी लोगों के भार का योग)/(लोगों की संख्या)

$\therefore$ y = (बदलने के पहले, 8 लोगों के भार का योग) / 8

$\Rightarrow$ बदलने के पहले, 8 लोगों के भार का योग = 8y

अब, 56 किग्रा. वाले एक व्यक्ति को समूह से हटाया गया एवं इसे दूसरे व्यक्ति से बदल दिया गया।

माना कि, इस नए व्यक्ति का भार x किग्रा. है।

∴ लोगों के भार का नया योग (बदलने के बाद) = 8y – 56 + x

प्रश्नानुसार, समूह का नया औसत भार = y + 2

∴ $y + 2 = \dfrac{(8y - 56 + x)}{8}$

⇒ 8 × (y + 2) = 8y – 56 + x

⇒ 8y + 16 = 8y – 56 + x

⇒ x = 56 + 16 = 72

∴ नए व्यक्ति का भार 72 किग्रा. है।
अतः विकल्प (A) सही है।

53. ईयरफ़ोन की कीमत 576 रुपए बढ़ जाती है

गणना:

माना कि ईयरफ़ोन की मूल कीमत x है।

x + 576 = 112% of x

⇒ $x + 576 = \dfrac{112x}{100}$

⇒ 100x + 57600 = 112x

⇒ 57600 = 12x

⇒ $x = \dfrac{57600}{12}$

∴ ईयरफ़ोन की मूल कीमत 4800 रुपए है।
अतः विकल्प (D) सही है।

54. आदमी की मासिक बचत = 10%

मासिक व्यय है = 7,641 रुपये

माना व्यक्ति की मासिक आय x है।

मासिक व्यय = मासिक आय × $\dfrac{(100 - 10)}{100}$

प्रश्न के अनुसार:

$7641 = x \times \left(\dfrac{90}{100}\right)$

⇒ $x = 7641 \times \left(\dfrac{100}{90}\right)$

∴ x = 8490 रुपये
अतः विकल्प (B) सही है।

55. दिया हुआ:

नेहा के सबसे बड़े भाई की आयु उसकी वर्तमान आयु की तीन गुनी है। छह वर्ष पहले, नेहा के सबसे बड़े भाई की आयु नेहा के उस समय की आयु की 7 गुनी थी।

मान लीजिये:

माना कि नेहा की वर्तमान आयु = x तब, नेहा के सबसे बड़े भाई की वर्तमान आयु = $3x$ 6 वर्ष पहले, नेहा के सबसे बड़े भाई की आयु = $7 \times$ नेहा की आयु

गणना:

⇒ $3x - 6 = 7(x - 6)$

⇒ $3x - 6 = 7x - 42$

⇒ $3x - 7x = -42 + 6$

⇒ $-4x = -36$

⇒ $x = 9$ वर्ष

नेहा की वर्तमान आयु 9 वर्ष है।

∴ नेहा के सबसे बड़े भाई की वर्तमान आयु $= 3x = 3 \times 9 = 27$ वर्ष
अतः विकल्प (A) सही है।

56. माना 'x' महीनों की संख्या है जिसके लिए महेश ने 111 रुपये का निवेश किया।

∴ $\dfrac{555 \times 12}{111 \times x} = \dfrac{15}{1}$

∴ $\dfrac{60}{x} = 15$

⇒ $x = 4$

⇒ महेश ने अपना पैसा 4 महीने के लिए निवेश किया, अर्थात $12 - 4 = 8$ महीने के बाद मनोज ने अपना पैसा निवेश किया।

अतः विकल्प (B) सही है।

57. दिया गया है:

वस्तु A का क्रय मूल्य, B के क्रय मूल्य के बराबर है वस्तु A का अंकित मूल्य = क्र.मू का 160%

वस्तु B का अंकित मूल्य= क्र.मू का 150%

गणना:

50% की वृद्धि के बाद वस्तु B का अंकित मूल्य 600 है

वस्तु B का क्र.मू

⇒ क्र.मू $\times \dfrac{150}{100} = 600$

वस्तु B का क्रय मूल्य $= 400$ रूपये

A का क्र.मू $= B$ का क्र.मू

⇒ वस्तु A का अंकित मूल्य $= 400 \times \dfrac{160}{100}$

वस्तु A का का अंकित मूल्य = 640 रूपये

वस्तु B का का अंकित मूल्य = 600 रूपये

10% छूट देने के बाद वस्तु A और वस्तु B का विक्रय मूल्य

वस्तु A का विक्रय मूल्य $= 640 \times \dfrac{90}{100} = 576$

वस्तु B का विक्रय मूल्य $= 600 \times \dfrac{90}{100} = 540$

⇒ वस्तु A और B के विक्रय मूल्य के बीच का अंतर $= 576 - 540$

⇒ 36 रुपये
अतः विकल्प (B) सही है।

58. माना A:

10 कुर्सियों का विक्रय मूल्य = 4000 रु.

माना एक कुर्सी का क्रय मूल्य A रु. है।

2 कुर्सियों का क्रय मूल्य $= 2A$

10 कुर्सियों का क्रय मूल्य $= 10A$

लाभ $= 2A$

लाभ प्रतिशत =

$$= \frac{2A}{10A} \times 100$$

$$= 20\%$$

माना B:

माना एक वस्तु का क्रय मूल्य 100 रु. है।

एक वस्तु का अंकित मूल्य $= 100 + 100 \times \frac{20}{100} = 120$

एक वस्तु का विक्रय मूल्य $= 100 + 100 \times \frac{10}{100} = 110$

छूट $= 120 - 110 = 10$

छूट प्रतिशत $= \frac{10}{120} \times 100 = 8.33\%$

$\therefore$ माना $A >$ मात्रा B है यह संबंध स्थापित होता है।

अतः विकल्प (A) सही है।

59. अवधारणाः

इस प्रश्न को हल करने के लिए BODMAS नियम का पालन नीचे दिए क्रम के अनुसार करें,

चरण - 1 - सर्वप्रथम 'कोष्ठक' में समीकरण के भाग को हल किया जाना चाहिए,

चरण - 2 - इसके बाद, किसी गणितीय 'का' या 'घातांक' को हल किया जाना चाहिए,

चरण - 3 - इसके बाद, समीकरण में 'भाग' और 'गुणा' को हल किया जाना चाहिए,

चरण - 4 - अंततः समीकरण के उन भागों को हल किया जाना चाहिए जिसमें 'जोड़' और 'घटाव' हैं।

गणनाः

$$\frac{5}{9} \text{ का } ? \% - \frac{2}{5} \text{ का } 10\% \text{ का } \frac{3}{13} \text{ का } 1950 = \frac{1}{90}$$

$$\Rightarrow ? \times \frac{1}{100} \times \frac{5}{9} - 10 \times \frac{1}{100} \times \frac{2}{5} \times \frac{3}{13} \times 1950 = \frac{1}{90}$$

$$\Rightarrow ? \times \frac{1}{20} \times \frac{1}{9} - 1 \times \frac{1}{5} \times \frac{1}{5} \times \frac{3}{13} \times 1950 = \frac{1}{90}$$

$$\Rightarrow \frac{?}{20} \times \frac{1}{9} - \frac{3}{325} \times 1950 = \frac{1}{90}$$

$$\Rightarrow \frac{?}{20} \times \frac{1}{9} - 3 \times 6 = \frac{1}{90}$$

$$\Rightarrow \frac{?}{180} - 18 = \frac{1}{90}$$

$$\Rightarrow ? = 2 \times 1621 = 3242$$

अतः विकल्प (A) सही है।

60. "इस प्रश्न को हल करने के लिए BODMAS नियम का पालन नीचे दिए क्रम के अनुसार करें,

चरण - 1 - सर्वप्रथम 'कोष्ठक' में समीकरण के भाग को हल किया जाना चाहिए,

चरण - 2 - इसके बाद, किसी गणितीय 'का' या 'घातांक' को हल किया जाना चाहिए,

चरण - 3 - इसके बाद, समीकरण में 'भाग' और 'गुणा' को हल किया जाना चाहिए,

चरण - 4 - अंततः, समीकरण के उन भागों को हल किया जाना चाहिए जिसमें 'जोड़' और 'घटाव' हैं।

2500 का $\frac{4}{5}\% + 400$ का $24\frac{1}{4}\% + 35 = 1525 \div 25 \times 4 - ?$

$$\Rightarrow 2500 \times \frac{4}{500} + 400 \times \frac{97}{400} + 35 = 61 \times 4 - ?$$

$$\Rightarrow 20 + 97 + 35 = 244 - ?$$

$$\Rightarrow ? = 92$$

अतः विकल्प (B) सही है।

61. माना $P =$ मूलधन, $R =$ ब्याज की दर और $N =$ समय

साधारण ब्याज $= \frac{PNR}{100}$

दिया है,

$$P = 27000$$

दो धनराशियाँ,

और

अर्जित कुल साधारण ब्याज

$$= \frac{(12000 \times 20 \times 4)}{100} + \frac{(15000 \times 24 \times 4)}{100}$$

अतः विकल्प (D) सही है।

62. दिया है:

चक्रवृद्धि ब्याज = 44,000 रु.

धनराशि = 48,510 रु.

समय = 2 वर्ष

प्रयुक्त सूत्रः

$$A = P\left[1 + \frac{R}{100}\right]^n$$

$$\Rightarrow 48,510 = 44,000\left[1 + \frac{R}{100}\right]^2$$

$$\Rightarrow \frac{48510}{44000} = \left[\frac{(100+R)}{100}\right]^2$$

$$\Rightarrow \frac{441}{400} = \left[\frac{(100+R)}{100}\right]^2$$

$$\Rightarrow \frac{21}{20} = \frac{(100+R)}{100}$$

$$\Rightarrow 2,100 = 2,000 + 20R$$

$$\Rightarrow 2100 - 2000 = 20R$$

$$\Rightarrow 100 = 20R$$

$$\therefore R = 5\% \text{ प्रति वर्ष}$$

अतः विकल्प (A) सही है।

63. दिया हुआ:

छूट = 50 रुपये

लाभ प्रतिशत = 25%

गणना:

माना लागत मूल्य $100x$ है।

इसलिए, अंकित मूल्य $= 100x = 150x$ का 150%

अब, विक्रय मूल्य = अंकित मूल्य - छूट $= 150x$ - 50 ....1)

इसके अलावा, यदि लाभ 25% है, तो विक्रय मूल्य $= 125\% \, CP = 125x$ है

समीकरण (1) से, हम प्राप्त करते हैं:

$$150x - 50 = 125x$$

$$\Rightarrow 25x = 50$$

$$\Rightarrow x = 2$$

125 विक्रय मूल्य $= 125x = 125 \times 2 = 250$ रुपये

अतः विकल्प (C) सही है।

64. यह दिया गया है कि,

अंकित मूल्य $= 1500$ रु

पहली छूट $= 15\%$

पहली छूट के बाद विक्रय मूल्य $= [(100 - छूट \ \%)/100] \times$ अंकित मूल्य

$$= \left(\frac{85}{100}\right) \times 1500$$

$$= 1275 \text{ रु}$$

अंतिम विक्रय मूल्य $= 1200$ रु

दूसरी छूट $= (1275 - 1200)$ रु

$$= 75 \text{ रु}$$

इसलिए, दूसरी छूट % $= \left(\frac{75}{1275}\right) \times 100$

$$= \frac{100}{17}\%$$

$\therefore$ दूसरी छूट $\frac{100}{17}\%$ है।

अतः विकल्प (A) सही है।

65. दिया हुआ:

प्रशांत ने दो बैंकों A और B में 2 वर्ष के लिए समान राशि का निवेश किया।

यदि बैंक A, 8% साधारण ब्याज प्रदान करता है और बैंक B, 8% चक्रवृद्धि ब्याज प्रदान करता है।

उपयोग किया गया सूत्र:

$$SI = \frac{(P \times R \times T)}{100}$$

$$CI = P\left[\left(1 + \frac{R}{100}\right)^{\mathsf{T}} - 1\right]$$

गणना:

माना कि निवेश की गयी राशि P है

बैंक A से प्राप्त ब्याज $= \frac{P \times 8 \times 2}{100}$ .... (i)

बैंक B से प्राप्त ब्याज $B = P\left[\left(1 + \frac{8}{100}\right)^2 - 1\right]$

$$= P\left(\frac{104}{625}\right) \text{ ......(ii)}$$

$\therefore$ अभीष्ट अनुपात $= \frac{16P}{100} : \frac{104P}{625}$

$$= 100 : 104$$

$$= 25 : 26$$

अतः विकल्प (D) सही है।

66. दिया गया है:

2 वर्षों के लिए $CI - SI = 100$ और $\frac{CI}{SI} = \frac{41}{40}$

2 वर्षों के लिए,

$$CI - SI = P\left(\frac{r}{100}\right)^2$$

$$\frac{CI}{SI} = \left(\frac{200+r}{200}\right)$$

$$\frac{C.I}{S.I} = \frac{(200+r)}{200} = \frac{41}{40}$$

$$\Rightarrow \left(\frac{200+r}{200}\right) = \frac{205}{200}$$

$$\Rightarrow 200 + r = 205$$

$$\Rightarrow r = 5\%$$

$$CI - SI = P\left(\frac{r}{100}\right)^2$$

$$\Rightarrow 100 = P\left(\frac{5}{100}\right)^2$$

$$\Rightarrow P = 100 \times 400 = 40,000$$

$$\therefore P = 40,000 \text{ और दर } = 5\%$$

अतः विकल्प (B) सही है।

67. दिया है,

भैंसों की संख्या = 1935

बकरियों की संख्या = 9933

धारणा:/सूत्र:

अधिकतम संभव पंक्तियों में वस्तुओं की व्यवस्था के लिए हम हमेशा म.स. निकालते हैं

गणना:

1935 और 9933 का म.स.

$1935 = 3 \times 3 \times 5 \times 43$
$9933 = 3 \times 7 \times 11 \times 43$

⇒ 1935 और 9933 का म.स. = $3 \times 43 = 129$ है

⇒ प्रत्येक झुंड में जानवरों की अधिकतम संख्या = 129

⇒ झुंड की कुल संख्या
$$= \frac{1935}{129} + \frac{9933}{129}$$
$$= 15 + 77$$
$$= 92$$

∴ प्रत्येक झुंड में अधिकतम जानवरों की संख्या 129 और झुंडों की कुल संख्या 92 है।
अतः विकल्प (B) सही है।

68. तीन सिग्नल 10 सेकेंड, 12 सेकेंड और 14 सेकेंड के अंतराल पर लाल हो जाते हैं।

गणना:

वे एक साथ (10, 12 और 14) के ल.स. पर एक साथ लाल हो जाएंगे = 420 सेकेंड

2 घंटे में कुल सेकेंड = 7200 सेकेंड

$\frac{7200}{420}$ का भागफल = 17

अब, वे 420, 840, 1260, 1680 के बाद लाल हो जाएंगे और ऐसे ही वे 17 बार लाल हो जाएंगे।

∴ सिग्नल अगले 2 घंटों में 17 बार लाल हो जाएगा।
अतः विकल्प (D) सही है।

69.

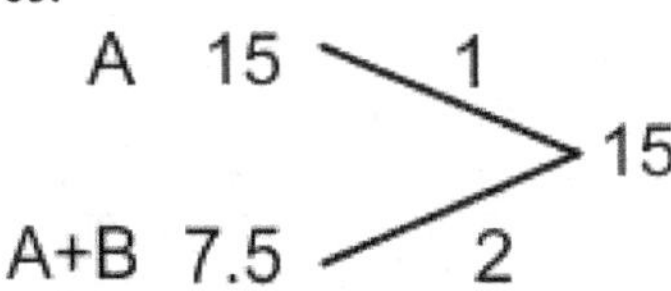

दिया गया है,

A किसी निश्चित कार्य को कर सकता है = 15 दिन

A और B समान कार्य कर सकते हैं = 7.5 दिन

अवधारणा:/सूत्र:

कुल कार्य = दक्षता × लिया गया समय

गणना:

कुल कार्य = 15

A और B की दक्षता = 2

A की दक्षता = 1

मान लीजिये B की दक्षता x है, तो

⇒ x + 1 = 2
⇒ x = 2 − 1
⇒ x = 1

B अकेले पूरे कार्य को समाप्त कर सकता है = $\frac{15}{1}$ = 15 दिन
अतः विकल्प (A) सही है।

70. A कार्य पूरा कर सकता है = 30 दिन

∴ 1 दिन A करता है = $\frac{1}{30}$ इकाई,

माना B, x दिनों में कार्य पूरा कर सकता है

∴ B 1 दिन में करेगा $\frac{1}{x}$ इकाई

प्रश्नानुसार,

$$\Rightarrow 20 \times \frac{1}{30} + (20 - 4) \times \frac{1}{x} = 1$$

$$\Rightarrow \frac{16}{x} = 1 - \frac{2}{3}$$

$$\Rightarrow \frac{16}{x} = \frac{1}{3}$$

$$\Rightarrow x = 48$$

∴ B अकेले 48 दिनों में काम पूरा कर सकता है
अतः विकल्प (A) सही है।

71. दिया गया है:

A और B के बीच की दूरी 110 किमी है

ट्रेन M की गति 20 किमी/घंटे है

ट्रेन P की गति 25 किमी/घंटे है

ट्रेन A सुबह 7 बजे रवाना होती है

ट्रेन B सुबह 8 बजे रवाना होती है

सूत्र:

दूरी = गति × समय

गणना:

माना कि P के शुरू होने के t घंटे के बाद वे मिलती हैं।

P, M से 1 घंटे बाद शुरू होती है

⇒ 1 घंटे में M द्वारा तय की गई दूरी = 20 × 1 = 20 किमी

⇒ t घंटे में M द्वारा तय की गई दूरी = 20 × t = 20t किमी

⇒ t घंटे में P द्वारा तय की गई दूरी = 25 × t = 25t किमी

⇒ 20 + 20t + 25t = 110

⇒ 45t = 90

⇒ t = 2

B के शुरू होने के 2 घंटे बाद वे मिलेंगी।

∴ वे 10 बजे सुबह मिलेंगी।
अतः विकल्प (B) सही है।

72. माना कुल दूरी 50 है (10 और 5 के गुणज में)

जैसा कि हम जानते हैं, औसत गति = (कुल दूरी/कुल गति) कुल दूरी का

$$30\% = 50 \times \left[\frac{30}{100}\right] = 15$$

शेष दूरी का $3/5$ वां भाग $= (50 - 15) \times \left[\frac{3}{5}\right] = 21$ किमी

शेष दूरी $= 50 - 15 - 21 = 14$ किमी

∴ औसत गति $= \frac{50}{\frac{15}{15}+\frac{21}{21}+\frac{14}{4}} = \frac{50}{(1+1+1)}$

$= 16.67$ किमी/घंटे
अतः विकल्प (B) सही है।

73. दिया गया है:

वर्ष→ ↓ क्षेत्र	2000	2001	2002
A	320 किग्रा	400 किग्रा	500 किग्रा
B	520 किग्रा	400 किग्रा	280 किग्रा
C	420 किग्रा	450 किग्रा	500 किग्रा

ऊपर दी गई तालिका से, हम देख सकते हैं कि क्षेत्र A में वर्ष 2000 में मिठाई की खपत = 320 किग्रा

गणना:

और क्षेत्र C में वर्ष 2002 में मिठाई की खपत $= 500$ किग्रा

कम प्रतिशत $= \left[\frac{(500-320)}{500}\right] \times 100$

$\Rightarrow \frac{180}{5}$

$\Rightarrow 36\%$

∴ वर्ष 2000 में क्षेत्र A में मिठाई की खपत का प्रतिशत वर्ष 2002 में क्षेत्र C में मिठाई की खपत से 36% कम है।
अतः विकल्प (A) सही है।

74. दिया गया है:

वर्ष→ ↓ क्षेत्र	2000	2001	2002
A	320 किग्रा	400 किग्रा	500 किग्रा
B	520 किग्रा	400 किग्रा	280 किग्रा
C	420 किग्रा	450 किग्रा	500 किग्रा

प्रयुक्त सूत्र:

औसत = सभी संख्याओं का योग/संख्याओं की संख्या

गणना:

उपर दी गई तालिका से, हम देख सकते हैं कि वर्ष 2000 में विभिन्न क्षेत्रों की मिठाई की खपत = (320 + 520 + 420) किग्रा

$\Rightarrow 1260$

वर्ष 2000 में विभिन्न क्षेत्रों की औसत मिठाई की खपत $= \frac{1260}{3}$

$\Rightarrow 420$ किग्रा

∴ वर्ष 2000 में विभिन्न क्षेत्रों की औसत मिठाई की खपत 420 किग्रा है।
अतः विकल्प (A) सही है।

75. चक्रवृद्धि ब्याज $A = P\left(1 + \frac{r}{100}\right)^n$ जहाँ, $A =$ मिश्रधन है, $P =$ मूलधन है, r = ब्याज की वार्षिक दर है, $n =$ समय समय अवधि है।

हमें दिया गया कि 3000 रु की मूल राशि के लिए वार्षिक ब्याज 3 वर्ष में मिलता है।

हमें ब्याज दर की गणना करनी होगी इस प्रकार 3000 रु की राशि 3 वर्ष (चक्रवृद्धि ब्याज) में रु 3993 हो जाए।

$$A = P\left(1 + \frac{r}{100}\right)^n$$

जहाँ $A = 3993$ रु, $P = 3000$ रु, $n = 3$ वर्ष, $r =$?

$\Rightarrow A = P\left(1 + \frac{r}{100}\right)^n$

$\Rightarrow 3993 = 3000\left(1 + \frac{r}{100}\right)^3$

$\Rightarrow \frac{3993}{3000} = \left(1 + \frac{r}{100}\right)^3$

$\Rightarrow \frac{1331}{1000} = \left(1 + \frac{r}{100}\right)^3$

$\Rightarrow \frac{(11)^3}{(10)^3} = \left(1 + \frac{r}{100}\right)^3$

$\Rightarrow \left(\frac{11}{10}\right)^3 = \left(1 + \frac{r}{100}\right)^3$

$\Rightarrow \frac{11}{10} = 1 + \frac{r}{100}$

$\Rightarrow \frac{11}{10} - 1 = \frac{r}{100}$

$\Rightarrow \frac{11-1}{10} = \frac{r}{100}$

$\Rightarrow \frac{1}{10} = \frac{r}{100}$

$\Rightarrow r = \frac{100}{10} = 10$

इसलिए, ब्याज की दर (r) 10 है।
अतः विकल्प (B) सही है।

76. ABC एक वस्तु सूची प्रबंधन तकनीक है जिसमें वस्तु सूची को वार्षिक उपयोग के मूल्य के आधार पर तीन समूहों - A, B और C में विभाजित किया जाता है। A वस्तु वे हैं जिनमें कंपनी का ज्यादा निवेश है परन्तु वस्तु की मात्रा सबसे कम होती है। B वस्तु वे हैं जिनमें कंपनी का निवेश A से कम परन्तु C से ज्यादा होता है तथा वस्तु की मात्रा A से ज्यादा तथा C से कम होती है। C वस्तु वे हैं जिनमें कंपनी का निवेश सबसे कम होता है परन्तु मात्रा ज्यादा होती है।
अतः विकल्प (D) सही है।

77. ABC विश्लेषण खपत की मात्रा और उनके सापेक्ष मूल्यों के आधार पर सामग्री को वर्गीकृत करने का एक तरीका है। कुछ सामग्रियों का प्रयोग कम मात्रा में किया जाता है लेकिन उनकी अवधि बहुत अधिक होती है, ऐसी सामग्रियों को समूह 'A' में रखा जाता है। इसी तरह, कुछ सामग्रियों का अधिक मात्रा में प्रयोग किया जाता है लेकिन उनके मूल्य कम हो सकते हैं, ऐसी सामग्रियों को 'C' समूह में रखा जाता है। इन दोनों के बीच में, कुछ सामग्रियों को मध्यम मात्रा में मध्यम मूल्य के साथ प्रयोग किया जाता है, ऐसी सामग्रियों

को ABC विश्लेषण के तहत समूह 'B' में रखा जाता है समूह 'A' में सामग्री पर बहुत निकटतम नियंत्रण का उपयोग किया जाता है जबकि समूह 'C' में सामग्री पर बहुत कम नियंत्रण का प्रयोग किया जाता है।

अतः विकल्प (B) सही है।

78. चक्र की गिनती दैनिक कार्यों के लिए कम विघटनकारी है, वस्तुसूची सटीकता और प्रक्रिया निष्पादन का एक निरंतर उपाय प्रदान करती है, और इसे उच्च मूल्य, उच्च प्रवृत्ति मात्रा वाले समानों पर ध्यान केंद्रित करने या व्यावसायिक प्रक्रियाओं के लिए महत्वपूर्ण है।

अतः विकल्प (B) सही है।

79. वस्तुसूची को A, B और C के रूप में वर्गीकृत किया गया है, जो मूल्य के संदर्भ में उनके महत्व के आधार पर है, न कि मात्रा के आधार पर। एक श्रेणी उन वस्तुओं को पहचानती है जो वस्तुसूची के मूल्य का 70-80% है लेकिन मात्रा का केवल 10-20% है। प्रतिलोम C श्रेणी की वस्तुओं के लिए वह स्थिति है जहां मूल्य वस्तुसूची का केवल 10-20% लेकिन वस्तुसूची मात्रा के संदर्भ में ये 70-80% हैं।

स्टॉक नियंत्रण की इस तकनीक का उपयोग प्रबंधन को केवल "A" श्रेणी की वस्तुओं की समीक्षा करने के लिए किया जाता है ताकि प्रबंधन के समय को बचाया जा सके।

VED विश्लेषण: - यह तीन व्यापक श्रेणियों में प्रयुक्त वस्तुओं को वर्गीकृत करने का प्रयास करता है, जैसे कि विटाल, आवश्यक और वांछनीय। विश्लेषण उद्योग गा कंपनी के लिए उनकी आलोचना के आधार पर वस्तुओं को वर्गीकृत करता है।

जस्ट-इन-टाइम को JIT के रूप में भी जाना जाता है, यह एक इन्वेंट्री मैनेजमेंट विधि है जिसके तहत श्रम, सामग्री, और माल (विनिर्माण में उपयोग किया जाता है) फिर से भरे जाते हैं या विनिर्माण प्रक्रिया में आवश्यक रूप से आने के लिए निर्धारित होते हैं।

एक सतत् वस्तुसूची प्रणाली , या निरंतर इन्वेंट्री सिस्टम, एक वस्तुसूची नियंत्रण प्रणाली है जो व्यवसायों को वस्तुसूची के वास्तविक समय का लेखा जोखा रखने की अनुमति देता है।

अतः विकल्प (A) सही है।

80. ABC विश्लेषण एक कंपनी में वस्तुसूची को महत्व देने की एक विधि है। "A" वस्तु अत्यधिक मूल्यवान हैं, "B" वस्तु का एक मध्यवर्ती मूल्य है, जबकि "C" वस्तु कम महत्व वाले सामान हैं। ABC विश्लेषण पेरेटो सिद्धांत पर आधारित है कि खपत का 80% मूल्यवान वस्तुओं के 20% पर निर्भर करता है। ऐसे परिदृश्य में:

कक्षा	वस्तुओं की संख्या (कुल वस्तुओं के उनके % के संदर्भ में)	वस्तु सूची मूल्य (कुल मूल्य के उनके % के संदर्भ में)
A	15	70
B	30	20
C	55	10
	100	100

इसलिए, ABC विश्लेषण का किसी इकाई में माल की लागत से कोई लेना-देना नहीं है।

अतः विकल्प (A) सही है।

81. डेटा एब्स्ट्रेक्शन का अर्थ केवल उस डेटा को प्रदर्शित करना या साझा करना है जो कि आवश्यक है और अन्य सभी डेटा से छुपा रहा है जब तक कि इसे साझा करना आवश्यक नहीं है। हालाँकि, डेटा एब्स्ट्रेक्शन स्तर जो यह बताता है कि वास्तव में उपयोगकर्ता की मशीन (या सिस्टम) में डेटा को कैसे संग्रहित किया गया था, भौतिक स्तर के रूप में जाना जाता है।

अतः विकल्प (B) सही है।

82. शब्द DBA एडमिनिस्ट्रेटर को संदर्भित करता है जो पूरे डेटाबेस का प्रबंधन करता है और नियमित आधार पर डेटाबेस को अपडेट करता है। संक्षेप में, डेटाबेस व्यवस्थापक के पास पूरे डेटाबेस का उत्तरदायित्व है और इसे एक इष्टतम और स्थिर स्थिति में बनाए रखना है।

अतः विकल्प (B) सही है।

83. SQL में, संबंध एक तालिका द्वारा दर्शाया जाता है, और एक तालिका पंक्तियों और स्तंभों का एक संग्रह है। इसलिए पंक्तियों और स्तंभों के संग्रह को तालिका कहा जाता है, जबकि एक तालिका को SQL में संबंध के रूप में जाना जाता है। तो एक संबंध में (या हम टेबल कह सकते हैं), पंक्तियों को ट्यूपल्स कहा जाता है। तो, सही उत्तर ट्यूपल्स होगा।

अतः विकल्प (B) सही है।

84. डेटा प्रकलन भाषा में, कमांड जैसे चयन, इंसर्ट, अपडेट, और डिलीट का उपयोग सूचना (या डेटा, रिकॉर्ड) में प्रकलन करने के लिए किया जाता है, उदाहरण के लिए एक टेबल, अपडेट टेबल डिलीट टेबल, आदि।

अतः विकल्प (C) सही है।

85. डेटाबेस की संरचना को बनाए रखने या परिभाषित करने के लिए सामान्यतया डेटा परिभाषा भाषा का उपयोग किया जाता है। उदाहरण के लिए, एक तालिका, ड्रॉप टेबल, परिवर्तन तालिका बनाना। संक्षेप में, हम कह सकते हैं कि डेटा परिभाषा भाषा की कमांड का उपयोग डेटाबेस के अंदर टेबल के स्कीमा पर कार्य करने के लिए किया जाता है।

अतः विकल्प (A) सही है।

86. सामान्यीकरण में निचले स्तर के दृष्टिकोण का उपयोग किया जाता है। कई निम्न-स्तरीय उप-इकाइयां एक "व्यक्तिगत" उच्च-स्तरीय इकाई बनाने के लिए एक साथ समूहीकृत की जाती हैं। संक्षेप में, हम कह सकते हैं कि यह विशेषज्ञता के बिल्कुल विपरीत है। इसे और अधिक स्पष्ट रूप से समझने के लिए, निम्नलिखित उदाहरण पर विचार करें:

उदाहरण:

मान लें कि आपके पास बस, कार, मोटरबाइक आदि जैसी कई निचली इकाइयां हैं, इसलिए अधिक सामान्यीकृत (या उच्च स्तर) इकाई बनाने के लिए, आप उन्हें एक नए उच्च-स्तरीय निकाय जैसे वाहन के तहत जोड़ सकते हैं।

अतः विकल्प (B) सही है।

87. डेटाबेस प्रबंधन प्रणाली से डेटा लाने के लिए, सामान्यतया, "सेलेक्ट" कथन का उपयोग किया जाता है। इसलिए, डेटाबेस प्रबंधन प्रणाली से डेटा का अनुरोध करते समय डेटा प्रकलन भाषा का उपयोग एप्लिकेशन प्रोग्राम में किया जाता है।

अतः विकल्प (A) सही है।

88. डेटाबेस में विभिन्न तालिकाओं के बीच संबंधों का प्रतिनिधित्व करने के लिए, सामान्यतया, फॉरेन कीय का उपयोग किया जाता है। इसलिए सही उत्तर फॉरेन कीय है।

अतः विकल्प (B) सही है।

89. संसाधन नियोजन में लंबी दूरी की क्षमता संसाधन आवश्यकताएँ शामिल होती हैं और यह उत्पादन योजना से सीधे जुड़ी होती है। सामान्तया, इसमें उत्पादन योजना से मासिक, त्रैमासिक, या वार्षिक उत्पाद प्राथमिकताओं का अनुवाद करना शामिल होता है, जो कुल श्रम घंटों की क्षमता के कुछ माप में होती है।

अतः विकल्प (A) सही है।

90. उपलब्ध समय एक कार्य केंद्र का उपयोग करने वाले घंटों की संख्या है। उदाहरण के लिए, सप्ताह में पांच दिन आठ घंटे की अवधि में काम करने वाला एक कार्य केंद्र सप्ताह में 40 घंटे उपलब्ध है। उपलब्ध समय मशीनों की संख्या, श्रमिकों की संख्या और संचालन के घंटों पर निर्भर करता है।

अतः विकल्प (C) सही है।

91. अनुरोध प्रबंधन ग्राहक के अनुरोधो को प्राप्त करने, उन्हें ट्रैक करने और पूरा करने की प्रक्रिया को संदर्भित करता है। अनुरोध प्रबंधन प्रक्रिया तब शुरू होती है जब एक अनुरोध रखा जाता है और समाप्त होता है जब ग्राहक अपना पैकेज प्राप्त करता है।

अतः विकल्प (A) सही है।

92. (A). एक्सप्लोडिंग उपयोग की मात्रा द्वारा आवश्यकताओं को गुणा करने और पूरे प्रोडक्ट ट्री में उपयुक्त आवश्यकताओं को अभिलेख करने की प्रक्रिया है।

(B). ऑफसेट लीड-टाइम के आधार पर विस्फोट की आवश्यकताओं को उनके उचित समय में रखने की प्रक्रिया है।

(C). योजना के अनुरोध एक सुझाई गई अनुरोध मात्रा, रिलीज की तारीख, और नियोजन प्रणाली के तर्क द्वारा बनाई गई नियत तारीख है, जब यह PPP प्रसंस्करण में शुद्ध आवश्यकताओं का सामना करता है।

(D). समय सीमा एक प्रक्रिया को करने के लिए आवश्यक समय की अवधि है। निर्माण में यह अनुरोध तैयार करने, कतार बनाने, प्रसंस्करण, स्थानांतरित करने, प्राप्त करने और निरीक्षण करने के लिए समय होती है।
अतः विकल्प (A) सही है।

93. कंबन एक शेड्यूलिंग सिस्टम है जिसका उपयोग अक्सर प्रक्रिया में काम की अधिकता से बचने के लिए JIT के साथ संयोजन के रूप में किया जाता है। JIT उत्पादन प्रक्रिया की सफलता स्थिर उत्पादन, उच्च गुणवत्ता वाली कारीगरी, मशीन के टूटने और विश्वसनीय आपूर्तिकर्ताओं पर निर्भर करती है।
अतः विकल्प (A) सही है।

94. "पूर्वानुमान त्रुटि को पूर्वानुमानित करने से पहले पूर्वानुमान को संशोधित करने या योजना बनाने में सहायता के लिए उपयोग किया जा सकता है।" MAD वास्तविक मांग और पूर्वानुमान के बीच अंतर (त्रुटि) को मापता है। कई बार (आवृत्ति) वास्तविक मांग का एक ग्राफ एक विशेष मूल्य का होता है जो घंटी के आकार का वक्र (सामान्य बाधा) उत्पन्न करता है। "त्रुटि (+) या (-) 1 MAD 60% समय के भीतर होगी।
अतः विकल्प (C) सही है।

95. आर्थिक अनुरोध मात्रा माल की इष्टतम मात्रा है जिसे एक फर्म एक बार में अनुरोध करने और वस्तुसुची ले जाने की लागत को कम करने के लिए अनुरोध कर सकती है।

EOQ कुछ मान्यताओं पर आधारित है:

(a) वार्षिक मांग

(b) अनुरोध करने की लागत

(c) लागत वहन करना
अतः विकल्प (C) सही है।

96. एक साधारण निर्मित सतह उपयुक्त तत्व को मिलाकर प्राप्त की जाती है। एक चमकदार सतह चमकीली पोलिस के द्वारा दी जाती है और जब एक रंगीन सतह विभिन्न रंगों के पिगमेंट को जोड़ कर एक रंगीन फिनिश प्राप्त की जाती है, जबकि मुख्य रूप से तरसे हुए सतह संगमरमर में मिलती है जिसका उपयोग ब्लॉक के सामने की तरफ किया जाता है।

अतः सही उत्तर (C) है।

97. यह कंक्रीट के वांछित ढालन को तैयार कर के प्राप्त किया जाता है जिसकी सतह पर रूफ फिनिश होती है एक चमकदार सतह चमकीली पोलिस के द्वारा दी जाती है और जब एक रंगीन सतह विभिन्न रंगों के पिगमेंट को जोड़ कर एक रंगीन फिनिश प्राप्त की जाती है, जबकि मुख्य रूप से तरसे हुए सतह संगमरमर में मिलती है।
अतः विकल्प (D) सही है।

98. सामग्री हैंडलिंग उपकरण (MHE) यांत्रिक उपकरण है जिसका उपयोग विनिर्माण, वितरण, खपत और निपटान की प्रक्रिया के दौरान सामग्री, माल, और उत्पादों की विनिर्माण, भंडारण, नियंत्रण और संरक्षण के लिए किया जाता है। विभिन्न प्रकार के हैंडलिंग उपकरणों को चार प्रमुख श्रेणियों में वर्गीकृत किया जा सकता है: परिवहन उपकरण, स्थिति उपकरण, यूनिट लोड निर्माण उपकरण, और भंडारण उपकरण।

अतः विकल्प (D) सही है।

99. इकाई भार के सिद्धांत में कहा गया है कि "एक बार में बहुत सी वस्तुओं या सामग्रियों को स्थानांतरित करना त्वरित और किफायती है, बल्कि उनमें से प्रत्येक को व्यक्तिगत रूप से स्थानांतरित करना है।" दूसरे शब्दों में, इस सिद्धांत ने सुझाव दिया कि जितना बड़ा भार संभाला जाएगा, प्रति इकाई लागत उतनी ही कम होगी।

अतः विकल्प (A) सही है।

100. डेटाबेस मैनेजमेंट क्वेरी लैंग्वेज को आम तौर पर यह ध्यान में रखकर बनाया गया है कि इसे उन अंतिम-उपयोगकर्ताओं का समर्थन करना चाहिए जो अंग्रेजी जैसी कमांड से परिचित हैं। यह जटिल एप्लिकेशन सॉफ़्टवेयर के विकास की प्रक्रिया को भी बढ़ावा देता है और डेटाबेस की संरचना को निर्दिष्ट करने में सहायता करता है।

अतः विकल्प (D) सही है।

General Intelligence & Reasoning

Q.1 दी गई श्रृंखला में गलत संख्या खोजें,

121,143,165,186,209

A. 143 **B.** 165 **C.** 186 **D.** 209

Q.2 इस श्रृंखला को देखें: 3,4,7,8,11,12, ...
आगे क्या संख्या आनी चाहिए?

A. 7 **B.** 10 **C.** 14 **D.** 15

Q.3 लुप्त संख्या का पता लगाएं।

4	5	3	2	0
7	3	4	4	21
6	4	4	5	22
9	6	5	5	?

A. 34 **B.** 42 **C.** 44 **D.** 45

Q.4 लुप्त संख्या का पता लगाएं।

6	9	15
8	12	20
4	6	?

A. 5 **B.** 10 **C.** 21 **D.** 15

Q.5 कुत्ता: रेबीज :: मच्छर:?

A. प्लेग **B.** मौत **C.** डंक **D.** मलेरिया

Q.6 बर्फ: शीतलता :: पृथ्वी:?

A. वजन **B.** गुरुत्वाकर्षण
C. जंगल **D.** समुद्र

Q.7 निम्नलिखित में से एक को बाहर निकालें:

A. छल से **B.** लालची **C.** अवाक् **D.** लंपट

Q.8 उत्तर आकृति के बीच से एक आकृति का चयन करें जो चार समस्या आकृति द्वारा स्थापित के समान श्रृंखला जारी रखेगा।

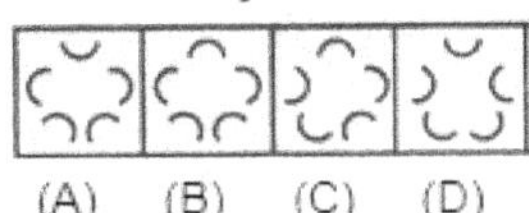 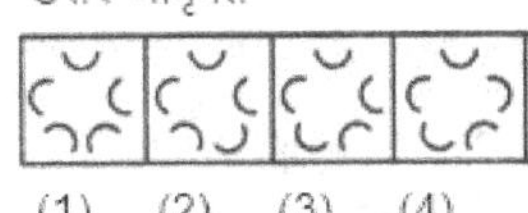

समस्या आकृति (A) (B) (C) (D)   उत्तर आकृति (1) (2) (3) (4)

[UP Police Sub Inspector, 2021]

A. 1 **B.** 2 **C.** 3 **D.** 4

Q.9 उत्तर आकृति के बीच से एक आकृति का चयन करें जो चार समस्या आकृति द्वारा स्थापित के समान श्रृंखला जारी रखेगा।

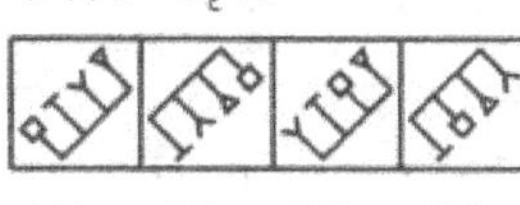 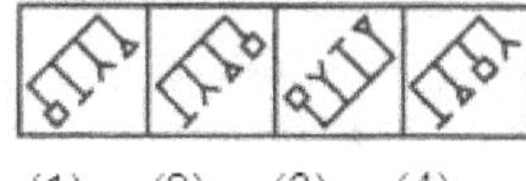

समस्या आकृति (A) (B) (C) (D)   उत्तर आकृति (1) (2) (3) (4)

A. 1 **B.** 2 **C.** 3 **D.** 4

Q.10 निम्नलिखित में से एक को बाहर निकालें:

A. 12:48 **B.** 13: 52 **C.** 15: 60 **D.** 14: 58

Q.11 उस विकल्प का चयन कीजिए जो तीसरे अक्षर-समूह से उसी प्रकार संबंधित है जैसे दूसरा अक्षर-समूह पहले अक्षर-समूह से संबंधित है।

MP : HK : : WZ :_______.

A. RS **B.** RU **C.** QT **D.** QU

Q.12 वह विकल्प चुनें जो दिए गए संयोजन की दर्पण छवि से निकट से मिलता जुलता हो।

ANS43Q12

(1) 21Q34SNA (2) ANS43Q12

(3) SNA43QNS (4) 12Q43ANS

A. 1 **B.** 2 **C.** 3 **D.** 4

Q.13 दर्पण छवि है:

TARA1N1014A

(1) A410N1A1AT (2) TARA1N1014A

(3) A1014N1ARAT (4) A41A1N1014A

A. 1 **B.** 2 **C.** 3 **D.** 4

Q.14 कथन: कुछ कवि कविताएँ हैं। कोई कविता गीत नहीं है।
निष्कर्ष:
I. कुछ कविताएँ गीत नहीं हैं।
II.कुछ गीत कविताएँ हैं

A. केवल निष्कर्ष I. अनुसरण करता है
B. केवल निष्कर्ष II. अनुसरण करता है
C. या तो I. या II. अनुसरण करता है
D. न तो I. और न ही II. अनुसरण करता है

Q.15 कथन: कुछ मोती गहने हैं। कुछ ज्वेल्स आभूषण हैं।
निष्कर्ष:

I. कुछ गहने मोती हैं।

III. कुछ आभूषण गहने हैं।

A. केवल निष्कर्ष I अनुसरण करता है।

B. केवल निष्कर्ष II अनुसरण करता है।

C. या तो I या II अनुसरण करता है।

D. I और II दोनों अनुसरण करते हैं।

Q.16 कथन: कुछ राजा रानी हैं। सभी रानियां खूबसूरत हैं।

निष्कर्ष:

I. सभी राजा सुंदर हैं

II. सभी रानियां राजा हैं।

A. केवल I अनुसरण करता है

B. केवल II अनुसरण करता है

C. या तो I या II अनुसरण करता है

D. न तो I या II अनुसरण करता है

Q.17 एक लड़के की तस्वीर की ओर इशारा करते हुए सुरेश ने कहा, "वह मेरी मां के इकलौते बेटे का बेटा है।" सुरेश उस लड़के से कैसे संबंधित है?

A. भाई   B. चाचा   C. चचेरा भाई   D. पिता

Q.18 यदि $A + B$ का अर्थ है A, B का भाई है ; $A - B$ का अर्थ है A, B की बहन है। और $A \times B$ का अर्थ है A, B का पिता है। निम्नलिखित में से किसका अर्थ है कि C, M का पुत्र है?

A. $M - N \times C + F$ B. $F - C + N \times M$

C. $N + M - F \times C$ D. $M \times N - C + F$

Q.19 एक निश्चित कोड में 'MISSIONS' को 'MSIISNOS' लिखा जाता है। उस कोड में 'ONLINE' कैसे लिखा जाता है?

A. OLNNIE   B. ONILEN

C. NOILEN   D. LNOENI

Q.20 एक निश्चित कोड में 'ROAR' को 'URDU' लिखा जाता है। उस कोड में 'URDU' कैसे लिखा जाता है?

A. V X D Q   B. X U G X   C. R O A R   D. V S O V

Q.21 एक व्यक्ति पूर्व की ओर 1 किमी चलता है और फिर वह दक्षिण की ओर मुड़ता है और 5 किमी चलता है। फिर से वह पूर्व की ओर मुड़ता है और चलता है 2 किमी इसके बाद वह उत्तर की ओर मुड़ता है और 9 किमी चलता है। अब, वह अपने शुरुआती बिंदु से कितनी दूर है?

A. 3 किमी   B. 4 किमी   C. 5 किमी   D. 7 किमी

Q.22 एक आदमी उत्तर की ओर मुंह करता है। अपने दाईं ओर मुड़ते हुए, वह 25 मीटर चलता है। वह फिर अपनी बाईं ओर मुड़ता है और 30 मीटर चलता है। इसके बाद, वह अपने दाईं ओर 25 मीटर चलता है। वह फिर अपने दाईं ओर मुड़ता है और 55 मीटर चलता है। अंत में, वह दाईं ओर मुड़ता है और 40 मीटर चलता है। वह अपने प्रारंभिक बिंदु से किस दिशा में है?

A. दक्षिण पश्चिम   B. दक्षिण

C. उत्तर पश्चिम   D. दक्षिण-पूर्व

Q.23 यदि रहीम पूर्व दिशा में 20 मीटर चलता है और फिर अपनी बाईं ओर मुड़ता है और फिर 15 मीटर चलता है और फिर वह अपने दाईं ओर मुड़ता है और 25 मीटर चलता है। इसके बाद वह अपने दाईं ओर मुड़ता है और 15 मीटर चलता है। अब, वह प्रारंभिक बिंदु से कितनी दूर है?

A. 40 मीटर   B. 50 मीटर   C. 25 मीटर   D. 45 मीटर

Q.24 यदि $72 \times 96 = 6927, 58 \times 87 = 7885$, तो $79 \times 86 = ?$

A. 6597   B. 6297   C. 6927   D. 6897

Q.25 कुछ समीकरण कुछ प्रणालियों के आधार पर हल किए जाते हैं। प्रश्न में समीकरण के लिए चार विकल्पों में से सही उत्तर का पता लगाएं।

$$a = 12(390)8, \ h = 7(314)5, c = 5(?)12$$

A. 299   B. 289   C. 279   D. 280

General Awareness and General English

Q.26 यशस्विनी सिंह देसवाल निम्नलिखित में से किस खेल से संबंधित हैं?

A. निशानेबाजी   B. टेबल टेनिस

C. बैडमिंटन   D. मुक्केबाज़ी

Q.27 भारत के पहले गवर्नर जनरल कौन थे?

A. वारेन हेस्टिंग्स   B. विलियम बेंटिक

C. लॉर्ड डलहौजी   D. लॉर्ड कैनिंग

Q.28 1875 में, सर सैयद ने __________ में मदरसातुल उलूम की स्थापना की।

A. दिल्ली   B. अलीगढ़   C. बंगाल   D. आगरा

Q.29 निम्नलिखित में से कौन भारत में चुनाव प्रणाली की विशेषता नहीं है?

A. सार्वभौमिक वयस्क मताधिकार

B. गुप्त मतदान

C. अनुसूचित जाति और अनुसूचित जनजाति के सदस्यों के लिए विधायिका में सीटों का आरक्षण

D. सांप्रदायिक निर्वाचक मंडल

Q.30 लोकसभा के अंतिम सत्र और लोकसभा को वापस बुलाने के बीच अधिकतम अनुमत अवधि क्या है?

A. 2 महीने   B. 4 महीने   C. 5 महीने   D. 6 महीने

Q.31 निम्नलिखित में से कौन सा शब्द भारतीय संविधान की प्रस्तावना में नहीं लिखा गया है?

A. संप्रभुता   B. समाजवादी

C. लोकतांत्रिक   D. भारतीयों

Q.32 निम्नलिखित में से कौन सा शब्द भारतीय संविधान की प्रस्तावना में नहीं लिखा गया है?

A. प्रभुता   B. समाजवादी

C. लोकतंत्रात्मक   D. भारतीयों

Q.33 निम्नलिखित में से कौन सही कथन नहीं है:

A. खासी हिल्स और मिज़ो हिल्स दोनों पटकाई रेंज का हिस्सा हैं

B. फावंगपुई या ब्लू माउंटेन मिज़ो हिल्स का उच्चतम बिंदु है

C. खासी हिल्स को स्थानीय भाषा में लुशाई हिल्स के रूप में भी जाना जाता है

D. सभी सही कथन हैं

Q.34 कर्क रेखा इन में से किस भारतीय राज्य से होकर नहीं गुजरती है?

A. मध्य प्रदेश   B. पश्चिम बंगाल

C. राजस्थान   D. ओडिशा

Q.35 केंद्र सरकार के विकास खर्च में ____ शामिल नहीं है।

A. रक्षा व्यय

B. आर्थिक सेवा पर खर्च

C. सामाजिक और साम्यवादी सेवाओं पर खर्च

D. राज्यों को अनुदान

Q.36 भारत में, राज्य वित्तीय निगम ने मुख्य रूप से ____ को विकसित करने के लिए सहायता दी है।

A. कृषि फार्म

B. कुटीर उद्योग

C. बड़े पैमाने पर उद्योग

D. मध्यम और लघु उद्योग

Q.37 आर्थिक सर्वेक्षण ______ द्वारा संकलित किया गया है।

A. गृह मंत्रालय

B. वित्त मत्रांलय

C. ग्रामीण विकास मंत्रालय

D. केंद्रीय सांख्यिकी संगठन

Q.38 ______ सामान्य मूल्य स्तर में लगातार और प्रशंसनीय वृद्धि है।

A. अपस्फीति

B. मुद्रास्फीति

C. स्थिरता

D. मंदी

Q.39 In the following question, choose the word opposite in meaning to the given word.

INDISPENSABLE

A. Tolerable

B. Superfluous

C. Expensive

D. Hostile

Q.40 Out of the four alternatives, choose the one which best expresses the meaning of the given word.

HEIST

A. Delay

B. Theft

C. Protest

D. Confirm

Q.41 Give one word for the given sentence-

Leave or remove from a place considered dangerous

A. Evade

B. Evacuate

C. Avoid

D. Exterminate

Q.42 In the following question, a sentence has been given Indirect/Direct Speech. Out of the four alternatives suggested, select the one which best expresses the same sentence in Indirect/Direct Speech.

'I have come a very long way', said the old man, 'I do not know where I can get a night's lodging, as I am a stranger to the place'.

A. The old man told that he had come a long way. He added that he did not know where he could get night's lodging as he was stranger to the place.

B. The old man said that he had come a long way. He added that he did not know where he could get night's lodging as he was stranger to the place.

C. The old man told that he has come a long way. He added that he did not know where he could get night's lodging as he was stranger to the place.

D. The old man told that he had come a long way. He said that he did not know where he could get night's lodging as he was stranger to the place.

Q.43 In this question a sentence has been given in Active/Passive Voice. Out of the four alternatives suggested below, select the one which best expresses the same sentence in Passive/Active Voice.

Has Sanjay written a book?

A. Has a book written by Sanjay?

B. Has a book been written by Sanjay?

C. Has the book been written by Sanjay?

D. None of the above

Q.44 In the following question, some part of the sentence may have errors. Find out which part of the sentence has an error and select the appropriate option. If a sentence is free from error, select 'No error'.

The landlord made the boys (1)/ to do the garden (2)/ make over all over again. (3)/ No error (4).

A. 1

B. 2

C. 3

D. 4

Q.45 Directions: In the following questions a part of the sentence is bold. Below are given alternatives to the bold part at a, b and c which may improve the sentence. Choose the correct alternative. In case no improvement is needed, your answer is d.

The weak man is a slave to his **sensuous** pleasures.

A. sensory

B. sensual

C. secondary

D. No improvement

Q.46 In the following question, sentences are given with blanks to be filled in with an appropriate word(s). Four alternatives are suggested for each question. Choose the correct alternative out of the four as your answer.

By morning, the fury of the floods ________

A. ebbed

B. receded

C. retired

D. abated

Q.47 Which one of the following word is correctly spelt?

A. Illusterous

B. Illistrious

C. Ilustrious

D. Illustrious

Ques (48-50): Naval architects never claim that a ship is unsinkable, but the sinking of the passenger-and-car ferry Estonia in the Baltic surely should have never have happened. It was well designed and carefully maintained. It carried the proper number of lifeboats. It had been thoroughly inspected the day of its fatal voyage. Yet hours later, the Estonia rolled over and sank in a cold, stormy night. It went down so quickly that most of those on board, caught in their dark, flooding cabins, had no chance to save themselves: Of those who managed to scramble overboard, only 139 survived. The rest died of hypothermia before the rescuers could pluck them from the cold sea. The final death toll amounted to 912 souls. However, there were an unpleasant number of questions about why the Estonia sank and why so many survivors were men in the prime of life, while most of the dead were women, children and the elderly.

Q.48 One can understand from the reading that ----.

A. the lifesaving equipment did not work well and lifeboats could not be lowered

B. design faults and incompetent crew contributed to the sinking of the Estonia ferry

C. 139 people managed to leave the vessel but died in freezing water

D. most victims were trapped inside the boat as they were in their cabins

Q.49 It is clear from the passage that the survivors of the accident ----.

A. helped one another to overcome the tragedy that had affected them all

B. were mostly young men but women, children and the elderly stood little chance

C. helped save hundreds of lives

D. are still suffering from severe post-traumatic stress disorder

Q.50 According to the passage, when the Estonia sank, ----.

A. there were only 139 passengers on board

B. few of the passengers were asleep

C. there were enough lifeboats for the number of people on board

D. faster reaction by the crew could have increased the Estonia's chances of survival

Numerical Aptitude

Q.51 एक परीक्षा में 80% उम्मीदवार अंग्रेजी में और 85% उम्मीदवार गणित में उत्तीर्ण हुए। यदि इन दोनों विषयों में 73% उम्मीदवार उत्तीर्ण हुए, तो दोनों विषयों में कितने प्रतिशत उम्मीदवार फेल हुए?

A. 8   **B.** 15   **C.** 27   **D.** 35

Q.52 वस्तु की कीमत की 50% की वृद्धि हुई है, तो क्या अंश से इसकी खपत इसकी खपत पर एक ही खर्च रखने के लिए इतनी के रूप में कम किया जाना चाहिए?

A. $\frac{1}{4}$ **B.** $\frac{1}{3}$ **C.** $\frac{1}{2}$ **D.** $\frac{2}{3}$

Q.53 एक आदमी 4 किमी / घंटा की गति से पुणे से मुंबई जाता है और 6 किमी / घंटा की गति से पुणे लौटता है। पूरी यात्रा की उनकी औसत गति क्या है?

A. 4.8 किमी / घंटा

B. 5 किमी / घंटा

C. 4.2 किमी / घंटा

D. 5.6 किमी / घंटा

Q.54 एक कार जो अपनी वास्तविक गति $\frac{5}{7}$ से चलती है 1 घंटे 40 मिनट 48 सेकंड में कार 42 किमी चलती है। कार की वास्तविक गति ज्ञात कीजिए।

A. $17\frac{6}{7}\ km/hr$

B. $35\ km/hr$

C. $25\ km/hr$

D. $30\ km/hr$

Q.55 गुड्डी ने कुछ पैसा बैंक में 6% प्रति वर्ष की दर से निवेश किया। साधारण ब्याज पर, 9 साल बाद, उसे 8470 रुपये मिले। उसने कितना निवेश किया था?

A. 5250 रुपये

B. 6550 रुपये

C. 6400 रुपये

D. 5500 रुपये

Q.56 अमन को 8600 रुपये वेतन मिलता था। वेतन उसके द्वारा दो भागों में निवेश किया गया था। उनके वेतन के दो भागों के बीच अंतर ज्ञात करें, यदि पहले भाग में उन्हें 4 वर्षों में 15% प्रति वर्ष की दर से कुछ साधारण ब्याज मिलता था, जो कि दूसरे भाग के समान था, जो उन्होंने 3 वर्षों के लिए 20% पर निवेश किया था।

A. 0 रुपये

B. 2400 रुपये

C. 100 रुपये

D. 4500 रुपये

Q.57 सबसे छोटा वर्ग संख्या 10,16 और 24 से विभाज्य है?

A. 900   **B.** 1600   **C.** 2500   **D.** 3600

Q.58 3240,3600, और एक तीसरी संख्या का 36 HCF है और उनका LCM $2^4 \times 3^5 \times 5^2 \times 7^2$ है तीसरी संख्या है:

A. $2^2 \times 3^5 \times 7^2$

B. $2^2 \times 5^3 \times 7^2$

C. $2^5 \times 5^2 \times 7^2$

D. $2^3 \times 3^5 \times 7^2$

Q.59 तीन पाइप A, B और C क्रमशः 6 घंटे, 9 घंटे और 12 घंटे में एक टैंक भर सकते हैं। B और C को आधे घंटे के लिए खोला जाता है, फिर A भी खोला जाता है। टैंक के शेष भाग को भरने के लिए तीन पाइपों द्वारा एक साथ लिया गया समय है:

A. 3 घंटे

B. 2 घंटे

C. $2\frac{1}{2}$ घंटे

D. $3\frac{1}{2}$ घंटे

Q.60 एक नल एक बूंद / सेकंड की दर से टपकता है। 600 बूंदें 100 मि.ली. बनाती हैं। 300 दिनों में बर्बाद होने वाले लीटर की संख्या है:

A. 4320000 लीटर

B. 432000 लीटर

C. 43200 लीटर

D. 4320 लीटर

Q.61 75 मील प्रति घंटे की गति से यात्रा करने वाली ट्रेन एक सुरंग $3\frac{1}{2}$ मील लंबी है। ट्रेन $\frac{1}{4}$ मील लंबी है। ट्रेन को सुरंग से गुजरने में कितना समय लगता है:

A. 2.5 मिनट   **B.** 3 मिनट   **C.** 3.2 मिनट   **D.** 3.5 मिनट

Q.62 एक ट्रेन 15 सेकंड में एक पोल और 25 सेकंड में 100 मीटर लंबे एक प्लेटफॉर्म को गति देती है। ट्रेन की लंबाई है:

A. 50 मीटर

B. 150 मीटर

C. 250 मीटर

D. डेटा अपर्याप्त है

Q.63 एक नाव वाला आदमी शांत जल में 7 किमी / घंटे की गति से रो सकता है। नदी की गति 3 किमी / घंटे पर नदी के बहाव की विपरीत दिशा की तुलना में बहाव की दिशा की ओर समान दूरी तय करने में 6 घंटे अधिक लगते हैं। दोनों गंतव्यों के बीच की दूरी क्या है?

A. 20 किमी / घंटे

B. 40 किमी / घंटे

C. 30 किमी / घंटे

D. 10 किमी / घंटे

Q.64 यदि एक नाव 5 घंटे में 50 किमी धारा के दिशा में और 6 घंटे में 24 किमी धारा के विपरीत दिशा चलती है, तो नाव और नदी की गति क्या है?

A. (7,3) किमी/घंटे

B. (6,4) किमी/घंटे

C. (10,4) किमी/घंटे

D. इनमें से कोई नहीं

Q.65 45 मिनट से $5\frac{3}{4}$ घंटे का अनुपात है:

A. 180: 23   **B.** 3: 23   **C.** 23: 3   **D.** 6: 23

Q.66 $\frac{2}{3} : \frac{5}{7}$ के लिए अनुपात बराबर है:

A. 4: 6   **B.** 5:7   **C.** 15:14   **D.** 14:15

Q.67 एक व्यापारी ने दो बैल बेच दिए। 8,400 प्रत्येक पर न तो हानिऔर न ही लाभ हुआ। यदि उसने एक बैल को 20%, के लाभ पर बेचा, तो दूसरे को हानि के लिए कितने पर बेचा जाता है:

A. 20%   **B.** $18\frac{2}{9}\%$ **C.** $14\frac{2}{7}\%$ **D.** 21%

Q.68 लगातार दो छूट मिलने के बाद शालिनी को 136 रुपये का शर्ट मिला, जिसकी चिह्नित कीमत 200 रुपये है। यदि दूसरी छूट 15% है तो पहली छूट ज्ञात करें।

A. 12.5%   **B.** 15%   **C.** 25%   **D.** 20%

Q.69 एक अंश का अंश हर से 4 कम है। यदि अंश 2 घटाया जाता है और हर 1 बढ़ जाता है, तो हर अंश का आठ गुना होता है। अंश ज्ञात कीजिए।

A. $\frac{3}{5}$ **B.** $\frac{7}{3}$ **C.** $\frac{3}{7}$ **D.** $\frac{5}{7}$

Q.70 एक लड़के को दी गई संख्या को $\left(\frac{8}{17}\right)$ से गुणा करने के लिए कहा गया। इसके विपरीत, उसने दी गई संख्या को $\left(\frac{8}{17}\right)$ से विभाजित किया

और परिणाम 225 अधिक प्राप्त किया, यदि उसने संख्या को $\left(\dfrac{8}{17}\right)$ से गुणा किया, तो दी गई संख्या थी:

A. 8 **B.** 17 **C.** 64 **D.** 136

Q.71 400 और 500 के बीच की संख्या ज्ञात करें जो 12,15, और 20 द्वारा बिल्कुल विभाज्य हैं।

A. 420 और 480 **B.** 420 और 450
C. 400 और 420 **D.** इनमें से कोई नहीं

Q.72 दो सकारात्मक पूर्णांकों के वर्गों का योग 100 है और उनके वर्गों का अंतर 28 है। संख्याओं का योग है,

A. 15 **B.** 14 **C.** 13 **D.** 12

Q.73 संख्या जब 6 से विभाजित होती है, तो शेष 3 है। जब संख्या का वर्ग 6 शेष से विभाजित होता है, तब:

A. 0 **B.** 1 **C.** 3 **D.** 2

Q.74 5 लगातार धनात्मक संख्याओं का औसत 86 है। तीसरी और चौथी संख्या का गुणनफल क्या है?

A. 7704 **B.** 4077 **C.** 4707 **D.** 7568

Q.75 साधारण ब्याज पर 6 वर्षों में राशि में 60% वृद्धि होती है। उसी दर पर 3 वर्ष के बाद रु 12,000 का चक्रवृद्धि ब्याज क्या होगा?

A. 2160 रु **B.** 3160 रु **C.** 3972 रु **D.** 6240 रु

Specialised Topic

Q.76 ________ मूल सामग्रियां हैं जो आपूर्तिकर्ताओं से प्राप्त होने के बाद से किसी भी रूपांतरण से नहीं गुज़री हैं।

A. WIP **B.** कच्चा माल
C. तैयार माल **D.** कार्य किए गए भाग

Q.77 आवश्यकताओं के अनुसार खरीदना ________ कहलाता है

A. मौसमी खरीदना **B.** इच्छुक एवं समर्थ मांग
C. अनुसूचित खरीद **D.** टेंडर खरीदना

Q.78 क्रय चक्र की पहली गतिविधि है:

A. खरीद की आवश्यकता को पहचानना
B. स्रोत चयन और विकास
C. खरीद के लिए आवश्यक संचार
D. माल का निरीक्षण

Q.79 इन्वेंट्री न केवल बेची गई वस्तुओं की लागत का एक हिस्सा बनाती है, बल्कि तैयार माल में संसाधित होने के लिए उत्पादन की शुरुआत में खरीदी जाती है। इस प्रकार की इन्वेंट्री को __________ कहा जाता है।

A. तैयार माल **B.** कच्चा माल
C. कार्य सूची में कार्य **D.** इनमें से कोई भी नहीं

Q.80 कच्चे माल और WIP को इसके अंतर्गत वर्गीकृत किया जा सकता है:

A. प्रत्यक्ष सामग्री **B.** अप्रत्यक्ष सामग्री
C. तैयार सामग्री **D.** मानक भागों

Q.81 DBMS है-

A. सॉफ्टवेयर **B.** हार्डवेयर **C.** अनुप्रयोग **D.** वायरस

Q.82 भंडारण प्रबंधक के घटक क्या हैं?

A. प्राधिकरण और अखंडता प्रबंधक
B. लेन-देन प्रबंधक
C. फ़ाइल मैनेजर
D. ऊपर के सभी

Q.83 ट्रिपल रिलेशनल कैलकुलस एक क्वेरी लैंग्वेज है।

A. प्रक्रियात्मक **B.** वस्तु के उन्मुख
C. गतिशील **D.** गैर प्रक्रियात्मक

Q.84 एक DBMS जो एक DBMS और एक एप्लिकेशन जनरेटर को जोड़ता है ________

A. ओरेकल कॉर्पोरेशन के ओरेकल
B. माइक्रोसॉफ्ट SQL सर्वर
C. माइक्रोसॉफ्ट एक्सेस
D. इनमें से कोई नहीं

Q.85 गणितीय समस्याओं को हल करने के लिए एक अच्छी तरह से निर्धारित निर्देशों को ________ कहा जाता है।

A. एक एल्गोरिथ्म **B.** एक विवरण
C. एक संकेतवाली **D.** एक संकलक

Q.86 DBMS को समझने के लिए, ________ को समझना महत्वपूर्ण है?

A. भौतिक स्कीमा
B. एक उप स्कीमा
C. सभी उप स्कीमा जो सिस्टम सपोर्ट हैं
D. (A) और (B) दोनों

Q.87 फ़ाइल संगठन की विधि जिसमें फ़ाइल में डेटा रिकॉर्ड को एक निर्दिष्ट क्रम में कुंजी फ़ील्ड के अनुसार व्यवस्थित किया जाता है:

A. अनुक्रमिक अधिगम विधि
B. कतार विधि
C. पूर्व निर्धारित विधि
D. सीधी पहुँच विधि

Q.88 एक डेटाबेस में रोलबैक ___ स्टेटमेंट है।

A. DDL **B.** DML **C.** DCL **D.** TCL

Q.89 एक इमारत में कितने प्रकार की दरारें हो सकती हैं?

A. 3 **B.** 4 **C.** 2 **D.** 6

Q.90 भंडारण भोजन के निम्नलिखित भौतिक गुणों में से कौन सा परीक्षण किया जा सकता है?

A. गंध माप
B. यांत्रिक बनावट-मीटर
C. गंध माप और यांत्रिक बनावट-मीटर
D. न ही उल्लेख किया गया है

Q.91 तीन नमूनों को कुछ उपचारों के अधीन किया गया था। निम्नलिखित में से कौन खपत के लिए अयोग्य है?

A. एयर कूल, एयर होल्ड
B. नाइट्रोजन ठंडा, नाइट्रोजन धारण
C. वायु शांत, नाइट्रोजन धारण
D. सभी उल्लेख उपभोग के लिए फिट हैं

Q.92 इन दोनों में से कौन सा - विटामिन प्रतिधारण परीक्षण और संवेदी गुणवत्ता परीक्षण, का उपयोग तापमान या खाद्य पदार्थों के भंडारण के समय को निर्धारित करने के लिए एक आधार के रूप में किया जाना चाहिए जो कि थाइमिन या एस्कॉर्बिक एसिड के प्राथमिक या महत्वपूर्ण स्रोत के रूप में अभिप्रेत हैं?

A. विटामिन प्रतिधारण परीक्षण
B. संवेदी गुणवत्ता परीक्षण
C. या तो उल्लेख किया है
D. न ही उल्लेख किया गया है

Q.93 निर्देश: नीचे दिए गए दो संक्षेप हैं। सही चुनिए।

कथन 1: तापमान में वृद्धि या भिन्नता के कारण किसी उत्पाद की संवेदनशीलता पर मौसमी और क्षेत्रीय विविधताओं का बहुत कम प्रभाव पड़ता है।

कथन 2: किसी उत्पाद की क्षति को बढ़ाने के लिए दोषपूर्ण प्रसंस्करण / पैकेजिंग का एक बड़ा प्रभाव है।

A. सही, गलत

B. सही, सही

C. गलत, गलत

D. गलत, सही

Q.94 ABC विश्लेषण में प्रयोग किया जाता है:

A. सूची प्रबंधन

B. प्राप्य प्रबंधन

C. लेखांकन नीतियां

D. निगम से संबंधित शासन प्रणाली

Q.95 बिल्डिंग के आइटम है:

A. एसेट

B. राजस्व

C. व्यय

D. देयता

Q.96 XYZ विश्लेषण ग्राहक की मांग के संबंध में अधिक उपयोग किया जाता है

A. कच्चा माल

B. तैयार माल

C. (A) और (B) दोनों

D. पशुधन

Q.97 किसी भी ज्ञात दायित्व की मात्रा को पर्याप्त सटीकता के साथ निर्धारित किया जा सकता है।

A. एक रोकथाम बनाई जानी चाहिए

B. एक रिजर्व बनाया जाना चाहिए

C. एक निश्चित दायित्व बनाया जाना चाहिए

D. हानि लिखी जानी चाहिए

Q.98 विशिष्ट इन्वेंट्री मॉडल द्वारा उत्तर दिए गए दो सबसे बुनियादी इन्वेंट्री प्रश्न हैं:

A. समय और आदेशों की लागत

B. आदेशों की मात्रा और लागत

C. समय और मात्रा के आदेश

D. आदेश मात्रा और सेवा स्तर

Q.99 विनिर्माण उद्योगों में लागत का सबसे महत्वपूर्ण तत्व ______ है।

A. सामग्री

B. श्रम

C. प्रत्यक्ष लागत

D. परोक्ष लागत

Q.100 मूल्य निर्धारण के मुद्दों के अनुसार वर्तमान आर्थिक मूल्यों के करीब है?

A. लास्ट इन फर्स्ट आउट

B. प्रथम प्रवेश प्रथम निर्गम

C. हाईएस्ट इन, फर्स्ट आउट

D. भारित औसत मूल्य

// स्मार्ट उत्तर पुस्तिका //

सही उत्तर — उन छात्रों का प्रतिशत जिन्होंने प्रश्नों का सही उत्तर दिया था। **छोड़ दिया** — उन छात्रों का प्रतिशत जिन्होंने प्रश्नों को छोड़ दिया था।

प्रश्न संख्या	उत्तर	सही उत्तर / छोड़ दिया	प्रश्न संख्या	उत्तर	सही उत्तर / छोड़ दिया	प्रश्न संख्या	उत्तर	सही उत्तर / छोड़ दिया	प्रश्न संख्या	उत्तर	सही उत्तर / छोड़ दिया	प्रश्न संख्या	उत्तर	सही उत्तर / छोड़ दिया	प्रश्न संख्या	उत्तर	सही उत्तर / छोड़ दिया
1	C	60.11 % 31.05 %	18	D	21.56 % 77.9 %	35	A	66.33 % 31.45 %	52	B	69.13 % 30.55 %	69	C	20.07 % 75.78 %	86	B	54.54 % 36.4 %
2	D	41.99 % 30.88 %	19	A	65.99 % 33.36 %	36	D	22.0 % 68.39 %	53	A	56.25 % 40.2 %	70	D	49.17 % 48.41 %	87	A	65.38 % 34.38 %
3	A	57.96 % 39.93 %	20	B	60.14 % 33.49 %	37	B	46.24 % 39.77 %	54	B	53.2 % 45.32 %	71	A	41.32 % 54.87 %	88	D	64.32 % 34.78 %
4	B	63.05 % 33.47 %	21	C	46.01 % 35.28 %	38	B	68.27 % 30.4 %	55	D	46.64 % 43.4 %	72	B	53.93 % 40.74 %	89	C	63.91 % 31.28 %
5	D	66.59 % 31.92 %	22	D	52.99 % 42.0 %	39	B	59.02 % 32.47 %	56	A	54.25 % 36.86 %	73	C	69.38 % 30.38 %	90	C	52.38 % 42.31 %
6	B	89.79 % 10.05 %	23	D	47.39 % 33.8 %	40	B	65.14 % 31.1 %	57	D	69.22 % 30.66 %	74	D	64.23 % 32.63 %	91	A	43.98 % 38.12 %
7	A	62.33 % 34.36 %	24	D	69.71 % 30.04 %	41	B	51.68 % 45.4 %	58	A	45.51 % 36.5 %	75	C	59.25 % 30.58 %	92	A	56.98 % 30.07 %
8	A	42.29 % 35.84 %	25	C	25.34 % 70.14 %	42	A	56.77 % 30.46 %	59	A	29.16 % 67.84 %	76	C	68.05 % 31.79 %	93	B	58.26 % 40.31 %
9	B	57.72 % 42.24 %	26	A	61.45 % 37.86 %	43	B	68.89 % 30.59 %	60	D	19.65 % 75.71 %	77	B	61.97 % 33.73 %	94	A	51.06 % 30.55 %
10	D	50.57 % 33.55 %	27	A	59.86 % 37.77 %	44	B	63.01 % 30.93 %	61	B	50.38 % 46.43 %	78	A	66.26 % 33.01 %	95	A	50.31 % 41.49 %
11	B	49.81 % 42.38 %	28	B	57.56 % 32.3 %	45	B	58.17 % 41.41 %	62	B	41.71 % 39.9 %	79	C	55.94 % 37.34 %	96	B	52.41 % 43.48 %
12	B	23.42 % 68.23 %	29	D	61.99 % 33.04 %	46	D	52.85 % 44.23 %	63	B	69.32 % 30.58 %	80	A	40.3 % 44.33 %	97	C	61.48 % 31.57 %
13	D	11.41 % 85.02 %	30	D	27.3 % 71.44 %	47	D	69.1 % 30.75 %	64	A	69.91 % 30.04 %	81	A	46.96 % 48.53 %	98	C	47.26 % 30.87 %
14	A	51.91 % 38.68 %	31	B	67.33 % 31.94 %	48	D	48.94 % 43.99 %	65	B	83.84 % 11.67 %	82	D	42.01 % 51.76 %	99	A	55.88 % 39.02 %
15	D	67.04 % 30.46 %	32	D	49.56 % 35.17 %	49	B	56.48 % 39.95 %	66	D	41.11 % 43.76 %	83	D	21.59 % 72.94 %	100	A	51.79 % 36.29 %
16	D	59.44 % 36.42 %	33	C	21.33 % 71.15 %	50	C	48.65 % 42.88 %	67	C	43.25 % 36.61 %	84	C	58.07 % 33.05 %			
17	D	55.66 % 39.82 %	34	D	15.62 % 82.33 %	51	A	61.15 % 31.84 %	68	D	14.09 % 82.63 %	85	A	57.79 % 40.9 %			

//संकेत और समाधान//

1. अगली संख्या प्राप्त करने के लिए श्रृंखला की प्रत्येक संख्या में 22 जोड़ दिया जाता है।

$121 + 22 = 143$

$143 + 22 = 165$

तो, 186 गलत है और इसे $(165 + 22) = 187$ द्वारा प्रतिस्थापित किया जाना चाहिए

$187 + 22 = 209$

अत: विकल्प (C) सही है।

2. यह वैकल्पिक जोड़ श्रृंखला 3 से शुरू होती है;

तब 4 आने के लिए 1 जोड़ा जाता है;

तब 7 आने के लिए 3 जोड़ा जाता है;

तब 1 जोड़ा जाता है, और इसी तरह।

नियम = (पहली संख्या +1) (दूसरी संख्या +3) (तीसरा संख्या +1) (चौथा संख्या +3) ...

अब श्रृंखला 3,4,7,8,11,12 ... है

$(3 + 1 = 4), (4 + 3 = 7), (7 + 1 = 8), (8 + 3 = 11),$

$(11 + 1 = 12)(12 + 3 = 15) \ldots$

अत: विकल्प (D) सही है।

3. स्तंभानुसार

(प्रथम स्तंभ तत्व × 4 स्तंभ तत्व) - (2 स्तंभ तत्व + 3 स्तंभ तत्व) = अंतिम स्तंभ तत्व

$(4 \times 2)-(5+3) = 0$

$(7 \times 4)-(3+4) = 21$

$(6 \times 5)-(4+4) = 22$

$(9 \times 5)-(6+5) = 34$

अत: विकल्प (A) सही है।

4. दूसरा पंक्ति तत्व - पहली पंक्ति तत्व = परिणाम $\times 2$ = तीसरा पंक्ति तत्व

स्तम्भ 1:

$8 - 6 = 2$

$2 \times 2 = 4$

स्तम्भ 2 :

$12 - 9 = 3$

$3 \times 2 = 6$

स्तम्भ 3:

$20 - 15 = 5$

$5 \times 2 = 10$

आवश्यक संख्या 10 है।

अत: विकल्प (B) सही है।

5. कुत्ते के काटने से रेबीज होता है।

मच्छर के काटने से मलेरिया होता है।

अत: विकल्प (D) सही है।

6. बर्फ की वजह से ठंड है, पृथ्वी की वजह से गुरुत्वाकर्षण है।

अत: विकल्प (B) सही है।

7. लालची, अवाक् और लंपट समानार्थी हैं- और तीन शब्द का अर्थ है एक से अधिक जरूरतों और योग्यताओं की चाह। धोखेबाज का मतलब बेईमानी है या धोखा देने का इरादा है।

अत: विकल्प (A) सही है।

8. एक, दो, तीन, एक, दो, तीन ..... आर्क्स क्रमिक रूप से उल्टे हो जाते हैं। यह उलटा ACW दिशा में होता है।

अत: विकल्प (A) सही है।

9. इसी तरह की आकृति हर दूसरे चरण में फिर से दिखाई देती है। हर बार जब पहली आकृति फिर से दिखाई देती है, तो तत्व

ऑर्डर में इंटरचेंज पोजिशन ले लेते हैं। और, हर बार दूसरी

आकृति पुन: प्रकट होती है, तत्व   क्रम में स्थिति को बदलते हैं।

अत: विकल्प (B) सही है।

10. $48/12 = 4, 52/13 = 4, 60/15 = 4.$ हालांकि, $58/14 > 4$

अत: विकल्प (D) सही है।

11. वर्णाक्षर में 5 की कमी हो रही है,

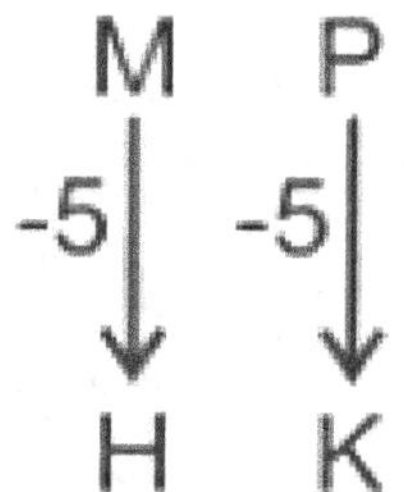

उसी प्रकार,

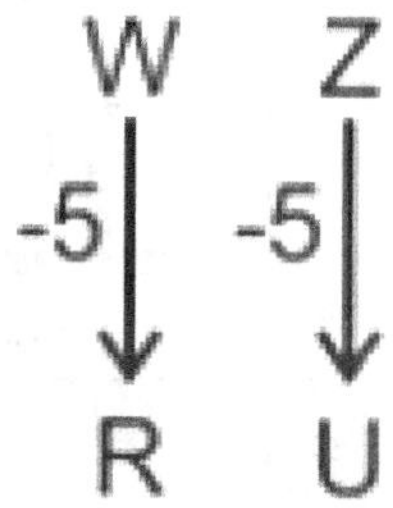

प्रश्नवाचक चिन्ह के स्थान पर 'RU' आएगा।

अत: विकल्प (B) सही है।

12.

ANS43Q12 ➡ SƖQƐ4SИA

अत: विकल्प (B) सही है।

13.

TARAIN1014A ➡ A4Ɩ0ИƖАЯАТ

अत: विकल्प (D) सही है।

14. निम्नलिखित कथन से हमारे पास ये आरेख हैं:

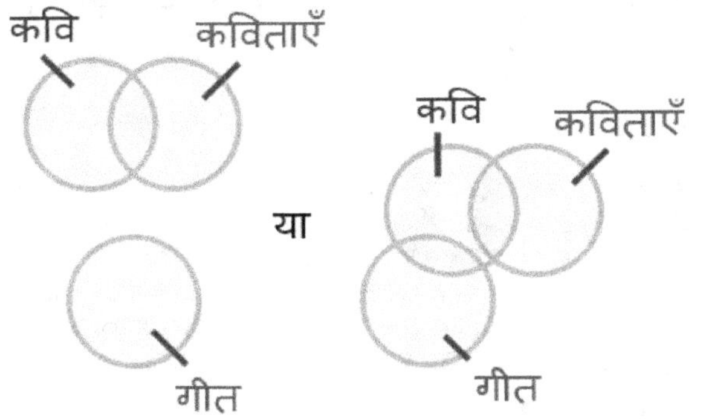

ऊपर के आरेख से, हम एक निष्कर्ष निकाल सकते हैं जो केवल । निष्कर्ष का अनुसरण करता है।

अत: विकल्प (A) सही है।

15. निम्नलिखित कथन से हमारे पास ये आरेख हैं:

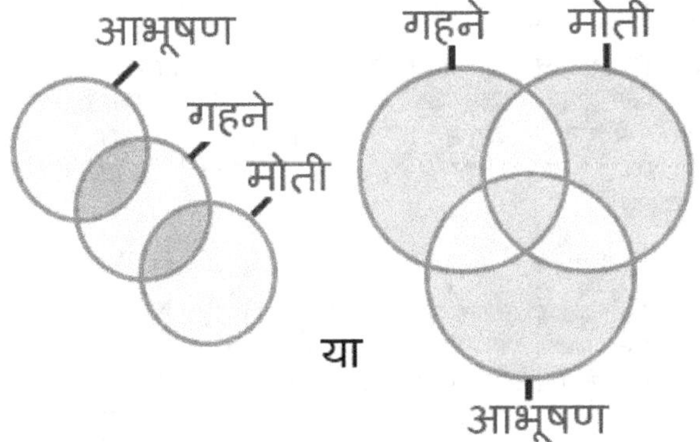

। और ॥ दोनों अनुसरण करते हैं।

अत: विकल्प (D) सही है।

16. निम्नलिखित कथन से हमारे पास ये आरेख हैं:

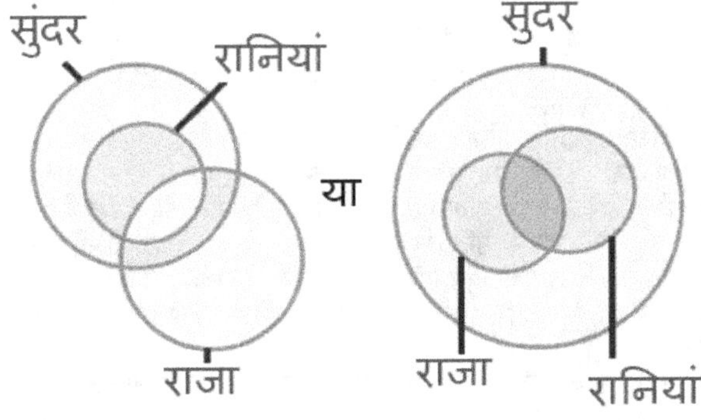

न तो । या ॥ अनुसरण करता है

अत: विकल्प (D) सही है।

17. तस्वीर में दिख रहा। लड़का सुरेश की मां के बेटे का एकमात्र बेटा है यानी सुरेश का बेटा। इसलिए, सुरेश लड़के का पिता है।

अत: विकल्प (D) सही है।

18. $M \times N \to M$, N के पिता हैं
$N - C \to N$, C की बहन है

और $C + F \to C$, F का भाई है
M, C के पिता या C, M का पुत्र हैं।

अत: विकल्प (D) सही है।

19. पहला और आखिरी अक्षर एक ही रहता है। दूसरे लोग अपने पदों को दो की जोड़ी में बदल देते हैं। तो NL, LN बन गया IN, NI बन गया इसलिए ONLINE का कोड OLNNIE होगा।

अत: विकल्प (A) सही है।

20. प्रत्येक अक्षर +3 आगे बढ़ता है। URDU के प्रत्येक अक्षर में 3 जोड़ें, इसलिए URDU का कोड XUGX होगा।

अत: विकल्प (B) सही है।

21. आदमी द्वारा चली गयी दूरी :

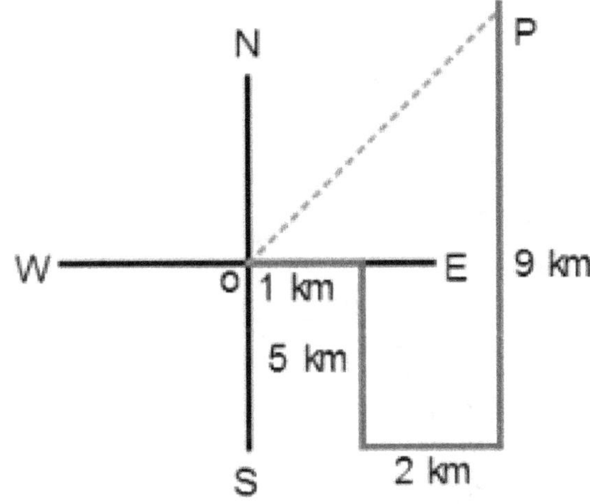

आदमी द्वारा चली गयी दूरी :

P आदमी की अंतिम स्थिति है और OEP एक समकोण त्रिभुज है जिसमें

$OE = 1 + 2 = 3$ किमी और $EP = 9 - 5 = 4$ किमी

इस प्रकार,

ΔOPE में पाइथागोरस प्रमेय का उपयोग करके

$$OP = \sqrt{(3^2 + 4^2)}$$

$$OP = \sqrt{25}$$

$$OP = 5 \text{ किमी}$$

अत: विकल्प (C) सही है।

22. मनुष्य द्वारा चली गयी दिशा:

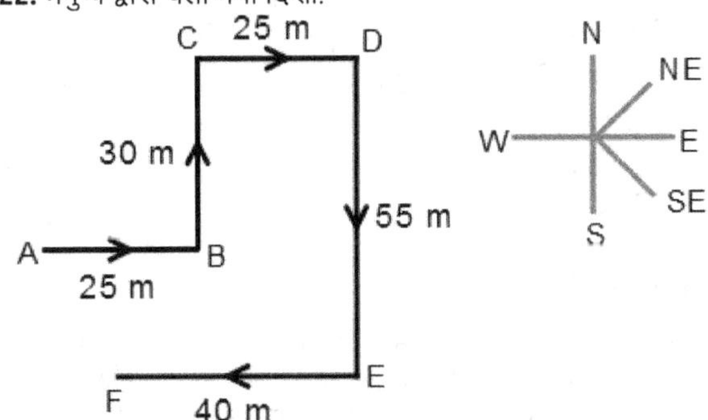

अंत में वह अपने प्रारंभिक बिंदु से दक्षिण-पूर्व की ओर है।

अत: विकल्प (D) सही है।

23. रहीम द्वारा चली गयी दिशा:

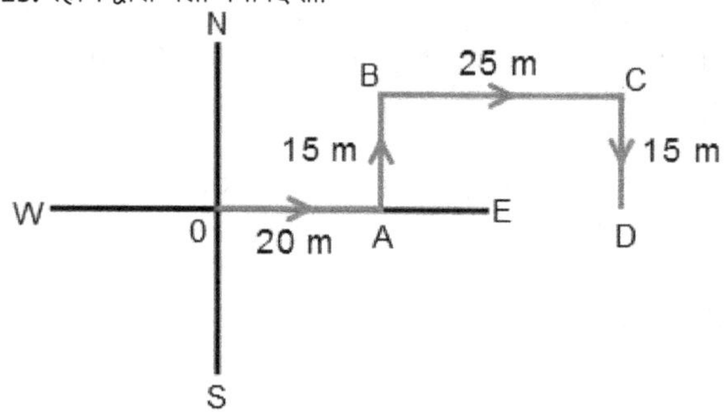

इसलिए, अपने शुरुआती बिंदु से रहीम की दूरी,

= 20 + 25

= 45 मीटर

अत: विकल्प (D) सही है।

24. हमारे पास है,

$72 \times 96 = 6927, 58 \times 87 = 7885$

$79 \times 86 =?$ ज्ञात करने के लिए

विस्तार है,

$(AB)(CD) = DCBA$

$72 \times 96 = 6927$

$58 \times 87 = 7885$

लुप्त शब्द(?) = 6897

अत: विकल्प (D) सही है।

25. $a = 12(390)8$

$\Rightarrow 12 + 8 = 20 a = 12(390)8$

$\Rightarrow 12 + 8 = 20$

$20 \times 20 - 10 = 390 20 \times 20 - 10$

$= 390$

$b = 7(134)5$

$\Rightarrow 7 + 5 = 12 b = 7(134)5$

$\Rightarrow 7 + 5$

$= 12$

$12 \times 12 - 10$

$= 134 12 \times 12 - 10$

$= 134$

$c = 5(?)12$

$\Rightarrow 5 + 12 = 17 c = 5(?)12$

$\Rightarrow 5 + 12 = 17$

$17 \times 17 - 10$

$= 279 17 \times 17 - 10$

$= 279$

अत: विकल्प (C) सही है।

26. यशस्विनी सिंह देसवाल एक भारतीय खेल निशानेबाज हैं। देसवाल ने 2012 में निशानेबाजी का अभ्यास शुरू किया। उन्होंने चीन के नानजिंग में 2014 ग्रीष्मकालीन युवा ओलंपिक के लिए क्वालिफाई किया, जहां वह 10 मीटर एयर पिस्टल स्पर्धा के फाइनल में छठे स्थान पर रहीं।

2019 में, देसवाल ने रियो डी जनेरियो में 2019 ISSF विश्व कप में स्वर्ण पदक जीता। दिल्ली में 2021 के आईएसएसएफ विश्व कप में, देसवाल ने महिलाओं की 10 मीटर एयर पिस्टल स्पर्धा में 238.8 के साथ स्वर्ण पदक जीता, 579 के साथ योग्यता में शीर्ष पर रहे।

अत: विकल्प (A) सही है।

27. वारेन हेस्टिंग्स (6 दिसंबर 1732 - 22 अगस्त 1818, एक अंग्रेजी राजनेता, फोर्ट विलियम (बंगाल) के प्रेसीडेंसी के पहले गवर्नर थे, जो सुप्रीम काउंसिल ऑफ बंगाल के प्रमुख थे, और इस प्रकार भारत के पहले डी-गवर्नर-जनरल थे। 1773 से 1785 तक। भारत में (बंगाल के पहले) गवर्नर-जनरल वॉरेन हेस्टिंग्स थे, ब्रिटिश भारत के पहले आधिकारिक गवर्नर-जनरल लॉर्ड विलियम बेंटिक थे, और भारत के डोमिनियन के पहले गवर्नर-जनरल लॉर्ड माउंटबेटन थे।

अत: विकल्प (A) सही है।

28. 1875 में, सर सैयद ने अलीगढ़ में मदरसातुल उलूम की स्थापना की और ऑक्सफोर्ड और कैम्ब्रिज विश्वविद्यालयों के बाद एमएओ कॉलेज की स्थापना की, जहां वे लंदन की यात्रा पर गए। उनका उद्देश्य अपने इस्लामी मूल्यों से समझौता किए बिना ब्रिटिश शिक्षा प्रणाली के अनुरूप एक कॉलेज का निर्माण करना था,
अत: विकल्प (B) सही है।

29. भारत की संसद के निचले सदन (लोक सभा) के सदस्य या भारत के निचले सदन का चुनाव भारत के सभी वयस्क नागरिकों द्वारा, उनके संबंधित निर्वाचन क्षेत्रों में खड़े होने वाले उम्मीदवारों के वोट से किया जाता है। ... लोकसभा (निचले सदन) के लिए 547 सदस्यों के चुनाव के लिए 5 साल में एक बार चुनाव होते हैं।

अत: विकल्प (D) सही है।

30. भारत में, लोकसभा का कार्यकाल पाँच वर्ष का होता है, लेकिन इसे पहले ही भंग किया जा सकता है। संविधान के अनुच्छेद 83 (2) के अनुसार, इसकी बैठक की अवधि के पहले दिन से पांच साल पूरे करने के बाद निचले सदन को भंग करना है। इस मामले में, संसद के नए सदस्यों का चुनाव करने के लिए एक चुनाव आयोजित किया जाता है। प्रधानमंत्री की सलाह पर राष्ट्रपति द्वारा पहले भी निचले सदन को भंग किया जा सकता है। इसे भंग भी किया जा सकता है यदि राष्ट्रपति को लगता है कि किसी शासन के इस्तीफे या पतन के बाद कोई व्यवहार्य सरकार नहीं बनाई जा सकती है।

अत: विकल्प (D) सही है।

31. हम, भारत के लोगों ने, भारत को संप्रभु, समाजवादी, पंथ निरपेक्ष, प्रजातांत्रिक, गणतंत्र के रूप में गठित करने और उसके सभी नागरिकों को सुरक्षित करने का संकल्प लिया है:
न्याय, सामाजिक, आर्थिक और राजनीतिक; विचार, अभिव्यक्ति, विश्वास, विश्वास और पूजा की जीवंतता; स्थिति और अवसर की पूर्णता; और उन सभी के बीच बढ़ावा देने के लिए व्यक्तिगतता और राष्ट्र की एकता और अखंडता की गरिमा का आश्वासन; हमारी संविधान सभा में नवंबर, 1949 के छब्बीसवें दिन, इसके द्वारा इस संविधान को अपनाएं, लागू करें और दें। [3] प्रस्तावना के घटक
1. प्रस्तावना से यह संकेत मिलता है कि संविधान का अधिकार भारत के लोगों के पास है।
2. प्रस्तावना भारत को एक संप्रभु, समाजवादी, धर्मनिरपेक्ष और लोकतांत्रिक गणराज्य घोषित करती है।
3. प्रस्तावना द्वारा कहा गया उद्देश्य न्याय, स्वतंत्रता, सभी नागरिकों के लिए समानता और राष्ट्र की एकता और अखंडता को बनाए रखने के लिए भाईचारे को बढ़ावा देना है।
4. प्रस्तावना में उस तारीख का उल्लेख किया गया है, जब इसे 26 नवंबर, 1949 को अपनाया गया था।
अत: विकल्प (B) सही है।

32. हम भारत के लोग, भारत को एक सम्पूर्ण प्रभुत्व सम्पन्न, समाजवादी, पंथनिरपेक्ष, लोकतंत्रात्मक गणराज्य बनाने के लिए तथा उसके समस्त नागरिकों को :
न्याय, सामाजिक, आर्थिक और राजनीतिक,

विचार, अभिव्यक्ति, विश्वास, धर्म और उपासना की स्वतंत्रता,
प्रतिष्ठा और अवसर की समता प्राप्त करने के लिए तथा,
उन सबमें व्यक्ति की गरिमा और राष्ट्र की एकता और अखण्डता सुनिश्चित करनेवाली बंधुता बढ़ाने के लिए,
दृढ़ संकल्प होकर अपनी इस संविधान सभा में आज तारीख 26 नवंबर, 1949 ई0 को एतद द्वारा इस संविधान को अंगीकृत, अधिनियमित और आत्मार्पित करते हैं।"
प्रस्तावना के चार घटक इस प्रकार हैं:
1. यह इस बात की ओर इशारा करता है कि संविधान के अधिकार का स्रोत भारत के लोगों के साथ निहित है।
2. यह इस बात की घोषणा करता है कि भारत एक, समाजवादी, धर्मनिरपेक्ष, धर्मनिरपेक्ष, लोकतांत्रिक और गणतंत्र राष्ट्र है।
3. यह सभी नागरिकों के लिए न्याय, स्वतंत्रता, समानता को सुरक्षित करता है तथा राष्ट्र की एकता और अखंडता को बनाए रखने के लिए भाईचारे को बढ़ावा देता है।
4. इसमें उस तारीख (26 नवंबर 1949) का उल्लेख है जिस दिन संविधान को अपनाया गया था.
अत: विकल्प (D) सही है।

33. लुशाई पहाड़ियाँ, जो मिज़ो पहाड़ियाँ भी कहलाती हैं, भारत के मिज़ोरम व त्रिपुरा राज्यों में स्थित एक पर्वतमाला है, जो पटकाई पहाड़ियों की एक उपशृंखला है। 2157 मीटर ऊँचा फौंगपुई पर्वत, जिसे नीला पर्वत भी कहते हैं, इस श्रेणी का सबसे ऊँचा पहाड़ है।

अत: विकल्प (C) सही है।

34. कर्क रेखा एक काल्पनिक रेखा है जो 23.50 डिग्री के कोण पर है। यह भूमध्य रेखा के उत्तर में है, जो भारत के मध्य से होकर गुजरती है। कर्क रेखा 17 देशों से होकर गुजरती है और भारत उनमें से एक है।

कर्क रेखा (23 ° 30'N) देश के लगभग आधे रास्ते से गुजरती है। यह भूमध्य रेखा के उत्तर में है, जो भारत के मध्य से होकर गुजरती है। भारत में आठ राज्यों से होकर कर्क रेखा (ट्रॉपिक ऑफ कैंसर) गुजरती है

मुख्यभूमि भारत 8 ° 4'N और 37 ° 6'N अक्षांशों के बीच और 68 ° 7'E और 97 ° 25'E देशांतरों के बीच फैला हुआ है।

लगभग 29 ° के महान अनुदैर्घ्य सीमा और अंतर के कारण, देश के दो चरम बिंदुओं पर स्थित दो स्थानों के स्थानीय समय में व्यापक अंतर है, और यह अंतर लगभग 2 घंटे होगा।

भारत में आठ राज्यों से होकर कर्क रेखा का पता चलता है:

गुजरात (जसदण)

राजस्थान (कालिंजर)

मध्य प्रदेश (शाजापुर)

छत्तीसगढ़ (सोनहत)

झारखंड (लोहरदगा)

पश्चिम बंगाल (कृष्णानगर)

त्रिपुरा (उदयपुर)

मिजोरम (चम्पई)

अत: विकल्प (D) सही है।

कर्क रेखा एक काल्पनिक रेखा है जो 23.50 डिग्री के कोण पर है। यह भूमध्य रेखा के उत्तर में है, जो भारत के मध्य से होकर गुजरती है। कर्क रेखा 17 देशों से होकर गुजरती है और भारत उनमें से एक है।
कर्क रेखा (23 ° 30'N) देश के लगभग आधे रास्ते से गुजरती है। यह भूमध्य रेखा के उत्तर में है, जो भारत के मध्य से होकर गुजरती है। भारत में आठ राज्यों से होकर कर्क रेखा (ट्रॉपिक ऑफ कैंसर) गुजरती है
मुख्यभूमि भारत 8 ° 4'N और 37 ° 6'N अक्षांशों के बीच और 68 ° 7'E और

97 ° 25'E देशांतरों के बीच फैला हुआ है।
लगभग 29 ° के महान अनुदैर्घ्य सीमा और अंतर के कारण, देश के दो चरम बिंदुओं पर स्थित दो स्थानों के स्थानीय समय में व्यापक अंतर है, और यह अंतर लगभग 2 घंटे होगा।
भारत में आठ राज्यों से होकर कर्क रेखा का पता चलता है:
गुजरात (जसदण)
राजस्थान (कालिंजर)
मध्य प्रदेश (शाजापुर)
छत्तीसगढ़ (सोनहत)
झारखंड (लोहरदगा)
पश्चिम बंगाल (कृष्णानगर)
त्रिपुरा (उदयपुर)
मिजोरम (चम्पई)
अत: विकल्प (D) सही है।

35. विकास व्यय सरकार द्वारा विकासात्मक और कल्याण कार्यक्रमों पर खर्च किया गया धन है। आर्थिक सेवा पर व्यय, सामाजिक और साम्यवादी सेवाओं पर व्यय, राज्यों को अनुदान विकास व्यय के उदाहरण हैं। दिए गए विकल्पों में से, रक्षा व्यय विकासात्मक व्यय का उदाहरण नहीं है।

अत: विकल्प (A) सही है।

36. भारत में, राज्य वित्तीय निगम ने मुख्य रूप से मध्यम और लघु उद्योगों को विकसित करने के लिए सहायता दी है।

अत: विकल्प (D) सही है।

37. भारत में आर्थिक सर्वेक्षण का संकलन, आर्थिक मामलों के विभाग (जो वित्त मंत्रालय के अंतर्गत आता है) द्वारा किया जाता है। केंद्रीय बजट की घोषणा से पहले यह सर्वेक्षण संसद में प्रस्तुत किया जाता है और वित्त मंत्री के मुख्य आर्थिक सलाहकार के मार्गदर्शन में इसका अनुपालन किया जाता है।

अत: विकल्प (B) सही है।

38. मुद्रास्फीति एक आर्थिक स्थिति है जहां सभी प्रासंगिक वस्तुओं के लिए अर्थव्यवस्था में सामान्य मूल्य स्तर काफी समय से लगातार प्रशंसनीय वृद्धि है जो या तो धन की आपूर्ति में वृद्धि का परिणाम है जो अर्थव्यवस्था में क्रय शक्ति बढ़ाता है या अर्थव्यवस्था में वास्तविक उत्पादन के उत्पादन में कुछ कमी।

अत: विकल्प (B) सही है।

39. Indispensable: absolutely necessary.

Superfluous: unnecessary, especially through being more than enough.

Hence, the correct option is (B).

40. Heist means an act of stealing something from a shop or bank, especially something extremely valuable.

Heist and Theft are synonyms to each other.

Hence, the correct option is (B).

41. Evade: Escape or avoid (someone or something), especially by guile or trickery.
Evacuate: Remove (someone) from a place of danger to a safer place.
Avoid: Keep away from or stop oneself from doing (something).
Exterminate: Destroy completely.
Hence, the correct option is (B).

42. The old man told that he had come a long way. He added that he did not know where he could get night's lodging as he was stranger to the place.

Hence, the correct option is (A).

43. Active – Has/have/had + Subject + V_3 (III form) + Object?

Passive – Has/have/had + object + been + V_3 (III form) + by + Subject.

Hence, the correct option is (B).

44. 'To' will not be used because – made indicates forcing someone to do something one does not want to do. Direct infinitive is used after the verbs like- let, bid, make, know, help etc.

Hence, the correct option is (B).

45. Sensual -of or arousing gratification of the senses and physical, especially sexual, pleasure.

Hence, the correct option is (B).

46. Abated- to lessen in force, to moderate, to decrease in intensity or force.

The meaning of the other options-

1) ebbed- a low state, to flow back.

2) receded- to take back, to move back, to grant or yield again.

3) retired-to withdraw, to take away, having left employment.

Hence, the correct option is (D).

47. Illustrious is the correctly spelled word. Illustrious means famous and successful.

Hence, the correct option is (D).

48. From the passage we can understand from the reading that most victims were trapped inside the boat as they were in their cabins.

Hence, the correct option is (D).

49. It is clear from the passage that the survivors of the accident were mostly young men but women, children and the elderly stood little chance.

Hence, the correct option is (B).

50. According to the passage, when the Estonia sank, there were enough lifeboats for the number of people on board.

Hence, the correct option is (C).

51. छात्र अंग्रेजी में उत्तीर्ण हुए = 80%
मैथ्स में पास हुए छात्र = 85%
छात्र दोनों विषयों में उत्तीर्ण हुए = 73%
फिर, छात्रों की संख्या कम से कम एक विषय में उत्तीर्ण हुई
= (80 + 85) - 73
= 92%
अंग्रेजी और गणित में व्यक्तिगत रूप से उत्तीर्ण छात्रों का प्रतिशत, दोनों विषयों में उत्तीर्ण छात्रों का प्रतिशत पहले से ही शामिल है। इसलिए, हम उन छात्रों का प्रतिशत घटा रहे हैं जो दोनों विषयों में उत्तीर्ण हुए हैं ताकि कम से कम एक विषय में छात्रों के प्रतिशत का पता लगाया जा सके।
इस प्रकार, छात्र दोनों विषयों में असफल रहे = 100 - 92 = 8%
अत: विकल्प (A) सही है।

52. वस्तु की प्रारंभिक कीमत 100 है।
मूल्य में 50% वृद्धि के बाद, यह बन जाएगा,
100 ------50% वृद्धि → 150.

अब, हमें व्यय 100 रखने के लिए खपत को कम करना होगा।
मूल्य में वृद्धि = 150 - 100 = 50
हमें खपत कम करनी होगी,
$$= \frac{50}{150} \times 100$$
$$= \frac{1}{3} \text{ या } 33.33\%$$
अत: विकल्प (B) सही है।

53. औसत गति $= \dfrac{\text{Total distance travelled}}{\text{Total time taken}}$
मुंबई-पुणे दूरी D किलोमीटर लें
कुल दूरी की यात्रा $= D + D = '2D' \, kms$
कुल समय $= t1 + t2 = \dfrac{d1}{s1} + \dfrac{d2}{s2} = \dfrac{D}{4} + \dfrac{D}{6}$
$\therefore$ औसत गति $= \dfrac{2D}{\frac{D}{4}+\frac{D}{6}}$
$= 4.8$ किमी / घंटा
अत: विकल्प (A) सही है।

54. दूरी $= 42$ किमी $= 42000$ मीटर

समय $= 1$ घंटे 40 मिनट 48 सेकेण्ड

$= 60$ मिनट $\times$ 60 सेकेण्ड $+40$ मिनट $\times$ 60 सेकेण्ड + 48 सेकेण्ड

$= 6048$ सेकंड

गति $= \dfrac{\text{Distance}}{\text{Time}} = \dfrac{42000}{6048}$

लेकिन यह गति इसकी वास्तविक गति (S) की $\dfrac{5}{7}$ है

तो हम कह सकते हैं कि,
$$\frac{5}{7}S = \frac{42000}{6048}$$
$$\therefore S = \frac{350}{36} \, m/sec$$

m/sec से km/hr:

$\dfrac{5}{18}$ से विभाजित होता है जिसका अर्थ है कि $\dfrac{18}{5}$ से गुणा करें।

$$\therefore S = \frac{350}{36} \times \frac{18}{5}$$

$$= 35 \, km/hr$$

अत: विकल्प (B) सही है।

55. राशि $=$ मूल धन $+$ सरल ब्याज
साधारण ब्याज $= SI = \dfrac{PRT}{100}$
जहाँ $P =$ मूल धन, $R =$ ब्याज की दर और $T =$ समय अवधि
$\therefore 8470 = P + \dfrac{P \times 6 \times 9}{100}$
$\therefore P = 5500$ रूपये
अत: विकल्प (D) सही है।

56. बता दें, वेतन का एक हिस्सा M रूपये है, तो अन्य भाग $(8600 - M)$ रूपये है
हम जानते हैं कि साधारण ब्याज समान है
साधारण ब्याज $= SI = \dfrac{PRT}{100}$

जहां $P=$ मूल धन, $R=$ ब्याज की दर और $T=$ समय अवधि

$\therefore \dfrac{M\times 15\times 4}{100}$

$=\dfrac{(8600-M)\times 20\times 3}{100}$

दूसरा भाग $= 8600-4300$

$=4300$ रूपये

भागों के बीच अंतर $= 4300-4300$

$=0$ रूपये

अत: विकल्प (A) सही है।

57. $LCM(10,16,24)$

$=5\times 2\times 8\times 3$

$=240$

$\Rightarrow$ वर्ग संख्या के लिए LCM को उसके गुणनखंड में विभाजित करें

$=5\times 2\times 2\times 2\times 2\times 3$

$=5\times 5\times 2\times 2\times 2\times 2\times 3\times 3$

$=3600$

अत: विकल्प (D) सही है।

58. $3240=2^3\times 3^4\times 5$

$3600=2^4\times 3^2\times 5^2$

$HCF=36=2^2\times 3^2$

चूंकि HCF गुणनखंड की सबसे कम घातों का गुणनफल है, इसलिए तीसरे संख्या के पास अपने गुणनखंड के रूप में $(2^2\times 3^2)$ होना चाहिए।

चूंकि LCM प्रमुख गुणनखंड की उच्चतम घातों का गुणनफल है, इसलिए तीसरे संख्या में इसके गुणनखंड के रूप में 3^5 और 7^2 होना चाहिए।

$\therefore$ तीसरा संख्या $=2^2\times 3^5\times 7^2$

अत: विकल्प (A) सही है।

59.

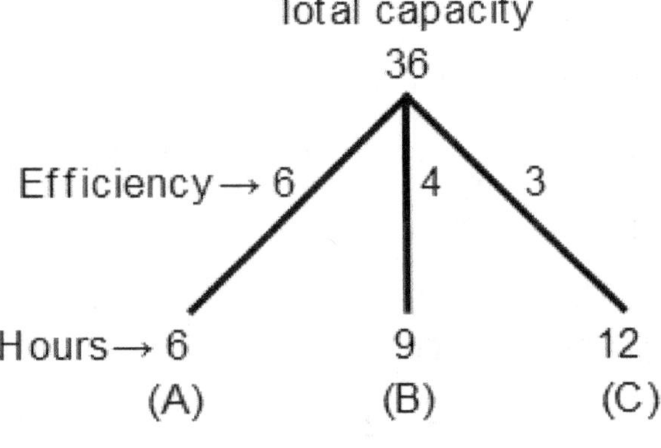

आधे घंटे में (B + C) भर गया होगा

$=\dfrac{4}{2}+\dfrac{3}{2}=\dfrac{7}{2}$ इकाई

क्षमता बची है।

$-36-\dfrac{7}{2}=\dfrac{65}{2}$ इकाई

अब सभी पाइप शेष टैंक को भर देंगे

$=\dfrac{65}{2\times(6+4+3)}$

$=\dfrac{65}{2\times 13}$

$=\dfrac{5}{2}$

$=2\dfrac{1}{2}$ घंटे

अत: विकल्प (A) सही है।

60. 1 सेकंड $\rightarrow$ 1 बूंद

300 दिनों में सेकंड की संख्या

$(24_{hrs}\times 60_{mins}\times 60_{sec})\times 300\ \text{days}$

बर्बाद मि.लि. की संख्या

$100\times\dfrac{24\times 60\times 60\times 300}{600}$

$=43200\times 100$

$=4320000$ मि.लि.

$=\dfrac{4320000}{1000}$

$=4320$ लीटर

अत: विकल्प (D) सही है।

61. दिया हुआ है:

सुरंग की लंबाई $=3\dfrac{1}{2}$ मील

ट्रेन की लंबाई $=\dfrac{1}{4}$ मील

कुल दूरी तय की गई $=\left(\dfrac{7}{2}+\dfrac{1}{4}\right)$ मील

$=\dfrac{15}{4}$ मील

चाल $=75\ \text{mph}$

समय $=\dfrac{\text{Distance}}{\text{Speed}}$

$\therefore$ लिया गया समय $=\left(\dfrac{15}{4\times 75}\right)$ घंटे

$=\dfrac{1}{20}$ घंटे

$=\left(\dfrac{1}{20}\times 60\right)$ मिनट

$=3$ मिनट

अत: विकल्प (B) सही है।

62. दिया हुआ है:

प्लेटफ़ॉर्म की लंबाई $=100$ मी

15 सेकंड में एक पोल को पार करती है।

25 सेकंड में एक प्लेटफ़ॉर्म को पार करती है।

ट्रेन की लंबाई x और इसकी गति y मी./ से.

कुल लंबाई $=x+100$

चाल $=\dfrac{\text{Distance}}{\text{Time}}$

$\Rightarrow\dfrac{x}{y}=15$

$\Rightarrow y=\dfrac{x}{15}$ .....(i)

$\Rightarrow\dfrac{x+100}{y}=25$

$\Rightarrow y=\dfrac{x+100}{25}$ .....(ii)

(i) और (ii) से

$\therefore\dfrac{x+100}{25}=\dfrac{x}{15}$

$\Rightarrow 15(x+100)=25x$

$\Rightarrow 15x + 1500 = 25x$

$\Rightarrow 1500 = 10x$

$\Rightarrow x = 150$ मी

अत: विकल्प (B) सही है।

63. दिया हुआ है:

नाव की गति $x = 7$ किमी/घंटा

नदी की गति $y = 3$ किमी/घंटा

समय $= 6$ घंटा

धारा के विपरीत नाव का वेग $= 10$ किमी/घंटा ; धारा के साथ नाव का वेग $= 4$ किमी/घंटा

दूरी (d) समान है। इसलिए, अगर धरा के साथ समय t घंटे लिया जाता है, धरा के विपरीत समय $(t + 6)$ घंटे है।

धारा के साथ दूरी = धारा के विपरीत दूरी

दूरी = गति × समय

$10 \times t = 4 \times (t + 6)$

$6t = 24;$

$t = 4$ घंटे

$d = 10 \times 4 = 40$ किमी

अत: विकल्प (B) सही है।

64. यदि पानी में नावों की गति x है

y: नदी की गति

बहाव की दिशा में गति (Ds) $= x + y$

बहाव की विपरीत दिशा में गति (Us) $= x - y$

$x = \frac{(Ds + Us)}{2}$

$y = \frac{(Ds - Us)}{2}$

उपरोक्त प्रश्न में $Ds = 10; Us = 4$

$x = \frac{(10+4)}{2} = \frac{14}{2} = 7$ किमी/घंटा

$y = \frac{(10-4)}{2} = \frac{6}{2} = 3$ किमी/घंटा

अत: विकल्प (A) सही है।

65. 45 मिनट और $5\frac{3}{4}$ घंटों का अनुपात है

45 मिनट $: 5\frac{3}{4}$ घंटे

$= 45 : 5\frac{3}{4} \times 60$

$= 45 : \frac{23}{4} \times 60$

$= 45 : 345$

$= 3 : 23$

अत: विकल्प (B) सही है।

66. $\frac{2}{3} : \frac{5}{7}$

$\frac{2}{3}$, 7 से गुणा करें और 7 से विभाजित करें

$\frac{5}{7}$, 3 से गुणा करें और 3 से विभाजित करें

$\therefore \frac{2}{3} \times \frac{7}{7} : \frac{5}{7} \times \frac{3}{3}$

$\Rightarrow \frac{14}{21} : \frac{15}{21} \Rightarrow 14 : 15$

$\therefore \frac{2}{3} : \frac{5}{7}$, $14 : 15$ के समतुल्य है

अत: विकल्प (D) सही है।

67. दो बैलों की कुल बिक्री मूल्य $= 8400 + 8400 = 16800$

$\therefore$ पहले बैल की लागत मूल्य $= 8400 \times \frac{100}{120}$

$= 7000$ रु

प्रश्न के अनुसार, कोई लाभ या हानि नहीं है।

$\therefore$ दूसरी बैलगाड़ी की लागत मूल्य $= 16800 - 7000$

$= 9800$ रु

दूसरे बैल की बिक्री मूल्य $= 8400$ रु

$\therefore$ हानि $= 9800 - 8400 =$ Rs. 1400

$\therefore$ दूसरी बैलगाड़ी पर प्रतिशत की हानि $= \frac{1400}{9800} \times 100$

$= \frac{100}{7}\%$

$= 14\frac{2}{7}\%$

अत: विकल्प (C) सही है।

68. पहली छूट को $x\%$ मान लें

फिर, 85% का $(100 - x)\%$ का $200 = 136$

या, $\frac{85}{100} \times \frac{(100-x)}{100} \times 200 = 136$

या, $8500 - 85x = 136 \times 50 = 6800$

या, $85x = 1700$

$\therefore x = 20\%$

अत: विकल्प (D) सही है।

69. मान लेते हैं कि अंश x और हर y है।

तो, आवश्यक भिन्न $\frac{x}{y}$ है

इस प्रश्न से इसे दिया गया है,

भिन्न का अंश हर से 4 कम है।

इस प्रकार, समीकरण बनता है,

$x = y - 4$

$\Rightarrow x - y = -4 \quad\ldots\ldots\ldots$(i)

और यह प्रश्न में भी दिया गया है,

यदि अंश 2 घटाया जाता है और हर 1 बढ़ जाता है, तो हर अंश से 8 गुना होता है।

उपरोक्त स्थिति को एक समीकरण में रखते हुए, हम प्राप्त करते हैं

$y + 1 = 8(x - 2)$

$\Rightarrow y + 1 = 8x - 16$

$\Rightarrow 8x - y = 1 + 16$

$\Rightarrow 8x - y = 17 \quad\ldots\ldots\ldots$(ii)

(i) से समीकरण (ii) घटाकर, हम प्राप्त करते हैं

$(x - y) - (8x - y) = -4 - 17$

$\Rightarrow x - y - 8x + y = -21$

$\Rightarrow -7x = -21$

$\Rightarrow x = \frac{21}{7}$

$\Rightarrow x = 3$

समीकरण (i) में $x = 3$ के मान को रखने पर, हम y प्राप्त करते हैं

$3 - y = -4$

$\Rightarrow y = 3 + 4$

$\Rightarrow y = 7$

अत: विकल्प (C) सही है।

70. मान लें कि संख्या x है

गलत तरीके से गणना करने पर परिणाम $= \frac{17x}{8} \quad\ldots\ldots$(I)

सही तरीके से गणना करने पर परिणाम $= \frac{8x}{17}$ ....(II)

गणना में त्रुटि $= 225$

समीकरण (I) - समीकरण (II)

$\Rightarrow \frac{17x}{8} - \frac{8x}{17} = 225$

$\Rightarrow \frac{289-64}{136} x = 225$

$\Rightarrow x = 136$

अत: विकल्प (D) सही है।

71. $12 = 2 \times 2 \times 3$

$15 = 3 \times 5$

$20 = 2 \times 2 \times 5$

L.C.M $= 3 \times 2^2 \times 5 = 60$

$12, 15,$ और 20 का LCM $= 60$

यहाँ,

$60 \times 7 = 420$ और

$60 \times 8 = 480$

400 और 500 के बीच स्थित है।

अत: विकल्प (A) सही है।

72. दिया हुआ है:

$a^2 + b^2 = 100,\ a^2 - b^2 = 28$

दोनों को जोड़ते हुए, हम प्राप्त करते हैं

$2a^2 = 128$

या, $a^2 = 64$

या, $a = 8.$

जैसा कि $a^2 - b^2 = 28$

$b^2 = a^2 - 28 = 64 - 28 = 36$

या, $b = 6$

तो, संख्याओं का योग है,

$a + b = 8 + 6 = 14$

$\Rightarrow 14$

अत: विकल्प (B) सही है।

73. यदि संख्या n है,

$n = 6 \times q_1 + 3,$ जहां q_1 भागफल है।

जब n का वर्ग करते है, हमारे पास है,

$n^2 = a^2 + 2ab + b^2,$ जहाँ, $a = 6 \times q_1$ और $b = 3,$

या, $n^2 = 36q_1^2 + 36q_1 + 9$

फिर अगर n^2 को 6 से विभाजित किया जाता है, तो RHS पर पहले दो पद 6 से विभाज्य हैं भागफल 0 रहता है (क्योंकि दोनों में 6 एक गुणनखंड के रूप में है), लेकिन सांख्यिक पद 9 को 6 से विभाजित करने पर 3 शेष है।

इसलिए जब संख्या का वर्ग 6 से विभाजित होता है तो शेष 3 है।

अत: विकल्प (C) सही है।

74. यदि पहली संख्या n, है, तो दूसरी संख्या, $n + 2,$ तीसरी, $n + 4,$ चौथी $n + 6$ और पांचवीं $n + 8$ है।

पांच संख्याओं का औसत मध्य तीसरी संख्या $n + 4$ के बराबर है जो 86 के बराबर है

इसलिए,

$n + 4 = 86$

$\Rightarrow n = 82$

तो, तीसरी संख्या है,

$\Rightarrow n + 4 = 82 + 4 = 86$

चौथी संख्या है,

$\Rightarrow 88$

तीसरी और चौथी संख्या का गुणनफल है

$\Rightarrow 86 \times 88$

$\Rightarrow 7568$

अत: विकल्प (D) सही है।

75. माना $P =$ रु. 100 फिर,

S.I. $= 100$ रु. का 60%

S.I $= \frac{PRT}{100}$

$T = 6$ साल

$\therefore R = \frac{100 \times 60}{100 \times 6} = 10\%\ p.a.$

अब,

$P = 12000$

$T = 3$ वर्ष और

$R = 10\%\, p.a.$

C.I $= P\left(1 + \frac{r}{100}\right)^T$

$\therefore$ C.I. $= \left[12000 \times \left\{\left(1 + \frac{10}{100}\right)^3\right\}\right]$

$= \left(12000 \times \frac{331}{1000}\right)$

$= 3972$ रु.

अत: विकल्प (C) सही है।

76. तैयार माल वे सामान हैं जो विनिर्माण प्रक्रिया को पूरा कर चुके हैं लेकिन अभी तक अंतिम उपयोगकर्ता को बेचा या वितरित नहीं किया गया है। तैयार माल एक सापेक्ष शब्द है। एक आपूर्ति श्रृंखला प्रबंधन प्रवाह में, एक आपूर्तिकर्ता का तैयार माल खरीदार के कच्चे माल का गठन कर सकता है।

अत: विकल्प (C) सही है।

77. आवश्यकताओं के अनुसार खरीदना इच्छुक एवं समर्थ मांग कहा जाता है। एक व्यवसाय द्वारा तत्काल आवश्यकताओं के लिए सबसे छोटी संभव मात्रा में खरीद।

इसका मतलब है कि जैसे ही आप इसे प्राप्त करते हैं, आप अपना सारा पैसा खर्च कर देते हैं। यदि किसी के पास केवल भोजन और बिल आदि के लिए भुगतान करने के लिए पर्याप्त धन है, तो उनका धन सभी को उनके वेतन मिलते ही खर्च हो जाता है।

अत: विकल्प (B) सही है।

78. एक पहचान प्रक्रिया की आवश्यकता उन कारणों को परिभाषित करती है, जिनके कारण आप सामान, कार्य या सेवाएं खरीदने की योजना बनाते हैं। अपनी खरीद योजना शुरू करते समय, उन कारणों को परिभाषित करना महत्वपूर्ण है जिनके कारण आपको माल, काम या सेवाएं खरीदने और संबंद्ध जोखिमों की योजना बनाने की आवश्यकता है। क्रय चक्र की पहली गतिविधि खरीद की आवश्यकता को पहचान रही है।

अत: विकल्प (A) सही है।

79. कार्य सूची में कार्य उत्पादन चक्र के भीतर आंशिक रूप से पूर्ण सामग्रियों को संदर्भित करता है। इनमें कच्चे माल के साथ-साथ अंतिम उत्पाद, प्रत्यक्ष श्रम लागत और कारखाने के ओवरहेड्स में इन सामग्रियों को विकसित करने की लागत शामिल है।

अत: विकल्प (C) सही है।

80. प्रत्यक्ष सामग्री की लागत प्रत्यक्ष सामग्री की लागत होती है जिसे उत्पादन की इकाई के साथ आसानी से पहचाना जा सकता है। उदाहरण के लिए, ग्लास की लागत प्रकाश बल्ब निर्माण में प्रत्यक्ष सामग्री की लागत है।

मुख्य तत्व के रूप में उत्पादों या सामानों की आवश्यक सामग्री का निर्माण। सामान्य तौर पर, इन सामग्रियों को दो श्रेणियों में विभाजित किया जाता है। ये श्रेणियां प्रत्यक्ष सामग्री और अप्रत्यक्ष सामग्री हैं।

प्रत्यक्ष सामग्रियों को उत्पादक सामग्री, कच्चा माल, स्टॉक, स्टोर और केवल बिना किसी वर्णनात्मक शीर्षक वाली सामग्री भी कहा जाता है।

अतः विकल्प (A) सही है।

81. DBMS का अर्थ है डेटाबेस मैनेजमेंट सिस्टम। डेटाबेस प्रबंधन प्रणाली (DBMS) उचित सुरक्षा उपायों पर विचार करते हुए उपयोगकर्ताओं के डेटा को संग्रहीत और पुनर्प्राप्त करने के लिए एक सॉफ्टवेयर है। इसमें प्रोग्राम्स का एक समूह होता है जो डेटाबेस में हेरफेर करता है।

अतः विकल्प (A) सही है।

82. प्राधिकरण और अखंडता प्रबंधक: यह अखंडता बाधाओं का परीक्षण करता है और डेटा तक पहुंचने के लिए उपयोगकर्ताओं के प्राधिकरण की जांच करता है।

लेन-देन प्रबंधक: यह सुनिश्चित करता है कि किसी भी प्रकार का परिवर्तन डेटाबेस में नहीं लाया जाएगा जब तक कि लेनदेन पूरी तरह से पूरा नहीं हो जाता है।

फ़ाइल प्रबंधक: यह डिस्क भंडारण पर अंतरिक्ष के आवंटन और डेटा संरचनाओं का उपयोग करता है जो डिस्क पर संग्रहीत जानकारी का प्रतिनिधित्व करता है।

बफर मैनेजर: यह निर्णय लेता है कि मुख्य मेमोरी में कौन से डेटा को कैश किया जाना है और फिर इसे मुख्य मेमोरी में लाना है। यह बहुत महत्वपूर्ण है क्योंकि यह उस गति को परिभाषित करता है जिसमें डेटाबेस का उपयोग किया जा सकता है।

अतः विकल्प (D) सही है।

83. NPL (नॉनप्रोसेरडल लैंग्वेज के लिए) टी। डी। ट्रिट एट अल द्वारा विकसित एक रिलेशनल डेटाबेस भाषा थी। 1980 में Apple II और MS-DOS के लिए। सामान्य तौर पर, एक गैर-प्रक्रियात्मक भाषा (जिसे एक घोषणात्मक भाषा भी कहा जाता है) को प्रोग्रामर को यह निर्दिष्ट करने की आवश्यकता होती है कि कार्यक्रम क्या करना चाहिए (बजाय एक प्रक्रियात्मक भाषा के साथ) अनुक्रमिक कदम प्रदान करके यह दर्शाता है कि कार्यक्रम को अपना कार्य कैसे करना चाहिए।

अतः विकल्प (D) सही है।

84. एक DBMS जो एक DBMS और एक एप्लिकेशन जनरेटर को जोड़ता है, वह माइक्रोसॉफ्ट एक्सेस है।

अतः विकल्प (C) सही है।

85. गणितीय समस्याओं को हल करने के लिए अच्छी तरह से परिभाषित निर्देशों के निर्धारित सेट को एक एल्गोरिथम कहा जाता है। एल्गोरिथम को समस्या को हल करने के लिए किसी भी अच्छी तरह से परिभाषित प्रक्रिया के रूप में परिभाषित किया जा सकता है।

अतः विकल्प (A) सही है।

86. उपसमूह डेटाबेस के उस खंड का तार्किक विवरण है जो प्रासंगिक है और एक आवेदन के लिए उपलब्ध है। तो DBMS को समझने के लिए, एक उप स्कीमा को समझना महत्वपूर्ण है।

अतः विकल्प (B) सही है।

87. फ़ाइल संगठन की विधि जिसमें एक फ़ाइल में डेटा रिकॉर्ड को एक महत्वपूर्ण क्षेत्र के अनुसार एक निर्दिष्ट क्रम में व्यवस्थित किया जाता है, अनुक्रमिक विधि के रूप में जाना जाता है।

एक क्रॉस-अनुक्रमिक डिजाइन एक शोध पद्धति है जो एक अनुदैर्ध्य डिजाइन और एक क्रॉस-अनुभागीय डिजाइन दोनों को जोड़ती है। इसका उद्देश्य क्रॉस-अनुभागीय और अनुदैर्ध्य डिजाइनों में निहित कुछ समस्याओं के लिए सही करना है।

किसी संगठन के भीतर अन्य विभागों को सेवा विभागों की लागत आवंटित करने के लिए अनुक्रमिक विधि का उपयोग किया जाता है। इस दृष्टिकोण के तहत, प्रत्येक सेवा विभाग की लागत को एक बार में एक विभाग आवंटित किया जाता है। इस प्रकार, एक सेवा विभाग की लागत सभी उपयोगकर्ता विभागों को आवंटित की जाती है, जिसमें अन्य सेवा विभाग शामिल हो सकते हैं। एक बार इन लागतों का आवंटन हो जाने के बाद, अगले सेवा विभाग की लागतें आवंटित की जाती हैं। पहला विभाग किसी अन्य विभागों से आवंटन प्राप्त नहीं कर सकता है - संक्षेप में, एकतरफा लागत आवंटन है।

अतः विकल्प (A) सही है।

88. टीसीएल (ट्रांजेक्शन कंट्रोल लैंग्वेज): ट्रांजेक्शन कंट्रोल लैंग्वेज कमांड का इस्तेमाल डेटाबेस में लेनदेन को मैनेज करने के लिए किया जाता है। इनका उपयोग डीएमएल-स्टेटमेंट द्वारा किए गए परिवर्तनों को प्रबंधित करने के लिए किया जाता है। यह बयानों को तार्किक लेनदेन में एक साथ वर्गीकृत करने की अनुमति देता है।

अतः विकल्प (D) सही है।

89. इमारतों में 2 प्रकार की दरारें पाई जा सकती हैं। गैर-चलती दरारें संकोचन का परिणाम हैं और आमतौर पर उथले हैं। बढ़ते दरारें कंक्रीट में अत्यधिक तनाव के कारण होती हैं और आम तौर पर 1 मिमी से अधिक व्यापक होती हैं।

अतः विकल्प (C) सही है।

90. भंडारण भोजन के दोनों उल्लिखित भौतिक गुणों का परीक्षण किया जा सकता है।

अतः विकल्प (C) सही है।

91. भंडारण कंटेनर से हवा निकालना महत्वपूर्ण है। पहले कंटेनर की गंध और स्वाद दोनों बिगड़ गए।

अतः विकल्प (A) सही है।

92. विटामिन प्रतिधारण परीक्षण का उपयोग तापमान या खाद्य पदार्थों के भंडारण के समय के आधार के रूप में किया जाना चाहिए जो कि थाइमिन या एस्कॉर्बिक एसिड के प्राथमिक या महत्वपूर्ण स्रोतों के रूप में किए जाते हैं। इसका कारण यह है कि इन विटामिनों ने अपने रंग या तालु की तुलना में तेजी से कम किया।

अतः विकल्प (A) सही है।

93. तापमान में वृद्धि या भिन्नता के कारण किसी उत्पाद की संवेदनशीलता पर मौसमी और क्षेत्रीय विविधताओं का बहुत कम प्रभाव पड़ता है। किसी उत्पाद की क्षति को संवेदनशीलता बढ़ाने में दोषपूर्ण प्रसंस्करण / पैकेजिंग का एक बड़ा प्रभाव है।

अतः विकल्प (B) सही है।

94. ABC विश्लेषण वस्तुओं के उपभोग मूल्यों के आधार पर इन्वेंट्री आइटम को वर्गीकृत करने के लिए एक दृष्टिकोण है। खपत मूल्य एक निर्दिष्ट समय अवधि में उपभोग की गई वस्तु का कुल मूल्य है, उदाहरण के लिए एक वर्ष।

अतः विकल्प (A) सही है।

95. एसेट्स को एसेट्स और करंट एसेट्स के रूप में वर्गीकृत किया जाता है।

वर्तमान परिसंपत्तियां वे हैं जो व्यापार के संचालन के साथ उत्पन्न होती हैं। ये प्रत्येक व्यापार लेनदेन के साथ उतार-चढ़ाव और परिवर्तन होते हैं। जैसे इन्वेंट्री, सॉरी डेब्यूटर्स, कैश ऑन हैंड आदि।

स्थाई संपत्ति वे हैं जो स्थायी प्रकृति के हैं। ये परिसंपत्तियां व्यवसाय को समय की अवधि में लाभ प्रदान करती हैं। भूमि, भवन, संयंत्र अचल संपत्तियों के उदाहरण हैं।

अतः विकल्प (A) सही है।

96. तैयार माल के लिए ग्राहक की मांग के संबंध में XYZ विश्लेषण का अधिक उपयोग किया जाता है। X उच्च मांग है, Y मध्यम मांग, Z बहुत कम मांग है। ABC / XYZ विश्लेषण का उपयोग आपूर्ति और सूची नियंत्रण और उत्पादन रणनीति के लिए रणनीति बनाने के लिए किया जाता है।

अतः विकल्प (B) सही है।

97. व्यवसाय में देयताएं बनाई जानी हैं यदि ये पहचान योग्य हैं, तो पर्याप्त सटीकता के साथ निर्धारित करें। एक दायित्व जो किसी घटना के होने पर भविष्य में उत्पन्न हो सकता है, को आकस्मिक देयता माना जा सकता है और प्रकटीकरण के रूप में दिखाया जा सकता है। एक ज्ञात देयता को खाते की पुस्तकों में दर्ज किया जाना चाहिए।

अतः विकल्प (C) सही है।

98. विशिष्ट इन्वेंट्री मॉडल द्वारा उत्तर दिए गए दो सबसे बुनियादी इन्वेंट्री प्रश्न समय और ऑर्डर की मात्रा हैं।

अतः विकल्प (C) सही है।

99. विनिर्माण उद्योगों में लागत का सबसे महत्वपूर्ण तत्व सामग्री है। सामग्री लागत का पहला और सबसे महत्वपूर्ण तत्व है। अधिकांश निर्माण संगठनों में, सामग्री लागत का एकल सबसे बड़ा घटक है।

अतः विकल्प (A) सही है।

100. लास्ट इन फर्स्ट आउट विधि के अनुसार मूल्य निर्धारण के मुद्दे वर्तमान आर्थिक मूल्यों के करीब हैं। LIFO लेखांकन का अर्थ है वह सूची जो पिछली बार अधिग्रहित की गई थी, जिसका उपयोग पहले किया या बेचा जाएगा।

अतः विकल्प (A) सही है।

General Intelligence & Reasoning

Ques (1-4):निर्देश: दिखाए गए आकार को बनाने के लिए आकृतियों के किस समूह को इकट्ठा किया जा सकता है?

Q.1

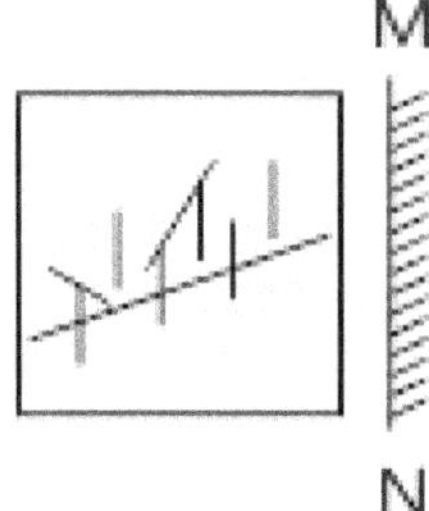

[Jawahar Navodaya Entrance Class VI, 2022], [SSC MTS, 2021], [AFCAT, 2021]

A. 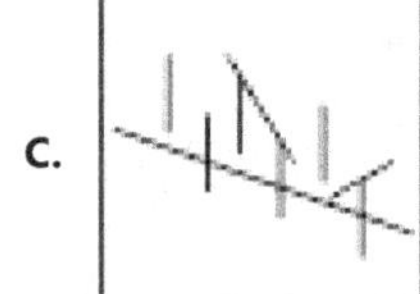

B. 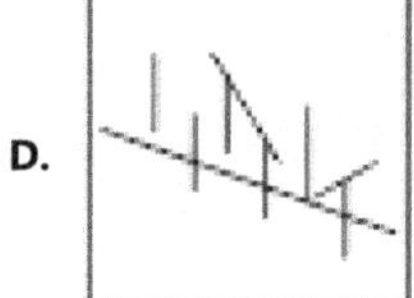

C.

D.

Q.2

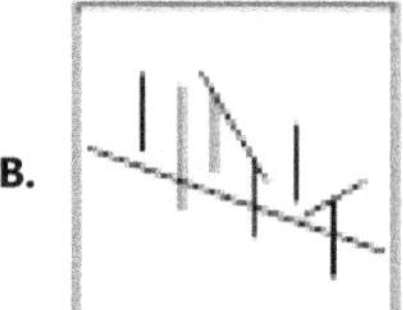

[Jawahar Navodaya Entrance Class VI, 2022], [SSC MTS, 2021], [AFCAT, 2021]

A. 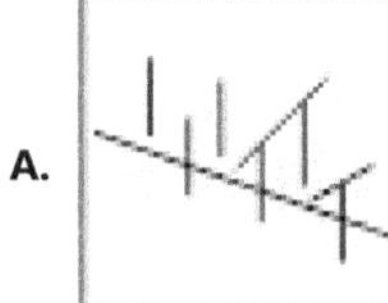

B. 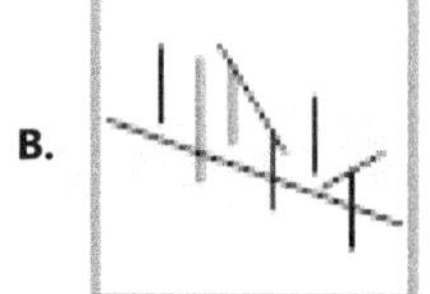

C. 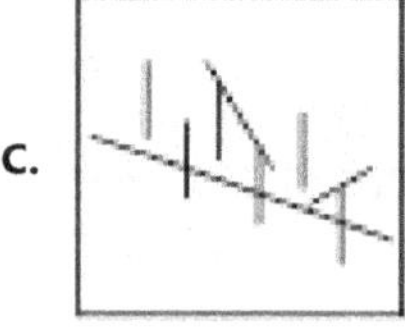

D. 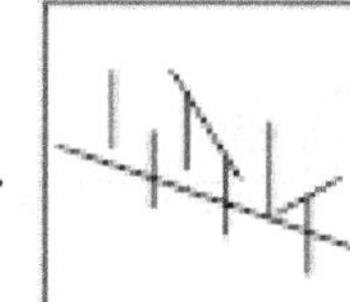

Q.3

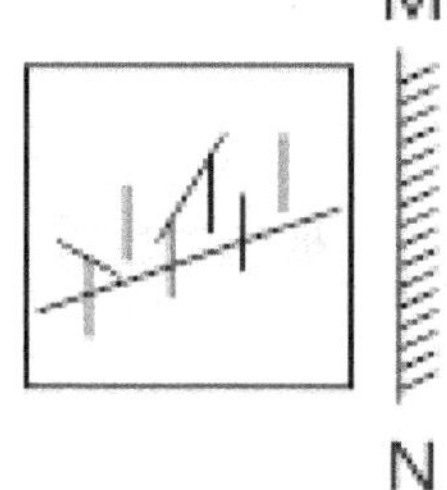

[Jawahar Navodaya Entrance Class VI, 2022], [SSC MTS, 2021], [AFCAT, 2021]

A. 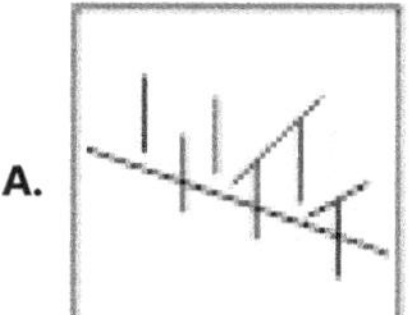

B. 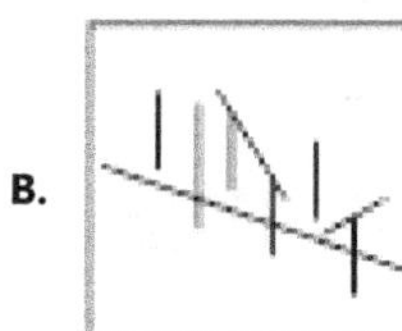

C. 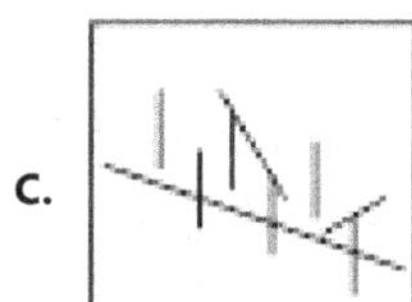

D. 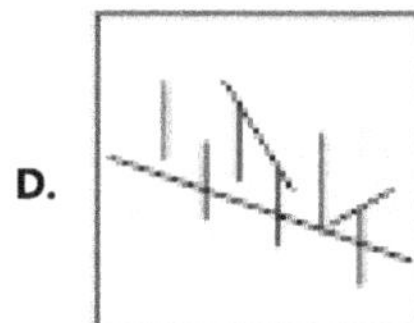

Q.4

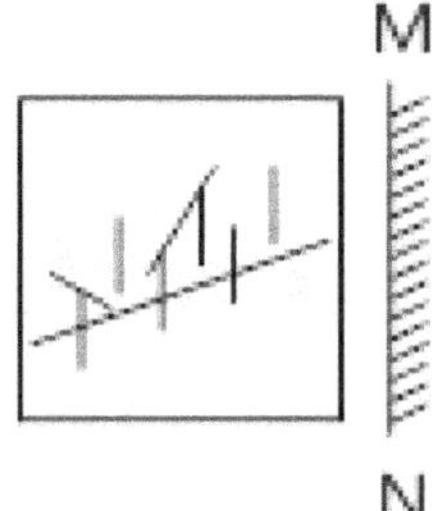

[Jawahar Navodaya Entrance Class VI, 2022], [SSC MTS, 2021], [AFCAT, 2021]

A. 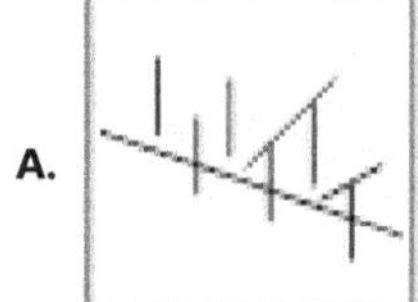

B. 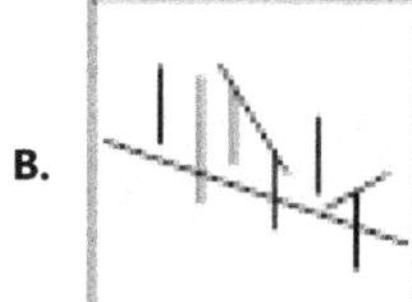

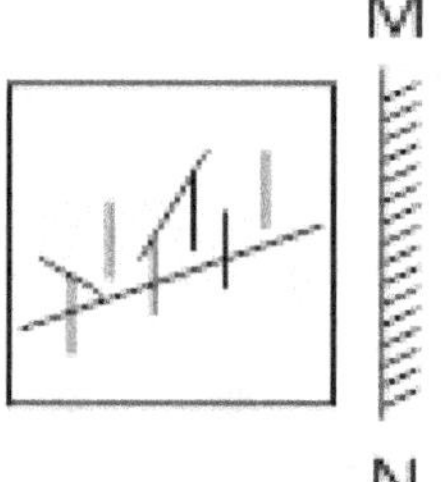

C. 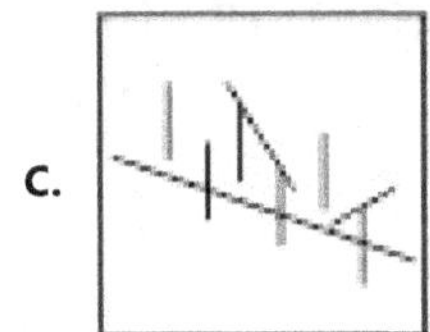   D. 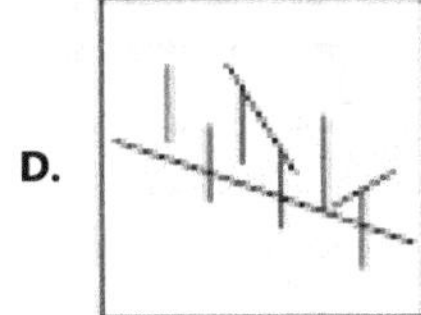

Q.5 रीता ने सीमा को उसकी माँ के पिता के केवल पुत्र के पुत्री के रूप में परिचित करवाया। रीता, सीमा से किस प्रकार सम्बन्धित है?

A. चचेरी बहन   **B.** चाची
C. भतीजी   **D.** मामी

Q.6 निर्देश: निम्नलिखित जानकारी का ध्यानपूर्वक अध्ययन कीजिए और दिए गए प्रश्नों के उत्तर दीजिए।

$P\#Q$ का अर्थ P, Q का पिता है।

$P + Q$ का अर्थ PQ की माँ है।

$P - Q$ का अर्थ P, Q का भाई है।

$P*Q$ का अर्थ P, Q की बहिन है।

अभिव्यक्ति $A + B - C\#D*E$ में, A का E से क्या संबंध है?

A. बहिन   **B.** दादा   **C.** दादी   **D.** पिता

Q.7 एक फोटो की तरफ इशारा करते हुए, मिहिर ने कहा, "वह मेरे दादा के एकमात्र पुत्र की एकमात्र पुत्रव्यू का एकमात्र पुत्र है"। वह लड़का मिहिर से कैसे संबंधित है अगर उसके कोई भाई-बहन नहीं है?

A. भाई
B. चचेरा/ममेरा/फूफेरा/मौसेरा भाई या बहन
C. पुत्र
D. पिता

Q.8 $A + B$ का अर्थ है ' A , B की बेटी है'

$A - B$ का अर्थ है ' A, B की माँ है'

$A \times B$ का अर्थ है ' A, B की बहन है'

$A \div B$ का अर्थ है ' A, B का पिता है'

यदि $Q \div L + P + X \times V - H$, तो V, P से कैसे संबंधित है?

A. मौसी   **B.** बुआ   **C.** बहन   **D.** माँ

Q.9 छह सदस्यों का परिवार है। C और R एक विवाहित जोड़ा है। W, C की बेटी है। D, R का पिता है लेकिन R उसकी बेटी नहीं है। S, R का साला है। V, C की ननद है। S अविवाहित है। V, D से कैसे संबंधित है?

A. सास   **B.** बेटी   **C.** बहू   **D.** बहन

Ques (10-12):निर्देश: निम्नलिखित प्रश्न में, पता लगाएं कि उत्तर की कौन सी आकृतियाँ (1), (2), (3) और (4) आकृति मैट्रिक्स को पूरा करती हैं?

Q.10

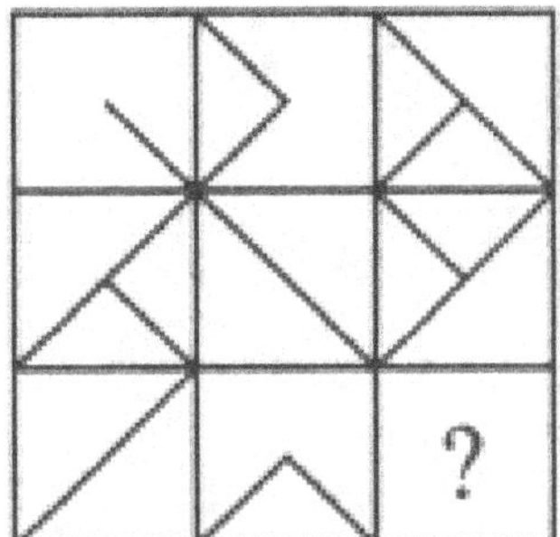

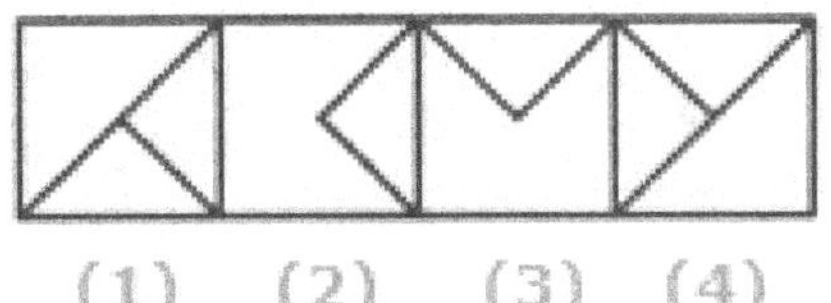

(1)   (2)   (3)   (4)

A. 1   **B.** 2   **C.** 3   **D.** 4

Q.11

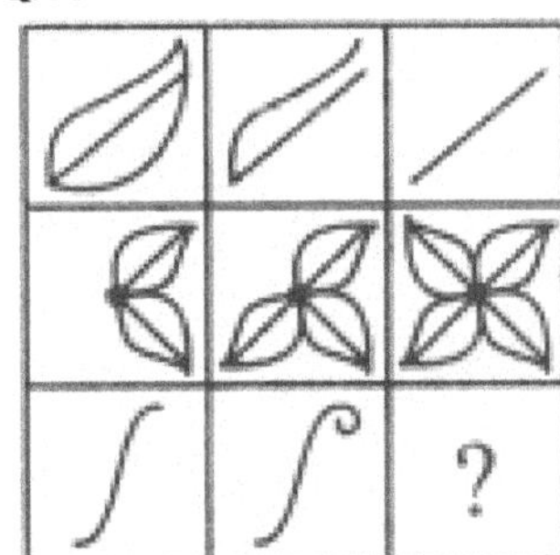

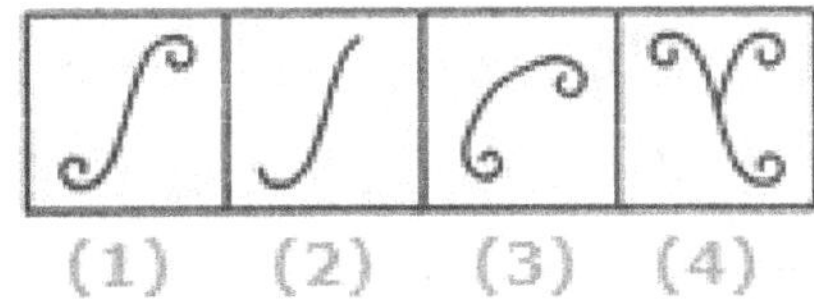

(1)   (2)   (3)   (4)

[UP Police Sub Inspector, 2021]

A. 1   **B.** 2   **C.** 3   **D.** 4

Q.12

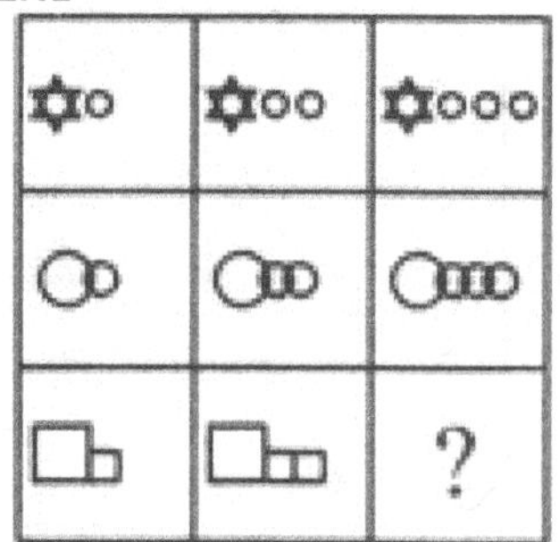

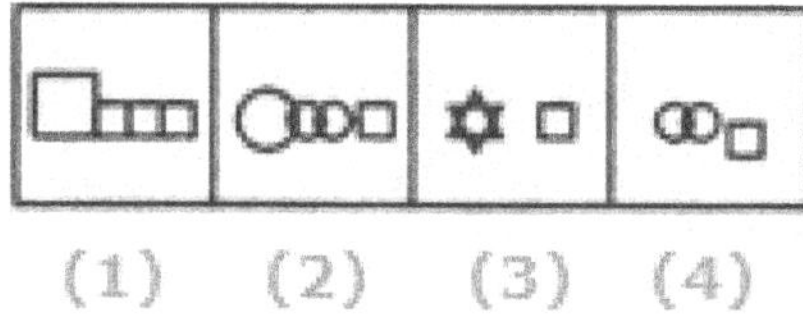

[UP Police Sub Inspector, 2021]

A. 1   **B.** 2   **C.** 3   **D.** 4

Q.13

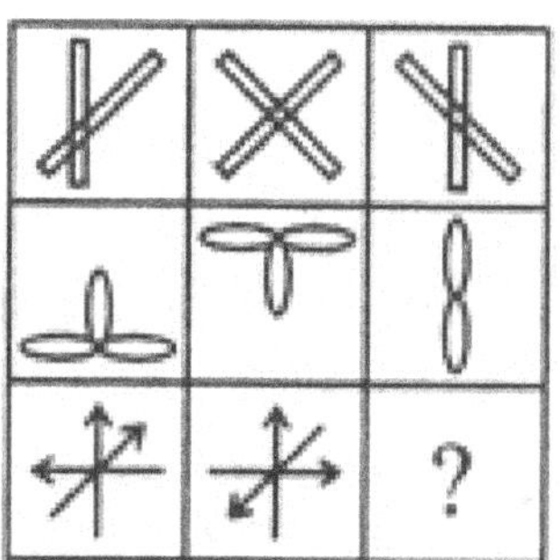

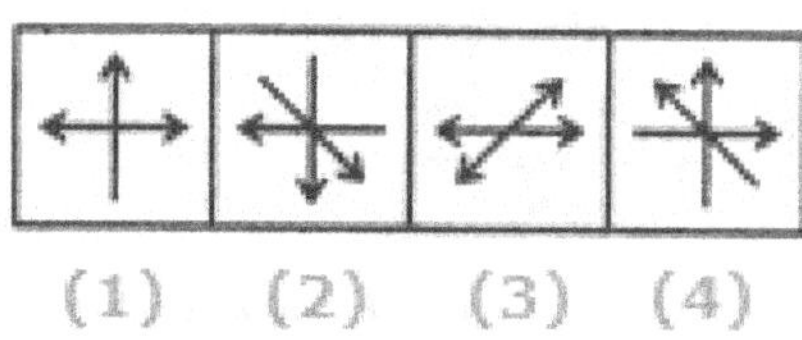

[Telangana Police Constable, 2015]

A. 1   **B.** 2   **C.** 3   **D.** 4

Q.14 एक व्यापारिक सम्मेलन के अंत में, उपस्थित दस लोग एक बार एक दूसरे से हाथ मिलाते हैं। हाथ मिलाने की क्रिया कितनी बार हुई?

[Haryana Police Constable Commando Wing, 2021], [Intelligence Bureau Security Assistant, 2017]

A. 20   **B.** 45   **C.** 55   **D.** 90

Q.15 एक छात्र सही जोड़ से दुगुना गलत जोड़ करता है। यदि उसने कुल 48 जोड़ने की प्रक्रिया की हो तो उसने कितनी जोड़ की प्रक्रिया सही किया?

A. 12   **B.** 16   **C.** 24   **D.** 18

Q.16 एक कक्षा में लड़कों की संख्या लड़कियों की संख्या से तीन गुना है। निम्नलिखित में से कौन सी संख्या कक्षा में बच्चों की कुल संख्या का प्रतिनिधित्व नहीं कर सकती है?

A. 48   **B.** 44   **C.** 42   **D.** 40

Q.17 एक निश्चित संख्या में घोड़े और एक समान संख्या में पुरुष कहीं जा रहे हैं। आधे मालिक अपने घोड़ों की पीठ पर हैं जबकि शेष अपने घोड़ों के साथ चल रहे हैं। यदि जमीन पर चलने वाले पैरों की संख्या 70 है, तो कितने घोड़े हैं?

A. 8   **B.** 10   **C.** 12   **D.** 14

Q.18 मार्क एक रियाल्टार के साथ काम कर रहा है ताकि वह अपने शहर में खुलने वाले खिलौने की दुकान के लिए एक स्थान खोज सके। वह एक ऐसी जगह की तलाश में है, जो या तो बहुत दूर है, या शहर के केंद्र से दूर नहीं है और जो कि सही तरह के पैदल यातायात को आकर्षित करेगा। आपके निर्णय के आधार पर, मार्क के रियाल्टार को निम्नलिखित में से किस स्थान पर अपना ध्यान आकर्षित करना चाहिए?

A. शहर के केंद्र में ट्रेन स्टेशन के पास एक नई ऊंची इमारत में एक स्टोरफ्रंट है जिसके रहने वाले मुख्य रूप से युवा, निःसंतान पेशेवर हैं जो प्रत्येक दिन अपने कार्यालयों में आने के लिए ट्रेन का उपयोग करते हैं।

B. शहर की मुख्य सड़क से तीन ब्लॉक दूर, एक प्राथमिक विद्यालय से सड़क के पार और एक आइसक्रीम स्टोर के बगल में स्थित

C. शहर के केंद्र से दूर एक शांत आवासीय सड़क पर एक स्टैंड-अलोन स्टोरफ्रंट

D. शहर के बाहरी इलाके में स्थित एक छोटे से स्ट्रिप मॉल में एक स्टोरफ्रंट जो कि एक फार्मेसी और एक ड्राई क्लीनर द्वारा भी कब्जा कर लिया गया है।

Q.19 रीता, एक निपुण पेस्ट्री शेफ जो अपनी कलात्मक और उत्तम शादी के केक के लिए अच्छी तरह से जानी जाती है, ने एक साल पहले एक बेकरी खोली और यह आश्चर्यचकित है कि व्यापार इतना धीमा हो गया है। मार्केट रिसर्च करने के लिए किराए पर ली गई एक सलाहकार ने बताया है कि स्थानीय आबादी उसकी दुकान के बारे में नहीं सोचती है क्योंकि वे एक दैनिक आधार पर यात्रा करते हैं, लेकिन अगर वे एक विशेष अवसर का जश्न मना रहे थे तो वे एक जगह पर आएंगे। आपके निर्णय के आधार पर, रीता को अपने दैनिक व्यवसाय को बढ़ाने के लिए निम्न में से किस रणनीति पर काम करना चाहिए?

A. कूपन उपलब्ध कराना जो कूपन धारक को शादी, सालगिरह, या जन्मदिन के केक पर 25% छूट प्राप्त करने का अधिकार देता है

B. अगले ब्राइडल एक्सपो में प्रदर्शित और चखने के लिए उपलब्ध उसकी शादी के केक में से एक के टुकड़े

C. स्थानीय समाचार पत्रों में विज्ञापनों की एक श्रृंखला रखते हैं जो ब्रेड के विस्तृत सरणी का विज्ञापन करते हैं

D. बेकरी को शहर के दूसरी तरफ ले जाना

Q.20 डॉ मिलर के पास एक व्यस्त बाल चिकित्सा दंत चिकित्सा अभ्यास है और चीजों को सुचारू रूप से चलाने के लिए उन्हें एक कुशल, विश्वसनीय स्वच्छंदतावादी की आवश्यकता है। पिछले दो लोगों को उसने किराए पर लिया था, जिनकी सिफारिश क्षेत्र के शीर्ष दंत चिकित्सकों द्वारा की गई थी, लेकिन वे प्रत्येक एक महीने से कम समय तक रहे। उसे अब एक ऐसे हाइजीनिस्ट की सख्त जरूरत है, जो उसके अभ्यास की विशिष्ट चुनौतियों का सामना कर सके। निम्नलिखित में से किस उम्मीदवार को डॉ। मिलर को सबसे गंभीरता से विचार करना चाहिए?

A. मर्लिन पंद्रह साल से एक हाइजीनिस्ट रही हैं, और उनके वर्तमान नियोक्ता, जो सेवानिवृत्त होने वाले हैं, का कहना है कि वह व्यवसाय में सर्वश्रेष्ठ हैं। जिस ग्राहक के साथ उसने काम किया है, वह देश के कुछ सबसे धनी और सबसे शक्तिशाली नागरिकों में शामिल है।

B. लिंडी ने हाल ही में राज्य में सबसे अच्छा दंत स्वच्छता कार्यक्रमों में से एक से अपनी कक्षा के शीर्ष पर स्नातक किया। डेंटल हाइजीनिस्ट बनने से पहले, लिंडी ने एक डे केयर सेंटर में दो साल काम किया।

C. जेम्स ने एक सार्वजनिक स्वास्थ्य क्लिनिक में तीन साल तक दंत चिकित्सक के रूप में काम किया। वह एक निजी दंत चिकित्सा कार्यालय में एक स्थिति हासिल करने में बहुत रुचि रखते हैं।

D. कैथी एक अनुभवी और उच्च अनुशंसित दंत चिकित्सक हैं जो बचपन की शिक्षा की डिग्री भी पूरी कर रही हैं, उन्हें उम्मीद है कि उन्हें पूर्वस्कूली शिक्षक के रूप में नौकरी मिलेगी। वह बाल चिकित्सा

अभ्यास में एक नौकरी खोजने के लिए उत्सुक है, क्योंकि वह हमेशा बच्चों के साथ काम करना चाहती है।

Q.21 श्रीमती जानसन हाल ही में एरिज़ोना चली गईं। वह अपने नए पिछले आंगन को फूलों के पौधों से भरना चाहती है। यद्यपि वह एक अनुभवी माली है, लेकिन वह बहुत अच्छी तरह से वाकिफ नहीं है कि एरिजोना जलवायु में पौधे क्या करेंगे। इसके अलावा, छायादार परिस्थितियों के लिए उसके पिछले आंगन में एक बड़ा पेड़ है और उसे यकीन नहीं है कि पौधे बहुत सीधी धूप के बिना फूल जाएंगे। उसका पसंदीदा बागवानी कैटलॉग कई बीज पैकेज प्रदान करता है। श्रीमती जानसेन को किसे चुनना चाहिए?

A. उत्तर-पूर्वी उद्यानों के लिए इंद्रधनुष संग्रह आदर्श है। इसमें विभिन्न प्रकार के रंगीन बारहमासी शामिल हैं जो शांत, नम स्थितियों में पनपते हैं।

B. ग्रीनहाउस कलेक्शन साल-दर-साल खिलता रहेगा, अगर चमकीली रोशनी वाली जगहों पर लगाया जाए और नियमित रूप से पानी पिलाया जाए।

C. ट्रीहाउस संग्रह रसीले हरे पौधों को नाजुक रंगीन फूलों के साथ प्रदान करेगा जो छायादार और आंशिक रूप से छायादार स्थानों में पनपे।

D. ओएसिस संग्रह में विभिन्न प्रकार के बारहमासी शामिल हैं जो शुष्क जलवायु और तेज धूप में पनपते हैं।

Q.22 आप अपने कार्यालय के प्रमुख हैं। कुछ मीडिया के लोग आपके कार्यालय में आते हैं और आपसे अनुरोध करते हैं कि आप अपने कार्यालय की पेंशन योजना के बारे में उन्हें जानकारी दें।

A. मीडिया के लोगों को किसी और दिन आने के लिए कहें

B. तुरंत प्रस्ताव स्वीकार करें और उन्हें संक्षिप्त करें

C. उन्हें अपने कार्यालय से बाहर कर दें

D. उन्हें प्रतीक्षा करने और संबंधित अधिकारियों से परामर्श करने के लिए कहें

Q.23 एक खुले मैदान में लोगों को संबोधित करते समय आपके पते पर बारिश होना शुरू हो जाता है, यह महत्वपूर्ण है और आप इसे स्थगित नहीं कर सकते, आप क्या करेंगे?

A. किसी से छतरी की व्यवस्था करने को कहें

B. थोड़ी देर के लिए अपना सम्बोधन बंद करो

C. बारिश की चिंता किए बिना सम्बोधन को जारी रखें

D. एक दिन के लिए इसे स्थगित करें

Q.24 वैकल्पिक विचारों को उत्पन्न करने का एक समूह प्रयास जो किसी समस्या को हल करने में प्रबंधक की मदद कर सकता है:

A. डेल्फी तकनीक

B. सोच से बाहर

C. सामान्य समूह तकनीक

D. ब्रेन स्टॉर्मिंग

Q.25 निर्णय लेने में त्रुटियां उत्पन्न होती हैं क्योंकि हम निर्णय लेने वाली सांख्यिकी का उपयोग करते हैं:

A. अनप्लान्ड मैंनेर में

B. हापहार्ज्डली

C. उस सीमा से परे जिसके लिए वे अभिप्रेत हैं

D. अन्य पहलुओं का ध्यान रखे बिना

<u>General Awareness and General English</u>

Q.26 निम्नलिखित में से कौन सा पुरस्कार ऑस्ट्रेलियाई क्रिकेट ऑलराउंडर एलिस पेरी द्वारा नहीं जीता गया है?

A. आईसीसी महिला वनडे प्लेयर ऑफ द ईयर 2019

B. रशेल हीहो-फ्लिंट अवार्ड 2017

C. आईसीसी महिला इमर्जिंग प्लेयर ऑफ़ द इयर 2019

D. रशेल हीहो-फ्लिंट अवार्ड 2019

Q.27 6 ओलंपिक स्वर्ण पदक जीतने वाली एकमात्र महिला ट्रैक और फील्ड एथलीट कौन है?

A. एलिसन फेलिक्स

B. जेनी थॉम्पसन

C. नताली कफलिन

D. एलीसन शिमट

Q.28 जिस खिलाड़ी को अर्जुन पुरस्कार, द्रोणाचार्य पुरस्कार, राजीव गांधी खेल रत्न और पद्म श्री से सम्मानित किया गया था, वह है:

[Madhya Pradesh Public Service Commission (MPPSC), 2018]

A. अभिनव बिंद्रा

B. सचिन तेंडुलकर

C. प्रकाश पादुकोण

D. पुलेला गोपीचंद

Q.29 निम्नलिखित में से कौन सा देश 2023 महिला टी-20 क्रिकेट विश्व कप की मेजबानी करेगा?

A. भारत

B. बांग्लादेश

C. ऑस्ट्रेलिया

D. दक्षिण अफ्रीका

Q.30 Directions: Select the most appropriate ANTONYM of the given word.

DISABLE

A. Permit

B. Disapprove

C. Refuse

D. Disallow

Q.31 Directions: Select the synonym of the given word.

TOLERANCE

A. Impatience

B. Oppression

C. Endurance

D. Aggression

Q.32 Direction: Choose the right alternative to make it a meaningful sentence.

It looks _________ it's going to rain.

A. as

B. as if

C. although

D. supposing

Q.33 Directions: Choose the correct option to fill in the blank.

Pour the water _________ the jug.

A. into   **B.** out   **C.** before   **D.** in

Q.34 Directions: Choose the most appropriate answer and fill in the blanks.

The noun form of 'active' is __________.

A. Activity

B. Activeness

C. Action

D. Active

Q.35 Direction: Read the following passage and answer the question given below. Your answer should be based on the passages only.

Many forest fires start from natural causes such as lightning which set trees on fire. However, rain extinguishes such fires without causing much damage. High atmospheric temperatures and dryness (low humidity) offer favorable circumstance for a fire to start. Fire is caused when a source of fire like cigarette or bidi, electric spark, or any source of ignition comes into contact with inflammable material. Environmental causes are largely related to climatic conditions such as temperature, wind speed and direction, level of moisture in soil and atmosphere, and duration of dry spells. Other natural causes are the friction of bamboos swaying due to high wind velocity and rolling stones that result in sparks setting off fires in highly inflammable leaf litter on the forest floor. Human-related causes result from human activity as well as methods of forest management. These can be intentional or unintentional.

Which of the following is the most logical inference drawn from the given passage?

A. Rain extinguishes forest fires without causing much damage.

B. Many forest fires start from lightning which set trees on fire.

C. The causes of forest fire are natural as well as man made

D. All of the above

Q.36 Direction: Read the following passage and answer the question given below. Your answer should be based on the passages only.

The level of unemployment varies with economic conditions and other circumstances. The causes of unemployment include increased population, rapid technological change, lack of education or skills and rising costs lead to financial, social, and psychological problems. The personal and social costs of unemployment include severe financial hardship and poverty, debt, homelessness and housing stress, family tensions and breakdown, boredom, alienation, shame and stigma, increased social isolation, crime, erosion of confidence and self-esteem, the atrophying of work skills and ill-health. In Indi, one-third of the workforce is employed as casual labour while just 17 per cent of the people are working in the organized sector as salary earners, the 5th annual survey for 2015-16 showed. A recent Mckinsey Global Institute report suggests that India's GDP will need to grow at 8 to 8.5 percent annually over the next 10 years to create 90 million or nine crore non-farm jobs.

Which of the following has been assumed by the author in the above passage?

A. Eradicating unemployment in India is a very daunting task.

B. The problem of unemployment will have a serious impact on future of the country.

C. The problem of unemployment will have a serious impact on financial condition of the country.

D. The problem of unemployment exists as a serious matter of concern in India.

Q.37 भारत के संविधान में, मौलिक कर्तव्यों का उल्लेख निम्नलिखित में से किस अनुच्छेद में किया गया है?

A. अनुच्छेद 50
B. अनुच्छेद 51
C. अनुच्छेद 51A
D. अनुच्छेद 49

Q.38 निम्नलिखित में से कौन सा अनुच्छेद जन रोजगार के मामलों में अवसर की समानता को बताता है?

A. अनुच्छेद 16
B. अनुच्छेद 10
C. अनुच्छेद 12
D. अनुच्छेद 18

Q.39 GST को ________ संशोधन अधिनियम के रूप में पेश किया गया था।

A. 100
B. 101
C. 102
D. 103

Q.40 अंतर-राज्य परिषद की स्थापना 1990 में ________ की सिफारिश पर की गई थी।

A. पूँछी आयोग
B. सरकारिया आयोग
C. राजमन्नार आयोग
D. मुंगेरीलाल आयोग

Q.41 संविधान के किस भाग को "भारतीय संविधान का मैग्ना कार्टा" कहा जाता है?

A. भाग III
B. भाग IV
C. भाग II
D. भाग V

Q.42 निम्नलिखित में से किस राज्य के महाराजा ने अंतिम मिनट के रक्षात्मक प्रदर्शन के बाद केवल परिग्रहण के उपकरण पर हस्ताक्षर किए?

[UGC NET History, 2020]

A. हैदराबाद
B. भोपाल
C. जैसलमेर
D. जोधपुर

Q.43 निम्नलिखित में से क्या आर्य समाज का आदर्श नहीं था?

[UGC NET History, 2020]

A. शास्ती-वर्ग के अधिकार में विश्वास

B. ईश्वर का पितात्व और मनुष्य का भाईचारा

C. शुद्धि आंदोलन

D. लिंग के बीच समानता

Q.44 सुधारवादी मुस्लिम नेताओं में से किसने एक आधुनिकतावादी उर्दू पत्रिका तहज़ीब अल-अख़्लक प्रकाशित की?

[UGC NET History, 2020]

A. जमाललाला-दिनल-अफगानी

B. सैय्यदअहमद खान

C. मुहसिन अल-मुल्क

D. मुहम्मद इस्माइल यूसुफ

Q.45 मध्ययुगीन भक्तों का सबसे पहला ज्ञात खाता निम्नलिखित में से किस एक काम में पाया जाता है?

[UGC NET History, 2020]

A. भक्तमाल
B. विष्णावतेजस्य भास्कर
C. चौरासी वैष्णवों की वार्ता
D. 252 वैष्णवों की वार्ता

Q.46 उस सुल्तान की पहचान कीजिये, जिन्होंने टंका पर टकसाल शहर का नाम लिखने की प्रथा शुरू की थी:

[UGC NET History, 2020]

A. कुतुबुद्दीन ऐबक
B. इल्तुतमिश
C. अलाउद्दीन खिलजी
D. मुहम्मद तुगलक

Q.47 शास्त्रीय भाषाओं के संबंध में निम्नलिखित कथनों पर विचार कीजिए:
1. सभी शास्त्रीय भाषाएँ संविधान की आठवीं अनुसूची में सूचीबद्ध हैं।
2. संस्कृति मंत्रालय शास्त्रीय भाषाओं के संबंध में दिशा-निर्देश प्रदान करता है।
ऊपर दिए गए कथनों में से कौन सा सही है/हैं?

A. केवल 1
B. केवल 2
C. 1 और 2 दोनों
D. न तो 1 न ही 2

Q.48 'बौद्ध धर्म की थेरवाद विचारधारा' के बारे में निम्नलिखित कथनों पर विचार कीजिए:
1. विसुद्धिमग्ग थेरवाद बौद्ध धर्म का एक ग्रंथ है।
2. इसे वृद्ध भिक्षुओं की विचारधारा के रूप में भी जाना जाता है।
ऊपर दिए गए कथनों में से कौन सा/से सही है/हैं?

A. केवल 1
B. केवल 2
C. 1 और 2 दोनों
D. न तो 1 और न ही 2

Q.49 संस्कृत रंगमंच कुटियाट्टम के बारे में निम्नलिखित कथनों पर विचार कीजिए:
1. यह केरल राज्य में उत्पन्न और विकसित हुआ है।
2. चक्कियार और नांगियार समुदायों के सदस्य पारंपरिक रूप से रंगमंच में प्रदर्शन करते हैं।

3. प्रदर्शन में संगीत वाद्ययंत्र का कोई उपयोग नहीं है।

ऊपर दिए गए कथनों में से कौन सा/से सही है/हैं?

A. केवल 1 और 2

B. केवल 3

C. केवल 1 और 3

D. उपरोक्त में से कोई नहीं

Q.50 होयसला कला के संदर्भ में निम्नलिखित कथनों पर विचार कीजिए:

1. होयसल शैली (1050 - 1300 ईस्वी) कर्नाटक के दक्षिणी क्षेत्र में विकसित हुई।

2. होयसला कला का प्रारंभिक बिंदु ऐहोल, बादामी और पत्तदकल में शुरुआती चालुक्यों के मंदिर में कहा जा सकता है।

3. इस कला को रोजगार देने वाला एक महत्वपूर्ण स्मारक बेलूर में केशव मंदिर है।

4. स्थापत्य योजना के अलावा, होयसला शैली ने कुछ अधिक विशिष्ट विशेषताओं को प्राप्त किया। उदाहरण के लिए, क्लोरीटिक शीस्ट को अधिक नम्रीय बलुआ पत्यर के पक्ष में छोड़ दिया गया था।

ऊपर दिए गए कथनों में से कौन सा/से सही है/हैं?

A. 1, 2 और 3

B. केवल 3 और 4

C. केवल 2 और 3

D. केवल 1 और 2

Numerical Aptitude

Q.51 दो संख्याएँ 7:11 के अनुपात में हैं। यदि उनका महत्तम समापवर्त 28 है, तो दो संख्याओं के बीच का अंतर है:

A. 28   **B.** 196   **C.** 308   **D.** 112

Q.52 273965 में 3 के स्थानीय मान और अंकित मान के बीच का अंतर कितना है?

A. 2035   **B.** 3962   **C.** 0   **D.** 2997

Q.53 13^{2134} को 14 से विभाजित करने पर शेषफल क्या मिलता है?

A. 11   **B.** 7   **C.** 1   **D.** 3

Q.54 यदि दो संख्याओं का अनुपात $4:9$ के अनुपात में है और उनका ल.स.प. 720 है, तो दोनों संख्याओं का योग ज्ञात कीजिए?

A. 260   **B.** 240   **C.** 180   **D.** 390

Q.55 390 मीटर, 495 मीटर और 300 मीटर लंबाई की तीन तारों को बराबर लंबाई के टुकड़ों में काटा जाता है। प्रत्येक टुकड़े की अधिकतम लंबाई ज्ञात कीजिये?

A. 120 मीटर   **B.** 15 मीटर   **C.** 15 मीटर   **D.** 10 मीटर

Q.56 दो संख्याओं का लघुत्तम समापवर्त्य 192 है। संख्याएँ $3:4$ के अनुपात में हैं। संख्याओं का योग ज्ञात कीजिये।

A. 82   **B.** 112   **C.** 106   **D.** 100

Ques (57-61):निर्देश: निम्नलिखित तालिका को लेते हैं जो वर्ष $2011 - 2016$ के दौरान कंपनी ABC और कंपनी XYZ द्वारा अर्जित लाभ प्रतिशत को दर्शाता है। तालिका में दी गयी जानकारी के आधार पर प्रश्न का उत्तर दीजिए।

वर्ष	कंपनी ABC द्वारा अर्जित लाभ प्रतिशत	कंपनी XYZ द्वारा अर्जित लाभ प्रतिशत
2011	50	55
2012	70	60
2013	50	45
2014	40	50
2015	60	50
2016	80	75

Q.57 यदि 2012 में कंपनी XYZ द्वारा अर्जित लाभ की राशि 9 लाख रुपए थी, तो किया गया कुल निवेश कितना था?

A. 12,00,000   **B.** 15,00,000

C. 16,00,000   **D.** 18,00,000

Q.58 यदि 2013 और 2015 में कंपनी ABC की आय बराबर थी और 2013 में निवेश की गयी राशि $8,00,000$ रुपए थी, तो 2015 में निवेश की गयी राशि क्या थी?

A. 7,50,000   **B.** 9,00,000

C. 10,50,000   **D.** 12,00,000

Q.59 यदि वर्ष 2015 में कंपनी ABC द्वारा अर्जित लाभ $6,60,000$ रुपए था, तो उस वर्ष में कंपनी की कुल आय क्या थी?

A. 11,000,00   **B.** 14,300,00

C. 17,600,00   **D.** 20,900,00

Q.60 यदि प्रत्येक कंपनी ABC और XYZ ने 2014 में 20 लाख रुपए निवेश किये थे, तो दोनों कंपनियों द्वारा अर्जित औसत लाभ क्या था?

A. 8 लाख रुपए   **B.** 10 लाख रुपए

C. 9 लाख रुपए   **D.** 12 लाख रुपए

Q.61 यदि 2015 में दोनों कंपनियों द्वारा निवेश की गयी राशि बराबर थी, तो कंपनी ABC की कुल आय और 2015 में कंपनी XYZ की कुल आय का अनुपात क्या था?

A. 5:6   **B.** 6:5   **C.** 15:16   **D.** 16:15

Q.62 अनिल 3550 रुपए में बोतल खरीदता है और इसकी पैकिंग के लिए 50 रुपए खर्च करता है। यदि वह 3816 रुपए में बोतल बेचता है, तो लाभ का प्रतिशत क्या है?

A. 6%   **B.** 6.08%   **C.** 7.38%   **D.** 7.49%

Q.63 एक कपटी दुकानदार चीनी इसतरह बेचता है कि 800 ग्राम का विक्रय मूल्य 1 किलोग्राम के क्रय मूल्य के बराबर होता है। उसका प्रतिशत लाभ बतायें।

A. 30%   **B.** 33%   **C.** 25%   **D.** 20%

Q.64 राहुल ने अपनी कार 15% के लाभ पर बेची। यदि इसे 25000 रुपये अधिक में बेचा गया होता तो 20% का लाभ होता। कार का क्रय मूल्य क्या है?

A. 5,55,000 रुपये   **B.** 5,05,000 रुपये

C. 5,00,500 रुपये   **D.** 5,00,000 रुपये

Q.65 दो धनात्मक संख्याओं के वर्गों का योग उनके गुणनफल से 28 से अधिक है। यदि संख्याओं का अनुपात 2 : 3 है, तो संख्याएं ज्ञात कीजिए।

A. 2 और 3   **B.** 4 और 6   **C.** 8 और 12   **D.** 6 और 9

Q.66 बैग A और बैग B में गेंदों की संख्या का अनुपात क्रमशः 6 : 8 है। यदि छह गेंदों को बैग B से बैग A में स्थानांतरित किया जाता है, तो प्रत्येक बैग में गेंदों की संख्या बराबर होती है। प्रारंभ में बैग B में गेंदों की संख्या ज्ञात कीजिए?

A. 30   **B.** 36   **C.** 42   **D.** 48

Q.67 एक 360 रु. की राशि को राजू नेहा और बल्लू के बीच इस तरह से बांट दिया गया कि बल्लू को नेहा की तुलना में रु. 60 अधिक मिले और राजू को बल्लू से रू. 90 अधिक मिले। राजू नेहा और बल्लू के हिस्सो का अनुपात ज्ञात कीजिए।

A. 20 : 11 : 5   **B.** 11 : 20 : 5

C. 20 : 5 : 11   **D.** 11 : 5 : 20

Q.68 A अकेले 10 दिनों में कार्य पूरा कर सकता है, B अकेले 15 दिनों में कार्य पूरा कर सकता है और C अकेले 30 दिनों में कार्य पूरा कर सकता है। A, B और C मिलकर 60% कार्य कितने दिन में पूरा करते हैं?

A. 2 दिन **B.** 3 दिन **C.** 5 दिन **D.** 6 दिन

Q.69 P, Q की तुलना में आधा काम करता है। R, P और Q की तुलना में आधा काम करता है। यदि R अकेले इसे 40 दिनों में पूरा कर सकता है, तो ये सभी मिलकर कितने दिनों में काम पूरा करेंगे?

A. 15 **B.** 30 **C.** 20 **D.** $\frac{40}{3}$

Q.70 A, B की तुलना में 40% अधिक कुशल है। यदि B अकेले इसे 14 दिनों में कर सकता है तो (A + B) कितने दिनों में इस काम को कर सकते हैं?

A. $\frac{35}{6}$ दिन **B.** $\frac{33}{5}$ दिन **C.** $\frac{37}{7}$ दिन **D.** $\frac{39}{5}$ दिन

Q.71 पहले 5 धनात्मक विषम पूर्णांकों का माध्य क्या होगा?

A. 2 **B.** 4 **C.** 3 **D.** 5

Q.72 यदि A और B तथा B और C का औसत अंक क्रमशः 40 और 48 के बराबर है और C और A का औसत अंक 44 है। तो सभी तीन A, B और C का औसत अंक ज्ञात कीजिये।

A. 42.67 **B.** 43 **C.** 44 **D.** 43.33

Q.73 19 अंकों का औसत 9 है। अगर पहले 10 अंकों का औसत 8.7 है और आखरी 10 अंकों का औसत 10.6 है, तो मध्य संख्या क्या होगी?

A. 22 **B.** 23 **C.** 21 **D.** 20

Q.74 हिमांशु के पास कुछ चॉकलेट हैं, हर दिन वह 2 चॉकलेट खाता है और एक वह चेष्ठा को देता है, लेकिन 15 दिनों के बाद उसके चॉकलेट बॉक्स में केवल 15 चॉकलेट बची है तो ज्ञात कीजिए कि हिमांशु चॉकलेट का कितना % चेष्ठा को दिया।

A. 20% **B.** 25% **C.** 40% **D.** 30%

Q.75 टप्पू ने 20 किमी/घंटा की रफ़्तार से भिड़े की बालकनी के शीशे को तोड़ने के लिए एक गेंद फेंका। कांच को तोड़ने के लिए गेंद की आवश्यक गति 35 किमी/घंटा होनी चाहिए। तो ज्ञात कीजिए कि कांच को तोड़ने के लिए टप्पू को गेंद की गति कितनी प्रतिशत बढ़ानी चाहिए।

A. 60% **B.** 75% **C.** 85% **D.** 90%

Specialised Topic

Q.76 हाई स्पीड स्टील्स _______ के लिए सबसे उपयुक्त हैं।

A. उच्च सकारात्मक रेक कोण उपकरण
B. उच्च नकारात्मक रेक कोण उपकरण
C. उच्च नकारात्मक रेक कोण उपकरण
D. इनमे से कोई नहीं

Q.77 निम्नलिखित में से किसे सार्वभौमिक चक के रूप में भी जाना जाता है?

A. फोर जॉक्स चक
B. थ्री जॉक्स चक
C. थ्री जॉक्स चक और फोर जॉक्स चक दोनों
D. टू जॉक्स चक

Q.78 आवश्यकताओं के अनुसार खरीदना _______ कहलाता है।

A. मौसमी क्रय **B.** निर्वाह मात्र क्रय
C. अनुसूचित क्रय **D.** टेंडर क्रय

Q.79 निम्नलिखित में से कौन सा 5R क्रय का हिस्सा नहीं है?

A. सही गुणवत्ता **B.** सही मात्रा
C. सही स्रोत **D.** इनमे से कोई भी नहीं

Q.80 दो वर्कपीस और वेल्ड मुख के बीच जंक्शन के रूप में जाना जाता है?

A. कंठनाली **B.** अंगूठा **C.** जड़ **D.** पोखर

Q.81 "रॉकवेल कठोरता परीक्षण" में प्रयुक्त तराजू की कुल संख्या है?

A. 12 **B.** 14 **C.** 15 **D.** 16

Q.82 निम्नलिखित में से किस परीक्षण में नमूना एक केंटिलिवर बीम के रूप में है?

A. इज़ॉड परीक्षण
B. रॉकवेल कठोरता परीक्षण
C. चारपी परीक्षण
D. ब्रिनेल परीक्षण

Q.83 निम्नलिखित में से किस परीक्षण में नमूना केवल समर्थित बीम के रूप में है?

A. इज़ोड परीक्षण
B. रॉकवेल कठोरता परीक्षण
C. चारपी परीक्षण
D. ब्रिनेल परीक्षण

Q.84 निम्नलिखित में से कौन सा कठोरता परीक्षण इंडेंट के रूप में स्टील की गेंद का उपयोग करता है?

A. ब्रिनेल कठोरता परीक्षण
B. रॉकवेल सी कठोरता परीक्षण
C. विकर्स कठोरता परीक्षण
D. रॉकवेल बी कठोरता परीक्षण

Q.85 गुण के आधार पर जो सामग्री प्लास्टिक विरूपण के बिना तनाव ऊर्जा को अवशोषित कर सकती है उसे _________ कहा जाता है।

A. क्रीप **B.** एनिसोट्रॉपिक
C. तन्यकता **D.** थकान

Q.86 एक रिलेशनल डेटाबेस में _______ का संग्रह होता है।

A. टेबल **B.** फील्ड **C.** अभिलेख **D.** चांबियाँ

Q.87 तालिका में एक _______ मूल्यों के एक सेट के बीच एक संबंध का प्रतिनिधित्व करता है।

A. कॉलम **B.** कुंजी **C.** पंक्ति **D.** प्रविष्टि

Q.88 _______ शब्द का प्रयोग किसी पंक्ति को संदर्भित करने के लिए किया जाता है।

A. गुण **B.** ट्यूपल **C.** फील्ड **D.** उदाहरण

Q.89 एट्रिब्यूट शब्द एक तालिका के _______ को संदर्भित करती है।

A. अभिलेख **B.** कॉलम **C.** टपल **D.** चाभी

Q.90 किसी संबंध की प्रत्येक विशेषता के लिए, अनुमत मानों का एक समूह होता है, जिसे उस विशेषता का _______ कहा जाता है।

A. डोमेन **B.** संबंध **C.** सेट **D.** योजना

Q.91 डेटाबेस _______ जो डेटाबेस का तार्किक डिज़ाइन है, और डेटाबेस _______ जो डेटाबेस में दिए गए इंस्टेंट में समय में डेटा का एक स्नैपशॉट है।

A. उदाहरण, स्कीमा **B.** संबंध, स्कीमा
C. संबंध, डोमेन **D.** योजनाओं, उदाहरण

Q.92 कोर्स (कोर्स_आईडी, सेक_आईडी, सेमेस्टर)
यहाँ कोर्स_आईडी, सेक_आईडी, और सेमेस्टर _______ हैं और कोर्स _______ है।

A. संबंध, विशेषता **B.** विशेषता, संबंध
C. टपल, संबंध **D.** टपल, विशेषता

Q.93 विभाग (विभाग का नाम, भवन, बजट) और कर्मचारी (कर्मचारी_आई डी, नाम, विभाग का नाम, वेतन)

यहां दोनों संबंधों में विभाग का नाम विशेषता दिखाई देती है। संबंध स्कीमा में सामान्य विशेषताओं का उपयोग करना __________ संबंधों से संबंधित एक तरीका है।

A. सामान्य की विशेषताएँ
B. सामान्य का टपल
C. विशिष्ट का टपल
D. विशिष्ट की विशेषताएँ

Q.94 एक डोमेन आणविक है यदि डोमेन के तत्वों को __________ इकाई माना जाता है।

A. अलग अलग
B. अभाज्य
C. स्थिर
D. भाज्य

Q.95 संबंधों की टुपल्स _______ क्रम की हो सकती हैं।

A. कोई भी
B. समान
C. क्रमबद्ध
D. स्थिर

Q.96 डेटा की अखंडता को लागू करने के लिए __________ पसंदीदा तरीका है।

A. प्रतिबन्ध
B. संग्रहीत प्रक्रिया
C. ट्रिगर्स
D. कर्सर

Q.97 निम्नलिखित में से कौन सबसे पुराना डेटाबेस मॉडल है?

A. रिलेशनल
B. वियोजक
C. भौतिक
D. नेटवर्क

Q.98 लॉग डेटाबेस में सभी अद्यतन गतिविधियों को रिकॉर्ड करने के लिए _______ का एक क्रम है।

A. लॉग रिकॉर्ड
B. रिकॉर्ड
C. प्रविष्टियां
D. रीडू

Q.99 _______ खंड हमें ____ खंड के परिणाम संबंध में केवल उन पंक्तियों का चयन करने की अनुमति देता है जो एक निर्दिष्ट विधेय को संतुष्ट करते हैं।

A. वेयर, फ्रॉम
B. फ्रॉम, सेलेक्ट
C. सेलेक्ट, फ्रॉम
D. फ्रॉम, वेयर

Q.100 एक _____ एक केरी है जो एक से अधिक तालिका या दृश्य से पंक्तियों को पुनः प्राप्त करती है:

A. स्टार्ट
B. एंड
C. ज्वाइन
D. उपरोक्त सभी

// स्मार्ट उत्तर पुस्तिका //

सही उत्तर — उन छात्रों का प्रतिशत जिन्होंने प्रश्नों का सही उत्तर दिया था। **छोड़ दिया** — उन छात्रों का प्रतिशत जिन्होंने प्रश्नों को छोड़ दिया था।

प्रश्न संख्या	उत्तर	सही उत्तर / छोड़ दिया	प्रश्न संख्या	उत्तर	सही उत्तर / छोड़ दिया	प्रश्न संख्या	उत्तर	सही उत्तर / छोड़ दिया	प्रश्न संख्या	उत्तर	सही उत्तर / छोड़ दिया	प्रश्न संख्या	उत्तर	सही उत्तर / छोड़ दिया	प्रश्न संख्या	उत्तर	सही उत्तर / छोड़ दिया
1	C	69.28 % / 30.68 %	18	B	18.69 % / 72.85 %	35	C	69.79 % / 30.17 %	52	D	62.19 % / 35.56 %	69	D	43.34 % / 38.99 %	86	A	89.95 % / 10.03 %
2	C	68.22 % / 30.2 %	19	C	55.49 % / 31.13 %	36	D	62.42 % / 35.6 %	53	C	78.11 % / 13.01 %	70	A	88.1 % / 11.22 %	87	A	40.49 % / 37.15 %
3	C	42.33 % / 43.38 %	20	B	68.13 % / 31.16 %	37	C	17.88 % / 72.16 %	54	A	22.51 % / 69.78 %	71	D	60.36 % / 37.41 %	88	B	88.67 % / 10.41 %
4	C	56.74 % / 42.94 %	21	C	57.41 % / 32.09 %	38	A	20.34 % / 79.34 %	55	C	77.49 % / 14.7 %	72	C	47.48 % / 37.75 %	89	B	47.32 % / 31.76 %
5	A	62.89 % / 34.53 %	22	D	55.33 % / 33.56 %	39	B	66.41 % / 33.4 %	56	B	43.33 % / 55.68 %	73	A	81.6 % / 12.02 %	90	A	53.95 % / 41.99 %
6	C	68.19 % / 30.35 %	23	C	64.28 % / 32.08 %	40	B	65.21 % / 31.74 %	57	B	77.52 % / 19.63 %	74	B	30.49 % / 68.11 %	91	D	58.76 % / 35.26 %
7	C	64.79 % / 33.93 %	24	A	59.56 % / 38.11 %	41	A	59.44 % / 32.21 %	58	A	58.32 % / 34.05 %	75	B	51.94 % / 33.45 %	92	B	61.53 % / 36.56 %
8	A	48.57 % / 47.53 %	25	D	69.69 % / 30.19 %	42	D	18.07 % / 74.64 %	59	A	86.22 % / 11.62 %	76	A	81.32 % / 17.94 %	93	C	27.27 % / 70.36 %
9	B	19.81 % / 73.21 %	26	C	51.4 % / 31.29 %	43	A	53.02 % / 37.71 %	60	C	42.38 % / 47.34 %	77	A	88.81 % / 10.7 %	94	B	41.61 % / 40.85 %
10	B	76.76 % / 21.2 %	27	A	44.54 % / 47.45 %	44	B	42.2 % / 38.82 %	61	D	69.99 % / 30.01 %	78	B	85.26 % / 12.31 %	95	A	83.76 % / 10.63 %
11	A	44.44 % / 44.19 %	28	D	40.33 % / 35.94 %	45	A	23.11 % / 70.07 %	62	A	57.2 % / 31.41 %	79	D	62.67 % / 31.04 %	96	A	47.5 % / 47.97 %
12	A	54.9 % / 35.09 %	29	D	58.18 % / 36.25 %	46	B	68.96 % / 30.9 %	63	C	67.65 % / 30.89 %	80	A	60.31 % / 37.33 %	97	D	81.0 % / 18.37 %
13	C	88.29 % / 10.07 %	30	A	84.29 % / 10.64 %	47	C	51.12 % / 34.9 %	64	D	69.65 % / 30.09 %	81	C	47.49 % / 41.08 %	98	A	49.22 % / 46.73 %
14	B	80.78 % / 10.5 %	31	C	55.35 % / 37.72 %	48	C	21.53 % / 72.56 %	65	B	14.08 % / 79.53 %	82	A	12.42 % / 67.57 %	99	A	12.25 % / 71.9 %
15	B	63.7 % / 31.59 %	32	B	56.07 % / 43.69 %	49	A	47.06 % / 52.7 %	66	D	65.71 % / 32.96 %	83	C	17.23 % / 73.9 %	100	C	67.54 % / 30.68 %
16	C	85.49 % / 12.16 %	33	A	63.43 % / 35.71 %	50	A	46.18 % / 45.85 %	67	C	22.81 % / 75.23 %	84	A	68.23 % / 31.35 %			
17	D	66.89 % / 32.8 %	34	A	76.51 % / 18.97 %	51	D	43.13 % / 55.35 %	68	B	67.76 % / 30.71 %	85	C	52.43 % / 33.18 %			

//संकेत और समाधान//

1.

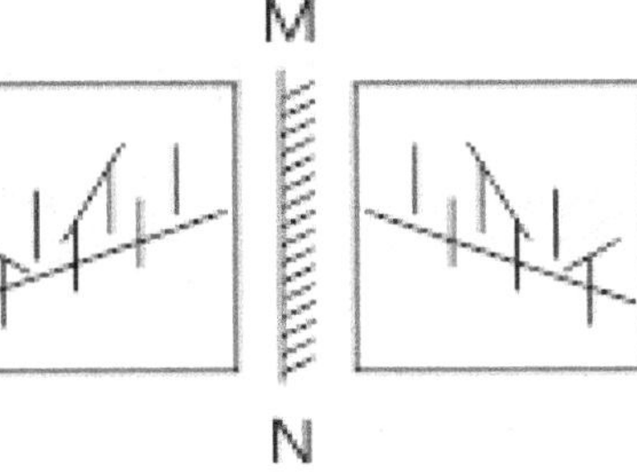

अतः विकल्प (C) सही है।

2.

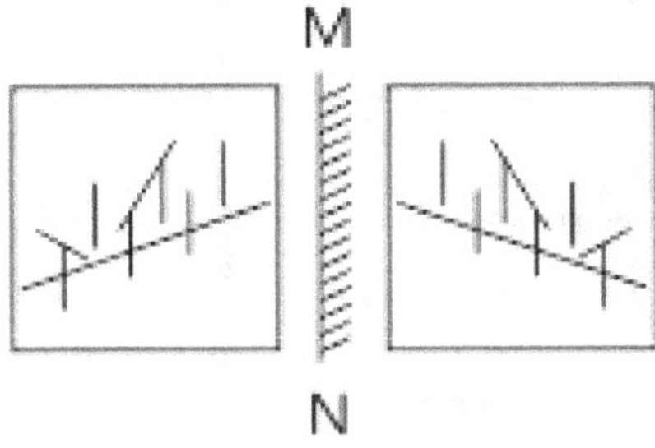

अतः विकल्प (C) सही है।

3.

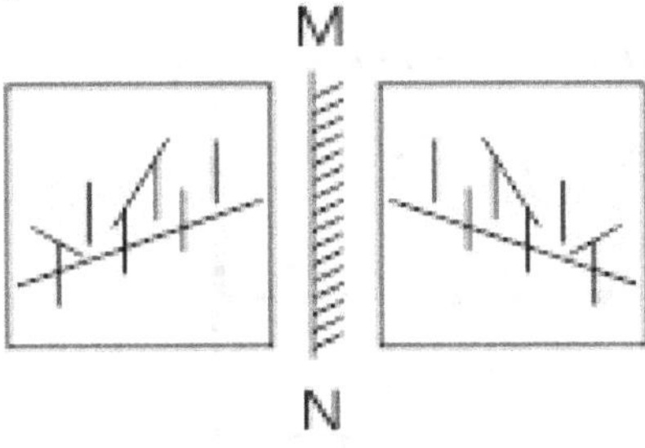

अतः विकल्प (C) सही है।

4.

अतः विकल्प (C) सही है।

5. सीमा, रीता की माँ के पिता के केवल पुत्र की पुत्री है।

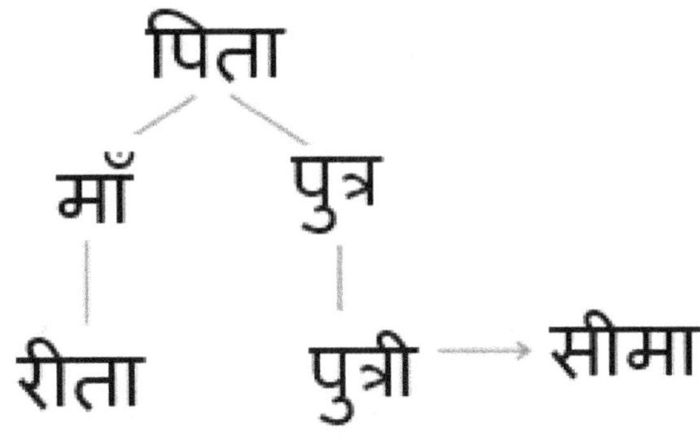

इस प्रकार रीता, सीमा की चचेरी बहन है।

अतः विकल्प (A) सही है।

6. अभिव्यक्ति $A + B - C \# D * E$ का अर्थ है कि

A, B की माँ है, B, C का भाई है, C, D का पिता है और D, E की बहन है।

आरेख में प्रतीक	अर्थ
○	महिला
□	पुरुष
——	शादीशुदा जोड़ा
——	सहोदर
│	एक पीढ़ी का अंतर

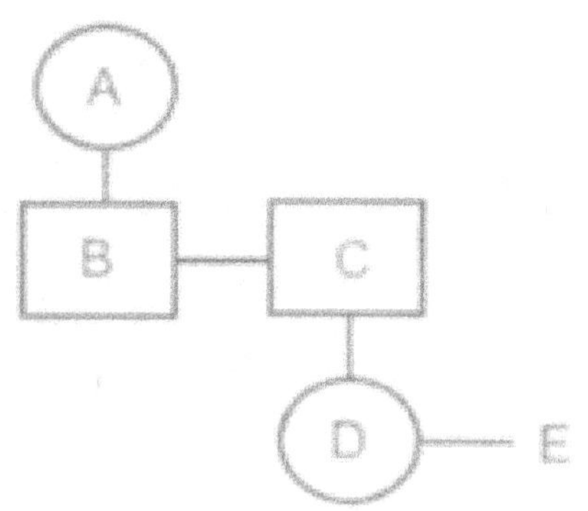

अतः विकल्प (C) सही है।

7.

आरेख में प्रतीक	अर्थ
◯	महिला
▢	पुरुष
—	शादीशुदा जोड़ा
—	सहोदर
│	एक पीढी का अंतर

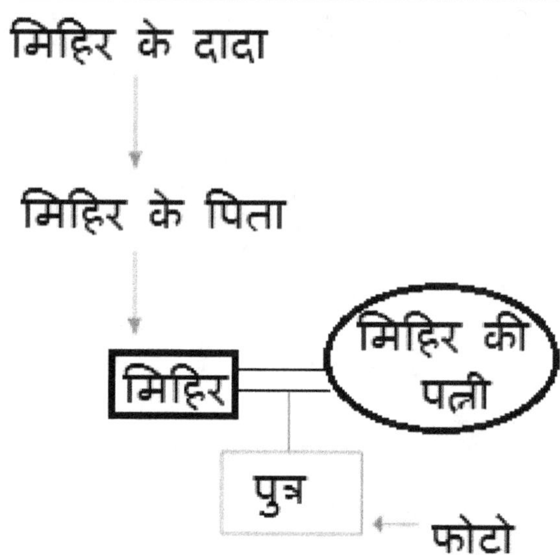

स्पष्ट है कि फोटो वाला लड़का मिहिर का पुत्र है।

अतः विकल्प (C) सही है।

8. परिवार चार्ट

आरेख में प्रतीक	अर्थ
◯	महिला
▢	पुरुष
—	शादीशुदा जोड़ा
—	सहोदर
│	एक पीढी का अंतर

प्रश्न के अनुसार पारिवारिक वृक्ष:

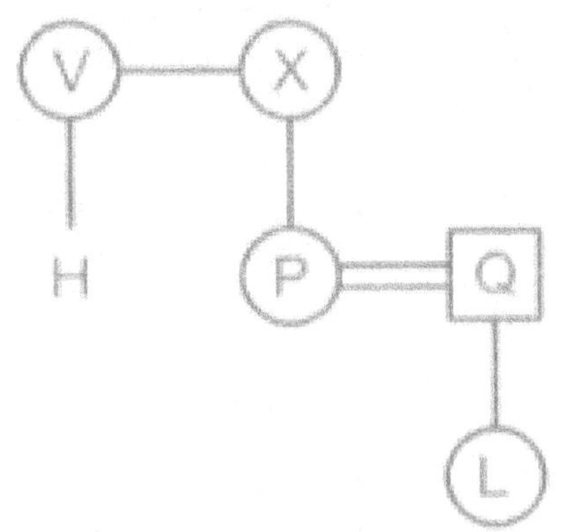

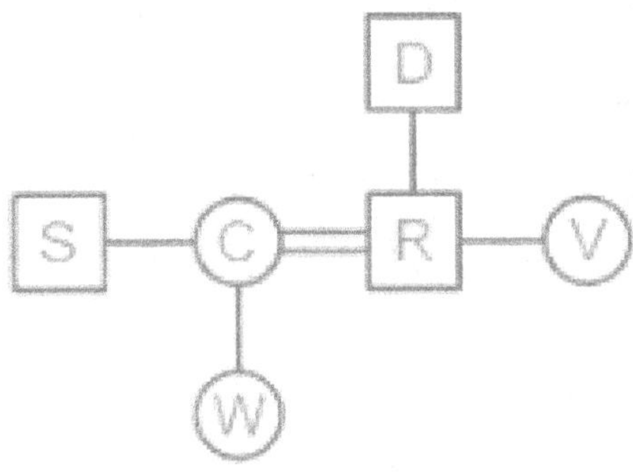

इसलिए V, P की मौसी है।

अतः विकल्प (A) सही है।

9. निम्नलिखित प्रतीकों का इस्तेमाल करते हुए परिवार की वृक्षावली बनाते हैं:

आरेख में प्रतीक	अर्थ
⬭	महिला
⬜	पुरुष
═══	शादीशुदा जोड़ा
───	सहोदर
│	एक पीढ़ी का अंतर

VD की बेटी हुई।

अतः विकल्प (B) सही है।

10. प्रत्येक पंक्ति में तीसरी आकृति में ऐसे भाग शामिल हैं जो पहले दो आकृति के लिए सामान्य नहीं हैं।

अतः विकल्प (B) सही है।

11. प्रत्येक पंक्ति में घटकों की संख्या या तो बाएं से दाएं बढ़ती या घटती है। तीसरी पंक्ति में, यह बढ़ जाता है।

अतः विकल्प (A) सही है।

12. प्रत्येक पंक्ति में, दूसरी आकृति को पहले आकृति से प्राप्त किया जाता हे, एक छोटे से तत्वों की संख्या बढ़ाकर और तीसरी आकृति को दूसरी आकृति से एक के बाद एक छोटे तत्वों की संख्या बढ़ाकर प्राप्त किया जाता है।

अतः विकल्प (A) सही है।

13. प्रत्येक पंक्ति में तीसरी आकृति में ऐसे भाग शामिल हैं जो पहले दो आकृति के लिए सामान्य नहीं हैं।

अतः विकल्प (C) सही है।

14. एक सम्मेलन में हाथ मिलाने की कुल संख्या $= \dfrac{n(n-1)}{2}$

जहाँ n लोगों की संख्या है।

दिया है,

सम्मेलन में 10 लोग मौजूद हैं।

तो, सम्मेलन में हाथ मिलाने की संख्या $= \dfrac{10(10-1)}{2} = 45$

अतः विकल्प (B) सही है।

15. मान लीजिए कि लड़के को x रकम सही लगी है और $2x$ रकम गलत है,

तो,

$$x + 2x = 48$$

$$\Rightarrow 3x = 48$$

$$\Rightarrow x = 16$$

अतः विकल्प (B) सही है।

16. लड़कियों की संख्या = x और लड़कों की संख्या = 3x

फिर, 3x + x = 4x = छात्रों की कुल संख्या

इस प्रकार, x का सटीक मान ज्ञात करने के लिए, छात्रों की कुल संख्या 4 से विभाज्य होनी चाहिए।

अतः विकल्प (C) सही है।

17. घोड़ों की संख्या $=$ पुरुषों की संख्या $= x$

फिर, पैरों की संख्या $= 4x + 2 \times \left(\frac{x}{2}\right) = 5x$

तो, $5x = 70$ or $x = 14$

अतः विकल्प (D) सही है।

18. यह विकल्प शहर के केंद्र के पास और एक स्थान (एक स्कूल और एक आइसक्रीम स्टोर के पास) दोनों के पास है, जहां बच्चों और उनके माता-पिता का होना निश्चित है। यह एकमात्र विकल्प है जो मार्क की दोनों आवश्यकताओं को पूरा करता है।

अतः विकल्प (B) सही है।

19. यह एकमात्र विकल्प है जो लोगों को बेकरी के बारे में सोचने के लिए प्रोत्साहित करेगा कि एक दुकान के रूप में वे नियमित रूप से और न केवल विशेष अवसरों पर जाएंगे।

अतः विकल्प (C) सही है।

20. वर्णित स्थिति बताती है कि डॉ. मिलर का अभ्यास कुछ विशिष्ट चुनौतियों को प्रस्तुत करता है, अर्थात् यह एक बाल ग्राहक के साथ एक व्यस्त वातावरण है। कुछ संकेत भी हैं कि अत्यधिक अनुशंसित, अनुभवी हाइजिनिस्ट डॉ. मिलर के कार्यालय के लिए कटौती नहीं कर सकते हैं। यह सुझाव देने के लिए कुछ भी नहीं है कि मर्लिन (विकल्प A) या जेम्स (विकल्प C) डॉ.मिलर के अभ्यास के लिए एक अच्छा फिट होगा। कैथी (विकल्प D) के पास अनुभव है और वह बच्चों के साथ काम करने में भी दिलचस्पी रखती है। हालांकि, इस तथ्य से कि वह भविष्य में दूर-दूर तक एक पूर्वस्कूली शिक्षक बनने की उम्मीद करती है, यह इंगित करता है कि वह डॉ. मिलर की तरह प्रतिबद्ध, दीर्घकालिक कर्मचारी नहीं हो सकता है। लिंडी (विकल्प B), अपने हाथों से काम करने के अनुभव के साथ बच्चों के साथ-साथ एक प्रतिष्ठित दंत स्वच्छता कार्यक्रम से एक डिग्री।

अतः विकल्प (B) सही है।

21. ट्रीहाउस कलेक्शन एकमात्र पैकेज है जो छायादार स्थानों में घूम सकता है। चुनाव के लिए पूर्वोत्तर जलवायु की आवश्यकता होती है। विकल्प B और D को तेज धूप की आवश्यकता होती है।

अतः विकल्प (C) सही है।

22. यहां विकल्प (A) और (C) उचित नहीं हैं क्योंकि ये नैतिक आधार पर मान्य नहीं हैं जबकि विकल्प (B) भी मान्य नहीं है क्योंकि आप कार्यालय के प्रमुख हैं और इस मामले में पूरा करने के लिए आपको कुछ महत्वपूर्ण कार्य करने होंगे।विकल्प (D) कार्रवाई का सबसे अच्छा कोर्स होगा क्योंकि प्रत्येक कार्यालय में प्रत्येक कार्य के लिए कुछ अधिकारी होते हैं। इसलिए किसी को उनसे परामर्श लेना होगा।

अतः विकल्प (D) सही है।

23. विकल्प (A) में वर्णित एक छतरी की व्यवस्था करने के लिए कुछ पूछना उचित नहीं होगा जबकि विकल्प (B) और (D) उद्देश्य की सेवा नहीं करते हैं क्योंकि यह उल्लेख किया गया है कि यह महत्वपूर्ण है और आप इसे स्थगित नहीं कर सकते। यहां इस मामले में बारिश को परेशान किए बिना पता जारी रखना जैसा कि विकल्प (C) में वर्णित है कार्रवाई का सबसे अच्छा कोर्स होगा।

अतः विकल्प (C) सही है।

24. डेल्फी तकनीक का उपयोग संरचित संचार तकनीक में किया जाता है ताकि बॉक्स से बाहर आम सहमति के माध्यम से सही प्रतिक्रिया प्राप्त की जा सके। सामान्य समूह तकनीक निर्णय लेने की प्रक्रिया है जो एकल व्यक्ति द्वारा चर्चा के वर्चस्व को रोकता है ताकि अधिक निष्क्रिय समूह के सदस्यों को भाग लेने के लिए प्रोत्साहित किया जा सके। ब्रेन स्टॉर्मिंग व्यक्तियों में काम किया जाता है और फिर समूहों को ब्रेन स्टॉर्म के लिए कहा जाता है कि वे प्रक्रियाओं का उपयोग करके विचारों की एक सूची तैयार करें जो रचनात्मकता और मूल्यांकन को प्रोत्साहित करती हैं। अकेले काम करने वाले व्यक्तियों के स्कोर को औसत और समूहों के स्कोर के साथ तुलना की गई। परिणामों ने संकेत दिया कि व्यक्ति न केवल अकेले काम करते समय अधिक विचार उत्पन्न करते हैं, बल्कि वे गुणवत्ता को बनाए बिना यह करते हैं, एक संभावित स्पष्टीकरण यह है कि लोग उनसे डरते हैं।

अतः विकल्प (A) सही है।

25. अनुभव सरल, कुशल नियम हैं जो अनुभवों पर आधारित होते हैं जिनका उपयोग लोग अक्सर न्याय करने और निर्णय लेने के लिए करते हैं। इसमें आमतौर पर एक जटिल समस्या के एक पहलू पर ध्यान केंद्रित करना और दूसरों की अनदेखी करना शामिल है। यद्यपि ये नियम कई परिस्थितियों में अच्छी तरह से काम करते हैं, वे तर्क से व्यवस्थित विचलन या निर्णय लेने में तर्कसंगत रूप से परिणामी त्रुटियों को जन्म दे सकते हैं।

अतः विकल्प (D) सही है।

26.

- ऑस्ट्रेलियाई क्रिकेट ऑलराउंडर एलिस पेरी ने आईसीसी महिला इमर्जिंग प्लेयर ऑफ़ द इयर 2019 नहीं जीता है।
- एलिस पेरी एक ऑस्ट्रेलियाई खिलाड़ी हैं, जिन्होंने क्रिकेट और एसोसिएशन फुटबॉल में अपने देश का प्रतिनिधित्व किया है।
- वह क्रिकेट और फुटबॉल विश्व कप दोनों में ऑस्ट्रेलिया का प्रतिनिधित्व करने का गौरव रखती है।
- चैनिडा सुथिर्युंग ने महिला इमर्जिंग प्लेयर ऑफ़ द इयर 2019 जीता है।

अतः विकल्प (C) सही है।

27. एलिसन फेलिक्स एकमात्र महिला ट्रैक और फील्ड एथलीट हैं जिन्होंने छह ओलंपिक स्वर्ण पदक जीते और ट्रैक और फील्ड इतिहास में सबसे सुशोभित महिला ओलंपियन के रूप में मर्लिन ओटेटी के साथ मुकाबला हुआ था।

- इन्होंने 2004 में एथेंस में ओलंपिक की शुरुआत की, 200 मीटर में रजत जीता था।
- इन्होने 2008 में इसी स्पर्धा में एक और रजत और 2012 में स्वर्ण जीता था।
- इनके पास 2016 में 400 मीटर में जीता गया रजत भी है, और 2008-2016 तक पांच रिले स्वर्ण पदक जीते थे।

अतः विकल्प (A) सही है।

28.

- पुलेला गोपीचंद एक पूर्व भारतीय बैडमिंटन खिलाड़ी हैं।
- वर्तमान में, वह भारतीय बैडमिंटन टीम के लिए मुख्य राष्ट्रीय कोच हैं।
- उन्हें 1999 में अर्जुन पुरस्कार, 2001 में राजीव गांधी खेल रत्न, 2009 में द्रोणाचार्य पुरस्कार और 2014 में पद्म भूषण पुरस्कार प्राप्त हुआ।

अतः विकल्प (D) सही है।

29. 2023 आईसीसी महिला टी20 विश्व कप, आईसीसी महिला टी20 विश्व कप टूर्नामेंट का आठवां संस्करण होने वाला है।

2023 आईसीसी पुरुष क्रिकेट विश्व कप, पुरुष क्रिकेट विश्व कप का 13वां संस्करण होगा, जिसकी मेजबानी अक्टूबर और नवंबर 2023 के दौरान भारत द्वारा की जाएगी। यह पहली बार होगा जब प्रतियोगिता पूरी तरह से भारत में आयोजित की जाएगी। पिछले तीन संस्करणों को आंशिक रूप से वहां होस्ट किया गया था - 1987, 1996 और 2011।

अतः विकल्प (D) सही है।

30.

- The word 'Disable' means (of an action or circumstance) prevent or discourage someone from doing something.
- The antonyms of the word 'Disable' are "Permit, allow, support".
- From the antonym of the given word, we can say that the word 'Permit' is opposite in meaning.
- The word 'Permit' means to officially allow someone to do something.

Hence, the correct option is (A).

31.

- The word 'Tolerance' means the capacity to endure pain or hardship.
- The synonyms of the word 'Tolerance' are "Endurance, Fortitude, Stamina".
- From the synonym of the given word, we can say that the word 'Endurance' is the correct answer.
- The word 'Endurance' means the ability to endure an unpleasant or difficult process or situation without giving way.

Hence, the correct option is (C).

32.

- The sentence says that it would rain.
- In option (B), the word 'as if' means as would be the case if.
- So, 'as if' is the correct alternative to make it a meaningful sentence.

Hence, the correct option is (B).

33.

- The preposition 'into' is used for showing movement: going inside a container or an empty space.
- The preposition 'out' is used when something is removed from where it was: from inside a container, hole, or space.
- The preposition 'before' means in front of.
- The preposition 'in' is used for showing where someone or something is: inside a container, room, building, vehicle etc.

Hence, the correct option is (A).

34.

- Many English words can be used in more than one part of speech.
- 'Active' and 'activeness' are adjectives.

Hence, the correct option is (A).

35. Let us note the following:

An inference can always be logically deduced from the information given in the passage.

It is never directly stated in the passage.

The author is trying to understand what causes forest fires.

Therefore, option (C) is the correct inference.

The options (A) and (B) find a direct mention in the passage.

These cannot be inferences.

Therefore, the correct answer is 'The causes of forest fire are natural as well as man-made'.

Hence, the correct option is (C).

36. Let us note the following:

The assumption is a fact that is accepted without any proof.

The author talks about the causes and effects of unemployment in India.

The author lists what others are saying about unemployment in India.

Thus the author has accepted the existence of unemployment without any proof in India.

Option (A) may be implicit but not an accepted fact by the author.

Therefore, it is not an assumption.

The same goes for options (C) and (D).

Therefore, the correct answer is 'The problem of unemployment exists as a serious matter of concern in India'.

Hence, the correct option is (D).

37.

- भारत के संविधान में, मौलिक कर्तव्यों का उल्लेख अनुच्छेद 51 A में किया गया है ।
- भारतीय संविधान का अनुच्छेद 49 राष्ट्रीय महत्व के स्मारकों, स्थानों और वस्तुओं के संरक्षण से संबंधित है।
- भारतीय संविधान का अनुच्छेद 50 कार्यपालिका से न्यायपालिका के पृथक्करण से संबंधित है।
- भारतीय संविधान का अनुच्छेद 51 अंतरराष्ट्रीय शांति और सुरक्षा को बढ़ावा देने से संबंधित है।

अतः विकल्प (C) सही है।

38. अनुच्छेद 16 जन रोजगार के मामलों में अवसर की समानता बताता है।

- 1995 में लागू किए गए 77वें संशोधन अधिनियम ने अनुच्छेद 16 में एक नया प्रावधान जोड़ा है जो राज्य को एससी और एसटी के पक्ष में राज्यों के तहत किसी भी सेवा के संवर्धन में आरक्षण का प्रावधान करने का अधिकार देता है।
- अनुच्छेद 10 नागरिकता के अधिकारों की स्थिरता के बारे में कहता है।
- अनुच्छेद 12 राज्य को निर्धारित करता है
- इसके अनुसार, राज्य में सरकार और भारत की संसद, राज्य और सरकार के विधानमंडल या स्थानीय प्राधिकारी अन्य सभी

प्राधिकरण शामिल हैं जो LIC, ONGC और SAIL जैसे वैधानिक और गैर-सांविधिक हैं।

- अनुच्छेद 18 में सैन्य और शैक्षणिक को छोड़कर उपाधियों का उन्मूलन शामिल है।

अतः विकल्प (A) सही है।

39. GST का अर्थ गुड्स एंड सर्विसेज टैक्स है।

- GST 101 वां संशोधन अधिनियम के रूप में पारित किया गया था। यह 1 जुलाई 2017 को अस्तित्व में आया।
- पूरे भारत में वस्तुओं और सेवाओं के निर्माण, बिक्री और उपभोग पर GST एक व्यापक अप्रत्यक्ष कर है।
- यह केंद्र और राज्य सरकारों द्वारा लगाए गए मौजूदा कई करों की जगह लेगा।
- GST की अवधारणा को पहली बार 2005 में पी. चिदंबरम द्वारा संसद में पेश किया गया।
- GST लागू करने वाला फ्रांस पहला देश है।
- एक राष्ट्र, एक कर, एक बाजार GST का आदर्श वाक्य है।
- माल और सेवा कर को बढ़ावा देने के लिए अमिताभ बच्चन ब्रांड एंबेसडर हैं।

अतः विकल्प (B) सही है।

40. सरकारिया आयोग की स्थापना जून 1983 में भारत की केंद्र सरकार द्वारा की गई थी। सरकारिया आयोग का चार्टर देश में राज्य और केंद्र सरकारों के बीच संबंध और शक्ति संतुलन की जांच करना और बदलाव का सुझाव देना था।

अतः विकल्प (B) सही है।

41. मौलिक अधिकार (अनुच्छेद 12 से 35) वाले भाग III को भारत के मैग्रा कार्टा के रूप में वर्णित किया गया है

अतः विकल्प (A) सही है।

42. परिग्रहण का साधन एक संधि थी जो राज्य भारत के प्रभुत्व में आएगा।

जोधपुर:

- जोधपुर की राजपूत रियासत में हिंदू राजा और बड़ी हिंदू आबादी होने के बावजूद पाकिस्तान की ओर झुकाव का एक अजीब मामला था, जबकि राजकुमार, महाराजा हनवंत सिंह, भारत में शामिल होने की इच्छा में मजबूत थे, उन्हें किसी तरह यह विचार आया कि यह हो सकता है इस तथ्य के कारण कि उनके राज्य ने जल्द ही पैदा होने वाले देश के साथ सीमा साझा की, पाकिस्तान में शामिल होने के लिए अधिक फायदेमंद है।
- इसके अलावा, उन्हें जिन्ना द्वारा पाकिस्तान में शामिल होने का लालच दिया गया, जिन्होंने उन्हें सैन्य और कृषि समर्थन के साथ कराची में पूर्ण बंदरगाह की सुविधा प्रदान की।
- हालाँकि, जब वल्लभभाई पटेल को जोधपुर से पाकिस्तान जाने की संभावना के बारे में अवगत कराया गया, तो उन्होंने तुरंत राजकुमार से संपर्क किया और उन्हें पर्याप्त लाभ देने की पेशकश की और उन्हें मुस्लिम राज्य में शामिल होने की समस्याओं को समझाया और अंततः जोधपुर के राजकुमार को वापस जीत लिया गया।
- जोधपुर राज्यों के महाराजा ने बचाव के अंतिम मिनट के नाटकीय प्रदर्शन के बाद ही परिग्रहण के उपकरण पर हस्ताक्षर किए।

अतः विकल्प (D) सही है।

43. आर्य समाज:

- आर्य समाज की स्थापना 1827 में स्वामी दयानंद सरस्वती ने बॉम्बे में की थी।

- इसका मुख्यालय बाद में लाहौर में स्थानांतरित कर दिया गया था।
- आर्य समाज ने लिंग, प्रेम और सभी के प्रति दान की समानता पर ध्यान केंद्रित किया।
- समाज में परमेश्वर के पिता और मनुष्य के भाईचारे पर जोर दिया गया।
- यह 20 वीं सदी में भारत में सांप्रदायिकता के प्रसार में एक योगदान कारक बन गया।
- आर्य समाज ने वेदों के अधिकार को स्वीकार किया लेकिन शास्ती-वर्ग के अधिकार में विश्वास नहीं किया।

अतः विकल्प (A) सही है।

44.

- 1871 और 1897 के बीच, सैय्यद अहमद खान ने "तहज़ीब अल-अख़लाक़" लॉन्च किया।
- तहज़ीब अल-अख़लक धार्मिक, चौद्धिक और सामाजिक सुधार के सर सैयद के अंतिम आदर्श वाक्य के परिणामस्वरूप अस्तित्व में आया। इन सभी सुधारों के लिए उन्होंने नैतिकता को एक सामान्य आधार माना, जिसे वह ईमानदारी से निभाना चाहते थे।
- उनका दृढ़ विश्वास था कि मुसलमानों के बीच राजनीतिक गिरावट (सभी परेशानियों में सबसे तत्काल) कोई और नहीं बल्कि उनका नैतिक पतन था।

अतः विकल्प (B) सही है।

45.

- भक्तमाल ब्रज भाषा की एक कविता है जो दो सौ से अधिक भक्तों की लघु आत्मकथाएँ देती है।
- यह गुरु नाभा दास जी (भक्तमाला) द्वारा लिखा गया था और नाभादास (रामानंद की परंपरा से संबंधित संत) द्वारा रचित था।
- हालांकि कुछ लोगों द्वारा एक जीवनी पर विचार किया जाता है, काम कोई चमकारी घटनाओं को याद नहीं करता है और व्यापक रूप से सभी संप्रदायों के रास्ते में भक्तों का एक निष्पक्ष खाता माना जाता है
- भक्तमाल कई भक्तों का सबसे पहला विकसनीय खाता है और इसलिए इसे उत्तर भारत के साहित्यिक और भक्ति इतिहास के लिए एक महत्वपूर्ण स्रोत माना जाता है।
- भक्तमलों जैसे अलोकिक ग्रंथों में विभिन्न संप्रदायों के संस्थापकों की आत्मकथाएँ हैं।
- उत्तरी भारत में, मूल मॉडल की स्थापना कुछ समय के बाद सोलहवीं शताब्दी के अंत में नाभादास ने अपने भक्तमाल और इसकी अन्य टीकाओं में की थी। यहाँ पर जोर दिया गया है कि जीवनी, व्यक्तिगत धार्मिक कवियों और संतों की जीवन कथाओं पर आधारित है।
- भक्तमाल एकल काम में पाए जाने वाले मध्यकालीन भक्तों का सबसे पहला ज्ञात खाता है।

अतः विकल्प (A) सही है।

46. इल्तुतमिश (1211ई. -1236ई):

- 1210 में कुतुबुद्दीन ऐबक की मृत्यु ने बेकार पुख्ता सल्तनत के निहित दोषों को सामने लाया। इसने महत्वाकांक्षी प्रांतीय गवर्नरों और पक्षपाती रईसों को नियंत्रित करने की समस्या को उठाया। रईसों द्वारा प्रांतीय विद्रोह और अधिकार की भावना की भावना मुख्य कठिनाइयों थी जिसका दिल्ली सल्तनत को अपने अस्तित्व की अवधि में सामना करना पड़ा।

- इल्तुतमिश एक शुद्ध अरबी सिक्का पेश करने वाले पहले तुर्की शासक थे।
- टंका नामक उनके चांदी के सिक्के का वजन 175 दाने था। इस पर एक अरबी शिलालेख था। यह पूर्व हिंदू सिक्कों को बदलने के लिए था।
- सोने और चांदी दोनों में टांका के मुद्दे ने संकेत दिया कि दिल्ली सल्तनत ने स्थिरता और निरंतरता हासिल कर ली थी।

अतः विकल्प (B) सही है।

47. वर्तमान में, 6 भाषाएँ हैं जो भारत में 'शास्त्रीय' स्थिति का आनंद लेती हैं:

- तमिल (2004 में घोषित), संस्कृत (2005), कन्नड़ (2008), तेलुगु (2008), मलयालम (2013), और ओडिया (2014)
- सभी शास्तीय भाषाएँ संविधान की आठवीं अनुसूची में सूचीबद्ध हैं।
- संस्कृति मंत्रालय शास्त्रीय भाषाओं के संबंध में दिशानिर्देश प्रदान करता है।

अतः विकल्प (C) सही है।

48. थेरवाद बौद्ध धर्म-

- यह बुद्ध द्वारा सिखाए गए मूल सिद्धांतों और प्रथाओं का सबसे अधिक निकटता से पालन करने का दावा करता है।
- विचारधारा ने पाली सिद्धांत में संरक्षित बुद्ध की शिक्षाओं का उपयोग किया।
- यह अपनी सांप्रदायिक वंशावली को उन वृद्धों के पीछे पाता है, जिन्होंने प्रारंभिक बौद्ध संघ के वरिष्ठ भिक्षुओं की परंपरा का पालन किया।
- इसलिए इसे बुजुर्ग भिक्षुओं की विचारधारा के रूप में भी जाना जाता है।
- यह श्रीलंका, म्यांमार (बर्मा), थाईलैंड, कंबोडिया और लाओस में प्रचलित बौद्ध धर्म का एक प्रमुख रूप है।

अतः विकल्प (C) सही है।

49. कुटियाट्टम-

- कुटियाट्टम या 'एक साथ अभिनय करना' केरल का एक पुराना नाटकीय कला रूप है।
- यह ऋषि भरत के दूसरी शताब्दी के ग्रंथ 'नाट्यशास्त्र' पर आधारित है।
- चक्कियार और नांगियार समुदायों के सदस्य पारंपरिक रूप से नाटक का संचालन करते हैं।
- अधिकांश प्रदर्शन मंदिर परिसर के अंदर देखे जा सकते हैं।
- पात्र 'विदूषका' मलयालम भाषा में कहानी की पृष्ठभूमि की व्याख्या करता है।
- विदूषका को छोड़कर सभी पात्र संस्कृत भाषा का उपयोग करते हैं।

अतः विकल्प (A) सही है।

50. होयसला कला:

- होयसला शैली (1050-1300 ईस्वी) कर्नाटक के दक्षिणी क्षेत्र में विकसित हुई।
- होयसला कला का प्रारंभिक बिंदु ऐहोल, बादामी और पत्तदकल में प्रारंभिक चालुक्यों के मंदिर में कहा जा सकता है।
- इस कला को स्थापित करने वाला एक महत्वपूर्ण स्मारक बेलूर में केशव मंदिर है।
- स्थापत्य योजना के अलावा, होयसला शैली ने कुछ अधिक विशिष्ट विशेषताओं को प्राप्त किया।

अतः विकल्प (A) सही है।

51. दिया गया है:

दो संख्याएँ 7:11 के अनुपात में हैं। यदि उनका महत्तम समापवर्त्य 28 है,

प्रयुक्त अवधारणा:

यदि दो संख्याओं का अनुपात $a:b$ है और उनका महत्तम समापवर्त्य p है, तो वे दो संख्या ap और bp होंगी।

गणना:

माना, संख्याएं $7x$ और $11x$

माना, उन संख्याओं का महत्तम समापवर्त्य x है,

दो संख्याओं के बीच का अंतर $(11x - 7x)$ है $= 4x$

दो संख्याओं के बीच का अंतर 4×28 है,

$\Rightarrow 112$

$\therefore$ दो संख्याओं के बीच का अंतर 112 है।

अतः विकल्प (D) सही है।

52. 273965 में 3 का स्थानीय मान = 3000

और 273965 में 3 का अंकित मान = 3

$\therefore$ आवश्यक अंतर $= 3000 - 3 = 2997$

अतः विकल्प (D) सही है।

53. जब $(p - 1)^n$ को 'p' से विभाजित किया जाता है, तो शेषफल '1' तभी होगा जब 'n' एक समसंख्या होगी।

$\because 13$ को इस प्रकार लिखा जा सकता है $(14 - 1)$

$\Rightarrow \dfrac{(14-1)^{2134}}{14}$

2134 एक समसंख्या है।

शेषफल $= 1$

अतः विकल्प (C) सही है।

54. दिया गया है:

संख्याओं का अनुपात $= 4:9$

संख्याओं का लघुत्तम = 720

गणना:

माना संख्याएं $4a$ और $9a$ है

$\therefore 4a$ का अभाज्य गुणनखंड $= a \times 2 \times 2$

$9a$ का अभाज्य गुणनखंड $= a \times 3 \times 3$

$\therefore 4a$ और $9a$ का ल.स.प. $= a \times 2 \times 2 \times 3 \times 3$

$= 36 \times a$

$4a$ और $9a$ का लघुत्तम $= 720$ ....(दिया गया है)

$\therefore 36 \times a = 720$

$\Rightarrow a = \dfrac{720}{36}$

$\Rightarrow a = 20$

$\therefore$ संख्याएं है $4a = 4 \times 20 = 80$

$9a = 9 \times 20 = 180$

$\therefore$ संख्याओं का योग $= 180 + 80$

$= 260$

अतः विकल्प (A) सही है।

55. अवधारणा:

अधिकतम लंबाई ज्ञात करने के लिए हमें 390, 495 और 300 महत्तम ज्ञात करना होगा।

गणना:

390, 495 और 300 का म.स. $= 15$

$\therefore$ तार की अधिकतम लंबाई = 15 मीटर

अत: विकल्प (C) सही है।

56. दिया गया है:

दो संख्याओं का लघुत्तम समापवर्त्य 192 है।

दो संख्याओं का अनुपात $= 3:4$

गणना:

माना संख्याए हैं $= 3x:4x$

संख्याओं का लघुत्तम समापवर्त्य$= 12x$

प्रश्न के अनुसार,

$12x = 192$

$\Rightarrow x = 16$

संख्याएँ $(3 \times 16) = 48$ और $(4 \times 16) = 64$ हैं।

संख्याओं का योग $= (48 + 64) = 112$

$\therefore$ संख्याओं का योग 112 है।

अत: विकल्प (B) सही है।

57. माना कि 2012 में कंपनी XYZ द्वारा किया गया कुल निवेश x है।

प्रश्नानुसार,

$x \times \dfrac{60}{100} = 9,00,000$

$\Rightarrow x = 9,00,000 \times \dfrac{100}{60}$

$\therefore x = 15,00,000$

अत: विकल्प (B) सही है।

58. माना कि कंपनी ABC द्वारा 2015 में निवेश की गयी राशि x है।

प्रश्नानुसार,

$x \times \dfrac{160}{100} = 8,00,000 \times \dfrac{150}{100}$

$[\because$ आय = व्यय + लाभ $]$

$\Rightarrow x = 12,00,000 \times \dfrac{100}{160}$

$\therefore x = 7,50,000$

अत: विकल्प (A) सही है।

59. माना कि 2015 में कंपनी की कुल आय x थी।

प्रश्नानुसार,

$x \times \dfrac{60}{100} = 6,60,000$

$\Rightarrow x = 6,60,000 \times \dfrac{100}{60}$

$\therefore x = 11,00,000$

अत: विकल्प (A) सही है।

60. यदि प्रत्येक कंपनी ABC और XYZ ने 2014 में 20 लाख रुपए निवेश किये थे।

2014 में कंपनी ABC का लाभ $= 20,00,000 \times \dfrac{40}{100} =$ 8,00,000 रुपए

2014 में कंपनी XYZ का लाभ $= 20,00,000 \times \dfrac{50}{100} =$ 10,00,000 रुपए

2014 में दोनों कंपनी का औसत लाभ $= \dfrac{(8,00,000+10,00,000)}{2}$

$= \dfrac{18,00,000}{2} = 9,00,000$ रुपए

अत: विकल्प (C) सही है।

61. माना कि 2015 में कंपनी ABC और XYZ द्वारा निवेश की गयी राशि x रुपए थी।

$\because$ आय = व्यय + लाभ

2015 में कंपनी ABC की आय $= x \times \dfrac{160}{100}$

2015 में कंपनी XYZ की आय $= x \times \dfrac{150}{100}$

$\therefore$ कंपनी ABC की कुल आय और 2015 में कंपनी XYZ की कुल आय का अनुपात:

$= x \times \dfrac{160}{100} : x \times \dfrac{150}{100} = 16:15$

अत: विकल्प (D) सही है।

62. दिया गया है:

बोतल का क्रय मूल्य 3550 रुपए है,

पैकिंग के लिए मूल्य 50 रुपए

बोतल का विक्रय मूल्य 3816 रुपए

प्रयुक्त सूत्र:

लाभ प्रतिशत = {(विक्रय मूल्य - क्रय मूल्य)/क्रय मूल्य} × 100

गणना:

बोतल का वास्तविक क्रय मूल्य = (3550 + 50) = 3600 रुपए

लाभ = (3816 - 3600) रुपए = 216 रुपए

लाभ प्रतिशत $= \dfrac{216}{3600} \times 100 = 6\%$

$\therefore$ लाभ% = 6% है।

अत: विकल्प (A) सही है।

63. माना कि 1 किलोग्राम चीनी का क्रयमूल्य x रूपए है।

इसलिए, 800 ग्राम चीनी का विक्रयमूल्य = Rs x

इसलिए, 800 ग्राम चीनी का क्रयमूल्य $= \dfrac{800x}{1000} = \dfrac{4x}{5}$ रूपए

$\Rightarrow$ लाभ $= x - \dfrac{4}{5}x = \dfrac{x}{5}$ रूपए

$\therefore$ प्रतिशत लाभ $= \dfrac{\frac{1}{5}x}{\frac{4x}{5}} \times 100 = 25\%.$

अत: विकल्प (C) सही है।

64. दिया गया है:

लाभ = 15%

यदि 25,000 रुपये अधिक में बेचा गया होता,

लाभ% = 20%

प्रयुक्त अवधारणा:

S.P = C.P $\times \dfrac{(100+P\ \%)}{100}$

जहाँ,

S.P → विक्रय मूल्य

C.P → क्रय मूल्य

P% → लाभ%

गणना:

माना कार का क्रय मूल्य $100x$ है,

कार का विक्रय मूल्य जब इसे 15% लाभ पर बेचा जाता है = $100x \times \frac{115}{100} = 115x$

कार का विक्रय मूल्य जब इसे 20% लाभ पर बेचा जाता है = $100x \times \frac{120}{100} = 120x$

प्रश्नानुसार,

$\Rightarrow 120x - 115x = 25000$

$\Rightarrow 5x = 25000$

$\Rightarrow x = 5000$

कार का क्रय मूल्य = $100x = 100 \times 5000 = 5,00,000$

∴ कार का क्रय मूल्य $5,00,000$ रुपये है।

अत: विकल्प (D) सही है।

65. दिया है:

दो संख्याओं का अनुपात = 2 : 3

गणना:

माना कि धनात्मक संख्याएं 2x और 3x हैं।

$\Rightarrow (2x)^2 + (3x)^2 - (2x) \times (3x) = 28$

$\Rightarrow 4x^2 + 9x^2 - 6x^2 = 28$

$\Rightarrow 7x^2 = 28$

$\Rightarrow x^2 = \frac{28}{7}$

$\Rightarrow x^2 = 4$

$\Rightarrow x = 2$

$\Rightarrow 2x = 4; 3x = 6$

∴ दो धनात्मक संख्याएं 4 और 6 हैं।

अत: विकल्प (B) सही है।

66. दिया गया है:

बैग A और बैग B में गेंदों की संख्या का अनुपात = 6 : 8

छह गेंदों को बैग B से बैग A में स्थानांतरित किया जाता है

गणना:

माना कि बैग A में 6x गेंद और बैग B गें 8x गेंद शी

प्रश्नानुसार ,

8x - 6 = 6x + 6

$\Rightarrow$ 8x - 6x = 6 + 6

$\Rightarrow$ x = 6

प्रारंभ में बैग B में गेंदों की संख्या = 8x = 8 × 6 = 48 गेंद

अत: विकल्प (D) सही है।

67. माना कि, राजू, नेहा और बल्लू का हिस्सा r, n और b है।

दिया हुआ है,

r + n + b = 360

b = 60 + n और r = 90 + b. इन दोनों को जोड़ने पर हमारे पास है b + r = 150 + b + n दोनों पक्षों में r जोड़ने पर।

$\Rightarrow$ b + 2r = 150 + r + b + n

$\Rightarrow$ b + 2r = 150 + 360

$\Rightarrow$ r – 90 + 2r = 510

$\Rightarrow$ 3r = 600

$\Rightarrow$ r = 200

$\Rightarrow$ b = r – 90 = 200 – 90 = 110 And n = b – 60

$\Rightarrow$ n = 110 – 60

$\Rightarrow$ n = 50

∴ r : n : b = 200 : 50 : 110 = 20 : 5 : 11

अत: विकल्प (C) सही है।

68. दिया गया है ,

A अकेले कार्य कर सकता है = 10 दिन

B अकेले कार्य कर सकता है = 15 दिन

C अकेले कार्य कर सकता है = 30 दिन

प्रयुक्त सूत्र:

कुल कार्य = दक्षता × समय

गणना:

कुल कार्य = 30 इकाई

A की क्षमता = 3 इकाई / दिन

B की क्षमता = 2 इकाई / दिन

C की क्षमता = 1 इकाई / दिन

A, B और C की कुल क्षमता = 3 + 2 + 1 = 6 इकाई / दिन

कुल कार्य का 60% = $30 \times \left(\frac{60}{100}\right) = 18$ इकाई

∴ A, B और C द्वारा कुल कार्य का 60% करने में लगा समय = $\frac{18}{6} = 3$ दिन

अत: विकल्प (B) सही है।

69. माना कि Q की क्षमता 2 इकाई/दिन है,

$\Rightarrow P$ की क्षमता $= \frac{2}{2} = 1$ इकाई/दिन

$\Rightarrow R$ की क्षमता $= \frac{(2+1)}{2} = 1.5$ इकाई/दिन

कुल काम $= 1.5 \times 40 = 60$ इकाई

∴ P, Q और R मिलकर कार्य को पूरा कर सकते हैं,

$$= \frac{60}{(2+1+1.5)}$$

$$= \frac{60}{4.5}$$

$$= \frac{40}{3} \text{ दिन}$$

अत: विकल्प (D) सही है।

70. दक्षता का अनुपात = 140 : 100 = 7 : 5

B अकेले काम को 14 दिनों में कर सकता है।

∴ कुल काम = 5 × 14 = 70 यूनिट

(A + B) द्वारा लिए गए दिनों की संख्या,

$$= \frac{70}{12} = \frac{35}{6} \text{ दिन}$$

अत: विकल्प (A) सही है।

71. दिया गया है:

पहले 5 विषम पूर्णांक = 1, 3, 5, 7 और 9

उपयोग किया गया सूत्र:

माध्य = पदों का योगफल/पदों की संख्या

गणना:

पदों का योगफल = (1 + 3 + 5 + 7 + 9) = 25

पदों की संख्या = 5

माध्य $= \frac{25}{5} = 5$

∴ पहले 5 धनात्मक विषम पूर्णांकों का माध्य 5 है।

अत: विकल्प (D) सही है।

72. दिया है:

A और B के औसत अंक = 40

B और C के औसत अंक = 48

C और A के औसत अंक = 44

उपयोग किया गया सूत्र:

अवलोकनों का योग = औसत × अवलोकनों की संख्या

गणना:

A और B के कुल अंक = 2 × 40 = 80

B और C के कुल अंक = 2 × 48 = 96

C और A के कुल अंक = 2 × 44 = 88

अब, सभी को जोड़ने पर

⇒ 2(A + B + C) = 80 + 96 + 88

⇒ A + B + C = 132

इसलिए, A, B और C का औसत $= \frac{132}{3} = 44$

∴ A, B और C के औसत अंक 44 है।

अत: विकल्प (C) सही है।

73. 19 अंकों का योग = 9 × 19 = 171

पहले 10 अंकों का योग = 10 × 8.7 = 87

आखिरी 10 अंको का योग = 10 × 10.6 = 106

⇒ मध्य अंक = 87 + 106 − 171 = 22

अत: विकल्प (A) सही है।

74. दिया है:

हिमांशु द्वारा प्रतिदिन खायी गयी चॉकलेट = 2 चॉकलेट

प्रति दिन चेष्ठा को दी गयी चॉकलेट = 1 चॉकलेट

15 दिनों के बाद बॉक्स में बची चॉकलेट = 15

गणना:

कुल चॉकलेट जो 15 दिनों में हिमांशु द्वारा खाई गयी थी = 2 × 15 = 30

कुल चॉकलेट जो 15 दिनों में हिमांशु द्वारा चेष्ठा को दी गई थी = 1 × 15 = 15

बॉक्स में कुल चॉकलेट = 30 + 15 + 15 = 60

अभीष्ट % $= \left(\frac{15}{60}\right) \times 100 = 25\%$

∴ हिमांशु चेष्ठा को 25% चॉकलेट दिया।

अत: विकल्प (B) सही है।

75. दिया है:

टप्पू की गेंद की गति = 20 किमी/घंटा

कांच को तोड़ने के लिए गेंद की आवश्यक गति = 35 किमी/घंटा

गणना:

गति में वृद्धि $= 35 - 20 = 15$

वृद्धि % $= \left(\frac{15}{20}\right) \times 100 = 75\%$

∴ आवश्यक वृद्धि % $= 75\%$

अत: विकल्प (B) सही है।

76. हाई स्पीड वाले स्टील्स बहुत कठिन और फ्रैक्चर प्रतिरोध हैं और उच्च सकारात्मक रेक कोण उपकरण के लिए उपयुक्त हैं। कोबाल्ट के प्रतिशत में वृद्धि के साथ क्रूरता बढ़ जाती है।

अत: विकल्प (A) सही है।

77. "फोर जॉक्स चक" का उपयोग इसकी अच्छी मैनुअल बैलेंसिंग क्षमता के कारण "सिमेट्रिक जॉब" के अलावा "एक्सेंट्रिक जॉब" के साथ-साथ "आसमान जॉब" के लिए भी किया जाता है।

अत: विकल्प (A) सही है।

78. आवश्यकताओं के अनुसार खरीदना निर्वाह मात्र क्रय कहलाता है। आवश्यकताओं के अनुसार निर्वाह मात्र क्रय भी एक वस्तु की लगातार खरीद को संदर्भित करता है। मांग आने पर ही खरीदारी की जाती है। तत्काल आवश्यकताओं को कवर करने के लिए खरीदारी की जाती है। खरीदी गई मात्रा आमतौर पर छोटी होती है, हालांकि समय पर बड़ी मात्रा में खरीदी जा सकती है।

अत: विकल्प (B) सही है।

79. 5R की खरीद: सही गुणवत्ता, सही मात्रा, सही स्रोत, सही समय, सही जगह है।

अत: विकल्प (D) सही है।

80. वेल्ड का कंठनाली मुख के केंद्र से वेल्ड की जड़ तक की दूरी है। आमतौर पर, कंठनाली की गहराई कम से कम मोटी होनी चाहिए जितनी धातु हम वेल्डिंग कर रहे हैं।

अत: विकल्प (A) सही है।

81. रॉकवेल कठोरता परीक्षण में उपयोग किए जाने वाले 15 तराजू हैं, जो इस्तेमाल किए गए इंडेंटर और नमूना किए गए सामग्री के आधार पर विभेदित किए जाते हैं।

अत: विकल्प (C) सही है।

82. इज़ॉड परीक्षण चारपाई परीक्षण की तरह है, लेकिन इज़ॉड ज्यामिति में एक कैंटिलीवर बीम होता है, जो प्रभाव बिंदु के समान ही पायदान पर स्थित होता है। चार्पी परीक्षण की तरह, इज़ॉड परीक्षण में एक प्रभाव पेंडुलम भी शामिल होता है, लेकिन इज़ॉड ज्यामिति में कैंटिलीवर बीम होता है, जिसमें प्रभाव बिंदु के समान पायदान पर स्थित पायदान होता है। यद्यपि परीक्षण चरपरी परीक्षण के समान हैं, मानक परीक्षण प्रक्रिया एएसटीएम डी 256 [14] से अनुकूलित है।

अत: विकल्प (A) सही है।

83. चारपी परीक्षण नमूना केवल समर्थित बीम के रूप में है। इन परीक्षणों में, एक बीम नमूना को प्रभावित करने के लिए एक मानक ऊंचाई से एक पेंडुलम हथौड़ा जारी किया जाता है जो नोकदार हो सकता है।

अत: विकल्प (C) सही है।

84. ब्रिनेल कठोरता परीक्षण इंडेंटर के रूप में स्टील की गेंद का उपयोग करता है। ब्रिनेल कठोरता परीक्षण आमतौर पर स्टील की गेंद 10 मिमी व्यास का उपयोग करता है जिसे 30 केएन के भार के तहत सतह में दबाया जाता है। विकर्स कठोरता परीक्षण में, एक पिरामिड के आकार का इंडेंटर सतह में दबाया जाता है, आमतौर पर 500 एन के भार के तहत।

अत: विकल्प (A) सही है।

85. तन्यकता एक प्लास्टिक विरूपण के दौर से गुज़रे बिना सामग्री के अवशोषित ऊर्जा। एक लचीली सामग्री किसी भी स्थायी विरूपण के बिना लोचदार सीमा के भीतर ऊर्जा को अवशोषित करती है। तन्यकता को एक मात्रा द्वारा मापा जाता है, जिसे तन्यकता का मापांक कहा जाता है, जो प्रति इकाई आयतन में तनाव ऊर्जा होती है, जो कि लोचदार सीमा बिंदु तक तनाव परीक्षण में नमूने पर जोर देने के लिए आवश्यक होती है।

अत: विकल्प (C) सही है।

86. एक रिलेशनल डेटाबेस में तालिकाओं का संग्रह होता है। सभी डेटा मूल्य परमाणु हैं। किसी भी दोहराए जाने वाले समूह की अनुमति नहीं है। एक रिलेशनल डेटाबेस एक पॉइंटरलेस डेटाबेस होता है, जो उपयोगकर्ता को इंगित नहीं करता है या इंगित नहीं किया जाता है।

अत: विकल्प (A) सही है।

87. तालिका में एक कॉलम मूल्यों के एक सेट के बीच एक संबंध का प्रतिनिधित्व करता है। कॉलम में मूल्यों का केवल एक सेट है। कुंजी बाधाएं हैं और पंक्ति विशेषताओं का एक पूरा सेट है। प्रविष्टि केवल डेटा का एक टुकड़ा है।

अत: विकल्प (A) सही है।

88. एक पंक्ति को संदर्भित करने के लिए ट्यूपल शब्द का उपयोग किया जाता है। एक संबंधपरक डेटाबेस के संदर्भ में, एक पंक्ति - जिसे ट्यूपल भी कहा जाता है - एक तालिका में एकल, अनुमानित रूप से संरचित डेटा आइटम का प्रतिनिधित्व करता है। सरल शब्दों में, डेटाबेस तालिका को पंक्तियों और स्तंभों से मिलकर समझा जा सकता है।

अत: विकल्प (B) सही है।

89. शब्द एट्रिब्यूट एक तालिका के कॉलम को संदर्भित करती है। यह दिए गए उदाहरण के लिए विशिष्ट मान को संदर्भित या सेट भी कर सकता है। स्पष्टता के लिए, एट्रिब्यूट को अधिक सही ढंग से मेटाडेटा माना जाना चाहिए। एक एट्रिब्यूट अक्सर और एक संपत्ति का एक गुण होता है।

अत: विकल्प (B) सही है।

90. विशेषता के मान डोमेन में मौजूद होने चाहिए। डोमेन अनुमत मूल्यों का एक समूह है।

अत: विकल्प (A) सही है।

91. 'उदाहरण' समय का एक उदाहरण है और स्कीमा एक प्रतिनिधित्व है। समय के एक विशेष क्षण में डेटाबेस में संग्रहीत डेटा को डेटाबेस का उदाहरण कहा जाता है।

अत: विकल्प (D) सही है।

92. संबंध पाठ्यक्रम में विशेषता का एक सेट है कोर्स_आईडी, सेक_आईडी, सेमेस्टर।

अत: विकल्प (B) सही है।

93. यहां संबंध सामान्य विशेषताओं द्वारा जुड़े हुए हैं। एक विशेषता मान एक विशेषता नाम है जो उस विशेषता के डोमेन के एक तत्व के साथ जोड़ा जाता है, और एक टपल विशेषता मानों का एक समूह होता है जिसमें कोई दो अलग-अलग तत्वों का समान नाम नहीं होता है।

अत: विकल्प (C) सही है।

94. एक डोमेन परमाणु है यदि डोमेन के तत्वों को इंडिविसिबल इकाइयां माना जाता है। नामों का एक सेट एक गैर परमाणु मूल्य का एक उदाहरण है। कंपोजिट विशेषताएँ, जैसे कि घटक विशेषताओं वाली विशेषता पता सड़क, शहर, राज्य और ज़िप में गैर परमाणु डोमेन हैं।

अत: विकल्प (B) सही है।

95. मान ही गिनते हैं। टुपल्स का क्रम मायने नहीं रखता है।

अत: विकल्प (A) सही है।

96. किसी डेटाबेस में दर्ज किए गए नए डेटा की सबसे आसानी से जांच की जाने वाली बाधाएं डोमेन की कमी कहलाती हैं। डेटा की अखंडता को लागू करने के लिए प्रतिबन्ध पसंदीदा तरीका है।

अत: विकल्प (A) सही है।

97. "नेटवर्क डेटाबेस मॉडल" "हिरार्किकल डेटाबेस मॉडल" से आरोहित है और इसे उस मॉडल की कुछ समस्याओं को हल करने के लिए डिज़ाइन किया गया था जैसे कि लचीलेपन की कमी। केवल प्रत्येक चाइल्ड को एक पैरेंट की अनुमति देने के बजाय, यह मॉडल प्रत्येक चाइल्ड को कई पैरेंट होने की अनुमति देता है।

अत: विकल्प (D) सही है।

98. डेटाबेस संशोधनों को रिकॉर्ड करने के लिए सबसे व्यापक रूप से उपयोग की जाने वाली संरचना लॉग है।

अत: विकल्प (A) सही है।

99. "वेयर" एक विशेष स्थिति पर पंक्तियों का चयन करता है। "फ्रॉम" उस संबंध को देता है जिसमें ऑपरेशन शामिल है।

अत: विकल्प (A) सही है।

100. SQL ज्वाइन क्लॉज एक डेटाबेस में दो या अधिक टेबल से रिकॉर्ड को जोड़ती है। यह एक सेट बनाता है जिसे टेबल के रूप में सहेजा जा सकता है या इसका उपयोग किया जा सकता है। एक ज्वाइन प्रत्येक के लिए समान मूल्यों का उपयोग करके दो तालिकाओं से फ़ील्ड के संयोजन के लिए एक साधन है।

अत: विकल्प (C) सही है।

[Jawahar Navodaya Entrance Class VI, 2022], [SSC MTS, 2021], [AFCAT, 2021]

General Intelligence & Reasoning

Q.1 दिए गए आरेख में कितने त्रिभुज हैं?

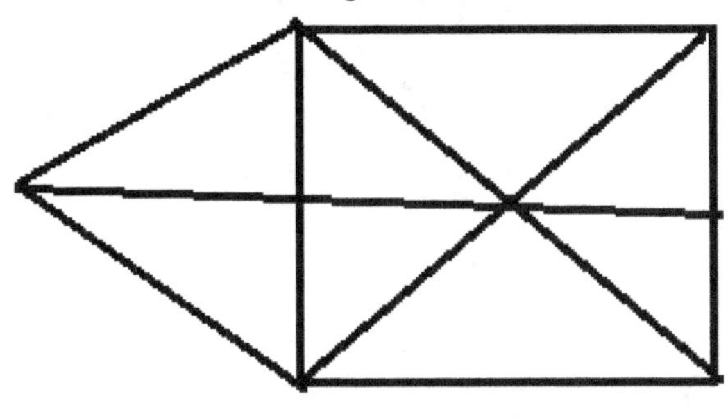

A. 18   **B.** 17   **C.** 16   **D.** 15

Q.2 प्रश्नों में, एक अनुक्रम दिया गया है जिसमें एक आकृति लुप्त है। दिए गए चार विकल्पों में से, अनुक्रम पूरा करने वाले को चुनें।

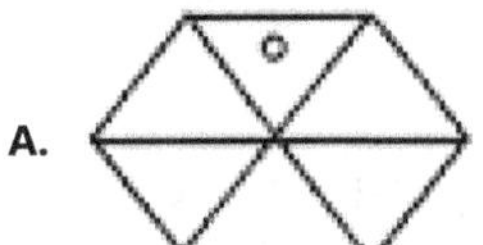 **A.**   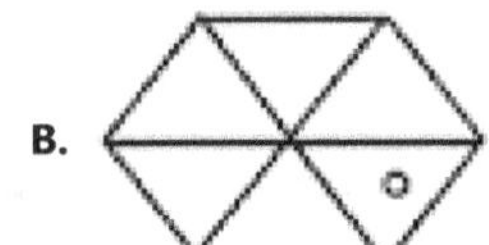 **B.**

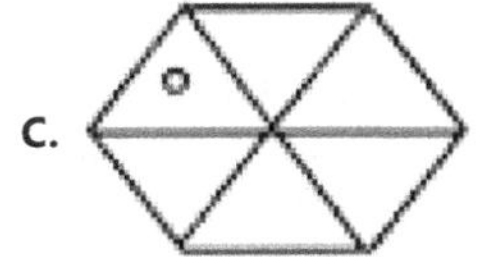 **C.**   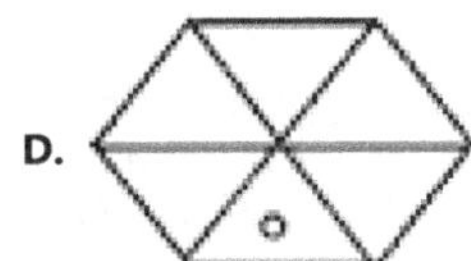 **D.**

Ques (3-4):निर्देश: निम्नलिखित प्रश्न में, दी गई श्रृंखला से लुप्त संख्या ज्ञात करे:

Q.3 2,3,7,22,155,?
A. 1701   **B.** 1711   **C.** 3410   **D.** 3411

Q.4 1,8,29,92,281,?
A. 567   **B.** 628   **C.** 776   **D.** 848

Ques (5-6):निर्देश: रेखा MN पर एक दर्पण रखा जाता है, और फिर कौन-सी उत्तर आकृति दी गई प्रश्न आकृति का सही प्रतिबिम्ब है?

Q.5

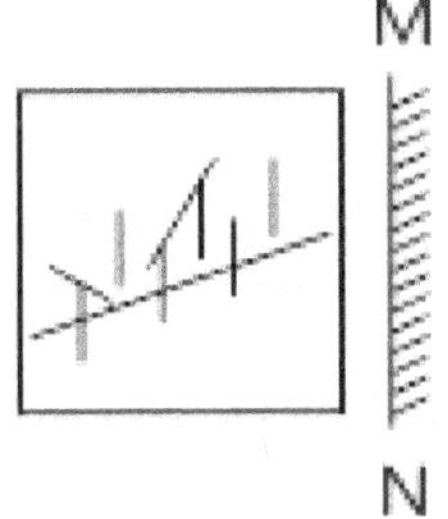

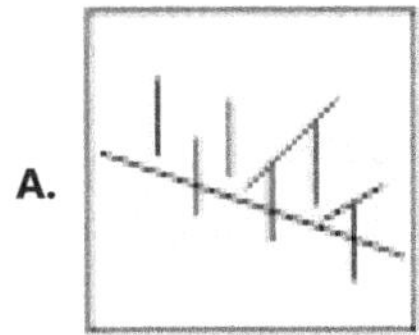 **A.**   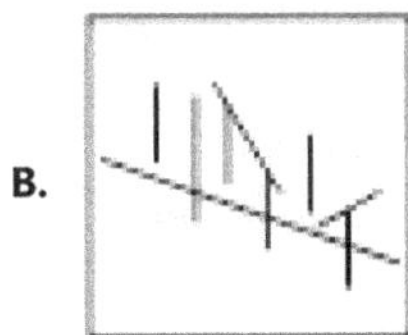 **B.**

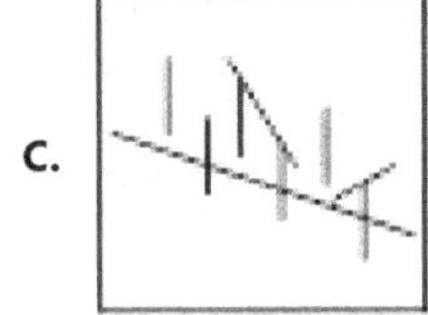 **C.**   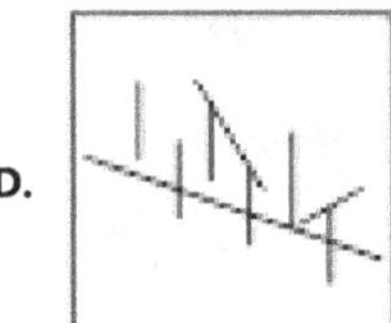 **D.**

Q.6

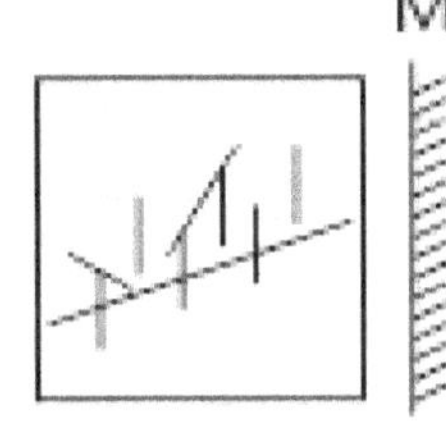

[Jawahar Navodaya Entrance Class VI, 2022], [SSC MTS, 2021], [AFCAT, 2021]

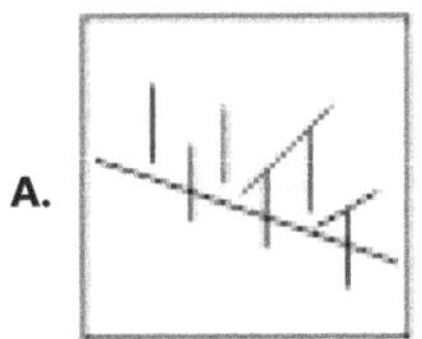 **A.**   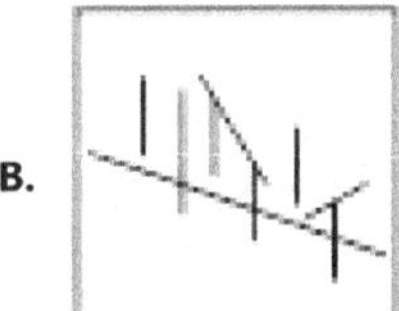 **B.**

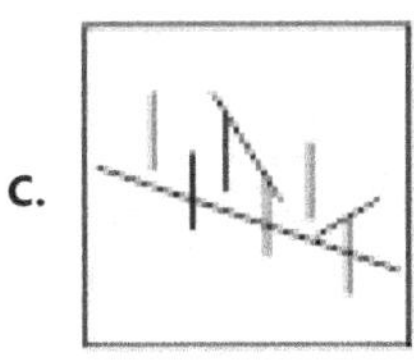 **C.**   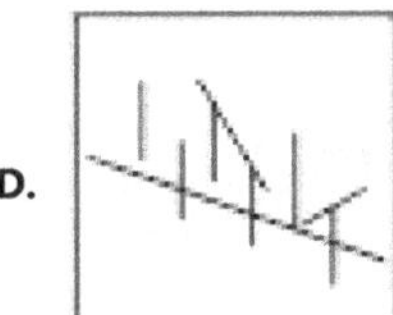 **D.**

Q.7 अनिल आकाश को अपने पिता की पत्नी के इकलौते भाई के बेटे के रूप में पेश करता है। आकाश अनिल से कैसे संबंधित है?

A. चचेरा भाई   **B.** बेटा   **C.** चाचा   **D.** दामाद

Q.8 X ने Y का परिचय देते हुए कहा "वह मेरे पिता के पिता की पोती का पति है"। Y, X से कैसे संबंधित है?

A. भाई   **B.** बेटा   **C.** बहनोई   **D.** भतीजा

Q.9 A, B से 3 साल बड़ा है और C से 3 साल छोटा है, जबकि B और D जुड़वां हैं। C, D से कितने वर्ष बड़ा है?

A. 3   **B.** 6   **C.** 9   **D.** 12

Q.10 एक आदमी के पास रु 480, एक रुपए के नोट, पांच रुपए के नोट और दस रुपए के नोट के मूल्यवर्ग में हैं। प्रत्येक प्रकार के नोट की संख्या बराबर है। उसके पास कुल कितने नोट हैं?

A. 45 **B.** 75 **C.** 90 **D.** 120

Q.11 निर्देश: निम्न विकल्पों में विषम छवि का पता लगाएं:

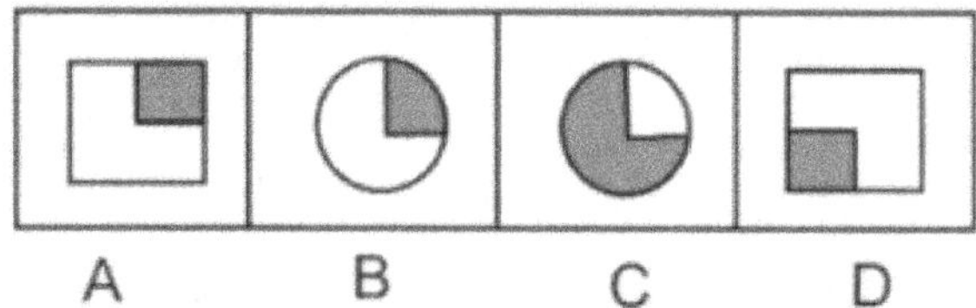

[Jawahar Navodaya Entrance Class VI, 2019], [Jharkhand PSC (JPSC), 2014]

A. A **B.** B **C.** C **D.** D

Q.12 निर्देश: निम्न विकल्पों में विषम छवि का पता लगाएं:

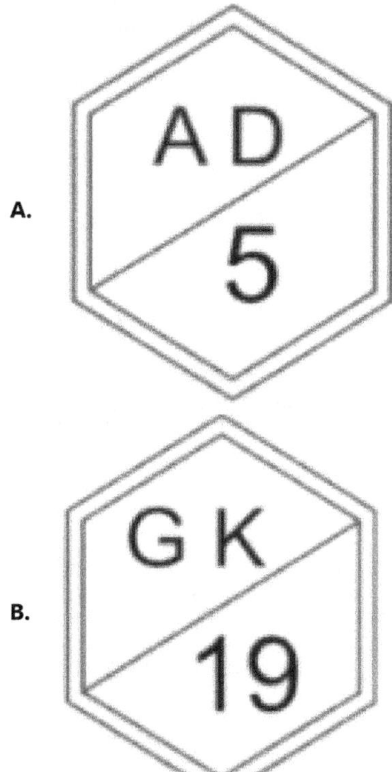

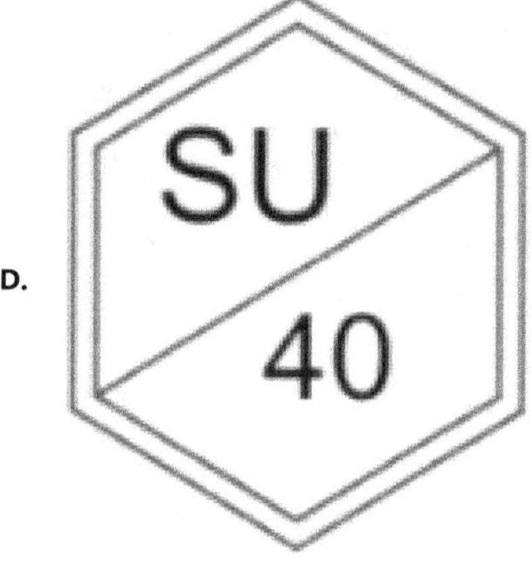

Q.13 BRIGHT, JSCSGF से संबंधित है उसी तरीके से JOINED संबंधित है:

A. HNIEFO **B.** JPKEFO
C. JPKMDC **D.** JPKCDM

Q.14 निर्देश: निम्नलिखित प्रश्न में, दो शब्दों के बीच में कुछ संबंध हैं। इसके अलावा, एक शब्द या तो दाईं ओर या बाईं ओर लुप्त है। यह शब्द नीचे दिए गए विकल्पों में से एक के रूप में दिया गया है। इस शब्द का पता लगाएं।

12 : 20 :: 30 : ?

A. 15 **B.** 32 **C.** 35 **D.** 42

Q.15 अनुपस्थित संख्या का पता लगाएं।

16 : 4 :: 9 : ?

A. 1 **B.** 2 **C.** 25 **D.** 4

Q.16 अनुपस्थित संख्या का पता लगाएं।

392 : 28 :: 722 : ?

A. 38 **B.** 28 **C.** 48 **D.** 18

Q.17 दिए गए उत्तर के आकृति से, उस आकृति का चयन करें जिसमें प्रश्न आकृति छिपी / एम्बेडेड है।

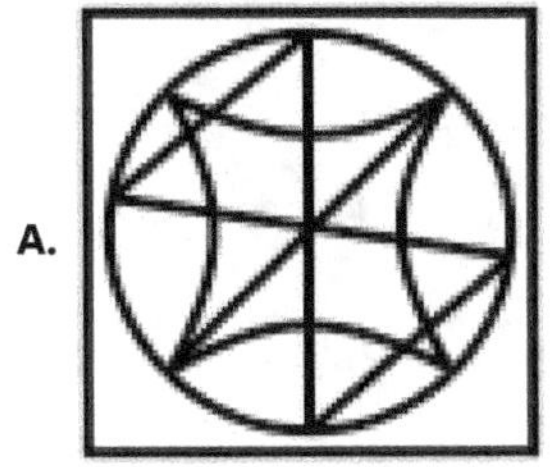 A.
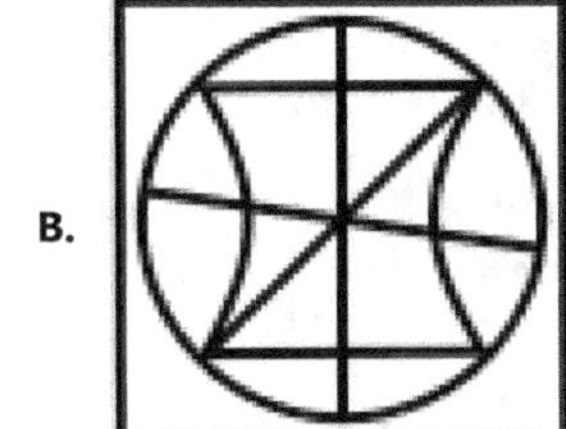 B.
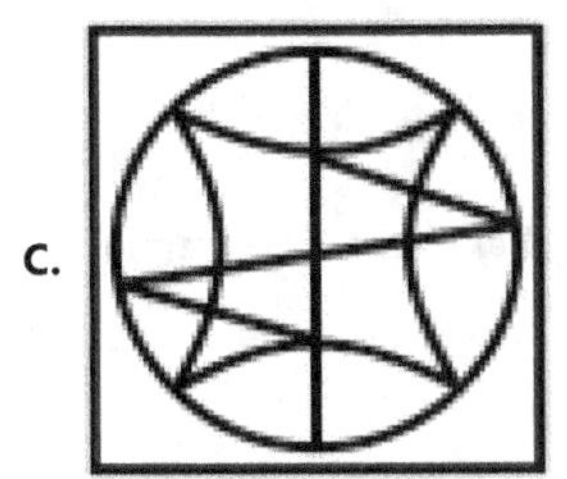 C.
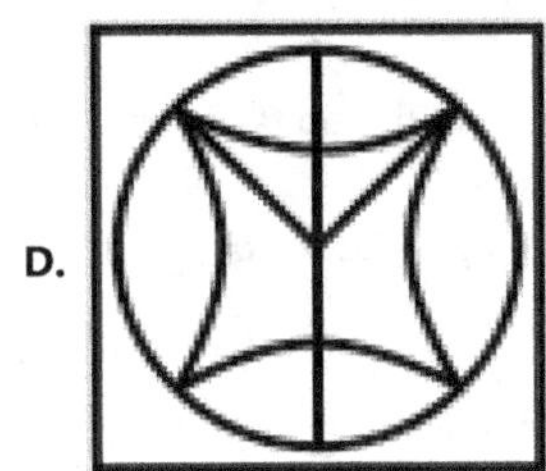 D.

Q.18 प्रश्न आकृति में कौन सी उत्तर आकृति पैटर्न को पूरा करेगी?

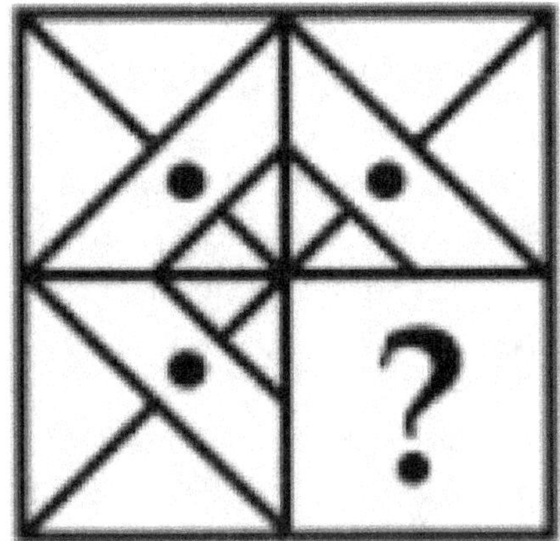

[UP Police Constable, 2019]

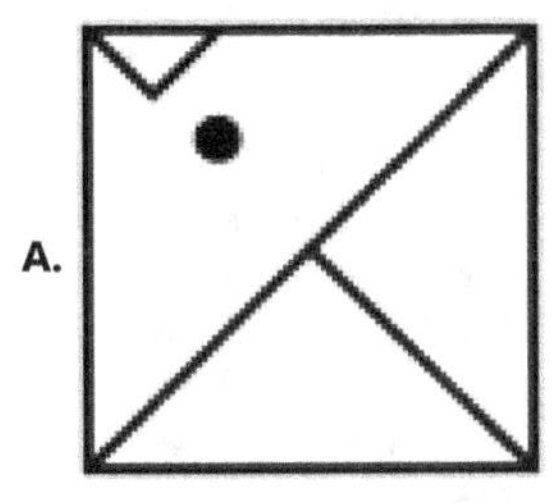 A.
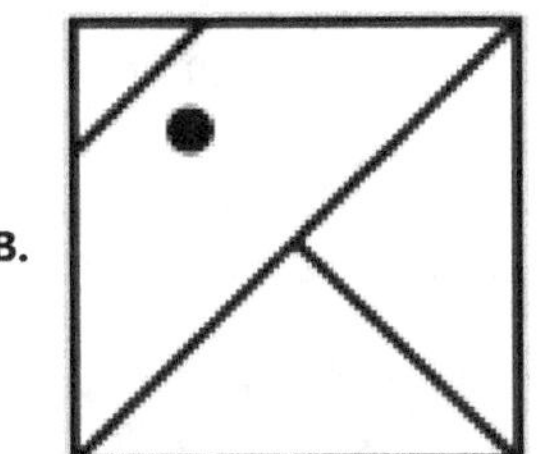 B.
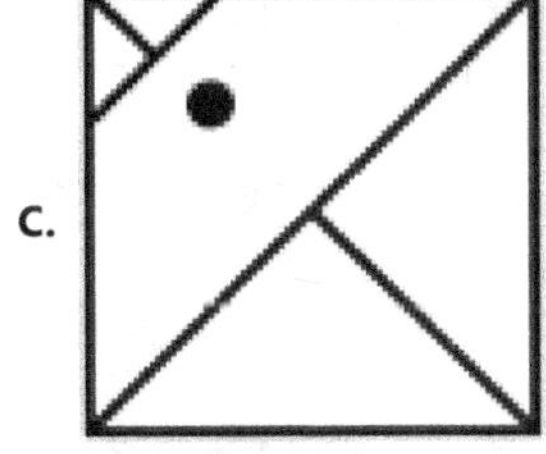 C.
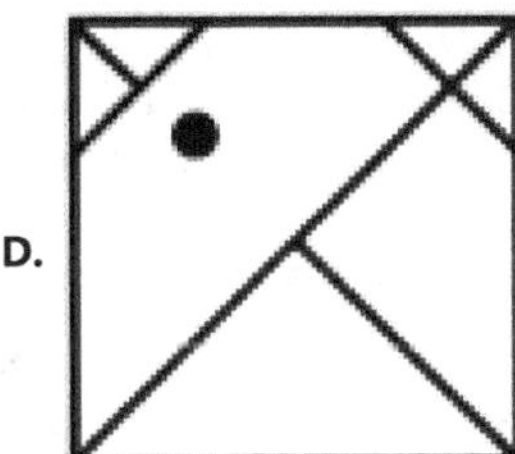 D.

Q.19 दी गई श्रृंखला को पूरा करें:

50,45,40,35,30, ?

A. 20   **B.** 25   **C.** 30   **D.** 35

Q.20 दी गई श्रृंखला को पूरा करें:

4096,1024,256, ? ,16,4

A. 128   **B.** 64   **C.** 32   **D.** 16

Q.21 निर्देश: निम्नलिखित मार्ग के आधार पर सही विकल्प चुनें:

5 जून, 1973 को पैदा हुए अमित खन्ना ने प्रथम श्रेणी के साथ मार्केटिंग मैनेजमेंट में स्नातकोत्तर किया है। उन्होंने लिखित टेस्ट में 50% अंक प्राप्त किए हैं। वह पिछले चार वर्षों से एक विपणन अधिकारी के रूप में एक संगठन में काम कर रहा है।

A. कम से कम 50% अंकों के साथ स्नातक होना

B. लिखित परीक्षा में कम से कम 40% अंक प्राप्त किए हों

C. 10 अक्टूबर 1997 को 24 वर्ष से कम और 29 वर्ष से अधिक नहीं होना चाहिए

D. अधिकारी के रूप में कम से कम दो वर्ष का कार्य अनुभव होना चाहिए

Q.22 उस विकल्प का चयन कीजिए, जो तीसरे पद से उसी प्रकार संबंधित है जिस प्रकार, दूसरा पद, पहले पद से संबंधित है।

64 : 512 :: 0144 : ?

A. 1728   **B.** 1618   **C.** 1788   **D.** 1548

Q.23 'रक्त' का संबंध 'नस' से उसी तरह है, जैसे 'तेल' से संबंधित है:

A. गाड़ी   **B.** इंजन
C. पाइपलाइन   **D.** पेट्रोल

Q.24 'घन' 'वर्ग' से उसी तरह संबंधित है जैसे 'वर्ग' से संबंधित है:

A. समतल   **B.** त्रिकोण   **C.** रेखा   **D.** बिंदु

Q.25 निर्देश: निम्नलिखित प्रश्न दो शब्दों से मिलकर बने होते हैं, जिनमें एक दूसरे के साथ एक निश्चित संबंध होता है, इसके बाद चार अक्षर के जोड़े होते हैं। उस अक्षर युग्म का चयन करें जिसमें शब्दों की मूल जोड़ी के समान संबंध हो।

स्केल : फिश

A. लेडी : ड्रेस   **B.** पेड़ : पत्ते
C. पक्षी : पंख   **D.** त्वचा : आदमी

General Awareness and General English

Q.26 स्मृति मंधाना _____ है।

[SSC Sub Inspector (CPO), 2020]

A. बाएं हाथ की बल्लेबाज, बाएं हाथ की गेंदबाज
B. दाएं हाथ की बल्लेबाज, बाएं हाथ की गेंदबाज
C. दाएं हाथ की बल्लेबाज, दाएं हाथ की गेंदबाज
D. बाएं हाथ की बल्लेबाज, दाएं हाथ की गेंदबाज

Q.27 एशिया की ओलंपिक परिषद का आदर्श वाक्य क्या है?

A. कभी आगे   **B.** कभी आज़ादी
C. कभी एकता   **D.** सभी एक साथ

Q.28 निम्नलिखित में से किसने 1929 के ऐतिहासिक लाहौर सत्र की अध्यक्षता की जिसमें रावी नदी के तट पर पूर्ण स्वराज की मांग की गई थी?

A. मोतीलाल नेहरू   **B.** सुभाष चंद्र बोस
C. जवाहर लाल नेहरू   **D.** मदन मोहन मालवीय

Q.29
हमारे राष्ट्रीय ध्वज की चौड़ाई का अनुपात इसकी लंबाई है:

A. 3:5   **B.** 2:3   **C.** 2:4   **D.** 3:4

Q.30 निम्नलिखित में से किस स्थान पर सूर्य की ऊर्ध्वाधर किरणें कभी नहीं मिली हैं?

A. श्रीनगर
B. मुंबई
C. चेन्नई
D. तिरुवनंतपुरम

Q.31 निम्नलिखित में से कौन अर्थव्यवस्था की स्थिति के लिए एक उपयुक्त शब्द है जिसमें आर्थिक गतिविधि धीमी हो रही है लेकिन मजदूरी और कीमतों में वृद्धि जारी है?

A. मुद्रास्फीति
B. अपस्फीति
C. स्केफ़्लफ़ेशन
D. मुद्रास्फीतिजनित मंदी

Q.32 स्वतंत्रता का अधिकार शामिल नहीं है?

A. अभिव्यक्ति और अभिव्यक्ति की स्वतंत्रता का अधिकार
B. संपत्ति और धन प्राप्त करने का अधिकार
C. देश के किसी भी हिस्से में स्वतंत्र रूप से रहने और निवास करने का अधिकार
D. किसी भी पेशे और व्यवसाय का अभ्यास करने का अधिकार

Q.33 मसौदा समिति के अध्यक्ष कौन हैं?

A. डॉ. बी.एन. राष्ट्रीय आयुर्वेद विद्यापीठ
B. जे.बी. कृपलानी
C. वल्लभ भाई पटेल
D. डॉ. भीमराव अंबेडकर

Q.34 "मेथड्स इन सोशल रिसर्च" नामक पुस्तक के लेखक कौन थे?

A. कर्लिंगर
B. सीआर कोठारी
C. गोडे और हाट
D. विल्किनसन

Q.35 हाल ही में 'न्यायाधिकरण सुधार अध्यादेश' के अनुसार, अपीलीय अधिकारियों की शक्तियों को किस निकाय के पास निहित किया जाता है?

A. सर्वोच्च न्यायालय
B. उच्च न्यायालय
C. जिला न्यायालय
D. निचली अदालतें

Q.36 निम्नलिखित में से किसने इडुक्की बांध के निर्माण को शुरू किया था?

A. जवाहर लाल नेहरू
B. इंदिरा गांधी
C. लाल बहादुर शास्त्री
D. राजीव गांधी

Q.37 लोकसभा का पहला सत्र कब आयोजित किया गया था?

A. 15 अगस्त, 1950
B. 15 अगस्त, 1952
C. 13 मई, 1952
D. 12 जनवरी, 1953

Q.38 Out of the four alternatives, choose the one which best expresses the meaning of the given word.
FOSTERING :

A. Safeguarding
B. Neglecting
C. Ignoring
D. Nurturing

Q.39 PROPEL:

A. Drive
B. Jettison
C. Burst
D. Acclimatize

Ques (40-41): In the following question, choose the word opposite in meaning to the given word.

Q.40 Terrible:

A. Soothing
B. Frightening
C. Scaring
D. Delectable

Q.41 Widely:

A. Spaciously
B. Succinctly
C. Limitedly
D. Narrowly

Q.42 The prince abdicated the crown and returned to his castle. Abdicated means...

A. Gave up
B. Sold
C. Reinvested into
D. Auctioned

Q.43 The extra dirt was a key buttress to the foundation. Buttress means...

A. Limiting factor
B. Support
C. Overwhelming condition
D. Obstacle

Q.44 Read the question carefully, then select one of the answers
I like playing basketball, and my brother likes playing tennis.

A. Simple
B. Compound
C. Complex
D. Compound Complex

Ques (45-46):Direction: Fill in the blanks with correct grammar-

Q.45 Has Steve got a sister?" "No, he __________, but he's got 2 brothers."

A. does not have one
B. do not have one
C. may not have one
D. might not have one

Q.46 " __________ is she?" "She's my friend from London"

A. who
B. how
C. whom
D. where

Ques (47-50):Directions: Read the passage given below and answer the questions that follow.

When we enter New York harbour, the first thing we see is the Statue of Liberty. What impresses us the most is its size and magnificence. Have you ever wondered how it came to be there ? The Statue of Liberty was a gift from the people of France to mark the one hundred year anniversary of American Independence. In 1869, sculptor Frederic Auguste Bartholdi began to plan his concept for the monument.

Bartholdi chose the look of classic Greek and Roman figures. He envisioned Liberty as a strong and proud figure, one who personified not only the majestic Greek goddesses of the past, but also the working men and women of the present. Finally, in 1884, the work was finished, and Liberty was packed into 214 crates and sent to New York city. Only one problem stood in the way. While the French had raised a lot of funds to build the statue, New York had not secured the funds to build its foundation. It was not until a New York newspaper implored people for donations that money became available. Finally, on 28th October 1886, Americans celebrated the unveiling of the Statue of Liberty.

Q.47 Why was the Statue of Liberty given as a gift to America by France?

A. to mark the one hundred year anniversary of American Independence.
B. to mark the one hundred year anniversary of France Independence.
C. to mark the two hundred year anniversary of American

Independence.

D. to mark the two hundred year anniversary of France Independence.

Q.48 What is the name of the sculptor of the monument 'the Statue of Liberty' ?

A. Frederic

B. Auguste Bartholdi

C. Bartholdi

D. Frederic Auguste Bartholdi

Q.49 What did the sculptor imagine the Statue of Liberty to be ?

A. majestic Greek Goddesses of the past

B. the working men and women of the present

C. (A) and (B) both

D. None of the above

Q.50 How many years did it take to unveil the Statue of liberty ?

A. It took about 2 years to unveil the Statue of Liberty.

B. It took about 6 years to unveil the Statue of Liberty.

C. It took about 4 years to unveil the Statue of Liberty.

D. It took about 8 years to unveil the Statue of Liberty.

Numerical Aptitude

Q.51 एक संख्या जिसका पाँचवाँ भाग 4 बढ़ जाता है इसके चौथे भाग के बराबर है जिसे 10 घटा दिया गया है। संख्या ज्ञात कीजिए।

A. 220 **B.** 240 **C.** 280 **D.** 300

Q.52 दो संख्याओं का गुणनफल 120 है और उनके वर्गों का योग 289 है। संख्याओं का योग है:

A. 20 **B.** 23

C. 16 **D.** इनमें से कोई नहीं

Q.53 निम्नलिखित प्रश्न में प्रश्न चिह्न के स्थान पर क्या आना चाहिए?

$4 - 1 + 5 \times 6 \div 2 - 1 = ?$

A. 33 **B.** -3 **C.** 17 **D.** 30

Q.54 संख्या जिसका 25%, 50 है। वह है:

A. 300 **B.** 150 **C.** 200 **D.** 170

Q.55 सरल करें:

$$\left(0.\overline{1}\right)^2 \left\{1 - 9\left(0.\overline{16}\right)^2\right\}$$

A. $-\dfrac{1}{162}$ **B.** $\dfrac{1}{108}$ **C.** $\dfrac{7696}{10^6}$ **D.** $\dfrac{1}{109}$

Q.56 $\sqrt{3} + \sqrt{2}$ की तुलना में $\sqrt{12} + \sqrt{18}$ कितना अधिक है:

A. $\sqrt{3} + 2\sqrt{2}$ **B.** $2(\sqrt{3} - \sqrt{2})$

C. $\sqrt{2} - 4\sqrt{3}$ **D.** $2(\sqrt{3} + \sqrt{2})$

Q.57 $1\frac{1}{2} + 11\frac{1}{2} + 111\frac{1}{2} + 1111\frac{1}{2}$ बराबर है:

A. 1236 **B.** 3456 **C.** 618 **D.** 617

Q.58 $\dfrac{1}{2 + \dfrac{1}{3 + \dfrac{1}{4 + \dfrac{1}{5}}}}$ का मान है:

A. $\dfrac{5}{46}$ **B.** $\dfrac{68}{157}$ **C.** $\dfrac{157}{68}$ **D.** $\dfrac{21}{110}$

Q.59 1,00,000 रुपये के बिल पर लागू 40% की छूट और 36% और 4% की दो लगातार छूट के बीच अंतर है:

A. शून्य **B.** रु 1,440 **C.** रु 2,500 **D.** रु 4,000

Q.60 एक दुकानदार अपने माल को अपनी लागत मूल्य से 30% ऊपर रखता है, लेकिन बिक्री के समय 10% की छूट देता है। उसका लाभ है:

A. 21% **B.** 20% **C.** 18% **D.** 17%

Q.61 4 फरवरी, 2005 से 18 अप्रैल, 2005 की अवधि के लिए $\dfrac{25}{4}$% प्रति वर्ष से रुपये 3000 पर साधारण ब्याज क्या होगा:

A. रुपये 45.70 **B.** रुपये 34.65

C. रुपये 38.50 **D.** रुपये 37.50

Q.62 प्रति वर्ष $\dfrac{27}{2}$% पर साधारण ब्याज पर एक राशि 4 वर्षों के बाद रुपये 2502.50 है। राशि ज्ञात कीजिए।

A. रुपये 1345 **B.** रुपये 1625

C. रुपये 2502 **D.** रुपये 1825

Q.63 दो नंबरों का गुणनफल 6300 है और उनका महत्तम समापवर्तक 15 है। ऐसी संख्या के कितने जोड़े हैं?

A. 3 **B.** 3 **C.** 2 **D.** 6

Q.64 सबसे कम संख्या जो 12,15,20 और 54 द्वारा विभाजित होने पर प्रत्येक बार में शेष 8 देती है:

A. 458 **B.** 548 **C.** 854 **D.** 584

Q.65 कैन में दो तरल पदार्थ A और B का मिश्रण है जिसके अनुपात 7:5 है। जब मिश्रण के 9 लीटर निकाले जाते हैं और कैन को B से भर दिया जाता है, तो A और B का अनुपात 7:9 हो जाता है। प्रारम्भ में कैन में तरल का मिश्रण था?

A. 10 **B.** 20 **C.** 21 **D.** 25

Q.66 दो मिश्रण A और B में, टिन और जिंक का अनुपात क्रमशः 5:2 और 3:4 है। 7 किलोग्राम मिश्रधातु A और 21 किलो मिश्रधातु B को मिलाकर एक नया मिश्रधातु बनाया जाता है। नए मिश्रधातु में जस्ता और टिन का अनुपात क्या होगा?

A. 2:1 **B.** 1:2 **C.** 2:3 **D.** 1:1

Q.67 एक परीक्षा में छात्रों के एक समूह के अंकों का अंकगणितीय माध्य 64 था। उनमें से 15% प्रतिभाशाली ने 90 और बेकार 20% ने 28 के एक औसत स्कोर हासिल किया। शेष 65% का औसत स्कोर है:

A. 58.63 **B.** 66.09 **C.** 44.89 **D.** 69.07

Q.68 एक ट्रक मालिक तीन वर्षों के लिए रुपये 6.50, रुपये 7 और रुपये 7.50 प्रति लीटर पर पेट्रोल खरीदता है। यदि वह हर साल 3200 रुपये खर्च करता है, तो पेट्रोल की प्रति लीटर औसत लागत लगभग कितनी होगी?

A. 6.1 **B.** 6.23 **C.** 6.97 **D.** 7.12

Q.69 एक लेख की लागत मूल्य 480 रुपये है। अगर इसे 6.25 प्रतिशत के मुनाफे पर बेचा जाए, तो इसकी बिक्री मूल्य कितनी होगी?

A. रु 510 **B.** रु 530 **C.** रु 503 **D.** रु 519

Q.70 एक व्यापारी अपनी लागत मूल्य से 35% ऊपर अपने माल को चिह्नित करता है और नकद खरीद के लिए 17.5% की छूट देता है। वह कितने प्रतिशत लाभ कमाता है?

A. 11.25 **B.** 12.125 **C.** 11.125 **D.** 11.375

Q.71 यदि 6 पुरुष और 8 लड़के 10 दिनों में काम कर सकते हैं और, 26 पुरुष और 48 लड़के 2 दिनों में ऐसा कर सकते हैं। फिर, 15 पुरुषों और 20 लड़कों द्वारा एक ही तरह का काम करने में लगने वाला समय क्या होगा?

A. 5 दिन   **B.** 4 दिन   **C.** 6 दिन   **D.** 7 दिन

Q.72 यदि 7 महीने में 10 पुरुष या 20 महिलाएं या 40 बच्चे एक काम कर सकते हैं। फिर, 5 पुरुष, 5 महिलाएं, और 5 बच्चे एक साथ आधा काम कर सकते हैं?

A. 6 महीने   **B.** 4 महीने   **C.** 5 महीने   **D.** 8 महीने

Q.73 यदि ट्रेन की गति 63 किमी / घंटा है तो 500 मीटर लंबी ट्रेन को चलती ट्रेन की दिशा में 3 किमी / घंटा की गति से चलने वाले व्यक्ति को पार करने में कितना समय लगेगा?

A. 25   **B.** 30   **C.** 40   **D.** 45

Q.74 एक ट्रेन 10 सेकंड में एक इलेक्ट्रिक पोस्ट और 110 सेकंड में 2 किमी की लंबाई के पुल से गुजरती है। इंजन की गति है:

A. 18 किमी प्रति घंटे   **B.** 36 किमी प्रति घंटे
C. 72 किमी प्रति घंटे   **D.** 90 किमी प्रति घंटे

Q.75 दो उम्मीदवारों के बीच लड़े गए कॉलेज चुनाव में, एक उम्मीदवार को कुल वैध मतों का 55% मिला। 15% मत अमान्य थे। यदि कुल मत 15,200 थे, तो दूसरे उम्मीदवार को मिले वैध मतों की संख्या कितनी है?

A. 7106   **B.** 6840   **C.** 8360   **D.** 5814

Specialised Topic

Q.76 लागत लेखांकन का मूल उद्देश्य है:

A. टैक्स अनुपालन   **B.** वित्तीय लेखा परीक्षा
C. लागत का विश्लेषण   **D.** लागत का पता लगाना

Q.77 लागत वर्गीकरण _______ में किया जा सकता है।

A. दो तरह से   **B.** तीन तरह से
C. कई तरीकों से   **D.** चार तरह से

Q.78 निम्नलिखित में से किसे सुरक्षा उपकरणों में नहीं गिना जाता है?

A. कच्चा माल   **B.** (A) और (C) दोनों
C. लाइव स्टॉक   **D.** तैयार माल

Q.79 डेटाबेस सामग्री के एक डंप को __________ डंप भी कहा जाता है।

A. अर्चिवल   **B.** फ़ुज़्ज़ी
C. SQL   **D.** उल्लेख सभी

Q.80 डाटा प्रोसेसिंग के लिए प्रयोग होने वाले सिलिकॉन चिप को कहा जाता है:

A. रेम चिप   **B.** रोम चिप
C. माइक्रो प्रोसेसर   **D.** पी. रोम चिप

Q.81 पहले व्यावसायिक रूप से उपलब्ध माइक्रोप्रोसेसर चिप का नाम क्या था?

A. इंटेल 308   **B.** इंटेल 33
C. इंटेल 4004   **D.** मोटोरोला 639

Q.82 दिए गए क्वेरी को ______ से भी बदला जा सकता है:

A. Course_id से सिखाता है, नाम का चयन प्रशिक्षक जहां instructor_id = course_id;
B. प्रशिक्षक से प्राकृतिक नाम सिखाएं, course_id चुनें;
C. प्रशिक्षक से नाम, course_id चुनें;
D. प्रशिक्षक से सिखाएँ शामिल होने के लिए course_id का चयन करें;

Q.83 निम्नलिखित में से किस कथन में संभवतः त्रुटि है?

A. select * from emp where empid = 10003;
B. select empid from emp where empid = 10006;
C. select empid from emp;
D. select empid where empid = 1009 and Lastname = 'GELLER';

Q.84 ज्वाइन तालिका को कहा जाता है:

A. ज्वाइन   **B.** ऑउटर ज्वाइन
C. इकवल ज्वाइन   **D.** सेल्फ-ज्वाइन

Q.85 वन टू मैनी रिलेशन का क्या अर्थ है?

A. एक वर्ग में कई शिक्षक हो सकते हैं
B. एक शिक्षक के कई वर्ग हो सकते हैं
C. कई कक्षाओं में कई शिक्षक हो सकते हैं
D. कई शिक्षकों के कई वर्ग हो सकते हैं

Q.86 वह भाषा जो हाल ही में रिलेशनल डेटाबेस सिस्टम के साथ एप्लिकेशन प्रोग्राम को इंटरफैक्ट करने के लिए डिफैक्टो मानक बन गई है:

A. ओरेकल   **B.** डी-बेस   **C.** SQL   **D.** 4GL

Q.87 ________________ समग्र उत्पादन, कार्यबल और सूची स्तर स्थापित करता है।

A. योजना
B. लंबी और सीधी योजना
C. बिक्री और प्रत्यक्ष योजना
D. बिक्री और संचालन योजना

Q.88 व्यापार चक्र, मूल्य रुझान, राष्ट्रीय अर्थव्यवस्था है:

A. माइक्रो फैक्टर्स   **B.** मैक्रो फैक्टर्स
C. नियंत्रित फैक्टर्स   **D.** इनमें से कोई भी नहीं

Q.89 क्रय जिम्मेदारियों को खरीदना, लिपिकीय और .... विभाजन में विभाजित किया जा सकता है।

A. पैकिंग   **B.** ट्रैफ़िक   **C.** रिकार्ड   **D.** फॉलो अप

Q.90 निम्नलिखित में से कौन सा आमतौर पर संबंधों की संरचना बनाने, संबंध को हटाने जैसे कार्यों को करने के लिए उपयोग किया जाता है?

A. DML (डेटा मनुपुलेशन भाषा)
B. क्वेरी
C. रिलेशनल स्कीम
D. DDL (डेटा परिभाषा भाषा)

Q.91 एक डेटाबेस मैनेजमेंट सिस्टम _______ सॉफ्टवेयर का एक प्रकार है।

A. सिस्टम सॉफ्टवेयर   **B.** अप्लीकेशन सॉफ्टवेयर
C. A और C दोनों   **D.** सामान्य सॉफ्टवेयर

Q.92 "FAT" शब्द का अर्थ है:

A. फ़ाइल आबंटन ट्री   **B.** फाइल आबंटन टेबल
C. फ़ाइल आवंटन ग्राफ़   **D.** ऊपर के सभी

Q.93 शब्द "NTFS" निम्नलिखित में से किस एक को संदर्भित करता है?

A. नई तकनीकी फ़ाइल प्रणाली
B. नई ट्री फाइल प्रणाली
C. नया टेबल टाइप फाइल प्रणाली
D. (A) और (C) दोनों

Q.94 .... सिस्टम परियोजना के लिए प्रासंगिक जानकारी के संग्रह को संदर्भित करता है।

A. डेटा नियति   **B.** डेटा एकत्रिकरण

C. डेटा एम्बेडिंग　　　　　**D.** डेटा आयात

Q.95 एक वास्तविक समय प्रणाली में मेमोरी की मात्रा आम तौर पर होती है:

A. PC की तुलना में उच्च
B. PC की तुलना में कम
C. PC में के रूप में ही
D. उनकी कोई मेमोरी नहीं है

Q.96 विनिर्माण उद्योग है:

A. 1 : 2.69 पुरुष　　　　　**B.** 1 : 2.37 पुरुष
C. 1 : 3.77 पुरुष　　　　　**D.** 1 : 10 पुरुष

Q.97 .... का अर्थ है समन्वित प्रयास, लिखित रूप में सिस्टम की जानकारी को संप्रेषित करना।

A. सिस्टम संग्रहण　　　　　**B.** सिस्टम शेयर
C. सिस्टम रिकॉर्ड　　　　　**D.** सिस्टम प्रलेखन

Q.98 कंप्यूटर के ALU में सामान्य रूप से हाई स्पीड स्टोरेज तत्वों की एक संख्या होती है, जिन्हें कहा जाता है:

A. अर्धचालक मेमोरी　　　　　**B.** रजिस्टर
C. हार्ड डिस्क　　　　　**D.** जेनरेटर

Q.99 निरीक्षण की आवृत्ति के आधार पर निर्णय लिया जाता है:

A. अधिक भार　　　　　**B.** लोडिंग
C. स्लाइडिंग　　　　　**D.** हगिरिंग

Q.100 निम्नलिखित में से कौन सा सामग्री हैंडलिंग उपकरण नहीं है?

A. क्रेन　　　**B.** लिफ़्ट　　　**C.** चिमटा　　　**D.** हॉइस्ट

// स्मार्ट उत्तर पुस्तिका //

सही उत्तर उन छात्रों का प्रतिशत जिन्होंने प्रश्नों का सही उत्तर दिया था। **छोड़ दिया** उन छात्रों का प्रतिशत जिन्होंने प्रश्नों को छोड़ दिया था।

प्रश्न संख्या	उत्तर	सही उत्तर / छोड़ दिया	प्रश्न संख्या	उत्तर	सही उत्तर / छोड़ दिया	प्रश्न संख्या	उत्तर	सही उत्तर / छोड़ दिया	प्रश्न संख्या	उत्तर	सही उत्तर / छोड़ दिया	प्रश्न संख्या	उत्तर	सही उत्तर / छोड़ दिया	प्रश्न संख्या	उत्तर	सही उत्तर / छोड़ दिया
1	B	28.22% / 67.42%	18	C	47.99% / 50.19%	35	B	58.91% / 31.8%	52	B	67.87% / 31.17%	69	A	45.58% / 44.84%	86	C	67.87% / 30.96%
2	B	58.37% / 38.25%	19	B	55.89% / 31.2%	36	B	61.33% / 31.73%	53	C	48.68% / 38.41%	70	D	62.62% / 34.43%	87	D	44.98% / 49.53%
3	C	61.29% / 33.48%	20	B	69.89% / 30.02%	37	C	54.26% / 33.88%	54	C	52.24% / 42.33%	71	B	43.92% / 31.11%	88	B	49.47% / 41.54%
4	D	40.97% / 38.07%	21	A	41.8% / 48.39%	38	D	52.76% / 40.83%	55	B	56.51% / 39.18%	72	B	63.37% / 34.03%	89	B	45.0% / 40.71%
5	C	55.9% / 38.74%	22	A	63.72% / 30.19%	39	A	44.04% / 47.26%	56	A	45.6% / 50.02%	73	B	42.73% / 44.7%	90	D	47.54% / 41.34%
6	C	50.89% / 41.61%	23	C	41.24% / 32.4%	40	A	58.83% / 41.03%	57	A	47.91% / 51.25%	74	C	59.95% / 36.35%	91	A	82.57% / 13.43%
7	A	67.51% / 32.37%	24	C	46.64% / 47.84%	41	D	68.61% / 30.1%	58	B	55.01% / 39.82%	75	D	44.28% / 36.72%	92	B	53.61% / 31.99%
8	C	53.33% / 35.42%	25	D	44.09% / 49.35%	42	A	41.21% / 45.57%	59	B	65.32% / 31.48%	76	D	58.95% / 30.7%	93	A	57.49% / 33.72%
9	B	40.71% / 50.87%	26	D	69.76% / 30.04%	43	B	68.47% / 31.09%	60	D	67.49% / 32.46%	77	C	45.58% / 45.5%	94	B	49.57% / 41.45%
10	C	47.89% / 31.78%	27	A	43.12% / 32.38%	44	B	65.43% / 30.96%	61	D	55.05% / 40.5%	78	D	60.08% / 36.54%	95	B	64.2% / 31.72%
11	B	40.95% / 48.99%	28	C	54.45% / 41.4%	45	A	67.26% / 30.6%	62	B	50.16% / 47.38%	79	A	56.44% / 35.46%	96	D	56.54% / 32.78%
12	B	66.49% / 31.64%	29	B	65.8% / 31.54%	46	A	40.88% / 47.65%	63	C	59.77% / 36.67%	80	C	45.96% / 38.71%	97	D	54.45% / 35.64%
13	D	65.84% / 31.24%	30	A	41.61% / 33.71%	47	A	50.51% / 44.1%	64	B	55.93% / 34.57%	81	C	65.98% / 30.55%	98	B	42.14% / 45.35%
14	D	52.54% / 34.22%	31	D	69.15% / 30.76%	48	D	58.09% / 39.65%	65	C	69.14% / 30.36%	82	B	56.07% / 42.03%	99	A	40.82% / 54.07%
15	A	48.86% / 32.56%	32	B	64.39% / 33.19%	49	C	43.89% / 53.72%	66	D	49.15% / 44.35%	83	D	54.89% / 41.91%	100	C	56.37% / 39.45%
16	A	62.32% / 36.55%	33	D	51.18% / 34.37%	50	A	59.87% / 34.7%	67	D	64.87% / 33.15%	84	D	63.54% / 35.21%			
17	A	11.6% / 71.91%	34	C	58.11% / 37.25%	51	C	66.12% / 33.56%	68	C	65.99% / 33.12%	85	B	46.02% / 52.68%			

//संकेत और समाधान//

1. त्रिकोण हैं:

$\Delta ABF : \Delta AGB : \Delta AGF : \Delta BFC;$

$\Delta BCE : \Delta CEF : \Delta BFE : \Delta HBC;$

$\Delta HCE : \Delta HEF : \Delta HBF : \Delta BGH;$

$\Delta FGH : \Delta HCD : \Delta HDE : \Delta AFH$

ΔABH

अतः विकल्प (B) सही है।

2. प्रश्न का निरीक्षण करने पर, हम देखते हैं कि जो बिंदु पहले पद में पहले स्थान पर है, दूसरे पद में दो स्थान बाद है, उसके बाद वह बिंदु तीन स्थानों बाद आता है, इसलिए यह बढ़ते क्रम में मौजूद होगा, इसलिए इसके बाद आने वाला बिंदु चार स्थानों के बाद आएगा।
अतः विकल्प (B) सही है।

3. $2 \times 3 + 1 = 7$

$3 \times 7 + 1 = 22$

$7 \times 22 + 1 = 155$

$22 \times 155 + 1 = 3411$

अतः विकल्प (C) सही है।

4. $1 \times 3 + 5 = 8$

$8 \times 3 + 5 = 29$

$29 \times 3 + 5 = 92$

$92 \times 3 + 5 = 281$

$281 \times 3 + 5 = 848$

अतः विकल्प (D) सही है।

5.

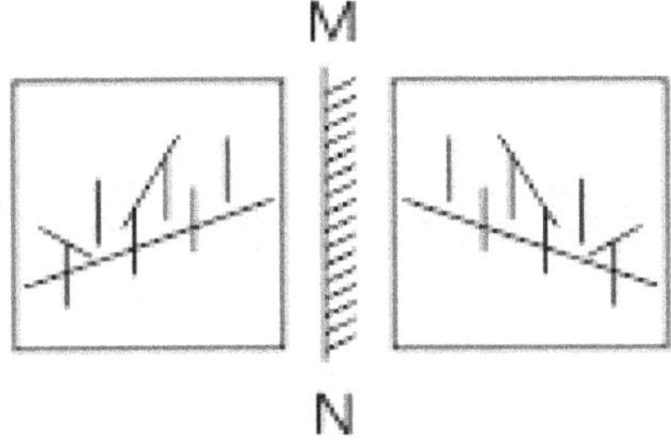

अतः विकल्प (C) सही है।

6.

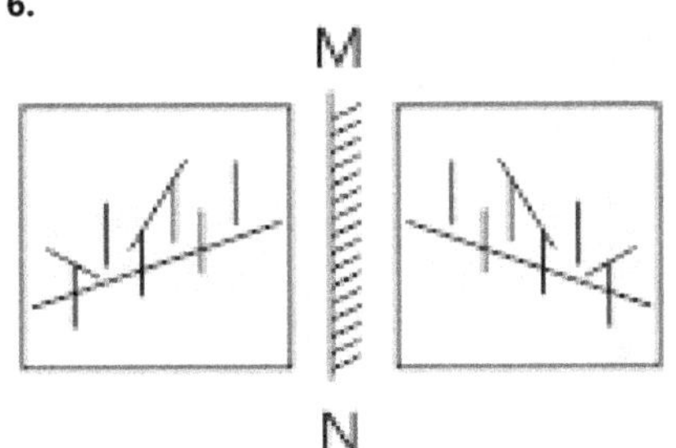

अतः विकल्प (C) सही है।

7.

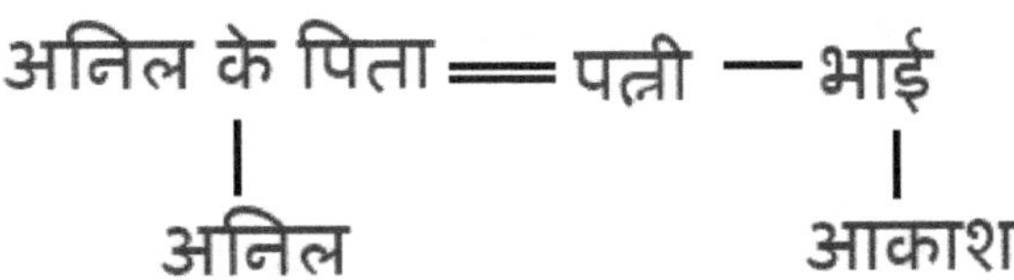

आकाश अनिल का चचेरा भाई है।

अतः विकल्प (A) सही है।

8.

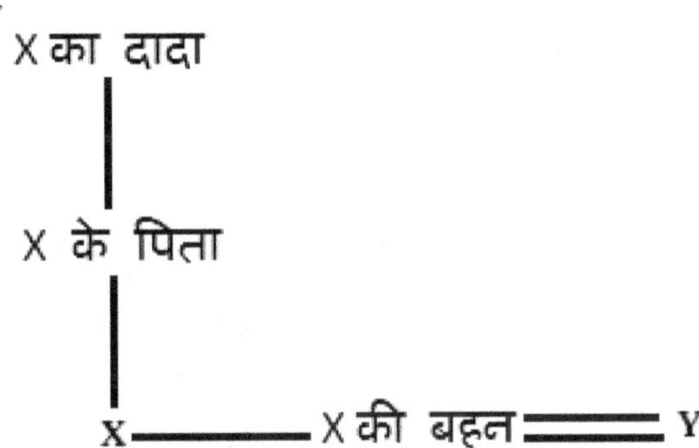

तो, Y, X का बहनोई है।

अतः विकल्प (C) सही है।

9. चूंकि B और D जुड़वां हैं। तो B = D

अब A = B + 3 और A = C – 3.

इस प्रकार, B + 3 = C – 3

= D + 3 = C – 3

= C – D = 6

अतः विकल्प (B) सही है।

10. माना प्रत्येक प्रकार के नोटों की संख्या x है।
फिर x + 5x + 10x = 480.

$\Rightarrow$ 16 x = 480,

$\Rightarrow$ x = 30
इसलिए, नोटों की कुल संख्या = 3x = 90
अतः विकल्प (C) सही है।

11.

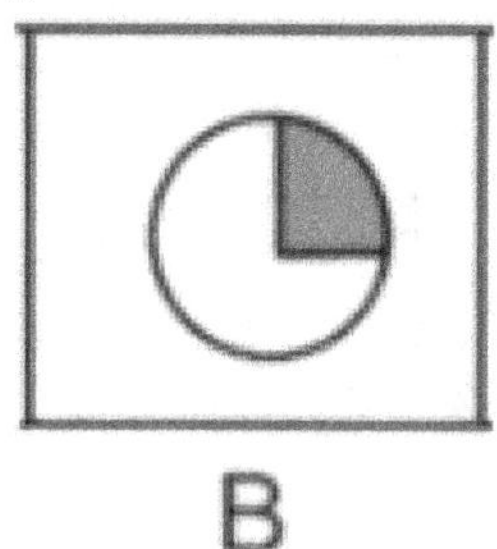

अतः विकल्प (B) सही है।

12.

अतः विकल्प (B) सही है।

13.

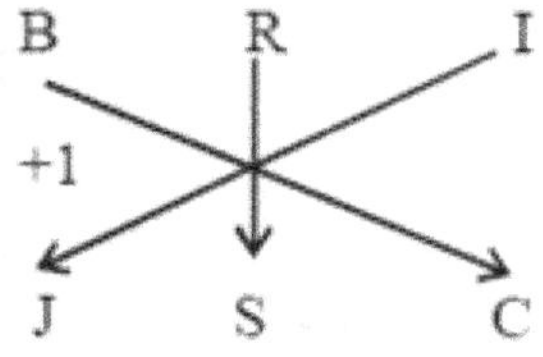 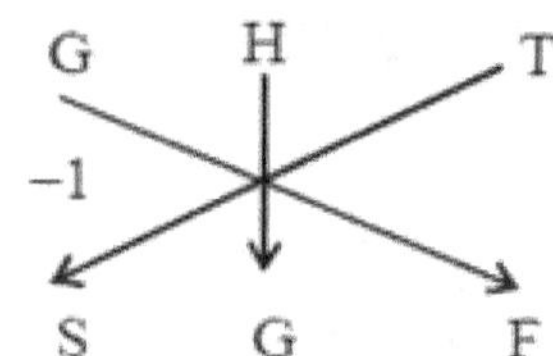

इसी तरह,

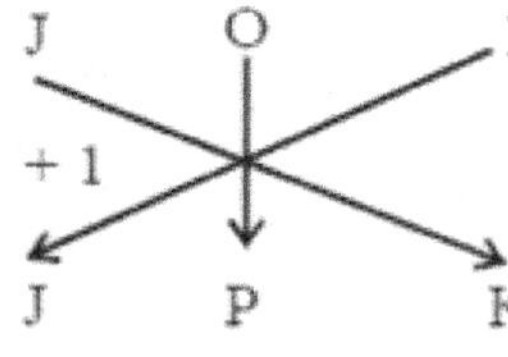 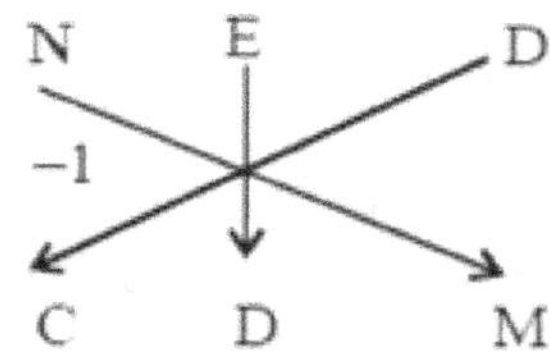

अतः विकल्प (D) सही है।

14. पहला पद = $3^2 + 3 = 12$
दूसरा पद = $4^2 + 4 = 20$
तीसरा पद = $5^2 + 5 = 30$
चौथा पद = $6^2 + 6 = 42$
अतः विकल्प (D) सही है।

15. $16 = (4)^2$, और $4 - 2 = 2 \Rightarrow (2)^2 = 4$
तो, यह बन जायेगा
$\Rightarrow 16 : 4$
इसी तरह,
$9 = (3)^2$, और $3 - 2 = 1 \Rightarrow (1)^2 = 1$
तो, यह बन जायेगा

$\Rightarrow 9 : 1$
अतः विकल्प (A) सही है।

16. $14 \times 14 \times 2 = 392$

$14 \times 2 = 28$

उसी प्रकार,

$19 \times 19 \times 2 = 722$

$19 \times 2 = 38$

अतः विकल्प (A) सही है।

17. प्रश्न आकृति नीले रंग में निम्नलिखित आकृति में अंतर्निहित है।

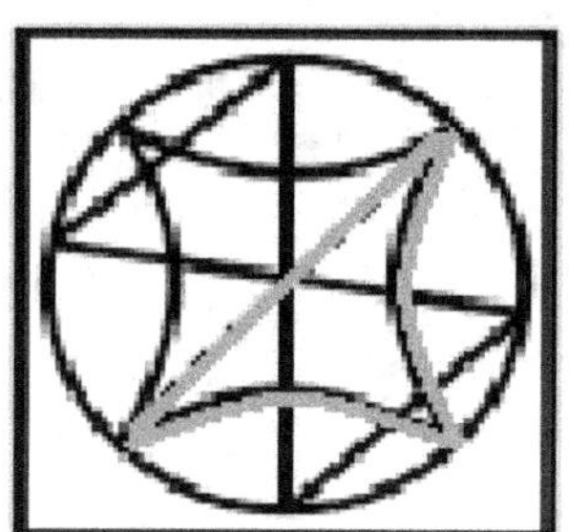

अतः विकल्प (A) सही है।

18. यदि हम प्रश्न आकृति में शेष भाग पूरा करते हैं, तो हमें यह मिलता है:

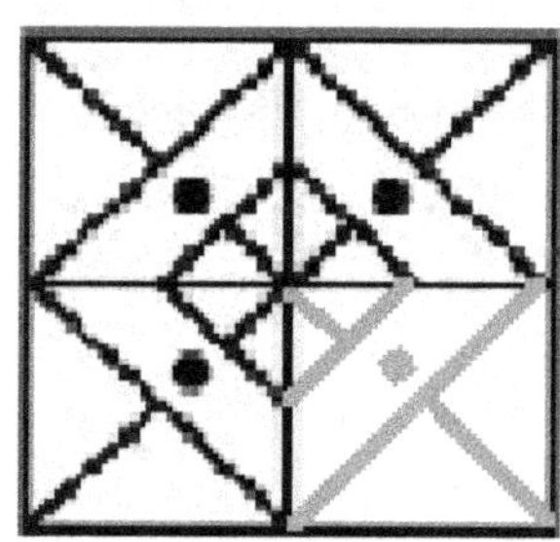

अतः विकल्प (C) सही है।

19. $50 - 5 = 45$

$45 - 5 = 40$

$40 - 5 = 35$

$35 - 5 = 30$

$30 - 5 = 25$

अतः विकल्प (C) सही है।

20. श्रृंखला का समाधान इस प्रकार है-

$$\frac{4096}{4} = 1024$$

$$\frac{1024}{4} = 256$$

$$\frac{256}{4} = 64$$

$$\frac{64}{4} = 16$$

$$\frac{16}{4} = 4$$

अतः विकल्प (B) सही है।

21. उनके चयन के लिए न्यूनतम शर्त है- कम से कम 50% अंकों के साथ स्नातक होना।

अतः विकल्प (A) सही है।

22. जिस प्रकार,

$$8^2 = 64$$

$$8^3 = 512$$

इसी प्रकार,

$$12^2 = 0144$$

$$12^3 = 1728$$

अतः विकल्प (A) सही है।

23. 'रक्त' 'नस' में बहता है, उसी तरह 'पाइपलाइन' में 'तेल' बहता है।

अतः विकल्प (C) सही है।

24. एक 'घन' में इसकी सभी सतहों पर 'वर्ग' उपस्थित हैं। उसी तरह एक 'वर्ग' में इसके सभी तरफ 'रेखा' उपस्थित हैं।

अतः विकल्प (C) सही है।

25. 'स्केल' एक 'मछली' के शरीर की बाहरी परत है, इसलिए 'त्वचा' का संबंध उसी तरह 'मनुष्य' से है, जैसे 'स्केल' 'मछली' से है।

अतः विकल्प (D) सही है।

26. स्मृति मंधाना बाएं हाथ की बल्लेबाज, दाएं हाथ की गेंदबाज है।

स्मृति मंधाना ने 2018 में ICC की वर्ष की महिला क्रिकेटर और वर्ष की महिला ODI खिलाड़ी का पुरस्कार जीता। स्मृति श्रीनिवास मंधाना एक भारतीय क्रिकेटर हैं जो भारतीय महिला राष्ट्रीय टीम के लिए खेलती हैं। जून 2018 में, भारतीय क्रिकेट कंट्रोल बोर्ड (BCCI) ने उन्हें सर्वश्रेष्ठ महिला अंतर्राष्ट्रीय क्रिकेटर के रूप में नामित किया। दिसंबर 2018 में, अंतर्राष्ट्रीय क्रिकेट परिषद (ICC) ने उन्हें वर्ष की सर्वश्रेष्ठ महिला क्रिकेटर के लिए राचेल हीहो-फ्लिंट अवार्ड से सम्मानित किया।

अतः विकल्प (D) सही है।

27. "एवर ऑनवर्ड" एशियाई खेलों का आदर्श वाक्य है। एशियाई खेल, जिसे एशियाड के नाम से भी जाना जाता है, पूरे एशिया के एथलीटों के बीच हर चार साल में आयोजित एक महाद्वीपीय बहु-खेल आयोजन है।

अतः विकल्प (A) सही है।

28. दिसंबर 1929 में, जवाहरलाल नेहरू की अध्यक्षता में, लाहौर कांग्रेस ने भारत के लिए 'पूर्ण स्वराज' या पूर्ण स्वतंत्रता की मांग को औपचारिक रूप दिया। यह घोषित किया गया कि 26 जनवरी 1930 को स्वतंत्रता दिवस के रूप में मनाया जाएगा, जब लोगों को पूर्ण स्वतंत्रता के लिए संघर्ष करने का संकल्प लेना था।

अतः विकल्प (C) सही है।

29. भारत का राष्ट्रीय ध्वज गहरे केसरिया [केसरिया] का एक क्षैतिज तिरंगा है, जो बीच में सफेद और समान अनुपात में सबसे नीचे गहरे हरे रंग में है। ध्वज की चौड़ाई की लंबाई का अनुपात 2 से 3 है। भारतीय राष्ट्रीय ध्वज के सफेद बैंड के केंद्र में, एक नौसेना नीला पहिया है जो चक्र का प्रतिनिधित्व करता है। इसका डिज़ाइन उस पहिये का है जो अशोक के सारनाथ शेर राजधानी के

एबेकस पर दिखाई देता है। इसका व्यास सफेद बैंड की चौड़ाई के करीब है और इसमें चौबीस प्रवक्ता हैं। भारत के राष्ट्रीय ध्वज के डिजाइन को भारत की संविधान सभा ने 22 जुलाई 1947 को अपनाया था।

अतः विकल्प (B) सही है।

30. चूँकि श्रीनगर कर्क रेखा के उत्तर में स्थित है, इसलिए इसे सूर्य की खड़ी किरणें कभी नहीं मिलती हैं।

अतः विकल्प (A) सही है।

31. स्टैगफ्लेशन से तात्पर्य उच्च बेरोजगारी और अर्थव्यवस्था में स्थिर मांग / वृद्धि के साथ लगातार उच्च मुद्रास्फीति को दर्शाता है।

उच्च मुद्रास्फीति + निम्न आर्थिक विकास {या मंदी की स्थिति} + कम रोजगार सृजन = आघात

अतः विकल्प (D) सही है।

32. संपत्ति का अधिकार अनुच्छेद 19 में शामिल नहीं है। चालीसवें संवैधानिक संशोधन, 1978, भाग III से अनुच्छेद 19 (1) (31) और 31 को नष्ट कर दिया, संविधान में मौलिक अधिकारों पर अध्याय। इसके बजाय, इसने संविधान के भाग XII के एक नए अध्याय IV में अनुच्छेद 300A डाला, जिससे 'संपत्ति के अधिकार' को 'मौलिक अधिकार' से वंचित कर दिया गया।

अतः विकल्प (B) सही है।

33. 11 दिसंबर, 1946 को, विधानसभा ने डॉ. राजेंद्र प्रसाद को अपना स्थायी अध्यक्ष चुना। संविधान सभा ने डॉ. बी. आर. अम्बेडकर की अध्यक्षता में एक मसौदा समिति सहित संविधान तैयार करने के लिए 13 समितियों का गठन किया

अतः विकल्प (D) सही है।

34. "मेथड्स इन सोशल रिसर्च" नाम की किताब को गोयद और हाट ने 01 दिसंबर, 1952 को लिखा था, जिसका उद्देश्य विशेष रूप से छात्र के ज्ञान के साथ-साथ प्रतिक्रिया कौशल में सुधार करना था।

अतः विकल्प (C) सही है।

35. केंद्र ने हाल ही में ट्रिब्यूनल रिफॉर्म्स (युक्तिकरण और सेवा की शर्तें) अध्यादेश 2021 को लागू किया। अध्यादेश के अनुसार, मौजूदा अपीलीय अधिकारियों को बदल दिया जाता है और उनकी शक्तियों को उच्च न्यायालयों में निहित कर दिया जाता है। कवर किए गए कानून सिनेमैटोग्राफ अधिनियम हैं; कॉपीराइट अधिनियम; सीमा शुल्क अधिनियम; पेटेंट अधिनियम; एएआई अधिनियम; ट्रेड मार्क्स अधिनियम; माल का जीआई (पंजीकरण और संरक्षण) अधिनियम; पौधों की किस्मों और किसानों के अधिकारों का संरक्षण और एनएच (भूमि और यातायात) अधिनियम का नियंत्रण।

अतः विकल्प (B) सही है।

36. केरल राज्य विद्युत बोर्ड (केएसईबी) द्वारा निर्मित और प्रबंधित, 107.5 करोड़ रुपये की परियोजना, 1976 में भारत की तत्कालीन प्रधान मंत्री, इंदिरा गांधी द्वारा कमीशन की गई थी।

अतः विकल्प (B) सही है।

37. भारत के पहले आम चुनाव के बाद 17 अप्रैल 1952 को पहली लोकसभा का गठन किया गया था। पहली लोकसभा पांच साल के अपने पूर्ण कार्यकाल तक चली और 4 अप्रैल 1957 को भंग कर दी गई। इस लोकसभा का पहला सत्र 13 मई 1952 को शुरू हुआ।

अतः विकल्प (C) सही है।

38. Safeguarding : a measure taken to protect someone or something or to prevent something undesirable.

Neglecting : fail to care for properly.

Ignoring : refuse to take notice of or acknowledge; disregard intentionally.

Nurturing : care for and protect (someone or something) while they are growing.

Fostering : encourage the development of (something, especially something desirable).

Synonym of Fostering is Nurturing.

Hence, the correct option is (D).

39. Jettison : throw or drop (something) from an aircraft or ship.

Burst : break open or apart suddenly and violently, especially as a result of an impact or internal pressure.

Acclimatize : become accustomed to a new climate or new conditions, adjust

Drive : propel or carry along by force in a specified direction.

Propel : carry along by force in a specified direction.

Synonym of Propel is Drive.

Hence, the correct option is (A).

40. Soothing: having a gently calming effect.

Frightening, Scaring and Horrible are having similar meaning as Terrible.

Delectable: delicious or humorous extremely attractive.

So opposite of Terrible is soothing.

Hence, the correct option is (A).

41. Succinctly: briefly and clearly expressed.

Limitedly: restricted in size, amount, or extent;narrow.

Spaciously and Broad based are similar to Widely and mean far apart, with a wide space or interval between.

Narrowly: only just, by only a small margin.

Hence, the correct option is (D).

42. To abdicate means to relinquish or give up a throne, power, right, or responsibility. It does not mean to sell (B), reinvest in (C), or auction (D).

Hence, the correct option is (A).

43. A buttress (noun) and to buttress (verb) mean support. Buttress is not a limiting factor (A), an overwhelming condition (C), or an obstacle (D) or barrier.

Hence, the correct option is (B).

44. This is a compound sentence. A compound sentence has at least two independent clauses that have related ideas. The independent clauses can be joined by a coordinating conjunction (for, and, nor, but, or, yet, so) or by a semicolon.

Hence, the correct option is (B).

45. Has Steve got a sister? "No, he <u>does not have one</u> , but he's got 2 brothers".

Hence, the correct option is (A).

46. " Who is she?" "She's my friend from London".

Hence, the correct option is (A).

47. From the above passage we can see that "The Statue of Liberty was given as a gift to America by France to mark the one hundred year anniversary of American Independence."

Hence, the correct option is (A).

48. From the above passage it is clear that "Frederic Auguste Bartholdi" is the name of the sculptor of the monument 'the Statue of Liberty'.

Hence, the correct option is (D).

49. From the above passage it is clear that "The sculptor imagined the Statue of Liberty as the majestic Greek Goddesses of the past and also as the working men and women of the present."

Hence, the correct option is (C).

50. From the above passage it is clear that "It took about 2 years to unveil the Statue of Liberty".

Hence, the correct option is (A).

51. माना संख्या x है।

$$\Rightarrow \frac{x}{5} + 4 = \frac{x}{4} - 10$$

$$\Rightarrow 14 = \frac{x}{4} - \frac{x}{5}$$

$$\Rightarrow 14 = \frac{5x - 4x}{20}$$

$$\Rightarrow 14 = \frac{x}{20}$$

$$\Rightarrow x = 280$$

संख्या 280 है।

अतः विकल्प (C) सही है।

52. माना संख्या x और y है।

$$\Rightarrow xy = 120$$
$$\Rightarrow x^2 + y^2 = 289$$

जैसा कि हम जानते हैं,
$$\Rightarrow (x + y)^2 = x^2 + y^2 + 2xy$$

मानों को उपरोक्त समीकरण में रखें

$$\Rightarrow (x + y)^2 = 289 + 2 \times 120$$
$$\Rightarrow (x + y)^2 = 289 + 240$$
$$\Rightarrow (x + y)^2 = 529$$
$$\Rightarrow (x + y) = \sqrt{529}$$
$$= 23$$

अतः विकल्प (B) सही है।

53. नीचे दिए गए आदेश के अनुसार, इस प्रश्न को हल करने के लिए BODMAS नियम का पालन करें,
चरण - 1 - 'ब्रैकेट' में संलग्न समीकरण के कुछ हिस्सों को पहले हल किया जाना चाहिए,
चरण - 2 - किसी भी गणितीय 'का' या 'घातांक' को पहले हल किया जाना

चाहिए,

चरण -3 - अगला, समीकरण के कुछ हिस्सों में 'भाग' और 'गुणा' शामिल हैं।

चरण - 4 - अंतिम लेकिन कम से कम, समीकरण के कुछ हिस्सों में 'जोड़' और 'घटाव' की गणना की जानी चाहिए।

उपरोक्त मानक क्रम है जिसमें किसी दिए गए प्रश्न को सरल किया जाता है।

$$\Rightarrow 4 - 1 + 5 \times 6 \div 2 - 1 = x$$
$$\Rightarrow 4 - 1 + 5 \times 3 - 1 = x$$
$$\Rightarrow 4 - 1 + 15 - 1 = x$$
$$\Rightarrow 19 - 2 = x$$
$$\Rightarrow 17 = x$$

अतः विकल्प (C) सही है।

54. मान लीजिए कि वह संख्या X है।

$$\therefore X \text{ का } 25\% = X \times \frac{25}{100}$$
$$\Rightarrow X \times \frac{25}{100} = 50$$
$$\Rightarrow X = 200$$

अतः विकल्प (C) सही है।

55. $\left(\frac{1}{9}\right)^2 \left\{1 - 9\left(\frac{16-1}{90}\right)^2\right\}$

$$= \frac{1}{81}\left\{1 - \frac{9 \times 15 \times 15}{90 \times 90}\right\}$$
$$= \frac{1}{81} \times \left\{1 - \frac{1}{4}\right\}$$
$$= \frac{1}{81} \times \frac{3}{4}$$
$$= \frac{1}{108}$$

अतः विकल्प (B) सही है।

56. यदि सर्ड शब्द समान नहीं हैं, तो आप शर्तों के बीच कोई जोड़ या घटाव नहीं कर सकते हैं। इस ज्ञान के साथ आइए हम उच्च मूल्य वाले सर्ड शब्दों को रूपांतरित करें क्योंकि उनमें ऐसे वर्ग कारक होने चाहिए जो वर्गमूल से निकाले जा सकें।

$$\left(\sqrt{12} + \sqrt{18}\right) - \left(\sqrt{3} + \sqrt{2}\right)$$
$$= \left(2\sqrt{3} + 3\sqrt{2}\right) - \left(\sqrt{3} + \sqrt{2}\right)$$
$$= \sqrt{3} + 2\sqrt{2}$$

अतः विकल्प (A) सही है।

57. दिया हुआ है: $1\frac{1}{2} + 11\frac{1}{2} + 111\frac{1}{2} + 1111\frac{1}{2}$

$$= \frac{3}{2} + \frac{23}{2} + \frac{223}{2} + \frac{2223}{2}$$
$$= \frac{3 + 23 + 223 + 2223}{2}$$
$$= \frac{2472}{2}$$
$$= 1236$$

अतः विकल्प (A) सही है।

58. $\dfrac{1}{2 + \frac{1}{3 + \frac{1}{4 + \frac{1}{5}}}} = \dfrac{1}{2 + \frac{1}{3 + \frac{1}{\frac{21}{5}}}}$

$$= \frac{1}{2 + \frac{1}{3 + \frac{5}{21}}}$$
$$= \frac{1}{2 + \frac{1}{\frac{68}{21}}}$$
$$= \frac{1}{2 + \frac{21}{68}} =$$
$$= \frac{1}{\frac{157}{68}}$$
$$= \frac{68}{157}$$

अतः विकल्प (B) सही है।

59. प्रथम डिस्काउंट $= 40\%$

दो क्रमिक छूट का अगला प्रभाव

$$36 + 4 - \frac{36 \times 4}{100} = 40 - 1.44$$

प्रतिशत अंतर $= 40 - 40 + 1.44$

छूट के बीच अंतर $= 1.44\%$ का $1,00,000$

$$= \frac{144}{100} \times \frac{1}{100} \times 1,00,000$$
$$= \text{रु } 1,440$$

अतः विकल्प (B) सही है।

60. लागत मूल्य 100 रुपये मान ले:

फिर मूल्य को चिह्नित करें जो लागत मूल्य से (30%) ज्यादा है,

अंकित मूल्य $= (100 + 100$ का $30\%) = $ रु 130

दुकानदार चिह्नित मूल्य पर 10% की छूट देता है, फिर

विक्रय मूल्य $= (130 - 130$ का $10\%) = $ रु 117

लाभ $= 117 - 100 = $ रु 17

लाभ $\% = \frac{17 \times 100}{100}$

$$= 17\%$$

अतः विकल्प (D) सही है।

61. समय $= (24 + 31 + 18)$ दिन

$$= 73 \text{ दिन}$$
$$= \frac{73}{365} \text{ साल} = \frac{1}{5} \text{ साल}$$

$P = $ रु 3000 और $R = \frac{25}{4}\% p.a$

तो, साधारण ब्याज $= \left(\frac{P \times R \times T}{100}\right)$

$$= \text{रु} \left(3000 \times \frac{25}{4} \times \frac{1}{5} \times \frac{1}{100}\right)$$
$$= \text{रु } 37.50$$

अतः विकल्प (D) सही है।

62. माना मूलधन x है.

$r = \frac{27}{2}\%$

$t = 4$

फिर,

S.I $= \frac{x.r.t}{100}$

S.I $= \left(x \times \frac{27}{2} \times 4 \times \frac{1}{100}\right)$

$= \frac{27x}{50}$

तो, राशि $= \left(x + \frac{27x}{50}\right)$

$= \frac{77x}{50}$

$\frac{77x}{50} = 2502.5$

$x = \frac{2502.50 \times 50}{77}$

$= 1625$

अत: विकल्प (B) सही है।

63. माना दो संख्याओं क्रमशः x और y है।

यह दिया जाता है कि दो संख्याओं का गुणनफल 6300 है, इसलिए,

$xy = 6300$

इसके अलावा 15 उनका महत्तम समापवर्तक है, इस प्रकार दोनों संख्याओं को 15 से विभाज्य होना चाहिए।

तो, माना $x = 15a$ और $y = 15b$, फिर

$15a \times 15b = 6300$

$\Rightarrow 225ab = 6300$

$\Rightarrow ab = \frac{6300}{225}$

$\Rightarrow ab = 28$

इसलिए, x और y के संभावित जोड़ी है जो एक $(1,28)$ और $(4,7)$ हैं इस प्रकार, आवश्यक संख्याएं $(15,420)$ और $(60,105)$.

संभावित जोड़े की संख्या 2 है।

अत: विकल्प (C) सही है।

64. आवश्यक संख्या $= (~12,15,20,54)$ का लघुत्तम समापवर्त्य

$+8$

$12 = 2 \times 2 \times 3$

$15 = 3 \times 5$

$20 = 2 \times 2 \times 5$

$54 = 2 \times 3 \times 3 \times 3$

लघुत्तम समापवर्त्य $= 2 \times 2 \times 3 \times 3 \times 3 \times 5 = 540$

आवश्यक संख्या

$= 540 + 8$

$= 548$

अत: विकल्प (B) सही है।

65. मान लीजिए कि प्रारम्भ में क्रमशः मिश्रणों A और B $7x$ और $5x$ के मिश्रण अनुपात में हैं।

बची मात्रा $= \left(7x - \frac{7}{12} \times 9\right)$ लीटर $= \left(7x - \frac{21}{4}\right)$ लीटर.

मिश्रण B की बची मात्रा $= \left(5x - \frac{5}{12} \times 9\right)$ लीटर $=$

$\left(5x - \frac{15}{4}\right)$ लीटर.

$\therefore \frac{\left(7x - \frac{21}{4}\right)}{\left(5x - \frac{15}{4}\right) + 9} = \frac{7}{9}$

$\Rightarrow \frac{28x - 21}{20x + 21} = \frac{7}{9}$

$\Rightarrow 252x - 189 = 140x + 147$

$\Rightarrow 112x = 336$

$\Rightarrow x = 3.$

तो 21 लीटर A हो सकता है।

अत: विकल्प (C) सही है।

66. मिश्रधातु A में जिंक की मात्रा $= 7 \times \frac{5}{7} = 5$

मिश्रधातु A में टिन की मात्रा $= 7 \times \frac{2}{7} = 2$

मिश्रधातु B में जिंक की मात्रा $= 21 \times \frac{3}{7} = 9$

मिश्रधातु B में टिन की मात्रा $= 21 \times \frac{4}{7} = 12$

नयी मिश्रधातु में अनुपात $\rightarrow 5 + 9 : 12 + 2$

$14 : 14$

$1 : 1$

अतः विकल्प (D) सही है।

67. कुल छात्रों की संख्या 100 है।

दिया हुआ,

$\Rightarrow$ 100 छात्रों का औसत $= 64$

$\Rightarrow$ 100 छात्र का कुल स्कोर $= 64 \times 100 = 6400$

फिर,

$\Rightarrow$ पहले 15 छात्रों का कुल स्कोर

$= 15 \times 90 = 1350$

$\Rightarrow$ अंतिम 20 छात्रों का कुल स्कोर

$= 20 \times 28 = 560$

$\Rightarrow$ शेष 65 छात्रों का कुल स्कोर

$= 6400 - (1350 + 560) = 4490$

$\Rightarrow$ 65 छात्रों का औसत $= \frac{4490}{65}$

$= 69.07$

अतः विकल्प (D) सही है।

68. $\Rightarrow$ पेट्रोल पर सालाना खर्च होता है $= 3200$ रुपये

$\Rightarrow$ पेट्रोल के खपत की कुल राशि $= \left(\frac{3200}{6.50}\right) + \left(\frac{3200}{7}\right) + \left(\frac{3200}{7.50}\right)$

$= 1376.11$ लीटर

$\Rightarrow$ पेट्रोल पर 3 साल में कुल खर्च $= 3200 \times 3$

$= 9600$ रुपये

$\Rightarrow$ पेट्रोल की औसत लागत $=$ पेट्रोल पर 3 साल में कुल राशि खर्च /कुल खपत का पेट्रोल

$\Rightarrow$ पेट्रोल की प्रति लीटर औसत लागत $= \frac{9600}{1376.11}$

$\therefore$ पेट्रोल की प्रति लीटर औसत लागत 6.97 रुपये है।

अतः विकल्प (C) सही है।

69. दिया हुआ है:

$CP = 480$, लाभ $= 6.25\%$

$SP = \dfrac{100 + \text{Profit \%}}{100} \times CP$

$= \dfrac{100 + 6.25}{100} \times 480$

$= \dfrac{106.25}{100} \times 480$

$= रु\ 510$

अतः विकल्प (A) सही है।

70. इस प्रश्न को हल करने के लिए, हम शुद्ध % प्रभाव सूत्र लागू कर सकते हैं

$\Rightarrow x + y + \dfrac{xy}{100}$

माना $x = 35\%$ और $y = -17.5\%$

शुद्ध % प्रभाव सूत्र द्वारा, हम प्राप्त करते हैं

लाभ $\% = \left(35 - 17.5 - \dfrac{35 \times 17.5}{100}\right)\%$

$= (17.5 - 6.125)\%$

$= 11.375\%$

अतः विकल्प (D) सही है।

71. दिया हुआ है:

6 पुरुष और 8 लड़के 10 दिनों में एक काम कर सकते हैं

26 पुरुषों और 48 लड़के 2 दिनों में एक काम कर सकते हैं

$(6M + 8B) \times 10 = (26M + 48B) \times 2$

$8M = 16B$

$1M = 2B$

$6M + 8B = 20B$

$15M + 20B = 50B$

$20B \times 10 = 50B \times x\ $दिन

$x = 4\ $दिन

अतः विकल्प (B) सही है।

72. दिया हुआ है:

$10M = 20W = 40C$

$1M = 2W, 1M = 4C, 1W = 2C$

$5M + 5W + 5C = 10W + 5W + \dfrac{5}{2}W$

$= \dfrac{35}{2}W$

$20 \times 7 = \dfrac{35}{2}W \times\ $दिन

पूरा काम पूरा हुआ $= 8$ महीने

आधा काम पूरा हुआ $= \dfrac{8}{2} = 4$ महीने

अतः विकल्प (B) सही है।

73. आदमी के सापेक्ष ट्रेन की गति $= (63 - 3)$ किमी / घंटा

$= 60$ किमी / सेकंड

$= \left(60 \times \dfrac{5}{18}\right)$ मीटर / सेकंड

$= \left(\dfrac{50}{3}\right)$ मीटर / सेकंड

$\therefore$ आदमी को पास करने में समय लगा $= \left(500 \times \dfrac{3}{50}\right)$ सेकंड

$= 30$ सेकंड

अतः विकल्प (B) सही है।

74. माना ट्रेन की लंबाई $'l'\ m$ और वेग $'v'$.

यह 10 सेकंड में विद्युत पोल को पार करता है।

जैसा कि हम जानते हैं, वेग $=$ दूरी/ समय

$v = \dfrac{\ell}{10}$ मीटर / सेकंड.........(1)

2 किमी लंबाई का पुल 110 सेकंड में पार करता है

$\Rightarrow V = \dfrac{\ell + 2000}{110}$ मीटर / सेकंड ....(2)

(1) और (2) से,

$\dfrac{\ell}{10} = \dfrac{\ell + 2000}{110}$

$\Rightarrow 10\ell = 2000$

$\Rightarrow \ell = 200$ मीटर

(1) से,

$v = \dfrac{\ell}{10} = \dfrac{200}{10} = 20$ मीटर / सेकंड

किमी प्रति घंटे में बदलने के लिए, इसे $\dfrac{18}{5}$ से गुणा करें

$\Rightarrow$ ट्रेन की गति $= 20 \times \dfrac{18}{5}$

$= 72$ किमी प्रति घंटे

अतः विकल्प (C) सही है।

75. कुल मत $= 100\%$

अमान्य मत $= 15\%$

वैध मत $= 85\%$

पहला उम्मीदवार $= 55\%$ का 85%

इसलिए, दूसरा उम्मीदवार $= 45\%$ का 85%

प्रश्न के अनुसार,

$100\% \rightarrow 15200$

$85\% \rightarrow 12920$

अन्य उम्मीदवार को मिला मत $= 12920$ का 45%

$= 5814$ वोट

अतः विकल्प (D) सही है।

76. लागत लेखांकन का मूल उद्देश्य लागत निर्धारण है। इसमें हर काम, आदेश, उत्पाद, प्रक्रिया या सेवा की लागत का पता लगाना शामिल है।

अतः विकल्प (D) सही है।

77. लागत वर्गिकरण कई तरीकों से किया जा सकता है। अर्थशास्त्र में लागत वर्गिकरण में निश्चित, परिवर्तनीय, अवसर, उत्पादन और डूब लागत की श्रेणियां शामिल हो सकती हैं। दूसरी ओर, लेखांकन लागतों को किसी व्यवसाय के लिए प्रत्यक्ष या अप्रत्यक्ष रूप में वर्गीकृत किया जा सकता है।

अतः विकल्प (C) सही है।

78. XYZ विश्लेषण उनकी मांग की परिवर्तनशीलता के अनुसार इन्वेंट्री आइटम को वर्गीकृत करने का एक तरीका है। एक्स - बहुत कम भिन्नता: एक्स आइटम समय के साथ स्थिर कारोबार की विशेषता है। भविष्य की मांग मज़बूती से पूर्वानुमान की जा सकती है।

अतः विकल्प (D) सही है।

79. हम डंप को संग्रहीत कर सकते हैं और डेटाबेस के पुराने क्रम की जांच करने के लिए बाद में उनका उपयोग कर सकते हैं।

अतः विकल्प (A) सही है।

80. डाटा प्रोसेसिंग के लिए प्रयोग होने वाले सिलिकॉन चिप को माइक्रो प्रोसेसर कहा जाता है।

सिलिकॉन चिप एक एकीकृत सर्किट है जो मुख्य रूप से सिलिकॉन से बना है। सिलिकॉन सबसे साधारण पदार्थों में से एक है जिसका प्रयोग कंप्यूटर चिप को विकसित करने के लिए किया जाता है। एक सिस्टम-ऑन-ए-चिप (SoC या SOC) एक एकीकृत सर्किट है जिसमें कंप्यूटर या अन्य सिस्टम के लिए आवश्यक सभी घटकों को एक चिप पर एकत्र किया जाता है। इस तरह के उपकरण का डिज़ाइन जटिल और महंगा हो सकता है, और सिलिकॉन के एक टुकड़े पर असमान घटकों का निर्माण कुछ तत्वों की दक्षता से समझौता कर सकता है।

पहला मिनीकंप्यूटर 1960 में, डिजिटल उपकरण निगम ने अपने कई PDP कंप्यूटरों में से पहला PDP -1 जारी किया।

अतः विकल्प (C) सही है।

81. इंटेल 4004 पहले व्यावसायिक रूप से उपलब्ध माइक्रो प्रोसेसर चिप का नाम था।

1970 में पहले व्यावसायिक रूप से उपलब्ध माइक्रोप्रोसेसर, इंटेल 4004 और 1974 में पहली बार व्यापक रूप से उपयोग किए जाने वाले माइक्रोप्रोसेसर, इंटेल 8080 की शुरुआत के बाद से, सीपीयू के इस वर्ग ने अन्य सभी केंद्रीय प्रसंस्करण इकाई विधियों ा को लगभग पूरी तरह से पीछे कर दिया है।

इंटेल 4004 1971 में इंटेल निगम द्वारा जारी एक 4-बिट सेंट्रल प्रोसेसिंग यूनिट (CPU) है। यह इंटेल द्वारा पहला व्यावसायिक रूप से उपलब्ध माइक्रोप्रोसेसर था और इंटेल सीपीयू की लंबी लाइन में पहला था।

अतः विकल्प (C) सही है।

82. क्लॉज ज्वाइन करें कॉमन कॉलम से मेल करके दो टेबल्स ज्वाइन करें।

अतः विकल्प (B) सही है।

83. विकल्प डी में दिए गए क्वेरी में "से" खंड शामिल नहीं है, जो उस संबंध को निर्दिष्ट करता है जिसमें से मूल्यों का चयन किया जाना है या उन्हें प्राप्त करना है।
अतः विकल्प (D) सही है।

84. एक सेल्फ-ज्वाइन एक जॉइन है, जिसका इस्तेमाल अपने साथ एक टेबल से जुड़ने के लिए किया जा सकता है। इसलिए, यह एक अविभाज्य संबंध है। सेल्फ-ज्वाइन में, टेबल की प्रत्येक पंक्ति स्वयं और उसी टेबल की अन्य सभी पंक्तियों के साथ जुड़ जाती है। इस प्रकार, मुख्य रूप से डेटाबेस में एक ही तालिका की पंक्तियों को संयोजित करने और तुलना करने के लिए एक स्व-शामिल होता है।
अतः विकल्प (D) सही है।

85. हम एक शिक्षक के रूप में "वन टू मैनी रिलेशन " संबंधों को समझ सकते हैं, जिसमें भाग लेने के लिए एक से अधिक वर्ग हो सकते हैं।
अतः विकल्प (B) सही है।

86. SQL स्ट्रक्चर्ड क्वेरी लैंग्वेज के लिए है। SQL आपको डेटाबेस तक पहुंचने और हेरफेर करने देता है। SQL 1986 में अमेरिकी राष्ट्रीय मानक संस्थान (ANSI) और 1987 में अंतर्राष्ट्रीय संगठन मानकीकरण (ISO) के लिए एक मानक बन गया।
अतः विकल्प (C) सही है।

87. बिक्री और संचालन योजना आपूर्ति श्रृंखला योजना का एक पहलू है जिसका लक्ष्य एकीकृत, सर्वसम्मति-आधारित व्यापार योजना का निर्माण है। यह बिक्री, विपणन, विनिर्माण, वितरण और वित्त सहित किसी संगठन के प्रमुख कार्यात्मक क्षेत्रों से इनपुट प्राप्त करता है। क्रॉस-फंक्शनल सहयोग उन योजनाओं में परिणाम देता है जो सभी हितधारक समझते हैं और समर्थन के लिए प्रतिबद्ध हैं।

अतः विकल्प (D) सही है।

88. व्यापार चक्र, मूल्य रुझान, राष्ट्रीय अर्थव्यवस्था मैक्रो कारक हैं। एक वृहद पर्यावरण समग्र, व्यापक अर्थव्यवस्था और इसे प्रभावित करने वाली ताकतों को एक माइक्रोनिनवायरमेंट के रूप में संदर्भित करता है, जो एक

विशिष्ट क्षेत्र या क्षेत्र की अर्थव्यवस्था पर केंद्रित है। व्यापक आर्थिक स्थितियां या कारक हैं जो प्रभावित करते हैं कि सभी व्यवसाय कैसे संचालित होते हैं, जो बदले में, अर्थव्यवस्था को समग्र रूप से प्रभावित करते हैं। सामान्य तौर पर, मैक्रोइकॉनॉमिक्स के साथ सौदा होता है:
खर्च
मूल्य स्तर
सकल उत्पादन

अतः विकल्प (B) सही है।

89. क्रय जिम्मेदारियों को खरीदना लिपिक और ट्रैफ़िक प्रभाग में विभाजित किया जा सकता है।

अतः विकल्प (B) सही है।

90. शब्द "DDL" का अर्थ डेटा डेफिनेशन भाषा के लिए है, जिसका उपयोग अन्य सभी आवश्यक कार्य करने के लिए किया जाता है जैसे कि रिलेशन और संबंधित स्कीमाओं को हटाने से संबंधित रिलेशनशिप। डेटा डेफिनिशन या डेटा डिस्क्रिप्शन लैंग्वेज (डीडीएल) को परिभाषित करने के लिए डेटाबेस ऑब्जेक्ट बनाने और संशोधित करने के लिए एक सिंटैक्स है। टेबल, सूचकांक और उपयोगकर्ताओं के रूप में। DDL स्टेटमेंट डेटा संरचनाओं को परिभाषित करने के लिए एक कंप्यूटर प्रोग्रामिंग भाषा के समान हैं, विशेष रूप से डेटाबेस स्कीमा।

अतः विकल्प (D) सही है।

91. DBMS (या डेटाबेस मैनेजमेंट सिस्टम) एक तरह का सिस्टम सॉफ्टवेयर है, जिसका इस्तेमाल कई ऑपरेशंस के लिए किया जाता है जैसे टेबल / डेटाबेस बनाना, डेटा स्टोर करना, डेटाबेस मैनेज करना। यह डेटाबेस में संग्रहीत डेटा को भी संशोधित करने की अनुमति देता है।

अतः विकल्प (A) सही है।

92. शब्द "एफएटी" को एक फ़ाइल संरचना (या फ़ाइल आर्किटेक्चर) के रूप में वर्णित किया जा सकता है। जिसमें उन फ़ाइलों के बारे में सभी जानकारी जहां वे संग्रहीत हैं और जहां इन सभी फ़ाइलों को संग्रहीत करने की आवश्यकता है या किस निर्देशिका में है, यह सब जानकारी आम तौर पर फ़ाइल संरचना में संग्रहीत होती है। इसलिए ऑपरेटिंग सिस्टम एक तालिका बनाता है जिसमें सभी फाइलें और क्लस्टर संग्रहीत होते हैं, जिसे फाइल आवंटन तालिका के रूप में जाना जाता है।

अतः विकल्प (B) सही है।

93. पुराने ऑपरेटिंग सिस्टम में, फ़ाइल को स्टोर करने और प्रबंधित करने के लिए उपयोग की जाने वाली फ़ाइल संरचना को FAT 32 (या फ़ाइल आवंटन तालिका) कहा जाता है। बाद में, जब तकनीक समय के साथ विकसित होती है, एक नई प्रकार की फ़ाइल प्रणाली शुरू की जाती है, जिसे नई तकनीक फ़ाइल सिस्टम के रूप में जाना जाता है। यह उन सभी कमियों को खत्म कर देता है, जो समस्याएं एफएटी फाइल आर्किटेक्चर में मौजूद हैं और इसमें कई अन्य नई विशेषताएं हैं जैसे कि यह तेज है, यह उन फाइलों को संभाल सकती है जिनका आकार 4 जीबी से अधिक है।

अतः विकल्प (A) सही है।

94. 'डेटा एकत्रण' सिस्टम परियोजना के लिए प्रासंगिक जानकारी के संग्रह को संदर्भित करता है।
अतः विकल्प (B) सही है।

95. रियल-टाइम सिस्टम व्यापक हो रहे हैं। रियल-टाइम सिस्टम के विशिष्ट उदाहरणों में एयर ट्रैफिक कंट्रोल सिस्टम, नेटवर्क मल्टीमीडिया सिस्टम, कमांड कंट्रोल सिस्टम आदि शामिल हैं। रियल-टाइम सिस्टम में सिस्टम व्यवहार की शुद्धता न केवल संगणना के तार्किक परिणामों पर निर्भर करती है, बल्कि भौतिक पर भी निर्भर करती है। तत्काल, जिस पर ये परिणाम उत्पन्न होते हैं। रियल-टाइम सिस्टम को कई दृष्टिकोणों से वर्गीकृत किया जाता है अर्थात् कंप्यूटर सिस्टम के बाहर कारकों और कंप्यूटर सिस्टम के अंदर कारकों पर। हार्ड और सॉफ्ट रियल-टाइम सिस्टम पर विशेष जोर दिया जाता है। कठिन

वास्तविक समय प्रणालियों में एक चूक समय पर विनाशकारी है और नरम वास्तविक समय प्रणालियों में यह एक महत्वपूर्ण नुकसान हो सकता है। इसलिए इन प्रणालियों में सिस्टम व्यवहार की भविष्यवाणी सबसे महत्वपूर्ण चिंता है।

अत: विकल्प (B) सही है।

96. प्राथमिक-धातु उद्योग के मामले में निवारक रखरखाव और कुल रखरखाव का अनुपात, 1: 2.37 पुरुषों का है, मशीनरी विनिर्माण उद्योग के मामले में, अनुपात 1: 2.69 पुरुष है और सामान्य विनिर्माण उद्योग के मामले में, अनुपात है 1: 10 पुरुष।

अत: विकल्प (D) सही है।

97. 'सिस्टम डॉक्यूमेंटेशन' का अर्थ है समन्वित प्रयास, लिखित रूप में सिस्टम की जानकारी को संप्रेषित करना।

अत: विकल्प (D) सही है।

98. एक अंकगणितीय तर्क इकाई (ALU) एक संयोजन डिजिटल इलेक्ट्रॉनिक सर्किट है जो पूर्णांक बाइनरी संख्याओं पर अंकगणितीय और बिटवाइज़ संचालन करता है। यह फ्लोटिंग-पॉइंट यूनिट (FPU) के विपरीत है, जो फ्लोटिंग पॉइंट अंकों पर काम करता है। ALU कंप्यूटरों के केंद्रीय प्रसंस्करण इकाई (CPU), FPU, और ग्राफिक्स प्रोसेसिंग यूनिट (GPU) सहित कई प्रकार के कम्प्यूटिंग सर्किट का एक मूल निर्माण खंड है। एक एकल CPU, FPU या GPU में कई ALU हो सकते हैं।

अत: विकल्प (B) सही है।

99. प्रक्रियाओं के निरीक्षण की आवृत्ति कई कारकों के आधार पर तय की जाती है। उनमें से कुछ हैं, तनाव का अनुभव, वसा, गंदगी, थरथानेवाला जोखिम, फिटिंग खोने के लिए संवेदनशीलता और भी अतिभारित।

अत: विकल्प (A) सही है।

100. जब किसी उद्योग में निवारक रखरखाव का निरीक्षण करने की बात आती है, तो सामग्री हैंडलिंग उपकरण बहुत काम आते हैं। क्रेन, लिफ्ट, होइस्ट, कन्वेयर और ट्रक सामग्री हैंडलिंग उपकरण के कुछ उदाहरण हैं।

अत: विकल्प (C) सही है।

General Intelligence & Reasoning

Q.1 निर्देश: निम्न श्रृंखला में कौन सी संख्या प्रश्नवाचक चिह्न (?) के स्थान पर आएगी?

83, 149, 230, 327, ?

A. 441 **B.** 447 **C.** 436 **D.** 439

Q.2 निर्देश: उस स्थान का चयन कीजिये जो अगले स्थान पर आएगा?

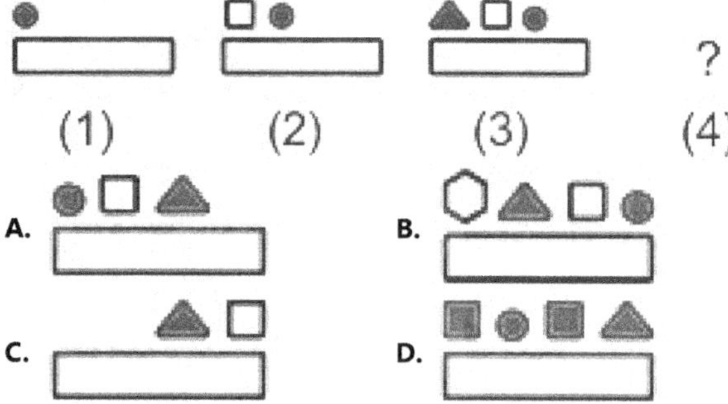

Q.3 निर्देश: उस विकल्प का चयन कीजिए जिसमें दी गई आकृति निहित है (घूर्णन की अनुमति नहीं है)।

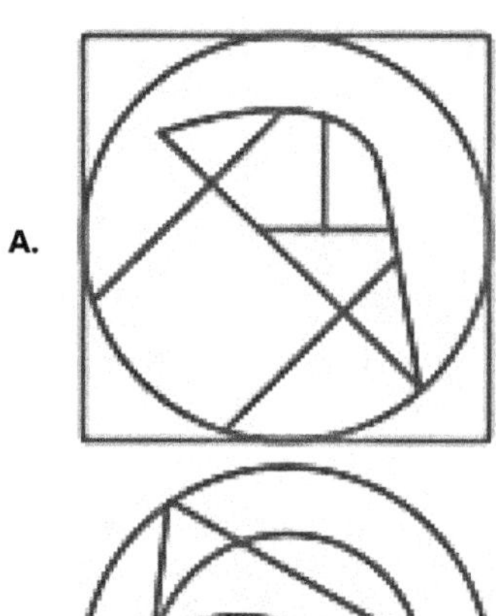

[SSC CGL, 2022], [SSC CHSL (Combined Higher Secondary Level), 2021], [SSC Constable (GD), 2021]

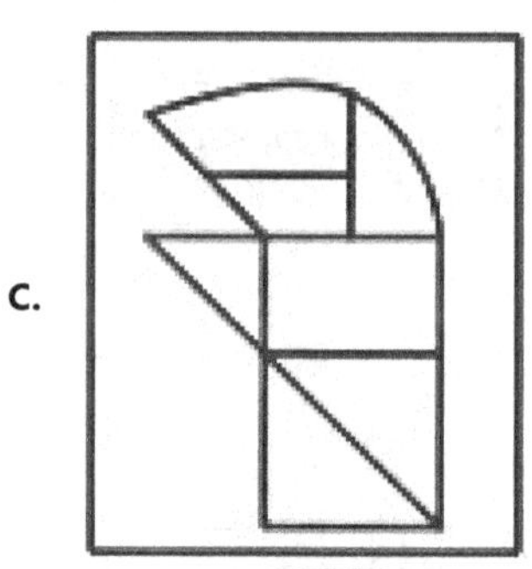

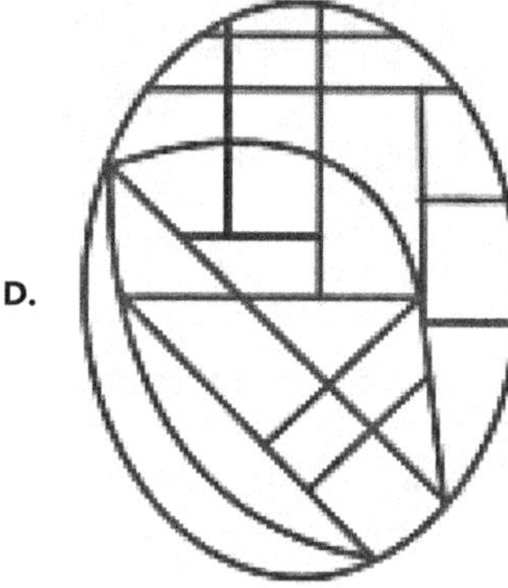

Q.4 निर्देश: आकृति के दायीं ओर दर्पण रखने पर दी गयी आकृति का सही दर्पण प्रतिबिंब ज्ञात कीजिये।

P s N 7 Z Q @ 4

Q.5 दी गई आकृति में कितने त्रिभुज हैं?

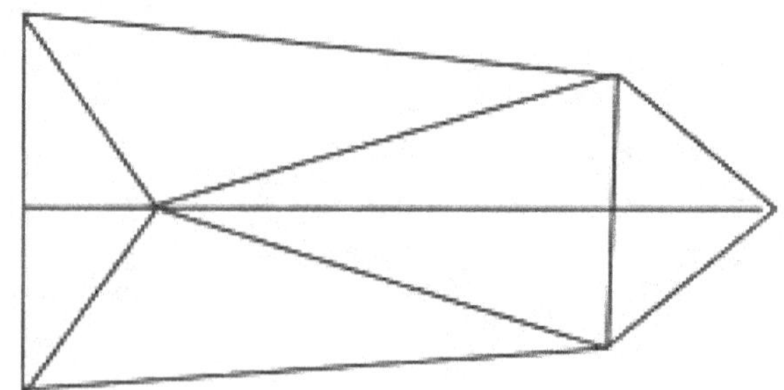

[UP Police ASI, 2018]

A. 11　　B. 13　　C. 25　　D. 15

Q.6 निम्नलिखित प्रश्न में, दिए गए विकल्पों में से बेमेल अक्षरों को चुनिए।

A. DZVR　　B. GCYU　　C. QMIF　　D. RNJF

Q.7 निर्देश: निम्नलिखित प्रश्न में, दिए गए विकल्पों में से संबंधित संख्या का चयन कीजिए।

(240, 251, 264)

A. (320, 330, 344)　　B. (320, 329, 344)
C. (320, 331, 343)　　D. (320, 331, 344)

Q.8 Ep, Js का पिता है जो Ke का भाई है। Ke, Ld की पत्नी है। Mo, Ld का पुत्र है। Ep का दामाद कौन है?

A. Ke　　B. Mo　　C. Ld　　D. Js

Q.9 निर्देश: दिए गए विकल्पों में से संबंधित शब्द का चयन कीजिए।

कनाडा : उत्तर-अमेरिका :: जापान : ?

A. अफ्रीका　　B. एशिया
C. उत्तर-अमेरिका　　D. दक्षिण-अमेरिका

Q.10 निर्देश: दिए गए विकल्पों में से संबंधित शब्द का चयन कीजिए।

विवेक : गलत :: पुलिस : ?

A. चोर　　B. कानून　　C. अनुशासन　　D. अपराध

Q.11 दिए गए विकल्पों में से बेजोड़ जोड़ी को चुनिए।

A. 2, 5, 1　　B. 3, 17, 2　　C. 3, 31, 2　　D. 4, 43, 3

Q.12 दी गई आकृति में समांतर चतुर्भुजों की संख्या ज्ञात कीजिए।

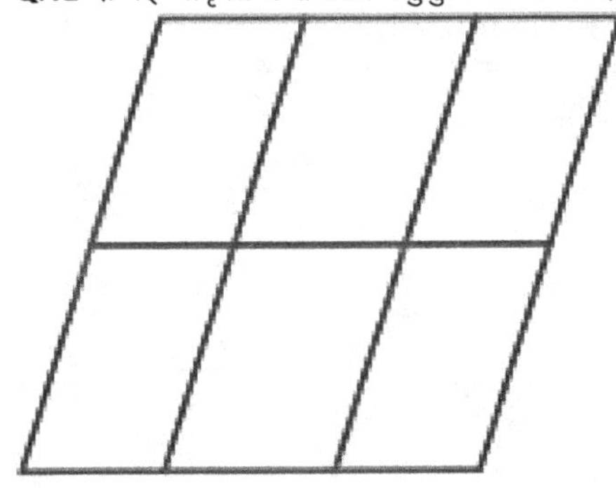

A. 18　　B. 16　　C. 22　　D. 20

Q.13 अमित के पिता की माँ, संजय की माँ है और संजय की पत्नी, अक्षय के पिता की माँ की पुत्र-वधू है। अक्षय एवं अमित के बीच क्या संबंध संभावित है?

A. कजिन　　B. चाचा
C. पिता　　D. कोई संबंध नही

Q.14 निर्देश: दिए गए विकल्पों में से, सबसे अच्छे उत्तर का चयन कीजिए, जिसका संबंध पहली जोड़ी के समान है।

मूर्तिकला : मूर्तिकार :: ब्रेड : ?

A. बढई　　B. दर्जी　　C. बेकर　　D. मोची

Q.15 A, B और C की आयु 2 : 3 : 4 के अनुपात में है। उनकी आयु का योग 108 है। बारह वर्ष बाद उनकी आयु का अनुपात क्या है?

A. 1 : 3 : 5　　B. 1 : 2 : 3　　C. 3 : 4 : 5　　D. 2 : 5 : 6

Q.16 निर्देश: दी गई श्रृंखला में लुप्त संख्या का चयन कीजिए।

102, 999, 10002, 99999, ?

A. 1000001　　B. 1000002　　C. 1000000　　D. 999999

Q.17 निर्देश: दी गई श्रृंखला में लुप्त संख्या का चयन कीजिए।

6, 3, 3, 4.5, 9, ?

A. 16.5　　B. 20.5　　C. 22.5　　D. 25

Q.18 वृक्षों की एक पंक्ति में सेब का वृक्ष किसी भी छोर से सोलहवें स्थान पर है। पंक्ति में कुल कितने वृक्ष हैं?

A. 31　　B. 32　　C. 30　　D. 33

Q.19 P, Q से लंबा है। Q, R से छोटा है। S, P से लंबा है लेकिन R से छोटा है। सबसे छोटा कौन है?

A. Q　　B. P　　C. S　　D. R

Q.20 रोहित, केवल संजय से छोटा है। विकास, दिनेश से लम्बा है। कमल की लम्बाई, रोहित और विकास के बीच में है। सबसे लम्बा कौन है?

A. संजय　　B. विकास
C. दिनेश　　D. या तो संजय या विकास

Q.21 41 छात्रों की कक्षा में ममता, मयंक से 8 स्थान आगे है। यदि मयंक आख़िरी से अठारहवें स्थान पर है तो क्रम के शुरुआत से ममता का स्थान कितना होगा?

A. 15वां　　B. 16वां　　C. 17वां　　D. 18वां

Q.22 निम्नलिखित चार अक्षर-समूहों में से तीन एक निश्चित तरीके से एक समान हैं और एक भिन्न है। बेजोड़ का चयन कीजिए।

A. FKM　　B. PTX　　C. NRV　　D. DHL

Q.23 निर्देश: निम्नलिखित प्रश्न में दी गयी श्रृंखला में से लुप्त संख्या को चुनिए।

43,53,73,83,103, ?

A. 113　　B. 123　　C. 173　　D. 163

Q.24 गायों और मुर्गियों के समूह में, पैरों की संख्या सिर के दोगुने से 14 गुना अधिक है। गायों की संख्या है:

A. 5　　B. 7　　C. 10　　D. 12

Q.25 कई दोस्तों ने पिकनिक पर जाने का फैसला किया और 96 रुपये खाने पर खर्च करने की योजना बनाई। हालांकि, उनमें से चार नहीं जा सके। परिणामस्वरूप, शेष लोगों को 4 रु प्रत्येक अतिरिक्त मिलाने पड़े। पिकनिक में शामिल होने वालों की संख्या क्या थी?

A. 8　　B. 12　　C. 16　　D. 24

General Awareness and General English

Q.26 बेन्सन हेजेज कप निम्नलिखित में से किस खेल से संबंधित है?

A. हॉकी　　B. क्रिकेट
C. फुटबॉल　　D. बास्केटबाल

Q.27 विश्व शतरंज संघ की स्थापना कब हुई थी?

A. 1935　　B. 1924　　C. 1905　　D. 1896

Q.28 राष्ट्रीय पर्यावरण इंजीनियरिंग अनुसंधान संस्थान (NEERI) कहाँ स्थित है?

A. नई दिल्ली　　B. नागपुर　　C. भोपाल　　D. बड़ोदा

Q.29 लंदन में 'इंडियन होम रूल सोसाइटी' की स्थापना किसने की?

A. श्यामजी कृष्ण वर्मा　　B. गोपाल कृष्ण गोखले
C. लाला लाजपत राय　　D. एनी बेसेंट

Q.30 ब्रिटिश ईस्ट इण्डिया कम्पनी के परिसमापन और ब्रिटिश क्राउन को उसके कार्यों के हस्तांतरण के लिए कौन-सा अधिनियम लाया गया था?

[UP Police Sub Inspector, 2017]

A. पिट्स इण्डिया अधिनियम, 1784
B. भारत सरकार अधिनियम, 1858
C. 1813 का चार्टर अधिनियम
D. 1853 का चार्टर अधिनियम

Q.31 सुंदरबन भारत के किस पड़ोसी देश तक फैला है?
A. बांग्लादेश   B. पकिस्तान   C. नेपाल   D. भूटान

Q.32 भारत में यारलुंग त्संगपो नदी का दूसरा नाम _____ है।
A. गंगा   B. सिंधु   C. ब्रह्मपुत्र   D. महानदी

Q.33 स्वतंत्र भारत की लोकसभा के पहले अध्यक्ष कौन थे?
A. जी.वी. मावलंकर   B. रबी रे
C. हुकम सिंह   D. बली राम भगत

Q.34 भारत के संविधान का कौन-सा भाग कल्याणकारी राज्य के आदर्श की घोषणा करता है?

[UPSC Prelims, 2020]

A. राज्य नीति के निर्देशक सिद्धांत
B. मौलिक अधिकार
C. प्रस्तावना
D. सातवीं अनुसूची

Q.35 भारतीय संविधान का कौन सा अनुच्छेद मुख्यमंत्री के कर्तव्यों को परिभाषित करता है?
A. अनुच्छेद 163   B. अनुच्छेद 166
C. अनुच्छेद 167   D. अनुच्छेद 164

Q.36 भारतीय राष्ट्रीय कांग्रेस _____ द्वारा स्थापित की गयी थी।
A. ए. ओ. ह्यूम   B. बाल गंगाधर तिलक
C. मोतीलाल नेहरु   D. सुरेन्द्र नाथ बनर्जी

Q.37 हिमालय में पंग्सन दर्रा _____ मिलाता है।

[UP Police Sub Inspector, 2017]

A. सिक्किम को चीन से
B. हिमाचल प्रदेश को तिब्बत से
C. उत्तराखंड को तिब्बत से
D. अरुणाचल प्रदेश को म्यांमार से

Q.38 सत्लिया किस राज्य का पारंपरिक हिन्दू शास्त्रीय नृत्य है?
A. उड़ीसा   B. असम   C. मणिपुर   D. गोवा

Ques (39-43):Direction: Read the passage carefully and answer the following question.

The Delhi High Court on Thursday declined to entertain a case seeking directions for measures to control the rising number of cases of COVID-19 in the national capital and said that everything was being done by the state in this regard. "What else do you expect the state to do? You are unnecessarily coming to the court," observed the division bench of Justices Vipin Sanghi and Rekha Palli. The court said that steps like vaccination, awareness campaigns regarding use of masks and social distancing are being taken by the state to control the pandemic. "We are not inclined to entertain the application," said the court, as it observed that general prayers have been made in the application, which was filed by a lawyer.

Q.39 Select the option which is similar in meaning to the word DECLINED.

A. Diminish   B. Increase
C. Expand   D. Grow

Q.40 The application was filed by a:
A. Teacher   B. Social activist
C. N.G.O   D. Lawyer

Q.41 According to the passage, what were the steps NOT taken by the Delhi government?
A. Vaccination
B. Awareness campaigns regarding use of masks
C. Social distancing
D. Lockdown

Q.42 How many judges did the division bench consisted of:
A. Two   B. Three   C. One   D. Four

Q.43 The Delhi High Court has declined to entertain a case relating to:
A. Elections
B. Enforcement of fundamental rights
C. Seeking directions for measures to control the rising number of cases of COVID-19 in the national capital
D. Enforcement of directive principles

Q.44 Direction: Select the synonym of the given word.
AMIABLE
A. Cheerful   B. Bashful   C. Hostile   D. Friendly

Q.45 Direction: Select one word which is closest in meaning to the statement in the question.
One who is all-powerful.
A. Anarchist   B. Omnipotent
C. Omniscient   D. Strong

Q.46 Direction: In the following question, out of the four alternatives, choose the alternative which best expresses the meaning of Idiom/Phrase
Midas Touch
A. Experienced chef
B. Financially successful
C. Financially disabled
D. Academic proficiency

Q.47 Direction: Choose the word that is opposite in meaning to the given word.
Dangerous
A. Cautious   B. Carefree
C. Harmless   D. Painful

Q.48 Direction: Choose the word that is opposite in meaning to the given word.
Abundance
A. Nominal   B. Plenty
C. Adequate   D. Scarcity

Q.49 Direction: In the following question the 1st and the last part of the sentence/passage are numbered 1 and 6. The rest of the sentence/ passage is split into four parts and named P, Q, R and S. These four parts are not given in their proper order.

Read the sentence/passage and find out which of the four combinations is correct.

1. As indicated by late research, the basic time frame for creating dialect abilities is between the ages of three and five and a half years.

P. The read-to kid as of now has a vast vocabulary and a feeling of punctuation and sentence structure.

Q. Kids who are perused to in these years have an obviously better possibility of perusing admirably in school, without a doubt, of doing great in every one of their subjects.

R. Furthermore, the reason is quite basic.

S. This connection is by a wide margin the most noteworthy yet found between home impacts and school achievement.

6. Her comprehension of dialect is subsequently high.

A. RQSP **B.** SPQR **C.** PQRS **D.** QSRP

Q.50 Direction: In the following question the 1st and the last part of the sentence/passage are numbered 1 and 6. The rest of the sentence/ passage is split into four parts and named P, Q, R and S. These four parts are not given in their proper order. Read the sentence/passage and find out which of the four combinations is correct.

1. Picture a termite settlement, possessing a tall mud bump on an African plain.

P. Hungry predators frequently attack the province and agitate the adjust.

Q. The settlement prospers just if the extent of warriors to specialists remains generally the same, with the goal that the ruler and laborers can be ensured by the fighters, and the ruler and troopers can be overhauled by the specialists.

R. However, its fortunes are by and by reestablished, in light of the fact that the stationary ruler, isolate well subterranean level, lays eggs in sufficiently vast numbers, as well as in the changing extents required.

S. The mound is bursting at the seams with specialist termites and warrior termites approaching their unmistakable sorts of business.

6. How might we represent her baffling capacity to react like this to occasions on the far off surface?

A. PQSR **B.** SQPR **C.** RSPQ **D.** PQRS

Numerical Aptitude

Q.51 राम को हिंदी में 20 अंक मिले। राम को अंग्रेजी में हिंदी से दोगुने अंक मिले। राम को विज्ञान में अंग्रेजी से 20 अंक अधिक मिले। उसे गणित में 50 अंक मिले। उसके औसत अंक ज्ञात कीजिये।

A. 42 **B.** 42.6 **C.** 42.5 **D.** 43

Q.52 एक समान धनराशि को 14% प्रतिवर्ष और 11% प्रतिवर्ष साधारण ब्याज वाली दो अलग योजनाओं में निवेश किया जाता है। यदि 2 वर्षों के बाद कुल ब्याज 2724 रुपये है, तो प्रत्येक योजना में निवेश की गयी धनराशि ज्ञात कीजिये।

A. 4688 रुपये **B.** 5448 रुपये
C. 4680 रुपये **D.** 5746 रुपये

Q.53 यदि संख्या A = 81 × 117 × 63 × 46, 3^b से विभाज्य है, तब b का अधिकतम मान ज्ञात कीजिए।

A. 8 **B.** 9 **C.** 6 **D.** 7

Q.54 एक आदमी ने 19200 रुपये में एक पुराना टाइपराइटर खरीदा और इसकी मरम्मत पर कुछ राशि खर्च की। उन्होंने इसे 24150 रुपये में बेचा और 15% का लाभ कमाया। वह राशि ज्ञात कीजिए जो वह पुराने टाइपराइटर की मरम्मत पर खर्च करता है।

A. 1200 रुपए **B.** 1800 रुपए
C. 2100 रुपए **D.** 1500 रुपए

Q.55 एक वस्तु 7,600 रुपये में सूचीबद्ध है और इकाई पर दी जाने वाली छूट 10% है। 5814 रुपए का शुद्ध विक्रय मूल्य लाने के लिए कितनी अतिरिक्त छूट दी जानी चाहिए?

A. 15% **B.** 12% **C.** 8% **D.** 10%

Q.56 $\sqrt{45 + \sqrt{8 + \sqrt{45 + \sqrt{361}}}}$ का मान ज्ञात कीजिए।

A. 7 **B.** 6 **C.** 5 **D.** 8

Q.57 $3\sqrt{a} = \sqrt{2} \times 2\sqrt{2} \times 3\sqrt{49}$ है, तो a का मान क्या होगा?

A. 196 **B.** 294 **C.** 648 **D.** 784

Q.58 $8\frac{1}{2} - \left[3\frac{1}{4} \div \left\{1\frac{1}{4} - \frac{1}{2}\left(1\frac{1}{2} - \frac{1}{3} - \frac{1}{6}\right)\right\}\right]$ सरल कीजिए।

A. $\frac{9}{2}$ **B.** $\frac{25}{6}$ **C.** $\frac{19}{2}$ **D.** $\frac{2}{9}$

Ques (59-62):निर्देश: इस तालिका में, हमें विभिन्न-विभिन्न सामग्री की विभिन्न घरेलू वस्तुएं दिखायी गयी हैं, नीचे दिए गए प्रश्न के उत्तर ज्ञात कीजिए।

वस्तु → सामग्री ↓	जग	बाल्टी	गिलास	सोफा	कुर्सी
लकड़ी	3500	4500	2000	5000	4200
प्लास्टिक	3600	4000	2400	5500	3200
मिश्रित धातु	4000	2400	3600	2800	4800
लोहा	2500	2200	4800	5200	6000

Q.59 सभी पांच वस्तुओं के लिए लकड़ी और प्लास्टिक सामग्री के औसत के योग की गणना कीजिये।

A. 7900 **B.** 7580 **C.** 7100 **D.** 8400

Q.60 गणना कीजिये कि मिश्रित धातु की तुलना में लौहे की सामग्री का कितना प्रतिशत अधिक है।

A. 34% **B.** 18% **C.** 28% **D.** 37%

Q.61 सभी चार सामग्रियों के लिए ग्लास और सोफे को जोड़ने की गणना कीजिये।

A. 35400 **B.** 44800 **C.** 25000 **D.** 31300

Q.62 यदि ग्राहक ने उस विशेष महीने में लोहे की सामग्री के जग और बाल्टी नहीं खरीदे हैं, तो उनके कुल कारोबार में लगभग कितने प्रतिशत की कमी हुई है?

A. 18% **B.** 19% **C.** 17% **D.** 16%

Q.63 कुणाल, अरुण की तुलना में 4 गुना दक्ष है और कुणाल एक कार्य को 16 दिनों में समाप्त कर सकता है, फिर कार्य समाप्त करने में कितने दिन लगते हैं, अगर दोनों साथ कार्य करते हैं ?

A. $\frac{25}{6}$ दिन **B.** $\frac{64}{5}$ दिन **C.** $\frac{24}{9}$ दिन **D.** $\frac{13}{5}$ दिन

Q.64 तीन वर्ष पहले, पांच सदस्यों के एक परिवार की औसत आयु 27 वर्ष थी। परिवार में एक बच्चे को शामिल करने से, परिवार की वर्तमान औसत आयु अभी भी 27 वर्ष है। बच्चे की वर्तमान आयु का ज्ञात कीजिए?

A. 24 वर्ष **B.** 12 वर्ष **C.** 16 वर्ष **D.** 20 वर्ष

Q.65 35,000 रुपये की धनराशि पर 2 वर्षों के लिए 12% प्रति वर्ष की दर से साधारण ब्याज ज्ञात कीजिये।

A. 8600 रुपये **B.** 9400 रुपये
C. 8800 रुपये **D.** 8400 रुपये

Q.66 निर्देश: निम्नलिखित प्रश्न में प्रश्न चिह्न (?) के स्थान पर क्या आना चाहिए?

$2 - [6 - \{3 + (-4 + 5 + 1) \times 8\} + 12] = ?$

A. 4 **B.** 2 **C.** 3 **D.** 1

Q.67 13 से विभाज्य सबसे छोटी 3-अंकों की संख्या को 16 से विभाजित है। शेषफल ज्ञात कीजिए।

[UP Police Constable, 2019]

A. 4 **B.** 5 **C.** 6 **D.** 8

Q.68 एक टीवी को 8% लाभ पर बेचा जाता है। यदि यह 714 रुपये अधिक होता है, तो लाभ 15% होगा। 18% लाभ प्राप्त करने के लिए टीवी का विक्रय मूल्य क्या होना चाहिए?

A. 12,240 रुपये **B.** 12,138 रुपये
C. 11, 934 रुपये **D.** 12,036 रुपये

Q.69 750 रुपये को A, B, और C के बीच इस तरह से बांटा गया है कि A : B = 5 : 2 और B : C = 7 : 13, A का हिस्सा कितना है?

[MP Police (Constable), 2017]

A. 250 रुपये **B.** 200 रुपये **C.** 260 रुपये **D.** 350 रुपये

Q.70 यदि A का 80% = B का 50% और B = A का x%, तो x का मान ज्ञात कीजिए।

A. 400 **B.** 300 **C.** 160 **D.** 150

Q.71 एक रेल 200 मीटर लम्बे प्लेटफार्म को 60 किमी/घंटे की गति से 90 सेकंड में पार करती है। रेल द्वारा एक बिजली के खम्भे को पार करने में लगा समय ___ सेकंड है।

A. 78 सेकंड **B.** 30 सेकंड **C.** 52 सेकंड **D.** 62 सेकंड

Q.72 A, B से दोगुना काम करने वाला है और एक साथ वे 13 दिनों में एक काम को पूरा कर लेते हैं। B अकेले कितने दिनों में काम पूरा करेगा?

[SSC Sub Inspector (CPO), 2020]

A. 19.5 **B.** 39 **C.** 21 **D.** 42

Q.73 तीन संख्या 3: 4: 5 के अनुपात में हैं और उनके ल.स.म. 2400 है। उनका म.स.प. है:

[NCHM JEE (Hotel Mgmt & Catering), 2019]

A. 40 **B.** 80 **C.** 120 **D.** 200

Q.74 एक स्पीकर और एक हेडफोन के अंकित मूल्य 4 : 5 के अनुपात में है। दुकानदार स्पीकर पर 30% की छूट देता है। यदि स्पीकर और हेडफोन पर कुल छूट 30% है। तो हेडफोन पर दी गई छूट ज्ञात कीजिए।

A. 40% **B.** 25%
C. 20% **D.** इनमें से कोई नहीं

Q.75 एक विक्रेता अपनी वस्तु पर क्रय मूल्य से 20% अधिक मूल्य अंकित करता है लेकिन ग्राहक को 10% की छूट देता है। एक ब्लैकबोर्ड का क्रय मूल्य क्या है, जिसे 216 रुपए में बेचा गया है?

A. 200 रुपए **B.** 196 रुपए **C.** 106 रुपए **D.** 180 रुपए

Specialised Topic

Q.76 सूची नियंत्रण का सबसे महत्वपूर्ण कार्य है:

A. स्टॉक नियंत्रण प्रणाली
B. दुकानों को प्रभावी ढंग से चलाने के लिए
C. सामग्री की स्थिति के लिए तकनीकी जिम्मेदारी
D. उपरोक्त सभी

Q.77 ABC विश्लेषण में, आम तौर पर किस वर्ग के आइटम संख्या में बड़े होते हैं?

A. A **B.** B
C. C **D.** इनमें से कोई नहीं

Q.78 क्रमिक सूची नियंत्रण में, सामग्री की जाँच की जाती है क्योंकि यह ______ तक पहुँचती है।

A. अधिकतम मूल्य **B.** न्यूनतम मूल्य
C. औसत मूल्य **D.** इनमें से कोई एक

Q.79 इन्वेंटरी नियंत्रण सिद्धांत में, आर्थिक आर्डर मात्रा है:

A. सूची का औसत स्तर
B. इष्टतम लॉट आकार
C. एक गोदाम की क्षमता
D. ब्रेक-इवन एनालिसिस के अनुरूप लॉट साइज

Q.80 ABC विश्लेषण:

A. सामग्री प्रबंधन की एक बुनियादी तकनीक है।
B. रिलेटिव सूची नियंत्रण के लिए है।
C. आइटम की इकाई लागत पर निर्भर नहीं करता है लेकिन इसकी वार्षिक खपत पर।
D. उपरोक्त सभी

Q.81 ABC विश्लेषण ____ में प्रयोग किया जाता है।

A. C.P.M **B.** P.E.R.T
C. इन्वेंटरी नियंत्रण **D.** उपरोक्त सभी

Q.82 निम्नलिखित में से कौन सा कथन सही है?

A. ABC विश्लेषण पेरेटो के सिद्धांत पर आधारित है।
B. सिमुलेशन का इस्तेमाल इन्वेंटरी कंट्रोल के लिए किया जा सकता है।
C. आर्थिक आर्डर मात्रा सूत्र मांग पैटर्न में भिन्नताओं की अनदेखी करता है।
D. उपरोक्त सभी

Q.83 डेटा बेस अपडेट करने का मतलब है:

A. फ़ाइल संरचना को संशोधित करना
B. डेटाबेस का पुनर्गठन
C. रिकॉर्ड घटनाओं को संशोधित करना या जोड़ना
D. उपरोक्त सभी

Q.84 निम्नलिखित में से किसमें एक निश्चित अवधि के दौरान डेटाबेस की सामग्री को प्रभावित करने वाली सभी गतिविधि का पूरा रिकॉर्ड होता है?

A. रिपोर्ट राइटर
B. क्वेरी लैंग्वेज
C. डाटा मैनीपुलेशन लैंग्वेज
D. ट्रांसक्शन लॉग

Q.85 डेटाबेस में संबंधित फ़ील्ड ______ के लिए समूहीकृत किया जाता है।

A. डेटा फ़ाइल **B.** डेटा रिकॉर्ड
C. मेन्यू **D.** बैंक

Q.86 डेटाबेस वातावरण में ______ को छोड़कर सभी घटक है।

A. यूजर	**B.** सेपरेट फाइल्स
C. डेटाबेस	**D.** डेटाबेस एडमिनिस्ट्रेटर

Q.87 जिस तरह से एक विशेष एप्लिकेशन डेटाबेस से डेटा को देखता है जो एप्लिकेशन उपयोग करता है वह एक ______ है।

A. मॉड्यूल	**B.** रिलेशनल मॉडल
C. स्कीमा	**D.** सबस्कीमा

Q.88 किसी डेटाबेस की संपत्ति / गुण हैं:

A. यह तार्किक रूप से संबंधित रिकॉर्ड का एक एकीकृत संग्रह है।

B. यह अलग-अलग फ़ाइलों को डेटा रिकॉर्ड के एक सामान्य पूल में समेकित करता है।

C. डेटाबेस में संग्रहित डेटा का उपयोग करने वाले एप्लिकेशन प्रोग्राम से स्वतंत्र है।

D. उपरोक्त सभी

Q.89 एक रिलेशनल डेटाबेस डेवलपर एक रिकॉर्ड को ___के रूप में संदर्भित करता है।

A. एक मापदंड	**B.** एक संबंध
C. एक टपल	**D.** एक विशेषता

Q.90 डेटाबेस प्रबंधन दृष्टिकोण का एक फायदा है:

A. डेटा कार्यक्रमों पर निर्भर है।

B. डेटा अतिरेक बढ़ जाता है।

C. डेटा एकीकृत है और कई प्रोग्राम द्वारा एवरोसा किया जा सकता है।

D. इनमे से कोई भी नहीं

Q.91 एक DBMS केरी भाषा किसके लिए डिज़ाइन की गई है?

A. उन अंत उपयोगकर्ताओं का समर्थन करें जो अंग्रेजी जैसी आज्ञाओं का उपयोग करते हैं

B. जटिल एप्लिकेशन सॉफ़्टवेयर के विकास में सहायता

C. एक डेटाबेस की संरचना निर्दिष्ट करें

D. उपरोक्त सभी

Q.92 ______ से ______ तक सामग्री उत्पादन के सभी भागों को आपूर्ति श्रृंखला अवधारणा के तहत एक लिंक श्रृंखला माना जाता है।

A. प्रक्रिया में काम, अंतिम ग्राहक

B. कच्चे माल, प्रक्रिया में काम

C. प्रक्रिया में काम, कच्चे माल

D. कच्चा माल, अंतिम ग्राहक

Q.93 सबसे अधिक लाभ पाने के लिए, एक कंपनी को ______चाहिए।

A. थोड़ी ग्राहक सेवा प्रदान करना

B. उच्च उत्पादन लागत प्रदान करना

C. सबसे कम इन्वेंट्री निवेश प्रदान करना

D. उच्चतम वितरण लागत प्रदान करना

Q.94 ______ वस्तुओं और सेवाओं का उत्पादन करने के लिए विनिर्माण की क्षमता है।

A. क्षमता	**B.** वरीयता	**C.** योजना	**D.** नियंत्रण

Q.95 ______ को बाज़ार की मांगों को पूरा करना चाहिए। यह पौधों, मशीनरी, उपकरण, श्रम और सामग्रियों का यथासंभव कुशलतापूर्वक उपयोग करके करता है।

A. विपणन	**B.** वित्त
C. उत्पादन	**D.** अभियांत्रिकी

Q.96 क्रय और ______ उत्पादन योजना और नियंत्रण प्रणाली के कार्यान्वयन और नियंत्रण चरण का प्रतिनिधित्व करते हैं।

A. उत्पादन गतिविधि नियंत्रण (PAC)

B. सामग्री जरूरत योजना (MRP)

C. जस्ट इन टाइम (JIT)

D. मार्केटिंग

Q.97 ______ एक विनिर्माण योजना और नियंत्रण प्रणाली में पहला कदम है।

A. उत्पादन योजना

B. पूर्वानुमान प्राप्त करना

C. आवश्यक इन्वेंट्री स्तरों को बनाए रखना

D. नियोजित बैकलॉग को बनाए रखना

Q.98 एक ______ की लागत जो बहुत बड़ी है, व्यवसाय को दूर करने की लागत के बराबर है।

A. उत्पादन योजना	**B.** बैकलॉग
C. संसाधन योजना	**D.** क्षमता योजना

Q.99 ______ द्वारा उपलब्ध क्षमता को बढ़ाना संभव है।

A. कम श्रमिकों का उपयोग करना

B. शेड्यूलिंग ओवरटाइम

C. लिमिटिंग सबकॉन्ट्रैक्टिंग

D. अन्य कार्य केंद्रों से भागना

Q.100 ______ एक कथन है कि किन अंतिम वस्तुओं का उत्पादन किया जाना है, उनकी मात्रा और वे तिथियां जिन्हें पूरा किया जाना है।

A. MRP	**B.** MPS
C. सूची रिकॉर्ड	**D.** सागग्री के बिल

// स्मार्ट उत्तर पुस्तिका //

सही उत्तर — उन छात्रों का प्रतिशत जिन्होंने प्रश्नों का सही उत्तर दिया था। **छोड़ दिया** — उन छात्रों का प्रतिशत जिन्होंने प्रश्नों को छोड़ दिया था।

प्रश्न संख्या	उत्तर	सही उत्तर	छोड़ दिया
1	A	47.16 %	45.12 %
2	B	78.21 %	20.48 %
3	D	86.78 %	12.92 %
4	A	79.41 %	15.95 %
5	B	79.17 %	20.75 %
6	C	58.27 %	39.99 %
7	D	49.83 %	38.51 %
8	C	58.82 %	40.25 %
9	B	88.69 %	11.25 %
10	D	81.67 %	10.97 %
11	C	53.66 %	44.7 %
12	A	45.95 %	48.72 %
13	A	51.66 %	32.45 %
14	C	86.66 %	13.06 %
15	C	64.75 %	30.59 %
16	B	89.03 %	10.54 %
17	C	63.97 %	30.8 %

प्रश्न संख्या	उत्तर	सही उत्तर	छोड़ दिया
18	A	76.67 %	14.58 %
19	A	53.71 %	33.83 %
20	A	86.43 %	11.16 %
21	B	60.26 %	37.49 %
22	A	46.42 %	36.99 %
23	A	56.87 %	36.17 %
24	B	49.25 %	31.42 %
25	A	78.69 %	19.6 %
26	B	60.47 %	32.7 %
27	B	67.31 %	30.41 %
28	B	80.07 %	12.0 %
29	A	59.78 %	38.92 %
30	B	65.36 %	34.4 %
31	A	69.97 %	30.0 %
32	C	68.98 %	30.87 %
33	A	47.49 %	45.45 %
34	A	85.79 %	12.8 %

प्रश्न संख्या	उत्तर	सही उत्तर	छोड़ दिया
35	C	52.31 %	31.73 %
36	A	63.38 %	35.88 %
37	D	67.5 %	31.02 %
38	B	46.97 %	44.29 %
39	A	86.49 %	10.35 %
40	D	86.27 %	11.15 %
41	D	76.61 %	18.44 %
42	A	62.03 %	33.1 %
43	C	50.54 %	38.7 %
44	D	49.81 %	32.24 %
45	B	69.52 %	30.43 %
46	B	66.96 %	31.19 %
47	C	64.5 %	33.1 %
48	D	56.65 %	33.69 %
49	D	56.99 %	34.85 %
50	B	57.73 %	40.45 %
51	C	83.2 %	14.02 %

प्रश्न संख्या	उत्तर	सही उत्तर	छोड़ दिया
52	B	87.49 %	10.69 %
53	A	52.37 %	42.81 %
54	B	47.1 %	40.87 %
55	A	61.49 %	30.55 %
56	A	59.05 %	31.83 %
57	D	63.14 %	34.16 %
58	B	47.11 %	52.16 %
59	B	79.28 %	17.72 %
60	B	54.11 %	33.95 %
61	D	82.34 %	10.67 %
62	A	56.21 %	33.1 %
63	B	62.37 %	33.34 %
64	B	68.45 %	30.06 %
65	D	82.12 %	17.0 %
66	C	62.47 %	30.46 %
67	D	65.7 %	31.65 %
68	D	69.44 %	30.26 %

प्रश्न संख्या	उत्तर	सही उत्तर	छोड़ दिया
69	D	56.96 %	30.81 %
70	C	57.27 %	36.83 %
71	A	44.86 %	40.04 %
72	B	40.46 %	57.36 %
73	A	51.87 %	30.15 %
74	D	66.42 %	32.85 %
75	A	42.14 %	32.25 %
76	D	77.3 %	13.18 %
77	C	80.74 %	16.37 %
78	B	63.42 %	31.74 %
79	B	50.6 %	35.66 %
80	D	81.15 %	16.35 %
81	C	85.97 %	10.71 %
82	A	42.76 %	54.11 %
83	C	42.43 %	34.96 %
84	D	42.86 %	35.73 %
85	B	56.38 %	40.2 %

प्रश्न संख्या	उत्तर	सही उत्तर	छोड़ दिया
86	B	86.47 %	11.05 %
87	D	57.24 %	34.02 %
88	D	60.15 %	36.33 %
89	C	55.68 %	41.41 %
90	C	51.28 %	31.9 %
91	C	59.96 %	38.83 %
92	D	80.62 %	10.11 %
93	C	61.29 %	36.76 %
94	A	69.79 %	30.03 %
95	C	62.41 %	34.35 %
96	A	57.75 %	39.4 %
97	A	81.68 %	17.62 %
98	B	52.42 %	36.93 %
99	B	41.0 %	32.39 %
100	B	66.96 %	31.89 %

//संकेत और समाधान//

1. यहाँ अनुसरित स्वरुप है:

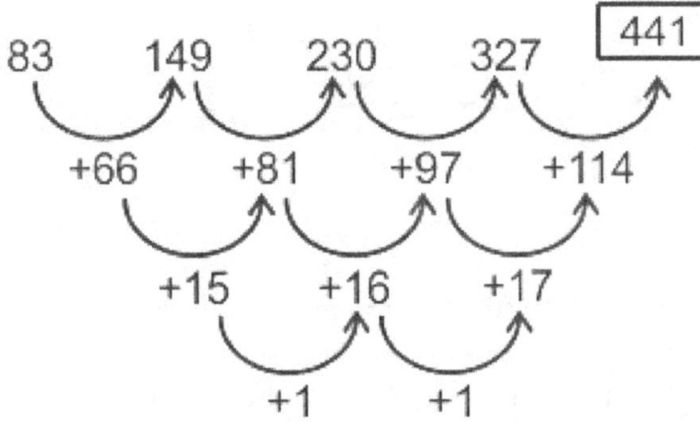

अत: विकल्प (A) सही है।

2. प्रत्येक आकृति में एक नया आकार शामिल होता है। जोड़ा गया आकार पहले छायांकित है, अगला छायांकित नहीं है, फिर छायांकित है। इसलिए अंतिम आंकड़े में इसे छायांकित नहीं किया जाना चाहिए। नीचे पूरी श्रृंखला दिखाई गई है:-

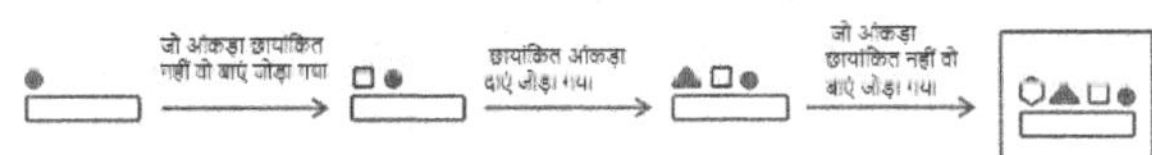

अत: विकल्प (B) सही है।

3. जैसा कि हम देख सकते हैं दी गई आकृति विकल्प (D) में निहित है।

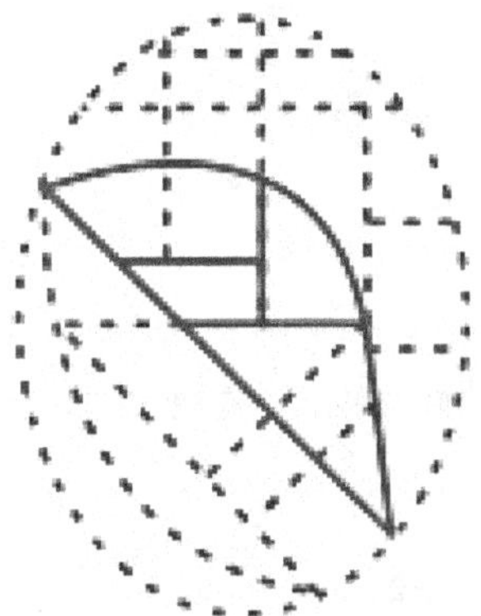

अत: विकल्प (D) सही है।

4. प्रश्न आकृति का दर्पण प्रतिबिंब निम्न प्रकार है:

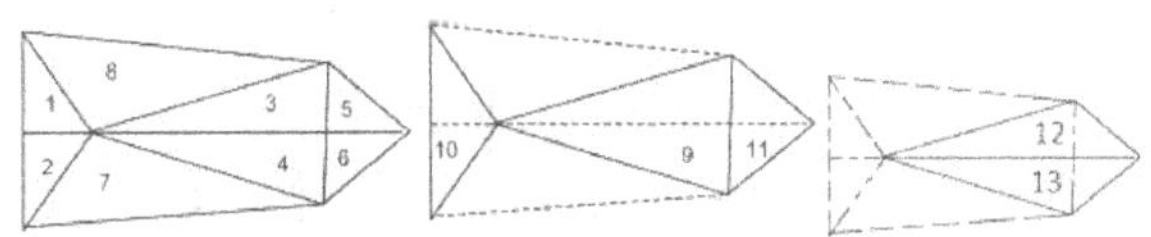

अत: विकल्प (A) सही है।

5. दिए गए त्रिकोणों की संख्या को नीचे दिखाया गया है:

अत: विकल्प (B) सही है।

6.

अक्षर	A	B	C	D	E	F	G	H	I	J	K	L	M
स्था नीय मान	1	2	3	4	5	6	7	8	9	10	11	12	13
स्था नीय मान	26	25	24	23	22	21	20	19	18	17	16	15	14
अक्षर	Z	Y	X	W	V	U	T	S	R	Q	P	0	N

यहाँ अनुसरित किया गया स्वरूप है,

D - 4 = Z, Z - 4 = V, V - 4 = R

G - 4 = C, C - 4 = Y, Y - 4 = U

Q - 4 = M, M - 4 = I, I - 3 = F

R - 4 = N, N - 4 = J, J - 4 = F

अत: विकल्प (C) सही है।

7. यहाँ अनुसरण किया गया स्वरूप इस प्रकार है,

(240, 251, 264) के लिए,

240 + 11 = 251, 251 + 13 = 264

इसी प्रकार,

(320, 330, 344) → 320 + 10 = 330, 330 + 14 = 344

(320, 329, 344) → 320 + 9 = 329, 329 + 15 = 344

(320, 331, 343) → 320 + 11 = 331, 331 + 12 = 343

(320, 331, 344) → 320 + 11 = 331, 331 + 13 = 344

विकल्प (D) ऊपर दिए गए स्वरूप के समान है।

अत: विकल्प (D) सही है।

8. निम्न प्रतीकों का प्रयोग करके परिवार वृक्ष बनाते हैं:

चित्र में प्रतीक	अर्थ
◯	महिला
□	पुरुष
—	शादीशुदा जोड़ा
—	भाई-बहन
|	एक पीढ़ी का प्रसार

संभावित वृक्ष आरेख होगा:

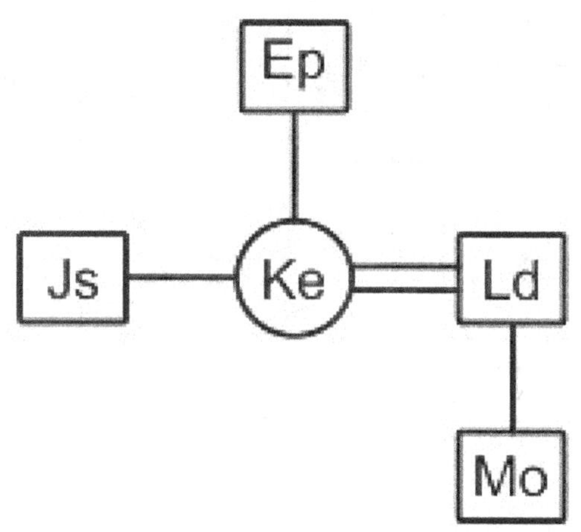

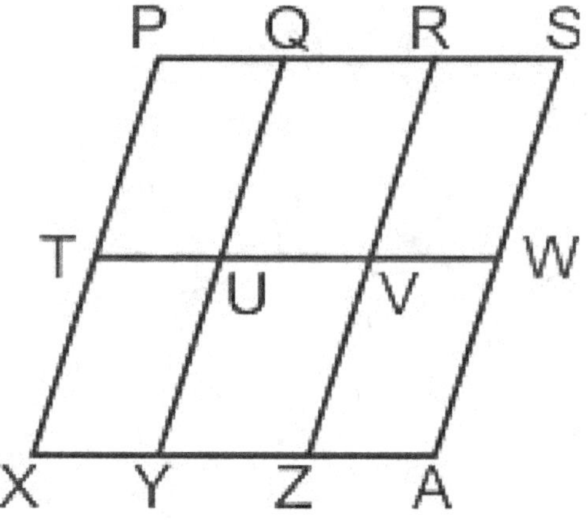

स्पष्ट रूप से दिखाई देने वाले 6 समांतर चतुर्भुज PQUT, QRVU, RSWV, TUYX, UVZY और VWAZ हैं।

अन्य 12 समांतर चतुर्भुज PRVT, QSWU, TVZX, UWAY, PQYX, QRZY, RSAZ, PSWT, TWAX, PRZX, QSAY, PSAX हैं।

समांतर चतुर्भुज की कुल संख्या = 6 + 12 = 18

अत: विकल्प (A) सही है।

तो Ld, Ep का दामाद है।

अत: विकल्प (C) सही है।

9. तर्क: महाद्वीप से संबंधित देश।

कनाडा उत्तर-अमेरिका महाद्वीप में है।

इसी प्रकार,

जापान एशिया महाद्वीप में है।

अत: विकल्प (D) सही है।

10. यहाँ तर्क निम्न है: पहला, दूसरे को घटित होने से रोकता है।

विवेक : गलत → गलत कार्रवाई को विवेक द्वारा रोका जा सकता है।

(विवेक व्यक्तित्व का वह हिस्सा है, जो सही और गलत के बीच का निर्धारण करने में मदद करता है)

इसी प्रकार,

पुलिस : अपराध → अपराध को पुलिस द्वारा रोका जाता है।

अत: विकल्प (D) सही है।

11. दूसरी संख्या पहली संख्या के वर्ग और तीसरी संख्या के घन का योग है।

विकल्प (A): $(2)^2 + (1)^3 = 5$

विकल्प (B): $(3)^2 + (2)^3 = 17$

विकल्प (C): $(3)^3 + (2)^2 = 31$

विकल्प (D): $(4)^2 + (3)^3 = 43$

अत: विकल्प (C) सही है।

12. नीचे दी गई आकृति समांतर चतुर्भुजों की कुल संख्या को दर्शाती है।

13. दी गयी जानकारी के आधार पर हम निम्न वंश-वृक्ष बना सकते हैं:

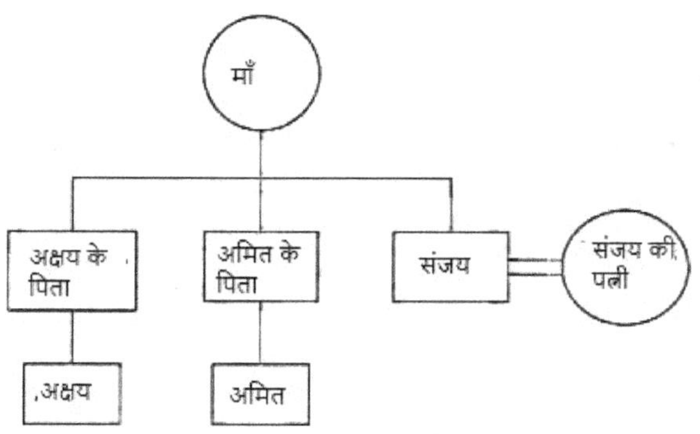

तो वंश-वृक्ष से हम आसानी से यह निष्कर्ष निकाल सकते हैं कि अमित एवं अक्षय कजिन हैं।

अत: विकल्प (A) सही है।

14. जो मूर्ति बनाता है उसे मूर्तिकार कहा जाता है।

इसी तरह ब्रेड बनाने वाले को बेकर कहा जाता है।

अत: विकल्प (C) सही है।

15. माना उनकी आयु 2x, 3x और 4x है।

दी गई जानकारी के अनुसार, आयु का योग 108 है।

$2x + 3x + 4x = 108$

$\Rightarrow 9x = 108$

$\Rightarrow x = 12$

उनकी आयु 2x = 24, 3x = 36 और 4x = 48 है।

बारह वर्ष बाद आयु का अनुपात = 24 + 12 : 36 + 12 : 48 + 12

= 36 : 48 : 60

= 3 : 4 : 5

अत: विकल्प (C) सही है।

16. अनुसरित स्वरूप इस प्रकार है,

$10^2 + 2 = 102$

$10^3 - 1 = 999$

$10^4 + 2 = 10002$

$10^5 - 1 = 99999$

इसी प्रकार

$10^6 + 2 = 1000002$

अत: विकल्प (B) सही है।

17. अनुसरित स्वरूप इस प्रकार है,

$(6 \times 0.5) = 3$

$(3 \times 1) = 3$

$(3 \times 1.5) = 4.5$

$(4.5 \times 2) = 9$

इसी प्रकार,

$(9 \times 2.5) = 22.5$

अत: विकल्प (C) सही है।

18. दिया हुआ,

वृक्षों की एक पंक्ति में सेब का वृक्ष किसी भी एक छोर से सोलहवें स्थान पर है।

इसके दायीं ओर 15 वृक्ष और बायीं ओर 15 वृक्ष हैं।

तो, वृक्षों की कुल संख्या = 15 + 15 + 1 = 31

अत: विकल्प (A) सही है।

19. प्रश्न में दी गई जानकारी के अनुसार, निम्नलिखित श्रृंखला प्राप्त की जा सकती है:

R > S > P > Q

अत: विकल्प (A) सही है।

20. ऊँचाई के अनुसार: रोहित < संजय, दिनेश < विकास

चूँकि कमल की ऊँचाई, रोहित और विकास के बीच में है, क्रम बनता है:

दिनेश < विकास < कमल < रोहित < संजय

स्पष्टतः संजय सबसे ऊंचा है।

अत: विकल्प (A) सही है।

21. दिया हुआ, ममता, मयंक से 8 स्थान आगे है और मयंक आख़िरी से अठारहवें स्थान पर है।
ममता का स्थान 18 + 8 = आख़िरी से 26वां है।
ममता का स्थान क्रम के शुरुआत से 41 − 26 + 1 = 16वां है।
अत: विकल्प (B) सही है।

22.

अक्षर	A	B	C	D	E	F	G	H	I	J	K	L	M
स्थानीय मान	1	2	3	4	5	6	7	8	9	10	11	12	13

स्थानीय मान	26	25	24	23	22	21	20	19	18	17	16	15	14
अक्षर	Z	Y	X	W	V	U	T	S	R	Q	P	O	N

यहाँ अनुसरित स्वरूप निम्न प्रकार है,

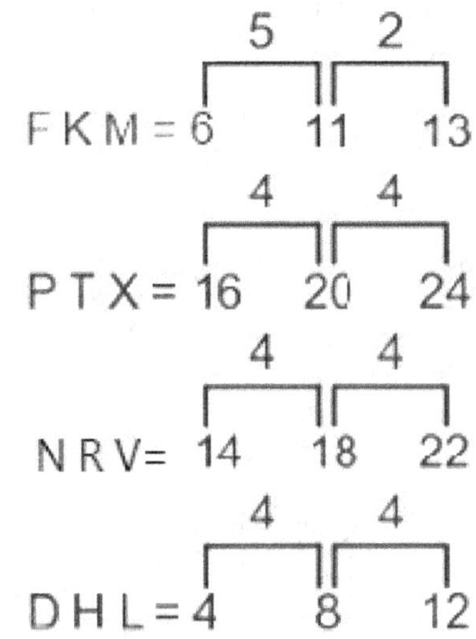

अत: विकल्प (A) सही है।

23. संख्याओं के बीच संबंध इस प्रकार है,

43 + 10 = 53

53 + 20 = 73

73 + 10 = 83

83 + 20 = 103

103 + 10 = 113

इसलिए, लुप्त संख्या 113 है।

अत: विकल्प (B) सही है।

24. माना गायों की संख्या x है और मुर्गियों की संख्या y है।

तो,

$4x + 2y = 2(x + y) + 14$

$\Rightarrow 4x + 2y = 2x + 2y + 14$

$\Rightarrow 2x = 14$

$\Rightarrow x = 7$

अत: विकल्प (B) सही है।

25. माना व्यक्तियों की संख्या x है। फिर,

$$\frac{96}{x-4} - \frac{96}{x} = 4$$

$$\Rightarrow \frac{1}{x-4} - \frac{1}{x} = \frac{4}{96}$$

$$\Rightarrow \frac{x-(x-4)}{x(x-4)} = \frac{1}{24}$$

$$\Rightarrow x^2 - 4x - 96 = 0$$

$$\Rightarrow (x - 12)(x + 8) = 0$$

$\Rightarrow x = 12$

तो, आवश्यक संख्या $= x - 4 = 12 - 4 = 8$

अत: विकल्प (A) सही है।

26. बेन्सन एंड हेजेस कप इंग्लैंड और वेल्स में प्रथम श्रेणी की काउंटियों के लिए एक दिवसीय क्रिकेट प्रतियोगिता थी जो 1972 से 2002 तक आयोजित की गई थी, जो क्रिकेट के सबसे लंबे प्रायोजन सौदों में से एक था।

अत: विकल्प (B) सही है।

27. फेडरेशन इंटरनेशनेल डेस एचेक्स (FIDE), या वर्ल्ड चेस फेडरेशन का गठन रविवार, 20 जुलाई, 1924 को हुआ था।

अत: विकल्प (B) सही है।

28. राष्ट्रीय पर्यावरण इंजीनियरिंग अनुसंधान संस्थान (NEERI), नागपुर की स्थापना 1958 में 'सेंट्रल पब्लिक हेल्थ इंजीनियरिंग रिसर्च इंस्टीट्यूट' (CPHERI) के रूप में हुई थी, जब पर्यावरण की चिंताएं पानी की आपूर्ति / सीवेज निपटान / संचारी रोगों पर ध्यान देने के साथ मानव स्वास्थ्य और कुछ हद तक औद्योगिक प्रदूषण और व्यावसायिक रोगों तक सीमित थीं।

अत: विकल्प (B) सही है।

29. श्यामजी कृष्ण वर्मा एक भारतीय स्वतंत्रता सेनानी, वकील और पत्रकार थे। श्यामजी कृष्ण वर्मा ने लंदन में 'इंडियन होम रूल सोसाइटी' की स्थापना की। वे 1879 में संस्कृत के विद्वान के रूप में ब्रिटेन आए।लंदन में इंडियन होम रूल सोसाइटी की स्थापना 1905 में हुई थी। उन्होंने 1905 में लंदन में हाईगेट (65 क्रॉमवेल एवेन्यू में) में इंडिया हाउस की स्थापना की।

अत: विकल्प (A) सही है।

30. भारत सरकार अधिनियम, 1858 ब्रिटिश ईस्ट इंडिया कंपनी के परिसमापन और ब्रिटिश क्राउन के प्रति इसके कार्यों के हस्तांतरण के लिए लाया गया था। 2 अगस्त 1858 को भारत सरकार अधिनियम, 1885 पारित किया गया था, यह यूनाइटेड किंगडम की संसद का एक अधिनियम था। इस अधिनियम ने पिट्स इंडिया अधिनियम की दोहरी सरकार को समाप्त कर दिया, व्यपगत के सिद्धांत को समाप्त कर दिया और ईस्ट इंडिया कंपनी को भी समाप्त कर दिया।

अत: विकल्प (B) सही है।

31. सुंदरबन भारत के पड़ोसी देश बांग्लादेश तक फैला हुआ है। सुंदरबन का लगभग 60% हिस्सा बांग्लादेश और बाकी भारतीयों के इलाके में है। सुंदरबन डेल्टा दुनिया का सबसे बड़ा डेल्टा है। इसका गठन बंगाल की खाड़ी में गंगा और ब्रह्मपुत्र की कार्रवाई से हुआ था। डेल्टा आकार में त्रिकोणीय है। सुंदरबन जंगल डेल्टा में एक मैन्ग्रोव क्षेत्र है।

अत: विकल्प (A) सही है।

32. यारलुंग त्संग्पो नदी तिब्बत स्वायत्त क्षेत्र, चीन की सबसे लंबी नदी है। अरुणाचल प्रदेश से नीचे की ओर, नदी व्यापक हो जाती है और असम पहुंचने के बाद नदी को ब्रह्मपुत्र के नाम से जाना जाता है। नदी की चरम स्थितियों के कारण नदी को "नदियों का एवरेस्ट" कहा गया है।

अत: विकल्प (C) सही है।

33. जी.वी. मावलंकर स्वतंत्र भारत की लोकसभा के पहले अध्यक्ष थे। भारतीय शासन प्रणाली वेस्टमिंस्टर मॉडल का अनुसरण करती है इसलिए देश की संसदीय कार्यवाही एक पीठासीन अधिकारी की अध्यक्षता में होती है, जिसे अध्यक्ष के रूप में जाना जाता है।

अत: विकल्प (A) सही है।

34. कल्याणकारी राज्य सरकार की एक अवधारणा है जिसमें राज्य अपने नागरिकों की आर्थिक और सामाजिक भलाई के संरक्षण और संवर्धन में महत्वपूर्ण भूमिका निभाता है। सरकार एक सामाजिक सुरक्षा जाल की उपलब्धता सुनिश्चित करती है जिसमें शिक्षा, आवास, जीविका, स्वास्थ्य सेवा आदि शामिल हो सकते हैं। भारतीय संविधान कल्याणकारी राज्य की अवधारणा को राज्य के नीति निर्देशक सिद्धांतों (DPSP) में घोषित करता है।

अत: विकल्प (A) सही है।

35. भारतीय संविधान का अनुच्छेद 167 मुख्यमंत्री के कर्तव्यों को परिभाषित करता है। यह दूसरी अनुसूची में निर्दिष्ट किया गया है। एक मुख्यमंत्री को "बराबरी के बीच पहला" समझा जाता है।

अत: विकल्प (C) सही है।

36. 28 दिसंबर, 1885 को, भारतीय राष्ट्रीय कांग्रेस की स्थापना बॉम्बे में स्कॉटिश निवासी "एलन ऑक्टेवियन ह्यूम" द्वारा की गई थी। कांग्रेस के पहले अध्यक्ष "व्योमेश चंद्र बनर्जी" थे। कांग्रेस के सबसे युवा अध्यक्ष "अब्दुल कलाम आज़ाद" थे, जिन्होंने 1925 में दिल्ली के विशेष सत्र की अध्यक्षता की। कांग्रेस के 1888 के सत्र की अध्यक्षता पहले अंग्रेज "जॉर्ज यूल" ने की थी। "मोतीलाल नेहरू" ने कांग्रेस के 1919 के इलाहाबाद अधिवेशन की अध्यक्षता की।

अत: विकल्प (A) सही है।

37. पंगसन दर्रा भारत-म्यांमार सीमा पर पटकाई पहाड़ियों के शिखर पर स्थित है। यह अरुणाचल प्रदेश को म्यांमार से जोड़ता है। दर्रा असम के मैदानी इलाकों से बर्मा के लिए सबसे आसान मार्गों में से एक है। इसका नाम निकटतम बर्मी गाँव, पंगसन के नाम पर रखा गया है, जो पास से 2 किमी दूर है।

अत: विकल्प (D) सही है।

38. सत्तिया असम का का एक शास्त्रीय नृत्य रूप है, जो चारित्रिक रूप से आध्यात्मिक होने के साथ भक्तिमय है। 'सत्तिया' शब्द 'सत्र' शब्द से लिया गया है जिसका अर्थ 'मठ' है। नृत्य का विकास एवं उत्थान सतारा में हुआ, जिससे इसका नाम इन धार्मिक संस्थानों के नाम पर रखा गया है।

अत: विकल्प (B) सही है।

39. The meaning of the given word:

Declined - diminish in strength or quality, deteriorate OR (typically of something regarded as good) become smaller, fewer, or less, decrease

Diminish - make or become less

Hence, the correct option is (A).

40. According to the passage, "We are not inclined to entertain the application," said the court, as it observed that general prayers have been made in the application, which was filed by a lawyer'.

Thus, it is clear that the lawyer filed the case seeking for measures to control the rising number of cases of COVID-19 in the national capital.

Hence, the correct option is (D).

41. According to the passage, 'The court said that steps like vaccination, awareness campaigns regarding use of masks and social distancing are being taken by the state to control the pandemic'.

Thus, it is clear that the state government took steps such as vaccination, awareness campaigns regarding use of masks and social distancing.

Lockdown was not mentioned in the passage as the measure taken by the Delhi government.

Hence, the correct option is (D).

42. According to the passage, "What else do you expect the state to do? You are unnecessarily coming to the court," observed the division bench of Justices Vipin Sanghi and Rekha Palli'.

Thus, the names of the two judges are clearly mentioned in the above sentence.

Hence, the correct option is (A).

43. According to the passage, 'The Delhi High Court on Thursday declined to entertain a case seeking directions for measures to control the rising number of cases of COVID-19 in the national capital and said that everything was being done by the state in this regard'.

Thus, it is clear that the case was filed in order to seek directions for measures to control the coronavirus cases in the National capital i.e. Delhi.

Hence, the correct option is (C).

44. The meanings of the given word:

- Amiable: having or displaying a friendly and pleasant manner
- Friendly: kind and pleasant
- Cheerful: noticeably happy and optimistic
- Bashful: reluctant to draw attention to oneself, shy
- Hostile: unfriendly, antagonistic.

Therefore, we can say that amiable and friendly are synonyms.

Hence, the correct option is (D).

45. Omnipotent is the one who has unlimited power or authority.

Anarchist is a person who rebels against any authority, established order, or ruling power.

Omniscient is the one having infinite awareness, understanding, and insight.

Strong is the one having or marked by great physical power.

So, the one who is all-powerful is Omnipotent.

Hence, the correct option is (B).

46. Midas Touch is an idiom used to refer to a person who has the gift of making money easily.

Hence, the correct option is (B).

47. Dangerous: likely to cause problems or to have adverse consequences

Harmless: not able or likely to cause harm

Hence, the correct option is (C).

48. Abundance: a very large quantity of something; the state or condition of having a more than enough quantity of something

Scarcity: the state of being scarce or in short supply, shortage

Thus, it is clear that 'abundance' and 'scarcity' are opposite in meaning.

Hence, the correct option is (D).

49. Statement Q supports the idea stated in the first statement about kids.

Statement S logically follows Q.

Statement P states the idea of a vast vocabulary and sentence structure which helps in improving the ability of comprehension, as stated in the sixth statement.

So, the correct sequence is QSPR.

Hence, the correct option is (D).

50. Statement S logically follows the idea of termite settlement, stated in the first statement.

Statement Q further follows the same idea going into further detail and therefore, follows S.

Statement P states the idea, of how hungry predators attack the termite province and statement R follows it.

So, the correct sequence is SQPR.

Hence, the correct option is (B).

51. राम के हिंदी में अंक = 20

राम के अंग्रेजी में अंक = 2 × हिंदी

राम के अंग्रेजी में अंक = 2 × 20 = 40

राम के विज्ञान में अंक = 20 + अंग्रेजी

राम के विज्ञान में अंक = 20 + 40 = 60

राम के गणित में अंक = 50

राम के कुल अंक = 20 + 40 + 60 + 50 = 170

कुल विषय = 4

औसत अंक = $\dfrac{170}{4}$ = 42.5

अत: विकल्प (C) सही है।

52. दिया हुआ,

धनराशि को 14% और 11% की दर पर 2 वर्षों के लिए निवेश किया जाता है।

साधारण ब्याज का कुल योग = 2724 रुपये

जैसा कि हम जानते हैं,

साधारण ब्याज = मूलधन × दर × समय /100

माना धनराशि x रुपये है।

तो, 14% की दर से 2 वर्षों के लिए साधारण ब्याज = $\dfrac{28x}{100}$

साथ ही, 11% की दर से 2 वर्षों के लिए साधारण ब्याज = $\dfrac{22x}{100}$

कुल ब्याज = $\dfrac{28x}{100} + \dfrac{22x}{100} = \dfrac{50x}{100}$

प्रश्नानुसार,

$\dfrac{50x}{100}$ = 2724

$\Rightarrow$ x = 2724 × $\dfrac{100}{50}$

$\Rightarrow$ x = 5448

$\therefore$ धनराशि 5448 रुपये है।

अत: विकल्प (B) सही है।

53. A = 81 × 117 × 63 × 46

$= 3^4 \times 13 \times 3^2 \times 3^2 \times 7 \times 23 \times 2$

$= 3^8 \times 13 \times 7 \times 23 \times 2$

A, 3^8 से विभाज्य है।

$\therefore$ b का अधिकतम मान 8 है।

अत: विकल्प (A) सही है।

54. माना टाइपराइटर की मरम्मत पर खर्च होने वाली राशि x है।

जैसा कि हम जानते हैं,

विक्रय मूल्य = (क्रय मूल्य + मरम्मत पर खर्च राशि) × (100 + लाभ%)/100

$\Rightarrow 24150 = (19200 + x) \times \dfrac{(100 + 15)}{100}$

$\Rightarrow 24150 = (19200 + x) \times \dfrac{115}{100}$

$\Rightarrow 19200 + x = 24150 \times \dfrac{100}{115}$

$\Rightarrow 19200 + x = 21000$

$\Rightarrow x = 21000 - 19200$

$\Rightarrow x = 1800$

$\therefore$ पुराने टाइपराइटर की मरम्मत पर खर्च होने वाली राशि 1800 रुपए है।

अत: विकल्प (B) सही है।

55. सूचीबद्ध मूल्य का अर्थ है कि वस्तु का अंकित मूल्य 7600 रुपए है।

छूट = 10%

10% छूट के बाद मूल्य = $\left(\dfrac{90}{100}\right) \times 7600 = 6840$

अंतिम विक्रय मूल्य 5814 है।

दूसरी छूट= (6840 - 5814) =1026

6840 रुपए के मूल्य पर दी गई अतिरिक्त छूट = $\left(\dfrac{1026}{6840}\right) \times 100 = 15\%$

$\therefore$ 5814 रुपए के शुद्ध विक्रय मूल्य को लाने के लिए 15% अतिरिक्त छूट दी जानी चाहिए।

अत: विकल्प (A) सही है।

56. $\sqrt{45 + \sqrt{8 + \sqrt{45 + \sqrt{361}}}}$

$= \sqrt{45 + \sqrt{8 + \sqrt{45 + 19}}}$

$= \sqrt{45 + \sqrt{8 + 8}}$

$= \sqrt{45 + 4}$

$= \sqrt{49}$

$= 7$

अत: विकल्प (A) सही है।

57. $\Rightarrow 3\sqrt{a} = \sqrt{2} \times 2\sqrt{2} \times 3\sqrt{49}$

$\Rightarrow 3\sqrt{a} = 84$

$\Rightarrow \sqrt{a} = 28$

$\Rightarrow a = 784$

$\therefore$ 'a' का आवश्यक मान = 784

अत: विकल्प (D) सही है।

58. $8\dfrac{1}{2} - \left[3\dfrac{1}{4} \div \left\{1\dfrac{1}{4} - \dfrac{1}{2}\left(1\dfrac{1}{2} - \dfrac{1}{3} - \dfrac{1}{6}\right)\right\}\right]$

$= \dfrac{17}{2} - \left[\dfrac{13}{4} \div \left\{\dfrac{5}{4} - \dfrac{1}{2}\left(\dfrac{3}{2} - \dfrac{1}{3} - \dfrac{1}{6}\right)\right\}\right]$

$= \dfrac{17}{2} - \left[\dfrac{13}{4} \div \left\{\dfrac{5}{4} - \dfrac{1}{2}\left(\dfrac{9-2-1}{6}\right)\right\}\right]$

$= \dfrac{17}{2} - \left[\dfrac{13}{4} \div \left\{\dfrac{5}{4} - \dfrac{1}{2} \times \dfrac{6}{6}\right\}\right]$

$= \dfrac{17}{2} - \left[\dfrac{13}{4} \div \left\{\dfrac{5}{4} - \dfrac{1}{2}\right\}\right]$

$= \dfrac{17}{2} - \left[\dfrac{13}{4} \div \left\{\dfrac{5-2}{4}\right\}\right]$

$= \dfrac{17}{2} - \left[\dfrac{13}{4} \div \left\{\dfrac{3}{4}\right\}\right]$

$= \dfrac{17}{2} - \left[\dfrac{13}{4} \times \dfrac{4}{3}\right]$

$= \dfrac{17}{2} - \dfrac{13}{3}$

$= \dfrac{51-26}{6}$

$= \dfrac{25}{6}$

अत: विकल्प (B) सही है।

59. लकड़ी की सामग्री का औसत = 3500 + 4500 + 2000 + 5000 + 4200 = $\dfrac{19200}{5}$ = 3840

प्लास्टिक की सामग्री का औसत= 3600 + 4000 + 2400 + 5500 + 3200 = $\dfrac{18700}{5}$ = 3740

$\therefore$ आवश्यक योग = 3840 + 3740 = 7580

अत: विकल्प (B) सही है।

60. कुल लोहे की सामग्री = 2500 + 2200 + 4800 + 5200 + 6000 = 20700

कुल मिश्रित सामग्री = 4000 + 2400 + 3600 + 2800 + 4800 = 17600

आवश्यक प्रतिशत $= \dfrac{(20700-17600)}{17600} \times 100 = 17.6\% \approx$ 18%

अत: विकल्प (B) सही है।

61. गिलास की संख्या = 2000 + 2400 + 3600 + 4800 = 12800

सोफे की संख्या = 5000 + 5500 + 2800 + 5200 = 18500

$\therefore$ आवश्यक जोड़ = 12800 + 18500 = 31300

अत: विकल्प (D) सही है।

62. लोहे की सामग्री के जग और बाल्टी की कुल संख्या = 3500 + 3600 + 4000 + 2500 + 4500 + 4000 + 2400 + 2200 = 26700

लोहे की सामग्री के बिना जग और बाल्टी की कुल संख्या = 3500 + 3600 + 4000 + 4500 + 4000 + 2400 = 22000

$\therefore$ आवश्यक प्रतिशत $= \dfrac{(26700-22000)}{26700} \times 100 = 17.6\% \approx 18\%$

अत: विकल्प (A) सही है।

63. दिया हुआ,

कुणाल की दक्षता = (अरुण की दक्षता)/4

अरुण अकेले कार्य समाप्त करता है = 4 × 16 = 64 दिन

कुणाल द्वारा 1 दिन में किया गया कार्य = $\left(\dfrac{1}{16}\right)$

अरुण द्वारा 1 दिन में किया गया कार्य = $\left(\dfrac{1}{64}\right)$

कुणाल और अरुण द्वारा 1 दिन में किया गया कार्य = $\left(\dfrac{1}{16}\right) + \left(\dfrac{1}{64}\right)$

$= \dfrac{(4 + 1)}{64}$

$= \dfrac{5}{64}$

$= \dfrac{64}{5}$ दिन

अत: विकल्प (B) सही है।

64. दिया हुआ,

तीन वर्ष पहले परिवार की औसत आयु = 27 वर्ष

जैसा कि हम जानते हैं,

आयु का औसत = (कुल आयु/सदस्यों की संख्या)

तीन वर्ष पहले परिवार के सभी सदस्यों की कुल आयु = 27 × 5 = 135 वर्ष

तीन वर्ष बाद परिवार के सदस्यों की कुल आयु = 135 + 3 × 5 = 150 वर्ष

परिवार के सभी सदस्यों की कुल वर्तमान आयु = 6 × 27 = 162 वर्ष

बच्चे की वर्तमान आयु = 162 - 150 = 12 वर्ष

अत: विकल्प (B) सही है।

65. दिया हुआ,

मूलधन = 35,000 रुपये

समय = 2 वर्ष

ब्याज की दर = 12% प्रति वर्ष

जैसा कि हम जानते हैं,

साधारण ब्याज = मूलधन × दर × समय /100

$= \dfrac{(35000 \times 12 \times 2)}{100}$

= 8400 रुपये

अत: विकल्प (D) सही है।

66. 2 – [6 – {3 + (–4 + 5 + 1) × 8} + 12]

= 2 – [6 – {3 + (2 × 8)} + 12]

= 2 – [6 – 19 + 12]

= 2 + 1

= 3

अत: विकल्प (C) सही है।

67. जैसा कि हम जानते हैं,

संख्या = भागफल × भाजक + शेषफल

13 से विभाज्य सबसे छोटी 3-अंकों की संख्या = 104

शेषफल, जब 104 को 16 से विभाजित किया जाता है,

104 = 16 × 6 + 8

$\therefore$ शेषफल 8 होगा।

अत: विकल्प (D) सही है।

68. जैसा कि हम जानते हैं,

विक्रय मूल्य = (100 + लाभ) × क्रय मूल्य/100

क्रय मूल्य 100x रुपये हैं।

विक्रय मूल्य = 108x रुपये

यदि यह 714 रुपये अधिक, विक्रय मूल्य = 115x रुपये

⇒ 115x - 108x = 714

⇒ 7x = 714

⇒ x = 102

क्रय मूल्य = 100x = 10200 रुपये

18% लाभ प्राप्त करने के लिए, विक्रय मूल्य = 10,200 रुपये × 118/100 = 12,036 रुपये

$\therefore$ 18% लाभ प्राप्त करने के लिए, विक्रय मूल्य = 12,036 रुपये

अत: विकल्प (D) सही है।

69. दिया हुआ,

750 रुपये को A, B, और C के बीच इस तरह से बांटा गया है कि A : B = 5 : 2 और B : C = 7 : 13

जैसा कि हम जानते हैं,

यदि A : B = a : b_1 और B : C = b_2 : c, तो A : B : C = ab_2 : b_1b_2 : b_1c

A : B : C = 35 : 14 : 26

माना A, B और C के हिस्से क्रमशः 35x, 14x, और 26x है।

A का हिस्सा $= \dfrac{35x}{(35x + 14x + 26x)} \times 750$

$= \left(\dfrac{35}{75}\right) \times 750$

= 350 रुपये

अत: विकल्प (D) सही है।

70. दिया हुआ,
A का 80% = B का 50% और B = A का x%
प्रश्न के अनुसार,

$$A \times \frac{80}{100} = B \times \frac{50}{100}$$

$$\Rightarrow B = \frac{A \times 80}{50} = 1.6A$$

$$\Rightarrow B = 160\% \text{ of } A$$

$$\therefore x = 160$$

अत: विकल्प (C) सही है।

71. जैसा कि हम जानते हैं,

गति = (दूरी/समय)

दिया हुआ,

एक रेल 200 मीटर लम्बे प्लेटफार्म को 90 सेकंड में पार करती है

रेल की गति = 60 किमी/घंटे

माना रेल की लम्बाई x मीटर है

रेल द्वारा तय कुल दूरी = रेल की लम्बाई + प्लेटफार्म की लम्बाई

रेल द्वारा तय कुल दूरी = (x + 200) मीटर

रेल की गति मीटर/सेकंड में = $\left(\frac{5}{18}\right) \times 60 = \left(\frac{50}{3}\right)$ मीटर/सेकंड

$$\left(\frac{50}{3}\right) = \frac{(x + 200)}{90}$$

$$\Rightarrow \frac{(50 \times 90)}{3} = x + 200$$

$$\Rightarrow 1500 = x + 200$$

$$\Rightarrow x = 1500 - 200$$

$$\Rightarrow x = 1300 \text{ मीटर}$$

रेल की लम्बाई = 1300 मीटर

अब,

रेल द्वारा एक बिजली के खम्भे को पार करने में लगा समय = $\left(\frac{1300}{\frac{50}{3}}\right.$ =

78) सेकंड

अत: विकल्प (A) सही है।

72. दिया हुआ,

A, B से दोगुना काम करने वाला है और एक साथ वे 13 दिनों में एक काम को पूरा कर लेते हैं।

जैसा कि हम जानते हैं,

क्षमता ∝ 1/समय

A और B का क्षमता अनुपात 2:1 है।

A और B का समय अनुपात 1:2 है।

माना A, x दिन का समय लेता है और B अकेले काम पूरा करने में 2x दिन लेता है।

1 दिन में A काम का $\frac{1}{x}$ हिस्सा कर सकता है।

1 दिन में B काम का $\frac{1}{2x}$ हिस्सा कर सकता है।

1 दिन में एक साथ वे काम का $\frac{1}{13}$ हिस्सा कर सकते हैं।

$$\left(\frac{1}{x}\right) + \left(\frac{1}{2x}\right) = \frac{1}{13}$$

$$\Rightarrow \frac{3}{2x} = \frac{1}{13}$$

$$\Rightarrow x = \frac{39}{2}$$

B अकेले काम पूरा करेगा = $2 \times \left(\frac{39}{2}\right)$ = 39 दिन

∴ B अकेले 39 दिनों में काम खत्म कर देगा।

अत: विकल्प (B) सही है।

73. माना संख्या 3x, 4x और 5x है।

फिर, उनके ल.स.म. = 60x

तो , 60x = 2400 या x = 40

∴ संख्याएँ (3 × 40), (4 × 40) और (5 × 40) है।

तो, आवश्यक म.स.प. = 40

अत: विकल्प (A) सही है।

74. दिया हुआ,

एक स्पीकर और एक हेडफ़ोन के अंकित मूल्य का अनुपात = 4 : 5

स्पीकर पर छूट = 30%

स्पीकर और हेडफोन पर कुल छूट = 30%

जैसा कि हम जानते हैं,

छूट = अंकित मूल्य – विक्रय मूल्य

छूट% = (छूट/अंकित मूल्य) × 100

माना स्पीकर का अंकित मूल्य 4x रुपए है।

तब, हेडफोन का अंकित मूल्य 5x रुपए होगा।

स्पीकर पर छूट = $4x \times \left(\frac{70}{100}\right) = \frac{14x}{5}$ रुपए

माना हेडफोन पर छूट y रुपए है।

प्रश्नानुसार,

$$\left(\frac{14x}{5}\right) + y = (4x + 5x) \times \left(\frac{70}{100}\right)$$

$$\Rightarrow y = \left(\frac{63x}{10}\right) - \left(\frac{14x}{5}\right)$$

$$\Rightarrow y = 3.5x$$

हेडफोन पर दी गई छूट = $\left[\frac{(5x - 3.5x)}{5x}\right] \times 100 = 1.5 \times 20 = 30\%$

अत: विकल्प (D) सही है।

75. दिया हुआ,

मूलवृद्धि% = 20%

छूट% = 10%

ब्लैकबोर्ड का विक्रय मूल्य = 216 रुपए

जैसा कि हम जानते हैं,

छूट% = [(अंकित मूल्य – विक्रय मूल्य)/अंकित मूल्य] × 100

माना ब्लैकबोर्ड का क्रय मूल्य x है ।

अंकित मूल्य = x + x का 20% = 1.2x

$$\Rightarrow 10 = \left[\frac{(1.2x - 216)}{1.2x} \right] \times 100$$

$$\Rightarrow 1.2x = 12x - 2160$$

$$\Rightarrow 10.8x = 2160$$

$$\Rightarrow x = \frac{2160}{10.8} = 200$$

∴ ब्लैकबोर्ड का क्रय मूल्य = 200 रुपए

अत: विकल्प (A) सही है ।

76. सूची नियंत्रण के कार्य नीचे सूचीबद्ध हैं:

- नीतियों, योजनाओं और मानकों को विकसित करना
- दुकानों का प्रभावी संचालन
- विभिन्न सामग्रियों की स्थिति के लिए तकनीकी जिम्मेदारी
- स्टॉक नियंत्रण प्रणाली
- समय पर उपलब्धता सुनिश्चित करना
- निर्दिष्ट इनपुट का रखरखाव
- आविष्कारों का संरक्षण

अत: विकल्प (D) सही है ।

77. ABC विश्लेषण एक प्रकार का इन्वेंट्री वर्गीकरण विधि है जिसमें इन्वेंट्री को तीन श्रेणियों A, B और C में विभाजित किया जाता है। इन्वेंट्री प्रबंधन और अनुकूलन, सामान्य रूप से, व्यवसायों के लिए उनकी लागत को नियंत्रण में रखने में मदद करने के लिए महत्वपूर्ण हैं।

ABC विश्लेषण में, आम तौर पर C वर्ग के आइटम संख्या में बड़े होते हैं।

अत: विकल्प (C) सही है ।

78. क्रमिक सूची नियंत्रण में, सामग्री की जाँच की जाती है क्योंकि यह उसके न्यूनतम मूल्य तक पहुँचती है।

क्रमिक सूची प्रणाली इन्वेंट्री प्रबंधन की एक विधि है जो प्रौद्योगिकी के उपयोग के माध्यम से प्राप्त या बेचे गए स्टॉक के वास्तविक समय के लेनदेन को रिकॉर्ड करती है - जिसे आमतौर पर एक आवधिक इन्वेंट्री सिस्टम की तुलना में अधिक कुशल विधि माना जाता है।

अत: विकल्प (B) सही है ।

79. इन्वेंट्री नियंत्रण सिद्धांत में, आर्थिक ऑर्डर मात्रा इष्टतम लॉट आकार है।

आर्थिक ऑर्डर मात्रा (EOQ) एक आदर्श ऑर्डर मात्रा को संदर्भित करती है जिसे एक कंपनी को अपनी इन्वेंट्री लागत को कम करने के लिए खरीदना चाहिए।

अत: विकल्प (B) सही है ।

80. ABC विश्लेषण:

- सामग्री प्रबंधन की एक बुनियादी तकनीक है ।
- रिलेटिव सूची नियंत्रण के लिए है ।
- आइटम की इकाई लागत पर निर्भर नहीं करता है लेकिन इसकी वार्षिक खपत पर ।

अत: विकल्प (D) सही है ।

81. ABC विश्लेषण का उपयोग इन्वेंट्री नियंत्रण में किया जाता है। सामग्री प्रबंधन में, ABC विश्लेषण एक सूची वर्गीकरण तकनीक है। इन्वेंट्री नियंत्रण की

ABC विधि में एक प्रणाली शामिल है जो इन्वेंट्री को नियंत्रित करती है और इसका उपयोग सामग्रियों और वितरण प्रबंधन के लिए किया जाता है। इसे सेलेक्टिव इन्वेंट्री कंट्रोल या SIC के रूप में भी जाना जाता है। ABC विश्लेषण एक ऐसी विधि है जिसमें इन्वेंट्री को तीन श्रेणियों अर्थात् A, B, और C अवरोही मान में विभाजित किया जाता है ।

अत: विकल्प (C) सही है ।

82. ABC विश्लेषण पेरेटो सिद्धांत (जिसे 80/20 नियम भी कहा जाता है) पर आधारित है, जिसमें कहा गया है कि लगभग 80% प्रभाव लगभग 20% कारणों से आते हैं। इन्वेंट्री प्रबंधन के संदर्भ में, पेरेटो सिद्धांत को वार्षिक उपभोग मूल्य के 80% के लिए टाइप खाते द्वारा 20% इन्वेंट्री आइटम के रूप में घोषित किया जा सकता है।

अत: विकल्प (A) सही है ।

83. डेटाबेस को अपडेट करने का अर्थ है, रिकॉर्ड घटनाओं को संशोधित करना या जोड़ना। डेटाबेस में पहले से मौजूद डेटा के संशोधन को अद्यतन करने के रूप में संदर्भित किया जाता है। आप अलग-अलग पंक्तियों, तालिका की सभी पंक्तियों या सभी पंक्तियों के सबसेट को अपडेट कर सकते हैं। प्रत्येक कॉलम को अलग से अपडेट किया जा सकता है, अन्य कॉलम प्रभावित नहीं होते हैं।

अत: विकल्प (C) सही है ।

84. ट्रांसक्शन लॉग, क्रैश या हार्डवेयर विफलताओं पर "ACID" गुण की गारंटी के लिए "डेटाबेस प्रबंधन प्रणाली" (DBMS) द्वारा निष्पादित कार्यों का एक इतिहास है।

एक लॉग डेटाबेस में एक फ़ाइल प्रविष्टि परिवर्तन है, जो एक स्थिर भंडारण प्रारूप में संग्रहीत है।

अत: विकल्प (D) सही है ।

85. डेटाबेस में संबंधित फ़ील्ड को डेटा रिकॉर्ड के लिए समूहीकृत किया जाता है। डेटाबेस में रिकॉर्ड एक ऐसी वस्तु है जिसमें एक या अधिक मान हो सकते हैं। डेटाबेस में, एक रिकॉर्ड (कभी-कभी एक पंक्ति कहा जाता है) एक तालिका के भीतर फ़ील्ड का एक समूह है जो एक विशिष्ट इकाई के लिए प्रासंगिक है। उदाहरण के लिए, ग्राहक संपर्क जानकारी नामक तालिका में, एक पंक्ति में आईडी नंबर, नाम, सड़क का पता, शहर, टेलीफोन नंबर और इतने पर जैसे फ़ील्ड शामिल होंगे।

अत: विकल्प (B) सही है ।

86. डेटाबेस वातावरण में सेपरेट फ़ाइलों को छोड़कर निम्नलिखित सभी घटक होते हैं।

एक रिलेशनल डेटाबेस औपचारिक रूप से वर्णित तालिकाओं का एक सेट है जिसमें से डेटा को एक्सेस किया जा सकता है या डेटाबेस तालिकाओं को पुनर्गठित किए बिना कई अलग-अलग तरीकों से पुन: प्राप्त किया जा सकता है। SQL कथनों का उपयोग किसी रिलेशनल डेटाबेस से जानकारी के लिए इंटरैक्टिव प्रश्नों के लिए और रिपोर्ट के लिए डेटा एकत्र करने के लिए किया जाता है।

एक रिलेशनल डेटाबेस मैनेजमेंट सिस्टम (RDBMS) एक प्रोग्राम है जो आपको रिलेशनल डेटाबेस बनाने, अपडेट करने और प्रशासन करने की अनुमति देता है। अधिकांश रिलेशनल डेटाबेस प्रबंधन सिस्टम डेटाबेस तक पहुँचने के लिए SQL भाषा का उपयोग करते हैं।

अत: विकल्प (B) सही है ।

87. जिस तरह से एक विशेष एप्लिकेशन डेटाबेस से डेटा को देखता है जो एप्लिकेशन उपयोग करता है वह एक सबस्कीमा है।

एक सबस्कीमा, स्कीमा का एक सबसेट होता है जिसमें एक ही गुण होता है जो स्कीमा के पास होता है। यह उपयोगकर्ता सत्र के लिए उपलब्ध डेटाबेस स्कीमा में परिभाषित क्षेत्रों, सेट, रिकॉर्ड और डेटा नामों के एक सबसेट की पहचान

करता है। उपसमूह उपयोगकर्ता को केवल उस डेटाबेस के उस हिस्से को देखने की अनुमति देता है जो उसके लिए रुचि रखता है।

अत: विकल्प (D) सही है।

88.

- विकल्प (A) स्वयं डेटाबेस की परिभाषा है।
- विकल्प (B) विभिन्न डेटा फ़ाइलों को संदर्भित करता है जो सामान्य डेटा रिकॉर्ड संग्रहीत करते हैं।
- विकल्प (C) डेटा स्वतंत्रता है।

तो, सभी डेटाबेस के गुण हैं।

अत: विकल्प (D) सही है।

89. एक रिलेशनल डेटाबेस डेवलपर एक टपल के रूप में एक रिकॉर्ड को संदर्भित करता है। एक रिलेशनल डेटाबेस, एक पंक्ति जिसे टपल भी कहा जाता है, एक तालिका में एकल, अंतर्निहित संरचित डेटा आइटम का प्रतिनिधित्व करती है। डेटाबेस तालिका को पंक्तियों और स्तंभों से मिलकर समझा जा सकता है। संबंधपरक डेटाबेस में, एक ट्यूपल एक रिकॉर्ड (एक पंक्ति) है। एक डेटाबेस में जानकारी को एक स्प्रेडशीट के रूप में माना जा सकता है, जिसमें कॉलम (फ़ील्ड या विशेषताओं के रूप में जाना जाता है) विभिन्न श्रेणियों की सूचना का प्रतिनिधित्व करता है, और ट्यूपल्स (पंक्तियाँ) एक एकल रिकॉर्ड से जुड़े प्रत्येक क्षेत्र से सभी जानकारी का प्रतिनिधित्व करते हैं।

अत: विकल्प (C) सही है।

90. डेटाबेस दृष्टिकोण के कुछ लाभ इस प्रकार हैं:

- न्यूनतम डेटाबेस अतिरेक
- बेहतर डेटा साझाकरण
- डेटा एकीकृत है और कई प्रोग्राम द्वारा एक्सेस किया जा सकता है
- बेहतर डेटा सुरक्षा
- बेहतर डेटा एक्सेसिबिलिटी
- बढ़ती हुई उत्पादकता
- बेहतर डेटा संगति
- मानकों का प्रवर्तन
- प्रोग्राम रखरखाव कम करें

अत: विकल्प (C) सही है।

91. एक DBMS केरी भाषा डिज़ाइन की गई है:

- एंड-यूज़र्स का समर्थन करें जो अंग्रेजी जैसी कमांड का उपयोग करते हैं।
- जटिल एप्लिकेशन सॉफ्टवेयर के विकास में सहायता।
- एक डेटाबेस की संरचना निर्दिष्ट करें।

अत: विकल्प (D) सही है।

92. कच्चे माल से अंतिम ग्राहक तक उत्पादित सामग्री के सभी भागों को आपूर्ति श्रृंखला अवधारणा के तहत एक लिंक श्रृंखला माना जाता है। एक आपूर्ति श्रृंखला में कच्चे माल से लेकर तैयार माल तक एक उत्पाद बनाने में शामिल सभी व्यवसाय और व्यक्तिगत योगदानकर्ता शामिल हैं।

अत: विकल्प (D) सही है।

93. सबसे अधिक लाभ प्राप्त करने के लिए, एक कंपनी को सबसे कम इन्वेंट्री निवेश प्रदान करना चाहिए। आपके छोटे व्यवसाय की इन्वेंट्री निवेश की मात्रा सीधे आपके लाभ और नकदी प्रवाह को प्रभावित करती है। उत्पादों को बेचने वाली कंपनी के लिए आपकी सूची का प्रबंधन, आपकी कंपनी की सफलता के लिए महत्वपूर्ण है। यदि आप अपनी अलमारियों या अपने गोदाम पर बहुत अधिक इन्वेंट्री रखते हैं, तो आप अप्रचलन का जोखिम चलाते हैं और इन्वेंट्री के

साथ फंस जाते हैं जिसे आप बेच नहीं सकते हैं। यदि आप बहुत कम इन्वेंट्री रखते हैं, तो आप स्टॉक को बाहर कर रहे हैं और ग्राहक के सद्भाव को नुकसान पहुंचा रहे हैं। या तो समस्या आपके व्यवसाय के पैसे खर्च करेगी। अपने लाभ और नकदी प्रवाह को अधिकतम करने और अपने खर्चों को कम करने के लिए, आपको अपनी इन्वेंट्री को डेड इन्वेंट्री में श्रेणीबद्ध करना होगा, धीमे-धीमे इन्वेंट्री, और उत्पाद इन्वेंट्री और उचित तरीके से निपटना होगा।

अत: विकल्प (C) सही है।

94. क्षमता माल और सेवाओं (डिलिवरेबल्स) के उत्पादन के लिए विनिर्माण की क्षमता है। यह कंपनी के संसाधनों और आपूर्तिकर्ताओं से सामग्री की उपलब्धता पर निर्भर करता है। क्षमता उत्पादन का अधिकतम स्तर है जो एक कंपनी उत्पाद बनाने या सेवा प्रदान करने के लिए बनाए रख सकती है। क्षमता की योजना के लिए उत्पादन प्रक्रिया पर सीमाओं को स्वीकार करने के लिए प्रबंधन की आवश्यकता होती है।

अत: विकल्प (A) सही है।

95. उत्पादन को बाजार की मांगों को पूरा करना चाहिए। यह पौधों, मशीनरी, उपकरण, श्रम और सामग्रियों का यथासंभव कुशलतापूर्वक उपयोग करके करता है। उत्पादन, उपभोग (आउटपुट) के लिए कुछ बनाने के लिए विभिन्न सामग्री आदानों और समरूप आदानों (योजनाओं, पता है) के संयोजन की एक प्रक्रिया है।

अत: विकल्प (C) सही है।

96. क्रय और उत्पादन गतिविधि नियंत्रण (PAC) उत्पादन योजना और नियंत्रण प्रणाली के कार्यान्वयन और नियंत्रण चरण का प्रतिनिधित्व करता है।

उत्पादन गतिविधि नियंत्रण (PAC) मास्टर उत्पादन अनुसूची और सामग्री आवश्यकताओं की योजना को क्रियान्वित करने के लिए जिम्मेदार है। इसी समय, इसे श्रम और मशीनों का अच्छा उपयोग करना होगा, काम-इन-प्रोसेस इन्वेंट्री को कम करना होगा और ग्राहक सेवा को बनाए रखना होगा।

अत: विकल्प (A) सही है।

97. उत्पादन योजना एक विनिर्माण योजना और नियंत्रण प्रणाली में पहला कदम है। उत्पादन नियोजन कच्चे माल, श्रमिकों और कार्यस्थलों का नियोजन और आवंटन है जो समय पर विनिर्माण आदेशों को पूरा करते हैं।

अत: विकल्प (A) सही है।

98. एक बैकलॉग की लागत जो बहुत बड़ी है, वह व्यवसाय को दूर करने की लागत के बराबर है।

शब्द बैकलॉग का उपयोग मौजूदा वर्कलोड को इंगित करने के लिए किया जाता है जो किसी फर्म या विभाग की उत्पादन क्षमता से अधिक होता है, जिसका उपयोग अक्सर निर्माण या विनिर्माण में किया जाता है। बैकलॉग की उपस्थिति के सकारात्मक या नकारात्मक प्रभाव पड़ सकते हैं। उदाहरण के लिए, उत्पाद ऑर्डर का बढ़ता बैकलॉग बढ़ती बिक्री का संकेत दे सकता है।

अत: विकल्प (B) सही है।

99. शेड्यूलिंग ओवरटाइम द्वारा उपलब्ध क्षमता को बढ़ाना संभव है।

ओवरटाइम शेड्यूल करके उपलब्ध क्षमता को बढ़ाना संभव है। ओवरटाइम एक कर्मचारी द्वारा काम किए गए किसी भी घंटे को संदर्भित करता है जो उनके सामान्य रूप से निर्धारित कार्य घंटों से अधिक होता है। हालांकि सामान्य रूप से ओवरटाइम की परिभाषा मानक कामकाजी अनुसूची के बाहर काम करने वाले उन घंटों को संदर्भित करती है, जबकि ओवरटाइम आमतौर पर इस तरह के काम के कर्मचारी के पारिश्रमिक को समवर्ती रूप से संदर्भित करता है।

अत: विकल्प (B) सही है।

100. MPS एक कथन है कि किन अंतिम वस्तुओं का उत्पादन किया जाना है, उनकी मात्रा और वे तिथियां जिन्हें पूरा किया जाना है। एक मास्टर प्रोडक्शन शेड्यूल (MPS) प्रत्येक समय की अवधि में उत्पादित होने वाली व्यक्तिगत

वस्तुओं के लिए एक योजना है जैसे उत्पादन, स्टाफिंग, इन्वेंट्री, आदि। यह आमतौर पर विनिर्माण से जुड़ा होता है जहां योजना इंगित करती है कि प्रत्येक उत्पाद की कब और कितनी मांग होगी। MPS इस बात का एक बयान है कि कंपनी क्या उत्पादन और खरीद करने की उम्मीद करती है (यानी उत्पादित होने वाली मात्रा, स्टाफिंग स्तर, दिनांक, वादा करने के लिए उपलब्ध, अनुमानित शेष)।

अत: विकल्प (B) सही है।

Q.1 दी गई छवि देखें और नीचे दिए गए विकल्पों में से सही दर्पण छवि चुनें:

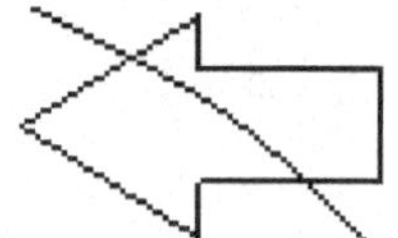

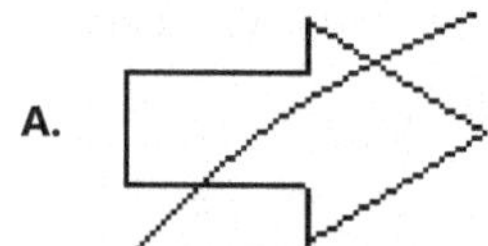

A.

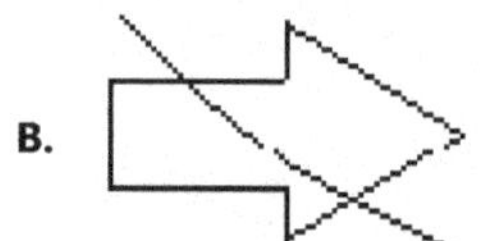

B.

C.

D.

Q.2 दी गई छवि देखें और नीचे दिए गए विकल्पों में से सही दर्पण छवि चुनें:

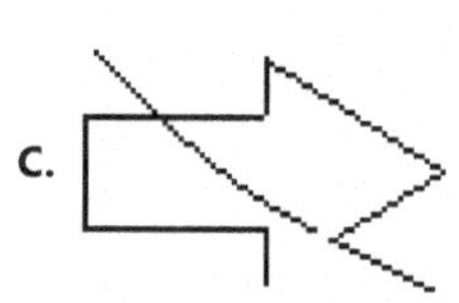

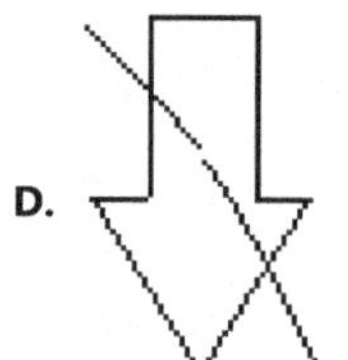

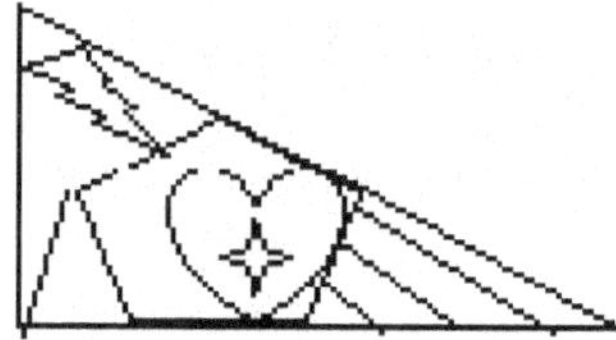

A

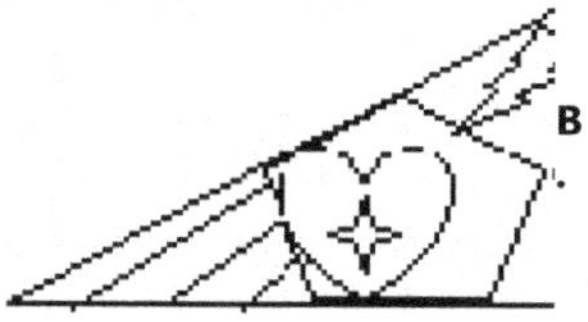

B

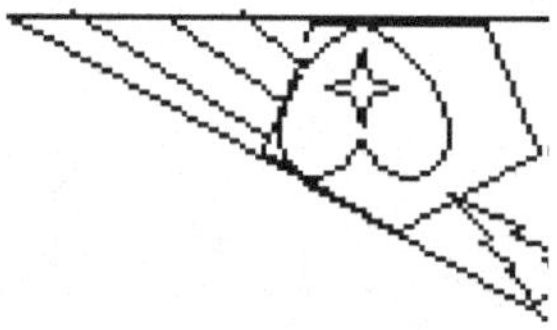

C

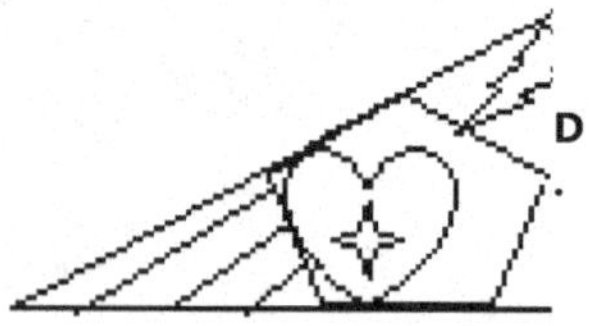

D

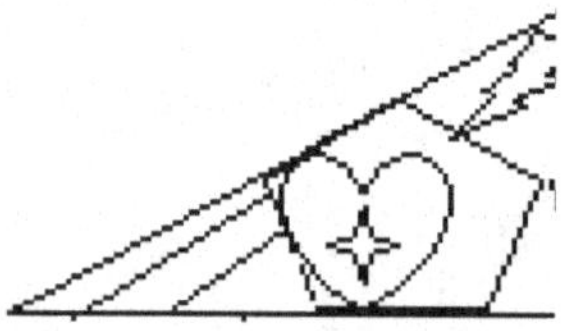

Q.3 निम्नलिखित में से कौन व्यक्तिगत पक्षपात की एक स्थिति का वर्णन करता है?

A. एक महिला कार्यकारी का मानना है कि महिलाएं बेहतर वार्ताकार हैं क्योंकि वे समझौता ज्ञात करने में सक्षम हैं। जब एक वार्ताकार के लिए एक स्थिति बन गई, तो उसने केवल महिलाओं को साक्षात्कार किया।

B. एक प्रोफेसर सोचता है कि सभी लड़कियां गणित में खराब हैं लेकिन अपने सभी छात्रों के साथ एक जैसा व्यवहार करती हैं।

C. एक बारटेंडर एक आदमी को जानता है जिसने शराब पीना छोड़ दिया। वह आदमी अब बाहर नहीं जाता। यह बारटेंडर को यह विश्वास दिलाने का कारण बनता है कि जो लोग शराब नहीं पीते हैं उन्हें पता नहीं है कि मज़ा कैसे किया जाता है।

D. एक बेसबॉल प्रशंसक एक प्रतिद्वंद्वी टीम के प्रशंसकों को पसंद नहीं

करता है और उनका मानना है कि यदि वे ऐसी खराब टीम को पसंद करते हैं तो वे कम बुद्धिमान होंगे।

Q.4 प्रश्न चिह्न के स्थान पर क्या आएगा?

8, 28, 116, 584, ?

A. 1752   **B.** 3504   **C.** 3508   **D.** 3502

Q.5 प्रश्न चिह्न के स्थान पर क्या आएगा?

10, 100, 200, 310, ?

[Sainik School Entrance Class VI, 2021]

A. 430   **B.** 420   **C.** 410   **D.** 400

Q.6 उत्तर आकृतियों में से एक आकृति का चयन करें जो पांच प्रश्न आकृतियों द्वारा स्थापित समान श्रृंखला को जारी रखेगी।

प्रश्न आकृतियाँ:   उत्तर आकृतियाँ:

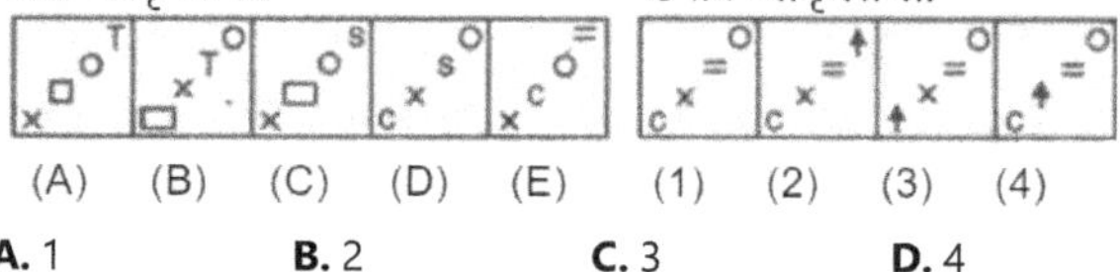

(A) (B) (C) (D) (E)   (1) (2) (3) (4)

A. 1   **B.** 2   **C.** 3   **D.** 4

Q.7

उत्तर आकृति के बीच से एक आकृति का चयन करें जो प्रश्न आकृति द्वारा स्थापित की गई समान श्रृंखला जारी रखेगा।

प्रश्न आकृति   उत्तर आकृति

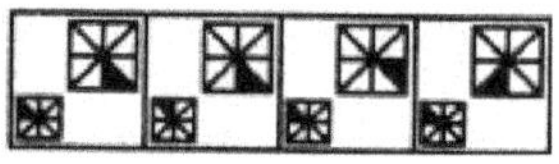

(1)   (2)   (3)   (4)

A. 1   **B.** 2   **C.** 3   **D.** 4

Q.8 निम्नलिखित जानकारी का ध्यानपूर्वक अध्ययन कीजिए और दिए गए प्रश्न का उत्तर दीजिए।

'P + Q' का अर्थ है 'P, Q की बहन है', 'P - Q' का अर्थ है 'P, Q का पिता है', 'P × Q' का अर्थ है 'P, Q का भाई है' और 'P ÷ Q' का अर्थ है 'P, Q का पति है।

यदि (O - X + Y × Z ÷ P), तो P, O से किस प्रकार संबंधित है?

A. पिता   **B.** बहू   **C.** दामाद   **D.** दादा

Q.9 A और B, K का भाई है, D, B की माँ है और E, A का पिता है। निम्नलिखित में से कौन सा कथन निश्चित रूप से सत्य नहीं है?

A. B, K का भाई है   **B.** A, K का पिता है

C. A, D का पुत्र है   **D.** A, E का पुत्र है

Q.10 प्रश्न चिह्न के स्थान पर कौन सी संख्या होगी:

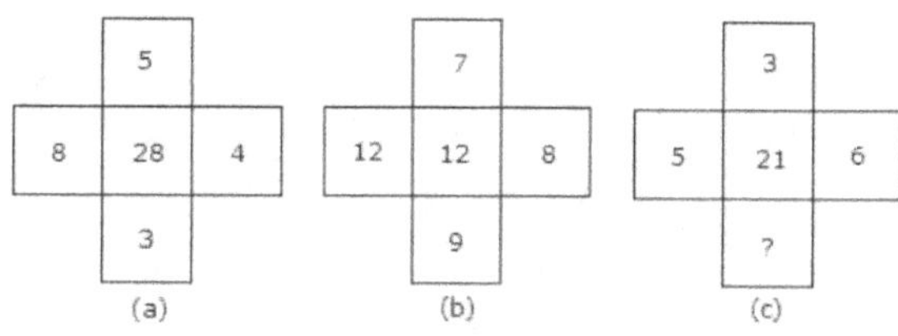

A. 1   **B.** 2   **C.** -1   **D.** 4

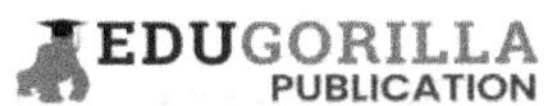

Q.11 प्रश्न चिह्न के स्थान पर कौन सी संख्या होगी?

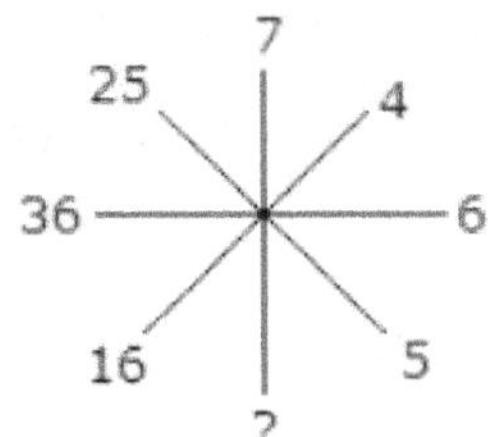

A. 5   **B.** 49   **C.** 7   **D.** 8

Q.12 प्रकाश : सूर्य :: गर्मी : ?
A. विद्युत   **B.** चन्द्रमा   **C.** आग   **D.** तारा

Q.13 आकर्षक : सुंदर :: पति : ?
A. महिलाएं   **B.** पत्नी   **C.** लड़की   **D.** वह

Q.14 अलग चुनें:
A. पोशाक   **B.** पांडा   **C.** भालू   **D.** लोमड़ी

Q.15 भिन्न चुनें:
A. सी. पी. यू   **B.** मॉनिटर   **C.** कंगारू   **D.** की-बोर्ड

Q.16 निम्नलिखित प्रश्नों के लिए उन्हें व्यक्तिगत रूप से उत्तर दें:

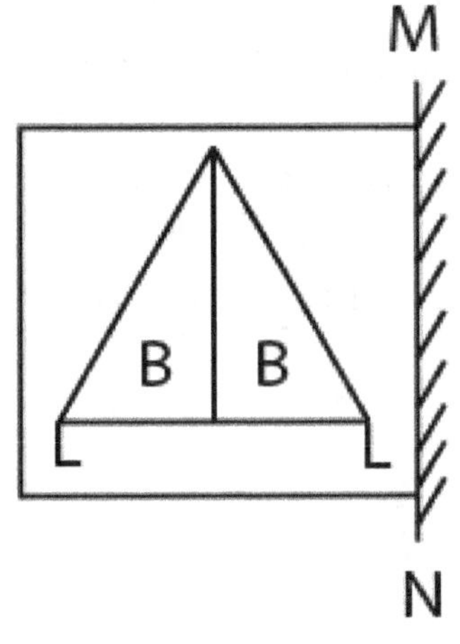

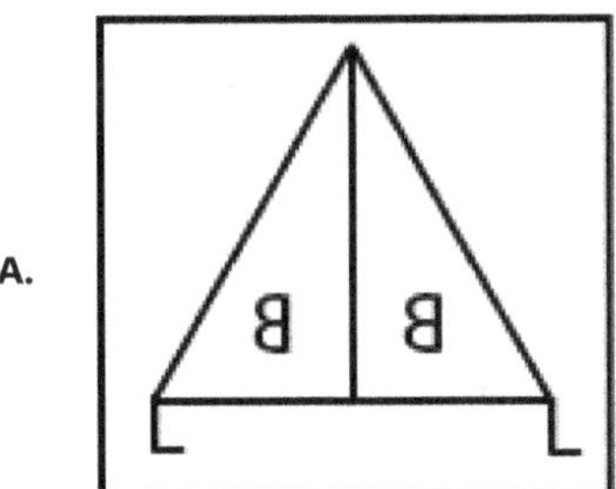

A.

B. 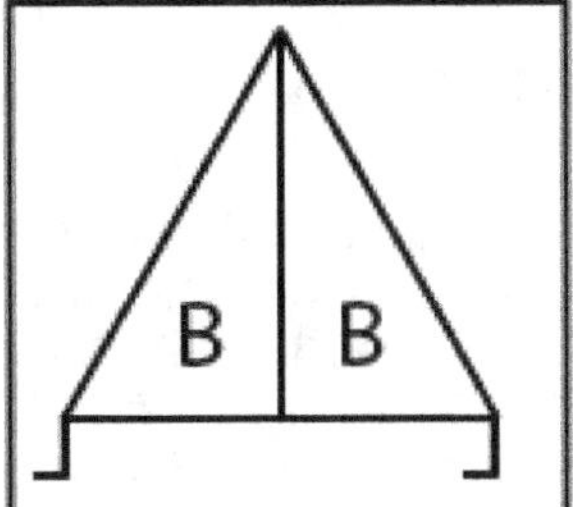

C. 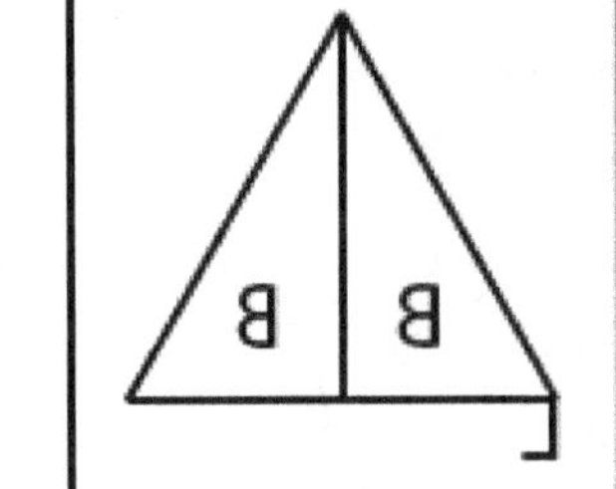

D. 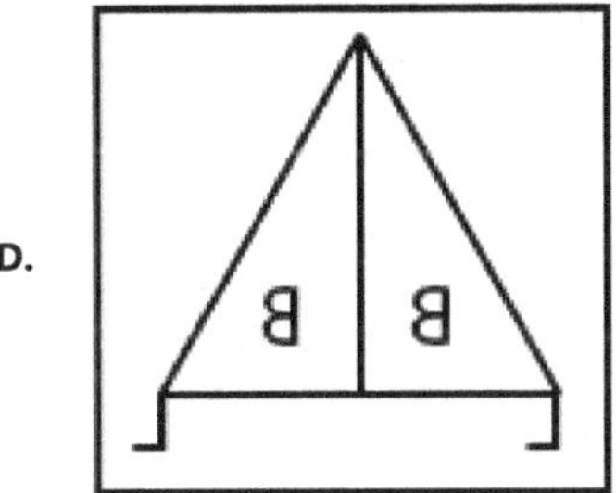

Q.17 यदि एक दर्पण को AB की रेखा पर रखा जाता है, तो दी गयी आकृति में से कौन सी उत्तर आकृति की सही छवि है?

[SSC MTS, 2019], [SSC MTS, 2017]

A. 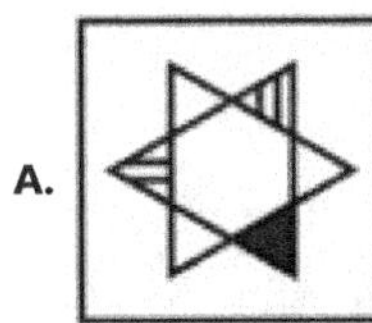   **B.** 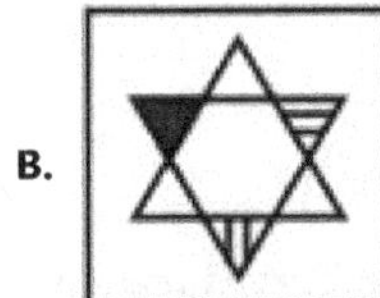

C. 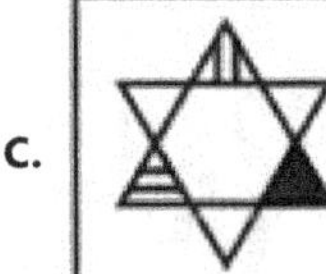   **D.** 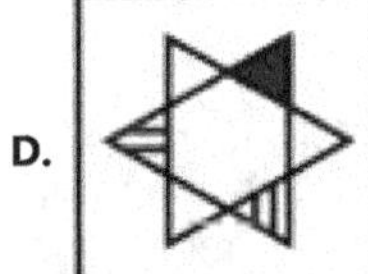

Q.18 'जो' के संग्रह में अमेरिका, भारतीय और ब्रिटिश टिकट शामिल हैं। यदि अमेरिका में भारतीय टिकटों का अनुपात 5 से 2 है और ब्रिटिश टिकटों के लिए भारतीय का अनुपात 5 से 1 है, तो अमेरिका के ब्रिटिश टिकटों का अनुपात क्या है?

A. 5 : 1   **B.** 10 : 5   **C.** 20 : 2   **D.** 25 : 2

Q.19 वृत्त में एक 3 बाई 4 का आयत रखा जाता है। वृत्त की परिधि क्या है?

A. 2.5π   **B.** 3π   **C.** 5π   **D.** 4π

Ques (20-21):निर्देश: नई दिल्ली के एक विद्यालय में, विद्यालय के हेड बॉय का चुनाव करने के लिए तीन वरिष्ठ शिक्षकों का एक पैनल बनाया गया है। अजय, वीर और नितिन: छात्रों द्वारा तीन संभावित उम्मीदवारों का चयन किया गया है। प्रत्येक शिक्षक को या तो प्रत्येक छात्र के विरुद्ध या उसके समर्थन के लिए मतदान करना होता है। चयन के बारे में निम्नलिखित मापदंड हमें ज्ञात हैं:

- दो शिक्षक अजय को मतदान करते हैं

- एक शिक्षक वीर के लिए मतदान करता है

- नितिन के लिए एक शिक्षक मतदान करता है

- एक शिक्षक अजय के लिए मतदान करता है

- शिक्षक अजय और नितिन के विरुद्ध 2 मतदान करते हैं

- शिक्षक नितिन के विरुद्ध 3 मतदान करते हैं

Q.20 दिए गए कथनों में से कौन सा निश्चित रूप से सत्य है?

A. शिक्षक नितिन के विरुद्ध 2 मतदान करते है

B. शिक्षक 3 अजय के समर्थन में है लेकिन नितिन के विरुद्ध है

C. शिक्षक 1 अजय के विरुद्ध है

D. शिक्षक 3 वीर के विरुद्ध है

Q.21 दी गई जानकारी के आधार पर, कौन सा कथन पूरी तरह से गलत है?

A. यदि शिक्षक 3 वीर के विरुद्ध मतदान करता है, तो शिक्षक 2 ने वीर के लिए मतदान किया होगा

B. शिक्षक 1 वीर को विद्यालय का हेड बॉय बनाने के विरुद्ध था

C. शिक्षक 3 ने अजय को मतदान किया

D. इनमें से कोई भी नहीं

Q.22 प्रश्न चिह्न के स्थान पर कौन सी संख्या है?

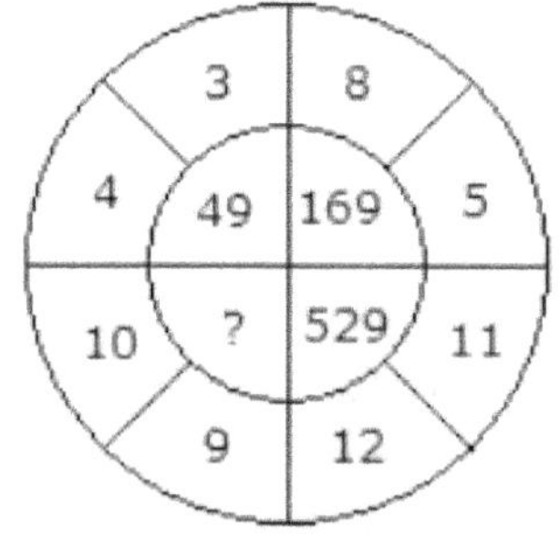

A. 366   **B.** 368   **C.** 361   **D.** 367

Ques (23-24):निर्देश: चुनाव अभियान की रणनीति के बारे में नीचे दी गई जानकारी का विश्लेषण करें और निम्नलिखित प्रश्नों के उत्तर दें:

आप चुनाव प्रचार के लिए एक रणनीति तैयार करने वाले हैं जो 6 महीने में शुरू होने जा रही है। यह कई एजेंसियों से जुड़े कई निर्वाचन क्षेत्रों में किया जाना है। प्रारूप तय होने के बाद भारी मात्रा में साजो-सामान की सहायता की आवश्यकता होगी। मंत्री ने आपकी कार्य योजना को सुनने के लिए बैठक बुलाई है और आपको इसके लिए तैयार रहने की आवश्यकता है।

Q.23 सबसे प्रभावी उत्तर क्या होगा?

A. विभिन्न एजेंसियों के साथ समन्वय करने और उन्हें रणनीति को मंजूरी देने पर ध्यान दें

B. समय सीमा को पूरा करने के लिए समय सीमा, लक्ष्य और चौकियों की स्थापना पर ध्यान दें।

C. रणनीति की सामग्री के डिजाइन और अभिन्यास के लिए तत्काल प्राप्त करने पर ध्यान केंद्रित करें।

D. न्यायशास्त्र पर ध्यान केंद्रित करें: लोगों और उपकरणों को एक स्थान से दूसरे स्थान पर आसानी से कैसे स्थानांतरित किया जाए।

Q.24 कम से कम प्रभावी उत्तर क्या होगा?

A. विभिन्न एजेंसियों के साथ समन्वय करने और उन्हें रणनीति को मंजूरी देने पर ध्यान दें।

B. समय सीमा को पूरा करने के लिए समय सीमा, लक्ष्य और चौकियों की स्थापना पर ध्यान दें।

C. रणनीति की सामग्री के डिजाइन और अभिन्यास के लिए तत्काल प्राप्त करने पर ध्यान केंद्रित करें।

D. न्यायशास्त्र पर ध्यान केंद्रित करें: लोगों और उपकरणों को एक स्थान से दूसरे स्थान पर आसानी से कैसे स्थानांतरित किया जाए।

Q.25 निर्देश: आप वर्षों से अपनी भूमिका निभाने के लिए एक निश्चित कंप्यूटर प्रणाली का उपयोग कर रहे हैं और यह स्थिर और विश्वसनीय सिद्ध हुई है। हाल ही में, आपको सूचित किया गया था कि इसे अगले महीने नई कार्य क्षमता और अनुप्रयोगों के साथ अपडेट किया जाना है। आप उस समय के बारे में चिंतित हैं, जब एक समस्या मुक्त प्रणाली होने में समय लगेगा, क्योंकि वर्तमान प्रणाली को समस्या मुक्त होने में छह महीने लगे। अब आपको इस खबर पर अपनी प्रतिक्रिया तय करने की आवश्यकता है।

कम से कम प्रभावी उत्तर क्या होगा?

A. इस प्रणाली को चलाने वाले पहले व्यक्ति और स्वयंसेवक के बारे में पता कर सकते हैं।

B. अपनी श्रेष्ठता के लिए अपनी चिंता को आवाज़ दें और सलाह दें कि सभी संभावित मुद्दों को पहचानने और हल किए जाने तक सभी संभव अपग्रेड में देरी हो।

C. त्रुटियों के लिए नए सिस्टम को चलाने के लिए अन्य सभी सहयोगियों से पूछें ताकि आपके काम की गुणवत्ता से समझौता न हो, परन्तु उनकी समीक्षा करें।

D. विश्वास करें कि उपयुक्त जांच हो चुकी है और उन्नयन की शुरूआत की प्रतीक्षा करें ताकि आप इसकी कार्य क्षमता का आकलन कर सकें।

// स्मार्ट उत्तर पुस्तिका //

| सही उत्तर | उन छात्रों का प्रतिशत जिन्होंने प्रश्नों का सही उत्तर दिया था। | | छोड़ दिया | उन छात्रों का प्रतिशत जिन्होंने प्रश्नों को छोड़ दिया था। |

प्रश्न संख्या	उत्तर	सही उत्तर / छोड़ दिया	प्रश्न संख्या	उत्तर	सही उत्तर / छोड़ दिया	प्रश्न संख्या	उत्तर	सही उत्तर / छोड़ दिया	प्रश्न संख्या	उत्तर	सही उत्तर / छोड़ दिया	प्रश्न संख्या	उत्तर	सही उत्तर / छोड़ दिया	प्रश्न संख्या	उत्तर	सही उत्तर / छोड़ दिया
1	A	63.44 % / 1.08 %	6	C	12.9 % / 16.13 %	11	B	69.89 % / 15.06 %	16	D	51.61 % / 15.06 %	21	D	8.6 % / 15.06 %			
2	A	50.54 % / 16.13 %	7	A	12.9 % / 19.36 %	12	C	64.52 % / 18.28 %	17	B	54.84 % / 21.5 %	22	C	56.99 % / 19.35 %			
3	A	30.11 % / 15.05 %	8	B	37.63 % / 18.28 %	13	B	64.52 % / 15.05 %	18	D	32.26 % / 18.28 %	23	C	15.05 % / 15.06 %			
4	C	41.94 % / 19.35 %	9	B	46.24 % / 19.35 %	14	A	68.82 % / 18.28 %	19	C	17.2 % / 13.98 %	24	D	16.13 % / 13.98 %			
5	A	36.56 % / 20.43 %	10	C	16.13 % / 16.13 %	15	C	74.19 % / 15.06 %	20	B	23.66 % / 15.05 %	25	D	12.9 % / 19.36 %			

//संकेत और समाधान//

1.

वस्तु   छवि

अतः विकल्प (A) सही है।

2.

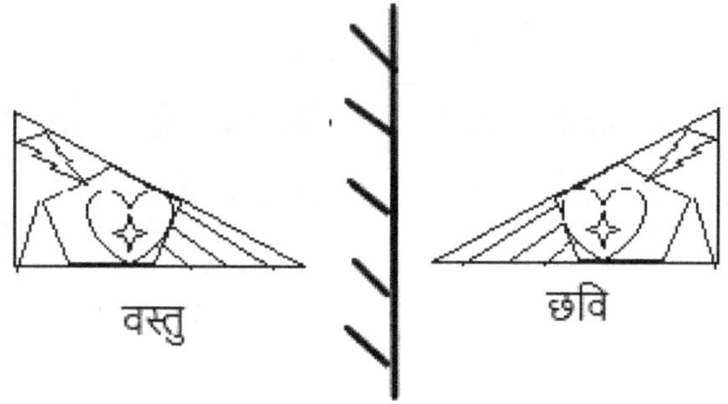

वस्तु   छवि

अतः विकल्प (A) सही है।

3.

- भेदभाव एक व्यक्ति या समूह है जो रूढ़ियों और पूर्वग्रहों पर आधारित है।
- एक व्यक्ति और दूसरे व्यक्ति या समूह के बीच व्यक्तिगत भेदभाव होता है।
- एक महिला कार्यकारी का मानना है कि महिलाएं बेहतर वार्ताकार हैं क्योंकि वे समझौता खोजने में बेहतर हैं। जब एक वार्ताकार के लिए एक स्थिति बनी, तो उसने केवल महिलाओं को साक्षात्कार किया।

अतः विकल्प (A) सही है।

4. $(8 \times 3) + 4 = 28$
$= 28(28 \times 4) + 4 = 116$
$= 116(116 \times 5) + 4 = 584$
$= 584(584 \times 6) + 4 = 3508$
$= 3508.$
अतः विकल्प (C) सही है।

5. पहला पद: 10
दूसरा पद: $100 = 10 + 90$
तीसरा पद: $200 = 100 + 100$
चौथा पद: $310 = 200 + 110$
पाँचवा पद: $430 = 310 + 120$

इसलिए, उत्तर 430 है।
अतः विकल्प (A) सही है।

6. तत्व क्रम में बारी-बारी से चलते हैं, जैसे,

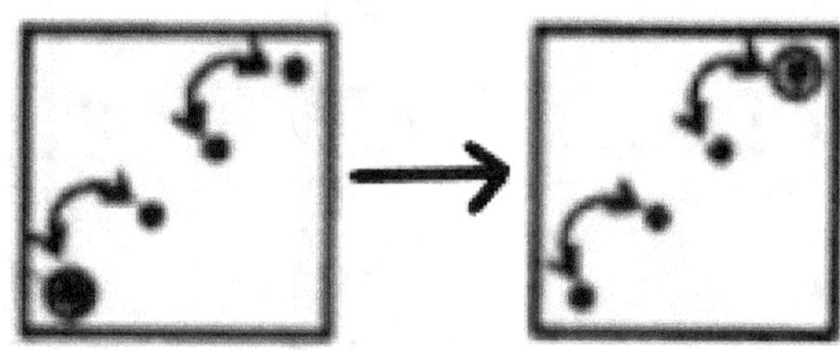

साथ ही, प्रत्येक चरण में, जो तत्व घेरे की स्थिति में पहुंचता है, उसे एक नए तत्व से बदल दिया जाता है।

अतः विकल्प (C) सही है।

7. दोनों बड़े और छोटे वर्ग प्रत्येक मोड़ में आसन्न कोने वाले ACW में जाते हैं। इसके अतिरिक्त, छोटे वर्ग में छायांकन 1, 2, 3, 4, 5, ... चरण ACW क्रमिक रूप से और बड़े वर्ग में छायांकन 1, 2, 3, 4, 5, ... चरण क्रमिक रूप से चरण क्रम है।
अतः विकल्प (A) सही है।

8. पाँच सदस्य: O, P, X, Y, Z

कूट	+	-	×	÷
अर्थ	बहन	पिता	भाई	पति

दिया गया व्यंजक: (O - X + Y × Z ÷ P)

इसका अर्थ है कि O, X का पिता है, X, Y की बहन है, Y, Z का भाई है और Z, P का पति है।

निम्न प्रतीकों का उपयोग करके वंश-वृक्ष तैयार करने पर:

Symbol in Diagram	Meaning
◯	Female
☐	Male
═	Married Couple
─	Siblings
│	Difference of A Generation

इस प्रकार, प्राप्त वंश-वृक्ष है:

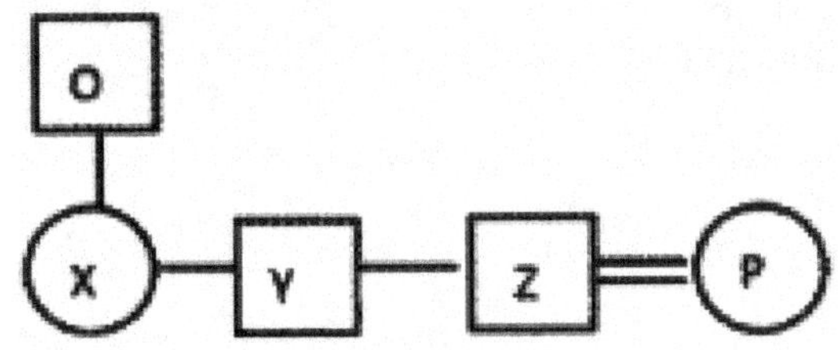

तो P, O की बहू है।

अतः विकल्प (B) सही है।

9. A, B और K भाई-बहन हैं। E और D पति और पत्नी हैं, इसलिए A, E और D दोनों का पुत्र है।

अतः विकल्प (B) सही है।

10. चित्र से a: $(8 \times 5) - (4 \times 3) = 28$

चित्र से b: $(12 \times 7) - (8 \times 9) = 12$

चित्र से c: $(5 \times 3) - (6 \times X) = 21$

$15 - 6X = 21$

$6X = -6$

$X = -1$

इसलिए संख्या -1 प्रश्न चिह्न का स्थान लेगा।

अतः विकल्प (C) सही है।

11. $(5)^2 = 25$

$(6)^2 = 36$

$(4)^2 = 16$

$(7)^2 = 49$

तो संख्या 49 प्रश्न चिह्न की जगह लेगा।

अतः विकल्प (B) सही है।

12. जैसे कि सूर्य प्रकाश देता है। उसी तरह आग गर्मी देती है।
अतः विकल्प (C) सही है।

13. आकर्षक शब्द पुरुष श्रेणी से संबंधित है इसलिए पति और सुंदर शब्द महिला वर्ग से संबंधित है इसलिए पत्नी।

अतः विकल्प (B) सही है।

14. पांडा, भालू और लोमड़ी जानवर हैं। जबकि पोशाक एक कपड़ा है। तो, यह तीनों से भिन्न है।
अतः विकल्प (A) सही है।

15. सीपीयू, मॉनिटर और की-बोर्ड कंप्यूटर के भाग हैं। जबकि कंगारू एक जानवर है। तो, यह तीनों से भिन्न है।
अतः विकल्प (C) सही है।

16. दर्पण छवि में त्रिकोण नहीं बदलेगा।
मूल आकृति में, त्रिकोण के अंदर 'B' की एक जोड़ी है जो दर्पण में पलट जाएगी।
=>(B) पलट जायेगा।
'L' की एक जोड़ी भी है जो दर्पण छवि में पलट जाएगी।
=>(A) और (C) गलत हैं।

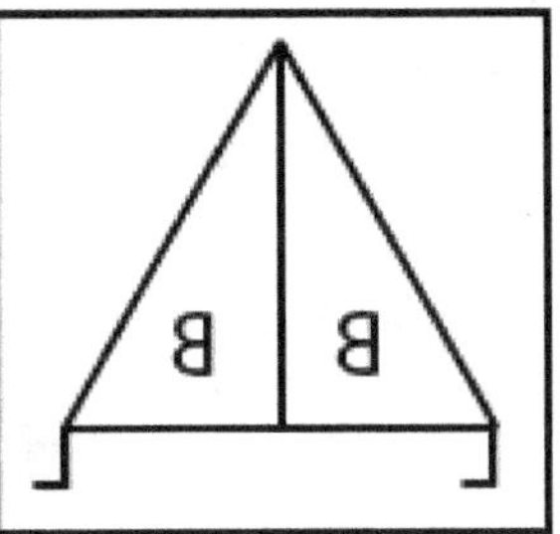

अतः विकल्प (D) सही है।

17. चूंकि, एक ऊर्ध्वधर दर्पण रखा गया है, इस प्रकार ऊपर और नीचे की स्थिति समान रहेगी, जबकि बाएं और दाएं स्थान की अदला-बदली की जाएगी।

शीर्ष दाई ओर स्थित काला त्रिभुज ऊपर बाई ओर दिखाई देगा और इस प्रकार पहली, तीसरी और चौथी आकृति गलत है।

इस प्रकार दूसरी सही आकृति है।

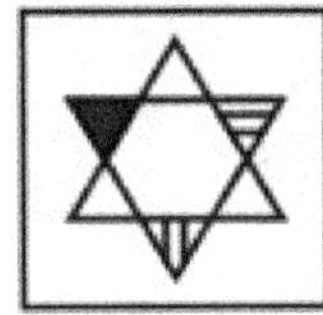

अतः विकल्प (B) सही है।

18. माना,

अमेरिका की मोहर $= X$

भारत की मोहर $= Y$

ब्रिटेन की मोहर $= Z$

उपरोक्त प्रश्न को देखते हुए,

$\frac{X}{Y} = \frac{5}{2} \ldots \ldots (1)$

$\frac{Y}{Z} = \frac{5}{1} \ldots \ldots (2)$

$X = \frac{5Y}{2}, Y = \frac{2X}{5}, Z = \frac{Y}{5}$

$\frac{X}{Z} = \frac{\frac{5Y}{2}}{\frac{Y}{5}}$

इसलिए, अमेरिका मोहर का अनुपात ब्रिटिश मोहर, X के लिए Z, $\frac{25}{2}$ है।

तो, अमेरिका के ब्रिटिश टिकटों का अनुपात 25 : 2 है।

अतः विकल्प (D) सही है।

19. आयत को ऐसे रखा जाता है कि आयत का विकर्ण वृत्त का व्यास बन जाता है। यह व्यास के साथ एक अर्ध वृत्त में त्रिकोण के रूप में सही है क्योंकि आधार परिधि में 90 डिग्री का कोण बनाता है।

इस प्रकार, वृत्त का व्यास

$= \sqrt{लंब^2 + आधार^2 + विकर्ण^2}$

इस प्रकार, वृत्त का व्यास $= \sqrt{3^2 + 4^2} = 5$

परिधि $= \pi d = 5\pi$

आवश्यकता है और उसके बाद ही नए उन्नयन का आनंद लिया जा सकता है अतः विकल्प (D) सही है।

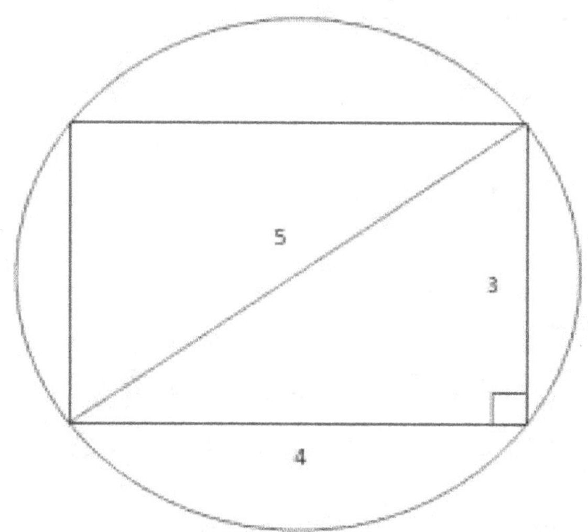

अतः विकल्प (C) सही है।

20. शिक्षक 3 अजय के समर्थन में है लेकिन नितिन के विरुद्ध है:

	अजय	वीर	नितिन
शिक्षक 1	समर्थन	विरुद्ध	
शिक्षक 2	विरुद्ध		
शिक्षक 3	समर्थन		विरुद्ध

अतः विकल्प (B) सही है।

21. इनमे से कोई भी नहीं

	अजय	वीर	नितिन
शिक्षक 1	समर्थन	विरुद्ध	
शिक्षक 2	विरुद्ध		
शिक्षक 3	समर्थन		विरुद्ध

अतः विकल्प (D) सही है।

22. $(4 + 3)^2 = (7)^2 = 49$

$(8 + 5)^2 = (13)^2 = 169$

$(11 + 12)^2 = (23)^2 = 529$

$(10 + 9)^2 = (19)^2 = 361$

तो संख्या 361 प्रश्न चिह्न का स्थान लेगा।

अतः विकल्प (C) सही है।

23. प्रश्न में स्पष्ट रूप से कहा गया है कि प्रारूप तय होने के बाद साजो-सामानों की टीम से संपर्क करने की आवश्यकता है, इस प्रकार 4 वें विकल्प को समाप्त कर दिया जाएगा। रणनीति तैयार होने पर ही एजेंसियों से संपर्क किया जा सकता है और फिर समय सीमा तय की जा सकती है।
अतः विकल्प (C) सही है।

24. उपकरण को स्थानांतरित करना अंतिम चरण है। केवल एक बार पूरी रणनीति निर्धारित करने और एजेंसियां रणनीति के लिए सहमत हो जाती हैं, तो समय सीमा के आधार पर उपकरण को एक स्थान से दूसरे स्थान पर ले जाया जाएगा।
अतः विकल्प (D) सही है।

25. विश्वास करें कि उपयुक्त जांच हो चुकी है और उन्नयन की शुरूआत की प्रतीक्षा करें ताकि आप इसकी कार्यक्षमता का आकलन कर सकें। पहले उपस्थित काम के डेटा को सुरक्षित करने के लिए समीक्षा करने की

Q.1 निर्देश: दिए गए विकल्पों से संबंधित शब्द का चयन कीजिए।
पशुचिकित्सक : पशु :: हड्डी रोग विशेषज्ञ : ?

A. नेत्र   **B.** बच्चे   **C.** मस्तिष्क   **D.** हड्डी

Q.2 निर्देश: दिए गए विकल्पों से संबंधित शब्द का चयन कीजिए।
जीमेल : ईमेल सेवा :: फेसबुक : ?

A. ट्रेडिंग अकाउंट   **B.** सोशल नेटवर्क
C. केलेंडर   **D.** स्टोरेज प्लेटफार्म

Q.3 निम्नलिखित प्रश्न में दिए गए विकल्पों में से बेजोड़ संख्या जोड़ी को चुनिए।

A. 13, 166   **B.** 15, 222   **C.** 11, 117   **D.** 10, 97

Q.4 निम्नलिखित चार शब्दों में से तीन किसी तरीके से समान हैं और एक भिन्न है। उस शब्द का चयन कीजिए जो अन्य से भिन्न है।

A. हिंदी   **B.** स्पेनिश   **C.** फ्रेंच   **D.** चीन

Q.5 एक महिला की ओर इशारा करते हुए एक आदमी ने कहा, "वह मेरे पिता की पत्नी की बहन है।" वह महिला, आदमी से किस प्रकार संबंधित है?

A. माता   **B.** अंकल   **C.** आंटी   **D.** पत्नी

Q.6 सुरेश ने सुशांत से कहा, "तुम मेरी माँ के पिता के भाई का एकमात्र पुत्र है"। सुशांत, सुरेश से किस प्रकार सम्बंधित है?

A. अंकल   **B.** कजिन
C. ब्रदर-इन-लॉ   **D.** भाई

Q.7 दिए गए चित्र में त्रिकोणों की संख्या ज्ञात कीजिए।

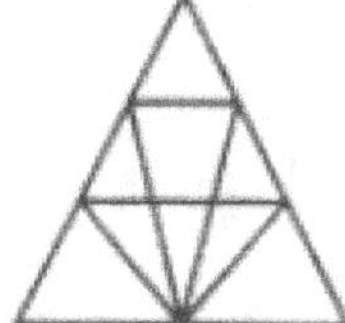

A. 22   **B.** 24   **C.** 26   **D.** 28

Q.8 दिए गए चित्र में त्रिकोणों की संख्या ज्ञात कीजिए।

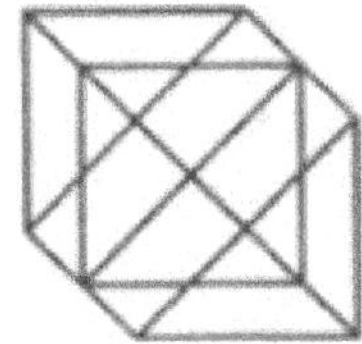

[Intelligence Bureau Security Assistant, 2017]

A. 18   **B.** 20   **C.** 24   **D.** 27

Q.9 निर्देश: प्रश्न चिह्न के स्थान पर क्या आएगा?
1, 9, 25, 49, ?, 121

A. 100   **B.** 91   **C.** 64   **D.** 81

Q.10 निर्देश: प्रश्न चिह्न के स्थान पर क्या आएगा?
4, 7, 12, 19, 28, ?

A. 49   **B.** 36   **C.** 30   **D.** 39

Q.11 स्कूल प्रिंसिपल को अवकाश के दौरान स्कूल यार्ड में बदमाशी के बारे में माता-पिता से शिकायत मिली है। वह जल्द से जल्द इस स्थिति की जांच करना और समाप्त करना चाहता है, इसलिए उसने अवकाश प्राप्त सहयोगियों को निकट से देखने के लिए कहा। किस स्थिति में भर्ती सहायक को प्रिंसिपल को रिपोर्ट करना चाहिए?

A. एक लड़की एक बेंच पर एक किताब पढ़ रही है और अपने साथियों के साथ बातचीत नहीं कर रही है।

B. चार लड़कियां एक अन्य लड़की को घेर रही हैं और लगता है कि उसके बैग पर उनका कब्जा है।

C. दो लड़के बास्केटबॉल के एक-पर-एक खेल खेल रहे हैं और अंतिम बास्केट स्कोर पर बहस कर रहे हैं।

D. तीन लड़कों को एक हैंडहेल्ड वीडियो गेम पर रखा गया है, जो कि स्कूल के मैदान में नहीं होना चाहिए।

Ques (12-13):निर्देश: दी गई जानकारी का अध्ययन करें और निम्नलिखित प्रश्न का उत्तर दें।

एक संगठन में एक प्रोफेसर की भर्ती करने के लिए निम्नलिखित मानदंड हैं:

आवेदक को चाहिए:

a. 67% अंक के साथ किसी भी विषय में स्नातक हो।

b. 26-09-2017 को 28 से 33 वर्ष के बीच की उम्र में उसकी उम्र है।

c. पीजी डिग्री / 3 वर्ष का डिप्लोमा हो या बी.एड 55% से अधिक अंकों के साथ पूरा किया हो।

d. अध्यापन में न्यूनतम 3 वर्ष का अनुभव हो।

e.1 साल की परिवीक्षा में शामिल होने के लिए तैयार रहें।

यदि कोई उम्मीदवार सभी मानदंडों को पूरा करता है,

i. ऊपर (c), लेकिन न्यूनतम 72% अंकों के साथ मैथ्स स्नातक के साथ एक कला है और 4 साल से अधिक का अनुभव है और अधिक से अधिक उसका / उसका मामला प्रधानाचार्य को भेजा जाना है।

ii. ऊपर (d), लेकिन न्यूनतम 60% अंकों के साथ मास्टर डिग्री, उसे / उसके वाइस प्रिंसिपल को भेजा जाना है।

प्रश्नों में आवेदकों का विवरण नीचे दिया गया है। निम्नलिखित कार्रवाई के आधार पर जो ऊपर दिए गए डेटा पर आधारित है, उत्तर को चिह्नित करें।

दिनांक 26-09-2017 को आपको सभी मामले दिए जाएंगे।

Q.12 मनिका एक B.Sc. 70% अंकों के साथ ग्रेजुएट और M.Sc. उन्होंने 2015 में 27 वर्ष की आयु पूरी की और 3 साल का अनुभव मैथ्स फैकल्टी के रूप में किया। वह एक वर्ष की परिवीक्षा अवधि में शामिल होने के लिए तैयार है।

A. अगर मामले को प्रिंसिपल के पास भेजा जाना है।
B. अगर मामला वाइस प्रिंसिपल को भेजा जाना है।
C. यदि उम्मीदवार का चयन करना है।
D. यदि जानकारी निर्णय लेने के लिए अपर्याप्त है।

Q.13 अभिषेक ने B.Sc. और M.Sc. में स्नातकोत्तर 78% अंकों के साथ और पिछले 7 वर्षों से काम कर रहा है, जिसके दौरान उन्होंने दो साल तक कोचिंग संस्थान में शिक्षक के रूप में काम किया। उनका जन्म 07.11.1986 को हुआ था और वे 1 वर्ष की परिवीक्षा अवधि में शामिल होने के लिए तैयार हैं।

A. यदि मामले को प्रिंसिपल के पास भेजा जाना है।

B. यदि मामला वाइस प्रिंसिपल को भेजा जाना है।
C. यदि उम्मीदवार का चयन करना है।
D. यदि जानकारी निर्णय लेने के लिए अपर्याप्त है।

Ques (14-15):निर्देश: चित्र में कौन सा उत्तर चित्र पूरा करेगा?

Q.14

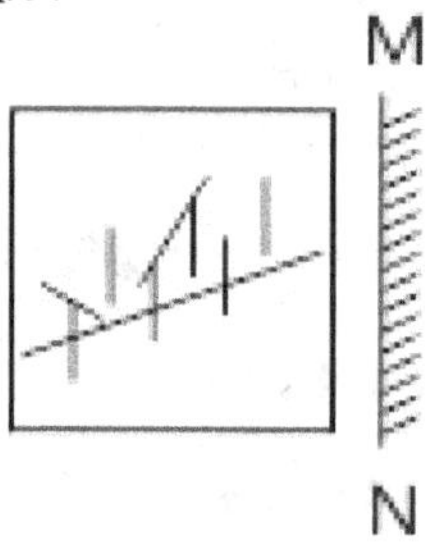

[Jawahar Navodaya Entrance Class VI, 2022], [SSC MTS, 2021], [AFCAT, 2021]

A. 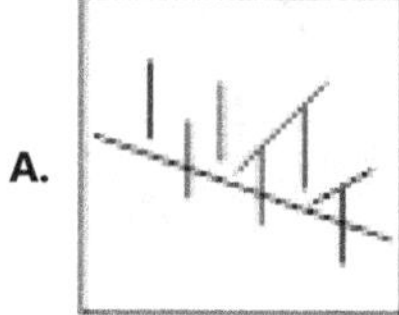   B. 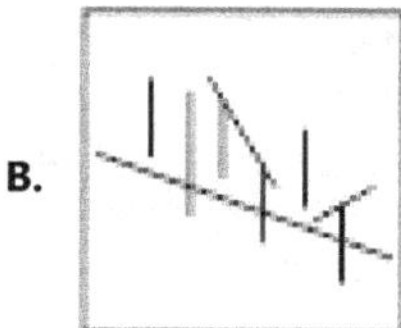

C. 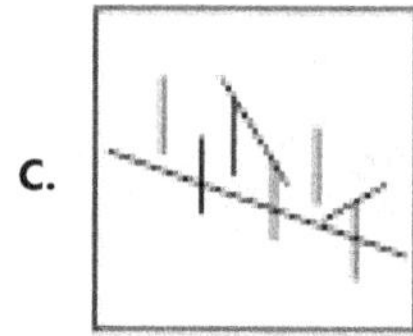   D. 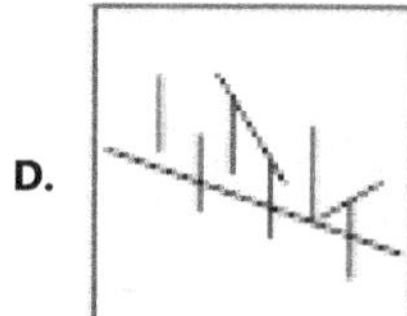

Q.15

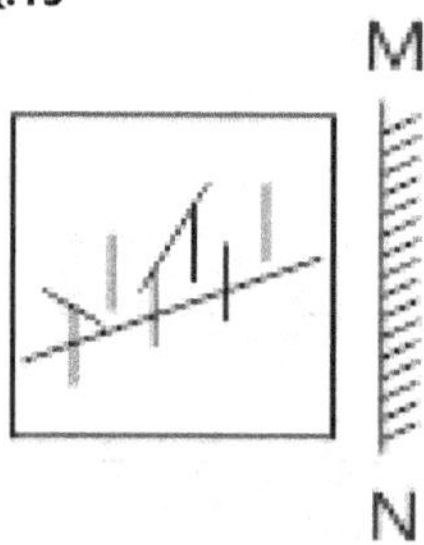

[Jawahar Navodaya Entrance Class VI, 2022], [SSC MTS, 2021], [AFCAT, 2021]

A. 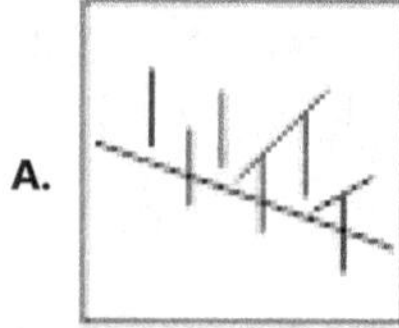   B. 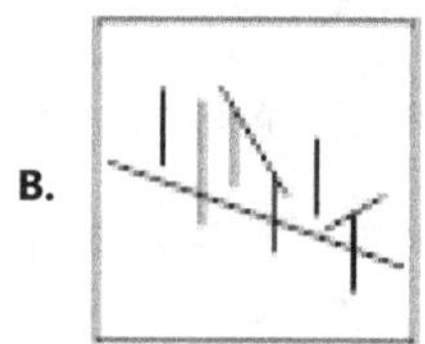

C. 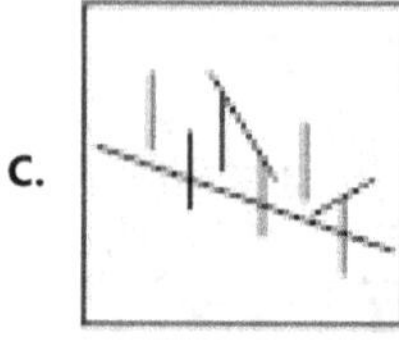   D. 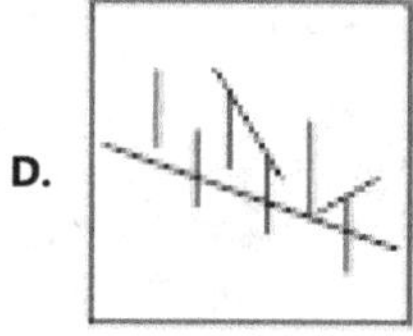

Ques (16-17):निर्देश: निम्नलिखित प्रश्न में कुछ समस्या आकृतियां शामिल हैं, जिसके बाद 1, 2, 3, 4 के रूप में चिह्नित आकृतियां हैं जिन्हें उत्तर आकृतियां कहा जाता है।

सही उत्तर आकृति का पता लगाएं जो समस्या आकृतियों के अनुक्रम में आगे आना चाहिए।

Q.16 समस्या आकृतियां,

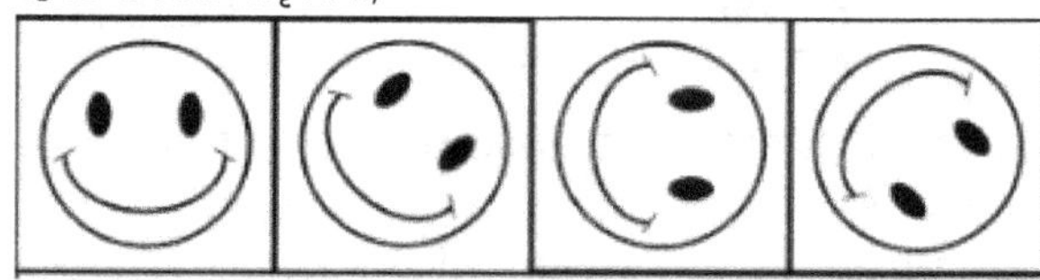

उत्तर आकृतियां,

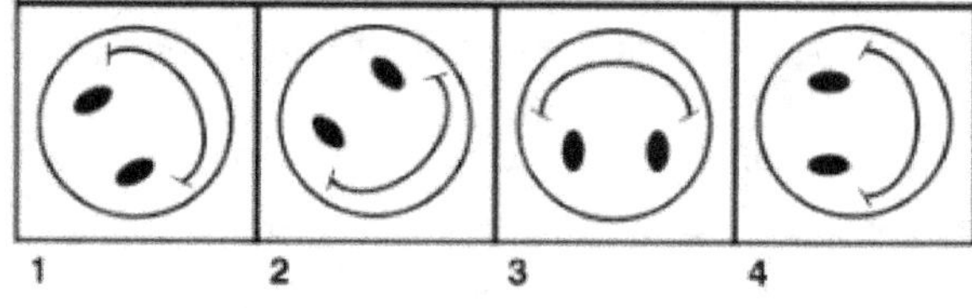

A. 1   B. 2   C. 3   D. 4

Q.17 समस्या आकृतियां,

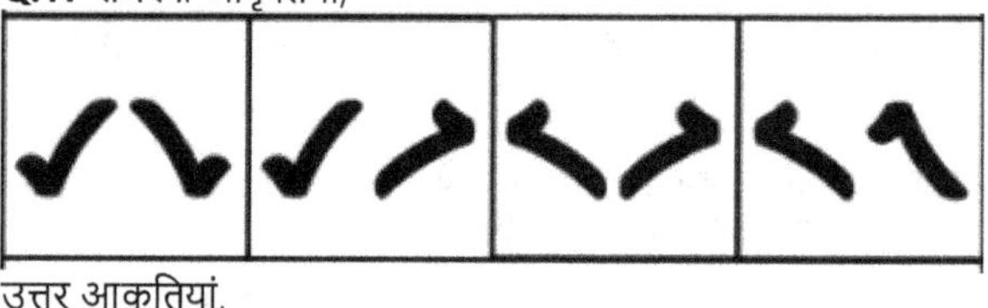

उत्तर आकृतियां,

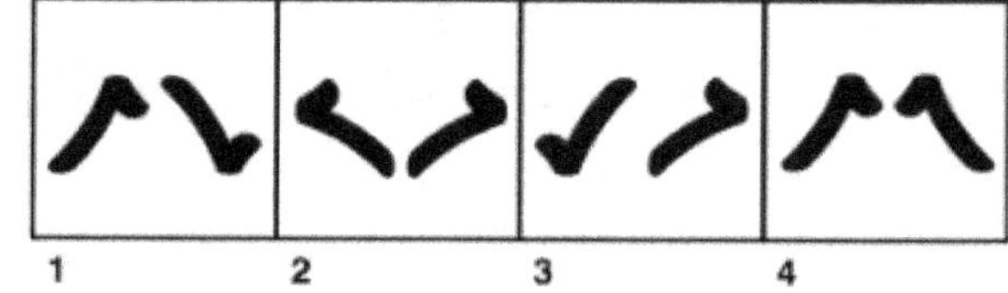

[NCERT National Talent Search Exam, 2020]

A. 1   B. 2   C. 3   D. 4

Q.18 10 लड़कों की एक पंक्ति में, जब राम को बाईं ओर 5 स्थान स्थानांतरित किया गया था, तो वह बाएं छोर से तीसरे बन गए। पंक्ति के दाहिने छोर से उसकी पूर्व स्थिति क्या थी?

A. 5   B. 8   C. 9   D. 3

Q.19 यदि झाँसी रैंक में प्रभा से बारह स्थान आगे है, जिसकी रैंक अंत से पन्द्रहवीं है, यदि मेरिट के क्रम में झाँसी की रैंक चौथी है तो कक्षा में कुल कितने विद्यार्थी हैं?

A. 23   B. 27   C. 30   D. 31

Q.20 एक ही पासे की तीन अलग-अलग स्थिति दर्शायी गई हैं, जिनमें से छह फलकों को डॉट्स में 1 से 6 की संख्या में दर्शाया गया है, '4 डॉट्स' के विपरीत फलक पर कितने डॉट होंगे?

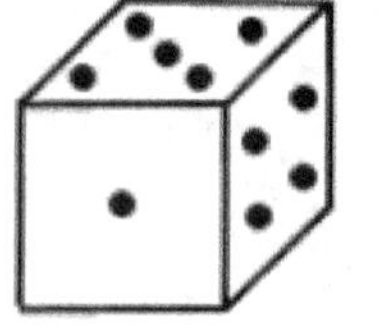 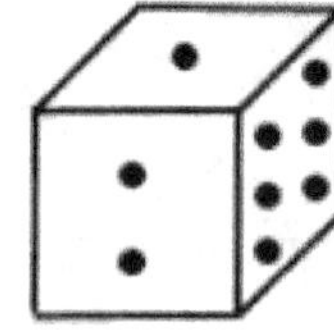 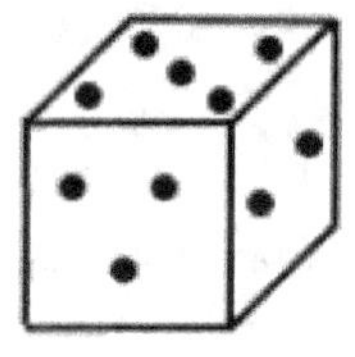

A. 3   B. 2   C. 5   D. 6

Q.21 पासे की स्थिति नीचे दिखाई गई है। 'L' वाले फलक के विपरीत क्या आएगा?

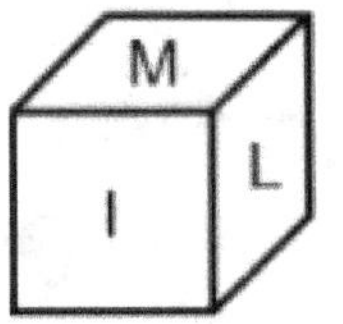 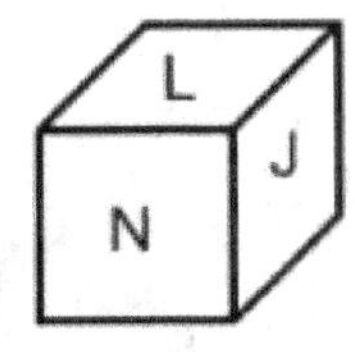 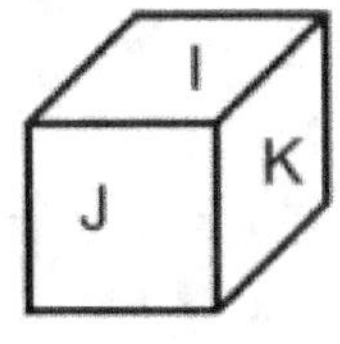

A. M **B.** K **C.** J **D.** N

Q.22 एक चिड़ियाघर में हिरण और मोर हैं। सिर गिनने से वे 80 हैं। उनके पैरों की संख्या 200 है। मोरों की संख्या ज्ञात कीजिए।

[HTET TGT Science, 2018], [HTET TGT Mathematics, 2018]

A. 20 **B.** 30 **C.** 50 **D.** 60

Q.23 एक कक्षा में, 18 लड़के हैं जो 160 सेमी से अधिक हैं। यदि ये तीन-चौथाई लड़के हैं और लड़कों की कुल संख्या कक्षा में कुल छात्रों की दो-तिहाई है, तो कक्षा में लड़कियों की संख्या क्या है?

A. 6 **B.** 12 **C.** 18 **D.** 24

Q.24 एक पिता अब अपने बेटे से तीन गुना बड़ा है। पांच साल पहले, वह अपने बेटे से चार गुना बड़ा था। पुत्र की आयु (वर्षों में) ज्ञात कीजिए।

A. 12 **B.** 15 **C.** 18 **D.** 20

Q.25 एक वेटर के वेतन में उसके वेतन और बख्शीस शामिल होते हैं। एक सप्ताह के दौरान उनकी बख्शीस उनके वेतन के $\frac{5}{4}$ थीं। उनकी आय का कितना हिस्सा बख्शीस से आया?

A. $\frac{4}{9}$ **B.** $\frac{5}{4}$ **C.** $\frac{5}{8}$ **D.** $\frac{5}{9}$

// स्मार्ट उत्तर पुस्तिका //

| सही उत्तर | उन छात्रों का प्रतिशत जिन्होंने प्रश्नों का सही उत्तर दिया था। |
| छोड़ दिया | उन छात्रों का प्रतिशत जिन्होंने प्रश्नों को छोड़ दिया था। |

प्रश्न संख्या	उत्तर	सही उत्तर / छोड़ दिया	प्रश्न संख्या	उत्तर	सही उत्तर / छोड़ दिया	प्रश्न संख्या	उत्तर	सही उत्तर / छोड़ दिया	प्रश्न संख्या	उत्तर	सही उत्तर / छोड़ दिया	प्रश्न संख्या	उत्तर	सही उत्तर / छोड़ दिया	प्रश्न संख्या	उत्तर	सही उत्तर / छोड़ दिया
1	D	76.48 % / 16.37 %	6	A	78.4 % / 10.33 %	11	B	56.74 % / 37.97 %	16	C	64.15 % / 31.84 %	21	B	42.54 % / 53.63 %			
2	B	88.03 % / 11.09 %	7	D	55.65 % / 38.47 %	12	C	48.57 % / 48.45 %	17	D	61.83 % / 32.65 %	22	D	77.47 % / 19.98 %			
3	C	58.75 % / 40.39 %	8	C	46.82 % / 44.44 %	13	D	46.54 % / 45.23 %	18	D	53.8 % / 43.94 %	23	B	70.0 % / 30.0 %			
4	D	80.45 % / 17.25 %	9	D	86.52 % / 12.67 %	14	C	81.09 % / 14.11 %	19	C	48.73 % / 42.04 %	24	B	69.15 % / 30.62 %			
5	C	81.81 % / 16.41 %	10	D	68.18 % / 31.29 %	15	C	43.15 % / 34.69 %	20	B	58.01 % / 30.45 %	25	D	45.68 % / 40.48 %			

//संकेत और समाधान//

1. पशुचिकित्सक पशुओं के चिकित्सक है।

इसी तरह, हड्डी रोग विशेषज्ञ हड्डियों के चिकित्सक हैं।

अत: विकल्प (D) सही है।

2. जीमेल ईमेल सेवा का एक उदाहरण है।

इसी तरह, फेसबुक एक सोशल नेटवर्किंग साइट का एक उदाहरण है।

अत: विकल्प (B) सही है।

3. $13, 166 \rightarrow (13)^2 - 3 = 166$

$15, 222 \rightarrow (15)^2 - 3 = 222$

$11, 117 \rightarrow (11)^2 - 3 = 118 \neq 117$

$10, 97 \rightarrow (10)^2 - 3 = 97$

अत: विकल्प (C) सही है।

4. "चीन" को छोड़कर सभी विकल्प दुनिया की प्रसिद्ध भाषाएं हैं, जबकि "चीन" एक देश है।

अत: विकल्प (D) सही है।

5. निम्नलिखित प्रतीकों का उपयोग करके वंश वृक्ष तैयार करने पर.

चित्र में प्रतीक	अर्थ
⬤	महिला
☐	पुरुष
═══	शादीशुदा जोड़ा
───	भाई-बहन
│	एक पीढ़ी का प्रसार

संभावित वंश वृक्ष आरेख होगा:

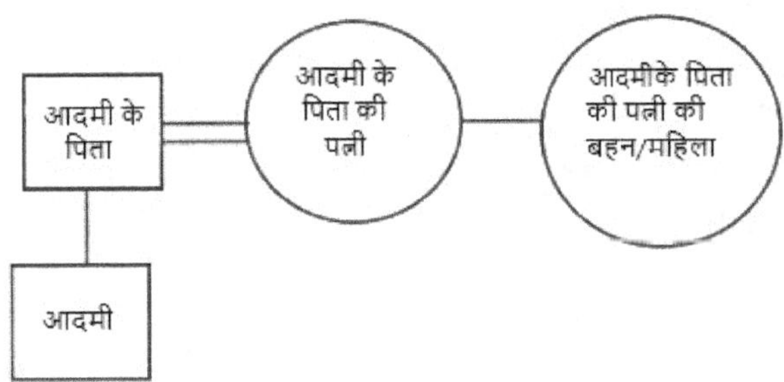

इसलिए, महिला, आदमी की "आंटी" है।

6. दी गयी जानकारी से,

चित्र में प्रतीक	अर्थ
⬤	महिला
☐	पुरुष
═══	शादीशुदा जोड़ा
───	भाई-बहन
│	एक पीढ़ी का प्रसार

दिए गए आकंडे से, हम वंश वृक्ष का निर्माण कर सकते है-

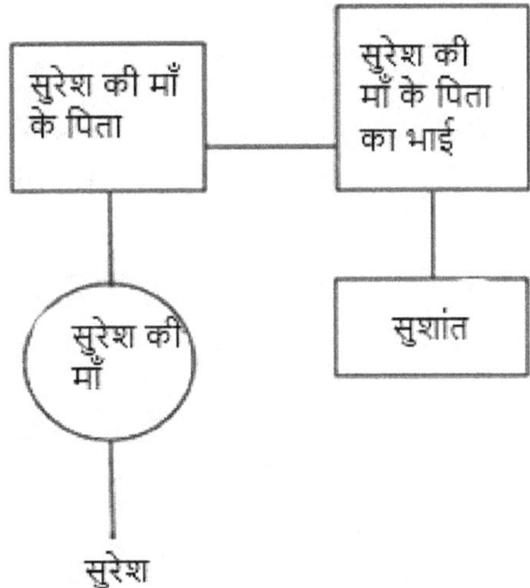

इसलिए, सुशांत, सुरेश का अंकल है।

अत: विकल्प (A) सही है।

7. चित्र को निम्न प्रकार लेबल किया जा सकता है:

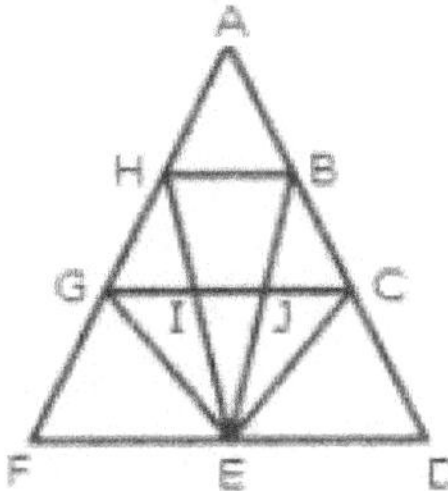

सबसे सरल त्रिकोण AGH, GFO, LFO, DJK, EKP, PEL और IMN अर्थात् संख्या में 7 है।

प्रत्येक दो घटक वाले त्रिकोण GFL, KEL, AMO, NDP, BHN, CMJ, NEJ और HFM अर्थात् संख्या में 8 है।

प्रत्येक तीन घटक वाले त्रिकोण IOE, IFP, BIF और CEI अर्थात् संख्या में 4 हैं।

प्रत्येक चार घटक वाले त्रिकोण ANE और DMF अर्थात् संख्या में 2 हैं।

प्रत्येक पांच घटक वाले त्रिकोण FCK, BGE और ADL अर्थात् संख्या में 3 हैं।

प्रत्येक छह घटक वाले त्रिकोण BPF, COE, DHF और AJE अर्थात् संख्या में 4 हैं।

चित्र में त्रिकोणों की कुल संख्या = 7 + 8 + 4 + 2 + 3 + 4 = 28

अत: विकल्प (D) सही है।

8. चित्र को निम्न प्रकार लेबल किया जा सकता है:

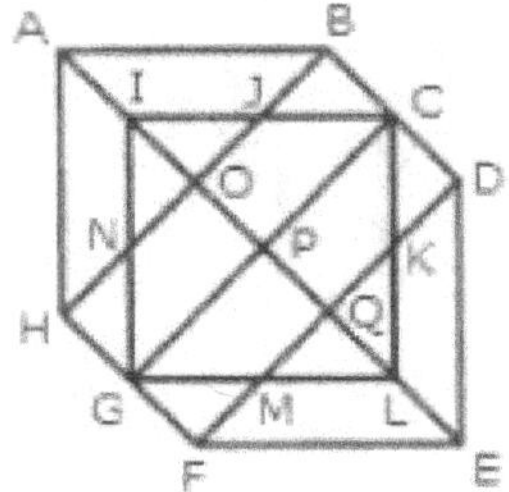

सबसे सरल त्रिकोण JO, BCJ, CDK, KQL, MLQ, GFM, GHN और NIO अर्थात् संख्या में 8 हैं।

प्रत्येक दो घटकों से बना त्रिकोण ABO, AHO, NIJ, IGP, ICP, DEQ, FEQ, KLM, LCP और LGP अर्थात् संख्या में 10 हैं।

प्रत्येक चार घटक से बने त्रिकोण HAB, DEF, LGI, GIC, ICL और GLC अर्थात् संख्या में 6 हैं।

चित्र में त्रिकोणों की कुल संख्या = 8 + 10 + 6 = 24

अत: विकल्प (C) सही है।

9. $1^2 = 1$

$3^2 = 9$

$5^2 = 25$

$7^2 = 49$

$9^2 = 81$

$11^2 = 121$

अत: विकल्प (D) सही है।

10. पहला पद: 4

दूसरा पद: 4+3 = 7

तीसरा पद: 7+5 = 12

चौथा पद: 12+7 = 19

पचवां पद: 19+9 = 28

इसलिए,

अगला पद: 28+11 = 39

अत: विकल्प (D) सही है।

11. एक अन्य लड़की के आसपास की चार लड़कियों को देखते हुए, जबकि उसके बैग के कब्जे में, वर्णित घटनाओं में से सबसे संदिग्ध है।

अत: विकल्प (B) सही है।

12. स्पष्ट रूप से मनिका को चुना जाएगा क्योंकि वह सभी मानदंडों को पूरा करती है।

अत: विकल्प (C) सही है।

13. चूँकि हम उसके B.Sc के अंकों को नहीं जानते हैं, इसलिए निर्णय लेने के लिए जानकारी अपर्याप्त है।

अत: विकल्प (D) सही है।

14.

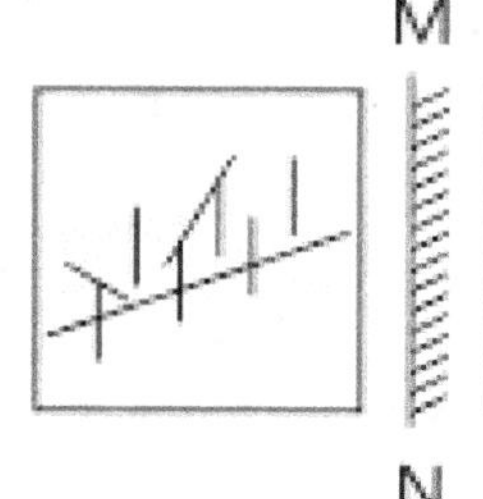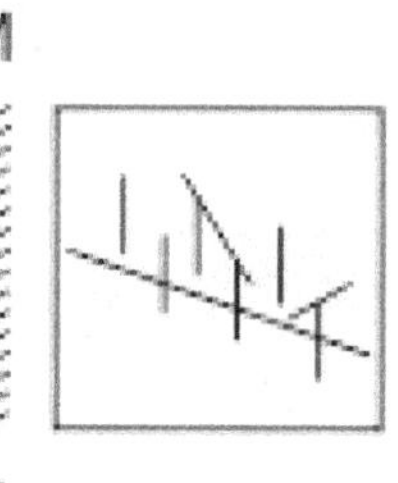

अत: विकल्प (C) सही है।

15.

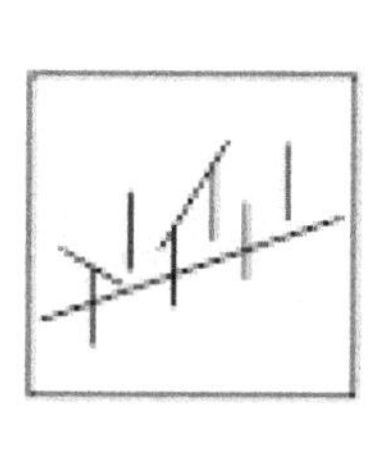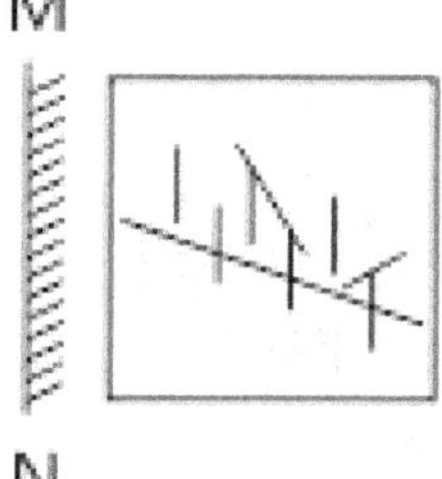

अतः विकल्प (C) सही है।

16. आकृति को प्रत्येक चरण में 45 डिग्री से घुमाया जाता है, अर्थात् 0, 45, 90, 135, 180 और इसी तरह।

इस प्रकार, उत्तर आकृति 3 होगी।

अत: विकल्प (C) सही है।

17. तत्व पहले चरण में दर्पण-छवियां हैं। अगले चरण में, दाईं ओर तत्व घुमाया जाता है और अगले चरण में, दर्पण-छवि प्राप्त की जाती है। इसी तरह, अगले चरण में, दाईं ओर तत्व घुमाया जाता है और अगली आकृति दर्पण-छवि होना चाहिए।

इस प्रकार, उत्तर आकृति 4 होगी।

अत: विकल्प (D) सही है।

18. जब राम को बाईं ओर 5 स्थान स्थानांतरित किया गया तो वे बाएं छोर से तीसरे स्थान पर आ गए।

फिर उसकी पहली स्थिति बायीं ओर से 3 + 5 = 8 वाँ होगा जो दायें छोर से तीसरा होगा।

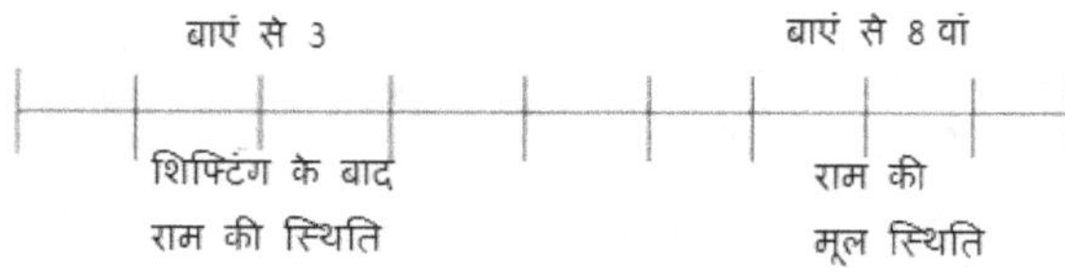

अत: विकल्प (D) सही है।

19. झाँसी = चौथी (आरम्भ से)

प्रभा = झाँसी (4) + 12 = सोलहवीं (आरम्भ से)

प्रभा = पन्द्रहवीं (अंत से)

विद्यार्थियों की कुल संख्या = आरम्भ से रैंक + अंत से रैंक – 1

प्रश्नानुसार हम जानते हैं कि आरम्भ एवं अंत दोनों ओर से प्रभा ही है = 16 + 15 – 1

= 31 – 1

= 30

इसलिए, विद्यार्थियों की कुल संख्या 30 है।

अत: विकल्प (C) सही है।

20. पासे से,

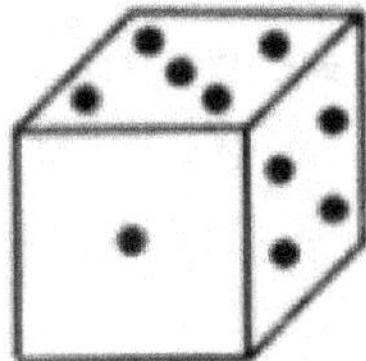 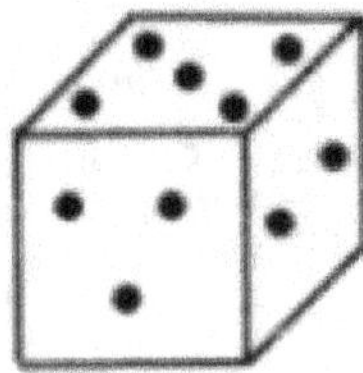

1 डॉट, 2 डॉट्स, 3 डॉट्स और 4 डॉट्स, 5 डॉट्स के विपरीत नहीं हो सकते। इसलिए, 6 डॉट्स, 5 डॉट्स के विपरीत है।

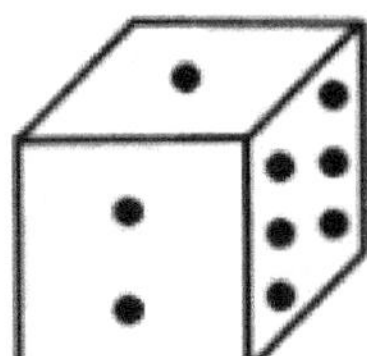 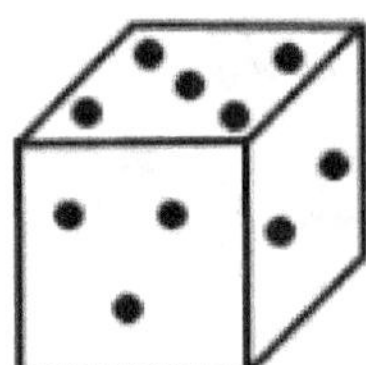

1 डॉट, 3 डॉट्स, 5 डॉट्स और 6 डॉट्स, 2 डॉट्स के विपरीत नहीं हो सकते। तो, 4 डॉट्स, 2 डॉट्स के विपरीत होने चाहिए।

इसलिए, 2 डॉट्स, '4 डॉट्स' के विपरीत फलक पर होंगे।

अत: विकल्प (B) सही है।

21. 'J' दोनों पासा में मौजूद है, 'J' की स्थिति को स्थिर बनाए रखते हुए,

हमें एक दूसरे के विपरीत फलक प्राप्त होता है।

J	N	L
M	I	K

तो, 'K', 'L' वाले फलक के विपरीत आएगा।

अत: विकल्प (B) सही है।

22. माना x और y क्रमशः चिड़ियाघर में हिरण और मोर की संख्या हैं। फिर,

x + y = 80 ...(i)

4x + 2y = 200 या 2x + y = 100 ...(ii)

(i) और (ii), हल करने पर हमें प्राप्त होता है,

x = 20, y = 60

अत: विकल्प (D) सही है।

23. माना लड़कों की संख्या x है।
तो,

$$\left(\frac{3}{4}\right)x = 18$$

$$x = 18x\left(\frac{4}{3}\right) = 24$$

यदि छात्रों की कुल संख्या y है।

तो, $\left(\frac{2}{3}\right)y = 24$

$$y = 24 \times \left(\frac{3}{2}\right) = 36$$

इसलिए, कक्षा में लड़कियों की संख्या $= (36 - 24) = 12$ है।
अत: विकल्प (B) सही है।

24. माना पुत्र की आयु x वर्ष है।
तो पिता की आयु = (3x) वर्ष
पाँच वर्ष पहले पिता की आयु = (3x - 5) वर्ष और पुत्र की आयु = (x - 5) वर्ष
इसलिए, 3x - 5 = 4 (x - 5)
⇒ 3x - 5 = 4x - 20
⇒ x = 15
अत: विकल्प (B) सही है।

25. माना वेतन $= x$ रू
तो बख्शीस $= \left(\frac{5}{4}x\right)$ रू

कुल आय $= \left(x + \frac{5}{4}x\right)$ रू $= \left(\frac{9x}{4}\right)$ रू

∴ आवश्यक अंश $= \left(\frac{5x}{4} \times \frac{4}{9x}\right)$

$$= \frac{5}{9}$$

अत: विकल्प (D) सही है।

Q.1 कौन सा अक्षर अन्य के समान नहीं है?

[UP Police Constable, 2018]

A. A **B.** U **C.** D **D.** O

Q.2 निर्देश: उस विकल्प का चयन कीजिए जिसमें संख्याएँ उसी प्रकार संबंधित हैं जिस प्रकार निम्नलिखित समूह की संख्याएँ संबंधित हैं।

(13,61,17)

A. (39,57,92) **B.** (87,67,1)
C. (101,53,31) **D.** (98,35,63)

Q.3 निर्देश: निम्नलिखित प्रश्न में, दिए गए विकल्पों में से संबंधित शब्द को चुनिए।

बादल : वर्षा : :

A. फूल : गंध **B.** सूर्य : प्रकाश
C. पर्वत : पहाड़ **D.** व्यक्ति : कार्य

Q.4 निर्देश: निम्नलिखित श्रृंखला में प्रश्न चिह्न (?) को प्रतिस्थापित कर सकने वाली संख्या का चयन कीजिए।

2,5,10,17,26, ?

A. 51 **B.** 37 **C.** 64 **D.** 49

Q.5 निर्देश: विकल्प में से कौन सी संख्या निम्नलिखित श्रृंखला में प्रश्न चिह्न (?) को प्रतिस्थापित करेगी?

32,35,39,47,64, ?

A. 80 **B.** 92 **C.** 81 **D.** 97

Q.6 निर्देश: उस विकल्प का चयन कीजिए जिसे निम्नलिखित श्रृंखला में, प्रश्न चिह्न (?) के स्थान पर रखा जा सकता है।

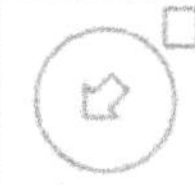

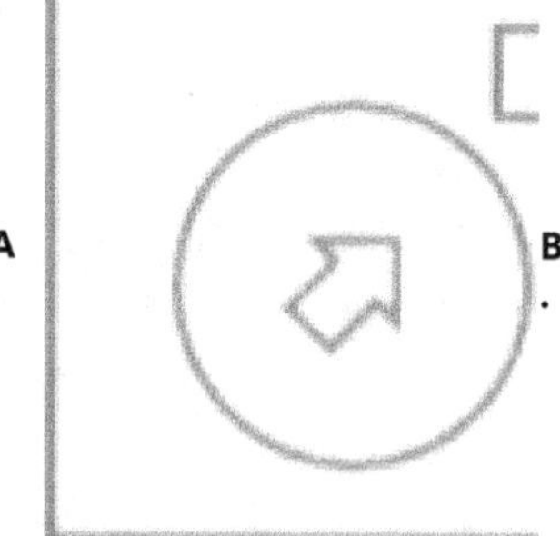

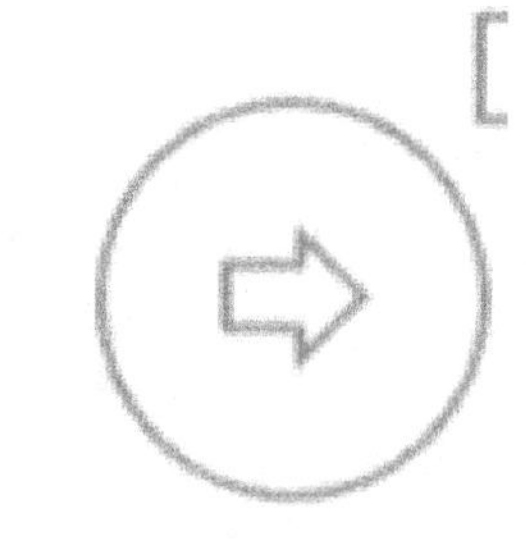

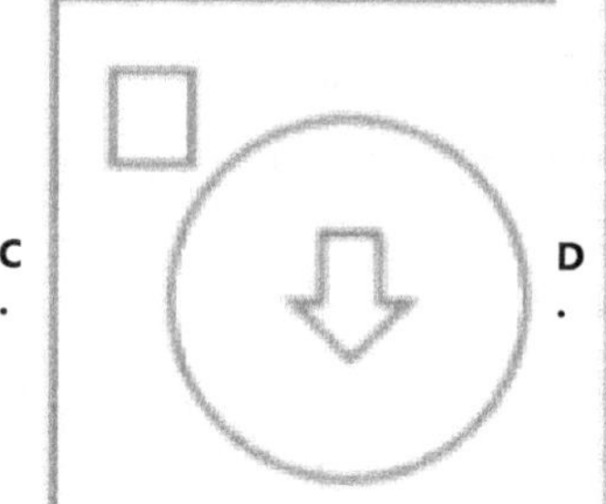

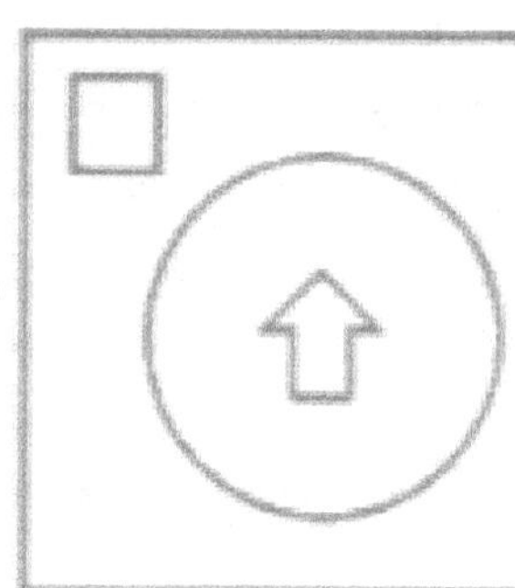

Q.7 सिमी, रेनू से बड़ी है। गीता, रेनू से छोटी है। प्रिया, सिमी से बड़ी है। उनमें सबसे बड़ा कौन है?

[MP Sub Inspector (MPSI), 2017]

A. सिमी **B.** प्रिय **C.** गीता **D.** रेनू

Q.8 निर्देश: निम्नलिखित प्रश्न आकृति में कौन सी उत्तर आकृति पैटर्न को पूरा करेगी?

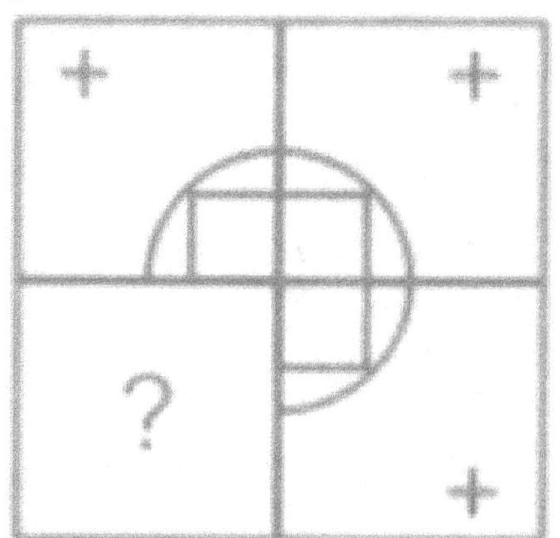

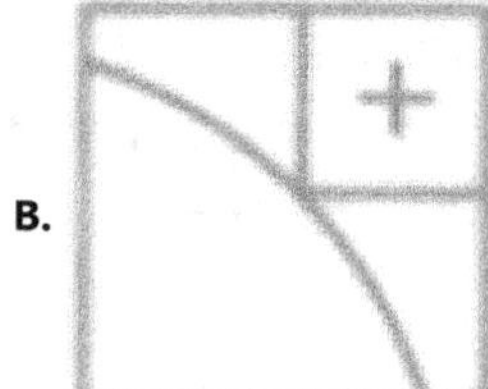

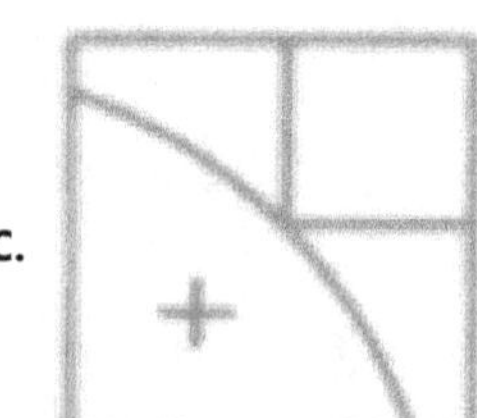

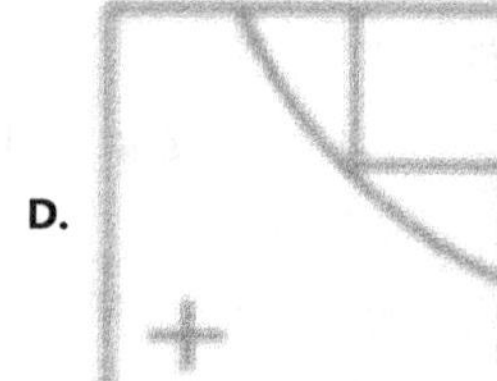

Q.9 निर्देश: निम्नलिखित प्रश्न में, दिए गए विकल्पों में से संबंधित शब्द का चयन करें।

घर : ईंट :: पुस्तक : ?

A. कागज़   **B.** अक्षर   **C.** जिल्द   **D.** कवर

Q.10 M, V का पिता है V, X की बहन है। X की शादी R से हुई है R, P की बेटी है। P, H की बीवी है। यदि $N\ V$ की इकलौती संतान है, तब N, M से किस प्रकार संबंधित है?

A. बेटी

B. बेटा

C. भाई

D. निर्धारित नहीं किया जा सकता

Q.11 आमिर (पुरुष) की ओर इशारा करते हुए, लतिका (महिला) ने कहा, "वह मेरे दादा के इकलौते बेटे का बेटा है"। लतिका का आमिर से क्या सम्बन्ध है?

A. बहन   **B.** आंटी

C. सिस्टर इन लॉ   **D.** माता

Q.12 एक पंक्ति में 40 विद्यार्थी दक्षिण के सम्मुख हैं, अंजलि शिल्पा के दाएँ पाँचवें स्थान पर खड़ी है। यदि शिल्पा पंक्ति के दाएँ छोर से 22वीं है। पंक्ति के बाएँ छोर से अंजलि कितनी दूर है?

A. 12   **B.** 13   **C.** 14   **D.** 15

Q.13 यदि 6 वर्ष पहले P और Q की उम्र का अनुपात $7:9$ था और वर्तमान में उनकी उम्र का योग 92 है, तो उनकी वर्तमान उम्र का अनुपात क्या है?

A. $41:51$ **B.** $43:53$ **C.** $43:57$ **D.** $41:55$

Q.14 28 वर्ष की आयु में A का वजन 79.8 किग्रा था। अब उसका वजन 102.6 किग्रा है। वजन में उसकी वृद्धि है?

A. 23.8 किग्रा   **B.** 24.8 किग्रा

C. 22.8 किग्रा   **D.** इनमें से कोई नहीं

Q.15 निर्देश: कौन सा विकल्प प्रश्न चिह्न को प्रतिस्थापित करेगा और दी गई आकृति श्रृंखला को पूर्ण करेगा?

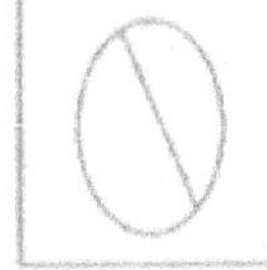 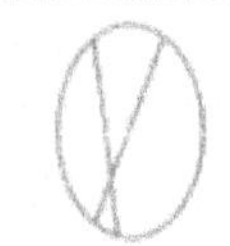  

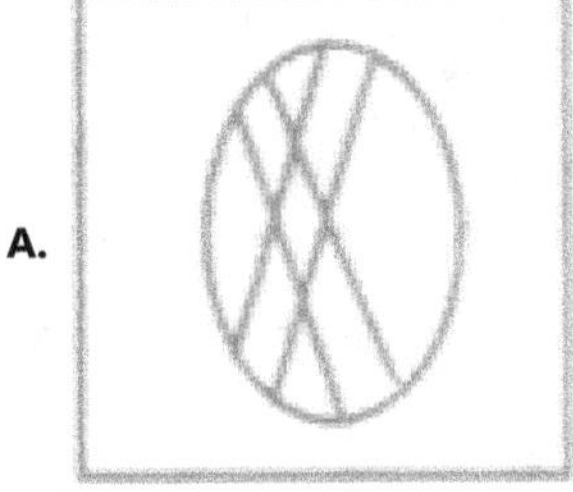 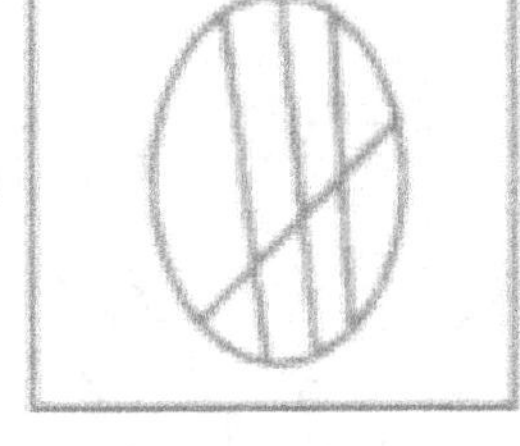

 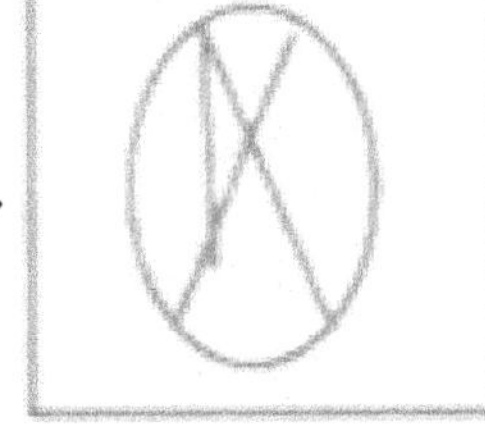

Q.16 निम्न आकृति में कितनी सीधी रेखाएं हैं?

A. 8   **B.** 9   **C.** 10   **D.** 11

Q.17 निर्देश: कौन सी उत्तर आकृति निम्न प्रश्न आकृति में स्वरूप को पूर्ण करेगी?

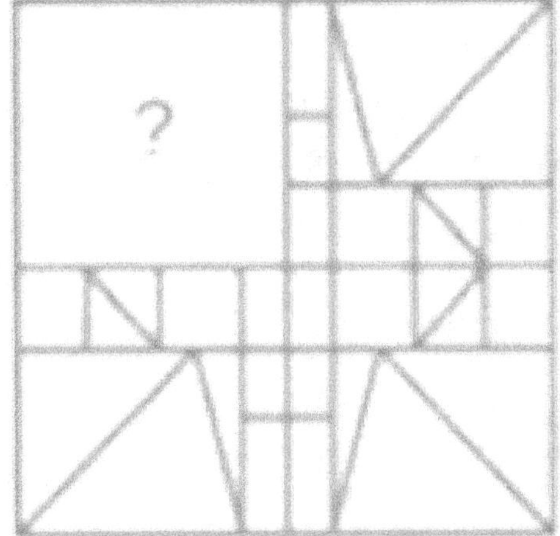

[AFCAT, 2021]

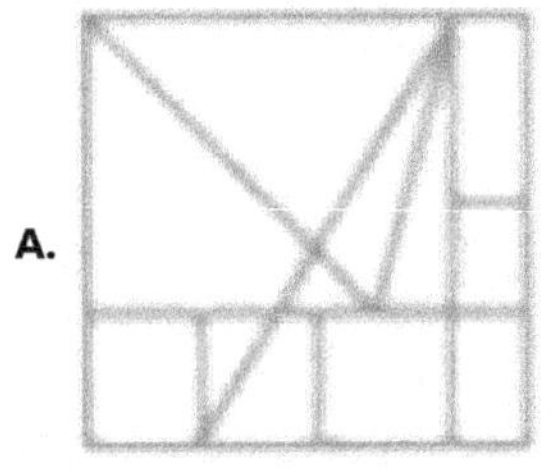 

 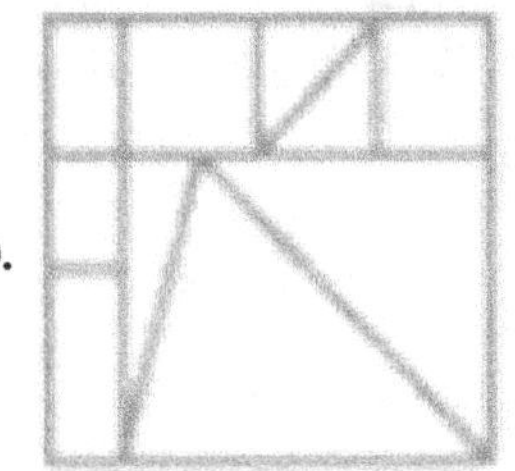

Q.18 दो संख्याओं का योग सबसे छोटी संख्या का 250% है। यदि बड़ी संख्या 45 है, तो सबसे छोटी संख्या ज्ञात कीजिए।

A. 35   **B.** 30   **C.** 20   **D.** 15

Q.19 यदि विक्रय मूल्य क्रय मूल्य से 60 अधिक है और लाभ 15% है, तो क्रय मूल्य (रूपये में) ज्ञात कीजिए।

A. 440   **B.** 460   **C.** 520   **D.** 400

Q.20 एक पुस्तक विक्रेता के पास कुछ पुस्तकें थीं। उसने उनमें से 40% बेच दीं और अभी भी उसके पास 540 पुस्तकें थीं। उसके पास कितनी पुस्तकें थीं?

A. 800   **B.** 1000   **C.** 900   **D.** 820

Q.21 नीचे एक पासे की दो स्थितियाँ दी गयी हैं। निम्नलिखित में से क्या आवश्यक रूप से विपरीत सतहों पर हैं?

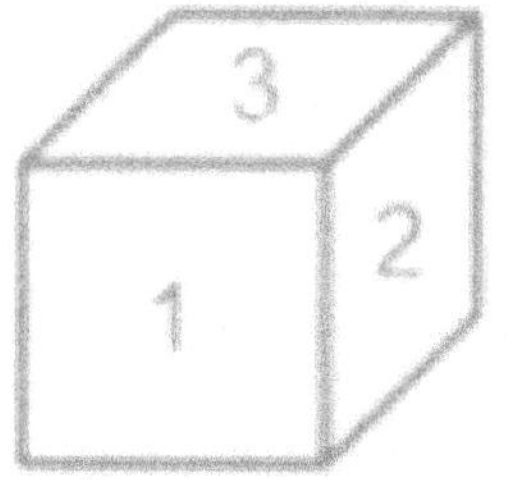 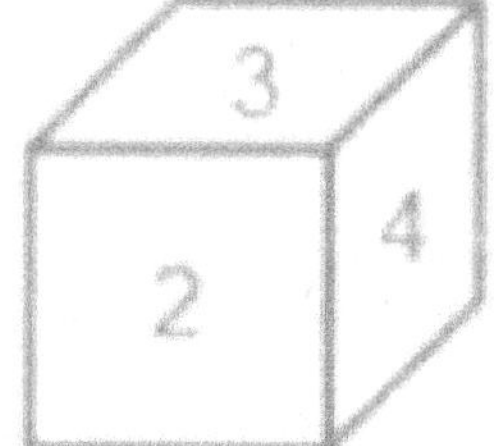

A. पृष्ठ संख्या 1 और 3   **B.** पृष्ठ संख्या 1 और 4
C. पृष्ठ संख्या 3 और 4   **D.** पृष्ठ संख्या 6 और 3

Q.22 निर्देश: दी गयी उत्तर आकृतियों में से उस उत्तर आकृति को चुनिए, जिसमें प्रश्न आकृति छिपी/निहित है?

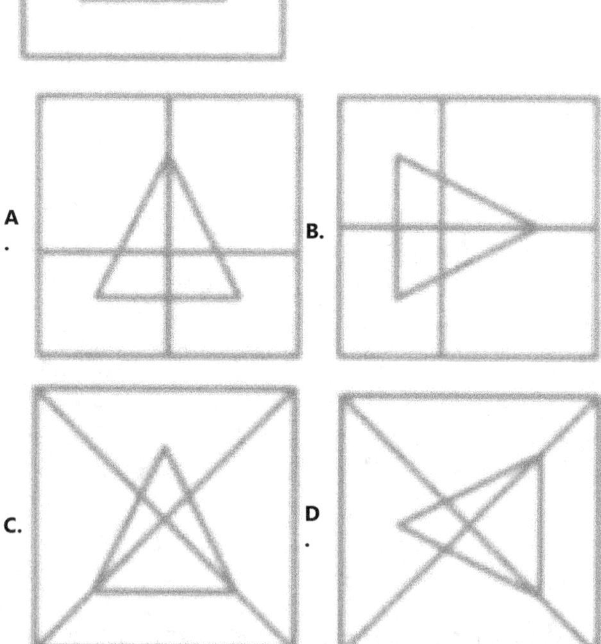

Q.23 दी गई आकृति में वर्गों की संख्या की गणना कीजिए।

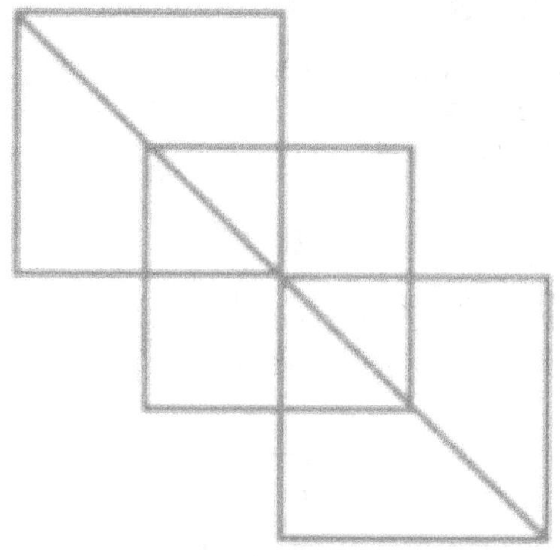

A. 10   **B.** 9   **C.** 8   **D.** 7

Q.24 एक पासे के दो स्थान दिखाए गए हैं। संख्या 5 के साथ फलक के विपरीत फलक पर कौन सी संख्या दिखाई देगी?

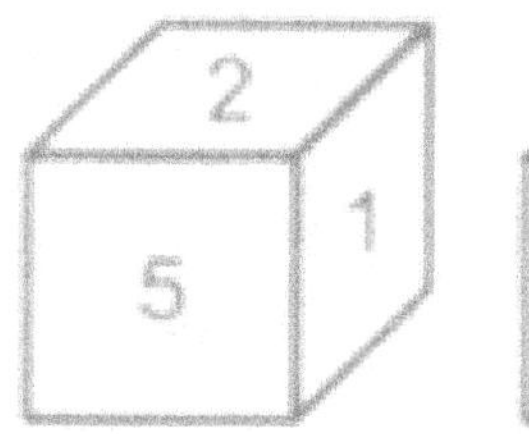 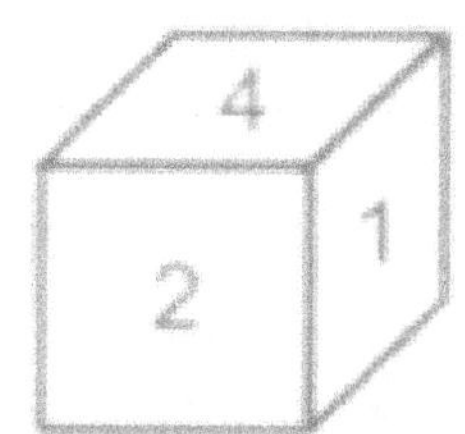

[UPSSSC Forest Guard, 2018]

A. 2   **B.** 3   **C.** 6   **D.** 4

Q.25 मार्क एक रियाल्टार के साथ काम कर रहा है ताकि वह अपने शहर में खुलने वाले खिलौने की दुकान के लिए एक स्थान खोज सके। वह एक ऐसी जगह की तलाश में है, जो या तो शहर के केंद्र में, या शहर के केंद्र से ज्यादा दूर नहीं है और जो कि सही तरह के पैदल यातायात को आकर्षित करेगा। निम्नलिखित में से किस स्थान पर मार्क के रियाल्टार को अपने ध्यान में लाना चाहिए?

A. शहर के केंद्र में ट्रेन स्टेशन के पास एक नई ऊंची इमारत में एक स्टोरफ्रंट है जिसके रहने वाले मुख्य रूप से युवा, निःसंतान पेशेवर हैं जो प्रत्येक दिन अपने कार्यालयों में आने-जाने के लिए ट्रेन का उपयोग करते हैं।

B. शहर की मुख्य सड़क से थोड़ी दूर एक छोटी सी दुकान, एक प्राथमिक विद्यालय से सड़क के पार और एक आइसक्रीम स्टोर के बगल में स्थित।

C. शहर के केंद्र से दूर एक शांत आवासीय सड़क के दस ब्लॉकों पर एक स्टैंड-अलोन स्टोरफ्रंट है।

D. शहर के बाहरी इलाके में स्थित एक छोटे से स्ट्रिप मॉल में एक स्टोर के सामने जो एक फार्मेसी और एक ड्राई क्लीनर द्वारा भी कब्जा कर लिया गया है।

// स्मार्ट उत्तर पुस्तिका //

सही उत्तर	उन छात्रों का प्रतिशत जिन्होंने प्रश्नों का सही उत्तर दिया था।
छोड़ दिया	उन छात्रों का प्रतिशत जिन्होंने प्रश्नों को छोड़ दिया था।

प्रश्न संख्या	उत्तर	सही उत्तर / छोड़ दिया	प्रश्न संख्या	उत्तर	सही उत्तर / छोड़ दिया	प्रश्न संख्या	उत्तर	सही उत्तर / छोड़ दिया	प्रश्न संख्या	उत्तर	सही उत्तर / छोड़ दिया	प्रश्न संख्या	उत्तर	सही उत्तर / छोड़ दिया
1	C	68.47 % / 31.4 %	6	D	56.58 % / 41.15 %	11	A	54.29 % / 31.86 %	16	C	64.57 % / 33.24 %	21	B	51.94 % / 43.51 %
2	C	43.15 % / 52.63 %	7	B	42.53 % / 43.92 %	12	B	65.13 % / 31.3 %	17	C	44.71 % / 36.3 %	22	A	66.76 % / 30.85 %
3	B	61.56 % / 37.54 %	8	D	62.02 % / 32.82 %	13	A	48.01 % / 30.14 %	18	B	63.2 % / 31.58 %	23	D	40.13 % / 50.48 %
4	B	46.38 % / 43.09 %	9	A	66.27 % / 31.58 %	14	C	55.79 % / 33.56 %	19	D	56.3 % / 41.06 %	24	D	49.19 % / 39.03 %
5	D	59.06 % / 38.07 %	10	D	56.66 % / 34.93 %	15	A	46.44 % / 45.33 %	20	C	66.07 % / 32.52 %	25	B	56.65 % / 37.13 %

//संकेत और समाधान//

1. जैसा कि हम जानते हैं,

A,U और O स्वर हैं।

जबकि D एक व्यंजन है।

इसलिए, D अन्य अक्षरों के समान नहीं है।

अतः विकल्प (C) सही है।

2. यहाँ अनुसरित तर्क निम्न प्रकार है:

- (13,61,17) → ये सभी अभाज्य संख्याएँ हैं।
- (39,57,92) → ये सभी अभाज्य संख्याएँ नहीं हैं।
- (87,67,31) → ये सभी अभाज्य संख्याएँ नहीं हैं।
- (101,53,31) → ये सभी अभाज्य संख्याएँ हैं।
- (98,35,63) → ये सभी अभाज्य संख्याएँ नहीं हैं।

अतः विकल्प (C) सही है।

3. वर्षा का स्रोत बादल है।

इसी प्रकार,

प्रकाश का स्रोत सूर्य है।

अतः विकल्प (B) सही है।

4. यहाँ अनुसरित स्वरूप इस प्रकार है :

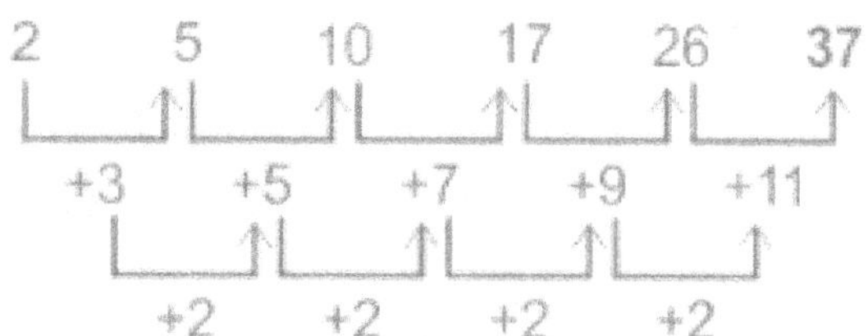

अतः विकल्प (B) सही है।

5. यहां अनुसरित तर्क संख्याओं के बीच के अंतरो का अंतर प्राकृतिक संख्या का वर्ग हैं, जैसा कि दिखाया गया है-

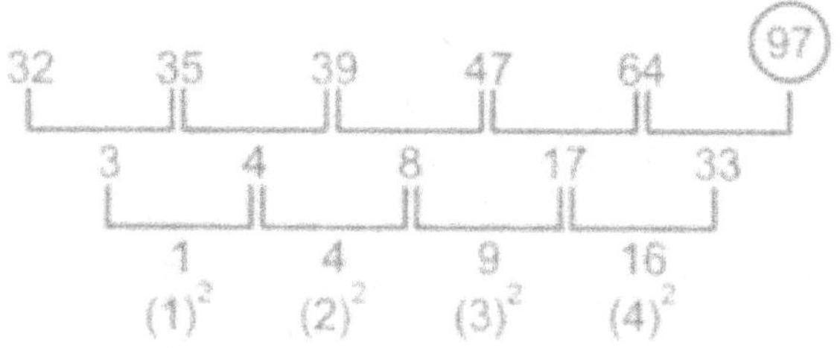

अतः विकल्प (D) सही है।

6. यहाँ अनुसरित स्वरूप्प निम्न प्रकार है:

बाहरी आकृति, अर्थात्, वर्ग अपनी स्थिति को दक्षिणावर्त दिशा में स्थानांतरित कर रहा है।

आंतरिक तीर दक्षिणावर्त दिशा में 45° से घूम रहा है।

श्रृंखला में आने वाली अगली आकृति है:

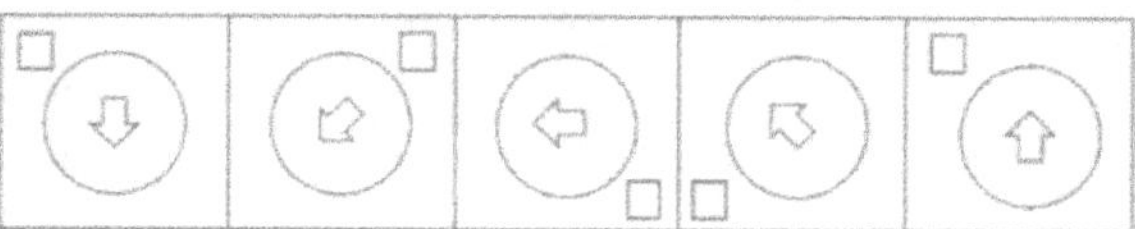

अतः विकल्प (D) सही है।

7. दी गई जानकारी से-

1. सिमी, रेनू से बड़ी है।

सिमी > रेनू

2. गीता, रेनू से छोटी है।

सिमी > रेनू > गीता

3. प्रिया, सिमी से बड़ी है।

प्रिय > सिमी > रेनू > गीता

इस प्रकार, प्रिया उनमें सबसे बड़ी है।

अतः विकल्प (B) सही है।

8.

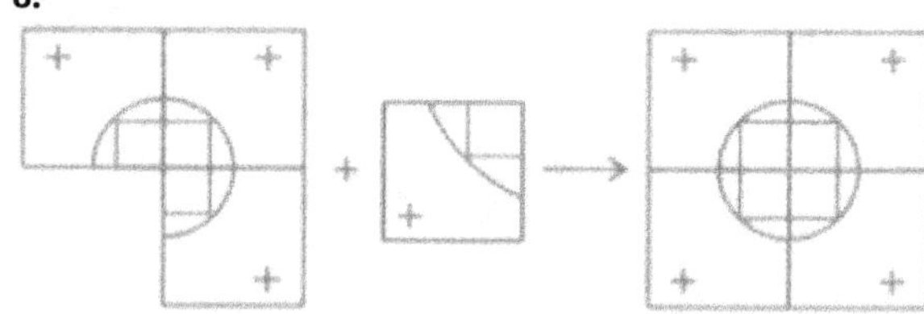

अतः विकल्प (D) सही है।

9. यहाँ तर्क है:

पहले को दूसरे से बनाया जाता है।

घर : ईंट → घर ईंटों से बनाया जाता है।

इसी तरह,

पुस्तक : ? → पुस्तक कागज से बनाई गई है।

अतः विकल्प (A) सही है।

10. नीचे दिए गए निर्देशों के अनुसार आरेख बनाते हैं,

आरेख में प्रतीक	अर्थ	आरेख में प्रतीक	अर्थ
⬤	महिला	⬤	महिला
⬜	पुरुष	⬜	पुरुष
═══	शादीशुदा जोड़ा	═══	शादीशुदा जोड़ा
---	समाभासी	---	समाभासी
|	एक पीढ़ी का अंतर	|	एक पीढ़ी का अंतर

आरेख निम्न प्रकार होगा,

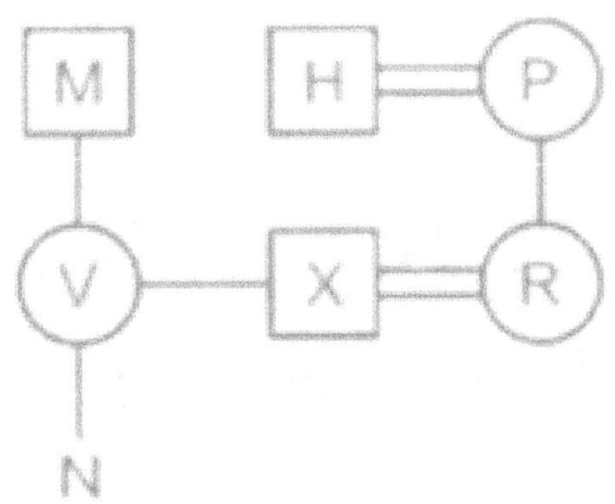

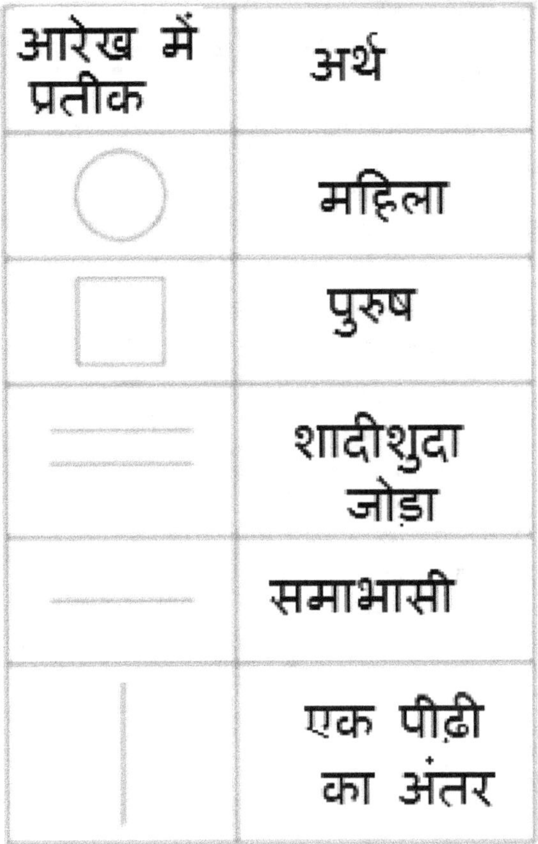

अतः विकल्प (A) सही है।

चूँकि हम नहीं जानते हैं कि N पुरुष या महिला है, इसलिए, M के साथ N का संबंध ज्ञात नहीं किया जा सकता है।

अतः विकल्प (D) सही है।

11. यहां, मेरे दादा के केवल बेटे का अर्थ पिता है। और पिता का पुत्र, इसका अर्थ वह लतिका का भाई होगा।

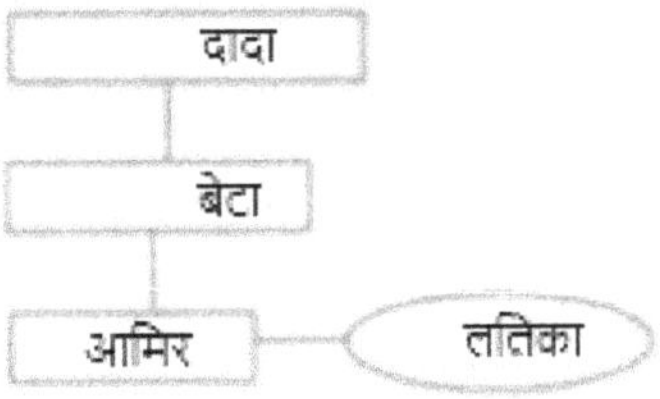

12. पंक्ति में विद्यार्थियों की कुल संख्या = 40
पंक्ति के दाएँ छोर से शिल्पा का स्थान = 22वां
पंक्ति के दाएँ छोर से अंजलि का स्थान = पंक्ति के दाएँ छोर से शिल्पा का स्थान + शिल्पा के सन्दर्भ में में अंजलि का स्थान = 22 + 5 = 27
पंक्ति के बाएँ छोर से अंजलि का स्थान = पंक्ति में विद्यार्थियों की कुल संख्या - दाएँ छोर से अंजलि कां स्थान = 40 - 27 = 13
अतः विकल्प (B) सही है।

13. माना P की वर्तमान उम्र 'p' है और Q की 'q' है।
6 वर्ष पहले P और Q की उम्र का अनुपात $7:9$ था, अर्थित,
$$\frac{p-6}{q-6} = \frac{7}{9}$$
$$\Rightarrow 9p - 54 = 7q - 42$$
$$\Rightarrow 9p - 7q = 12 ...(1)$$
दिया गया है,
P और Q की वर्तमान उम्र का योग 92 है, अर्थित,
$$p + q = 92 ...(2)$$
समीकरण (1) और (2) को हल करने पर, हमें प्राप्त होता है

$p = 41$ और $q = 51$

इस प्रकार, उनकी वर्तमान उम्र का अनुपात $= p:q = 41:51$

अतः विकल्प (A) सही है।

14. 28 वर्ष की आयु में A का वजन $= 79.8$

A की वर्तमान वजन $= 102.6$ किग्रा

इस प्रकार, वजन में वृद्धि $= 102.6 - 79.8 = 22.8$ किग्रा

अतः विकल्प (C) सही है।

15. अनुसरित स्वरूप इस प्रकार है,

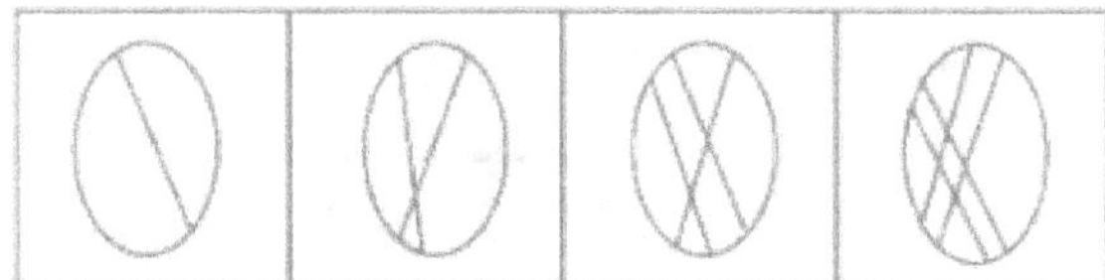

अतः विकल्प (A) सही है।

16. कुल सीधी रेखाएँ निम्नानुसार हैं:

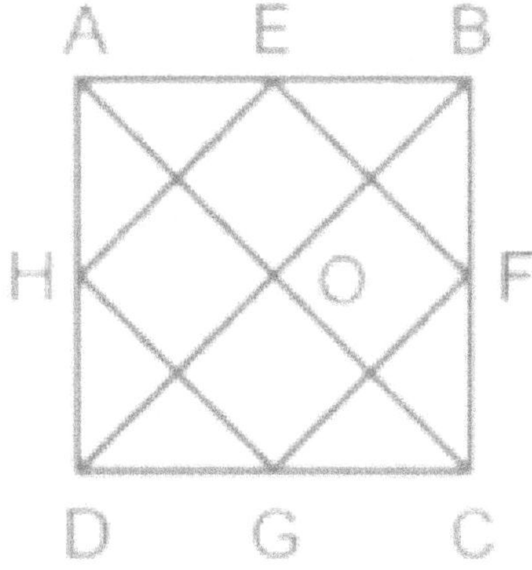

क्षैतिज रेखाएँ- $AB + DC = 2$

ऊर्ध्वधर रेवाएं - $AD + BC = 2$

तिर्यक रेखाएं - $EH + HG + GF + EF + AC + BD = 6$

कुल रेखाएं $= 2 + 2 + 6 = 10$

अतः विकल्प (C) सही है।

17. पूर्ण आकृति नीचे दिखाई गई है:

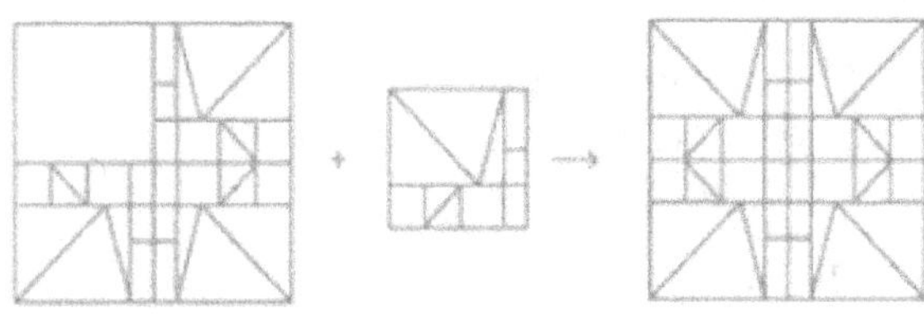

अतः विकल्प (C) सही है।

18. माना सबसे छोटी संख्या x है।

प्रश्नानुसार,

$x + 45 = x$ का 250%

$\Rightarrow 45 = 2.50x - x$

$\Rightarrow 1.50x = 45$

$\therefore x = 30$

अतः विकल्प (B) सही है।

19. विक्रय मूल्य $=$ क्रय मूल्य $+60$

लाभ $= 15\%$

जैसा कि हम जानते हैं,

[(विक्रय मूल्य-क्रय मूल्य)/क्रय मूल्य] $\times 100 = 15$

60/ क्रय मूल्य $= 0.15$

$\Rightarrow$ क्रय मूल्य $= \dfrac{60}{0.15}$

$\therefore$ क्रय मूल्य $= 400$ रूपये

अतः विकल्प (D) सही है।

20. माना एक पुस्तक विक्रेता के पास 'x' पुस्तक हैं।

प्रश्नानुसार,

उसने उनमें से 40% बेच दीं और अभी भी उसके पास 540 पुस्तकें थीं।

अब, बेचीं गई पुस्तकों की संख्या $= x \times 40\%$

ओर शेष पुस्तकें $= x - x \times 40\%$

$\Rightarrow 540 = x - \dfrac{40}{100} \times x$

$\Rightarrow 540 = x - \dfrac{4x}{10}$

$\Rightarrow 540 = \dfrac{6x}{10}$

$\Rightarrow x = 900$

अतः विकल्प (C) सही है।

21. दूसरा पासा घुमाने पर हम देख सकते हैं कि 1, 2 और 4 संख्या की सतहें 3 के बगल में हैं और पृष्ठ संख्या 1, पृष्ठ संख्या 4 के विपरीत सतह पर हैं।

अतः विकल्प (B) सही है।

22. ध्यान देखने पर हमें ज्ञात होता है कि प्रश्न आकृति, आकृति (1) में निहित है जैसा नीचे दर्शाया गया है,

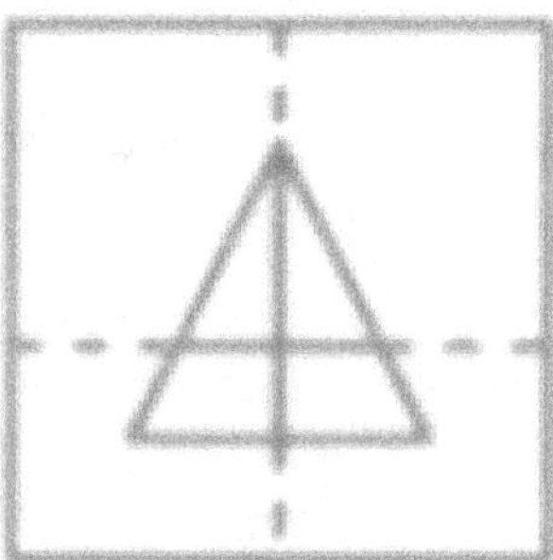

अतः विकल्प (A) सही है।

23. वर्गों की संख्या निम्नलिखित आकृति में दिखाई गई हैं:

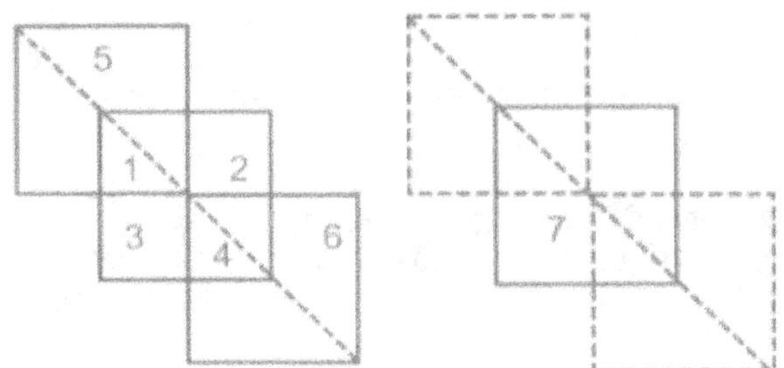

अतः विकल्प (D) सही है।

24.

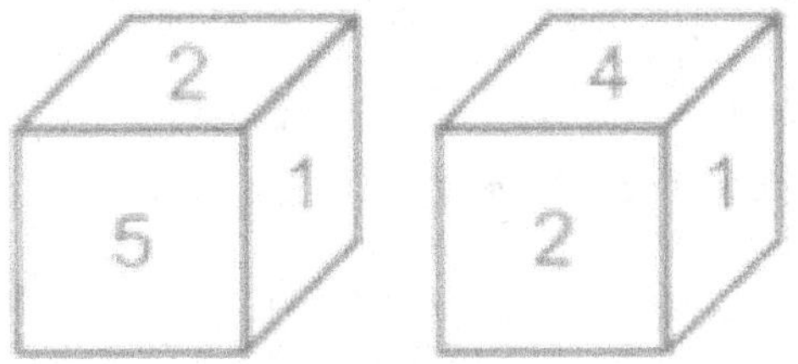

दोनों पासाओं में, '2' और '1' फलक सामान्य हैं, इसलिए '5' '4' के विपरीत है ।

तो, संख्या 5 के साथ फलक के विपरीत संख्या पर '4' दिखाई देगा।

अतः विकल्प (D) सही है।

25. यह विकल्प शहर के केंद्र के पास और एक स्थान (एक स्कूल और एक आइसक्रीम स्टोर के पास) दोनों के पास है, जहां बच्चों और उनके माता-पिता के आस-पास होना निश्चित है। यह एकमात्र विकल्प है जो मार्क की दोनों आवश्यकताओं को पूरा करता है।

अतः विकल्प (B) सही है।

Q.1 हर्ष और निखिल के बीच कुछ धन को 8:17 के अनुपात में बाँटा जाता है। वे खरीदारी के लिए जाते है और हर्ष अपने धन का $\frac{3}{4}$ भाग खर्च करता है। निखिल अपने धन का 20% हिस्सा खर्च करता है, अब उसके पास 6528 रुपए शेष रह जाते हैं। दोनों ने कुल कितना धन खर्च किया?

A. 2832 रुपए   **B.** 4816 रुपए
C. 2880 रुपए   **D.** 4512 रुपए

Q.2 490 रुपए को A, B और C में इस प्रकार विभाजित किया जाता है कि A का हिस्सा B के हिस्से से आधा है और C के हिस्से से तीन गुना है। C का हिस्सा कितना है ?

A. 49 रुपए   **B.** 147 रुपए   **C.** 294 रुपए   **D.** 245 रुपए

Q.3 दो रेलगाड़ियाँ एक ही समय पर A और B से चलना आरंभ करती हैं और एक दूसरे की तरफ क्रमश: 75 किमी प्रति घंटा और 50 किमी प्रति घंटा की गति से आगे बढ़ती हैं। जब एक स्थल पर वे एक दूसरे के सामने आती हैं तो देखा जाता है कि एक रेलगाड़ी दूसरी रेलगाड़ी से 175 किमी अधिक यात्रा कर चुकी है। A और B के बीच की दूरी ज्ञात करें।

A. 785 किमी   **B.** 758 किमी   **C.** 857 किमी   **D.** 875 किमी

Q.4 आलोक P से 6 किमी / घंटा की चाल से Q की ओर चलना शुरू करता है। रमन उसी समय 9 किमी / घंटा की चाल के साथ P से Q की ओर चलना शुरू करता है। रमन Q पर पहुँचता है। वापस मुड़ता है और P की ओर चलना शुरू करता है। वह आलोक से R पर मिलता है। यदि PQ के बीच की दूरी 15 किमी है, तो PR की लम्बाई क्या होगी?

A. 20 किमी   **B.** 12 किमी   **C.** 15 किमी   **D.** 18 किमी

Q.5 एक आयत की लंबाई 60% बढ़ जाती है। उसी क्षेत्रफल को बनाए रखने के लिए चौड़ाई कितने प्रतिशत कम होगी?

A. $37\frac{1}{2}$%   **B.** 60%   **C.** 75%   **D.** 120%

Q.6 यदि 240 का a%, c है और a का c%, 117.6 है, तो a + c का मान ज्ञात कीजिए।

A. 144   **B.** 260   **C.** 196   **D.** 238

Q.7 $\dfrac{\left(3\frac{1}{5}+\frac{3}{5}\right)\div\frac{8}{5}}{1\frac{1}{8}\div\left\{\frac{5}{8}+\left(\frac{1}{8}\div\frac{1}{3}\right)\right\}}$ का मान है:

A. $\frac{19}{16}$ **B.** $\frac{19}{7}$ **C.** $\frac{19}{9}$ **D.** $\frac{19}{64}$

Q.8 $\dfrac{0.01404}{24^2+6^2-144}$ का सरलीकृत मान क्या होगा?

A. 3×10^{-5} **B.** 6×10^{-5}
C. 2.4×10^{-4} **D.** 3×10^{-4}

Q.9 एक थोक व्यापारी एक खुदरा व्यापारी को एक घड़ी 32% लाभ के साथ बेच देता है और खुदरा व्यापारी उसे ग्राहक को 20% हानि के साथ बेच देता है। यदि ग्राहक ने 1,953.6 रुपए का भुगतान करता है, तो थोक व्यापारी की लागत क्या थी?

A. रु 2063   **B.** रु 2394   **C.** रु 1850   **D.** रु 1637

Q.10 राज एक मशीन 51 लाख रु में घाटे में बेचता है। यदि उसने उसे 60 लाख रु में बेचा होता, तो उसका लाभ उसके पूर्व घाटे का 8 गुना होता। मशीन का क्रय मूल्य क्या है?

A. 59 लाख रु   **B.** 52 लाख रु
C. 66.375 लाख रु   **D.** 45 लाख रु

Q.11 एक फुटकर विक्रेता के निरंतर पाँच महीनों में 6843 रूपये, 6742 रूपये, 5690 रूपये, 8690 रूपये, 9430 रूपये की बिक्री होती है। 6वें महीने में उसकी कितनी बिक्री होनी चाहिए की उसकी औसत बिक्री 7500 रूपये हो जाए?

A. 7632 रूपये   **B.** 7432 रूपये
C. 7854 रूपये   **D.** 7605 रूपये

Q.12 एक क्रिकेट खिलाड़ी की 40 पारियों का औसत 45 है। उसके अधिकतम और न्यूनतम रनों के बीच का अंतर 106 है। शेष 38 पारियों का औसत 40 है तो उसके अधिकतम रन क्या हैं?

A. 87   **B.** 193   **C.** 187   **D.** 195

Q.13 9 महीने की ब्याज की गणना के आधार पर 16% प्रति वर्ष की दर से 12000 रुपये पर चक्रवृद्धि ब्याज ज्ञात करें।

A. 1342.425 रुपये   **B.** 1252.256 रुपये
C. 1562. 45 रुपये   **D.** 1498.368 रुपये

Q.14 कितने समय में 5% प्रतिवर्ष की गणना के आधार पर 8000 रुपये की राशि 9261 रुपये हो जाएगी।

A. 2 वर्ष   **B.** 3 वर्ष   **C.** 4 वर्ष   **D.** 5 वर्ष

Q.15 एक व्यापारी अंकित मूल्य पर 20% की छूट पर समान खरीदता है। यदि वह 20% छूट देने के बाद 25% का लाभ कमाना चाहता है, तो उसका अंकित मूल्य मूल अंकित मूल्य से कितना अधिक होना चाहिए?

A. 15%   **B.** 65%   **C.** 25%   **D.** 20%

Q.16 टीना के पास 20 मीटर 5 सेमी लंबा कपड़ा था। पर्दा बनाने के लिए वह कपड़े की 4 मीटर 50 सेमी लंबाई काटती है। उसके पास कितना कपड़ा बचा है?

A. 15 मीटर 55 सेमी   **B.** 15 मीटर 5 सेमी
C. 16 मीटर 40 सेमी   **D.** 16 मीटर 4 सेमी

Ques (17-21):निर्देश: नीचे दी गई सारिणी 4 महीनों अर्थात मार्च, अप्रैल, मई और जून में 5 संग्रहालयों (A, B, C, D, E) में जाने वाले व्यक्तियों की संख्या को दर्शाती है।

संग्रहालय	मार्च	अप्रैल	मई	जून
A	80	30	40	50
B	45	70	95	120
C	60	80	100	120
D	35	20	5	80
E	60	15	50	75

Q.17 चार महीनों में संग्रहालय C में जाने वाले व्यक्तियों की संख्या और अप्रैल में पांचों संग्रहालयों में जाने वाले व्यक्तियों की संख्या का अनुपात कितना है?

A. 66 : 43   **B.** 72 : 43   **C.** 9 : 7   **D.** 36 : 29

Q.18 चार महीनों में किस संग्रहालय में दूसरी सबसे अधिक संख्या में व्यक्ति गए हैं?

A. 66 : 43   **B.** 72 : 43   **C.** 9 : 7   **D.** 36 : 29

Q.19 मार्च में पांचों संग्रहालयों में जाने वाले व्यक्तियों की संख्या, जून में संग्रहालय B, C और D में जाने वाले व्यक्तियों की संख्या से कितने प्रतिशत कम है?

A. $14\frac{2}{7}$%   **B.** $28\frac{4}{7}$%   **C.** $12\frac{1}{2}$%   **D.** 25%

Q.20 चार महीनों में संग्रहालय E में जाने वाले व्यक्तियों की तुलना में कितने संग्रहालयों में अधिक व्यक्ति गए हैं?

A. 0 **B.** 1 **C.** 2 **D.** 3

Q.21 मई के महीने में संग्रहालय A, C और E में जाने वाले व्यक्तियों की संख्या, मार्च और अप्रैल के महीने में संग्रहालय B और D में जाने वाले व्यक्तियों की संख्या की लगभग कितने प्रतिशत है?

A. 112 % **B.** 90 % **C.** 100 % **D.** 106 %

Q.22 A को अंग्रेजी विषय में विज्ञान विषय की अपेक्षा दोगुने अंक मिले। अंग्रेजी, विज्ञान और गणित विषयों में उसे कुल मिलाकर 180 अंक प्राप्त हुए। यदि उसे अंग्रेजी और गणित विषयों में प्राप्त अंकों का अनुपात 2: 3 है, तो उसे विज्ञान विषय में कितने अंक प्राप्त हुए?

A. 20 **B.** 60 **C.** 30 **D.** 40

Q.23 A, B और C एक कार्य को 15 दिनों में पूरा कर सकते हैं तथा A और B कार्य को 20 दिनों में पूरा कर सकते हैं, तो अकेले C कार्य को कितने दिनों में पूरा कर सकता है?

A. 40 दिन **B.** 30 दिन **C.** 48 दिन **D.** 60 दिन

Q.24 वह बड़ी से बड़ी संख्या कौन सी है, जिससे 86, 261, 521 को भाग देने पर प्रत्येक दशा में समान शेष बचे।

A. 10 **B.** 15 **C.** 13 **D.** 5

Q.25 चार घंटियां 8, 12, 16 और 28 सेकंड के अंतराल पर बजती हैं। वह 1 बजे एक साथ बजती हैं। वह कितने बजे पुन: एक साथ बजेंगी?

A. 2 घंटे 3 मिनट 23 सेकंड
B. 2 घंटे 2 मिनट 36 सेकंड
C. 1 घंटा 5 मिनट 36 सेकंड
D. 1 घंटा 5 मिनट 48 सेकंड

// स्मार्ट उत्तर पुस्तिका //

सही उत्तर	उन छात्रों का प्रतिशत जिन्होंने प्रश्नों का सही उत्तर दिया था।		छोड़ दिया	उन छात्रों का प्रतिशत जिन्होंने प्रश्नों को छोड़ दिया था।

प्रश्न संख्या	उत्तर	सही उत्तर / छोड़ दिया	प्रश्न संख्या	उत्तर	सही उत्तर / छोड़ दिया	प्रश्न संख्या	उत्तर	सही उत्तर / छोड़ दिया	प्रश्न संख्या	उत्तर	सही उत्तर / छोड़ दिया	प्रश्न संख्या	उत्तर	सही उत्तर / छोड़ दिया	प्रश्न संख्या	उत्तर	सही उत्तर / छोड़ दिया
1	D	87.22 % / 11.36 %	6	D	85.02 % / 13.71 %	11	D	76.11 % / 11.74 %	16	A	82.2 % / 15.73 %	21	A	41.58 % / 50.35 %			
2	A	77.13 % / 20.72 %	7	C	86.63 % / 10.05 %	12	B	78.08 % / 17.7 %	17	B	76.75 % / 19.47 %	22	C	88.27 % / 11.35 %			
3	D	62.24 % / 33.96 %	8	A	89.87 % / 10.12 %	13	D	83.48 % / 16.36 %	18	B	87.73 % / 10.77 %	23	D	88.89 % / 10.9 %			
4	B	76.5 % / 17.71 %	9	C	46.14 % / 32.41 %	14	B	76.73 % / 17.97 %	19	C	89.12 % / 10.51 %	24	D	78.0 % / 11.87 %			
5	A	42.89 % / 53.08 %	10	B	87.61 % / 10.17 %	15	C	77.88 % / 12.17 %	20	C	81.12 % / 11.59 %	25	C	83.68 % / 12.89 %			

//संकेत और समाधान//

1. माना कुल धनराशि ' x' है

⇒ हर्ष की धनराशि $= \frac{8x}{25}$

⇒ निखिल की धनराशि $= \frac{17x}{25}$

हर्ष अपनी धनराशि का $\frac{3}{4}$ भाग खर्च करता है,

⇒ हर्ष के पास शेष धनराशि $= \frac{8x}{25}$ का $\frac{1}{4} = \frac{2x}{25}$

निखिल अपनी धनराशि का 20% खर्च करता है, अतः उसके पास 80% धनराशि शेष रहती है

⇒ निखिल के पास शेष धनराशि $= 6528$

⇒ $6528 = \left(\frac{80}{100}\right) \times \left(\frac{17x}{25}\right)$

⇒ $x = 12000$

∴ हर्ष द्वारा खर्च किया गया धन $= \frac{8x}{25}$ का और, निखिल द्वारा खर्च किया

गया धन $= \frac{17x}{25}$ का $20\% = 20 \times 17 \times \frac{12000}{2500}$

⇒ दोनों द्वारा खर्च की गई धनराशि

अत: विकल्प (D) सही है।

2. माना की A का शेयर $= x$

B का शेयर $= 2x$

और C का शेयर $= \frac{x}{3}$

प्रश्न के अनुसार,

$x + 2x + \frac{x}{3} = 490$

$\frac{3x + 6x + x}{3} = 490$

$\frac{10x}{3} = 490$

$\frac{x}{3} = \frac{490}{10} = 49$

$x = 147$ रुपए

इस प्रकार, C का शेयर $= \frac{x}{3} = \frac{147}{3} = 49$ रुपए

अत: विकल्प (A) सही है।

3. पहली रेलगाड़ी की चाल $= 75$ किमी /घंटे

दूसरी रेलगाड़ी की चाल $= 50$ किमी /घंटे

जब दोनों रेलगाड़ी बीच में मिलती हैं, तो एक रेलगाड़ी दूसरी से 175 किमी अधिक दूरी तय करती है। तब,

रेलगाड़ी द्वारा दूरी तय करने में लिया गया समय $= \frac{175}{75-50} = \frac{175}{25} = 7$ घंटे

पहली रेलगाड़ी द्वारा तय की गई दूरी $= 75 \times 7 = 525$ किमी

दूसरी रेलगाड़ी द्वारा तय की गई दूरी $= 50 \times 7 = 350$ किमी

स्टेशन A और B के बीच की दूरी $= 525 + 350 = 875$ किमी

अत: विकल्प (D) सही है।

4. आलोक की चाल $= 6$ किमी / घंटा

रमन की चाल $= 9$ किमी / घंटा

दूरी $PQ = 15$ किमी

P   R   Q

माना RQ की दूरी x किमी है तो दूरी $PR = 15 - x$

दूरी $PQ + QR = 15 + x$

यहाँ, आलोक द्वारा PR दूरी को तय करने में लगने वाला समय $=$ रमन द्वारा $PQ + QR$ दूरी को तय करने में लगने वाला समय इसलिए, $\frac{(15+x)}{9} = \frac{(15-x)}{6}$

⇒ $90 + 6x = 135 - 9x$

⇒ $x = 3$

इसलिए, दूरी $PR = PQ - RQ = 15 - 3 = 12$ किमी

अत: विकल्प (B) सही है।

5. माना एक आयत की मूल लंबाई और चौड़ाई क्रमशः x और y है।

इसलिए, आयत का क्षेत्र $= x \times y = xy$ वर्ग इकाइयों

अब, आयत की बढ़ी हुई लंबाई $= x + 60\%$ का $x = x + \frac{60}{100} \times x = \frac{16x}{10}$

माना नई चौड़ाई Y है। इसलिये,

आयत का नया क्षेत्र $= \frac{16x}{10} \times Y$

प्रश्न के अनुसार,

$\frac{16x}{10} \times Y = xy$

⇒ $Y = \frac{10y}{16}$

इसलिए, चौड़ाई में कमी $= y - Y = y - \frac{10y}{16} = \frac{6y}{16}$

चौड़ाई में $\%$ कमी $= \frac{\frac{6y}{16}}{y} \times 100\% = \left(\frac{6}{16} \times 100\right)\% = 37\frac{1}{2}\%$

अत: विकल्प (A) सही है।

6. $\frac{a}{100} \times 240 = c$

$c = 2.4a \ldots \text{(i)}$

अब,

$\frac{c}{100} \times a = 117.6$

समीकरण (i) से c का मान रखने पर

$\frac{2.4a}{100} \times a = 117.6$

$a^2 = 4900$

$a = 70$

इसलिए

$c = 2.4a = 2.4 \times 70 = 168$

इस प्रकार, $a + c = 70 + 168 = 238$

अत: विकल्प (D) सही है।

7. $\dfrac{\left(3\frac{1}{5} + \frac{3}{5}\right) \div \frac{8}{5}}{1\frac{1}{8} \div \left\{\frac{5}{8} + \left(\frac{1}{8} \div \frac{1}{3}\right)\right\}}$

$$\Rightarrow \frac{\left(\frac{16}{5}+\frac{3}{5}\right)\div\frac{8}{5}}{\frac{9}{8}\div\left(\frac{5}{8}+\frac{3}{8}\right)}$$

$$\Rightarrow \frac{\left(\frac{19}{5}\times\frac{5}{8}\right)}{\left(\frac{9}{8}\div1\right)}$$

$$\Rightarrow \frac{19}{9}$$

अत: विकल्प (C) सही है।

8. दिया गया है,

$$\frac{0.01404}{24^2+6^2-144}$$

$$\Rightarrow \frac{0.01404}{612-144}$$

$$\Rightarrow \frac{0.01404}{468}$$

$$\Rightarrow 3\times10^{-5}$$

अत: विकल्प (A) सही है।

9. हम जानते हैं कि यदि दो क्रमिक लाभ /हानि हों, तो परिणामी लाभ /हानि

$$= x+y+\frac{xy}{100}$$

यहाँ, $x=32\%$ और $y=-20\%$

$\therefore$ परिणामी लाभ /हानि $= 32-20-\frac{32\times20}{100}$

$$= 5.6\%$$

अब, चूंकि ग्राहक ने 1953.6 रुपए का भुगतान किया है, अत:

थोक विक्रेता के लिए घड़ी का विक्रय मूल्य $=\frac{1953.6}{105.6}\times100$

$$= 1850 \text{ रुपए}$$

अत: विकल्प (C) सही है।

10. मशीन का विक्रय मूल्य = 51 लाख रुपए

माना मशीन को इस विक्रय मूल्य पर बेचने पर हानि x रुपए है।

इसलिए, क्रय मूल्य $= 51+x$........(i)

यदि वह मशीन को 60 लाख रुपए में बेचे तो उसे लाभ $= 8x$

इसलिए, क्रय मूल्य $= 60-8x$........(ii)

इन दो समीकरणों से, हमें प्राप्त होता है

$$51+x=60-8x$$

$$\Rightarrow x = 1 \text{ लाख}$$

$\therefore$ क्रय मूल्य $= 51+1$

$$= 52 \text{ लाख}$$

अत: विकल्प (B) सही है।

11. $\Rightarrow$ 5 महीने की कुल बिक्री $= (6843 + 6742 + 5690 +8690 + 9430)$ रूपये

$= 37395$ रूपये

$\Rightarrow$ अपेक्षित बिक्री $= [(7500 \times 6) - 37395]$ रूपये

$= (45000 - 37395)$ रूपये

$= 7605$ रूपये

अत: विकल्प (D) सही है।

12. खिलाड़ी द्वारा बनाए गए कुल रन $= 40\times45 = 1800$

उसके द्वारा 38 पारियों में बनाए गए कुल रन $= 38\times40 = 1520$

अधिकतम और न्यूनतम स्कोर का योग $= 1800 - 1520 = 280$

माना अधिकतम स्कोर x और न्यूनतम स्कोर $x-106$ है

प्रश्न के अनुसार:

$$x+x-106 = 280$$

$$\Rightarrow 2x = 386$$

$$\therefore x = 193$$

अत: विकल्प (B) सही है।

13. मूलधन $= 12000$ रुपये

समय $(n) = 9$ माह $= 3$ तिमाही

दर % प्रतिवर्ष $= \frac{16}{4} = 4\%$ प्रति तिमाही

राशि = मूलधन $\left(1+\frac{r}{100}\right)^n$

$$= 12000\left(1+\frac{4}{100}\right)^3$$

$$= 12000\left(\frac{104}{100}\right)^3$$

$$= 12000\times\frac{104\times104\times104}{100\times100\times100}$$

$$= \frac{12\times104\times104\times104}{10\times100}$$

$$= 1.2\times1.04\times104\times104$$

$$= 13498.368$$

चक्रवृद्धि ब्याज = राशि − मूलधन

$$= 13498.368 - 12000$$

$$= 1498.368 \text{ रुपये}$$

अत: विकल्प (D) सही है।

14. राशि = मूलधन $\left(1+\frac{r}{100}\right)^n$

$$9261 = 8000\left(1+\frac{5}{100}\right)^n$$

$$9261 = 8000\left(1+\frac{1}{20}\right)^n$$

$$9261 = 8000\left(\frac{21}{20}\right)^n$$

$$\frac{9261}{8000} = \left(\frac{21}{20}\right)^n$$

$$\left(\frac{21}{20}\right)^3 = \left(\frac{21}{20}\right)^n$$

$$n = 3 \text{ वर्ष}$$

अत: विकल्प (B) सही है।

15. माना वास्तविक अंकित मूल्य 100 रुपए है।

छूट $= 20\%$

इसलिए, छूट के बाद मूल्य $= 100-20 = 80$

विक्रेता 25% का लाभ अर्जित करना चाहता है,

इसलिए, विक्रय मूल्य $= 80 + 25\% \times 80 = 100$

हालांकि वह 20% की छूट देने के बाद 100 रुपए पर बेचना चाहता है,

अत: वह बाजार मूल्य के 80% पर बेचेगा।

$$80\%MP = 100$$

$$MP = \left(\frac{100}{80}\right)\times100 = 125Rs$$

वास्तविक अंकित मूल्य से अंतर $= 125 - 100 = 25$

इसलिए, नया अंकित मूल्य वास्तविक अंकित मूल्य से $= 25\%$ अधिक होना

चाहिए।

अत: विकल्प (C) सही है।

16. कपड़े की प्रारंभिक लंबाई = 20 मी 5 सेमी = 20.05 मी

काटे गए कपड़े की लम्बाई = 4 मी 50 सेमी = 4.50 मी

बचे हुए कपड़े की लम्बाई = 20.05 – 4.50

= 15.55 मी

=15 मीटर 55 सेमी

अत: विकल्प (A) सही है।

17.

संग्रहालय	मार्च	अप्रैल	मई	जून	कुल योग
A	80	30	40	50	200
B	45	70	95	120	330
C	60	80	100	120	360
D	35	20	5	80	140
E	60	15	50	75	200
कुल योग	280	215	290	445	

दी गयी सारिणी से, आवश्यक अनुपात = 360 : 215 = 72 : 43

अत: विकल्प (B) सही है।

18.

संग्रहालय	मार्च	अप्रैल	मई	जून	कुल योग
A	80	30	40	50	200
B	45	70	95	120	330
C	60	80	100	120	360
D	35	20	5	80	140
E	60	15	50	75	200
कुल योग	280	215	290	445	

अपेक्षित उत्तर: संग्रहालय B

अत: विकल्प (B) सही है।

19.

संग्रहालय	मार्च	अप्रैल	मई	जून	कुल योग
A	80	30	40	50	200
B	45	70	95	120	330
C	60	80	100	120	360
D	35	20	5	80	140
E	60	15	50	75	200
कुल योग	280	215	290	445	

जून में B, C तथा D संग्रहालयों में जाने वाले व्यक्तियों संख्या $= 120 + 120 + 80 = 320$

आवश्यक प्रतिशत $= \frac{320-280}{320} \times 100 = 12\frac{1}{2}\%$

अत: विकल्प (C) सही है।

20.

संग्रहालय	मार्च	अप्रैल	मई	जून	कुल योग
A	80	30	40	50	200
B	45	70	95	120	330
C	60	80	100	120	360
D	35	20	5	80	140
E	60	15	50	75	200
कुल योग	280	215	290	445	

अपेक्षित उत्तर = 2

अत: विकल्प (C) सही है।

21.

संग्रहालय	मार्च	अप्रैल	मई	जून	कुल योग
A	80	30	40	50	200
B	45	70	95	120	330
C	60	80	100	120	360
D	35	20	5	80	140
E	60	15	50	75	200
कुल योग	280	215	290	445	

मई में A, C तथा E संग्रहालयों में जाने वाले व्यक्तियों संख्या $= 40 + 100 + 50 = 190$

मार्च और अप्रैल के महीनों में संग्रहालय B और D में आगंतुकों की संख्या

$= 45 + 35 + 70 + 20 = 170$

आवश्यक प्रतिशत $= \frac{190}{170} \times 100 = 112\%$

अत: विकल्प (A) सही है।

22. अंग्रेजी : गणित $= 2 : 3$

अंग्रेजी : विज्ञान $= 2 : 1$

अंग्रेजी : गणित : विज्ञान $= 2 : 3 : 1$

अंग्रेजी $+$ गणित $+$ विज्ञान $= 180$

विज्ञान में अंक $= \left(\frac{1}{6}\right) \times 180 = 30$

अत: विकल्प (C) सही है।

23. माना कुल कार्य $= 60$ यूनिट $(15, 20 - LCM)$

$(A + B + C)$ की कार्य क्षमता $= \frac{60}{15} = 4$ यूनिट/दिन

$(A + B)$ की क्षमता $= \frac{60}{20} = 3$ यूनिट/दिन

$\Rightarrow C$ की क्षमता $= (A + B + C)$ की कुल कार्य क्षमता $-(A + B)$ की क्षमता

$= 4 - 3 = 1$ यूनिट/दिन

$\therefore C$ द्वारा कार्य पूरा करने में लिए गए दिनों की संख्या $= \frac{60}{1} = 60$ दिन

अत: विकल्प (D) सही है।

24. $261 - 86 = 175$

$521 - 261 = 260$

$521 - 86 = 435$

$175, 260, 435$ का HCF समापर्तक है:

$175 = 5^2 \times 7$

$260 = 2^2 \times 13 \times 5$

$435 = 5 \times 87$

इसलिए, HCF $= 5$

अत: विकल्प (D) सही है।

25. $\Rightarrow 8 = 2 \times 2 \times 2$

$\Rightarrow 12 = 2 \times 2 \times 3$

$\Rightarrow 16 = 2 \times 2 \times 2 \times 2$

$\Rightarrow 28 = 2 \times 2 \times 7$

$\Rightarrow (8,12,16,28)$ का $LCM = 2 \times 2 \times 2 \times 3 \times 2 \times 7 = 336$ सेकंड

$= \dfrac{336}{60} = 5$ मिनट 36 मिनट

$\Rightarrow \because$ वह 1 बजे एक साथ बजती हैं।

$\Rightarrow$ दोबारा वे 1 घंटा 5 मिनट 36 सेकंड पर एक साथ बजेंगे।

अत: विकल्प (C) सही है।

Q.1 560 के 23% के 19% का मान क्या है?

A. 24.472   B. 23.572   C. 25.762   D. 27.342

Q.2 एक व्यक्ति ने 3 साल के लिए 10% प्रति वर्ष साधारण ब्याज पर एक निश्चित राशि का निवेश किया। अगर उसने उसी समय के लिए 15% प्रति वर्ष साधारण ब्याज पर उसी राशि का निवेश किया होता, तो वह 90 रु अधिक अर्जित करता। निवेश की गई राशि क्या है?

A. 600 रु   B. 900 रु   C. 450 रु   D. 300 रु

Q.3 दिये गए समीकरण में '?' का मान ज्ञात कीजिए।

$72 \times 25 + 45 \times 20 = 15^3 - ?$

A. 525   B. 675   C. 575   D. 625

Q.4 दिये गए समीकरण में '?' का मान ज्ञात कीजिए।

$8.25 \times 32 + 12.25 \times 36 - 1.85 \times 80 = ?$

A. 653   B. 583   C. 557   D. 623

Q.5 एक व्यक्ति 'v' की गति के साथ यात्रा की आधी दूरी और एक चोथाई दूरी '$2v$' गति के साथ और शेष दूरी '$\frac{v}{4}$' गति के साथ तय करता है। यात्रा की औसत गति क्या है?

A. $\frac{7v}{13}$ B. $\frac{8v}{13}$ C. $\frac{5v}{13}$ D. $\frac{6v}{13}$

Q.6 दो लोग X और Y के पास $5:3$ के अनुपात में रुपये है। यदि X, Y को 20 रुपये देता है तो अनुपात $13:11$ हो जाता है। शुरू में X के पास कितने पैसा था?

A. 130   B. 140   C. 120   D. 150

Q.7 एक 20 लीटर मिश्रण मे 60% अल्कोहॉल होता है। यदि 4 लीटर अल्कोहॉल इसमे मिलाया जाता है तो मिश्रण में पानी का प्रतिशत कितना होता है?

A. 33.33%   B. 20%   C. 40%   D. 25%

Q.8 एक धन राशि को $3:7:12$ के अनुपात मे P, Q और R के बीच विभाजित किया जाता है। यदि P और Q के अंशों के बीच का अंतर x रु और Q और R के बीच का अंतर 3000 रु है। कुल धन राशि ज्ञात कीजिये?

A. 11000 रु   B. 12400 रु   C. 13200 रु   D. 14300 रु

Q.9 सोहन ने 2500 रु में एक पुराना फ्रिज खरीदा, फिर इसकी मरम्मत पर 500 रुपये खर्च किए और इसे 3300 रु में बेच दिया। उसका हानि या लाभ % पता लगाएं।

A. 10%   B. 20%   C. 30%   D. 14%

Q.10 A 15 दिनों में और B 20 दिनों में किसी कार्य को कर सकते है। यदि वे 4 दिनों के लिए इस पर एक साथ काम करते हैं, तो शेष कार्य क्या होगा?

A. $\frac{1}{4}$ B. $\frac{1}{10}$ C. $\frac{7}{15}$ D. $\frac{8}{15}$

Q.11 यदि दो संख्याओं का योग 10 है तथा उसके व्युत्क्रमों का योग $\frac{5}{12}$ है, तो संख्याएं होगी।

A. 8 तथा 2   B. 6 तथा 4   C. 7 तथा 3   D. 9 तथा 1

Q.12 एक नाव धारा की दिशा में चलने पर 36 किमी की दूरी को 3 घंटों मे पूरी कर लेती है। जबकि वापस लौटते समय, यह समान दूरी को 9 घंटों में पूरी करती है। तो नाव की गति क्या है?

A. 8 किमी/घंटा   B. 12 किमी/घंटा
C. 14 किमी/घंटा   D. 10 किमी/घंटा

Q.13 10 आदमी प्रतिदिन 6 घंटे काम करते है और 18 दिनों में एक काम पूरा कर सकते हैं। 12 दिनों में एक ही काम को पूरा करने के लिए 15 पुरुषों को कितने घंटे काम करना होगा?

A. 4 घंटे   B. 5 घंटे   C. 6 घंटे   D. 7 घंटे

Q.14 जलाल, अमित और फिरोज ने साझेदारी की। जलाल ने अमित से 4 गुना अधिक निवेश किया है और फिरोज द्वारा निवेश की गई राशि अमित द्वारा निवेश की गई राशि का $\left(\frac{3}{4}\right)$ वां है। वित्तीय वर्ष के अंत में, अर्जित कुल लाभ 19,000 रु है। जलाल का हिस्सा ज्ञात कीजिये।

A. 15000 रु   B. 12000 रु   C. 13000 रु   D. 10000 रु

Q.15 दो संख्याओं का महत्तम समापवर्तक तथा लघुत्तम समापत्र्य 20 तथा 540 है। यदि एक संख्या 90 हो तो दुसरी संख्या क्या होगी?

A. 120   B. 140   C. 110   D. 115

Ques (16-17):निर्देश:नीचे दिए गए आंकड़ों का अध्ययन करें और निम्नलिखित प्रश्न के उत्तर दें।निम्न तालिका में पाँच गाँवों के बारे में जानकारी दी गई है।

गांव	जनसंख्या	पुरुष : महिला	शिक्षित पुरुष : अशिक्षित पुरुष	शिक्षित महिला: अशिक्षित महिला
A	5000	3 : 2	2 : 3	3 : 1
B	5500	6 : 5	1 : 1	7 : 3
C	4000	1 : 1	3 : 2	4 : 1
D	6000	3 : 1	7 : 2	2 : 1
E	10000	3 : 2	2 : 1	3 : 1

Q.16 पांच गांवों में कुल पुरुष और महिला जनसंख्या का अनुपात कितना है?

A. 36 : 23   B. 41 : 21   C. 39 : 25   D. 37 : 24

Q.17 पांच गांवों की कुल शिक्षित महिला जनसंख्या कितनी है?

A. 8650   B. 9000   C. 8700   D. 8850

Q.18 एक किराने की दुकान में लगातार 5 महीनों के लिए 6435 रु, 6927 रु, 6855 रु, 7230 रु और 6562 रु की बिक्री होती है। छठे महीने में उसकी कितनी बिक्री होनी चाहिए जिससे उसकी औसत बिक्री 6500 रु हो?

A. 4991 रु   B. 5991 रु   C. 6001 रु   D. 6991 रु

Q.19 20 दिनों में 3 कुशल कामगारों द्वारा एक कार्य पूर्ण किया जा सकता है। वही कार्य 30 दिनों में 5 लड़कों द्वारा पूर्ण किया जा सकता है। यदि वे एक साथ काम करते हैं तो उन्हें कार्य पूर्ण करने में कितने दिन लगेंगे?

A. 8 दिन   B. 10 दिन   C. 11 दिन   D. 12 दिन

Q.20 यदि $25a + 25b = 115$ तो, a और b का औसत क्या है?

A. 2.5   B. 3.4
C. 4.5   D. इनमें से कोई नहीं

Q.21 $\dfrac{(2.39)^2-(1.61)^2}{2.39-1.61}$ का मूल्यांकन करें।

A. 2   **B.** 4   **C.** 6   **D.** 8

Q.22 यदि किसी संख्या का 40% किसी अन्य संख्या के दो-तिहाई के बराबर है, तो दूसरी संख्या के लिए पहली संख्या का अनुपात क्या है।

[*DSSSB TGT Social Science, 2014*]

A. 2 : 5   **B.** 2 : 7   **C.** 5 : 7   **D.** 5 : 3

Q.23 राज को 35% छूट के लिए नई कुर्सी मिली। अगर राज को कोई छूट नहीं मिलती, तो राज को रु 224 अधिक देने पड़ते। राज ने कुर्सी के लिए कितना भुगतान किया?

A. 416 रु   **B.** 640 रु   **C.** 208 रु   **D.** 224 रु

Q.24 गुरप्रीत एक दुकान पर गया और एक सोफा खरीदा। उस पर 20% की छूट मिली। अगर उसने 25% की छूट पा ली होती तो वह 1000 रुपये बचा लेता। सोफे के लिए उसने कितना भुगतान किया?

A. 5,000 रु   **B.** 10,000 रु   **C.** 20,000 रु   **D.** 25,000 रु

Q.25 निर्देश: नीचे दिया गया बार ग्राफ लगातार दो वर्षों 2000 और 2001 के दौरान एक प्रकाशन कंपनी की छह शाखाओं से पुस्तकों की बिक्री (हजार संख्या में) दिखाता है।

2000 और 2001 में एक प्रकाशन कंपनी की छह शाखाओं -B1, B2, B3, B4, B5 और B6 से पुस्तकों की बिक्री (हजार संख्या में)।

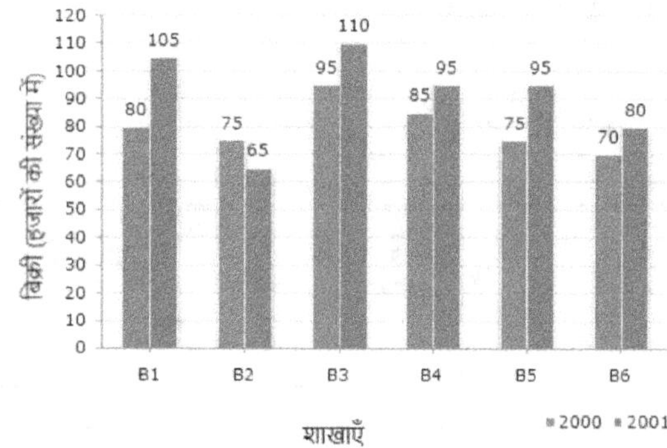

दोनों वर्षों के लिए शाखा B4 की कुल बिक्री में दोनों वर्षों के लिए शाखा B2 की कुल बिक्री का अनुपात क्या है?

A. 2:3   **B.** 3:5   **C.** 4:5   **D.** 7:9

// स्मार्ट उत्तर पुस्तिका //

सही उत्तर	उन छात्रों का प्रतिशत जिन्होंने प्रश्नों का सही उत्तर दिया था।	छोड़ दिया	उन छात्रों का प्रतिशत जिन्होंने प्रश्नों को छोड़ दिया था।

प्रश्न संख्या	उत्तर	सही उत्तर / छोड़ दिया	प्रश्न संख्या	उत्तर	सही उत्तर / छोड़ दिया	प्रश्न संख्या	उत्तर	सही उत्तर / छोड़ दिया	प्रश्न संख्या	उत्तर	सही उत्तर / छोड़ दिया	प्रश्न संख्या	उत्तर	सही उत्तर / छोड़ दिया	प्रश्न संख्या	उत्तर	सही उत्तर / छोड़ दिया
1	A	82.49 % / 10.17 %	6	D	40.87 % / 45.91 %	11	B	45.59 % / 41.4 %	16	D	51.97 % / 30.65 %	21	B	63.05 % / 36.58 %			
2	A	65.51 % / 31.29 %	7	A	62.96 % / 30.02 %	12	A	62.7 % / 35.98 %	17	D	61.4 % / 35.63 %	22	D	63.46 % / 33.38 %			
3	B	77.19 % / 21.59 %	8	C	27.14 % / 71.16 %	13	C	30.61 % / 68.29 %	18	A	57.95 % / 35.84 %	23	A	64.24 % / 30.55 %			
4	C	60.63 % / 31.07 %	9	A	41.23 % / 57.55 %	14	B	46.56 % / 50.82 %	19	D	52.85 % / 45.86 %	24	C	54.28 % / 35.08 %			
5	B	56.47 % / 40.49 %	10	D	43.92 % / 45.03 %	15	A	80.82 % / 10.62 %	20	D	59.65 % / 32.89 %	25	D	21.02 % / 75.7 %			

//संकेत और समाधान//

1. दिया गया समीकरण है:

$\Rightarrow$ 560 के 23% का 19%

सरलीकरण से हम प्राप्त करते हैं,

$\Rightarrow 560 \times \left(\frac{23}{100}\right) \times \left(\frac{19}{100}\right)$

$\Rightarrow 24.472$

अतः विकल्प (A) सही है।

2. माना कि निवेश की गई राशि 100x रु है।

10% प्रति वर्ष पर 1 वर्ष के लिए साधारण ब्याज = 100x का 10% = 10x रु

3 वर्ष के लिए साधारण ब्याज 10% प्रति वर्ष = 3 × 10x = 30x रु

1 वर्ष के लिए साधारण ब्याज 15% प्रति वर्ष = 100x का 15% = 15x रु

3 वर्षों के लिए साधारण ब्याज 15% प्रति वर्ष = 3 × 15x = 45x रु

अंतर = 45x - 30x =15x रु

यह दिया है, 15x = 90

$\Rightarrow$ x = 6

इसलिए, निवेश की गई राशि = 100x रु = (100 × 6) रु = 600 रु

अतः विकल्प (A) सही है।

3. दिया गया समीकरण है:

72 × 25 + 45 × 20 = 15³ - ?

उपरोक्त समीकरण को सरल करने पर,

$\Rightarrow$ 1800 + 900 = 3375 - ?

$\Rightarrow$? = 3375 - 2700 = 675

अतः विकल्प (B) सही है।

4. दिया गया समीकरण है:

8.25 × 32 + 12.25 × 36 - 1.85 × 80 = ?

$\Rightarrow$ 264 + 441 - 148 = 557

अतः विकल्प (C) सही है।

5. माना कि यात्रा की कुल दूरी x है।

हम यह जानते हैं कि,

समय = (दूरी /चाल) तो, कुल समय $= \left(\frac{x}{2v}\right) + \left(\frac{x}{(4 \times 2v)}\right) +$

$\left(\frac{x}{\left(4 \times \left(\frac{v}{4}\right)\right)}\right)$

$= \frac{13x}{8v}$

औसत गति = कुल दूरी / कुल समय

$= \frac{x}{\left(\frac{x}{8v}\right)}$

$= \frac{8v}{13}$

अतः विकल्प (B) सही है।

6. यह दिया गया है कि, $\frac{X}{Y} = \frac{5}{3}$

$\Rightarrow Y = \frac{3X}{5}$

तथा, $\frac{(X-20)}{(Y+20)} = \frac{13}{11}$

$\Rightarrow 11X - 220 = 13Y + 260$

$\Rightarrow 11X - 13Y = 480$

$\Rightarrow 11X - 13\left(\frac{3X}{5}\right) = 480$

$\Rightarrow 55X - 39X = 2400$

$\Rightarrow 16X = 2400$

$\Rightarrow X = 150$

अतः विकल्प (D) सही है।

7. यह दिया गया है कि, 20 लीटर मिश्रण में अल्कोहॉल प्रतिशत $= 60\%$

इसलिए, $20 \times \left(\frac{60}{100}\right) = 12$ लीटर

मिश्रण में पानी $= 20 - 12 = 8$ लीटर

कुल अल्कोहॉल $= 12 + 4 = 16$ लीटर

पानी का प्रतिशत $= \left(\frac{8}{24}\right) \times 100$

$= 33.33\%$

अतः विकल्प (A) सही है।

8. माना कि P, Q और R की राशि $3a, 7a$ और $12a$ है।
तो, प्रश्न के अनुसार,
$12a - 7a = 3000$
$5a = 3000$
$a = 600$
तो, कुल धन राशि,
$22 \times 600 = 13200$ रु
अतः विकल्प (C) सही है।

9. फ़्रिज का क्रय मूल्य $(CP) = 2500 + 500 = 3000$ रु
विक्रय मूल्य $(SP) = 3300$ रु
यह स्पष्ट है कि वह लाभ प्राप्त कर रहा है। इसलिए,
लाभ $= SP - CP = 3300 - 3000 = 300$
इसलिए, लाभ % $= ($ लाभ $\times 100)/CP = \frac{300 \times 100}{3000} = 10\%$
अतः विकल्प (A) सही है।

10. माना की कुल कार्य = 1
तो, A का 1 दिन का काम $= \frac{1}{15}$;
B का 1 दिन का काम $= \frac{1}{20}$;
$(A+B)$ का 1 दिन का काम $= \left(\frac{1}{15} + \frac{1}{20}\right) = \frac{7}{60}$
$(A+B)$ का 4 दिन का काम $= \left(\frac{7}{60} \times 4\right) = \frac{7}{15}$
इसलिए, शेष कार्य $= \left(1 - \frac{7}{15}\right) = \frac{8}{15}$
अतः विकल्प (D) सही है।

11. दिया है,
$x + y = 10$
इसलिए, $y = 10 - x$
और, $\frac{1}{x} + \frac{1}{y} = \frac{5}{12}$

इसलिए, $\dfrac{x+y}{xy} = \dfrac{5}{12}$

$\Rightarrow \dfrac{10}{xy} = \dfrac{5}{12}$

$\therefore xy = 24$

यहाँ y का मान रखते है,

$x(10 - x) = 24$

$\Rightarrow 10x - x^2 = 24$

$\Rightarrow x^2 - 10x + 24 = 0$

$\Rightarrow (x - 6)(x - 4) = 0$

$\therefore x = 6, 4$

अतः विकल्प (B) सही है।

12. माना कि स्थिर जल में नाव की चाल c और धारा की चाल v हैं।
अतः,

धारा की दिशा में चाल $= c + v = \dfrac{36}{3} = 12$ किमी/घंटा

धारा के विपरीत नाव की गति $= c - v = \dfrac{36}{9} = 4$ किमी/घंटा

प्राप्त उपरोक्त परिणाम को जोड़ कर और v को हटा कर हल करने पर, हमें प्राप्त हुआ,

$\Rightarrow 2c = 16$

$\Rightarrow c = 8$ किमी/घंटा

अतः विकल्प (A) सही है।

13. सूत्र: $\dfrac{m_1 \times h_1 \times d_1}{w_1} = \dfrac{m_2 \times h_2 \times d_2}{u_2}$

मान लेते हैं,

$w_1 = 1$
$m_1 = 10$
$h_1 = 6$
$d_1 = 18$
$w_2 = 1$
$h_2 = x$
$m_2 = 15$
$d_2 = 12$

सूत्र में मानों को प्रतिस्थापित करने पर:

$\dfrac{10 \times 6 \times 18}{1} = \dfrac{15 \times x \times 12}{1}$

$\dfrac{10 \times 6 \times 18}{15 \times 12} = x$

$6 = x$

अतः विकल्प (C) सही है।

14. माना कि जलाल, अमित और फिरोज का निवेश x, y और z है।
दिया हुआ है कि जलाल ने अमित से 4 गुना ज्यादा निवेश किया है और फिरोज द्वारा निवेश की गई राशि अमित द्वारा निवेश की गई राशि का $\left(\dfrac{3}{4}\right)$ वां है।

इसलिए, $x = 4y$ और $y = \left(\dfrac{3}{4}\right) z$

दिया हुआ है कि वर्ष के अंत में कुल लाभ 19000 रु है।

$\Rightarrow x + y + z = 19000$

$\Rightarrow 4y + y + \left(\dfrac{4}{3}\right) y = 19000$

$\Rightarrow 12y + 3y + 4y = 57000$

$\Rightarrow 19y = 57000$

$\Rightarrow y = 3000$

जलाल का निवेश $(x) = 4y = 4 \times 3000 = 12000$ रु

अतः विकल्प (B) सही है।

15. दूसरी संख्या को खोजने के लिए, हम सूत्र का उपयोग कर सकते हैं:

पहली संख्या $\times$ दूसरी संख्या $=$ ल.स.म. $\times$ म.स.म.

$\Rightarrow 90 \times$ दूसरी संख्या $= 540 \times 20$

दूसरी संख्या $= \dfrac{540 \times 20}{90} = 120$

अतः विकल्प (A) सही है।

16. उपरोक्त आंकड़ों को सरल बनाने के बाद, हम नीचे दी गई तालिका बना सकते हैं।

गांव	जनसंख्या	पुरुष	महिला	शिक्षित पुरुष	अशिक्षित पुरुष	शिक्षित महिला	अशिक्षित महिला
A	5000	3000	2000	1200	1800	1500	500
B	5500	3000	2500	1500	1500	1750	750
C	4000	2000	2000	1200	800	1600	400
D	6000	4500	1500	3500	1000	1000	500
E	10000	6000	4000	4000	2000	3000	1000
योग	30500	18500	12000	11400	7100	8850	3150

इसलिए, आवश्यक अनुपात $= 18500 : 12000 = 37 : 24$

अतः विकल्प (D) सही है।

17. गाँव के पुरुषों की संख्या $A = 5000 \times \dfrac{3}{5} = 3000$

गाँव की महिलाओं की संख्या $A = 5000 \times \dfrac{2}{5} = 2000$

गाँव की शिक्षित महिलाएँ $A = 2000 \times \dfrac{3}{4} = 1500$

उपरोक्त आंकड़ों को सरल बनाने के बाद, अशिक्षित महिला आबादी नीचे दी गई तालिका बनाती है।

गांव	जनसंख्या	पुरुष	महिला	शिक्षित पुरुष	अशिक्षित पुरुष	शिक्षित महिला	अशिक्षित महिला
A	5000	3000	2000	1200	1800	1500	500
B	5500	3000	2500	1500	1500	1750	750
C	4000	2000	2000	1200	800	1600	400
D	6000	4500	1500	3500	1000	1000	500
E	10000	6000	4000	4000	2000	3000	1000
योग	30500	18500	12000	11400	7100	8850	3150

इसलिए, पांच गांवों की कुल शिक्षित महिला जनसंख्या $= 8850$

अतः विकल्प (D) सही है।

18. किराने की दुकान में लगातार 5 महीनों की कुल बिक्री $=(6435 + 6927 + 6855 + 7230 + 6562)$ रु

$= 34009$ रु

∴ आवश्यक बिक्री $=[(6500 \times 6) - 34009]$ रु

$= (39000 - 34009)$ रु

$= 4991$ रु

अतः विकल्प (A) सही है।

19. 3 कुशल कामगारों का 1 दिन का काम $= \dfrac{1}{20}$

5 लड़कों का 1 दिन का काम $= \dfrac{1}{30}$

(3 कुशल कामगार $+5$ लड़के) का 1 दिन का काम $= \left(\dfrac{1}{20} + \dfrac{1}{30}\right)$

$= \dfrac{5}{60}$

$= \dfrac{1}{12}$

∴ 3 पुरुष और 5 लड़के 12 दिनों में काम पूरा करेंगे।

अतः विकल्प (D) सही है।

20. दिया गया समीकरण है:

$25a + 25b = 115$

$\Rightarrow 25(a + b) = 115$

$\Rightarrow a + b = \dfrac{115}{25}$

$\Rightarrow a + b = \dfrac{23}{5}$

∴ a और b का औसत $= \dfrac{a+b}{2}$

$= \dfrac{23}{5} \times \dfrac{1}{2}$

$= \dfrac{23}{10}$

$= 2.3$

अतः विकल्प (D) सही है।

21. मान लेते है $a = 2.39$ और $b = 1.61$

दी गई अभिव्यक्ति,

$= \dfrac{a^2 - b^2}{a - b}$

$= \dfrac{(a+b)(a-b)}{a-b}$

$= a + b$

$= 2.39 + 1.61$

$= 4$

अतः विकल्प (B) सही है।

22. मान लें कि पहला नंबर A है और दूसरा नंबर B है।

प्रश्न के अनुसार

$\dfrac{40}{100} A = \dfrac{2}{3} B$

$\dfrac{A}{B} = \dfrac{2}{3} \times \dfrac{100}{40}$

$\dfrac{A}{B} = \dfrac{5}{3}$

$\Rightarrow A : B = 5 : 3$

अतः विकल्प (D) सही है।

23. राज को 35% की छूट मिली ।

यदि कोई छूट नहीं थी, तो राज 224 रुपये का भुगतान करेगा।

इसका अर्थ है 35% छूट $= 224$ रु छूट। .

∴ 35% अंकित मूल्य $= 224$ रु

∴ $\dfrac{35}{100} x$ अंकित मूल्य $= 224$रु

∴ अंकित मूल्य $= 640$ रु

∴ राज ने $640 - 224 = 416$ रु का भुगतान किया।

अतः विकल्प (A) सही है।

24. मान लेते है की गुरप्रीत सोफे के लिए रु 'ए' का भुगतान करती है। हम जानते है की उसे 20% की छूट मिली

अगर उसने 25% की छूट पा ली होती तो वह 1000 रुपये बचा लेता इसका अर्थ है 5% अतिरिक्त छूट $= 1000$ रुपये

∴ 5% का $A = 1000$रु

∴ $\dfrac{5}{100} \times A = 1000$

∴ $A = $ रु 20000

अतः विकल्प (C) सही है।

25. दिया हुआ,

शाखा B2 की कुल बिक्री $= 75 + 65 = 140$

शाखा B4 की कुल बिक्री $= 85 + 95 = 180$

इसलिए, आवश्यक अनुपात $= \dfrac{140}{180} = \dfrac{7}{9}$

अतः विकल्प (D) सही है।

Q.1 नीले, गुलाबी, लाल, सफ़ेद और हरे बक्से का वज़न का औसत 50 किग्रा है। सफ़ेद और हरे बक्से का औसत वज़न 57.5 किग्रा है। नीले और लाल बक्से का औसत वज़न 42.5 किग्रा है। हरे बॉक्स का वजन गुलाबी बॉक्स की तुलना में 10 किलो अधिक है। गुलाबी और सफ़ेद बक्सों का औसत वज़न ज्ञात कीजिए।

A. 47.5 किग्रा   **B.** 52.5 किग्रा
C. 55 किग्रा   **D.** 50 किग्रा

Q.2 यदि k को 12 से विभाजित किया जाता है तो शेषफल 3 आता है। यदि (k + 4) को 4 से विभाजित किया जाता है तो शेषफल ज्ञात कीजिए।

A. 2   **B.** 0   **C.** 3   **D.** 1

Q.3 दो उम्मीदवारों के बीच चुनाव में, कुल वोट का 4% अवैध घोषित किया जाता है। एक उम्मीदवार ने कुल वैध वोटों का 55% हासिल किया और 240 वोटों के बहुमत के साथ जीत हासिल की, वोटों की कुल संख्या ज्ञात कीजिये।

A. 2000   **B.** 2400   **C.** 2500   **D.** 1500

Q.4 किसी वस्तु को 500 रुपये में बेचने पर हानि प्रतिशत इसे 700 रुपये में बेचने पर लाभ प्रतिशत के बराबर है। वस्तु पर लाभ या हानि प्रतिशत ज्ञात कीजिए।

A. $\frac{50}{3}$%   **B.** 50%   **C.** 15%   **D.** 17%

Q.5 निर्देश: निम्नलिखित प्रश्न में '?' का मान ज्ञात कीजिए।

$$\frac{2-\frac{1}{2}}{2+\frac{1}{2}} \div \frac{4}{5}\left(\frac{3}{10}+\frac{6}{5}\right) \text{ का } \frac{\frac{3}{2}+\frac{8}{3}}{\frac{3}{2}-\frac{2}{3}} = ?$$

A. $\frac{1}{10}$ **B.** $\frac{2}{5}$ **C.** $\frac{11}{10}$ **D.** $\frac{1}{5}$

Q.6 प्रशांत अपनी कार से 60 किमी/घंटा की औसत गति से दिल्ली से लखनऊ जा रहा था। आधी दूरी तय करने के बाद वह अपनी गति में 20 किमी/घंटा की कमी करता है। तो संपूर्ण यात्रा के दौरान उसकी औसत गति ज्ञात कीजिये।

A. 24 किमी/घंटा   **B.** 12 किमी/घंटा
C. 50 किमी/घंटा   **D.** 48 किमी/घंटा

Q.7 12 पुरुष और 18 महिलाएं 10 दिनों में एक कार्य को पूरा कर सकते हैं जबकि 3 पुरुष और 18 महिलाएं समान कार्य को 12 दिनों में पूरा कर सकते हैं। कितने दिनों में 2 पुरुष और 3 महिलाएं कार्य को पूरा करेंगे?

A. 60 दिन   **B.** 45 दिन   **C.** 80 दिन   **D.** 54 दिन

Ques (8-11):निर्देश: एक देश के लिए विभिन्न क्षेत्रों से CO_2 उत्सर्जन (मिलियन मीट्रिक टन) निम्नलिखित सारणी में दिए गए हैं। दी गई जानकारी के आधार पर प्रश्न के उत्तर दीजिए।

CO_2 उत्सर्जन (मिलियन मीट्रिक टन)					
क्षेत्र / वर्ष	बिजली	उद्योग	व्यवसायिक	कृषि	घरेलू
2005	500	200	150	80	100
2006	600	300	200	90	110
2007	650	320	250	100	120
2008	700	400	300	150	150
2009	800	450	320	200	180

Q.8 2005 से 2009 के दौरान बिजली क्षेत्र से CO_2 उत्सर्जन की प्रतिशत (%) वृद्धि ज्ञात कीजिए।

A. 60   **B.** 50   **C.** 40   **D.** 80

Q.9 किस क्षेत्र ने 2005 से 2009 के दौरान CO_2 उत्सर्जन में अधिकतम प्रतिशत वृद्धि दर्ज की है ?

A. बिजली   **B.** उद्योग
C. व्यावसायिक   **D.** कृषि

Q.10 बिजली क्षेत्र में CO_2 उत्सर्जन की औसत वार्षिक वृद्धि दर क्या है ?

A. 25%   **B.** 20%   **C.** 15%   **D.** 10%

Q.11 वर्ष 2008 में कुल CO_2 उत्सर्जन में बिजली क्षेत्र का प्रतिशत योगदान कितना है ?

A. 30.82%   **B.** 41.18%   **C.** 51.38%   **D.** 60.25%

Q.12 एक परिवार में 7 सदस्य हैं। पहले 3 सदस्यों की औसत आयु 25 वर्ष और अंतिम 3 सदस्यों की औसत आयु 33 वर्ष है। एक परिवार के सभी सदस्यों की आयु का योग 210 है। तो परिवार के चौथे सदस्य की आयु ज्ञात कीजिए।

A. 32   **B.** 36   **C.** 40   **D.** 44

Q.13 यदि दो संख्याओं का गुणनफल और महत्तम समापवर्तक क्रमशः 192 और 4 हैं तो इन संख्याओं का लघुतम समापवर्त्य क्या होगा?

A. 24   **B.** 12   **C.** 56   **D.** 56

Q.14 x = 60 + 40 ÷ (25 - 15) × (100 का 40%) - (49 का 28.56%), तो x 15 के वर्ग के मान से कितना कम है?

A. 19   **B.** 10   **C.** 11   **D.** 12

Q.15 19 से विभाजित होने पर एक संख्या x, 7 शेष देती है, तो इस रूप में सबसे छोटी संख्या जो एक पूर्ण वर्ग है ज्ञात कीजिए।

A. 36   **B.** 49   **C.** 64   **D.** 81

Q.16 एक वस्तु 7,600 रुपये में सूचीबद्ध है और इकाई पर दी जाने वाली छूट 10% है। 5814 रुपए का शुद्ध विक्रय मूल्य लाने के लिए कितनी अतिरिक्त छूट दी जानी चाहिए?

A. 15%   **B.** 12%   **C.** 8%   **D.** 10%

Q.17 5355 रुपये में एक वस्तु बेचकर एक कपड़ा व्यापारी 15% की हानि उठाता है। उसे इसको किस मूल्य पर बेचना चाहिए, ताकि वह 15% का लाभ प्राप्त कर सके?

A. 7245 रुपये   **B.** 6300 रुपये
C. 5645 रुपये   **D.** 6700 रुपये

Q.18 A & B की आय 4: 3 के अनुपात में है और उनका वार्षिक खर्च 3: 2 के अनुपात में है। यदि प्रत्येक 60000 रु की बचत करता है। A की आय ज्ञात कीजिये।

[Territorial Army Officer, 2019]

A. 240000 रु   **B.** 720000 रु
C. 192000 रु   **D.** 480000 रु

Q.19 A और B एक काम को 18 दिनों में एक साथ कर सकते हैं। A, B, से तीन गुना अधिक दक्ष है। B अकेले कितने दिनों में काम पूरा कर सकता है?

A. 54 दिन   **B.** 64 दिन   **C.** 72 दिन   **D.** 60 दिन

Q.20 यदि 2 वर्षों के लिए ब्याज की दर 20% है, चक्रवृद्धि ब्याज और साधारण ब्याज के बीच का अंतर 940 रुपये है तो मूलधन ज्ञात कीजिए।

A. 33,500 रुपये   **B.** 44,500 रुपये
C. 23,500 रुपये   **D.** 25,400 रुपये

Q.21 2 वर्ष के लिए 10% प्रति वर्ष की राशि पर चक्रवृद्धि ब्याज 16800 रुपये है। ब्याज की समान दर और समान राशि पर 3 वर्ष के लिए साधारण ब्याज ज्ञात कीजिए।

A. 24000 **B.** 12000 **C.** 22000 **D.** 14000

Q.22 दो मुख्यमंत्रियों की वर्तमान आयु का अनुपात 11 : 9 है और 5 वर्ष पहले, अनुपात 5 : 4 था। 15 वर्ष के बाद दोनों की आयु का अनुपात क्या होगा?

A. 7 : 8 **B.** 8 : 7 **C.** 6 : 7 **D.** 7 : 6

Q.23 $\sqrt{50} + \sqrt{18} - \sqrt{8}$ को सरल कीजिये।

A. $8\sqrt{2}$ **B.** $7\sqrt{2}$ **C.** $6\sqrt{2}$ **D.** $5\sqrt{2}$

Q.24 (18 + 2 × 3.3) + 0.003 की गणना कीजिये।

A. 11.200 **B.** 51.00 **C.** 24.603 **D.** 16.103

Q.25 $\frac{3}{5}$ का $\left[2\frac{1}{3} - 1\frac{1}{2} \right] + 1\frac{2}{5} \div 2\frac{1}{3}$ सरल कीजिये।

A. $\frac{1}{10}$ **B.** $\frac{3}{10}$ **C.** $1\frac{1}{10}$ **D.** 1

// स्मार्ट उत्तर पुस्तिका //

सही उत्तर	उन छात्रों का प्रतिशत जिन्होंने प्रश्नों का सही उत्तर दिया था।	छोड़ दिया	उन छात्रों का प्रतिशत जिन्होंने प्रश्नों को छोड़ दिया था।

प्रश्न संख्या	उत्तर	सही उत्तर / छोड़ दिया	प्रश्न संख्या	उत्तर	सही उत्तर / छोड़ दिया	प्रश्न संख्या	उत्तर	सही उत्तर / छोड़ दिया	प्रश्न संख्या	उत्तर	सही उत्तर / छोड़ दिया	प्रश्न संख्या	उत्तर	सही उत्तर / छोड़ दिया	प्रश्न संख्या	उत्तर	सही उत्तर / छोड़ दिया
1	B	88.53 % / 10.78 %	6	D	69.26 % / 30.23 %	11	B	81.94 % / 12.64 %	16	A	79.13 % / 15.37 %	21	A	85.95 % / 12.98 %			
2	C	85.07 % / 13.56 %	7	A	65.96 % / 30.82 %	12	B	85.03 % / 12.72 %	17	A	89.29 % / 10.04 %	22	D	77.69 % / 19.15 %			
3	C	47.35 % / 48.76 %	8	A	82.17 % / 13.72 %	13	D	82.2 % / 10.06 %	18	A	46.43 % / 34.13 %	23	C	85.3 % / 10.42 %			
4	A	82.6 % / 14.07 %	9	D	78.59 % / 13.41 %	14	A	78.15 % / 10.28 %	19	C	79.45 % / 10.79 %	24	C	81.9 % / 14.86 %			
5	A	89.21 % / 10.23 %	10	C	80.86 % / 14.58 %	15	C	52.7 % / 42.89 %	20	C	41.18 % / 55.22 %	25	C	85.13 % / 13.44 %			

//संकेत और समाधान//

1. माना नीले, गुलाबी, लाल, सफ़ेद और हरे बक्से का वज़न किग्रा में क्रमशः B, P, R W और G है।

$W + G = 57.5 × 2 = 115$

$⇒ B + R = 42.5 × 2 = 85$

$⇒ G – P = 10$

$⇒ B + P + R + W + G = 50 × 5 = 250$

$⇒ P = 250 – 115 – 85 = 50$ किग्रा

$⇒ G = 50 + 10 = 60$ किग्रा

$⇒ W = 115 – 60 = 55$ किग्रा

आवश्यक औसत वज़न $= \dfrac{(50 + 55)}{2} = 52.5$ किग्रा

अत: विकल्प (B) सही है।

2. माना संख्या 15 है।

जब हम 15 को 12 से विभाजित करते हैं तो हमें शेषफल 3 (स्थिति संतुलित) प्राप्त होता है।

यदि हम (k + 4) को 4 से विभाजित किया जाता है, तो

$(15 + 4) ÷ 4$

$= 19 ÷ 4$

यदि हम 19 को 4 से विभाजित करते हैं, तो हमें शेषफल 3 प्राप्त होता है।

अत: विकल्प (C) सही है।

3. माना वोटों की कुल संख्या x है।

अवैध वोटों की संख्या $= (\dfrac{4}{100}) × x = \dfrac{x}{25}$

वैध वोटों की संख्या $= x – \dfrac{x}{25} = \dfrac{24x}{25}$

पराजित उम्मीदवार द्वारा प्राप्त वोट $= \dfrac{24x}{25} × \dfrac{45}{100}$

प्रश्नानुसार,

$\dfrac{24x}{25} × \dfrac{55}{100} – \dfrac{24x}{25} × \dfrac{45}{100} = 240$

$⇒ \dfrac{24x}{25}\left(\dfrac{55}{100} – \dfrac{45}{100}\right) = 240$

$⇒ \dfrac{24x}{25} × \dfrac{10}{100} = 240$

$⇒ \dfrac{24x}{250} = 240$

$⇒ x = \dfrac{(240 × 250)}{24}$

$⇒ x = 2500$

∴ वोटों की कुल संख्या 2500 हैं।

अत: विकल्प (C) सही है।

4. जैसा कि हम जानते हैं,

$P = S.P. – C.P.$

$L = C.P. – S.P.$

$L\% = (\dfrac{L}{C.P.}) × 100$

जहाँ, P = लाभ, S.P. = विक्रय मूल्य, C.P. = क्रय मूल्य, L = हानि

माना C.P, x है।

प्रश्नानुसार,

$\dfrac{(x – 500)}{x} × 100 = \dfrac{(700 – x)}{x} × 100$

$⇒ x(x – 500) = x(700 – x)$

$⇒ 2x = 1200$

$⇒ x = 600$

इसलिए, हानि $= 600 – 500 = 100$

हानि% $= (\dfrac{100}{600}) × 100 = \dfrac{50}{3}\%$

∴ अभीष्ट हानि प्रतिशत $\dfrac{50}{3}\%$ है।

अत: विकल्प (A) सही है।

5. दिए गए समीकरण पर विचार करते हैं,

$\dfrac{2-\frac{1}{2}}{2+\frac{1}{2}} ÷ \dfrac{4}{5}\left(\dfrac{3}{10} + \dfrac{6}{5}\right)$ का $\dfrac{\frac{3}{2}+\frac{8}{3}}{\frac{3}{2}-\frac{2}{3}} = ?$

$⇒ \dfrac{\frac{3}{2}}{\frac{5}{2}} ÷ \dfrac{4}{5}\left(\dfrac{3+12}{10}\right)$ का $\dfrac{\frac{9+16}{6}}{\frac{9-4}{6}} = ?$

$⇒ \dfrac{3}{5} ÷ \dfrac{4}{5} × \dfrac{15}{10} × \dfrac{25}{5} = ?$

$⇒ \dfrac{3}{5} ÷ 6 = ?$

$⇒ \dfrac{3}{5} × \dfrac{1}{6} = ?$

$⇒ ? = \dfrac{1}{10}$

$∴ ? = \dfrac{1}{10}$

अत: विकल्प (A) सही है।

6. जैसा कि हम जानते हैं,

औसत गति = तय की गयी कुल दूरी/लिया गया कुल समय

औसत गति $= \dfrac{2xy}{(x + y)}$, जहाँ x = प्रारंभिक गति, y = अंतिम गति

माना दिल्ली से लखनऊ के बीच की दूरी 120 किमी है।

आधी दूरी तय करने में लिया गया समय $= \dfrac{60}{60} = 1$ घंटे

शेष आधी दूरी तय करने में लिया गया समय $= \dfrac{60}{40} = 1.5$ घंटे

∴ औसत गति $= \dfrac{120}{(1 + 1.5)} = \dfrac{120}{2.5} = 48$ किमी/घंटा

अत: विकल्प (D) सही है।

7. प्रश्न के अनुसार,

$(12M + 18W) \times 10 = (3M + 18W) \times 12$

$\Rightarrow 42M = 18W$

$\Rightarrow M : W = 3 : 7$

कुल कार्य = $(12 \times 3 + 18 \times 7) \times 10 = 1620$ यूनिट

∴ 2 पुरुष और 3 महिलाएं कार्य को पूरा करेंगे = $\dfrac{1620}{(6 + 21)} = 60$ दिन

अत: विकल्प (A) सही है।

8. दिया हुआ,

2005 में बिजली क्षेत्र से CO_2 का उत्सर्जन = 500

2009 में बिजली क्षेत्र से CO_2 का उत्सर्ज = 800

2005 से 2009 के दौरान बिजली क्षेत्र से CO_2 उत्सर्जन की प्रतिशत (%) वृद्धि

$= \dfrac{(800 - 500)}{500} \times 100 = 60\%$

अत: विकल्प (A) सही है।

9. 2005 से 2009 के दौरान CO_2 उत्सर्जन में विद्युत क्षेत्र की वृद्धि = (800 - 500) = 300

वृद्धि = $(\dfrac{300}{500}) \times 100 = 60\%$

2005 से 2009 के दौरान CO_2 उत्सर्जन में उद्योग क्षेत्र की वृद्धि = (450 - 200) = 250

वृद्धि = $(\dfrac{250}{200}) \times 100 = 125\%$

2005 से 2009 के दौरान CO_2 उत्सर्जन में व्यावसायिक क्षेत्र की वृद्धि = (320 - 150) = 170

वृद्धि = $(\dfrac{170}{150}) \times 100 = 113.33\%$

2005 से 2009 के दौरान CO_2 उत्सर्जन में कृषि क्षेत्र की वृद्धि = (200 - 80) = 120

वृद्धि = $(\dfrac{120}{80}) \times 100 = 150\%$

2005 से 2009 के दौरान CO_2 उत्सर्जन में घरेलू क्षेत्र की वृद्धि = (180 - 100) = 80

वृद्धि = $(\dfrac{80}{100}) \times 100 = 80\%$

∴ कृषि क्षेत्र ने 2005 से 2009 के दौरान CO_2 उत्सर्जन में अधिकतम वृद्धि दर्ज की है।

अत: विकल्प (D) सही है।

10. दिया हुआ,

2005 में बिजली क्षेत्र में CO_2 का उत्सर्जन = 500

2009 में बिजली क्षेत्र में CO_2 का उत्सर्जन = 800

2005 से 2009 के दौरान बिजली क्षेत्र में CO_2 के उत्सर्जन में वृद्धि = (800 - 500) = 300

2005 से 2009 के दौरान बिजली क्षेत्र में CO_2 के उत्सर्जन में औसत

वृद्धि = $\dfrac{300}{4} = 75$

2005 से 2009 के दौरान बिजली क्षेत्र में CO_2 के उत्सर्जन में औसत प्रतिशत

वृद्धि = $(\dfrac{75}{500}) \times 100 = 15\%$

अत: विकल्प (C) सही है।

11. 2008 में बिजली क्षेत्र से CO_2 का उत्सर्जन = 700

2008 में सभी क्षेत्रों से CO_2 का कुल उत्सर्जन = 1700

∴ 2008 में कुल CO_2 उत्सर्जन में बिजली क्षेत्र द्वारा CO_2 उत्सर्जन का प्रतिशत

योगदान = $(\dfrac{700}{1700}) \times 100 = 41.18\%$

अत: विकल्प (B) सही है।

12. जैसा कि हम जानते हैं,
औसत आयु = परिवार के सदस्यों की आयु का योग/परिवार के सदस्यों की संख्या
माना चौथे सदस्य की आयु x है।
पहले 3 सदस्यों की औसत आयु = पहले 3 सदस्यों की आयु का योग = 25 × 3 = 75
अंतिम 3 सदस्यों की औसत आयु = अंतिम 3 सदस्यों की आयु का योग = 33 × 3 = 99
किसी परिवार के सभी सदस्यों की आयु का योग = प्रथम 3 सदस्यों की आयु का योग + अंतिम 3 सदस्यों की आयु का योग + x
$210 = 75 + x + 99$
$\Rightarrow 210 = 174 + x$
$\Rightarrow x = 36$ वर्ष
∴ परिवार के चौथे सदस्य की आयु 36 वर्ष है।
अत: विकल्प (B) सही है।

13. जैसा कि हम जानते हैं,

2 संख्याओं का गुणनफल = लघुत्तम समापवर्त्य × महत्तम समापवर्तक

दिया हुआ,

दो संख्याओं का गुणनफल = 192

महत्तम समापवर्तक = 4

$192 = 4 \times$ लघुत्तम समापवर्त्य

∴ लघुत्तम समापवर्त्य = $\dfrac{192}{4} = 48$

अत: विकल्प (D) सही है।

14. x = 60 + 40 ÷ (25 - 15) × (100 का 40%) - (49 का 28.56%)

$\Rightarrow x = 60 + 40 \div 10 \times 40 - 14$

$\Rightarrow x = 60 + 4 \times 40 - 14$

$\Rightarrow x = 60 + 160 - 14$

$\Rightarrow x = 220 - 14$

$\Rightarrow x = 206$

अब हमें यह ज्ञात करना है कि 15^2 की तुलना में x कितना कम है।

$15^2 = 225$

इसलिए, 225 - 206 = 19

अत: विकल्प (A) सही है।

15. दिया हुआ,

x एक संख्या है जो 19 से विभाजित करने पर 7 शेष देती है।

∴ संख्या 19k + 7 के रूप में होगी जहां k 0, 1, 2 इत्यादि हो सकते हैं।

अब हमें इस रूप में सबसे छोटे पूर्ण वर्ग का पता लगाना है,

तो हम k = 3 रखने पर देख सकते हैं,

x = 19 × 3 + 7

∴ x = 64

अत: विकल्प (C) सही है।

16. सूचीबद्ध मूल्य का अर्थ है कि वस्तु का अंकित मूल्य = 7600 रुपए

छूट = 10%

10% छूट के बाद मूल्य = $\left(\dfrac{90}{100}\right)$ × 7600 = 6840

अंतिम विक्रय मूल्य = 5814

दूसरी छूट= (6840 - 5814)= 1026

6840 रुपए के मूल्य पर दी गई अतिरिक्त छूट= $\left(\dfrac{1026}{2840}\right)$ × 100 = 15

∴ 5814 रुपए के शुद्ध विक्रय मूल्य को लाने के लिए 15% अतिरिक्त छूट दी जानी चाहिए।

अत: विकल्प (A) सही है।

17. जैसा कि हम जानते हैं,

विक्रय मूल्य = क्रय मूल्य + लाभ

माना क्रय मूल्य x रुपये है।

x – x का 15% = 5355

⇒ x = 6300 रुपये

अब,

विक्रय मूल्य = 6300 + 6300 का 15% = 7245 रुपये

अत: विकल्प (A) सही है।

18. जैसा कि हम जानते हैं,

आय = व्यय + बचत

माना A और B की आय क्रमशः 4x और 3x है।

उनका खर्च = $\dfrac{(4x - 60000)}{(3x - 60000)} = \dfrac{3}{2}$

2 × (4x – 60000) = 3 × (3x – 60000)

⇒ 8x – 120000 = 9x – 180000

⇒ 9x – 8x = 180000 – 120000

⇒ x = 60000

A की आय = 4x = 4 × 60000 = 240000

∴ A की आय 240000 रु है।

अत: विकल्प (A) सही है।

19. A, B की तुलना में तीन गुना अधिक दक्ष है जिसका अर्थ A और B की दक्षता का अनुपात 3 : 1 है।

A और B का अकेले काम पूरा करने के लिए आवश्यक समय अनुपात = $\dfrac{1}{3}$:

1 = 1 : 3

माना, A काम को x दिन में कर सकता है और B उसी काम को 3x दिन में कर सकता है।

1 दिन में A काम का $\dfrac{1}{x}$ हिस्सा कर सकता है।

1 दिन में B काम का $\dfrac{1}{3x}$ हिस्सा कर सकता है।

एक साथ 1 दिन में वे काम का $\left(\dfrac{1}{x} + \dfrac{1}{3x}\right) = \dfrac{4}{3x}$ हिस्सा कर सकते हैं।

A और B, एक साथ 18 दिनों में काम कर सकते हैं।

1 दिन में वे एक साथ काम का $\dfrac{1}{18}$ भाग कर सकते हैं।

$\dfrac{4}{3x} = \dfrac{1}{18}$

⇒ x = 24

B अकेले काम पूरा करने में समय लेता है = (3 × 24) = 72 दिन

∴ 72 दिनों में B अकेले काम पूरा कर सकता है।

अत: विकल्प (C) सही है।

20. दिया हुआ,

चक्रवृद्धि ब्याज और साधारण ब्याज के बीच का अंतर = 940 रुपये

समय = 2 वर्ष

ब्याज की दर = 20%

जैसा कि हम जानते हैं,

2 वर्ष के लिए चक्रवृद्धि ब्याज और साधारण ब्याज का अंतर = मूलधन × (दर/100)^2

940 = P × $\dfrac{(20 \times 20)}{(100 \times 100)}$

⇒ 940 = P × $\dfrac{1}{25}$

⇒ P = 940 × 25 = 23,500 रुपये

∴ मूलधन 23,500 रुपये है।

अत: विकल्प (C) सही है।

21. दिया हुआ,

2 वर्ष में चक्रवृद्धि ब्याज = 16800

दर = 10%

समय के लिए साधारण ब्याज = 3 वर्ष

जैसा कि हम जानते हैं,

चक्रवृद्धि ब्याज = मूलधन(P) {(1 +दर/100)^{समय} – 1}

⇒ 16800 = P × {(1 + $\dfrac{10}{100}$)^2 – 1}

⇒ 16800 = P × {($\dfrac{11}{10}$ × $\dfrac{11}{10}$) – 1}

⇒ 16800 = P × $\dfrac{(121 - 100)}{100}$

⇒ 16800 = P × $\left(\dfrac{21}{100}\right)$

⇒ P = 80,000

अत: विकल्प (C) सही है।

साधारण ब्याज = मूलधन × दर × समय / 100 = $\frac{(80000 \times 10 \times 3)}{100}$ = 24,000 रुपये

∴ साधारण ब्याज 24,000 रुपये है।

अत: विकल्प (A) सही है।

22. माना पहले और दूसरे मुख्यमंत्री की वर्तमान आयु क्रमशः 11x और 9x है।

5 वर्ष पहले,

$$\Rightarrow \frac{11x-5}{9x-5} = \frac{5}{4}$$

⇒ 44x − 20 = 45x − 25

⇒ x = 5

पहले मुख्यमंत्री की वर्तमान आयु = 11x = 55 वर्ष

दूसरे मुख्यमंत्री की वर्तमान आयु = 9x = 45 वर्ष

15 वर्ष के बाद पहले मुख्यमंत्री की आयु = 55 + 15 = 70 वर्ष

15 वर्ष के बाद दूसरे मुख्यमंत्री की आयु = 45 + 15 = 60 वर्ष

15 वर्ष के बाद पहले मुख्यमंत्री की आयु : 15 वर्ष के बाद दूसरे मुख्यमंत्री की आयु = 70 : 60 = 7 : 6

∴ 15 वर्ष के बाद दोनों की आयु का अनुपात 7 : 6 होगा।

अत: विकल्प (D) सही है।

23. $\sqrt{50} + \sqrt{18} - \sqrt{8}$
$= \sqrt{2 \times 5 \times 5} + \sqrt{2 \times 3 \times 3} - \sqrt{2 \times 2 \times 2}$
$= 5\sqrt{2} + 3\sqrt{2} - 2\sqrt{2}$
$= 6\sqrt{2}$
$\therefore \sqrt{50} + \sqrt{18} - \sqrt{8} = 6\sqrt{2}$

अत: विकल्प (C) सही है।

24. (18 + 2 × 3.3) + 0.003

= (18 + 6.6) + 0.003

= 24.6 + 0.003

= 24.603

अत: विकल्प (C) सही है।

25. $\frac{3}{5}$ का $\left[2\frac{1}{3} - 1\frac{1}{2}\right] + 1\frac{2}{5} \div 2\frac{1}{3}$

$= \frac{3}{5}$ का $\left[\frac{7}{3} - \frac{3}{2}\right] + \frac{7}{5} \div \frac{7}{3}$

$= \frac{5}{6}$ का $\frac{3}{5} + \frac{\frac{7}{5}}{\frac{7}{3}}$

$= \frac{5}{6} \times \frac{3}{5} + \frac{3}{5}$

$= \frac{1}{2} + \frac{3}{5}$

$= \frac{11}{10} = 1\frac{1}{10}$

$\therefore \frac{3}{5}$ का $\left[2\frac{1}{3} - 1\frac{1}{2}\right] + 1\frac{2}{5} \div 2\frac{1}{3} = 1\frac{1}{10}$

Q.1 निम्नलिखित में से किसने लेबनान में बिसरी बांध परियोजना के लिए $ 244 मिलियन को रद्द कर दिया है?

A. IMF   **B.** विश्व बैंक   **C.** ADB   **D.** NDB

Q.2 भारत का लक्ष्य __________ द्वारा 5 ट्रिलियन डॉलर की अर्थव्यवस्था लक्ष्य को प्राप्त करना है।

[UPPSC Block Education Officer (BEO), 2020]

A. 2022 ईसवी   **B.** 2024 ईसवी
C. 2025 ईसवी   **D.** 2026 ईसवी

Q.3 मूल कर्तव्यों का उल्लेख संविधान में कब किया गया?

[Madhya Pradesh Public Service Commission (MPPSC), 2017]

A. संविधान-निर्माण के समय
B. 26 जनवरी, 1950 को
C. 42वें संविधान संशोधन में
D. 41वें संविधान संशोधन में

Q.4 निम्नलिखित में से कौन भारतीय संविधान की एक संघीय विशेषता है?

A. स्वतंत्र न्यायपालिका   **B.** एकीकृत न्यायपालिका
C. एकल नागरिकता   **D.** आपातकालीन प्रावधान

Q.5 पृथ्वी के वायुमंडल की सबसे निचली परत क्या है?

A. क्षोभमंडल   **B.** बहिमंडल
C. मीसोस्फीयर   **D.** समताप-मंडल

Q.6 किस मिट्टी को थोड़ी सिंचाई की जरूरत है क्योंकि यह मिट्टी के पानी को बरकरार रखती है?

A. काली   **B.** जलोढ़   **C.** लाल   **D.** लेटेराइट

Q.7 लोकसभा का अध्यक्ष __________ के द्वारा चुना जाता है।

A. लोकसभा के सभी सदस्य
B. सीधे जनता
C. सभी सांसद
D. भारत के मुख्य न्यायाधीश

Q.8 भारत के सर्वोच्च न्यायालय के प्रत्येक न्यायाधीश को किसके द्वारा नियुक्त किया जाता है?

A. सुप्रीम कोर्ट कॉलेजियम   **B.** मंत्रिमंडल
C. भारत के राष्ट्रपति   **D.** लोक सभा

Q.9 निम्नलिखित में से किसने कांग्रेस के ऐतिहासिक लाहौर सत्र की अध्यक्षता की है?

A. जवाहरलाल नेहरु   **B.** मोतीलाल नेहरु
C. गांधीजी   **D.** मुहम्मद अली जिन्ना

Q.10 लखनऊ संधि करने के समय भारत का गवर्नर-जनरल कौन था?

A. लॉर्ड रीडिंग   **B.** लॉर्ड चेम्सफोर्ड
C. लॉर्ड हार्डिंग- द्वितीय   **D.** लॉर्ड मिंटो-द्वितीय

Q.11 उदयगिरि और खंडगिरि गुफाएँ कहाँ स्थित हैं?

A. कर्नाटक   **B.** उड़ीसा
C. महाराष्ट्र   **D.** मध्य प्रदेश

Q.12 किस वैज्ञानिक संगठन ने भारत की पहली स्वदेशी सौर संकर इलेक्ट्रिक कार विकसित की है?

A. DRDO   **B.** CSIR   **C.** TIFR   **D.** ISRO

Q.13 Direction: Select the option that is the passive form of the sentence.

The batsman had hit the ball towards the boundary.

A. The ball is hit towards the boundary by the batsman.
B. The ball was hit towards the boundary by the batsman.
C. The ball is being hit towards the boundary by the batsman.
D. The ball had been hit towards the boundary by the batsman.

Q.14 Direction: Select the correct indirect narration of the given sentence.

The chemist said, "We do not have stock of this medicine now."

A. The chemist said that we do not have stock of this medicine now."
B. The chemist said that they are not having stock of that medicine now.
C. The chemist said that we did not have stock of this medicine then.
D. The chemist said that they did not have stock of that medicine then.

Q.15 Direction: Select the most appropriate synonym of the given word.

SURVEY

A. ignore   **B.** examine   **C.** trial   **D.** request

Q.16 Direction: In the following question, sentences of a paragraph have been jumbled and labelled as A, B, C and D. You are required to rearrange the jumbled sentences of the paragraph and mark your response accordingly by selecting the correct option.

A: I woke-up and looked at the clock.

B: I fell asleep without noticing.

C: Therefore, I just grab my bag and rushed towards the meeting room.

D: Now there was no time to recount everything since Rahul was compelled to hire me against his will.

A. DCBA   **B.** DACB   **C.** BADC   **D.** CBAD

Q.17 Direction: Select the most appropriate antonym of the given word.

EXCEPTIONAL

A. notable   **B.** distinct   **C.** peculiar   **D.** ordinary

Q.18 Direction: Select the most appropriate meaning of the given idiom.

Hit the sack

A. To go to sleep   **B.** To stay awake
C. To feel tired   **D.** To feel bored

Q.19 Identify the word that is misspelt.

A. Grammar   **B.** Appeal
C. Illumination   **D.** Arrogence

Q.20 Direction: In the following question, sentences of a paragraph have been jumbled and labelled as A, B, C and D. You are required to rearrange the jumbled sentences of the paragraph and mark your response accordingly by selecting the correct option-

A: So, I asked my mother to calm down.

B: After having a look at her, I was finally relieved.

C: She shook her head, smiled and said that she had already heard about it.

D: Someone informed me that the storm was coming.

A. DCBA **B.** DACB **C.** BADC **D.** CBAD

Q.21 Direction: Select the word which means the same as the group of words given.

One who feeds on human flesh

A. Cannibal **B.** Omnivorous
C. Vegan **D.** Carnivorous

Ques (22-25):Direction: Read the passage carefully and choose the best answer to question out of the four alternatives.

Pidgins are defined as a type of spoken communication with two or more languages. It has fundamental grammar and vocabulary. It is also meant to facilitate people who do not speak a common language. An example is the "Lingua Franca" which was first created among traders. This is called business language. They are created because traders come from different places and have different tongues; therefore a common language is formed. Creoles, on the other hand, refer to any pidgin language that becomes the first language in a speech community. creole is "created" when the utterer of a pidgin language gains a strong hold over utterers of another. This can be in the form of social or political hold over. Therefore, the pidgin language used in speech between these two groups may become the first language of the minority community. One such example is "Gullah (derived from English), spoken in the Sea Islands of the southeastern U.S."

To cope with the consequent expansion of communicative functions the vocabulary is increased and the grammar becomes more complex in pidgins. Where a creole and the standard variety of English coexist, as in the Caribbean, there is a continuum from the most extreme form of creole to the form that is closest to the standard language. Linguists mark off the relative positions on the creole continuum as the 'basilect' (the furthest from the standard language), the 'mesolect', and the 'acrolet'. In such situations, most creole speakers can vary their speech along the continuum and many are also competent in the standard English of their country.

Q.22 What are creoles?

A. It is a type of american delicacy.

B. It is a type of grammar rule that is followed by pidgins.

C. It is a pidgin language that becomes the first language of a community.

D. None of the above

Q.23 What does 'Lingua Franca' mean?

A. Good bye

B. Common language between people whose native languages are different.

C. Creole

D. None of the above

Q.24 According to the passage, which of the following statements is true?

A. Pidgins and creoles are languages spoken by different communities in India.

B. Creoles coexist with the standard variety of English.

C. A creole is created when a person speaks pidgins over a long duration of time.

D. Business language is created because traders from the same place end up speaking different languages

Q.25 What is the tone of the passage?

[SBI Clerk, 2020], [IBPS PO, 2019]

A. Cynical **B.** Speculative
C. Analytical **D.** Informative

// स्मार्ट उत्तर पुस्तिका //

सही उत्तर — उन छात्रों का प्रतिशत जिन्होंने प्रश्नों का सही उत्तर दिया था।   **छोड़ दिया** — उन छात्रों का प्रतिशत जिन्होंने प्रश्नों को छोड़ दिया था।

प्रश्न संख्या	उत्तर	सही उत्तर / छोड़ दिया	प्रश्न संख्या	उत्तर	सही उत्तर / छोड़ दिया	प्रश्न संख्या	उत्तर	सही उत्तर / छोड़ दिया	प्रश्न संख्या	उत्तर	सही उत्तर / छोड़ दिया	प्रश्न संख्या	उत्तर	सही उत्तर / छोड़ दिया	प्रश्न संख्या	उत्तर	सही उत्तर / छोड़ दिया
1	B	65.04 % / 31.97 %	6	A	68.06 % / 30.15 %	11	B	53.25 % / 37.91 %	16	C	49.47 % / 36.8 %	21	A	60.55 % / 33.45 %			
2	B	81.25 % / 15.97 %	7	A	49.09 % / 32.02 %	12	D	54.55 % / 31.41 %	17	D	41.03 % / 46.91 %	22	C	83.69 % / 10.68 %			
3	C	55.13 % / 42.98 %	8	C	62.23 % / 31.8 %	13	D	46.74 % / 47.16 %	18	A	76.63 % / 16.62 %	23	B	79.63 % / 13.77 %			
4	A	43.32 % / 44.25 %	9	A	42.25 % / 48.44 %	14	D	43.6 % / 44.2 %	19	D	61.29 % / 34.54 %	24	B	66.34 % / 31.54 %			
5	A	69.62 % / 30.08 %	10	B	64.65 % / 35.25 %	15	B	64.02 % / 32.05 %	20	B	65.69 % / 31.99 %	25	D	56.13 % / 35.31 %			

//संकेत और समाधान//

1.

- विश्व बैंक ने लेबनान में बिसरी बांध परियोजना के लिए $ 244 मिलियन को रद्द कर दिया है।
- शुरूआत में, लेबनान की सरकार द्वारा 2015 में $ 617 मिलियन की कुल लागत से अनुमोदित, बांध ने पर्यावरण कार्यकर्ताओं की लंबे समय से आलोचना झेली।
- 4 अगस्त 2020 को बेरूत में बड़े पैमाने पर बंदरगाह विस्फोट - जिसमें 190 से अधिक लोग मारे गए थे - के बाद से बड़ी बुनियादी ढांचा परियोजनाओं के बारे में चिंताएं बढ़ गई हैं।

अतः विकल्प (B) सही है।

2.

- भारत ने 2024 ईस्वी तक 5 ट्रिलियन डॉलर की अर्थव्यवस्था का लक्ष्य हासिल करने का लक्ष्य रखा था।
- मई 2019 में, नरेंद्र मोदी के नेतृत्व में सरकार ने अगले पांच वर्षों में अर्थव्यवस्था को 5 ट्रिलियन अमरीकी डालर तक ले जाने का लक्ष्य रखा।

अतः विकल्प (B) सही है।

3.

- मौलिक कर्तव्य राज्यों के अपने नागरिकों के लिए मौलिक दायित्व हैं, और राज्य के लिए नागरिकों का कर्तव्य और अधिकार है।
- ये कर्तव्य संविधान के भाग IV-A में निर्धारित किए गए हैं।
- 42 वें संविधान संशोधन द्वारा, मूल कर्तव्यों को जोड़ा गया।

अतः विकल्प (C) सही है।

4. एक स्वतंत्र न्यायपालिका एक संघीय विशेषता है जबकि शेष सभी भारतीय संविधान की एकात्मक विशेषताएं हैं।

संघीय विशेषताएं लिखित संविधान, संवैधानिक वर्चस्व, कुछ मामलों में संविधान के संशोधन की एक जटिल प्रक्रिया, एक स्वतंत्र न्यायपालिका, केंद्र और राज्यों के बीच शक्तियों का विभाजन, द्विवार्षिक विधान. आदि हैं।

एकात्मक विशेषताओं में मजबूत केंद्र, संविधान के प्रमुख भागों में संशोधन के लिए संसद का अधिकार, राज्यसभा में असमान प्रतिनिधित्व, एकल संविधान, एकल नागरिकता संविधान का लचीलापन, एकीकृत न्यायपालिका, केंद्र द्वारा राज्य राज्यपाल की नियुक्ति, सभी क्षेत्रीय सेवाएं और आपातकालीन प्रावधान, राज्य / केंद्र सरकार के चुनावों के लिए एकल चुनाव मशीनरी सम्मिलित होती हैं।

अतः विकल्प (A) सही है।

5.

- क्षोभमंडल पृथ्वी के वायुमंडल की सबसे निचली परत है।
- वायु बहुत अच्छी तरह से मिश्रित होती है और ऊंचाई के साथ तापमान कम हो जाता है
- क्षोभमंडल में वायु जमीन से ऊपर तक गर्म होती है।
- पृथ्वी की सतह ऊर्जा को अवशोषित करती है और वायु की तुलना में तेजी से गर्म होती है।

अतः विकल्प (A) सही है।

6. काली मिट्टी या रेगुर मिट्टी, बड़े पैमाने पर दक्कन के पठार पर पाई जाती है जिसमें महाराष्ट्र, मध्य प्रदेश, गुजरात, आंध्र प्रदेश और तमिलनाडु के कुछ हिस्से शामिल हैं जो कपास की खेती के लिए आदर्श हैं। इसके लिए थोड़ी सिंचाई की आवश्यकता होती है क्योंकि इसमें उच्च जल-धारण क्षमता होती है गीली होने पर यह उभार जाती है और चिपचिपी हो जाती है और सूखने पर सिकुड़ जाती है। स्व-जुताई काली मिट्टी की एक विशेषता है क्योंकि यह सूखने पर चौड़ी दरारें विकसित करती है।

अतः विकल्प (A) सही है।

7.

- लोकसभा का अध्यक्ष लोकसभा का पीठासीन अधिकारी होता है।
- आम चुनाव के बाद लोकसभा की पहली बैठक में अध्यक्ष का चुनाव किया जाता है।
- लोकसभा का अध्यक्ष लोकसभा के सभी सदस्यों द्वारा चुना जाता है।
- लोकसभा की पहली बैठक की अध्यक्षता प्रोटेम स्पीकर द्वारा की जाती है।
- वह उस समय तक लोकसभा का पीठासीन अधिकारी होगा, जब तक लोकसभा का निर्वाचित अध्यक्ष अपना स्थान ग्रहण नहीं कर लेता है।
- लोक सभा अध्यक्ष के पास यह चुनने की शक्ति होती है कि कोई विधेयक धन विधेयक है या नहीं। उनका निर्णय अंतिम होता है और उसके बारे में न्यायालय में पुछताछ नहीं की जा सकती है।

अतः विकल्प (A) सही है।

8. भारतीय संविधान के अनुच्छेद 124 के तहत सर्वोच्च न्यायालय के प्रत्येक न्यायाधीश को राष्ट्रपति द्वारा उसके हस्ताक्षर और मुहर के तहत वारंट द्वारा नियुक्त किया जाता है।

- मुख्य न्यायाधीश को सर्वोच्च न्यायालय और उच्च न्यायालयों के न्यायाधीशों के परामर्श के बाद राष्ट्रपति द्वारा नियुक्त किया जाता है।
- अन्य न्यायाधीशों को मुख्य न्यायाधीश और सर्वोच्च न्यायालय और उच्च न्यायालयों के न्यायाधीशों के परामर्श के बाद राष्ट्रपति द्वारा नियुक्त किया जाता है।
- मुख्य न्यायाधीश के अलावा किसी अन्य न्यायाधीश की नियुक्ति के मामले में मुख्य न्यायाधोश से परामर्श अनिवार्य है।

अतः विकल्प (C) सही है।

9.

- जवाहरलाल नेहरू ने वर्ष 1929 में आयोजित INC के ऐतिहासिक लाहौर अधिवेशन की अध्यक्षता की।
- 'पूर्ण स्वराज' का प्रस्ताव लाहौर अधिवेशन में पारित किया गया।
- इस सत्र में पूर्ण स्वतंत्रता के लिए सविनय अवज्ञा आंदोलन का निर्णय लिया गया।
- 26 जनवरी को 'स्वतंत्रता दिवस' के रूप में मनाया जाना था।

अतः विकल्प (A) सही है।

10. लॉर्ड चेम्सफोर्ड (1916-1921) भारत के गवर्नर-जनरल थे जब लखनऊ समझौता (1916) हुआ था। लखनऊ समझौता भारतीय राष्ट्रीय कांग्रेस ऑर मुस्लिम लीग के बीच एक समझौता पत्र था। मुहम्मद अली जिन्ना को कांग्रेस और मुस्लिम लीग दोनों को एक साथ लाने में उनकी भूमिका के लिए हिंदू-मुस्लिम एकता के राजदूत के रूप में सम्मानित किया गया था।

अतः विकल्प (B) सही है।

11.

- उदयगिरि और खंडगिरि भुवनेश्वर के पास स्थित है जहां प्राचीन भारत के अद्वितीय स्मारक हैं।

- इन गुफाओं का उल्लेख हाथीगुम्फा शिलालेख में 'कुमारी पर्वत' के रूप में किया गया है।

- इन गुफाओं को राजा खारवेल के शासनकाल के दौरान विशाल आवासीय ब्लॉकों से बनाया गया था, जिसमें उन्होंने निर्वाण की यात्रा पर जैन तपस्वियों के विश्राम स्थलों के रूप में कार्य किया था।

- उदयगिरि में 18 गुफाएं हैं और खंडगिरि में 15 गुफाएं हैं जो इतिहास, वास्तुकला, कला और धर्म के क्षेत्र में एक अद्वितीय स्थान प्रदान करती हैं

- उदयगिरि गुफाएँ लगभग 135 फीट ऊँची हैं और खंडगिरि गुफाएँ 118 फीट ऊँची हैं और दूसरी शताब्दी ईसा पूर्व की हैं।

- यह गुफाएं उड़ीसा में बौद्ध और जैन प्रभारों की याद दिलाती हैं।

अतः विकल्प (B) सही है।

12. ISRO ने अपनी सौर संकर इलेक्ट्रिक कार का प्रदर्शन किया और इस पर काम करने के पीछे एक मजबूत कारण है। जीवाश्म ईंधन का उपयोग करने वाले वाहन लगातार पर्यावरण और जीवन के लिए गंभीर समस्याएं लाते हैं।

इस परिप्रेक्ष्य में, सौर और विद्युत ऊर्जा आधारित हाइब्रिड वाहन गतिशीलता के लिए अक्षय ऊर्जा स्रोतों का उपयोग करके सबसे प्रभावी और व्यवहार्य दीर्घकालिक समाधान प्रदान करते हैं। विक्रम साराभाई स्पेस सेंटर (VSSC), ISRO, तिरुवनंतपुरम, ने ISRO के भीतर इन-हाउस विशेषज्ञता और संसाधनों का उपयोग करते हुए सौर संकर इलेक्ट्रिक कार चलाने का प्रदर्शन किया।

अतः विकल्प (D) सही है।

13. The given sentence is in the past perfect tense. The passive verb form for the past perfect is:

- Had + been + past participle form of the verb.

- So, 'had hit' changes to 'had been hit'.

Hence, the correct option is (D).

14. The given sentence is in Direct Speech. As per the given question we have to change it into Indirect Speech.
The process of transformation as follows:

- The reporting verb does not have an object. Hence, 'said' will not change.

- The conjunction 'that' will be added.

- Comma and inverted commas will be removed.

- 'We' will be changed into 'they' because the first-person pronouns are changed according to the subject of the reporting verb.

- 'This' will be changed into 'that' and 'now' will be changed into 'then'.

Hence, the correct option is (D).

15.

- The word 'Survey' means a close look at or over someone or something in order to judge condition.

- The synonyms of the word 'Survey' are "examine, audit, inspection".

- From the synonym of the given word, we can say that the word 'examine' has the same meaning.

Hence, the correct option is (B).

16. Sentence B is the sentence that establishes the subject matter. So, it'll be the first sentence after rearrangement.

Sentence A gives details about the sequence which can happen after Sentence B. So, A follows B.

Sentence D is the logical successor of Sentence A as it talks about 'having no time to do anything else other than leaving for a meeting.

Sentence C follows Sentence D as it helps to provide a conclusion to the paragraph.

Hence, the correct option is (C).

17.

- The word 'Exceptional' means being out of the ordinary.

- The antonyms of the word 'Exceptional' are "ordinary, normal, common".

- From the antonym of the given word, we can say that the word 'ordinary' is the opposite in meaning.

Hence, the correct option is (D).

18. Hit the sack is an idiom that means to go to sleep.

Hence, the correct option is (A).

19. 'Grammar' is a set of actual or presumed prescriptive notions about the correct use of a language.

'Appeal' means to make a serious, urgent, or heartfelt request.

'Illumination' is lighting or light.

'Arrogence': There is no such word in English or we can say that there is some spelling mistake in this word.

Hence, the correct option is (D).

20.

- Sentence D is the sentence that establishes the subject matter. So, it'll be the first sentence after rearrangement.

- Sentence A gives details about transferring the message to the subject 'my mother' which is provided in Sentence D. So, A follows D.

- Sentence C is the logical successor of Sentence A as it talks about the reaction from the subject 'my mother', mentioned in Sentence A.

- Sentence B follows Sentence C as it helps to provide a conclusion to the paragraph.

Hence, the correct option is (B).

21.

- Cannibal- a person who eats human flesh, especially for magical or religious purposes.

- Omnivorous- (of an animal or person) feeding on a variety of food of both plant and animal origin.

- Vegan- a person who does not eat any food derived from animals and who typically does not use other animal products.

- Carnivorous- (of an animal) feeding on other animals.

Hence, the correct option is (A).

22. According to the first paragraph of the given passage, it can be inferred that creoles are pidgin languages that become the first language in a speech community.

Hence, the correct option is (C).

23.

- According to the second line of the first passage, 'lingua franca' is given as an example of pidgins.

- 'An example is the "Lingua Franca" which was first created among traders. This is called a business language. They are created because traders come from different places and have different tongues; therefore a common language is formed'.

- This means that even though Lingua Franca is an example of Pidgin, it evolved to become a business language.

Hence, the correct option is (B).

24. According to the passage, 'Where a creole and the standard variety of English coexist, as in the Caribbean, there is a continuum from the most extreme form of creole to the form that is closest to the standard language'.

Thus from the given sentence, we can understand that Creoles coexist with the standard variety of English.

Hence, the correct option is (B).

25. A passage is said to have a informative tone when the author merely tries to educate his readers on a topic without giving any inferences. This tone can also be called an expository tone.

Hence, the correct option is (D).

Q.1 2008 में पुलेला गोपीचंद बैडमिंटन अकादमी की स्थापना कहाँ की गई थी?

A. नई दिल्ली   **B.** हैदराबाद   **C.** बैंगलोर   **D.** मुंबई

Q.2 DIPAM का पूर्ण रूप क्या है?

[SBI Apprentice, 2021]

A. Department of Investment and Public Account Management

B. Department of Investment and Public Asset Management

C. Department of Investment and Public Association Management

D. Department of Agricultural Management

Q.3 सितंबर 2020 में, निम्नलिखित में से कौन सी कंपनी बाजार पूंजीकरण (एम-कैप) में $200 बिलियन से आगे निकलने वाली पहली भारतीय कंपनी बन गई है?

A. टाटा कंसल्टेंसी सर्विसेज

B. रिलायंस इंडस्ट्रीज लिमिटेड

C. एचडीएफसी बैंक

D. हिंदुस्तान यूनिलीवर

Q.4 मौलिक अधिकारों को भारत के संविधान में _______ में निर्दिष्ट किया गया है।

A. भाग 1   **B.** भाग 3   **C.** भाग 4   **D.** भाग 5

Q.5 भारत के संविधान का निम्नलिखित में से कौन सा अनुच्छेद 'शिक्षा के अधिकार' को परिभाषित करता है?

A. अनुच्छेद 12   **B.** अनुच्छेद 5

C. अनुच्छेद 23   **D.** अनुच्छेद 21A

Q.6 ओडिशा की सबसे बड़ी खारे पानी की झील _______ है।

A. डल झील   **B.** तुलर झील

C. चिल्का झील   **D.** पुलिकट झील

Q.7 यमुना नदी _______ के समानांतर बहती है।

A. कृष्णा   **B.** गंगा   **C.** कावेरी   **D.** ब्रह्मपुत्र

Q.8 पंचायती राज संस्थाएँ किसके अंतर्गत अस्तित्व में आयी थी?

A. 42वां और 43वां संशोधन अधिनियम

B. 86वां और 87वां संशोधन अधिनियम

C. 63वां और 64वां संशोधन अधिनियम

D. 73वां और 74वां संशोधन अधिनियम

Q.9 पंचायत गठित करने का चुनाव उसके विघटन की तिथि से _____ की अवधि समाप्त होने से पहले पूरा हो जाना चाहिए।

A. दो महीने   **B.** एक वर्ष   **C.** छह महीने   **D.** आठ महीने

Q.10 निम्नलिखित में से कौन सी प्रसिद्ध लड़ाई है जो राणा प्रताप ने अकबर की सेना के खिलाफ लड़ी थी?

A. पानीपत   **B.** प्लासी   **C.** हल्दीघाटी   **D.** कलिंग

Q.11 संस्कृति मंत्रालय ने 8 जून 2020 से भारतीय पुरातत्व सर्वेक्षण के तहत कितने केन्द्रीय संरक्षित स्मारकों (जहाँ पूजा स्थल है) को खोलने की मंजूरी दी है?

A. 680   **B.** 760   **C.** 820   **D.** 940

Q.12 सरकार ने गुरुत्वाकर्षण तरंगों पर अनुसन्धान के लिए ___भारत परियोजना को मंजूरी दी।

A. सीएलआईओ   **B.** लीगो

C. एआईजीओ   **D.** एलएलआईजीओई

Q.13 Direction: In the following question, a sentence is given in Direct/Indirect speech. Out of the four alternatives choose the one which best expresses the sentence in Indirect/Direct Speech.

The stranger asked Alice where he lived.

A. The stranger asked Alice, "Where did you live?"

B. The stranger said to Alice, "Where are you live?"

C. The stranger said to Alice, "Where do you live?"

D. The stranger said to Alice, "Where have you live?"

Q.14 Direction: In the question a sentence has been given in active/passive voice. Out of the given four alternatives, suggest the one which best expresses the given sentence in passive/active voice.

What was he practicing in the auditorium?

A. What was practiced by him in the auditorium?

B. What is being practices by him in the auditorium?

C. What is practiced by him in the auditorium?

D. What was being practiced by him in the auditorium?

Q.15 Direction: Select the most appropriate antonym of the given word.

DIVEST

A. Strip   **B.** Give   **C.** Reveal   **D.** Promise

Q.16 Direction: Choose the correct appropriate word to fill in the blank from the given alternatives.

Bruce is an _____ who deceives others by claiming to be one of their relatives.

A. Wager   **B.** Priest   **C.** Idol   **D.** Imposter

Q.17 Direction: Select the most appropriate synonym of the given word.

SUSTAIN

A. Design   **B.** Plan   **C.** Generate   **D.** Support

Q.18 Direction: Given below are four sentences in jumbled order. Pick the option that gives their correct order.

A. She had never seen the like of it before.

B. But her own earnings had been in coppers and nickels.

C. She peered closely at the big currency note.

D. She only recognised the fives and tens she had seen in other people's hands.

A. CADB   **B.** DACB   **C.** CBAD   **D.** DABC

Q.19 Direction: Choose the correct alternative which can be substituted for the below given word/ sentence.

One who manages funerals

A. Overreacher   **B.** Evangelist

C. Grave digger   **D.** Undertaker

Q.20 Direction: Given below are four sentences in jumbled order. Pick the option that gives their correct order.

A: At seventy, one only waited to be summoned by God.

B: When he was dead, what would his wife do?

C: They had lived in each other's company since they were children.

D: The shopkeeper had said Muni was seventy.

A. DABC   **B.** BDCA   **C.** DCBA   **D.** CDBA

Q.21 Direction: Choose the correct appropriate word to fill in the blank from the given alternatives.

Her father's death reminded her that she was _____.

A. guild   **B.** inexorable
C. mortal   **D.** negate

Q.22 Select the word with correct spelling.

A. Retrospact   **B.** Ritrocpect
C. Ritrospect   **D.** Retrospect

Ques (23-25):Direction: Read the following passage carefully and answer the following question.

Organizations are institutions in which members compete for status and power. They compete for resource of the organization, for example finance to expand their own departments, for career advancement and for power to control the activities of others. In pursuit of these aims, groups are formed and sectional interests emerge. As a result, policy decisions may serve the ends of political and career systems rather than those of the concern. In this way, the goals of the organization may be displaced in favor of sectional interests and individual ambition. These preoccupations sometimes prevent the emergence of organic systems. Many of the electronic firms in the study had recently created research and development departments employing highly qualified and well-paid scientists and technicians. Their high pay and expert knowledge were sometimes seen as a threat to the established order of rank, power and privilege. Many senior managers had little knowledge of technicality and possibilities of new developments and electronics. Some felt that close cooperation with the experts in an organic system would reveal their ignorance and show their experience was now redundant.

Q.23 The theme of the passage is:

A. Groupism in organizations
B. Individual ambitions in organizations
C. Frustration of senior managers
D. Emergence of sectional interests in organizations

Q.24 "Organic system" as related to the organization implies its:

A. Growth with the help of expert knowledge
B. Growth with input from science and technology
C. Steady all around development
D. Natural and unimpeded growth

Q.25 The author makes out a case for:

A. Organic system
B. Research and Development in organizations
C. An understanding between senior and middle-level executives
D. A refresher course for senior managers

// स्मार्ट उत्तर पुस्तिका //

सही उत्तर — उन छात्रों का प्रतिशत जिन्होंने प्रश्नों का सही उत्तर दिया था।

छोड़ दिया — उन छात्रों का प्रतिशत जिन्होंने प्रश्नों को छोड़ दिया था।

प्रश्न संख्या	उत्तर	सही उत्तर / छोड़ दिया	प्रश्न संख्या	उत्तर	सही उत्तर / छोड़ दिया	प्रश्न संख्या	उत्तर	सही उत्तर / छोड़ दिया	प्रश्न संख्या	उत्तर	सही उत्तर / छोड़ दिया	प्रश्न संख्या	उत्तर	सही उत्तर / छोड़ दिया	प्रश्न संख्या	उत्तर	सही उत्तर / छोड़ दिया
1	B	28.18 % / 67.1 %	6	C	66.42 % / 32.68 %	11	C	79.47 % / 20.47 %	16	D	81.33 % / 17.07 %	21	C	55.69 % / 31.42 %			
2	B	76.88 % / 16.15 %	7	B	77.59 % / 13.86 %	12	B	86.77 % / 11.78 %	17	D	82.76 % / 12.45 %	22	D	76.66 % / 10.37 %			
3	B	55.62 % / 37.63 %	8	D	81.96 % / 12.69 %	13	C	77.04 % / 17.76 %	18	A	61.1 % / 36.09 %	23	D	89.59 % / 10.12 %			
4	B	89.97 % / 10.02 %	9	C	52.21 % / 36.5 %	14	D	62.39 % / 35.67 %	19	D	82.58 % / 12.44 %	24	B	64.94 % / 30.78 %			
5	D	60.33 % / 37.68 %	10	C	87.06 % / 12.09 %	15	B	82.34 % / 14.75 %	20	A	56.35 % / 31.22 %	25	A	79.62 % / 15.38 %			

//संकेत और समाधान//

1. 2006 में बैडमिंटन एसोसिएशन ऑफ इंडिया ने गोपीचंद को भारतीय राष्ट्रीय बैडमिंटन टीम का कोच नामित किया, और 2008 में उन्होंने हैदराबाद में एक बैडमिंटन अकादमी खोली। स्पोर्ट्ज़लाइव ने ग्रेटर नोएडा में शहीद विजय सिंह पथिक स्पोर्ट्स कॉम्प्लेक्स में एक गोपीचंद अकादमी विकसित करने की पहल के साथ गोपीचंद बैडमिंटन अकादमी के साथ भागीदारी की है।

अत: विकल्प (B) सही है।

2. वित्त मंत्री द्वारा उनके 2016-17 के बजट भाषण में विनिवेश विभाग का नाम बदलकर Department of Investment and Public Asset Management कर दिया गया। यह वित्त मंत्रालय के अधीन कार्य करता है। DIPAM का उद्देश्य केंद्रीय सार्वजनिक क्षेत्र के उपक्रमों में इसके विनिवेश सहित इक्विटी में केंद्र के निवेश का कुशल प्रबंधन करना है।

अत: विकल्प (B) सही है।

3. अरबपति मुकेश अंबानी की अगुवाई वाली रिलायंस इंडस्ट्रीज़ लिमिटेड (RIL) बाजार पूंजीकरण (एम-कैप) में $200 बिलियन से आगे निकलने वाली पहली भारतीय कंपनी बन गई है। RIL के शेयर का मूल्य मध्य मार्च के बाद से अपने खुदरा और दूरसंचार कारोबार में निवेश में वृद्धि के कारण 170 प्रतिशत बढ़ी है।

अत: विकल्प (B) सही है।

4. भारत के संविधान के भाग 3 में मौलिक अधिकार (अनुच्छेद 12 से 35) निहित हैं।

- सरदार वल्लभभाई पटेल को भारत में मौलिक अधिकारों के पिता के रूप में जाना जाता है।
- भारत ने अमेरिकी संविधान से मौलिक अधिकारों की अवधारणा को अपनाया।
- मौलिक अधिकार न्यायसंगत हैं।
- सर्वोच्च न्यायालय और उच्च न्यायालयों को मौलिक अधिकारों का संरक्षक माना जाता है।

अत: विकल्प (B) सही है।

5. शिक्षा का अधिकार अधिनियम (RTE) बच्चों को मुफ्त और अनिवार्य शिक्षा प्रदान करता है और इसे अनुच्छेद 21A के तहत एक मौलिक अधिकार के रूप में लागू किया गया है। इसका उद्देश्य 6 से 14 वर्ष की आयु के सभी बच्चों को प्राथमिक शिक्षा प्रदान करना है।

अत: विकल्प (D) सही है।

6. चिल्का झील ओडिशा की सबसे बड़ी बैक वाटर झील है।

- चिल्का झील दया नदी के मुहाने पर है।
- विश्व पर्यटन संगठन द्वारा चिल्का झील का नाम डेस्टिनेशन फ्लाईवेज़ है।
- भारत की एकमात्र झील 'डेस्टिनेशन फ्लायवेज़' में शामिल है।

अत: विकल्प (C) सही है।

7. यमुना नदी गंगा नदी के समानांतर बहती है। यह गंगा नदी की सबसे बड़ी सहायक नदी है। यह उत्तराखंड में यमुनोत्री ग्लेशियर से निकलती है। यमुना 1376 किलोमीटर लंबी है।

अत: विकल्प (B) सही है।

8. पंचायती राज संस्था का गठन 73वें संवैधानिक संशोधन अधिनियम, 1992 के माध्यम से जमीनी स्तर पर लोकतंत्र के निर्माण के लिए किया गया था और इसे देश में ग्रामीण विकास का कार्य सौंपा गया था। दिसंबर 1992 में संसद द्वारा 73वें और 74वें संवैधानिक संशोधन पारित किए गए। अधिनियम 24 अप्रैल, 1993 को संविधान (73 वां संशोधन) अधिनियम, 1992 के रूप में लागू हुआ।

अत: विकल्प (D) सही है।

9. पंचायत गठित करने का चुनाव इसके विघटन की तिथि से छह महीने की अवधि समाप्त होने से पहले पूरा हो जाना चाहिए।

अनुच्छेद 243E:

- प्रत्येक पंचायत, जब तक कि किसी कानून के तहत जल्द ही भंग नहीं हो जाती, तब तक वह पहली बैठक के लिए नियुक्त तारीख से पांच वर्ष तक जारी रहेगी और उससे ज्यादा नहीं।
- लागू होने के समय के लिए किसी भी कानून का कोई संशोधन किसी भी स्तर पर पंचायत के विघटन का कारण नहीं होगा, जो इस तरह के संशोधन, जब तक कि खंड (1) में निर्दिष्ट इसकी अवधि की समाप्ति तक, से पहले कार्य कर रहा है।

अत: विकल्प (C) सही है।

10. हल्दीघाटी का युद्ध महाराणा प्रताप और मुगल सम्राट अकबर के बीच लड़ा गया था। हल्दीघाटी का युद्ध 18 जून 1576 को लड़ा गया था। लड़ाई घुड़सवार सेना और तीरंदाजों के बीच थी। हल्दीघाटी लड़ाई का स्थल राजस्थान के गोगुन्दा के पास हल्दीघाटी में एक संकरा पहाड़ी दर्रा था।

अत: विकल्प (C) सही है।

11. संस्कृति मंत्रालय ने 8 जून 2020 से भारतीय पुरातत्व सर्वेक्षण के तहत 820 केन्द्रीय संरक्षित स्मारकों (जहाँ पूजा स्थल हैं) को खोलने की मंजूरी दी है।

इन स्मारकों में गृह मंत्रालय और स्वास्थ्य मंत्रालय द्वारा जारी सभी प्रोटोकॉल का पालन किया जाएगा।

3691 केन्द्र-संरक्षित स्मारक और पुरातात्विक स्थल हैं जो 17 मार्च 2-2020 से बंद थे।

केंद्रीय संस्कृति मंत्री प्रहलाद सिंह पटेल है।

अत: विकल्प (C) सही है।

12. सरकार ने गुरुत्वाकर्षण तरंगों पर अनुसन्धान के लिए सरकार ने लीगो-भारत परियोजना (भारत की लेज़र व्यतिकरणमापी गुरुत्वाकर्षण तरंग वेधशाला) के प्रस्ताव को मंजूरी दे दी है। इतिहास में पहली बार गुरुत्वाकर्षण तरंगों की खोज के साथ यह मंजूरी दी गयी। लीगो-भारत परियोजना परमाणु ऊर्जा विभाग (डीएई) और विज्ञान एवं तकनीकी विभाग (डीएसटी) द्वारा नियंत्रित होगी।

अत: विकल्प (B) सही है।

13. The conversion of Indirect to Direct Speech generally presents no special rules. we follow all the rules which are used in direct to indirect conversion.

As we know said to converted into asked in the direct to indirect so reverse is used here. said to comes for asked.

The simple past of indirect speech changed into the simple present in direct speech.

Change full stop(.) to question mark(?).

Hence, the correct option is (C).

14. The given interrogative sentence is in 'active form' with 'past continuous tense'.

The instructions are given below to change an interrogative to passive voice.

- Find the subject and object of the sentence and exchange their places.

- The subject he in active voice is changed into him in the passive voice.

- Use preposition by before the subject

- Use an appropriate helping verb in passive form according to the tense of the active form.

- Always use the 3rd form of the main verb in passive form.

- Structure of the past continuous active form: was/were + ing

- Structure of the past continuous passive form- Object+was/were+being+V3+by+subject.

Hence, the correct option is (D).

15. The most appropriate antonym of the given word 'Divest' is 'Give'.

Words	Meaning	Example
Divest	to strip someone of something such as a right, privilege, or prejudice	You shall never **divest** me of my right to free speech.
Give	to offer something to someone, or to provide someone with something	She **gave** us a set of saucepans as a wedding present.
Strip	to remove, pull, or tear the covering or outer layer from something	Because of the pollution, the trees are almost completely **stripped** of bark.
Reveal	to make known or show something that is surprising or that was previously secret	He was jailed for **revealing** secrets to the Russians.
Promise	to tell someone that you will certainly do something	He **promised** faithfully to call me every week.

Hence, the correct option is (B).

16. The meaning of the words given below:

Imposter means a person who pretends to be someone else in order to deceive others, especially for fraudulent gain.

Wager means a bet or gamble.

Priest means an ordained minister of the Catholic, Orthodox, or Anglican Church, authorized to perform certain rites and administer certain sacraments.

Idol means an image or representation of a god used as an object of worship.

Hence, the correct option is (D).

17. The most appropriate synonym of the given word 'Sustain' is 'Support'.

- Sustain: to cause or allow something to continue for a period of time

- Support: to agree with and give encouragement to someone or something because you want him, her, or it to succeed

Hence, the correct option is (D).

18. The sentence 'C' is independent of any other sentences as it is giving general information about "a woman". So, 'C' is the first sentence.

The pronoun "it" mentioned in the sentence 'A' refers back to the "big currency note" mentioned in the sentence 'C'. So, 'A' follows 'C'.

The word "recognised" mentioned in the sentence 'D' is linked with the phrase "never seen" mentioned in the sentence 'A'. So, 'D' follows 'A'.

The sentence 'B' is concluding the paragraph by comparing her own earnings with what she had seen in other people's hands. So, 'B' makes the last sentence.

Hence, the correct option is (A).

19. The meanings of the given options:

- Undertaker: a person whose profession is the preparation of the dead for burial or cremation and the management of funerals.

- Overreacher: someone who tends to reach or extend over or beyond.

- Evangelist: a person who seeks to convert others to some cause, especially by public preaching.

- Grave digger: a person who digs graves.

Hence, the correct option is (D).

20. The sentence 'D' is independent of any other sentences as it is giving general information about "the shopkeeper". So, 'D' is the first sentence.

The number "seventy" mentioned in the sentence 'A' refers back to the "seventy" mentioned in the sentence 'D'. So, 'A' follows 'D'.

The word "dead" mentioned in the sentence 'B' is linked with the phrase "summoned by God" mentioned in the sentence 'A'. So, 'B' follows 'A'.

The sentence 'C' is concluding the paragraph. So, 'C' makes the last sentence.

Hence, the correct option is (A).

21. The meaning of the words given below:

- Mortal means (of a living human being, often in contrast to a divine being) subject to death.

- Guild means an association of people for mutual aid or the pursuit of a common goal.

- Inexorable means impossible to stop or prevent.

- Negate means to make ineffective, nullify.

Hence, the correct option is (C).

22. The meaning of the word Retrospect is to look or refer back to one's past actions about what was right or wrong, thinking about something in the past.

Hence, the correct option is (D).

23. According to the third line of the passage 'In pursuit of these aims, groups are formed and sectional interests emerge.' Also, it is mentioned that the place of managers and officials is being taken by experts and specialists therefore the managers will either be demoted or thrown out of the organization. Therefore the managers and officials are concerned with their individual section and not the organization.

Hence, the correct option is (D).

24. The organic system refers to the growth with input from science and technology. This can be inferred from the statement conveying that managers with little technical knowledge would reveal their weakness when working with technical experts in an organic system. Also, the preoccupations with individual ambitions often prevent the emergence the organic systems which can be inferred to be systems resulting from inputs of science and technology.

Hence, the correct option is (B).

25. The author wants organizations to be organic systems where development could be driven by technology.

Hence, the correct option is (A).

Q.1 कौन सा भारतीय खिलाड़ी हाल ही में 'वर्ल्ड गेम्स एथलीट ऑफ द ईयर' पुरस्कार जीतने वाले पहले हॉकी खिलाड़ी बने हैं?

A. सरदार सिंह

B. रानी रामपाल

C. पी.आर.श्रीजेश

D. वंदना कटारिया

Q.2 निम्नलिखित में से कौन टेनिस में सबसे अधिक ओलंपिक पदक के लिए सर्वकालिक रिकॉर्ड धारक हैं?

A. कैथलीन मैककेन गॉडफ्री और वीनस विलियम्स

B. कैथलीन मैककेन गॉडफ्री और सेरेना विलियम्स

C. वीनस विलियम्स और सेरेना विलियम्स

D. गिगी फर्नांडीज और मैरी जो फर्नांडीस

Q.3 Direction: Select the most appropriate synonym of the given word.

IMPERCEPTIBLE:

A. Mean   **B.** Obvious   **C.** Humble   **D.** Subtle

Q.4 Direction: Select the most appropriate antonym of the given word.

Frugal:

A. Extravagant

B. Rich

C. Miserable

D. Happy

Q.5 Direction: Select the most appropriate meaning of the given idiom.

To catch a tartar

A. To trap wanted criminal with great difficulty.

B. To catch a dangerous person.

C. To meet with disaster.

D. To deal with a person who is more than one's match.

Q.6 Find the correct spelt word.

A. Dicotomy

B. Dicotemy

C. Dichotomy

D. Dechotomy

Ques (7-8):Direction: Select the correct indirect narration of the given sentence.

Q.7 The little girl said to her mother, "Did the sun rise in the East?"

A. The little girl said to her mother that the sun rose in the East.

B. The little girl asked her mother if the sun rose in the East.

C. The little girl said to her mother if the sun rises in the East.

D. The little girl asked her mother if the sun is in the East.

Q.8 Kiran asked me, "Did you see the Cricket match on television last night?"

A. Kiran asked me whether I saw the Cricket match on television the earlier night.

B. Kiran asked me whether I had seen the Cricket match on television the earlier night.

C. Kiran asked me did I see the Cricket match on television the last night.

D. Kiran asked me whether I had seen the Cricket match on television the last night.

Ques (9-10):Direction: Select the word which means the same as the group of words given.

Q.9 A person who renounces the world and practices self-discipline in order to attain salvation:

A. Sceptic

B. Ascetic

C. Devotee

D. Antiquarian

Q.10 One who abandons his religious faith:

A. Apostate   **B.** Prostate   **C.** Profane   **D.** Agnostic

Ques (11-12):Direction: Read the passage carefully and choose the best answer to each question out of the four alternatives.

Philosophy of Education is a label applied to the study of the purpose, process, nature and ideals of education. It can be considered a branch of both philosophy and education. Education can be defined as the teaching and learning of specific skills, and the imparting of knowledge, judgment and wisdom, and is something broader than the societal institution of education we often speak of.

Many educationalists consider it a weak and woolly field, too far removed from the practical applications of the real world to be useful. But philosophers dating back to Plato and the Ancient Greeks have given the area much thought and emphasis, and there is little doubt that their work has helped shape the practice of education over the millennia.

Plato is the earliest important educational thinker, and education is an essential element in "The Republic" (his most important work on philosophy and political theory, written around 360 B.C.). In it, he advocates some rather extreme methods: removing children from their mothers' care and raising them as wards of the state, and differentiating children suitable to the various castes, the highest receiving the most education, so that they could act as guardians of the city and care for the less able. He believed that education should be holistic, including facts, skills, physical discipline, music and art. Plato believed that talent and intelligence is not distributed genetically and thus is be found in children born to all classes, although his proposed system of selective public education for an educated minority of the population does not really follow a democratic model.

Aristotle considered human nature, habit and reason to be equally important forces to be cultivated in education, the ultimate aim of which should be to produce good and virtuous citizens. He proposed that teachers lead their students systematically, and that repetition be used as a key tool to develop good habits, unlike Socrates' emphasis on questioning his listeners to bring out their own ideas. He emphasized the balancing of the theoretical and practical aspects of subjects taught, among which he explicitly mentions reading, writing, mathematics, music, physical education, literature, history, and a wide range of sciences, as well as play, which he also considered important.

During the Medieval period, the idea of Perennialism was first formulated by St. Thomas Aquinas in his work "De Magistro". Perennialism holds that one should teach those things deemed to be of everlasting importance to all people everywhere, namely principles and reasoning, not just facts (which are apt to change over time), and that one should teach first about people, not machines or techniques. It was originally religious in nature, and it was only much later that a theory of secular perennialism developed.

During the Renaissance, the French skeptic Michel de Montaigne (1533 - 1592) was one of the first to critically look at education. Unusually for his time, Montaigne was willing to question the conventional wisdom of the period, calling into question the whole edifice of the educational system, and the implicit assumption that university-educated philosophers were necessarily wiser than uneducated farm workers, for example.

Q.11 What is the difference between the approaches of Socrates and Aristotle?

A. Aristotle felt the need for repetition to develop good habits in students; Socrates felt that students need to be constantly questioned.

B. Aristotle felt the need for rote-learning; Socrates emphasized on dialogic learning.

C. There was no difference.

D. Aristotle emphasized on the importance of paying attention to human nature; Socrates emphasized upon science.

Q.12 Why do educationists consider philosophy a 'weak and woolly' field?

A. It is not practically applicable

B. Its theoretical concepts are easily understood

C. It is irrelevant for education

D. None of the above

Q.13 कलगुरली और कूलगार्डी - सोने की खानों के लिए प्रसिद्ध स्थान निम्नलिखित में स्थित हैं:

A. ऑस्ट्रेलिया
B. अमेरीका
C. इंगलैंड
D. दक्षिण अफ्रीका

Q.14 भूगोल में संवहन की वर्तमान परिकल्पना के सिद्धांत को किसने प्रतिपादित किया?

A. आर्थर होम्स
B. कार्ल रिटर
C. अनर्ल्लो फौस्टिनी
D. इम्मैनुएल कांत

Q.15 1873 में सत्यशोधक समाज की स्थापना किसने की ?

A. श्री भरत कुमार
B. पुरुषोत्तम दास टंडन
C. बंकिम चंद्र चट्टोपाध्याय
D. ज्योतिबा फुले

Q.16 भारतीय राष्ट्रीय कांग्रेस के पहले अध्यक्ष थे:

A. सर वोमेश चंदर बोनर्जी
B. एनी बेसेंट
C. दादाभाई नौरोजी
D. जॉर्ज यूल

Q.17 लोकसभा का अध्यक्ष संसद भवन के एक सदस्य को बोलने से रोकने और किसी अन्य सदस्य को बोलने देने के लिए कह सकता है। दृश्य को _______ के रूप में जाना जाता है:

A. क्रासिंग द फ्लोर
B. यील्डिंग द फ्लोर
C. प्वाइंट ऑफ ऑर्डर
D. ध्यानाकर्षण प्रस्ताव

Q.18 भारत के नियंत्रक और महालेखा परीक्षक को कार्यालय से इस तरह से हटाया जा सकता है और इस आधार पर जैसे:

A. उच्च न्यायालय के न्यायाधीश
B. प्रधान-मंत्री
C. सर्वोच्च न्यायालय के न्यायाधीश
D. इनमें से कोई भी नहीं

Q.19 संविधान का कौन सा अनुच्छेद धार्मिक मामलों के प्रबंधन की स्वतंत्रता प्रदान करता है?

A. अनुच्छेद 25
B. अनुच्छेद 26
C. अनुच्छेद 27
D. अनुच्छेद 28

Q.20 प्राचीन काल में विभिन्न चालकोलिथिक संस्कृतियों की सबसे विशिष्ट विशेषता उनके _______ है।

A. ब्लैक पॉलिश वेयर
B. सील
C. चित्रित ग्रे वेयर
D. चित्रित बर्तन

Q.21 बंगाल की एशियाटिक सोसाइटी की स्थापना 1784 में कलकत्ता में किसके द्वारा की गई?

A. चार्ल्स विल्किंस
B. सर रॉबर्ट चेम्बर्स
C. अलेक्जेंडर हैमिल्टन
D. सर विलियम जोन्स

Q.22 किस बैंक ने हाल ही में क्रेता गारंटी (आरबीीबीजी) योजना के साथ आवासीय बिल्डर वित्त की घोषणा की है?

A. नेशनल हाउसिंग बैंक
B. भारतीय स्टेट बैंक
C. आईसीआईसीआई बैंक
D. कॉर्पोरेशन बैंक

Q.23 विश्व बैंक द्वारा अनुमानित FY20 के लिए भारत की जीडीपी विकास दर क्या है?

A. 6%
B. 5.8%
C. 5.6%
D. 5.4%

Q.24 वैज्ञानिक विधि शामिल है?

A. परिकल्पना का निरूपण
B. परिकल्पना का परीक्षण
C. डेटा और ड्राइंग निष्कर्ष का विश्लेषण
D. उपयुक्त सभी

Q.25 वैज्ञानिक पद्धति में, अवलोकन के बारे में एक पूर्वानुमानात्मक कथन जिसे वैज्ञानिक रूप से परीक्षण किया जा सकता है, कहा जाता है:

A. सत्य
B. साक्ष्य
C. सबूत
D. परिकल्पना

// स्मार्ट उत्तर पुस्तिका //

सही उत्तर — उन छात्रों का प्रतिशत जिन्होंने प्रश्नों का सही उत्तर दिया था। छोड़ दिया — उन छात्रों का प्रतिशत जिन्होंने प्रश्नों को छोड़ दिया था।

प्रश्न संख्या	उत्तर	सही उत्तर / छोड़ दिया	प्रश्न संख्या	उत्तर	सही उत्तर / छोड़ दिया	प्रश्न संख्या	उत्तर	सही उत्तर / छोड़ दिया	प्रश्न संख्या	उत्तर	सही उत्तर / छोड़ दिया	प्रश्न संख्या	उत्तर	सही उत्तर / छोड़ दिया	प्रश्न संख्या	उत्तर	सही उत्तर / छोड़ दिया
1	B	46.88 % / 38.16 %	6	C	87.93 % / 10.14 %	11	A	13.64 % / 72.53 %	16	A	67.63 % / 30.82 %	21	D	49.9 % / 42.5 %			
2	A	18.91 % / 71.19 %	7	B	46.2 % / 48.73 %	12	A	10.57 % / 78.34 %	17	B	17.3 % / 79.46 %	22	B	50.12 % / 42.34 %			
3	D	67.94 % / 30.84 %	8	B	48.95 % / 41.43 %	13	A	46.24 % / 46.49 %	18	C	43.34 % / 48.23 %	23	B	58.18 % / 34.57 %			
4	A	54.57 % / 35.31 %	9	B	44.76 % / 31.5 %	14	A	47.79 % / 44.09 %	19	B	59.57 % / 39.83 %	24	D	87.79 % / 11.6 %			
5	B	84.25 % / 14.06 %	10	A	65.63 % / 30.8 %	15	D	59.74 % / 32.64 %	20	D	54.89 % / 37.61 %	25	D	48.57 % / 34.94 %			

//संकेत और समाधान//

1. 2020 में, भारतीय महिला हॉकी कप्तान रानी रामपाल सम्मान जीतने वाली पहली भारतीय बनीं। वयोवृद्ध भारत हॉकी गोलकीपर पीआर श्रीजेश ने अपने 2021 के प्रदर्शन के लिए प्रतिष्ठित विश्व खेल एथलीट ऑफ द ईयर जीता, यह सम्मान प्राप्त करने वाले केवल दूसरे भारतीय बन गए।

अत: विकल्प (B) सही है।

2. वीनस विलियम्स (चार स्वर्ण, एक रजत) और कैथलीन मैककेन गॉडफ्री (एक स्वर्ण, दो रजत और दो कांस्य) पांच-पांच के साथ सबसे अधिक ओलंपिक टेनिस पदक के लिए सर्वकालिक रिकॉर्ड धारक हैं। सेरेना विलियम्स और वीनस विलियम्स ने रिकॉर्ड चार स्वर्ण पदक जीते।

अत: विकल्प (A) सही है।

3. Imperceptible- so slight ,gradual,or subtle as not to be perceived.

So, synonym of Imperceptible is Subtle.

- Mean- signify, intend to convey or refer.
- Obvious- easily perceived or understood.
- Humble- having or showing a modest or low estimate of one's importance.
- Subtle- so delicate or precise as to be difficult to analyse or describe.

Hence, the correct option is (D).

4. Rich: having a great deal of money or assets, wealthy.

Miserable: wretchedly unhappy or uncomfortable.

Happy: feeling or showing pleasure or contentment.

Extravagant: lacking restraint in spending money or using resources.

Frugal: sparing or economical as regards money or food, thrifty, prudent.

Antonym of Frugal is Extravagant.

Hence, the correct option is (A).

5. To deal with someone or something that proves unexpectedly troublesome or powerful.

Hence, the correct option is (B).

6. The correct spelt word is **Dichotomy**.

Hence, the correct option is (C).

7. The little girl asked her mother if the sun rose in the East.

Because little girl is questioning to her mother for answer so this sentence should contain asked because this sentence refers to question and answer.

Hence, the correct option Is (B).

8. Kiran asked me whether I had seen the Cricket match on television the earlier night.

Hence, the correct option is (B).

9. One word substitution is **Ascetic.**

Sceptic: a person inclined to question or doubt accepted opinions.

Ascetic: characterized by severe self-discipline and abstention from all forms of indulgence, typically for religious reasons.

Devotee: a person who is very interested in and enthusiastic about someone or something.

Antiquarian: relating to or dealing in antiques or rare books.

Hence, the correct option is (B).

10. One word-Substitution is **Apostate**.

Prostate: a gland surrounding the neck of the bladder in male mammals and releasing a fluid component of semen.

Profane: (of a person or their behaviour) not respectful of religious practice; irreverent.

Agnostic: a person who believes that nothing is known or can be known of the existence or nature of God.

Apostate: a person who renounces or abandons a religious or political belief or principle.

Hence, the correct option is (A).

11. The first option is correct – their approaches were different and this difference is quite explicitly explained in the fourth paragraph.

- Aristotle considered human nature, habit and reason to be equally important forces to be cultivated in education, the ultimate aim of which should be to produce good and virtuous citizens.
- Socrates' emphasis on questioning his listeners to bring out their own ideas.

Hence, the correct option is (A).

12. The first option is correct because educationists believe that philosophical abstractions are not suitable for practical application.

Hence, the correct option is (A).

13. कल्गुरली-बोल्डर, जिसे कलगुर्ली के रूप में जाना जाता है, पश्चिमी ऑस्ट्रेलिया के गोल्डफील्ड्स-ऐक्रेलैंस क्षेत्र में एक शहर है, जो ग्रेट ईस्टर्न हाइवे के अंत में पर्थ से 595 किमी (370 मील) पूर्व-उत्तर-पूर्व में स्थित है।

अत: विकल्प (A) सही है।

14. आर्थर होम्स ने वर्ष 1928-29 में संवहन वर्तमान सिद्धांत को पोस्ट किया। यह महाद्वीपीय बहाव (अलग हटकर) के लिए व्यापक रूप से स्वीकृत ड्राइविंग तंत्र है जो आधुनिक प्लेट टेक्टोनिक्स की नींव को जन्म देता है। उनका मुख्य उद्देश्य महाद्वीप और महासागरों की उत्पत्ति का वैज्ञानिक स्पष्टीकरण खोजना था लेकिन यह पहाड़ निर्माण की व्यापक रूप से स्वीकृत अवधारणा भी है।

अत: विकल्प (A) सही है।

15. सत्यशोधक समाज (सत्य-साधक समाज) 24 सितंबर 1873 को पुणे, भारत में ज्योतिबा फुले द्वारा स्थापित एक सामाजिक सुधार समाज है।

अत: विकल्प (D) सही है।

16. वोमेश चंदर बोनर्जी (29 दिसंबर 1844 - 21 जुलाई 1906) एक भारतीय बैरिस्टर थे और भारतीय राष्ट्रीय कांग्रेस के पहले अध्यक्ष थे।

अत: विकल्प (A) सही है।

17. यील्डिंग द फ्लोर: सदन और सभापति को संबोधित करने वाले सदस्य के बीच गुजरना जिसे संसदीय शिष्टाचार का उल्लंघन माना जाता है।

क्रासिंग द फ्लोर: लोक सभा का अध्यक्ष घर के एक सदस्य को बोलने से रोकने और किसी अन्य सदस्य को बोलने देने के लिए कह सकता है।

प्वाइंट ऑफ ऑर्डर: संसद सदस्य आदेश का एक मुद्दा उठा सकता है अगर उसे लगता है कि 'सदन की कार्यवाही सामान्य नियमों का पालन नहीं करती है। पीठासीन अधिकारी तय करता है कि सदस्य द्वारा उठाए गए आदेश के बिंदु को अनुमति दी जानी चाहिए या नहीं।

ध्यानाकर्षण प्रस्ताव: स्पीकर की पूर्व अनुमति से, संसद का कोई भी सदस्य किसी मंत्री के ध्यान को तत्काल महत्वपूर्ण महत्व के विषय में कह सकता है। मंत्री इस मामले के बारे में एक संक्षिप्त बयान दे सकते हैं या बाद में बयान देने के लिए समय मांग सकते हैं।

अत: विकल्प (B) सही है।

18. भारत के नियंत्रक और महालेखा परीक्षक को सर्वोच्च न्यायालय के न्यायाधीश के रूप में और इस तरह से कार्यालय से हटाया जा सकता है।

अत: विकल्प (C) सही है।

19. धर्म की स्वतंत्रता का अधिकार:

अनुच्छेद 25: अंतरात्मा की स्वतंत्रता और मुक्त पेशे, अभ्यास और धर्म के प्रचार के विवरण स्पष्ट रूप से सम्मिलित हैं।

अनुच्छेद 26: अनुच्छेद धार्मिक मामलों के प्रबंधन की स्वतंत्रता को निर्दिष्ट करता है।

अनुच्छेद 27: किसी भी धर्म के प्रचार के लिए करों के भुगतान के रूप में स्वतंत्रता अनुच्छेद में बताई गई है।

अनुच्छेद 28: इस अनुच्छेद में कुछ शिक्षा संस्थानों में धार्मिक शिक्षा या धार्मिक पूजा में उपस्थिति के रूप में स्वतंत्रता शामिल है।

अत: विकल्प (B) सही है।

20. प्राचीन काल में विभिन्न चालकोलिथिक संस्कृतियों की सबसे विशिष्ट विशेषता उनके चित्रित मिट्टी के बर्तन हैं।

अत: विकल्प (D) सही है।

21. बंगाल की एशियाटिक सोसाइटी की स्थापना 1784 में कलकत्ता में सर विलियम जोन्स द्वारा की गई।

जनवरी 1784 में सर विलियम जोन्स ने कलकत्ता के कुछ चुनिंदा ब्रिटिश निवासियों को एक परिपत्र भेजा था जिसमें एशियाई अध्ययनों के लिए एक समाज की स्थापना की गई थी। उनके निमंत्रण पर, तीस ब्रिटिश निवासी 15 जनवरी 1784 को सुप्रीम कोर्ट (कलकत्ता के फोर्ट विलियम में) के ग्रैंड जूरी रूम में मिले।

अत: विकल्प (D) सही है।

22. भारत के सबसे बड़े सार्वजनिक क्षेत्र के बैंक, भारतीय स्टेट बैंक ने खरीदार गारंटी के साथ आवासीय बिल्डर वित्त की घोषणा की है। इसका उद्देश्य आवासीय बिक्री को धक्का देना और होमबॉयर्स के आत्मविश्वास में सुधार करना है। इस योजना के तहत, भारतीय स्टेट बैंक उन ग्राहकों को चुनिंदा आवासीय परियोजनाओं को पूरा करने की गारंटी जारी करेगा, जिन्होंने इससे होम लोन लिया है। यह योजना शुरू में 10 शहरों में 2.50 करोड़ रुपये तक की किफायती आवास परियोजनाओं पर ध्यान केंद्रित करेगी।

अत: विकल्प (B) सही है।

23. विश्व बैंक ने हाल ही में अपनी 2020 जनवरी 2020 वैश्विक आर्थिक संभावना रिपोर्ट जारी की है। वित्त वर्ष 2015 के लिए भारत की जीडीपी वृद्धि 5% होने का अनुमान है। रिपोर्ट में वर्ष 2021-22 के लिए जीडीपी की वृद्धि को भी घटाकर 5.8% कर दिया गया है।

कमजोर गैर-बैंकिंग वित्त कंपनियों (एनबीएफसी) की क्रेडिट अस्थिरता को मंदी का कारण माना जाता है। हाल ही में भारतीय रिजर्व बैंक और देश के केंद्रीय सांख्यिकी कार्यालय ने भी इस वित्त वर्ष के लिए विकास दर को घटाकर 5% कर दिया है।

अत: विकल्प (B) सही है।

24. वैज्ञानिक विधि के मूल चरण हैं: 1) एक अवलोकन करें जो एक समस्या का वर्णन करता है, 2) एक परिकल्पना बनाएं, 3) परिकल्पना का परीक्षण करें, और 4) निष्कर्ष निकालें और परिकल्पना को परिष्कृत करें।

अत: विकल्प (D) सही है।

25. वैज्ञानिक पद्धति में, अवलोकन के बारे में एक पूर्वानुमान कथन जिसे वैज्ञानिक रूप से परीक्षण किया जा सकता है, परिकल्पना कहा जाता है। एक परिकल्पना, एक अस्पष्टीकृत घटना के लिए सुझाया गया समाधान है जो वर्तमान स्वीकृत वैज्ञानिक सिद्धांत में फिट नहीं है। एक परिकल्पना का मूल विचार यह है कि कोई पूर्व निर्धारित परिणाम नहीं है।

अत: विकल्प (D) सही है।

// टिप्पणियाँ //

// टिप्पणियाँ //